Volks- und Betriebswirtschaftslehre mit Rechnungswesen

Eingangsklasse

Wirtschaftsgymnasium
Baden-Württemberg

Jens Bodamer • Franziska Paolantonio • Karen Raff
Mascha Schwerdt-Schneller • Nicole Thoma

in Zusammenarbeit mit der Verlagsredaktion

Cornelsen

Volks- und Betriebswirtschaftslehre mit Rechnungswesen

Wirtschaftsgymnasium Baden-Württemberg

Autoren:
Jens Bodamer, Oberregierungsrat, Diplom-Handelslehrer
Franziska Paolantonio, Studienrätin, M. Sc. Wirtschaftspädagogik
Karen Raff, Studienrätin, Diplom-Handelslehrerin
Mascha Schwerdt-Schneller, Oberstudienrätin, Diplom-Kauffrau
Nicole Thoma, Studienrätin, Diplom-Handelslehrerin

Dieses Buch wurde erstellt unter Verwendung von Materialien von:
Anja Brunnett, Ronald Budde, Roman Capaul, Harald Danne, Peter Engelhardt, Christian Fritz, Bettina Glania, Kerstin Gräser, Stephanie Hall, Hans-Peter Hrdina, Franca Johannsen, Clemens Kaesler, Ludger Katt, Hans-Peter Klein, Antje Kost, Ulrike Kuch, Christian Manger, Klaus Otte, Michael Piek, Roswitha Pütz, Claudia Simons-Kövér, Daniel Steingruber, Hans-Peter von den Bergen, Petra Zedler

Verlagsredaktion: Amira Sarkiss
Außenredaktion: Marion Grunert, Erftstadt; Dold & Straub GbR, Züssow
Bildredaktion: Gertha Maly, Joscha Belling
Covergestaltung: Rosendahl Berlin
Layoutkonzept: SOFAROBOTNIK GbR, Augsburg & München; Torsten Lemme, Berlin
Layout/Technische Umsetzung: LemmeDESIGN, Berlin
Titelfoto: Shutterstock.com/Rawpixel.com

www.cornelsen.de

1. Auflage, 1. Druck 2021

Alle Drucke dieser Auflage sind inhaltlich unverändert und können im Unterricht nebeneinander verwendet werden.

Druck: Mohn Media Mohndruck, Gütersloh

ISBN 978-3-06-451823-0 (Schülerbuch)
ISBN 978-3-06-451824-7 (E-Book)

PEFC
PEFC/04-31-1033

PEFC zertifiziert
Dieses Produkt stammt aus nachhaltig bewirtschafteten Wäldern und kontrollierten Quellen.

www.pefc.de

Vorwort

Das vorliegende Schülerbuch deckt die Inhalte des Bildungsplans im Fach Volks- und Betriebswirtschaftslehre für die Eingangsklasse des Wirtschaftsgymnasiums in Baden-Württemberg ab. Dabei wird der Fokus auf einen sachlogischen und verständlichen Aufbau gelegt, der sich aus der spezifischen Schwerpunktsetzung eines gut strukturierten Grundlagenwissens ergibt. Innerhalb der komplexen Einheiten wird der Sachinhalt kleinschrittig und verständlich dargestellt. Das moderne Design, übersichtliche Schaubilder und fachwissenschaftlich fundierte Texte ermöglichen den Einsatz dieses Schülerbuches als Selbstlerngrundlage für den darauf basierenden Unterricht.
Der Aufbau der einzelnen Kapitel folgt einer entwicklungs- und lernpsychologischen Struktur: **Einstiegssituationen** am Beginn jedes Kapitels führen auf die kommenden Lerninhalte hin und werfen erste Fragen auf. Zusammen mit kurzen **Fallstudien** innerhalb der Kapitel, die mithilfe von gezielten Arbeitsaufträgen eine selbstständige Erarbeitung komplexer Sachverhalte fördern, unterstützen sie den Ansatz des problemorientierten Unterrichts. Jedes Kapitel schließt mit einem **Aufgabenkomplex** und einer **Zusammenfassung** ab, die die Zusammenhänge noch einmal abschließend veranschaulicht. Am Ende jeder Bildungsplaneinheit finden sich **Fragen zur Selbsteinschätzung,** die den Schülerinnen und Schülern die Möglichkeit zur kritischen Selbstreflexion geben.
Eine **Übersicht über die didaktischen Elemente** des Schülerbuchs finden Sie auf der vorderen und eine **Übersicht über die digitalen Zusatzmaterialien** auf der hinteren Umschlaginnenseite.
Zum selbstgesteuerten Lernen können die 5 **Lernvideos** genutzt werden. Sie erklären komplexe Sachverhalte leicht verständlich.
Auch die **Interaktiven Übungen** dienen der Selbstüberprüfung mithilfe der Übungsformen Single- und Multiple-Choice-Tests, Drag & Drop, Drag to Gap und Flashcards.
Die Lernvideos und die Interaktiven Übungen sind über die im Kaufpreis enthaltene **App „PagePlayer Cornelsen“** auf mobilen Endgeräten (z. B. Smartphone, Tablet) abzurufen.

Und so kommen Sie zu den Interaktiven Übungen und Videos:

1. Scannen Sie den QR-Code und laden Sie die kostenlose App PagePlayer herunter.
   Öffnen Sie die App und wählen Sie dann das Cover Ihres Buches aus. Sie können nun alle Inhalte auf Ihrem Smartphone oder Tablet speichern und jederzeit aufrufen.
2. Sie können mit Ihrem Smartphone oder Tablet auch eine ausgewählte Buchseite mit diesem Symbol oder diesem Symbol scannen.
   Dann kommen Sie direkt zu dem passgenauen Inhalt dieser Seite.

Im Internet stehen im Webcode-Bereich **Zusatzmaterialien** zu ausgewählten Themen, Arbeitsblätter, zusätzliche Aufgaben und Vorlagen zur Bearbeitung von Aufgaben zum Download zur Verfügung. Geben Sie in Ihrem Internetbrowser **www.cornelsen.de/codes** ein. Tragen Sie dann im Suchfeld einen der auf den Buchseiten angegebenen Codes ein. Alle Webcode-Materialien auf einen Blick finden Sie außerdem über den folgenden Webcode: **WGW_VBWL_Eingangsklasse.**
Für die Lehrperson finden sich alle **Lösungen** in der Handreichung und im Unterrichtsmanager (UMA). Trotz intensiver Prüfung können sich Fehler einschleichen. Für diesen Fall wird unter dem Webcode **WGW_VBWL_Errata** ein regelmäßig aktualisiertes Korrekturenverzeichnis zur Verfügung gestellt.

Die Verfasser und der Verlag sind für Korrekturen und Verbesserungsvorschläge dankbar und wünschen Ihnen mit diesem Lehrwerk viel Freude und Erfolg!

II Wirtschaftsordnung in der Bundesrepublik Deutschland

III Rechtliche Grundlagen des Handelns privater Haushalte

V Einführung in das externe Rechnungswesen

Erkenntnisobjekt Wirtschaftswissenschaften

Auf unserer Erde leben Milliarden von Menschen und im Grunde will jeder das Gleiche: Glück, Gesundheit und viel Geld. Und das ist es, was alle vereint, Menschen, Unternehmen und Staaten. Es gibt viele Wege, sein Ziel zu erreichen, und jeder muss seinen eigenen finden. Um Fehlentscheidungen zu vermeiden, müssen die bekannten Alternativen untersucht und bewertet werden.

Und das ist die Aufgabe der Wirtschaftswissenschaften: Sie liefern Entscheidungshilfen, indem sie die wirtschaftlichen Zusammenhänge erklären. Einzelne wirtschaftliche Begriffe wie Unternehmen, Betrieb, Volkswirtschaft, Betriebswirtschaft, Personalwirtschaft und Finanzwirtschaft sind sicher vielen bekannt und aufmerksame Nachrichtenzuschauer haben auch Begriffe wie Bruttoinlandsprodukt, Eurorettungsschirm und arbeitsteilige Wirtschaft schon gehört. Verstanden hat man sie aber deswegen noch lange nicht. Deswegen wollen wir die Wirtschaftswissenschaften kurz vorstellen.

Betriebswirtschaftslehre

Ganz einfach betrachtet, untergliedern sich die Wirtschaftswissenschaften in die Betriebswirtschaftslehre, kurz BWL, und die Volkswirtschaftslehre, kurz VWL.

Die BWL betrachtet das wirtschaftliche Handeln in einzelnen Betrieben. Jegliches Handeln innerhalb eines Betriebes ist am Betriebszweck ausgerichtet und soll möglichst optimal die zur Verfügung stehenden begrenzten Mittel nutzen.

Innerhalb der BWL unterscheidet man zwischen der Allgemeinen und der Speziellen Betriebswirtschaftslehre:

- **Allgemeine Betriebswirtschaftslehre**
  Um die Übersicht über die verschiedenen betrieblichen Aufgaben nicht zu verlieren, fasst man inhaltlich zusammenhängende Aufgaben in verschiedenen Funktionsbereichen (Beschaffung, Materialwirtschaft, Produktion, Absatz, Finanzierung, Rechnungswesen, Personalwirtschaft, Führung usw.) zusammen. Diese Funktionsbereiche gehören zur Allgemeinen Betriebswirtschaftslehre.
- **Spezielle Betriebswirtschaftslehre**
  Ausgewählte Fragestellungen, die nur für einzelne Unternehmensbereiche oder Betriebe von Interesse sind, gehören zu den Speziellen Betriebswirtschaftslehren (z. B. Bankbetriebslehre oder Immobilienbetriebslehre).

Volkswirtschaftslehre

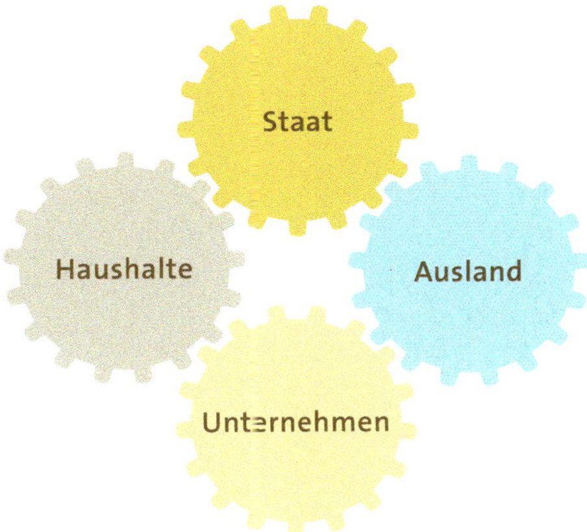

Die einzelnen Unternehmen nehmen alle zusammen an unserer arbeitsteiligen Wirtschaft teil, ebenso wie die Haushalte, der Staat und das Ausland (Wirtschaftseinheiten). Alle Teilnehmer beeinflussen mit ihrem Verhalten den gesamten Wirtschaftsprozess.

Die VWL untersucht nun diese gesamtwirtschaftlichen Vorgänge und entwickelt Theorien und Modelle, um Zusammenhänge und Wechselwirkungen aufzuzeigen. Sie versucht zu klären, wie Wirtschaftseinheiten Entscheidungen treffen und wie sich diese Entscheidungen auf die Gesamtwirtschaft auswirken:

- Wie funktionieren Märkte?
- Welchen Einfluss kann der Staat nehmen?
- Welche internationalen Verflechtungen gibt es?
- Wie wirken sich die Entscheidungen der Wirtschaftsteilnehmer auf das Einkommen und den Wohlstand eines Landes aus?

In der VWL wird unterschieden zwischen folgenden zwei Gebieten:

- **Mikroökonomie**
  Untersucht die VWL das einzelwirtschaftliche Verhalten kleinerer Einheiten wie die Entscheidungen von Haushalten und Unternehmen unter der Voraussetzung der Knappheit von Gütern, gehört dies zum Gebiet der Mikroökonomie.
- **Makroökonomie**
  Die Makroökonomie hingegen untersucht gesamtwirtschaftliche Sachverhalte wie die Arbeitslosigkeit oder das Wirtschaftswachstum bis hin zu globalen Prozessen.

Wirtschaft

BWL
Betriebswirtschaftslehre

untersucht die unternehmensinternen Prozesse

Allgemeine Betriebswirtschaftslehre

z. B.
- Beschaffung
- Materialwirtschaft
- Produktion
- Absatz
- Personalwesen
- Finanzierung
- Rechnungswesen

Spezielle Betriebswirtschaftslehre

z. B.
- Bankbetriebslehre
- Immobilienbetriebslehre

VWL
Volkswirtschaftslehre

untersucht die gesamtwirtschaftlichen Zusammenhänge aller Wirtschaftseinheiten

Mikroökonomie

z. B.
- Haushaltstheorie
- Produktionstheorie
- Preistheorie

Makroökonomie

z. B.
- Arbeitslosigkeit
- Wirtschaftswachstum
- Inflation
- Zahlungsbilanz
- Volkswirtschaftliche Gesamtrechnung

I

Grundlagen ökonomischen Denkens und Handelns

1 Motive für wirtschaftliches Handeln

Schauen Sie sich diesen Jungen an. Sollte er besser den gesunden Apfel essen oder die leckeren Schokoladenkekse? Oder beides? Oder sollte er besser warten und etwas anderes essen? Sollte er die Kekse mit seinen Freunden teilen? Vielleicht reichen die dann aber nicht für alle. Wenn er alles aufisst, bleiben seine Freunde dann hungrig? Was, wenn es einen Preis für diese Waren gäbe – wäre die Entscheidung anders? Was wäre die rationale Entscheidung in diesem Fall?

1.1 Bedürfnis, Bedarf, Nachfrage

1.1.1 Begriffsabgrenzung

Ob trendige Turnschuhe, ein Smartphone, Tablet, eine Spielekonsole oder ein Snowboardurlaub – die Bedürfnisse der Menschen sind vielfältig, unterschiedlich und unbegrenzt und stehen am Anfang jeden Wirtschaftens. Sie werden als Mangel empfunden, aus dem der Wunsch folgt, diesen zu beseitigen, und gelten daher im Rahmen der Volkswirtschaftslehre (VWL) als zentrale Antriebskraft des wirtschaftlichen Handelns.

Ein **Bedürfnis** ist der Wunsch, einen empfundenen Mangel zu beseitigen.

Wenn ein Bedürfnis mit einem bestimmten Produkt am Markt befriedigt werden kann und der Kunde das Produkt kaufen möchte, wird ein Bedürfnis zum **Bedarf.** Wenn die notwendige **Kaufkraft**[1] vorhanden ist und das Produkt letztlich auch vom Kunden gekauft wird, d. h., der Bedarf am Markt wirksam wird, spricht man von **Nachfrage.**[2]

Bedürfnis → **Bedarf** → **Nachfrage**

Hunger

→

Wunsch nach einem Hamburger

→

Kauf eines Hamburgers

Mit der Herstellung und dem Angebot von Gütern (als Oberbegriff für Waren und Dienstleistungen)[3] versuchen Unternehmen die Nachfrage zu befriedigen. Daher ist es für Unternehmen von erheblichem Interesse, die menschlichen Bedürfnisse zu identifizieren und zu analysieren, um bedarfsgerechte Produkte herzustellen.

1.1.2 Arten von Bedürfnissen

Die menschlichen Bedürfnisse unterscheiden sich unter anderem nach dem Alter, Geschlecht, Einkommen und sozialen Umfeld eines einzelnen Menschen. Sie können nach verschiedenen Kriterien unterschieden werden:

- nach Dringlichkeit
- nach Art der Befriedigung
- nach Bewusstheit der Bedürfnisse

Einteilung nach der Dringlichkeit von Bedürfnissen

Während die menschlichen **Existenzbedürfnisse,** z. B. Essen, Trinken und Schlafen, lebensnotwendig sind und in der Regel unmittelbar erfüllt werden, ist die Erfüllung weiterer Bedürfnisse weniger dringlich. Smartphones, Tablets, Fernsehen, Kino- und Diskothekenbesuche, Autos und Flugreisen sind z. B. solche mittelbar erfüllbaren Bedürfnisse, die in Deutschland heute als selbstverständlich angesehen werden. Sie gehören zur heutigen Kultur und werden dementsprechend als **Grund- oder Kulturbedürfnisse** bezeichnet. **Luxusbedürfnisse** gehen über die Grund- und Kulturbedürfnisse hinaus und sind „entbehrliche Annehmlichkeiten", z. B. Designerkleidung, Schmuck, Sportwagen, das Gemälde eines berühmten Malers oder Delikatessen (z. B. Kaviar).

Eine eindeutige Abgrenzung dieser Bedürfnisarten ist oftmals nicht möglich, da die generelle Zuordnung, ob z. B. ein Smartphone ein Kultur- oder Luxusbedürfnis ist, von persönlichen Wertvorstellungen, dem soziokulturellen Hintergrund oder auch dem technischen Stand der Volkswirtschaft abhängt. Vieles, was früher Luxus war (z. B. Radio, Fernsehen, Auto), gilt heute in den Industrieländern als unverzichtbar.

[1] Kaufkraft: *Zahlungsfähigkeit*

[2] Den Kunden, der nachfragt, nennt man *Konsument.*

[3] Im Folgenden wird immer der Oberbegriff *Güter* für Waren und Dienstleistungen verwendet.

Maslows Bedürfnispyramide

Selbstverwirklichung

Talententfaltung, Individualität, Kunst

Wertschätzungsbedürfnisse

Status, Prestige, Akzeptanz, Respekt, Macht

soziale Bedürfnisse

Familie, Freundschaft, Partnerschaft, Kommunikation

Sicherheitsbedürfnisse

Recht und Ordnung, finanzielle und materielle Sicherheit, Arbeitsplatz

Grundbedürfnisse

Atmung, Nahrung, Schlaf, Wärme, Kleidung, Unterkunft

1943 stellte der amerikanische Psychologe Abraham Maslow (1908–1970) eine Hierarchie der menschlichen Bedürfnisse vor, die er in fünf Stufen zusammenfasste und in der Rangfolge ihrer Dringlichkeit anordnete. Der inneren Natur folgend versuchen Menschen zunächst ihre grundlegenden Bedürfnisse auf der untersten Stufe zu erfüllen. Erst wenn diese erfüllt sind, strebt der Mensch nach Befriedigung der Bedürfnisse der nächsthöheren Stufe. Genau diese Denkweise, die sehr unrealistisch erscheint, bot in der Wissenschaft immer wieder Anlass zur Kritik an Maslows Theorie.

In der US-amerikanischen Reality-Fernsehshow „Survivor", werden die Teilnehmer auf einer einsamen Insel ausgesetzt, wo sie um den Titel „Sole Survivor" und eine Million Dollar Preisgeld wettstreiten. Bevor die Wettkämpfe beginnen, müssen die Kandidaten zunächst ums Überleben kämpfen. Hungrig, durstig und etwas verloren fangen sie an, Nahrung und Wasser zu suchen, Feuer zu machen und sich einen Unterschlupf zu bauen.
Mit der Zeit, wenn die Teilnehmer sich sicher fühlen und die Gefahren der Insel einschätzbar sind, fühlen sie sich einsam, ausgegrenzt oder entwickeln eine starke Zugehörigkeit zu ihrem Stamm. Manche verlieben sich sogar in ihre Wettstreiter, andere suchen Freunde und Verbündete. Doch alle möchten anerkannt und bewundert werden und wetteifern um Ruhm, Prestige und Status.

Einteilung nach Art der Befriedigung

Neben den oben bereits beschriebenen Individualbedürfnissen (Bedürfnisse Einzelner), wie z. B. Essen und Trinken, gibt es auch Kollektivbedürfnisse. Diese entstehen oft durch das gesellschaftliche Leben (z. B. Schulbildung). Hierzu zählen unter anderem die Bedürfnisse aus den Bereichen innere und äußere Sicherheit, Rechtsprechung, Gesundheit, Verkehr, Umweltschutz und Bildung. Da der Einzelne nicht in der Lage ist, diese Kollektivbedürfnisse individuell zu befriedigen, werden sie häufig zumindest teilweise vom Staat befriedigt.

Einteilung nach Bewusstheit der Bedürfnisse

Die meisten Bedürfnisse sind den Menschen bewusst und wollen auch befriedigt werden. Sie werden daher als **offene Bedürfnisse** bezeichnet. Demgegenüber stehen **latente**[1] oder **verdeckte Bedürfnisse,** die zwar bereits existieren, aber noch nicht als solche vom Menschen wahrgenommen werden. Die noch schlummernden Bedürfnisse können zu bewussten Bedürfnissen werden, wenn sie „geweckt" werden.

[1] latent: *verborgen, schlummernd*

1.1.3 Beeinflussung von Bedürfnissen

Zahlreiche Unternehmen untersuchen die Bedürfnisse potenzieller Käufer im Rahmen der **Marktforschung,** um anhand der Auswertung der Erhebung ihre Produkte an die menschlichen Bedürfnisstrukturen anzupassen bzw. diese Bedürfnisse zugunsten der angebotenen Produkte zu beeinflussen. Andere Unternehmen setzen wiederum verstärkt darauf, Bedürfnisse überhaupt erst zu wecken.

Steve Jobs, Gründer und langjähriger CEO von Apple und Chef des Trickfilmstudios Pixar, bei der Weltpremiere von Disney/Pixars „Die Monster AG" im El Capitan Theatre in Hollywood am 28. Oktober 2001

Wer wollte ein iPad, bevor es auf den Markt kam?

Steve Jobs, Mitgründer von Apple, war überzeugt davon, dass die Menschen ihre Bedürfnisse gar nicht kennen, solange es ein Produkt noch nicht gibt. Er vertraute daher seiner Intuition, dass menschliche Bedürfnisse durch das Erleben von Innovationen geweckt und beeinflusst werden können.

Zum Thema Marktforschung sagte er: „Meistens wissen die Leute nicht, was sie wollen, bis man es ihnen zeigt." „Geht nahe an die Kunden heran. So nahe, dass ihr ihnen sagen könnt, was sie brauchen, bevor sie es selbst realisieren." (übersetzt von der Autorin)

Die Manipulation von Bedürfnissen erfolgt zumeist durch **Werbung.** Einprägsame Werbeslogans, schöne Models oder berühmte Persönlichkeiten sollen latente Bedürfnisse wecken oder bestehende Bedürfnisse auf die angepriesenen Produkte lenken. Insbesondere Marken zielen mit ihrer Marktmacht auf die unterschiedlichen Bedürfnisebenen ab. Mit der Wahl einer bestimmten Marke lässt sich nicht nur ein Grundbedürfnis (z. B. Kleidung) befriedigen, sondern auch die Zugehörigkeit zu einer bestimmten Gruppe zeigen und letztlich auch Ansehen, Status und Akzeptanz steigern.

Sportstars in der Werbung

Mit der Verpflichtung von Sportstars wie dem früheren Basketball-NBA-Profi Michael Jordon oder Cristiano Ronaldo als Werbeträger wurde Nike zum Marktführer und zur beliebtesten Marke der Sportartikelhersteller. Wenn Jugendliche in den USA heute Sportschuhe brauchen, wollen sie zumeist Nike-Turnschuhe und keine anderen. Mit Nike-Schuhen werden sie nicht schneller laufen oder besser spielen, aber sie fühlen sich wie bessere Athleten und letztlich wie bessere Menschen. Sie identifizieren sich mit den Stars und wollen mit den Nike-Produkten an deren Erfolg und Lebensstil teilhaben. Die Nike-Schuhe geben Teenagern oftmals das Gefühl, wichtig zu sein und zu einer smarten Gruppe dazuzugehören, was ihnen Selbstvertrauen gibt und ihr Ansehen hebt.

Die Verpflichtung von erfolgreichen Sportstars oder berühmten Persönlichkeiten können die Bekanntheit und das Image eines Unternehmens erheblich steigern. Dennoch müssen Unternehmen ihre prominenten Werbeträger sorgfältig aussuchen, da sich persönliche Verfehlungen der Stars auch negativ auf den Ruf des beworbenen Produkts auswirken können.

Bedürfnisse können durch Werbung geweckt und auch beeinflusst werden.

1.2 Nutzen und Präferenzen

[1] Ressourcen (= Produktionsmittel): *alles, was genutzt werden kann, um irgendetwas anderes zu produzieren*

[2] rational (lateinisch: ratio = Vernunft, Denken): *vernunftgeleitet*

[3] Konsum (lateinisch: consumere = verbrauchen): *Verzehr oder Verbrauch von Gütern*

Knappheit von Ressourcen und Gütern
► I • 1.3

ökonomisches Prinzip
► I • 1.4

Der Konflikt zwischen knappen Ressourcen[1] und Gütern ► auf der einen Seite und unbegrenzten Bedürfnissen auf der anderen Seite zwingt Menschen dazu, individuelle Entscheidungen zu treffen. Dabei wird in der Volkswirtschaftslehre davon ausgegangen, dass der Mensch als rationales[2] Wirtschaftssubjekt nach dem ökonomischen Prinzip ► handelt, was bedeutet, dass er sich für die Alternative entscheidet, die ihm den größten Nutzen bringt. Gemessen wird dieser Nutzen dabei an der Stärke der Bedürfnisbefriedigung, zu der es beim Konsum[3] des Gutes kommt.

Nutzen bezeichnet die Stärke der Bedürfnisbefriedigung beim Konsum eines Gutes.

Menschen streben danach, ihren **Nutzen zu maximieren.** Dies bedeutet, dass Entscheidungen so getroffen werden, dass sie den Menschen bestmöglich zufriedenstellen.

Ein Haushalt hat für Getränke ein monatliches Budget von 60,00 EUR. Das Budget kann entweder für Mineralwasser oder Champagner ausgegeben werden. Mit dem Ziel, den Nutzen zu maximieren, verteilt der Haushalt sein Budget so, dass der Nutzen beider Güter am höchsten ist. Um den Flüssigkeitshaushalt zu decken, werden 4 Kästen Mineralwasser pro Monat benötigt. Da ein Kasten 5,00 EUR kostet, werden die ersten 20,00 EUR des Budgets für Mineralwasser ausgegeben. Das Bedürfnis nach Flüssigkeit ist damit befriedigt und ein weiterer Kasten Wasser bringt der Befriedigung des Grundbedürfnisses keinen weiteren Nutzen (= abnehmender Grenznutzen). Die verbleibenden 40,00 EUR des Budgets können nun für die Befriedigung von Luxusbedürfnissen verwendet werden, z. B. für den Kauf einer Flasche Champagner.

[4] Präferenz: *Vorliebe*

Bei der Entscheidung für oder gegen den Konsum eines Gutes spielen auch **Präferenzen**[4] eine Rolle. Manche Menschen bevorzugen Geld, andere Freizeit oder fühlen sich gut dabei, wenn sie die Umwelt schützen. Je nach Situation können sich Präferenzen auch ändern.

An einem sehr kalten Wintertag stiftet eine Tasse Punsch auf dem Weihnachtsmarkt dem Besucher einen höheren Nutzen als eine gekühlte Apfelschorle. In dieser Situation wird der Besucher die Tasse heißen Punsch gegenüber der Apfelschorle bevorzugen. Somit hat er eine Präferenz für Punsch.

Wenn ein Mensch seinen Nutzen maximiert, bedeutet dies, dass er sich für die Option entscheidet, die seine Präferenzen am besten erfüllt.

Präferenz ist die individuelle Vorliebe für ein Gut, das einen höheren Nutzen stiftet als andere Güter.

1.3 Knappheit von Ressourcen und Gütern

1.3.1 Freie und wirtschaftliche Güter

Um unsere Bedürfnisse, seien sie bewusst oder unbewusst, zu befriedigen, konsumieren wir Güter. Allerdings stehen diese Güter nicht jedem in unbegrenzter Menge und nutzbarer Form zur Verfügung. Güter müssen zunächst durch wirtschaftliche Tätigkeiten aus Ressourcen hergestellt werden und werden dann zum Verkauf angeboten. Dabei entstehen Herstellungskosten, die im Verkauf durch den Preis gedeckt werden. Es handelt sich hierbei um wirtschaftliche Güter. Diese sind im Verhältnis zu unseren vielfältigen Bedürfnissen knapp, da sie nur in einer begrenzten Stückzahl produziert werden können[1].

Wirtschaftliche Güter[2] sind Güter, die durchgehend neu erzeugt werden müssen, dabei Kosten verursachen, in begrenzter Menge zur Verfügung stehen und einen Preis besitzen.

[1] Der mit wirtschaftlichen Gütern verbundene Preis ist bei freier Preisbildung ein Knappheitsindikator.

[2] Synonym wird oft auch von *knappen Gütern* gesprochen.

Wirtschaftliche Güter lassen sich in materielle und immaterielle Güter unterteilen. Dabei werden materielle Güter, wie z. B. ein Fußball, auch als Waren oder Sachgüter bezeichnet. Das bedeutet, dass man diese Güter physisch erreichen (= anfassen) kann. Immaterielle Güter dagegen sind keine physisch greifbaren Gegenstände. Sie sind „unsichtbar", hierzu zählen z. B. Versicherungen, Rechtsberatung oder ärztliche Behandlung. Sie sind grundsätzlich nicht lagerfähig. Des Weiteren können wirtschaftliche Güter auch in Konsum- und Produktionsgüter unterteilt werden.

Die Kartoffel ist ein Konsumgut, wenn sie im privaten Haushalt zur Zubereitung des Mittagessens verwendet wird. Wird sie jedoch in einem Restaurant zubereitet oder zur Herstellung von Chips verwendet, so ist sie ein Produktionsgut.

Anders als wirtschaftliche Güter stehen freie Güter unbegrenzt zum Konsum bereit. Es bedarf keines Herstellungsprozesses und deshalb haben diese Güter auch keinen Preis. Sie sind kostenlos verfügbar. Als Beispiele für freie Güter können z. B. Sonne, Meerwasser und Luft genannt werden.

Freie Güter stehen unbegrenzt zur Verfügung, verursachen keine Kosten bei der Herstellung und haben keinen Preis.

Durch die generelle Zunahme an Bedürfnissen und die ständig wachsende Weltbevölkerung werden freie Güter allerdings zunehmend zu wirtschaftlichen Gütern. Dies liegt daran, dass mit den freien Gütern sehr verschwenderisch umgegangen wird. Zum Beispiel kann Luft zwar generell als freies Gut betrachtet werden, jedoch ist die Qualität in verschiedenen Regionen sehr unterschiedlich. So bieten Kurorte z.B. „gesunde Luft“ an.

Güter sind also überwiegend begrenzt verfügbar und so kommt es zu dem Problem, dass unsere vielfältigen Bedürfnisse nicht ausreichend gedeckt werden können. Dieses Problem stellt das **Grundproblem wirtschaftlichen Handelns** dar.

1.3.2 Wachsende Bedürfnisse, begrenztes Angebot

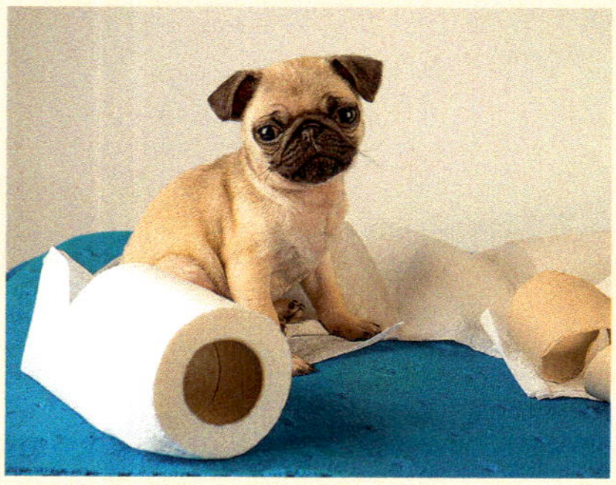

dm landet mit Mops-Klopapier Verkaufshit

[...] Hunde gehen immer: Das hat sich vermutlich auch der Drogeriemarkt dm gedacht und eine limitierte Toilettenpapier-Edition mit aufgedruckten Mops-Bildern auf den Markt gebracht. Mehrere Kunden posteten Bilder des gekauften Klopapiers in sozialen Medien. „Aufgrund der hohen Nachfrage ist das Toilettenpapier teilweise in einigen dm-Märkten nicht mehr erhältlich“, sagte Geschäftsführerin Kerstin Erbe am Mittwoch der Deutschen Presse-Agentur. [...]

Quelle: dpa, Deutsche Presse Agentur GmbH, 16. Januar 2019

Annähernd alles, das unsere Bedürfnisse befriedigt oder das benötigt wird, um Güter zu produzieren (Ressourcen), ist knapp. Zu den Ressourcen einer Volkswirtschaft gehören:

- Natur (Land, Bodenschätze)
- Arbeit (verfügbare Zeit der Erwerbstätigen[1])
- Sachkapital (Maschinen, Gebäude und andere produzierte Vermögenswerte)
- Humankapital (Ausbildungsniveau und die Fähigkeiten der Erwerbstätigen) ►.

Bedürfnisse sind unbegrenzt, aber die Möglichkeiten, sie zu befriedigen, sind begrenzt.

Es gibt nur eine endliche Menge an Eisenerz, aus dem der Stahl für Autos gewonnen werden kann. Ebenso sind auch die Ölvorräte begrenzt, aus denen das Benzin für Autos hergestellt wird. Dieses knappe Öl wird zudem benutzt, um Wohnungen zu heizen und um Strom in Kraftwerken zu gewinnen.

Dies führt zu zwei entscheidenden Problemen:

- Wie werden diese knappen Güter und Ressourcen verteilt? Wenn nicht alle Bedürfnisse befriedigt werden können, benötigen wir einen Mechanismus, der festlegt, wer welche Ressourcen verwendet, um Güter zu produzieren. Dieser Mechanismus muss zudem die knappen produzierten Güter auf die Menschen verteilen.
- Ist in einer Welt mit begrenzten Ressourcen überhaupt nachhaltiges Wirtschaftswachstum möglich? Wie können wir erklären, dass die meisten Volkswirtschaften ihre Produktion von Gütern seit der industriellen Revolution im 19. Jahrhundert stetig ausgeweitet haben? Ist es möglich, dass zukünftige Generationen einen noch höheren Lebensstandard genießen, obwohl wir Rohstoffe verbrauchen?

[1] Erwerbstätige (Definitionen der internationalen Arbeitsorganisationen [IAO]):
Personen von 15 Jahren und mehr, die mindestens eine Stunde pro Woche für Entgelt irgendeiner beruflichen Tätigkeit nachgehen/in einem Arbeitsverhältnis stehen
Oder: Selbstständige (Freiberufler, Handwerker, Landwirte)
Oder: mithelfende Familienangehörige (arbeiten im Betrieb eines Familienmitglieds ohne Lohn oder Gehalt mit)
Zudem: Soldatinnen und Soldaten/Personen in Freiwilligendiensten
Auch: vorübergehend nicht arbeitende Personen (Urlauber, Kranke, Streikende, Mutterschafts- und Elternurlauber, Schlechtwettergeldempfänger)

Klassifizierung der Produktionsfaktoren
► I • 2.3.1

1.3.3 Ressourcenknappheit

Wie wird in einer Welt mit begrenzten Ressourcen und unbegrenzten Bedürfnissen bestimmt, welche Bedürfnisse befriedigt werden und welche nicht? Volkswirte versuchen, unter anderem die folgenden Fragen zu beantworten:

- Was und wie viel soll produziert werden?
- Wie soll es hergestellt werden?
- Für wen soll es hergestellt werden?

Nicht alle Güter sind gleichermaßen knapp: In Deutschland können sich fast alle Menschen problemlos mit Grundnahrungsmitteln versorgen, aber die meisten Deutschen hätten gerne ein schnelleres Auto oder eine größere Wohnung.

Bei vielen Gütern und Ressourcen zeigen deren Preise, wie knapp diese sind. Wenn die Nachfrage nach einem Gut dessen Angebot übersteigt, werden die Anbieter versuchen, die Preise zu erhöhen, sofern sie auch zum höheren Preis noch Käufer[1] finden. Deshalb kostet eine Badewanne voller Wasser einige Cent, ein Kilo Äpfel einige Euro und wenige Gramm Diamanten kosten ein Vermögen.

[1] In der Volkswirtschaft spricht man von *Konsument* oder *Verbraucher,* der zur eigenen privaten Bedürfnisbefriedigung ein Gut käuflich erwirbt.

Preise signalisieren die Knappheit von Gütern oder Ressourcen. Wenn mehr Menschen ein Gut nachfragen oder weniger von diesem Gut angeboten wird, können die Anbieter einen höheren Preis verlangen. ►

Preisveränderungen im vollkommenen Markt

► I • 7.4

Je knapper ein Gut und je höher somit der Preis ist, desto weniger Menschen können es sich leisten, es zu kaufen. Die Menschen, für die der Kauf dieses Gutes besonders wichtig ist und die die größte Zahlungsbereitschaft dafür haben, werden diejenigen sein, die es letztendlich erhalten. Derselbe Mechanismus ermöglicht auch die Verteilung von Ressourcen in der Herstellung von Gütern. Unternehmen, die effizient produzieren[2] und dabei möglichst viele oder hochwertige Güter herstellen, können für die hierfür benötigten Ressourcen die höchsten Preise bieten. Zudem ist, wenn es sich um teure Rohstoffe handelt, der Anreiz[3] größer, durch verbesserte Produktionsverfahren sparsamer mit diesen umzugehen.

[2] Effizient wird dann produziert, wenn mit möglichst wenig Aufwand an knappen Ressourcen ein möglichst großes Resultat erzielt wird.

[3] Anreiz: *Vorteil, den Menschen oder Unternehmungen realisieren können, wenn sie ihr Verhalten ändern*

Die Höhe des Preises bestimmt die Verteilung von knappen Gütern und Ressourcen.

Für die meisten Güter und Ressourcen signalisieren Preise deren Knappheit sehr genau. Es gibt jedoch einige Ressourcen, bei denen dieser Mechanismus nicht funktioniert.

Sie können ein Lagerfeuer anzünden und die Luft verschmutzen, ohne dafür zu bezahlen. Sie können mit einem alten Auto fahren und die Luft verpesten, ohne dafür zu bezahlen. Da Sie das „Verschmutzen" nicht bezahlen müssen, haben Sie einen Anreiz, die saubere Luft zu stark zu beanspruchen.

Falls kein Preis für das Nutzen oder Verschmutzen einer Ressource existiert, kann es dazu kommen, dass die Menschen diese Ressource zu stark beanspruchen und dadurch der Umwelt und anderen Menschen ernst zu nehmenden Schaden zufügen. Daher müssen Politiker die Güter und Ressourcen identifizieren, für die die Verteilung durch Preise nicht möglich ist, und Maßnahmen ergreifen, die dieses Problem lösen.

FALLSTUDIE Der Ölpreis

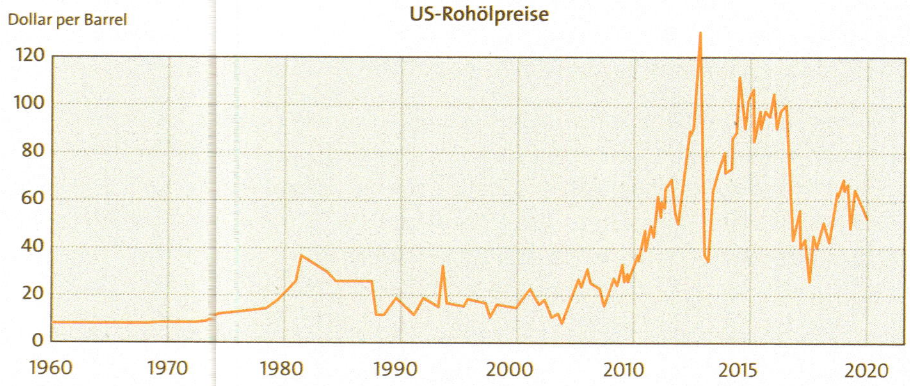

Quelle: U.S. Energy Information Administration (Jan. 2020)

Betrachten Sie die Entwicklung des Ölpreises in den letzten 50 Jahren. Wir wissen, dass das Ölangebot begrenzt ist, aber es ist nicht konstant. Im Jahr 1973 entschieden mehrere der wichtigsten Öl produzierenden Länder (OPEC), weniger Öl zu fördern. Öl wurde knapper und die Ölpreise stiegen deutlich an. Als Reaktion hierauf bat die Regierung die Bevölkerung, Benzin zu sparen, und erließ sogar ein Fahrverbot für Autos für vier Sonntage in Folge. Ende der 1970er-Jahre führte eine weitere Verknappung des Ölangebots zu einem noch stärkeren Anstieg der Preise.

Der Preis einer endlichen Ressource steigt jedoch nicht zwingend immer weiter. In den letzten Jahren erhöhten beispielsweise neue Fördertechniken (z. B. „Fracking") das Ölangebot und übten Druck auf die Preise aus, sodass diese wieder gefallen sind.

ARBEITSAUFTRÄGE

1. Welchen Effekt sollte es auf den Ölpreis haben, wenn die weltweiten Ölreserven endlich sind und wir stetig Öl verbrauchen?
2. Wie werden Unternehmen und Konsumenten auf diese Preisentwicklung reagieren?
3. Wie würde die Entwicklung einer billigen, sicheren und sauberen Energiequelle den Ölpreis beeinflussen?

1.3.4 Endliche Ressourcen und langfristiges Wirtschaftswachstum

Wenn unsere Ressourcen begrenzt sind, wie ist es dann möglich, dass Deutschland stetig mehr Güter produziert? Vor 200 Jahren lebten etwa 30 Millionen Menschen in Deutschland. Die meisten von ihnen hatten gerade genug zum Überleben. Nahrungsmittel waren sehr knapp und ein großer Teil der Bevölkerung arbeitete in der Landwirtschaft. Viele Menschen konnten nur ihre Grundbedürfnisse befriedigen.

Inzwischen leben 83 Millionen Menschen in Deutschland. Nur etwa ein Prozent der Bevölkerung arbeitet heute in der Landwirtschaft. Obwohl die Menge an Boden, der für Landwirtschaft verwendet werden kann, nicht zugenommen hat, produziert dieses eine Prozent mehr als genug Lebensmittel, um die gesamte Bevölkerung zu versorgen. Die Menschen genießen heute einen viel höheren Lebensstandard, auch wenn es selbstverständlich immer noch unerfüllte Bedürfnisse gibt. Es werden mehr Güter von höherer Qualität konsumiert, während die Menschen zugleich mehr Freizeit als jemals zuvor haben.

Was hat sich geändert? Neue Erfindungen wie Traktoren, Kunstdünger und der Einsatz von intelligenten Computersystemen machen Landwirte produktiver[1]. Es werden jetzt weniger Landwirte benötigt, um das ganze Land zu ernähren. Der Rest der Bevölkerung kann moderne Technologien nutzen, um beispielsweise Autos oder Medikamente herzustellen.

Die wichtigste Voraussetzung für langfristiges Wirtschaftswachstum ist also technischer Fortschritt. In einer Welt mit endlichen Ressourcen können die wachsenden Bedürfnisse einer wachsenden Bevölkerung nur befriedigt werden, wenn die begrenzten Ressourcen immer produktiver eingesetzt werden.

[1] Produktivität: *Verhältnis zwischen produzierten Gütern und den dafür eingesetzten Ressourcen*

Technischer Fortschritt kann helfen, auch bei begrenzten Ressourcen mehr Güter zu produzieren.

Je knapper Ressourcen wie Öl oder Erdgas werden und je stärker die Preise für diese Ressourcen steigen, desto größer sind die Anreize, alternative Technologien wie z. B. Solarenergie zu erforschen oder teure Ressourcen nach deren Nutzung zu recyceln.

Dies bedeutet aber auch, dass die Grenzen des Wachstums den Grenzen des technischen Fortschritts entsprechen. Falls Wissenschaftler, Ingenieure und Produzenten (auch Unternehmen genannt) an einen Punkt gelangen, an dem weder die in der Produktion benötigten Ressourcen verringert werden können noch andere Wege gefunden werden, diese Ressourcen durch andere, weniger knappe zu ersetzen, wird das Wirtschaftswachstum zum Erliegen kommen.

[1] Mooresches Gesetz: *formuliert 1969 von Gordon Moore, einem Mitgründer von Intel*

Technischer Fortschritt ist in der IT-Branche besonders bedeutend. So besagt beispielsweise das Mooresche Gesetz[1], dass sich die Anzahl der Transistoren auf einem Computerchip (oder dessen Geschwindigkeit) etwa alle 18–24 Monate verdoppelt. Das mag zunächst nicht besonders spektakulär klingen, führt aber nach mehreren Dekaden zu einem gewaltigen Wachstum. So hatte der Computer, der bei der Mondlandung 1969 verwendet wurde, etwa 4 KB (Kilobyte) Arbeitsspeicher. Moderne Smartphones haben dagegen inzwischen 4 GB Arbeitsspeicher, das sind 4 000 000 KB.

1.4 Ökonomisches Prinzip

1.4.1 Handeln nach dem ökonomischen Prinzip

[2] effizient: *so, dass mit möglichst wenig Aufwand ein möglichst großes Resultat erzielt wird*

Alles wirtschaftliche Handeln wird von unseren als unbegrenzt angenommenen Bedürfnissen und dem knappen Angebot an Gütern und Ressourcen bestimmt. Dabei muss eine Strategie zum effizienten[2] Einsatz dieser knappen Güter und Ressourcen entwickelt werden. In der Volkswirtschaft bedeutet dies, dass gewirtschaftet wird.

Der Einsatz aller knappen Güter und Ressourcen erfolgt nach dem ökonomischen Prinzip, welches auch als Grundsatz des vernünftigen menschlichen Handelns (Rationalprinzip) gilt.

Nach dem ökonomischen Prinzip zu handeln bedeutet, den Nutzen zu maximieren. Je nach den individuellen Präferenzen kann dies für verschiedene Menschen(gruppen) unterschiedliche Dinge bedeuten:

- **Unternehmen – Gewinnmaximierung**
- **Konsument – Nutzenmaximierung**
- **Staat – Maximierung des Allgemeinwohls**

Der Gedanke, dass es am besten für die Gesellschaft ist, wenn jeder einzelne Mensch seinen Nutzen maximiert, wurde erstmals von Adam Smith in seinem Buch „Wohlstand der Nationen" veröffentlicht:

„Es ist nicht die Wohltätigkeit des Metzgers, des Brauers oder des Bäckers, die uns unser Abendessen erwarten lässt, sondern [die Tatsache], dass sie nach ihrem eigenen Vorteil trachten."

(übersetzt von der Autorin)

i

Adam Smith (1723–1790)

Schottischer Wirtschaftswissenschaftler

Adam Smith, der Gründer der modernen Volkswirtschaftslehre (damals Nationalökonomie genannt), wurde 1723 in der schottischen Stadt Kirkcaldy geboren. Er studierte an den Universitäten von Glasgow und Oxford. Als Professor für Logik und Moralphilosophie kehrte er nach Glasgow zurück.

Smith ist hauptsächlich bekannt für sein Buch „Wohlstand der Nationen“ (An Inquiry into the Nature and Causes of the Wealth of Nations, 1776). Darin diskutiert Smith, wie rationaler Eigennutz und Wettbewerb zum wirtschaftlichen Wohlstand eines Landes führen können. Dabei spricht er von einer ordnenden und regulierenden Kraft (die „unsichtbare Hand“), die sich aus den Handlungen der Einzelnen für die gesamte Gesellschaft ergibt. Adam Smith wird als der gedankliche „Vater der Volkswirtschaftslehre“ gesehen und seine Theorien finden auch heute noch Anwendung.

1.4.2 Minimal- und Maximalprinzip

Sie werden bald volljährig und wollen sich ein eigenes Auto kaufen. Sie haben 3.000,00 EUR gespart und haben folgende Entscheidungsalternativen:

1. Sie könnten das alte, etwas rostige Auto eines Freundes für 1.500,00 EUR kaufen und den Rest des Geldes für andere Wünsche aufheben.
2. Sie könnten die 3.000,00 EUR für ein jüngeres Auto ausgeben, das keinen Rost und eine bessere Ausstattung hat.

Was wäre die rationale Entscheidung in diesem Fall? Tatsächlich könnte die Entscheidung für jede der beiden Alternativen rational sein.

Nach dem ökonomischen Prinzip zu handeln, kann zwei verschiedene Ausprägungen haben:

- **Maximalprinzip**
  mit einem vorgegebenen Einsatz von Mitteln oder Aufwand, ein maximales Ergebnis/Ziel erreichen (also hier das bessere Auto für 3.000,00 EUR)
- **Minimalprinzip**
  ein vorgegebenes Ergebnis/Ziel mit einem minimalen Einsatz von Mitteln oder Aufwand erreichen (also hier das ältere Auto für 1.500,00 EUR)

zusätzliche Aufgaben zu Kapitel 1

▶ Webcode WGW_I_1_A-Zusatz

Aufgaben zu Kapitel 1

1. Unterscheiden Sie die Begriffe *Bedürfnis, Bedarf* und *Nachfrage* anhand eines selbst gewählten Beispiels.
2. Ordnen Sie nachfolgende Aufzählung den unterschiedlichen Bedürfnisarten zu. Mehrfachnennungen sind möglich.
   - Kauf eines Tablets
   - Ausbau des landesweiten Stromnetzes
   - Schlagzeugunterricht
   - Unterbringung von Flüchtlingen in Auffanglagern
3. Obwohl die Theorie von Maslow bis heute eine hohe Erklärungskraft hat, ist sie nicht unumstritten. Erläutern Sie drei mögliche Kritikpunkte an der Maslowschen Bedürfnispyramide. Recherchieren Sie hierzu im Internet.
4. Denken Sie über Ihre eigenen Präferenzen (= Vorlieben) nach. Welche Aktivitäten geben Ihnen den höchsten Nutzen? Geben Sie fünf Beispiele.
5. Bilden Sie Gruppen aus drei Schülern. Stellen Sie sich vor, Sie fahren mit einem Schiff über den Ozean und sind noch zweitausend Kilometer vom Festland entfernt. Unerwartet tritt ein Notfall ein und das Schiff geht unter. Sie können sich mit einigen anderen noch auf ein Ruderboot retten. In der Not konnten Sie noch fünfzehn Gegenstände auf das Rettungsboot transportieren. Bewerten Sie die Wichtigkeit der fünfzehn Gegenstände für Ihr Überleben (1 sehr wichtig, 15 eher unwichtig).

   Harpune, 2 Päckchen Schokolade, Angel mit Zubehör, 20 Liter Trinkwasser, Seekarte, 4 m² Kunststofffolie, 5 m Nylonseil, kleiner Spiegel, Schwimmwesten, Notrationen (Nahrung), 10 Liter Treibstoff, Sextant, Radio (inkl. Batterien), Moskitonetz, 2 Liter hochprozentiger Rum (80 %)
6. Vor einigen Jahren haben wir begonnen, Weizen und andere Getreidesorten für die Produktion von Benzin zu verwenden. Welche Auswirkungen würden Sie dadurch auf die Knappheit von Lebensmitteln und Öl erwarten? Wie sollte dies die Preise der zwei Rohstoffe beeinflussen?
7. Nennen Sie drei Ressourcen, die nicht knapp sind.
8. Entscheiden Sie in den folgenden Fällen, ob diese Menschen nach dem ökonomischen Prinzip handeln. Erläutern Sie kurz, ob diese Menschen nach dem Minimal- oder Maximalprinzip handeln.
   - **a** Peter möchte seine Freundin mit einem selbst gebackenen Kuchen beeindrucken. Er verwendet den ganzen Nachmittag darauf, den leckersten Kuchen zu backen, der ihm möglich ist, und verziert ihn mit ganz viel Geduld.
   - **b** Jonas muss sein Zimmer aufräumen, bevor er mit seinen Freunden weggehen darf. Er versucht, dies so schnell wie möglich zu erledigen.
   - **c** Katharina hat nur noch einen Nachmittag Zeit, um sich auf eine Präsentation in Englisch vorzubereiten. Sie versucht, das Beste daraus zu machen.

Zusammenfassung: 1 Motive für wirtschaftliches Handeln

Ein Bedürfnis ist der Wunsch, einen empfundenen Mangel zu beseitigen.

Bedarf ist das mit Kaufkraft abgedeckte Verlangen nach Gütern und Ressourcen zur Befriedigung der Bedürfnisse.

Nachfrage ist der Teil des Bedarfs, der am Markt durch eine Kaufentscheidung wirksam wird.

Bedürfnisse

Dringlichkeit
- Existenzbedürfnisse
- Kulturbedürfnisse
- Luxusbedürfnisse

Art der Befriedigung
- Individualbedürfnisse
- Kollektivbedürfnisse

Bewusstheit
- offene Bedürfnisse
- latente, unbewusste Bedürfnisse

Bedürfnisse sind vielfältig, verschieden und unbegrenzt und können beeinflusst werden.

Die Stärke der Bedürfnisbefriedigung beim Konsum eines Gutes wird durch dessen Nutzen beschrieben. Individuelle Präferenzen für Güter spielen dabei eine wichtige Rolle.

Unterscheidung der Güter nach Knappheit

Wirtschaftliche Güter
- stehen nur begrenzt zur Verfügung
- verursachen Produktionskosten
- haben einen Preis

→ Wirtschaftliche Güter können materieller oder immaterieller Natur sein.

Freie Güter
- stehen unbegrenzt zur Verfügung
- verursachen keine Herstellungskosten
- haben keinen Preis

Das Angebot an Ressourcen und Gütern, die notwendig für die Bedürfnisbefriedigung sind, ist begrenzt.
- Preise zeigen für die meisten knappen Güter und Ressourcen an, wie knapp sie sind.
- Knappe Ressourcen sind eher teuer und müssen effizient eingesetzt werden.

Ökonomisches Prinzip

Maximalprinzip
mit einem vorgegebenen Einsatz von Mitteln oder Aufwand ein maximales Ergebnis/Ziel erreichen

Minimalprinzip
ein vorgegebenes Ergebnis/Ziel mit einem minimalen Einsatz von Mitteln oder Aufwand erreichen

Nach dem ökonomischen Prinzip zu handeln bedeutet, den Nutzen zu maximieren.

2 Volkswirtschaftliche Probleme

Wenn Deutschland nicht bald in die Batterie-Fertigung einsteigt, wird der Rückstand auf Asien zu groß.

Bekleidungsindustrie will nachhaltiger werden

Ford präsentiert neue Modelle für Europa – aber Batterieautos fehlen

Deutsche Unternehmer klagen über Fachkräftemangel

China investiert in Afrikas Infrastruktur

3-D-Drucker stellen bisherige Produktionsprozesse infrage

Opel holt den Astra zurück nach Rüsselsheim

CO_2-Emissionen von reichen Ländern „ausgelagert“

Premiummarken tolerieren asiatische Ausbeuterbetriebe

Dieselaffäre: Chance für bessere Technologien!

In vielen Betrieben werden heutzutage unzählige verschiedene Güter zur Bedürfnisbefriedigung von Millionen von Konsumenten produziert. Da es so viele individuelle Bedürfnisse und nur begrenzte Produktionsmöglichkeiten gibt, muss sich eine Gesellschaft entscheiden, welche Waren und Dienstleistungen produziert werden und wie die Produktion erfolgen soll. Die Beantwortung der Frage hängt insbesondere davon ab, welche Ressourcen benötigt werden und zur Verfügung stehen. Die zu treffenden Entscheidungen können abgesehen von ihrer wirtschaftlichen Bedeutung auch weitreichende Folgen für jeden Einzelnen, die Gesellschaft sowie unbeteiligte Dritte haben. In jeder Volkswirtschaft muss entschieden werden:

- *Welche Güter sollen in welcher Menge produziert werden?*
- *Wie sollen diese Güter produziert werden?*
- *Für wen sollen diese Güter produziert werden?*
- *Von wem und wie werden die Entscheidungen getroffen?*

2.1 Grundfragen jeder Volkswirtschaft

Um Grundlagen der Wirtschaft verständlich zu machen, wird oft die Romanfigur Robinson Crusoe herangezogen, die einst auf einer tropischen Insel strandete.

Robinson Crusoe

Alleine auf einer Insel gestrandet, braucht Robinson eine Unterkunft und etwas zu essen. Deshalb sucht er sich eine Höhle und wird zum Jäger. Aus dem Jäger wird später, als ihm die gegebenen Ressourcen nicht mehr ausreichen, ein Ackerbauer, Viehzüchter und Handwerker. Er baut sich eine Hütte und begründet die Anfänge einer gesellschaftlich-staatlichen Ordnung, als er den Eingeborenen Freitag rettet und ihn zu seinem Begleiter macht. Sie bauen gemeinsam Häuser, jagen und produzieren und Robinson regelt sein Verhältnis zu neu ankommenden Schiffsbrüchigen und zu den Kannibalen aus der Nachbarschaft. In der Entwicklung von Robinsons Reich spiegelt sich der Aufstieg und die Entwicklung der Menschheit.

Aus volkswirtschaftlicher Sicht handelt es sich bei der Geschichte Robinsons um ein **naturalwirtschaftliches[1] Modell.** In solch einem Modell spielt Geld keine Rolle. Hier tauschen Menschen Güter direkt gegen Güter, die sie gerne hätten. Robinson hatte auf seiner Insel gewisse Bedürfnisse, die er mit den vorhandenen Produktionsmöglichkeiten zu stillen versuchte. Unter der Annahme, dass die Insel vom Rest der Welt abgeschnitten ist, gibt es in dem Modell nur den einen Produzenten Robinson (Ziel: Gewinnmaximierung) sowie den einen Konsumenten Robinson (Ziel: Nutzenmaximierung). Es gibt nur zwei Produkte (Fisch und Früchte). Robinson hat nur zwei Produktionsfaktoren ► zur Verfügung – sich selbst (Arbeit) und die Ressourcen der Insel (Boden). Das Modell eröffnet neue Möglichkeiten, als Robinsons Freund Freitag auf die Insel kommt. Es gibt nun zwei potenzielle Produzenten und Konsumenten, die sich die anfallende Arbeit teilen können. Gleichzeitig müssen aber die Produkte (auch *Konsumgüter* genannt) geteilt werden. Robinson muss genau wie in einer realen Wirtschaft Entscheidungen darüber treffen, was, wie und für wen produziert werden soll. Falsche Entscheidungen könnten ihn und seinen Freund das Leben kosten.

[1] Naturalien: *landwirtschaftliche Naturerzeugnisse (z. B. Feldfrüchte, Vieh)*

Produktionsfaktoren
► I • 2.3

Vergleich zwischen Entscheidungen in einer Volkswirtschaft und einer Robinsonwirtschaft		
	Volkswirtschaft	**Robinsonwirtschaft**
Welche Güter sollen in welcher Menge produziert werden?	Entscheidung über Art und Umfang der produzierten Güter	Entscheidung, ob nur Früchte gesammelt werden oder auch Fische vom Ufer aus gefangen werden
Wie sollen die Güter produziert werden?	Entscheidung über Art und Weise der Produktion (Verfahren, Methoden, Technologien)	• Entscheidung, ob ein Boot gebaut werden soll, um vom Meer aus zu fischen • Entscheidung, ob sich der jüngere und wendigere Freitag auf das Sammeln von Früchten auf den Bäumen spezialisieren soll und Robinson mit all seiner Erfahrung besser Fische fängt
Für wen sollen die Güter produziert werden?	Entscheidung über die Verteilung der produzierten Güter (Produktionsmengen, Einfuhren, Ausfuhren und Verbrauchsmengen)	Entscheidung, ob und wie die produzierten Güter (Fische und Früchte) geteilt werden sollen: Erhalten beide 20 Früchte pro Tag oder ist es besser, wenn der junge Freitag 30 Früchte erhält, da er bei der Ernte mehr körperliche Arbeit leistet, und der weniger rüstige Robinson nur 10?
Von wem und wie werden die Entscheidungen getroffen?	Entscheidung über ein (staatliches) Regelsystem, das die wirtschaftlichen Aktivitäten aufeinander abstimmt und somit die volkswirtschaftliche Grundfrage was, wie und für wen produziert wird, löst	Entscheidung, ob Robinson bestimmt, ob Freitag Früchte und Fische beschaffen und konsumieren darf, oder ob jeder für sich selbst entsprechend der individuellen Bedürfnisse entscheidet, was und wie viel er konsumiert

2.2 Güterarten

2.2.1 Rivalität im Konsum und Ausschließbarkeit

Welche Güter sollen in welcher Menge produziert werden?
Um darüber entscheiden zu können, welche Güter produziert werden sollen, muss zunächst definiert werden, welche Arten von Gütern unterschieden werden können:

- **physische Waren (= Sachgüter)** wie Smartphones, Schuhe oder Autos
- **Dienstleistungen**[1] wie Bildung, medizinische Versorgung, Bankenwesen oder Versicherungen

Es gibt zwei grundlegende Eigenschaften, anhand derer man Güter unterscheiden kann.

Manche Güter können von vielen Menschen gleichzeitig genutzt werden, ohne deren Nutzen für ein anderes Individuum[2] einzuschränken. Die Menschen müssen nicht um das Vorrecht des Konsums in Rivalität treten.

Wenn ein Mensch in einem See schwimmt, hat es keinen negativen Effekt auf diese Person, wenn einige weitere dazukommen. Im Kino kann eine Person einen Film genießen, auch wenn gleichzeitig einige andere Menschen denselben Film ansehen.

Andere Güter können nicht von mehreren Personen genutzt bzw. konsumiert werden, ohne deren Nutzen für die einzelnen Individuen zu reduzieren. In diesem Fall liegt Rivalität im Konsum vor.

[1] Charakteristisch erfolgt bei Dienstleistungen die Herstellung und die Nutzung simultan (gleichzeitig, in einem Vorgang).

[2] Individuum: *Mensch als Träger von Rechten, Verantwortung und Pflichten*

Wenn jemand sein eigenes Frühstück gegessen hat, kann niemand anderes dasselbe Stück Brot noch einmal essen. Ebenso steht ein Bus im Stau, weil viele andere Autos und Busse versuchen, dieselbe Straße zu verwenden, und sich dabei gegenseitig stören und blockieren.

Die erste zentrale Eigenschaft von Gütern ist daher Rivalität im Konsum.

Rivalität im Konsum liegt vor, wenn der Konsum eines Gutes durch eine Person den Konsum desselben Gutes durch andere Personen einschränkt oder verhindert.

Bei manchen Gütern ist es möglich, andere Menschen von der Nutzung dieser Güter auszuschließen. Die zweite wichtige Eigenschaft von Gütern ist daher Ausschließbarkeit.

Ich muss mein Frühstück mit niemandem teilen und nur Menschen, die ein Kinoticket kaufen, dürfen einen Kinosaal betreten.

Bei einem Gut liegt Ausschließbarkeit vor, wenn es möglich ist, andere Individuen am Konsum dieses Gutes zu hindern.

Anhand dieser beiden Eigenschaften können Güter in vier Güterarten unterteilt werden:

- **private Güter**
  Bei privaten Gütern liegt sowohl Rivalität im Konsum als auch Ausschließbarkeit vor, z. B. Frühstück, Smartphone.
- **öffentliche Güter**
  Öffentliche Güter sind weder rivalisierend im Konsum, noch können andere Menschen von deren Nutzung ausgeschlossen werden, z. B. Landesverteidigung, Leuchtturm, Deich, Straßenbeleuchtung.
- **Klubgüter** (auch Mautgüter genannt)
  Klubgüter sind nicht rivalisierend im Konsum (zumindest bis zu einer gewissen Grenze), aber Ausschließbarkeit liegt vor, z. B. Kino, Schwimmbad, Bücherei.
- **Allmendegüter**
  Bei einem Allmendegut können andere nicht von der Nutzung ausgeschlossen werden, aber je mehr Menschen es nutzen, desto stärker sinkt der individuelle Nutzen, der aus seinem Konsum gezogen werden kann, z. B. öffentliche Straße, die Umwelt.

Tragik der Allmende
▶ I • 3.5.2

		Rivalität im Konsum	
		ja	**nein**
Ausschließbarkeit	**ja**	private Güter	Klubgüter
	nein	Allmendegüter	öffentliche Güter

2.2.2 Effiziente Bereitstellung unterschiedlicher Güterarten

Warum sollten wir uns für die unterschiedlichen Güterarten und deren Eigenschaften interessieren? Betrachten wir, was dahintersteckt:
Ein Bäcker verdient seinen Lebensunterhalt, indem er aus Wasser, Mehl und anderen Zutaten z. B. Brot, ein privates Gut, zubereitet und dieses an seine Kunden verkauft. Er wird jedoch nur an Menschen verkaufen, die bereit sind, einen angemessenen Preis zu zahlen. Er kann also Geld verdienen, weil bei seinem Gut Ausschließbarkeit vorliegt.
Da bei Brot auch Rivalität im Konsum vorliegt, muss jeder einzelne Kunde sein eigenes Brot kaufen. Seine Kaufentscheidung hängt davon ab, ob ihm das Brot den verlangten Preis wert ist. So kann der Bäcker direkt beobachten, wie groß die Nachfrage für sein Brot bei einem bestimmten Preis ist.
Da der Bäcker genug Geld verdienen muss, um seine eigenen Rechnungen zu bezahlen und zudem vom Verkauf zu leben, wird er versuchen, die verwendeten Zutaten so effizient wie möglich einzusetzen. Backt er z. B. zu viele Brote, muss er einige davon wegwerfen. In der Zukunft wird er dann entweder seinen Preis senken oder weniger Brote backen.

Die Preise von privaten Gütern spiegeln sowohl die Produktionskosten als auch die Zahlungsbereitschaft der Konsumenten wider. Daher können private Güter üblicherweise effizient von Produzenten (Unternehmen) bereitgestellt werden.

- Ausschließbarkeit garantiert, dass Konsumenten für die Nutzung von Gütern auch zur Bezahlung gezwungen werden können.
- Rivalität im Konsum stellt sicher, dass jeder individuelle Konsument ein Gut kaufen wird, wenn dessen individueller Nutzen aus dem Konsum den Güterpreis übersteigt.

Daher haben Produzenten (Unternehmen) einen Anreiz, private Güter bereitzustellen, solange Konsumenten mit einer ausreichend hohen Zahlungsbereitschaft vorhanden sind. Die Unternehmen können Umsätze und Preise nutzen, um zu entscheiden, wie viel sie produzieren.

Rivalität und Ausschließbarkeit sind entscheidend für die optimale Bereitstellung von Gütern. Wenn mindestens eine der beiden Eigenschaften nicht zutrifft, können Unternehmen falsche Anreize für die Produktion haben:

- Wenn es nicht möglich ist, andere Menschen vom Konsum eines Gutes auszuschließen, sind potenzielle Käufer möglicherweise nicht bereit, dafür zu bezahlen. Stattdessen hoffen sie, das Gut kostenlos nutzen zu können. Dieses Phänomen ist bekannt als das **Trittbrettfahrerproblem**. ▶
  Da jeder ein Gut ohne Ausschließbarkeit umsonst nutzen kann, sobald es produziert wurde, wird niemand freiwillig bereit sein, für die Produktionskosten aufzukommen. Somit können die Produzenten ihre Herstellungskosten nicht decken und werden dieses Gut nicht (oder zumindest in zu geringer Menge) anbieten. Aus diesem Grund werden öffentliche Güter und Allmendegüter häufig staatlich reguliert oder bereitgestellt und durch Steuern finanziert.

Trittbrettfahrerproblem
▶ I • 3.7

- Wenn bei einem Gut keine Rivalität im Konsum vorliegt, dann ist die individuelle Zahlungsbereitschaft des Einzelnen niedriger als der Nutzen dieses Gutes für die gesamte Gesellschaft. Falls dabei ein Ausschluss vom Konsum möglich ist, ist dieser nicht effizient, da ein zusätzlicher Konsument keinen anderen beeinträchtigt. Der Staat kann versuchen, den gesellschaftlichen Gesamtnutzen abzuschätzen, und, wenn der Gesamtnutzen die Bereitstellungskosten übersteigt, das Gut bereitstellen. Der Staat kann also helfen, Einzelinteressen für Güter ohne Rivalität zu koordinieren.

Der Staat kann helfen, öffentliche Güter wie die Polizei, Leuchttürme und die Landesverteidigung sowie Klubgüter wie Schwimmbäder und öffentliche Verkehrsmittel effizient bereitzustellen.

Die Bereitstellung öffentlicher Güter durch den Staat führt jedoch zu einem neuen Problem: Welche und insbesondere wie viele öffentliche Güter sollte der Staat bereitstellen? Politiker müssen die Kosten und den Nutzen dieser Güter abschätzen. Manchmal überschätzen sie dabei die Nachfrage nach einem Gut oder unterschätzen dessen Produktionskosten.

Mané-Garrincha-Stadion in Brasilia wird weniger als ein Jahr nach der WM 2014 als Bus-Depot genutzt

Eines von Brasiliens WM-Stadien wird weniger als ein Jahr nach der WM 2014 de facto als Bus-Depot genutzt.
Das **Estádio Mané Garrincha** in Brasilia kostete nach offiziellen Schätzungen fast 350 Millionen US-$. Damit ist es das zweitteuerste Stadion, das jemals gebaut wurde – nur das Wembley-Stadion war teurer. Aber da es in Brasiliens Hauptstadt kein Spitzenteam gibt – selbst die wichtigsten Fußballspiele locken selten mehr als 10 000 Menschen an –, wurde die Kapazität des Stadions von 72 000 Zuschauern seit der Fußball-WM niemals mehr ausgeschöpft. Tatsächlich sind für 2015 bisher nur zwei Freundschaftsspiele geplant.[1]

Quelle: Mirrorpix / Mirror.co.uk / Jack Lang, 2015: Mane Garrincha stadium in Brasilia being used as a BUS DEPOT less than a year after 2014 World Cup, www.mirror.co.uk, 7. März 2015, übersetzt vom Autor

[1] In 2020 fand im Mané-Garrincha-Stadion überhaupt kein Fußballspiel statt.

2.3 Produktionsfaktoren

2.3.1 Klassifizierung der Produktionsfaktoren

Wie sollen Güter produziert werden?
Die zur Produktion von Gütern, also Waren und Dienstleistungen, (Output) eingesetzten Ressourcen werden in der Volkswirtschaftslehre auch als Produktionsfaktoren (Input) klassifiziert und wie folgt eingeteilt:

- **Boden/Natur**
  auch *natürliche Ressourcen* genannt, wie Land und Wasser, natürliche Energiequellen (z. B. Sonne, Wasser, Wind), Vegetation und Bodenschätze

- **Arbeit**
  die körperliche und geistige Arbeitskraft einer Volkswirtschaft, die gegen Arbeitsentgelt ausgeübt wird
- **Sachkapital**
  alle produzierten Güter, die nicht dem Konsum dienen, sondern zur Herstellung von Gütern und Dienstleistungen verwendet werden (physisches Kapital), z. B. Maschinen, Werkzeuge, Gebäude, Fahrzeuge

---

Produktionsfaktoren sind die zur Herstellung von Gütern notwendigen und verfügbaren Ressourcen.

Boden und Arbeit gelten als **originäre**[1] Produktionsfaktoren, da sie zur Produktion benötigt werden, aber selbst nicht hergestellt werden können. Sachkapital entsteht erst durch die Verwendung der originären Produktionsfaktoren und wird daher als **derivativer**[2] Produktionsfaktor klassifiziert.

[1] originär: *ursprünglich*

[2] derivativ: *abgeleitet*

Neben diesen drei traditionellen Produktionsfaktoren werden heute auch **Bildung (Humankapital)** und **technischer Fortschritt** zu den Produktionsfaktoren gezählt. Da der schnelle Zugriff auf Informationen, deren Verarbeitung, Auswertung und Bereitstellung für Unternehmer von zunehmender Bedeutung für die internationale Wettbewerbsfähigkeit ist, gilt nun auch **Information** als Produktionsfaktor. In der angelsächsischen Literatur ist das **Unternehmertum,** also die **Führung eines Unternehmens** verbunden mit der Bereitschaft, Risiken einzugehen und Innovationen voranzutreiben, als ein eigenständiger Produktionsfaktor klassifiziert.

2.3.2 Bildung und Humankapital

Was ist Humankapital?

Warum gehen Menschen zur Schule, studieren an Universitäten oder absolvieren eine Berufsausbildung? Mit anderen Worten, warum lernen sie und erwerben neue Fähigkeiten? Volkswirte erkennen an, dass Bildung eine große Bandbreite an Vorteilen für Individuen und für die ganze Gesellschaft hat, aber es ist ihre Aufgabe, sich auf den ökonomischen Effekt dieser Vorgänge zu konzentrieren. Wirtschaftliche Ressourcen, Sachkapital, aber auch Arbeit sind notwendig für die Produktion der meisten Güter.

Das Humankapital entspricht dem Bestand an Fähigkeiten, Wissen, Intelligenz, Erfahrung und persönlichen Eigenschaften eines Menschen, die es diesem Menschen ermöglichen, Güter zu produzieren.

Ein Unternehmen kann das Humankapital durch Investitionen in Bildung erhöhen
→ Angebot an Fortbildung
Eine Privatperson kann sein Humankapital erhöhen, indem er ~~diese~~ seine Zeit und Geld investiert

Humankapital umfasst zahlreiche Eigenschaften. Man kann nicht allgemein sagen, ob ein Mensch über „hohes“ oder „niedriges“ Humankapital verfügt, sondern lediglich, wie befähigt diese Person für bestimmte Aufgaben ist. Diese Art von Fähigkeiten wird oft als **spezifisches Humankapital** bezeichnet.

Ein Raketenwissenschaftler ist vermutlich sehr intelligent und begabt in Mathematik und Physik, aber wenn sein Auto defekt liegen bleibt, bevorzugt er wahrscheinlich dennoch die Hilfe eines anderen Experten (in diesem Fall eines Automechanikers), um das Auto zu reparieren.

Im Gegensatz dazu gibt es auch Fähigkeiten und Eigenschaften, die wir lernen, z. B. in der Schule, die wir nicht bei einer bestimmten Tätigkeit anwenden, sondern die uns ganz allgemein fähiger und produktiver machen. Wenn Menschen lernen, logisch zu denken und neue Sprachen zu sprechen, ermöglicht dies ihnen, ihre spezifischen Fähigkeiten produktiver einzusetzen. Diese allgemeineren Fähigkeiten bezeichnet man als **allgemeines Humankapital.**

Humankapital und Sachkapital

Die Kombination der Fähigkeiten und Erfahrung von Arbeitskräften wird Humankapital genannt, weil es zahlreiche **Ähnlichkeiten** zwischen Sachkapital und Humankapital gibt:

- Humankapital wird durch Investitionen in Bildung erhöht.
- Wenn Menschen ihr Humankapital erhöhen wollen, müssen sie Zeit und Geld investieren, um neue Fähigkeiten und Erfahrungen zu erlernen.
- Menschen vergleichen die Kosten mit den Vorteilen einer Investition in Humankapital: Wenn Menschen sich entscheiden, ob sie auf einer Universität studieren oder eine Berufsausbildung absolvieren, wägen sie die zusätzliche Ausbildungszeit und das entgangene Einkommen gegen die höheren Löhne für Hochschulabsolventen ab.
- Mit höherem Humankapital können mehr Güter produziert werden, genau wie beim Sachkapital.
- Humankapital ist langlebig, nimmt jedoch im Laufe der Zeit ab, wenn Menschen Dinge vergessen oder ihr Wissen veraltet, genau wie Sachkapital verschleißt.

Es gibt jedoch auch wichtige **Unterschiede** zwischen Sachkapital und Humankapital, die darin begründet sind, dass Sachkapital Maschinen beschreibt, während Humankapital Fähigkeiten und Erfahrungen von Menschen umfasst:

- Die Fähigkeiten, die Menschen auf der Schule oder der Universität erwerben, machen sie nicht nur produktiver bei ihrer künftigen Arbeit, sondern dienen auch als Allgemeinbildung und „social skills“, die es uns erlauben, die Welt besser zu verstehen und uns besser in ihr zurechtzufinden. Die Vorteile von Bildung sind also größer als die reinen ökonomischen Erträge. Eine Investition in Bildung führt somit zu positiven externen Effekten.
- Wenn ein Unternehmen in Sachkapital wie Fabriken oder Maschinen investiert und dafür einen Kredit aufnehmen muss, kann es der Bank dieses physische Kapital als Kreditsicherheit anbieten. Falls das Unternehmen den Kredit nicht zurückzahlen kann, kann die Bank das Sachkapital verkaufen, um zumindest einen Teil des Kreditausfalls zu decken. Humankapital kann dagegen nicht als unmittelbare Sicherheit dienen, denn niemand kann das Humankapital einem Schuldner „wegnehmen“ und es z. B. auf einem Markt verkaufen. Diese Tatsache kann es erschweren, Geld für eine Investition in Humankapital zu leihen, z. B. um die hohen Studiengebühren an Universitäten in den Vereinigten Staaten zu bezahlen.

Dies erklärt, warum in den meisten Ländern Bildung staatlich subventioniert wird: Wenn die gesamtgesellschaftlichen Vorteile von Bildung die individuellen Erträge übersteigen, sollte die Regierung die Anreize zur Investition in Humankapital erhöhen. Beispielsweise könnte ein Teil oder könnten die gesamten Kosten für Schul- oder Hochschulbildung übernommen werden.

i

Humankapital – ein „Unwort"?

Im Jahr 2004 verkündete eine Gruppe von deutschen Sprachwissenschaftlern, dass „Humankapital" zum „Unwort" des Jahres gekürt werde. Die Sprachwissenschaftler begründeten dies damit, dass „Humankapital" ein schlechter Ausdruck sei, da er Menschen auf ihren ökonomischen Wert reduziere.
Volkswirte widersprechen dieser Interpretation vehement. Es ist die Aufgabe von Volkswirten, ökonomische Zusammenhänge zu analysieren und dabei Fachbegriffe zu verwenden. Wenn Wirtschaftswissenschaftler von „Humankapital" sprechen, möchten sie damit betonen, wie bedeutend individuelle Fähigkeiten, Erfahrungen und Persönlichkeitsmerkmale sind. Ein Unternehmen besteht nicht nur aus Maschinen, sondern auch aus Menschen, die diese Maschinen bedienen, aus Managern, die die Produktionsprozesse verbessern, und aus kreativen Forschern, die sich überlegen, wie man neue oder bessere Produkte herstellen kann.

Aufgaben zu Kapitel 2

zusätzliche Aufgaben zu Kapitel 2
► Webcode WGW_I_2_A-Zusatz

1. Welche vier Grundfragen müssen in einer Volkswirtschaft beantwortet werden?
2. Nennen Sie zwei öffentliche Güter, zwei private Güter, zwei Allmendegüter und zwei Klubgüter.
3. Warum werden viele öffentliche Güter und viele Allmendegüter staatlich bereitgestellt oder reguliert? Warum werden manche Klubgüter durch den Staat und andere Institutionen öffentlich bereitgestellt?
4. Betrachten Sie ein kleines Dorf mit 200 Einwohnern. Die Einwohner möchten das 500-jährige Bestehen ihres Dorfes feiern und überlegen, ob sie ein Feuerwerk veranstalten sollen. Hierfür haben sie zwei Optionen: ein kleines Feuerwerk für 500,00 EUR oder ein großes Feuerwerk für 2.000,00 EUR.
   Nehmen Sie an, dass jeder einzelne Bewohner bereit ist, maximal 3,00 EUR für das Ansehen eines kleinen Feuerwerks und 5,00 EUR für ein großes Feuerwerk zu bezahlen.
   a Erklären Sie, welche Art von Gut das Feuerwerk in diesem Fall ist.
   b Würde das Dorf ein Feuerwerk veranstalten, wenn es keinen Staat und keine vergleichbare Institution gäbe, und weshalb?
   c Nehmen Sie nun an, dass es einen Bürgermeister in dem Dorf gibt, der Steuern erheben kann. Sollte er ein Feuerwerk abhalten, und wenn ja, ein großes oder ein kleines Feuerwerk? Wie viel würde jeder Bewohner für dieses Feuerwerk bezahlen?

5. Nennen Sie die volkswirtschaftlichen Produktionsfaktoren.
6. Wählen Sie ein Produkt, das Sie kürzlich gekauft haben. Stellen Sie die hierfür verwendeten Produktionsfaktoren dar.
7. Erläutern Sie, weshalb Sachkapital ein derivativer Produktionsfaktor ist.
8. Sie sind Manager eines großen Fußballvereins. Die letzte Bundesligasaison ist gerade zu Ende. Welche Möglichkeiten haben Sie, um in Humankapital zu investieren? Welche Optionen haben Sie für Investitionen in Sachkapital? Inwiefern hängt Ihre Antwort davon ab, ob Ihre Mannschaft in der 1. Bundesliga oder in der 2. Bundesliga spielt?

Zusammenfassung: 2 Volkswirtschaftliche Probleme

Grundfragen jeder Volkswirtschaft

- **Welche Güter sollen in welcher Menge produziert werden?**
- **Wie sollen die Güter produziert werden?**
- **Für wen sollen die Güter produziert werden?**
- **Von wem und wie werden die Entscheidungen getroffen?**

Güterarten

- **private Güter** – effiziente Bereitstellung durch Unternehmen
- **Klubgüter**, **Allmendegüter** – häufig bereitgestellt oder reguliert durch den Staat
- **öffentliche Güter** – oft durch den Staat bereitgestellt

Bei einem Gut liegt **Rivalität im Konsum** vor, wenn der Konsum dieses Gutes durch eine Person den Konsum desselben Gutes durch eine andere Person verhindert oder einschränkt.

Bei einem Gut liegt **Ausschließbarkeit** vor, wenn es möglich ist, Individuen an dem Konsum eines Gutes zu hindern.

Produktionsfaktoren
= die zur Herstellung von Gütern eingesetzten Ressourcen

- **Arbeit**
- **Boden (Natur) Land**
- **Sachkapital**
- **Humankapital**
- **Weitere Klassifizierungen:** Technischer Fortschritt, Information, Unternehmertum

3 Vernünftiges wirtschaftliches Handeln[1]

[1] In der Fachliteratur spricht man von der *Rationalität wirtschaftlichen Handelns.*

Ein Schüler aus Ihrer Klasse gewinnt 500.000 Euro mit der Auflage, jemandem einen Teil des Geldes zu schenken. Er bietet Ihnen 55.000 Euro an – ohne Gegenleistung. Nehmen Sie an, bekommen Sie das Geld und Ihr Schulkamerad die restlichen 445.000 Euro. Lehnen Sie ab, bekommen Sie beide gar nichts. Wie entscheiden Sie sich? Warum entscheiden Sie sich so? Wie fühlen Sie sich in dieser Situation?

3.1 Verwendung von Modellen in der VWL

Modelle sind ein bedeutendes Instrument in der VWL. Die VWL beschäftigt sich u. a. mit dem menschlichen Handeln und Entscheiden angesichts knapper Ressourcen. Es wird beobachtet, wie Menschen sich verhalten, und man versucht, Erklärungen dafür zu finden. Das wirkliche Leben und die Interaktion zwischen Menschen sind kompliziert und es gibt viele Faktoren, die das Handeln von Menschen beeinflussen.

Um plausible Vorhersagen über wirtschaftliches Verhalten zu machen, ist es sinnvoll, die Realität zu vereinfachen. Man könnte vielleicht annehmen, dass mehr Realität besser wäre, allerdings verhindert zu viel Komplexität den Blick für das Ganze.

Stellen Sie sich vor, dass Sie zu einem Bewerbungsgespräch gehen wollen. Sie wissen allerdings nicht genau, wo das Unternehmen ist, nur, dass es zwei Kilometer weit entfernt ist. Ein Freund könnte Ihnen eine Karte aufzeichnen. Aber wäre die Karte sehr hilfreich, wenn sie jedes Detail zeigen würde? Dann wäre die Karte ja genauso groß wie die Realität, also zwei Kilometer lang, und somit nicht sehr hilfreich. Es ist sinnvoll, in einem Modell die Einzelheiten wegzulassen, die für das, was untersucht werden soll, nicht von Bedeutung sind. Um ans Ziel zu gelangen, reicht es aus, wenn in der Karte die Straßen eingezeichnet sind. Auf die wunderschönen Häuser, Bäume und Pflanzen entlang des Weges kann man verzichten.

Ein Modell ▸ reduziert komplexe Situationen auf die Faktoren, die das Ergebnis beeinflussen. Durch die Vereinfachung erleichtern Modelle:

- die Identifikation von Ursache-Wirkungs-Beziehungen
- wirtschaftliche Zusammenhänge nachzuvollziehen
- plausible Vorhersagen über wirtschaftliches Verhalten abzuleiten

Homo oeconomicus als Beispiel für ein Modell

▶ I • 3.2

Modelle und das wirkliche Leben

Durch die manchmal sehr eng gefassten Annahmen wird ein Modell nie in der Lage sein, jede einzelne Handlung zu erklären. Auch wenn Modelle häufig gute Vorhersagen ermöglichen, sind im wirklichen Leben in der Regel mehrere Annahmen verletzt, d. h. nicht erfüllt.

Die Käufer in einem Markt haben normalerweise keine völlige Markttransparenz[1], z. B. keine Übersicht über die Preise aller verschiedenen Anbieter eines Produkts. Gleiche Güter sind qualitativ oft nicht gleichwertig.

[1] Markttransparenz: *Marktübersicht*

> Obwohl die Grundfunktionen der Fortbewegung identisch sind, entspricht das Auto des einen Herstellers nicht dem Auto eines anderen Herstellers.

Die Entscheidungen der Käufer werden durch Werbung oder die Meinung anderer Menschen und von sozialen Beziehungen beeinflusst. Viele Menschen treffen spontane Entscheidungen aufgrund ihrer eigenen Erfahrungen. Auch treffen Menschen Entscheidungen, die rational gesehen nicht unbedingt gut für ihre Gesundheit sind, z. B. das Rauchen von Zigaretten.

Bei der Arbeit mit Modellen – einem unverzichtbaren Werkzeug in der VWL – und der Interpretation der Ergebnisse ist es wichtig, sich der oben genannten Aspekte bewusst zu sein.

Mangel an Informationen sowie persönliche Beziehungen und Erfahrungen beeinflussen Entscheidungen und menschliches Handeln.

Beeinflussungsfaktoren menschlichen Verhaltens

3.2 Homo oeconomicus versus Verhalten in der Realität

ökonomisches Prinzip
► I • 1.4

Das Modell des Homo oeconomicus beruht auf der Annahme, dass Menschen rationale Entscheidungen treffen. Die zentrale Idee des Modells ist, dass Menschen (Homo sapiens) das ökonomische Prinzip► befolgen, wenn sie Entscheidungen treffen, und so zu „ökonomischen Menschen" (Homo oeconomicus) werden. In diesem Modell trifft ein in der Wirklichkeit so nicht existierender Mensch seine Entscheidungen ohne beeinflussende Faktoren wie z. B. Gefühle, Gewohnheiten, Marken, Bewusstsein oder gesellschaftlichen Druck. Der Homo oeconomicus denkt rein wirtschaftlich und verhält sich stets rational. Es werden deshalb folgende Annahmen getroffen:

- Ein Homo oeconomicus hat vollkommene Marktübersicht, d. h., er hat alle Informationen über Preise, Menge und Qualität des angebotenen Gutes.
- Ein Homo eoconomicus maximiert immer seinen Nutzen, indem er dem ökonomischen Prinzip (Minimalprinzip, Maximalprinzip) folgt.
- Die Entscheidungen eines Homo oeconomicus werden nicht durch Werbung oder Ähnliches manipuliert.

Nach dem ökonomischen Prinzip als Grundsatz rationalen Handelns zu agieren, wird oft als eigennützig und egoistisch verstanden. Diese Interpretation ist allerdings falsch. Das ökonomische Prinzip stellt lediglich eine Strategie dar, wie ein bestimmtes Ziel erreicht werden kann. Dabei geht es für den Einzelnen um einen möglichst effizienten Mitteleinsatz. So versucht z. B. der Unternehmer seinen Gewinn und der Konsument seinen Nutzen durch ein konsumiertes Gut zu maximieren. Das sollte nicht mit dem Verhalten des Homo oeconomicus verwechselt werden. Dieser wendet das ökonomische Prinzip zwar zur Erreichung seiner egoistischen Ziele an, das bedeutet aber nicht, dass jeder, der nach dem ökonomischen Prinzip handelt, gleichzeitig ausschließlich eigennützig handelt. So trägt z. B. ein Bäcker, der nach dem ökonomischen Prinzip bei der Herstellung seiner Brötchen handelt, gleichzeitig zum Allgemeinwohl bei, indem er durch sein Gewinnstreben die Bevölkerung mit dem Grundnahrungsmittel Brot versorgt.

Beeinflussung von Bedürfnissen
► I • 1.1.3

Dem Menschenbild des Homo oeconomicus zufolge müssten rational handelnde Menschen Konsumentscheidungen treffen, die ihre Bedürfnisse am besten befriedigen. Dabei würden sie sich von Werbung nur informieren und niemals beeinflussen lassen. Dies entspricht natürlich nicht der Realität. Unser Konsumverhalten ist zu großen Teilen von Modetrends, Gewohnheiten, sozialem Ansehen und neuerdings auch zu einem wesentlichen Teil von Influencern bestimmt. Dabei wird es zusätzlich durch Werbung beeinflusst►. Daran ist leicht erkennbar, dass es sich bei den Annahmen des Homo oeconomicus um ein Modell handelt.

Sie sind mit Ihren Freunden in der Stadt unterwegs. Vor einem Schaufenster bleiben Sie stehen und sehen das neuste Modell der Sneaker, die gerade auch von angesagten Influencern auf Youtube beworben werden. Die im Schaufenster ausgestellten Schuhe lösen bei Ihnen in diesem Moment affektive Reize aus, die zu einem spontanen Kaufbedürfnis führen. Sie agieren jetzt nicht mehr; Sie reagieren situations- und persönlichkeitsbezogen auf die dargebotenen Reize, also die Sneaker. Sie gehen in das Geschäft und kaufen die Schuhe, egal, ob das vorher Ihr Plan war oder nicht. Es handelt sich hierbei um einen Impulskauf.

Durch Maßnahmen wie intensive Werbeanstrengungen zum Vorverkauf eines Produkts oder Warenverpackung und Warenauslage mit psychologisch hohem Aufforderungscharakter steigt die Zahl der Impulskäufe an.

Anhand von Experimenten kann das Verhalten von Individuen in speziellen Situationen überprüft werden. Eine solche Methode stellt das Ultimatumspiel dar.

Ultimatumspiel

Das Ultimatumspiel ist ein verhaltensökonomisches Experiment, das versucht, die Grundannahmen des Modells des Homo oeconomicus genauer zu überprüfen. Es handelt sich hierbei um ein sogenanntes *Verteilungsspiel,* bei dem ein Spieler einen Geldbetrag x zugewiesen bekommt. Davon soll er dem zweiten Mitspieler etwas abgeben. Ein Ultimatum wird gestellt, indem der zweite Mitspieler die Möglichkeit hat, den angebotenen Betrag anzunehmen oder abzulehnen. Wird das Geld abgelehnt, wird der Komplettbetrag wieder eingezogen und beide Spieler gehen leer aus.
Ein rational handelnder Mensch würde jedes Angebot annehmen, ganz egal, ob es 50,00 EUR oder 1 Cent wären, solange der Wert größer 0 ist. Denn dann wäre die Situation besser, als wenn das Angebot abgelehnt würde. Im Experiment handeln die Menschen aber oft anders, denn tatsächlich ist ihnen Gerechtigkeit und Fairness wichtiger als der mögliche Profit. In Untersuchungen wurde festgestellt, dass die Spieler das Angebot erst ab einem Verhältnis von circa 60 : 40 annehmen. Dabei nehmen sie gerne in Kauf, dass beide Spieler leer ausgehen. Es ist den Teilnehmern sogar ganz recht, dass der andere Spieler auch leer ausgeht, wenn er sich so eigennützig beim Verteilen des Geldes zeigt. Das Experiment macht deutlich, dass wir Menschen zwar oft egoistisch handeln, trotzdem aber gerne fair behandelt werden möchten. Geschieht das nicht, machen die Testpersonen das Spiel kaputt, obwohl dann auch ein Schaden für sie selbst entsteht. Neid spielt hierbei wahrscheinlich auch eine entscheidende Rolle.
In Studien der Wissenschaftler um Golnaz Tabibnia der Universität Los Angeles wurde im Magnetresonanztomografen untersucht, wie Probanden auf unterschiedliche Angebote reagieren. Als fair erachtete Angebote aktivierten die Hirnregionen, die mit positiven Gefühlen verbunden sind, unabhängig von der Höhe der Summe. Die unfairen Angebote dagegen riefen sehr negative Effekte hervor.

Es stellt sich also heraus, dass dem realen Menschen Fairness oft wichtiger ist als der rationale wirtschaftliche Nutzen, auf den der Homo oeconomicus abzielt.

3.3 Egoismus versus Altruismus

Das Modell des Homo oeconomicus steht oft dafür in der Kritik, dass es Menschen zum Egoismus erzieht. Denn ginge es nach dem Modell, sollten Individuen konsequent ihren Eigennutz verfolgen und nicht mit anderen kooperieren, wenn sie sich keinen Vorteil davon versprechen; überdurchschnittlich intelligent und rational sein; ihre Impulse unter Kontrolle haben und dadurch ökonomisch besonders erfolgreich sein. Es stellt sich also die Frage, wann und warum sich Menschen egoistisch verhalten und wann und warum sie sich selbstlos (altruistisch) verhalten.

Egoismus ist ein Extrem der menschlichen Natur. Eine egoistische Person konzentriert sich in der Regel nur auf sich selbst. Sie stellt die eigene Person in den Mittelpunkt und handelt ichbezogen (egozentrisch) rücksichtslos anderen gegenüber. Solch eine Person wird sich auch immer nur dann in einer Tätigkeit engagieren, wenn sie ihr selbst nutzt – auch dann, wenn diese Tätigkeit anderen schadet.

Egoismus bezeichnet die Eigenschaft, exzessiv egozentrisch zu handeln.

Das andere Extrem der menschlichen Natur bildet der Altruismus (Selbstlosigkeit). Eine altruistische Person stellt die Bedürfnisse aller anderen vor die eigenen Bedürfnisse. Sie ist so besorgt um alle anderen, dass sie sich selbst und ihre Bedürfnisse vergisst.

- Ein Soldat opfert sich, um die anderen seines Bataillons zu retten.
- Ein Elternteil riskiert sein eigenes Leben, um sein Kind zu retten.

Es gibt also auch Situationen im Leben, in denen das Individuum sein eigenes Selbst völlig vergisst. Oft sind moralische Verpflichtungen, gesellschaftliche Normen und emotionale Bindungen Grund für altruistisches Verhalten.

Altruismus **bezeichnet die Eigenschaft, seine individuellen Bedürfnisse hinter die seiner Mitmenschen zu stellen.**

Wirtschaftlich betrachtet muss eigennütziges Verhalten weiter unterteilt werden. Es geht darum, ob **einzelwirtschaftlich vernünftig** (individuelle Rationalität) oder **gesamtwirtschaftlich vernünftig** (kollektive Rationalität) gehandelt wird. Sprich, ob die Folgen des eigennützigen Handelns dem Einzelnen oder auch der Allgemeinheit nutzen. Dabei können drei Situationen entstehen:

- **Win-win-Situation**
  Alle (der Einzelne und die Gemeinschaft) profitieren von dem eigennützigen Verhalten eines Einzelnen.
- **Win-lose-Situation**
  Nur der eigennützig Handelnde profitiert von seinem Verhalten, er schadet damit den anderen (der Gemeinschaft).
- **Lose-lose-Situation**
  Alle Beteiligten (der Einzelne und die Gemeinschaft) nehmen Schaden aufgrund des eigennützigen Verhaltens eines Einzelnen.

Beispiel für eine Win-win-Situation

Ein Metzger bietet Fleisch- und Wurstwaren an, weil er einen Gewinn erwirtschaften möchte. Dies führt dazu, dass die Kunden des Metzgers mit Fleisch versorgt werden und ihr Bedürfnis danach befriedigt wird. Da es noch andere Metzger in der Stadt gibt, muss die angebotene Ware frisch und lecker sein und zudem zu einem adäquaten Preis angeboten werden, um keine Kunden an die Konkurrenz zu verlieren. Wenn jeder Metzger so denkt, kommt es zu einer optimalen Versorgung mit Fleisch- und Wurstwaren in der Gesellschaft.

Der Volkswirt Adam Smith hat in seinen Theorien veranschaulicht, dass das eigennütze Verhalten eines Einzelnen in einer Marktwirtschaft[1] auch für die Allgemeinheit von Nutzen ist.

[1] In einer Marktwirtschaft werden Entscheidungen über Produktion und Konsum von den einzelnen Produzenten und Konsumenten getroffen.

„Wer sein eigenes Interesse verfolgt, befördert das der Gesamtgesellschaft häufig wirkungsvoller, als wenn er wirklich beabsichtigt, es zu fördern. Ich habe nie erlebt, dass viel Gutes von denen erreicht wurde, die vorgaben, für das öffentliche Wohl zu handeln."

Adam Smith: Wohlstand der Nationen (An Inquiry into the Nature and Causes of the Wealth of Nations), 1776

Adam Smith beschreibt in seinem Buch, dass nur das Gewinnstreben des Einzelnen in Kombination mit uneingeschränktem marktwirtschaftlichem Wettbewerb zu Gerechtigkeit, Frieden und allgemeinem Wohlstand führen wird. Er fordert also zum wirtschaftlichen Egoismus auf.

In einer Marktwirtschaft kann das Eigeninteresse eines Einzelnen auch entgegengesetzte Effekte bewirken, sobald sich alle Marktteilnehmer so verhalten. Diese Situation wird als **Rationalitätenfalle** bezeichnet.

Die Rationalitätenfalle bezeichnet ein Handeln oder eine Situation, in der das, was für das einzelne Individuum rational vernünftig erscheint (individuelle Rationalität), nicht immer auch für die Gesamtheit aller Individuen vernünftig ist (kollektive Rationalität).

Im Kino kommt es zu einem Brand. Aus Sicht des einzelnen Individuums ist es rational, sich möglichst schnell in Richtung Ausgang zu flüchten. Wenn diese Strategie aber von allen gleichzeitig gewählt wird, dann kommt es gerade deshalb zu einer Verstopfung der Ausgänge und keiner oder nur wenige Personen können flüchten.

[1] Dilemma:
Situation, in der sich jemand befindet, wenn er zwischen zwei in gleicher Weise schwierigen oder unangenehmen Dingen wählen muss

3.4 Moralische Dilemmata[1]

Das Modell des Homo oeconomicus besagt nicht, dass die Entscheidungen, die ein Einzelner trifft und die von seinem Standpunkt aus gesehen rational sind, zwangsläufig auch die besten Entscheidungen für eine Gruppe oder die Gesellschaft als Ganzes darstellen oder besonders ethisch oder sozialverträglich sind. Das Modell erklärt lediglich, dass Menschen bei der Bedürfnisbefriedigung für sich immer den größtmöglichen Nutzen herausholen möchten. Entscheidungen, die von einzelnen am Eigennutz orientierten Menschen aus gesehen rational sind, können für andere Menschen, die Gruppe (das Kollektiv) oder die Gesellschaft als Ganzes eben auch nicht rational sein.

Es kann hierbei zu sogenannten **Dilemmasituationen** kommen. Solche Situationen veranschaulichen den Konflikt zwischen individueller und kollektiver Rationalität. Eine Gruppe, deren einzelne Mitglieder ihren Eigennutz verfolgen, könnte am Ende schlechter gestellt sein als eine Gruppe, deren Mitglieder miteinander kooperieren.

Gefangenendilemma

Bonnie und Clyde werden in Los Angeles, USA, verhaftet. Sie werden beschuldigt, eine Bank ausgeraubt zu haben. Dabei wurde ein Bankangestellter erschossen. Jeder der beiden Gefangenen wird in einer Einzelzelle gehalten und kann nicht mit dem anderen kommunizieren. Für den Banküberfall und Mord hat die Polizei nicht genügend Beweise, braucht also ein Geständnis. Jeder der Gefangenen kann entweder aussagen und den anderen belasten oder schweigen.

Die Polizei macht folgendes Angebot:

1. Wenn Bonnie und Clyde beide gegeneinander aussagen, gehen beide für zehn Jahre ins Gefängnis, da sie ihre Tat gestehen.
2. Wenn einer gegen den anderen aussagt und der andere aber schweigt, ist der, der aussagt, der Kronzeuge im Mordprozess und wird daher danach freigelassen. Der andere geht in diesem Fall wegen Mordes für 20 Jahre ins Gefängnis.
3. Wenn beide schweigen, müssen beide nur zwei Jahre im Gefängnis verbringen, da ihnen dann nur illegaler Waffenbesitz zur Last gelegt werden kann.

	Clyde sagt aus		Clyde schweigt	
Bonnie sagt aus	10 Jahre	10 Jahre	0 Jahre	20 Jahre
Bonnie schweigt	20 Jahre	0 Jahre	2 Jahre	2 Jahre

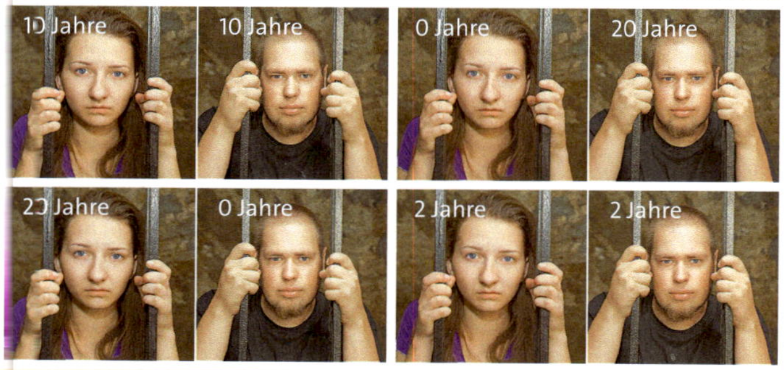

Was wäre die individuell rationale Entscheidung in diesem Fall? Wofür werden sie sich vermutlich entscheiden?

Die Gefangenen befinden sich in einem Dilemma. Wenn sie loyal bleiben und nicht aussagen, gehen beide nur für zwei Jahre ins Gefängnis. Dies wäre die beste Lösung für beide, als Gruppe gesehen. Wenn allerdings einer schweigt und der andere aussagt, besteht für den Schweigenden die Gefahr, für 20 Jahre ins Gefängnis zu gehen. Dieses Risiko wird vermutlich keiner der beiden eingehen.

So gesehen ist es für den Einzelnen rational die günstigste Lösung, gegen den andern auszusagen. Der Aussagende wird bestenfalls gar nicht verurteilt und im schlimmsten Fall für nur zehn Jahre. Wahrscheinlich werden also beide gegeneinander aussagen.

Das „Gefangenendilemma" ist ein gutes Beispiel für Situationen, in denen die individuell rationale Entscheidung zu einem schlechteren Ergebnis für die Gruppe führt. Wenn die beiden kooperieren würden, könnten sie eine bessere Lösung erzielen, aber da es hierfür keine Garantie gibt, wird es vermutlich keine Kooperation geben.

Rationale Entscheidungen des Einzelnen müssen nicht zwangsläufig die besten Entscheidungen für die Gruppe oder die Gesellschaft als Ganzes sein und sind auch nicht zwangsläufig fair.

3.5 Natur als öffentliches Gut

3.5.1 Leistungen des Produktionsfaktors Boden (= Natur)

Natürliche Ressourcen können vom Menschen weder hergestellt noch vervielfältigt werden. Traditionell als Produktionsfaktor **Boden** angeführt, schreiben Volkswirte diesem Produktionsfaktor folgende Nutzungsmöglichkeiten zu:

- **Anbaufläche**
  land- und forstwirtschaftliche Nutzfläche, z. B. Acker, Weide, Wiese, Wald, Garten
- **Abbaufläche**
  von Bodenschätzen und Energieträgern, z. B. Erdöl, Kohle
- **Standort**
  für Betriebe und Infrastruktur, z. B. Verkehrswege, Gebäude

Mit der Ausbeutung der Bodenschätze sowie der Nutzung von Wasser, Wind und Sonne zur Energiegewinnung kann der Produktionsfaktor auf den Begriff der natürlichen **Ressourcen der Umwelt** erweitert werden. Eine weitere Unterteilung erfolgt nunmehr in:

- **erneuerbare (regenerierbare[1]) Ressourcen**
  Diese Ressourcen können sich durch Wachstumsprozesse in der Natur regenerieren, z. B. Wälder, Fischbestände.
- **nicht-erneuerbare Ressourcen**
  Diese erschöpflichen Ressourcen können sich nicht bzw. nicht in dem Zeitraum und der Geschwindigkeit, in der sie der Erde entnommen werden, regenerieren, z. B. fossile Brennstoffe (Öl, Kohle, Erdgas), mineralische Rohstoffe (Eisen, Nickel), Boden.

[1] regenerare (lateinisch): *wieder erzeugen*

Nicht alles, was in der Natur vorgefunden wird, kann als Produktionsfaktor klassifiziert werden. Es erfordert zunächst das Wissen, wie ein Nutzen für die Menschheit daraus generiert werden kann. So war z. B. Erdöl bei seiner Entdeckung wertlos und unbrauchbar, bis neue Technologien es zum wichtigsten Treibstoff der Industriegesellschaft machten. Daher müssen in Zukunft verstärkt Anstrengungen unternommen werden, neue Nutzungsmöglichkeiten für erneuerbare Ressourcen zu finden.

3.5.2 Ausbeutung natürlicher Ressourcen

Quiz: Die natürlichen Ressourcen der Erde

► Webcode WGW_I_3_5_2

Aufgrund der stetig wachsenden Weltbevölkerung und der schnellen Industrialisierung von nationalen Volkswirtschaften werden die natürlichen Ressourcen► schneller verbraucht, als die Erde sie jährlich ersetzen kann. Nach Berechnungen von Experten[1] nutzte die Menschheit im Jahr 2019 die Ressourcen von 1,75 Planeten. Das bedeutet, dass die Erde über ein Jahr und siebeneinhalb Monate braucht, um den Verbrauch der Menschheit eines Jahres zu decken. Selbst bei moderatem Wachstum der Weltbevölkerung und deren Konsum werde die Menschheit Schätzungen zufolge im Jahr 2030 zwei Planeten benötigen, um mit dem Verbrauch erneuerbarer Ressourcen Schritt zu halten. Gleichzeitig werden die begrenzten Vorkommen von nicht-erneuerbaren Ressourcen wie Aluminium, Kupfer, Blei, Rohöl oder Gas in den nächsten 50–100 Jahren erschöpft sein.

[1] basierend auf einer Schätzung der Experten des Global Footprint Network (GFN)

Ressourcenerschöpfung ist die Verknappung von natürlichen Ressourcen durch Konsum und Produktion.

Nicht nur die Verknappung der erschöpflichen Ressourcen, sondern auch die konstante Überbeanspruchung der regenerierbaren Ressourcen hat weitreichende Folgen für die Menschheit. Wenn höhere Anreize für die kurzfristige Ausbeutung von natürlichen Ressourcen bestehen, kann die rationale Verfolgung individueller Interessen zu Dilemmasituationen► führen, aus denen alle schlechter gestellt hervorgehen, wie die **„Tragik der Allmende[2]“**, eine klassische Parabel, zeigt:

Dilemmasituation

► I • 3.4

Die Allmende bezeichnete im Mittelalter eine Dorfwiese, die im Gemeineigentum[3] des Dorfes stand und auf der jeder Dorfbewohner seine Schafe frei weiden lassen konnte. Mit zunehmender Bevölkerung wurden immer mehr Schafe auf der Dorfwiese gehalten. Dies führte unweigerlich zu deren Überweidung und letztlich zur Zerstörung der Allmende. Ohne nachwachsendes Gras war Schafzucht nicht mehr möglich.

[2] auch *Tragik des Allgemeingutes*, *Allmendeklemme* oder *Allmendeproblematik* genannt

[3] auch *Kollektiveigentum* genannt

Nach dem Modell der Allmendeproblematik führt der freie Zugang zu natürlichen Ressourcen zwangsläufig zu deren Übernutzung mit verheerenden Folgen für die Allgemeinheit:

Moderne Tragiken der Allmende

Tragiken der Allmende	Konsequenzen	Maßnahmen
Überfischung der Meere und Seen 	Erschöpfung von Fischbeständen, Aussterben von Arten, Reduktion der Artenvielfalt	begrenzte Fanggebiete, Schonzeiten, Übertragung von Eigentumsrechten, Genehmigungen, Einführung von Fangquoten
Abholzung von Wäldern 	Bodenerosion, Artenverlust, Verstärkung des Klimawandels	Schutzgebiete (u. a. Nationalparks), nationale Regulierungen, Artenschutzübereinkommen, Umweltzeichen, Aufforstungsprogramme
übermäßiger Wasserverbrauch 	Wasserknappheit, rare Süßwasservorkommen, Unterbrechung der Nahrungskette, Hungersnöte, menschliche Erkrankungen, Zerstörung des Ökosystems	gesetzliche Vorgaben zum geringeren Wasserverbrauch von neu produzierten Haushaltsgeräten (z. B. Spülmaschinen, Waschmaschinen), Nutzung von Wasserkreisläufen, Optimierung von Bewässerungstechniken (z. B. Tröpfchenbewässerung), verbesserte Wasseraufbereitung
überlastete Straßen 	Luftverschmutzung, Lärmbelästigung, Zeitverlust	mautpflichtige Straßen, Stadtmaut (z. B. in London), Umweltplakette, Besteuerung von Fahrzeugen und Kraftstoff, Verbesserungen im öffentlichen Personennahverkehr

i

Luft – ein öffentliches Gut?

Luft steht für jeden kostenlos zur freien Verfügung. Es kann niemand davon ausgeschlossen werden, Luft einzuatmen, zudem kann jeder so viel einatmen, wie er benötigt, ohne dass andere in ihrer Nutzung beeinträchtigt werden. Dies macht Luft zu einem **öffentlichen Gut**. Wenn Luft jedoch verschmutzt wird, haben andere nicht mehr die Möglichkeit, saubere Luft einzuatmen. Dann sind die Nutzungsansprüche jedes Einzelnen rivalisierend und Luft muss als **Allmendegut** klassifiziert werden. Demzufolge kann Luftverschmutzung mit der Überweidung von Weideflächen verglichen und als moderne Tragik der Allmende angesehen werden.

3.6 Externe Effekte wirtschaftlichen Handelns

Welche Farben sind gerade in?

Kinder in Bangladesch müssen nur einen Blick auf die Wasserkanäle hinter ihren Häusern und Schulen werfen, um die modischen Farbtrends der Industrieländer zu kennen. Diese Kanäle sind entweder blau, rot, lila oder grau – je nach aktuellem Modetrend, da Textilfabriken oder Färbereien, die für beliebte Marken in Europa oder den Vereinigten Staaten produzieren, ihr Abwasser ungefiltert in die lokalen Kanäle leiten. Als Billiglohnland, das ein Minimum in sichere und gute Arbeitsbedingungen investiert und kostspielige Umweltvorgaben ignoriert, avancierte Bangladesch in den letzten Jahren zum zweitgrößten Exporteur der Bekleidungsindustrie weltweit. Heute sind nicht nur die zahlreichen Wasserkanäle und Flüsse verschmutzt, die Wasserverschmutzung bedroht auch die landwirtschaftliche Produktion und die Gesundheit. Reisfelder sind vergiftet, Fischbestände sind vom Aussterben bedroht, Chemikalien in der Luft verursachen Krankheiten. Der Anstieg des Meeresspiegels sowie die bevorstehenden Wetteränderungen könnten Millionen von Menschen in Bangladesch die wirtschaftliche Grundlage aufgrund stark sinkender Ernteerträge entziehen und letztlich die Menschen aus ihrer Heimat vertreiben.

Die Produktion und auch der damit verbundene Konsum von Gütern verursacht immer Kosten und kann die Umwelt erheblich verschmutzen, mit massiven Auswirkungen auf die Umwelt. Wirtschaftliches Wachstum, durch das Verbrennen fossiler Energieträger angetrieben, trägt maßgeblich zur **Luftverschmutzung** bei. Emissionen von Treibhausgasen wie Kohlendioxid (CO_2) beschleunigen die globale Erwärmung; der daraus resultierende **Klimawandel** führt immer häufiger zu Hitzewellen, Dürreperioden, Überschwemmungen, zum Anstieg des Meeresspiegels und Verlust von Arten und

Ökosystemen. Neben der Luftverschmutzung zählen **Wasserverschmutzung,** z. B. durch verunreinigte Abwässer, und **Bodenverunreinigung,** bedingt durch die Entsorgung von Chemikalien, zu den wesentlichen industriellen Umweltbelastungen. Das Auslagern von umweltbelastenden Produktionsprozessen in Entwicklungs- und Schwellenländern hat die Umweltverschmutzung massiv verstärkt, da der verschärfte Konkurrenzkampf in diesen Ländern Umweltauflagen in den Hintergrund drängt.

Die Folgen sind nicht nur ökologisch, sondern auch ökonomisch relevant: Industrielle Abwässer, die von Textilfabriken und Färbereien zum Teil ungereinigt in Kanäle und Flüsse eingeleitet werden, können nicht nur die Wasserqualität in Bangladesch, sondern z. B. auch das Grundwasser in Indien verschmutzen. Indische Wasserversorgungsunternehmen müssen das Wasser aufbereiten, um giftige Chemikalien herauszufiltern. Infolgedessen zahlen indische Kunden einen höheren Preis für sauberes Trinkwasser, ohne für die Verschmutzung verantwortlich zu sein. Die Käufer der in Bangladesch produzierten Kleider zahlen jedoch niedrige Preise und profitieren von den geringen Produktionskosten, die durch das Missachten von Umweltauflagen deutlich reduziert wurden. Diese Marktpreise beinhalten nicht die tatsächlichen Kosten für die Gesellschaft. Dem Markt gelingt es hier nicht, die Allokation[1] der Produktionsfaktoren optimal zu koordinieren **(Marktversagen[2]).** Die Kosten, für die nicht der Verursacher aufkommt, sondern die von unbeteiligten Dritten (hier den Indern) bzw. der Allgemeinheit getragen werden, bezeichnet man als **externe Kosten.**

[1] Allokation: *hier im Sinne von Zuweisung*

[2] Die Verfolgung der Einzelinteressen der Marktteilnehmer führt dazu, dass sich ein insgesamt ungünstiges Ergebnis für die Gesellschaft einstellt.

Externe Kosten (= soziale Kosten) sind solche Kosten, die nicht vom Verursacher getragen, sondern unbeteiligten Dritten bzw. der Allgemeinheit aufgebürdet werden.

Wer sollte für die Kosten aufkommen? Was selbstverständlich und gerecht erscheint, nämlich die Verursacher zu belangen[3], gestaltet sich in der Realität schwierig, weil diese oftmals nicht zu identifizieren sind. Da die Umweltverschmutzung nicht vor Landesgrenzen haltmacht, handelt es sich um ein globales Problem, das Maßnahmen sowohl auf nationaler als auch internationaler Ebene erfordert.
Die **Maßnahmen** zur Regelung der Nutzung von Ressourcen umfassen hauptsächlich:

- **staatliche Regulierungen**
  Beispiele: Festlegung von Obergrenzen für die Produktion bestimmter Schadstoffe bzw. für die Nutzung bestimmter Ressourcen, handelbare Emissionsrechte, Auflagen zur Abfallbehandlung und Entsorgung, Siegel und Prüfzeichen für Produkte, Verbot von bestimmten Produkten, Bezifferung von Bußgeldern und Strafen bei Verstoß gegen Rechtsvorschriften
- **Erweiterung von Eigentumsrechten** als Anreiz für Ressourcenschonung
  Beispiel: Behörden erhalten vom Staat Eigentumsrechte an Allmendegütern.
- **steuerpolitische Maßnahmen**
  Beispiele: Benzinsteuer, Kraftfahrzeugsteuer
- **staatliche Subventionen und Fördermittel**
  Beispiel: Solarenergie in Deutschland

[3] In der VWL spricht man vom Verursacherprinzip: Damit in der Marktwirtschaft der Preis die Lenkungsfunktion übernehmen kann, muss der Verursacher sämtliche Kosten tragen.

3.7 Trittbrettfahrerproblem

Eine Verhaltensweise, die eine wichtige Rolle bei der Übernutzung von natürlichen Ressourcen und Gütern spielt, ist das Trittbrettfahrerverhalten. Bei Allmendegütern kommt es infolge des Trittbrettfahrerverhaltens, auch „Free-rider"-Verhalten genannt, zur Übernutzung. Der Begriff leitet sich dabei vom Schwarzfahren auf den Trittbrettern der Bahnen ab. Das Trittbrettfahrerverhalten taucht immer dann auf, wenn Güter gemeinsam in Anspruch genommen werden können beziehungsweise andere nicht vom Konsum dieser Güter ausgeschlossen werden können, wie bei Allmendegütern ▸ oder öffentlichen Gütern ▸. Je mehr Beteiligte sich nun als Trittbrettfahrer verhalten, desto unwahrscheinlicher wird, dass das öffentliche Gut oder Allmendegut überhaupt bereitgestellt wird. Jeder verlässt sich auf den anderen. Aufgrund des freien Zugangs zum Gut können Trittbrettfahrer von einer Selbstbeschränkung durch andere Nutzer profitieren, indem sie ihre Nutzung entsprechend ausweiten. Dieses Problem kollektiven Handelns wird mit dem Modell *Tragik der Allmende* ▸ beschrieben.

Allmendegüter und öffentliche Güter
► I • 2.2.1

Tragik der Allmende
► I • 3.5.2

[...] In den 1950er-Jahren schien der Reichtum der Meere nahezu unerschöpflich. Doch innerhalb weniger Jahrzehnte haben es die Menschen geschafft, die Bestände der wichtigsten Speisefische bis auf einen Bruchteil der früheren Fülle zu plündern. [...] Viele Fischvorkommen sind bereits ganz zusammengebrochen. Aber die Situation ist nicht ausweglos. Einige Länder haben bereits gezeigt, dass sich die Fischbestände durch ein nachhaltiges Fischereimanagement wieder erholen können. [...]

Quelle: Vladimir Rydl/Inka Reichert: Überfischung der Meere. www.planet-wissen.de/natur/meer/ueberfischung_der_meere/index.html

Bei öffentlichen Gütern ziehen die Trittbrettfahrer ihren Nutzen aus Gütern, ohne sich an deren Bereitstellung zu beteiligen.

Straßenbeleuchtung ist notwendig, um nachts nicht die Orientierung zu verlieren, und senkt die Gefahr, dass Autofahrer nachts dunkel gekleidete Fußgänger überfahren. Trotzdem ist kaum jemand bereit, für Straßenbeleuchtung Geld auszugeben. Folglich werden solche Güter gar nicht oder nicht in ausreichendem Maß von privaten Anbietern angeboten. Es gibt ein Bereitstellungsproblem.

Das Beispiel veranschaulicht, warum öffentliche Güter meist vom Staat bereitgestellt und über Steuern finanziert werden.

3.8 Nachhaltigkeit

Aufgrund der Folgen wirtschaftlichen Handelns für Mensch und Umwelt wird die Forderung nach einer nachhaltigen Entwicklung, die versucht, ökonomische, gesellschaftliche und ökologische Ziele in Einklang zu bringen, immer lauter.

Nachhaltige Entwicklung hat die Zielsetzung, langfristig **ökologisch** verträglich, **sozial** gerecht und zugleich **wirtschaftlich** leistungsfähig zu sein, ohne die natürlichen Lebensgrundlagen künftiger Generationen zu gefährden.

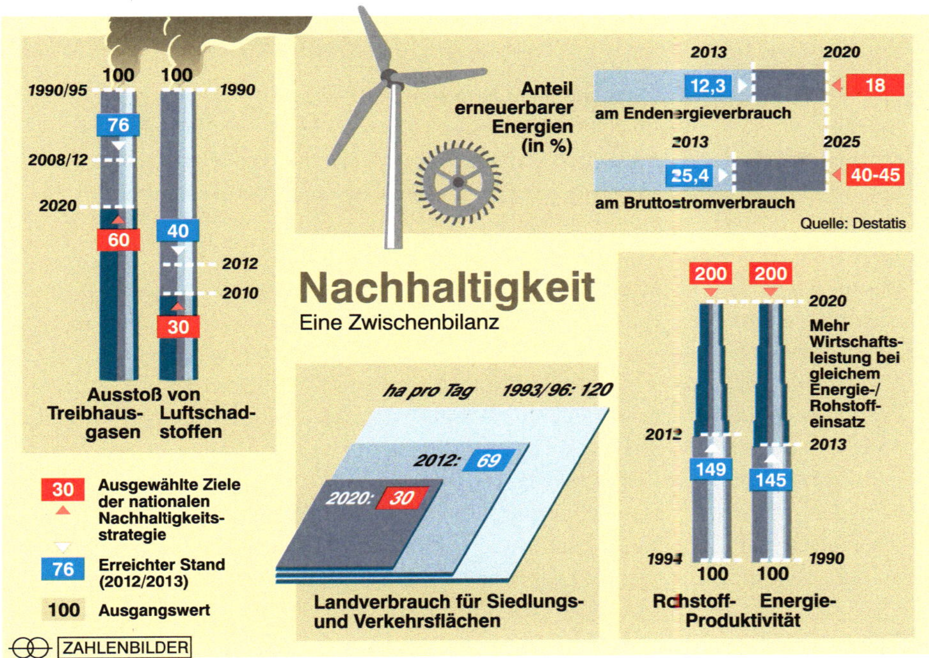

126 495

Das Thema nachhaltige Entwicklung bekommt auch innerhalb von Unternehmen einen immer größeren Stellenwert. Während früher Unternehmen überzeugt davon waren, dass eine **nachhaltige Produktion** zu teuer sei, um wettbewerbsfähig zu bleiben, findet heute ein Umdenken statt. Sowohl große internationale Konzerne als auch innovative kleine und mittlere Unternehmen haben erkannt, dass ein **effizienter Ressourceneinsatz** nicht nur Ressourcen schont und damit die Umweltverschmutzung reduziert. Auf lange Sicht können Kosten gesenkt, Alleinstellungsmerkmale geschaffen und die internationale Wettbewerbsfähigkeit verbessert werden. Der Einsatz von haltbaren, wiederverwendbaren und recyclebaren Ressourcen unter Verwendung von energiesparenden Produktionsmethoden vermag nicht nur Beschäftigungsimpulse zu setzen, sondern auch neue Wachstumsmärkte zu erschließen. Infolgedessen haben sich ganze Branchen für Umwelt- und Effizienztechnologien entwickelt. Nachhaltigkeit gilt heute als Katalysator für **Innovationen.** Neue Technologien haben die Produktivität erheblich gesteigert, nicht-erneuerbare Ressourcen können nunmehr durch erneuerbare Materialien ersetzt werden und Recycling hat die Wiederverwertung von Abfallprodukten für neue Produkte ermöglicht.

Nachhaltige Entwicklung wird auch in Zukunft eine wichtige Rolle spielen, um einen vernünftigen Umgang mit natürlichen Ressourcen zu gewährleisten, den Umweltschutz voranzutreiben, die wirtschaftliche Entwicklung von Unternehmen zu sichern und somit auch den menschlichen Fortschritt zu gewährleisten.

i

Erfolgsfaktor Nachhaltigkeit – Beispiele nachhaltiger Entwicklung

Apple betreibt bereits 100 % aller Firmenstandorte und Anlagen weltweit mit erneuerbarer Energie (Stand 2018) und nutzt hierzu erneuerbare Energiequellen wie Solar- und Windkraft, mit Biogas betriebene Brennstoffzellen, Mikrowasserkraft und Erdwärme.

„[...] Autokonzerne wie **BMW, Audi** oder **Mercedes Benz** sind darum bemüht, ihre Automodelle technisch so weiterzuentwickeln, dass sie immer weniger Schadstoffe produzieren, energieeffizienter werden und Materialien wie Batterien möglichst wiederverwendet werden können. Durch entsprechende Motoren und Batterien schonen die Autokonzerne die Umwelt und verbrauchen weniger Ressourcen.
[...]
Das noch recht junge Online-Unternehmen **About You** vertreibt Textilwaren verschiedener Anbieter und Marken. Trotzdem setzt der Modehändler auf Nachhaltigkeit. So hat das Unternehmen in seinem Onlineshop die Rubrik ‚About Green' eröffnet.
Hier haben Kunden die Möglichkeit, gezielt nach nachhaltig produzierten Waren zu suchen. Die einzelnen Produkte werden zusätzlich mit der Nachhaltigkeitsampel bewertet. So sehen Kunden auf einen Blick, welche Produkte fair und umweltfreundlich hergestellt wurden und welche dabei eher zu wünschen übrig lassen.
Auch der Mutterkonzern von About You, der Online-Versandhandel OTTO, macht sich für die Umwelt stark, indem er auf faire Arbeitsbedingungen, einen nachhaltigen Produktanbau sowie möglichst geringe Emissionen achtet."

Quelle: Dominik Kunze: Corporate Social Responsibility: Mehr Nachhaltigkeit in Unternehmen. https://unternehmer.de/management-people-skills/197539-nachhaltigkeit-unternehmen, 14. Dezember 2017

Zukunftsvision: Die Unterwasserstadt „Ocean Spiral"

Am Meeresboden soll mit einer 15 Kilometer langen Spirale eine Kugel befestigt werden. Innerhalb dieser Kugel sollen in Hotels, Wohnungen, Büros und Parks ungefähr 5000 Menschen leben können. Sind die Wetterverhältnisse gut, schwimmt die Kugel auf dem Meer, ist das Wetter schlecht, lässt sich die Kugel im Meer versenken. Notwendige Energie soll mithilfe der Temperaturunterschiede im Meerwasser gewonnen werden und über die auf dem Meeresboden befestigte Spirale den Ort versorgen. Entsalzungsanlagen verhelfen dem Ort zu Trinkwasser.

Aufgaben zu Kapitel **3**

zusätzliche Aufgaben zu Kapitel 3
► Webcode WGW_I_3_A-Zusatz

1. Erläutern Sie die Vorteile und Probleme im Zusammenhang mit der Verwendung von Modellen in der VWL.

2. Erläutern Sie, weshalb das Modell des Homo oeconomicus oft kritisiert wird.

3. Zeigen Sie anhand eines selbst gewählten Beispiels, in welchen Situationen eigennütziges Handeln Einzelner auch der Allgemeinheit nutzen kann. Welche Situation entsteht hierbei für die Gesellschaft?

4. Zu Beginn der Corona-Pandemie, Anfang 2020, veränderten viele Menschen ihr Einkaufsverhalten. Insbesondere war eine stark erhöhte Nachfrage nach Toilettenpapier und haltbaren Lebensmitteln wie Nudeln, Reis, Mehl und Konserven zu verzeichnen. Oft waren die Regale dieser Produkte in den Supermärkten leer.
   4.1 Erläutern Sie, weshalb Menschen in Krisensituationen hamstern.
   4.2 Welche Effekte hat das Hamstern von Vorräten, wenn sich viele Konsumenten so verhalten?

5. Zwei reiche Länder haben einen Konflikt und beide befürchten, dass das andere Land angreifen wird. Beide Länder haben folgende Optionen:
   a viel Geld in die Rüstungsindustrie und die Armee zu investieren, um das andere Land abzuschrecken und notfalls angreifen zu können
   b keine Waffen zu kaufen und Friedensverhandlungen zu führen
   Erläutern Sie, welches Ergebnis vermutlich zustande kommen wird. Wäre ein besseres Ergebnis möglich?

6. Erläutern Sie, wie natürliche Ressourcen als Produktionsfaktor eingesetzt werden können.

7. Das *Global Footprint Network* berechnet jährlich den Welterschöpfungstag (Earth overshoot day), um die Menschheit wachzurütteln, damit sie ihr Konsumverhalten überdenkt.
   7.1 Welche Bedeutung hat der errechnete Welterschöpfungstag?
   7.2 Wann war der Welterschöpfungstag im vergangenen Jahr? Wann war/wird er in diesem Jahr sein?
   7.3 Zeigen Sie die Konsequenzen des derzeitigen Verbrauchs an Ressourcen für die Wirtschaft, Volkswirtschaften und zukünftige Generationen auf.

8. Volkswirtschaftler beziehen sich oft auf den Begriff *Tragik der Allmende.*
   8.1 Definieren Sie diesen Begriff mit eigenen Worten.
   8.2 Erläutern Sie, warum die Landschaft von Haiti heute als *Moderne Tragik des Allgemeinguts* angesehen wird. Recherchieren Sie hierzu im Internet.

9. Beschreiben Sie kurz, welchen Einfluss wirtschaftliches Handeln auf die Umwelt haben kann.

10. Was bedeutet der Begriff *externe Kosten?* Nennen Sie hierzu drei Beispiele.

11. Nennen Sie drei internationale Umweltabkommen, ihren primären Zweck und die Länder, die diese Abkommen ratifiziert haben. Recherchieren Sie hierzu im Internet.

12. Erläutern Sie den Begriff *Trittbrettfahrerproblem* und geben Sie ein passendes Beispiel.

13. Erläutern Sie den Begriff *nachhaltige Entwicklung* und zeigen Sie auf, warum die Verfolgung dieses Leitbilds von großer Bedeutung für die Umwelt, Gesellschaft und Wirtschaft ist.

14. Die Einsparung von Ressourcen wird heute als zentrale Antriebskraft für Innovationen gesehen. Wählen Sie drei Innovationen und beschreiben Sie, wie diese einer nachhaltigen Entwicklung dienen.

15. Dilemmasituation: Fischerspiel
Oft können Nachfrager nur schwer oder überhaupt nicht vom Konsum eines öffentlich verfügbaren Gutes ausgeschlossen werden. Allerdings beeinflusst deren Konsumverhalten die Verfügbarkeit dieses Gutes für alle anderen Nachfrager. Ein bekanntes Beispiel dafür sind die Fischbestände der Weltmeere.
Schlüpfen Sie selbst in die Rolle der Konsumenten eines öffentlichen Gutes und spielen Sie das Fischerspiel ►.

Fischerspiel
► Webcode WGW_I_3_A15

✔ Zusammenfassung: 3 Vernünftiges wirtschaftliches Handeln

Modelle in der VWL

Modelle sind Vereinfachungen des wirklichen Lebens, um komplexe Zusammenhänge besser erklären zu können.

Vorteile
- einfaches Instrument, um komplexe Beziehungen zu beschreiben
- auf die wichtigsten Faktoren beschränkt

Probleme
- Modelle beruhen auf strengen Annahmen.
- Das wirkliche Leben ist komplexer als jedes Modell.

Wirtschaftlich Handelnde

Modell: Homo oeconomicus
- denkt rein wirtschaftlich und handelt nach dem ökonomischen Prinzip
- verhält sich stets rational

Realität: Homo sapiens
- wird in seinem Handeln von vielen Faktoren beeinflusst
- verhält sich oft nicht rational, mal egoistisch, mal altruistisch
- Fairness spielt eine wichtige Rolle.

Egoismus ⟷ **Altruismus**

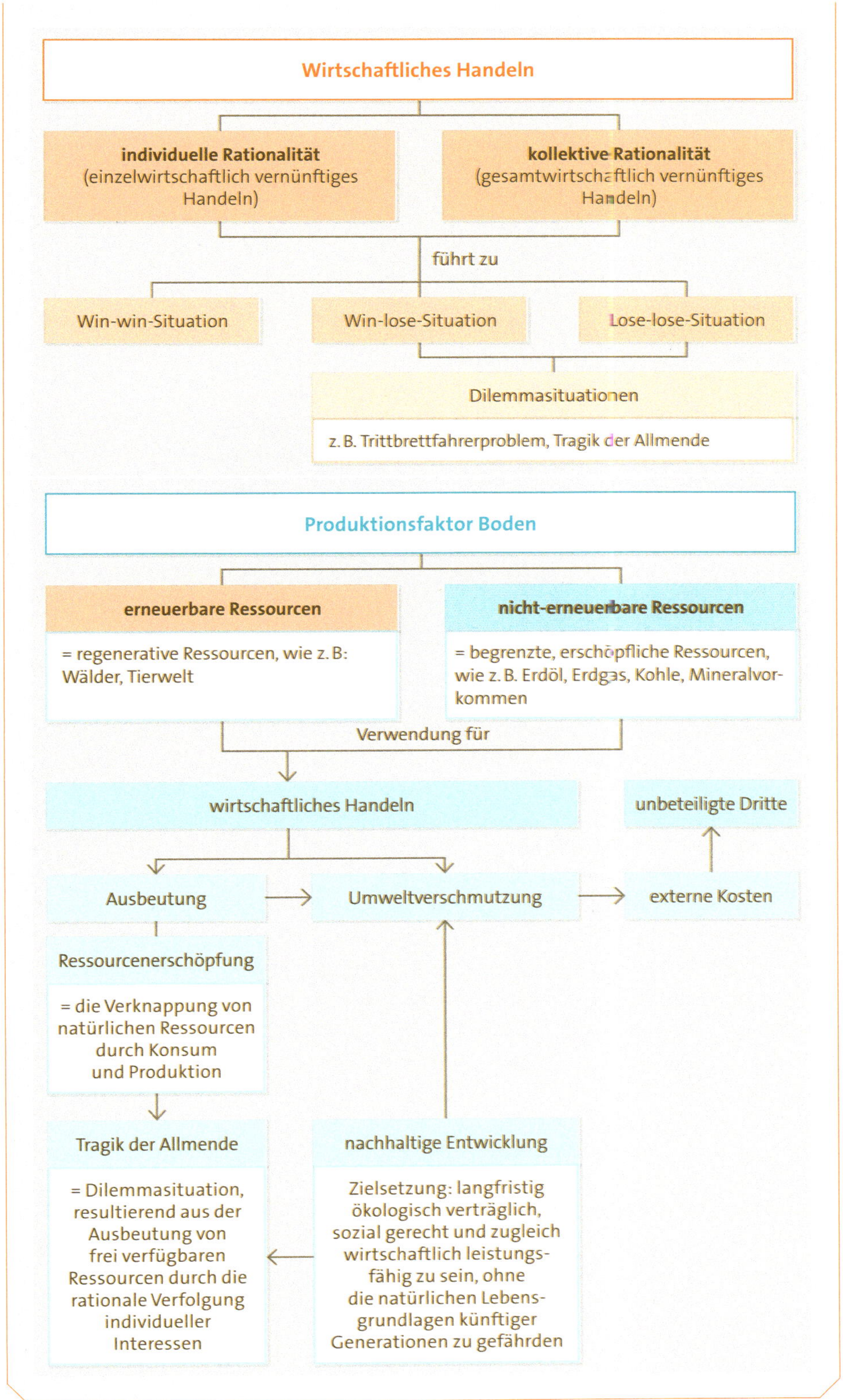
Wirtschaftliches Handeln
individuelle Rationalität (einzelwirtschaftlich vernünftiges Handeln)
kollektive Rationalität (gesamtwirtschaftlich vernünftiges Handeln)
führt zu
Win-win-Situation
Win-lose-Situation
Lose-lose-Situation
Dilemmasituationen
z. B. Trittbrettfahrerproblem, Tragik der Allmende
Produktionsfaktor Boden
erneuerbare Ressourcen
= regenerative Ressourcen, wie z. B: Wälder, Tierwelt
nicht-erneuerbare Ressourcen
= begrenzte, erschöpfliche Ressourcen, wie z. B. Erdöl, Erdgas, Kohle, Mineralvorkommen
Verwendung für
wirtschaftliches Handeln
unbeteiligte Dritte
Ausbeutung
Umweltverschmutzung
externe Kosten
Ressourcenerschöpfung
= die Verknappung von natürlichen Ressourcen durch Konsum und Produktion
Tragik der Allmende
= Dilemmasituation, resultierend aus der Ausbeutung von frei verfügbaren Ressourcen durch die rationale Verfolgung individueller Interessen
nachhaltige Entwicklung
Zielsetzung: langfristig ökologisch verträglich, sozial gerecht und zugleich wirtschaftlich leistungsfähig zu sein, ohne die natürlichen Lebensgrundlagen künftiger Generationen zu gefährden

4 Gesamtwirtschaftlicher Leistungserstellungsprozess

Während Amazongründer Jeff Bezos von Drohnen träumt, die Waren liefern, hat der Online-Gigant enthüllt, dass eine Horde von Robotern bereits in 10 seiner amerikanischen Lager im Einsatz ist. [...] Die Roboter auf Rädern rollen unter Paletten, heben diese an und fahren sie durch das Lager, wobei sie sich an Barcodes auf dem Boden orientieren. Diese Roboter könnten eine neue Ära ankündigen, die die Arbeit von Amazons menschlichen Arbeitern stark vereinfacht. In Lagern ohne Roboter müssen die Arbeiter durch kilometerlange Gänge laufen, um Waren zu lagern oder abzuholen. In Lagern mit Robotern bringen jetzt Maschinen die Waren zu den Arbeitern, die diese nur noch in Kisten oder Kartons zum Versand packen müssen. Dave Clark von Amazon erzählte Reportern, dass die Roboter die Betriebskosten eines Lagers um 20 % senken. [...] Clark bestand darauf, dass die Maschinen keine Jobs bei Amazon bedrohten. [...] Er sagte, dass steigende Effizienz zu Wachstum führe, wodurch mehr Arbeiter eingestellt würden, und sprach von einem „vorteilhaften Kreislauf": „Ich denke, dass dieser Kreislauf für lange Zeit anhalten wird ... wir werden mehr Arbeiter einstellen und kein Arbeitnehmer hat einen Nachteil davon [...]."

Quelle: Guardian News & Media Ltd 2020. Alan Yuhas: Amazon banks on rise of the robots to speed online orders to customers, www.theguardian.com, 1. Dezember 2014, übersetzt vom Autor

Wie bestimmt Amazon, wie viele Arbeiter eingestellt und wie viele Maschinen verwendet werden? Wie verändert technologischer Fortschritt diese Entscheidung? Erhöht die Erfindung neuer, produktiver Roboter die Arbeitslosigkeit?

4.1 Produktionsfaktoren im Produktionsprozess

Für fast jeden Produktionsprozess werden Produktionsfaktoren benötigt, um wirtschaftliche Güter für den Konsum herstellen zu können. Nur ganz wenige Produkte sind von Natur aus direkt verwendbar.

Wilde Erdbeeren können direkt beim Waldspaziergang verzehrt werden. Bei Erdbeeren, die man am Straßenrand kaufen oder auch selbst pflücken kann, benötigt man bereits den Produktionsfaktor Arbeit (Pflücken der Beeren), um sie für den Konsum bereitzustellen.

Ganz egal, welches Konsumgut gewählt wird, bei genauerer Rückverfolgung des Produktionsprozesses ist zu erkennen, dass am Anfang die Produktionsfaktoren **Boden und Arbeit**► stehen. Im Laufe der Zeit wurde ein weiterer Produktionsfaktor in die Produktionsprozesse eingeführt, um die Arbeit zu erleichtern: Alle Produktionsmittel, die nicht dem Konsum dienen, sondern zur Herstellung von Gütern und Dienstleistungen verwendet werden, gehören dem Produktionsfaktor Sachkapital an. Hierzu gehören z. B. Maschinen, Werkzeuge, Gebäude und Fahrzeuge.

Produktionsfaktoren
► I • 2.3

4.2 Arbeit

4.2.1 Robinson-Crusoe-Volkswirtschaft

Die Robinson-Crusoe-Volkswirtschaft► ist ein einfaches Modell, um Entscheidungen in einem Umfeld, in dem es kein Geld gibt, zu analysieren. Unter der Annahme, dass die Insel vom Rest der Welt abgeschnitten ist, gibt es zu Beginn nur einen Konsumenten (Robinson) und einen Produzenten (Robinson) und es gibt nur zwei Produkte (Fisch, Früchte). Robinson hat nur zwei Produktionsfaktoren zur Verfügung – sich selbst (Arbeit) und die natürlichen Ressourcen der Insel (Land).

Grundfragen der Volkswirtschaft am Beispiel der Robinson-Crusoe-Volkswirtschaft
► I • 2.1

Robinson steht vor dem klassischen Konflikt: Knappheit der Ressourcen und unbegrenzte Bedürfnisse. Er muss Entscheidungen treffen, um diese Bedürfnisse zu befriedigen. Er muss herausfinden, welche **Möglichkeiten** er hat: Er kann Fische fangen und er kann Früchte sammeln. Er muss sich dafür entscheiden, **was er „produzieren" will,** Fische oder Früchte. Weiterhin gilt es, genau zu überlegen, **wie er seine Ressourcen verwenden wird,** wie viel Zeit er darauf verwenden möchte, Fische zu fangen oder Früchte zu sammeln. Robinson muss Entscheidungen treffen, um die Ressourcen der Insel bestmöglich zu nutzen – falsche Entscheidungen könnten ihn sogar das Leben kosten.

Robinsons Möglichkeiten, Essen zu „produzieren"

Fische	Früchte
8	0
6	3
4	6
2	9
0	12

Wenn Robinson den ganzen Tag damit verbringt, Fische zu fangen, kann er maximal 8 Fische fangen, hat dann aber keine Früchte.
Wenn Robinson den ganzen Tag Früchte sammelt, kann er 12 Früchte sammeln, hat dann aber keinen Fisch.
Er kann auch jede Kombination dazwischen wählen.

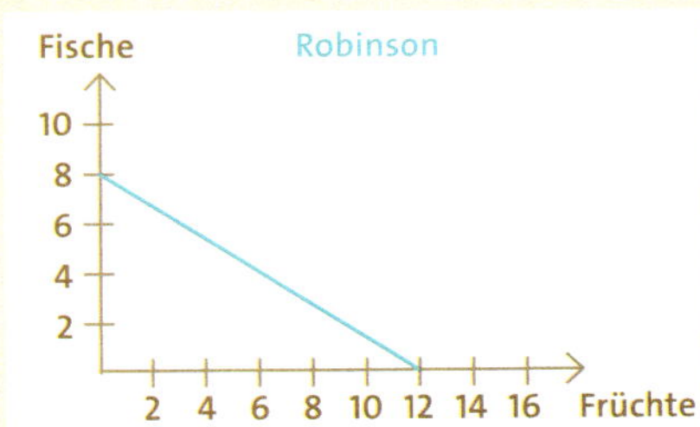

Die verschiedenen Kombinationen der zwei Produkte, die Robinson „herstellen“ kann, können in eine Grafik eingezeichnet werden. Diese Kurve stellt nun Robinsons **Produktionsmöglichkeitenkurve (PMK)** dar.

Die verschiedenen Output-Möglichkeiten eines Marktteilnehmers können mit dieser Kurve veranschaulicht werden. Robinson kann sich nun für eine mögliche Kombination von Fischen und Früchten entscheiden und muss dann dementsprechend seine Arbeitskraft und das ihm zu Verfügung stehende Land nutzen. Jede dieser Entscheidungen führt zu **Opportunitätskosten**[1]. Während Robinson Fische fängt, kann er keine Früchte sammeln. Folglich entsprechen die Kosten für das Fangen von Fischen der Anzahl Früchte, die er in dieser Zeit nicht sammeln konnte.

[1] Opportunitätskosten: *Alternativkosten, Verzichtskosten; mit anderen Worten, worauf man verzichten muss, um das Gut zu bekommen.*

Opportunitätskosten lassen sich mathematisch berechnen:

$$\text{Opportunitätskosten von A} = \frac{\text{Verzicht Produkt B}}{\text{Mehrproduktion einer Einheit von Produkt A}}$$

Dieses Konzept misst die theoretischen Kosten einer Entscheidung, die Kosten der entgangenen Möglichkeit.

Robinsons Opportunitätskosten lassen sich mathematisch berechnen.

Betrachten Sie die möglichen Kombinationen:
12 Früchte und kein Fisch
9 Früchte und 2 Fische

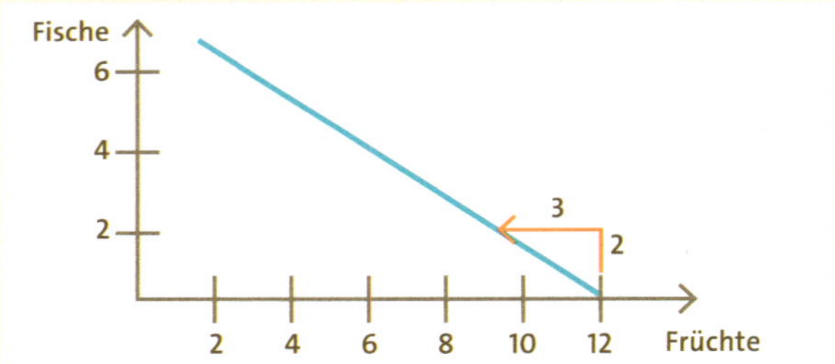

$$\textbf{Opportunitätskosten (OK) für 1 Fisch} = \frac{\text{wie viele Früchte muss er aufgeben}}{\text{wie viele Fische bekommt er mehr}} = \left(\frac{3}{2}\right) = 1.5$$

$$\textbf{Opportunitätskosten (OK) für 1 Frucht} = \frac{\text{wie viele Fische muss er aufgeben}}{\text{wie viele Früchte bekommt er mehr}} = \left(\frac{2}{3}\right) = 0.67$$

Dies bedeutet, dass er im Verhältnis mehr Früchte aufgeben muss, um einen zusätzlichen Fisch zu erhalten, oder dass er, um eine zusätzliche Frucht zu erhalten, verhältnismäßig wenig Fisch aufgeben muss.

Das Modell der Robinson-Crusoe-Volkswirtschaft ist ein vereinfachtes Modell von Märkten, die in der Realität viel komplexer sind. Robinson entscheidet, was er konsumieren will, und dann nutzt er die ihm zur Verfügung stehenden Ressourcen, um diese Güter zu produzieren. Es gibt keinen Anreiz, mehr herzustellen, als er konsumieren möchte – genau wie in größeren Märkten die Produzenten immer versuchen werden, nur Produkte herzustellen, die auch tatsächlich konsumiert bzw. verkauft werden.

In einer Volkswirtschaft, in der es nur zwei Produkte gibt, zeigt die **Produktionsmöglichkeitenkurve** die maximalen Produktionskombinationen, die eine Person (oder ein Land) in einer bestimmten Zeit herstellen kann.

4.2.2 Arbeitsteilung in der Robinson-Crusoe-Volkswirtschaft

Robinson hat es eine Zeit lang geschafft, genügend Fische zu fangen und Früchte zu sammeln, um zu überleben. Er hat sich auch eine kleine Hütte gebaut, in der er schlafen kann. Nach einiger Zeit trifft er auf eine andere Person, die auch auf der Insel lebt – Freitag. Die beiden freunden sich an, und da beide essen müssen, überlegen sie, wie sie das Problem der Nahrungsbeschaffung lösen. Soll jeder weiterhin sein eigenes Essen beschaffen oder gibt es eine bessere Lösung?
Freitags Produktionsmöglichkeiten sehen folgendermaßen aus:

Fische	16	12	8	4	0
Früchte	0	3	6	9	12

Wenn Freitag den ganzen Tag lang Fische fängt, kann er 16 Fische fangen, hat dann aber keine Früchte.
Wenn er den ganzen Tag dazu nutzt, Früchte zu sammeln, kann er 12 Früchte sammeln, hat dann aber keinen Fisch.
Er kann auch jede Kombination dazwischen wählen.

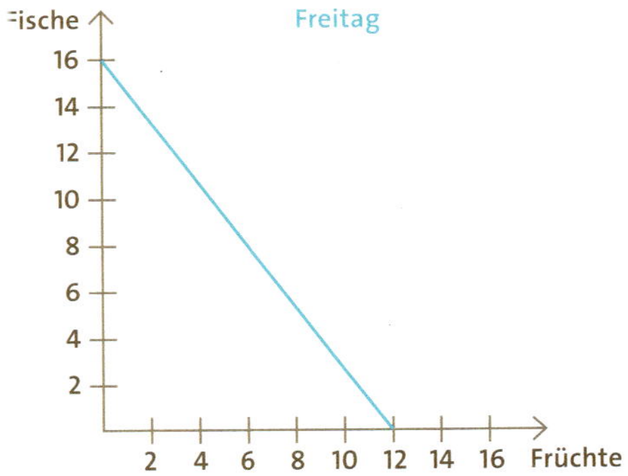

In diesem Modell gibt es nun zwei Produzenten (Robinson, Freitag), zwei Konsumenten (Robinson, Freitag) sowie zwei Produkte (Fisch, Früchte). Beide Menschen müssen entscheiden, wie viel von welchem Produkt hergestellt werden soll. Zu zweit gibt es viel mehr Möglichkeiten, denn nun können sich die Akteure spezialisieren und miteinander handeln.

	maximale Anzahl an Fischen	maximale Anzahl an Früchten
Robinson ►	8	12
Freitag	16	12
	absoluter Kostenvorteil[1] für Freitag	Keiner von beiden hat einen absoluten Kostenvorteil.

Produktionsmöglichkeiten von Robinson
► Tabelle Seite 55

[1] absoluter Kostenvorteil: *absolut höhere Produktivität im Vergleich mit einem anderen Akteur*

In diesem Beispiel hat Freitag einen **absoluten Kostenvorteil** bei der Produktion von Fisch und beide sind gleich produktiv beim Sammeln von Früchten. Es könnte der Eindruck entstehen, dass Freitag Robinson gar nicht braucht, da er genauso gut Früchte sammeln kann wie er. Es kann jedoch trotzdem sinnvoll sein, miteinander zu handeln.

Freitags Opportunitätskosten lassen sich mathematisch berechnen.

Es werden die beiden folgenden Kombinationen betrachtet:
12 Früchte, kein Fisch
9 Früchte, 4 Fische

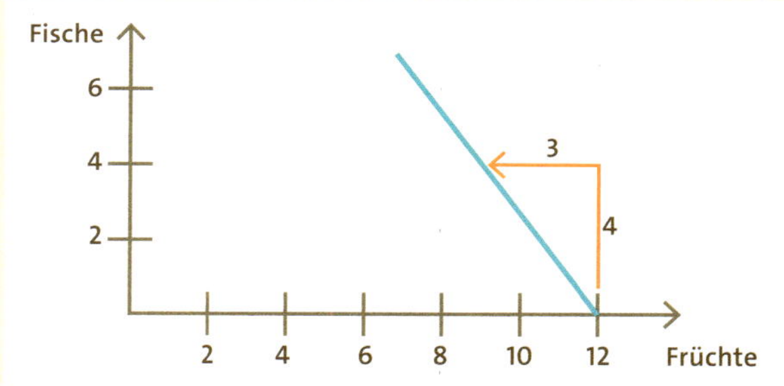

Opportunitätskosten (OK) für 1 Fisch $= \frac{\text{wie viele Früchte muss er aufgeben}}{\text{wie viele zusätzliche Fische bekommt er}} = \left(\frac{3}{4}\right) = 0.75$

Opportunitätskosten (OK) für 1 Frucht $= \frac{\text{wie viele Fische muss er aufgeben}}{\text{wie viele zusätzliche Früchte erhält er}} = \left(\frac{4}{3}\right) = 1.33$

Ein Vergleich zwischen den Opportunitätskosten von Robinson und Freitag zeigt uns folgende Situation:

	Opportunitätskosten (OK) für 1 Fisch	Opportunitätskosten (OK) für 1 Frucht
Robinson	1,5 (3/2)	0,67 (2/3)
Freitag	0,75 (3/4)	1,33 (4/3)
	komparativer Kostenvorteil[1] für Freitag	komparativer Kostenvorteil für Robinson

[1] komparativer Kostenvorteil: *vergleichsweise günstigere Opportunitätskosten*

Wenn man nun Robinsons Opportunitätskosten für das Fangen von Fisch (1,5) mit denen von Freitag (0,75) vergleicht, stellt man fest, dass es für Freitag vergleichsweise günstiger ist, Fische zu fangen. Wenn man Robinsons Opportunitätskosten für das Sammeln von Früchten (0,67) mit denen von Freitag (1,33) vergleicht, ist es vergleichsweise günstiger für Robinson, Früchte zu sammeln. Dies bedeutet, dass Freitag einen komparativen Kostenvorteil bei der Produktion von Fisch hat und Robinson einen komparativen Kostenvorteil beim Sammeln von Früchten.

Ein **komparativer Kostenvorteil** bedeutet, dass ein Einzelner, ein Unternehmen oder ein Land in der Lage ist, ein Gut zu geringeren Opportunitätskosten herzustellen als ein anderer, ein anderes Unternehmen oder ein anderes Land.

In einer Volkswirtschaft ist es sinnvoll, dass sich Menschen auf das spezialisieren, was sie am besten können. Diese Spezialisierung auf die Produktion der Güter mit den geringsten Opportunitätskosten nennt man **Arbeitsteilung.** Die Produktion des benötigten Gutes wird von den Menschen übernommen, die dafür den geringsten Verzicht eines anderen Gutes haben.

Zwei-Personen-Wirtschaft mit Handel:

Folgende Annahme wird getroffen: Jeder produziert seine eigene Nahrung, Robinson produziert und konsumiert 6 Fische und 3 Früchte, Freitag 8 Fische und 6 Früchte. Nun beschließen beide, sich zu spezialisieren. Da Robinson geringere Opportunitätskosten als Freitag für das Sammeln von Früchten hat, sammelt er den ganzen Tag nur Früchte. Freitag fängt nur Fische, da er hierfür auf vergleichsweise weniger Früchte verzichten muss. Dann handeln die beiden miteinander, indem sie Fische und Früchte im Verhältnis 1:1 tauschen.

	vorher		nachher		nach Handel	
Robinson	6 Fische	3 Früchte	0 Fische	12 Früchte	6 Fische	6 Früchte (3 Früchte mehr)
Freitag	8 Fische	6 Früchte	16 Fische	0 Früchte	10 Fische	6 Früchte (2 Fische mehr)
Summe	14 Fische	9 Früchte	16 Fische	12 Früchte	16 Fische	12 Früchte

Beide können nun mehr konsumieren als zuvor. Ihr Konsum liegt jetzt außerhalb ihrer Produktionsmöglichkeitenkurve, was bedeutet, dass sie sich so besserstellen als ohne Handel.

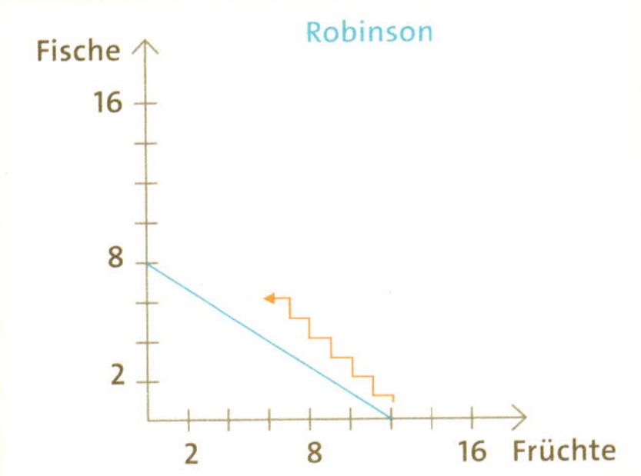

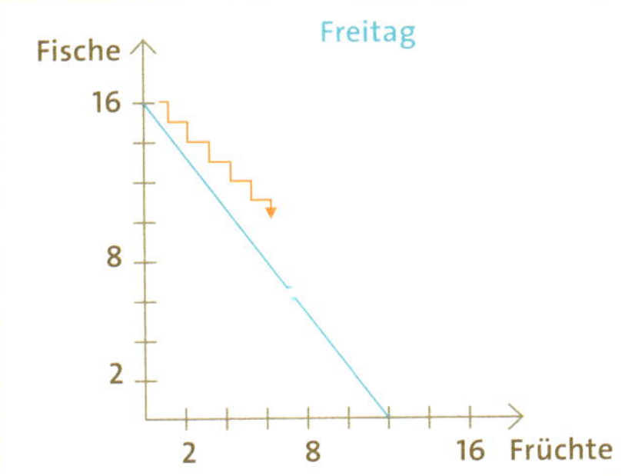

Im Modell mit zwei Partnern und zwei Produkten, bei dem sich beide Partner für Arbeitsteilung entscheiden und sich auf die Produktion des Gutes beschränken, das sie relativ gesehen günstiger herstellen können, kann durch Handel ein besseres Ergebnis erzielt werden. Es wird immer besser sein als die Situation in Autarkie[1], wenn die Bedingungen für den Handel fair sind, d. h., das Tauschverhältnis für die Güter zwischen den Opportunitätskosten der beiden Akteure für dieses Produkt liegt.

[1] Autarkie: *Jeder arbeitet für sich selbst wirtschaftlich unabhängig.*

Durch Arbeitsteilung und Handel können sich alle Beteiligten besserstellen.

David Ricardo (1772–1823)

Englischer Wirtschaftswissenschaftler

Ricardo ist bekannt für seine Rolle bei der Befürwortung des internationalen Handels. Er war der Sohn einer niederländischen Einwandererfamilie in London. Als Börsenmakler wurde er reich durch Spekulationen an der London Stock Exchange. Später wurde er Mitglied des britischen Unterhauses, wo er sich dafür einsetzte, den internationalen Handel zu fördern.
Inspiriert von Adam Smiths „Wohlstand der Nationen“ begann Ricardo seine eigenen Überlegungen zur Volkswirtschaft und veröffentlichte diese in Artikeln und Büchern. Zu dieser Zeit waren viele Menschen der Überzeugung, dass Außenhandel für ein Land nicht gut sei, da oberflächlich betrachtet Geld oder Gold das Land für Güter verließ. Ricardo propagierte die Idee des internationalen Handels und untermauerte seine Position, dass Handel für alle beteiligten Länder vorteilhaft sein kann, mit der Theorie des komparativen Kostenvorteils.
Sein bekanntestes Werk „Grundsätze der politischen Ökonomie und der Besteuerung“ („On the Principles of Political Economy and Taxation“) wurde 1817 veröffentlicht und ist immer noch die Grundlage für viele Freihandelsdiskussionen. Ricardo gilt damit als einer der ersten Vertreter des „klassischen Wirtschaftsliberalismus“, der für den Abbau von Handels- und Wettbewerbsbeschränkungen eingetreten ist.

In einem Modell, in dem zwei Länder je zwei Güter produzieren, wird jedes Land einen komparativen Vorteil für ein anderes Gut haben und somit kann Handel beide Länder besserstellen. Sein berühmtes Beispiel vergleicht England und Portugal in der Produktion von Tuch und Wein und belegt, dass Handel für beide Länder profitabel sein kann.

4.2.3 Arten der Arbeitsteilung

Stellen Sie sich eine Situation vor, in der Sie alle Produkte, die Sie konsumieren wollen, auch selbst herstellen müssen. Um Kleidung zu erhalten, müssten Sie Ihre eigenen Schafe halten und Ihre eigene Baumwolle anbauen, die Wolle selbst spinnen und dann weben oder die Wolle stricken. Es würde vermutlich sehr lange dauern, bis Sie Ihre Kleidung tatsächlich tragen könnten.

In einer Robinson-Crusoe-Volkswirtschaft muss eine Person alle Produkte, die sie konsumieren möchte, selbst herstellen. Wenn es einen zweiten Marktteilnehmer gibt, kann arbeitsteilig gearbeitet werden.

Arbeitsteilung innerhalb einer Gemeinschaft

Je größer eine Gesellschaft ist, desto wahrscheinlicher ist es, dass Berufe entstehen. Die Menschen spezialisieren sich auf einzelne Aufgaben und werden damit z. B. zum Bauer, Müller, Bäcker oder Schmied. Die Konzentration auf einen Aufgabenbereich ermöglicht es den Menschen, die für die Erfüllung der Aufgaben benötigten speziellen Fähigkeiten zu trainieren und den Beruf weiterzuentwickeln. Sie erfinden neue Werkzeuge und Maschinen, um die anfallenden Aufgaben besser und schneller erledigen zu können. In ihrem Bereich haben diese Menschen einen komparativen Kostenvorteil.

Arbeitsteilung durch verschiedene Berufe

Je größer eine Volkswirtschaft ist, desto mehr Produkte werden in größeren Mengen nachgefragt. Dies führte historisch meist zur Gründung von Unternehmen, die sich auf die Herstellung von bestimmten Produkten spezialisierten. In diesen Unternehmen wurde der Produktionsprozess meist auf kleinere Arbeitsschritte heruntergebrochen.

Arbeitsteilung innerhalb Unternehmen

Im Zeitalter der Industrialisierung ging dieser Prozess mit schneller Geschwindigkeit voran. Fabriken wurden größer und konzentrierten sich auf kleinere Schritte im Produktionsprozess. So produzierte z. B. ein Unternehmen aus der Wolle das Garn, das nächste Unternehmen webte das Garn zu Tuch und wieder ein anderes Unternehmen färbte das Tuch und letztlich kauften Schneider das Tuch, um daraus Kleidung zu fertigen.

Arbeitsteilung zwischen Unternehmen

Diese Spezialisierung führte zu verschiedenen Sektoren innerhalb einer Volkswirtschaft: dem Abbau und der Produktion von Rohstoffen im primären Sektor, der Verarbeitung von Rohstoffen und Herstellung von Gütern im sekundären Sektor und schließlich zur Entwicklung des Dienstleistungs- und des Informationssektors.

Arbeitsteilung in wirtschaftlichen Sektoren ►

► II • 3.2

Der technische Fortschritt hat sowohl die Kommunikations- als auch die Transportmöglichkeiten immens verbessert. Beide Faktoren begünstigen die internationale Arbeitsteilung. Unternehmen kaufen ihre Rohstoffe aus aller Welt und verkaufen ihre Produkte in die ganze Welt. Menschen konsumieren Güter, deren Rohstoffe aus einem Teil der Welt stammen, die in einem anderen Teil der Welt produziert werden und in einem weiteren Teil der Welt verkauft werden.

internationale Arbeitsteilung

Arten von Arbeitsteilung

innerhalb eines Unternehmens	zwischen Unternehmen	international
Zerlegen des Produktionsprozesses in kleinere Herstellungsschritte oder in betriebliche Funktionen ► (Beschaffung, Produktion, Absatz)	Produktion von Rohstoffen – Produktion von Gütern aus Rohstoffen – Verkauf von Gütern im Einzelhandel	Import und Export von Rohstoffen und Gütern
In einer Möbelfirma gibt es eine Abteilung, in der gesägt wird, in der nächsten wird geschliffen und in der nächsten Abteilung werden die einzelnen Teile montiert.	Bauer baut Korn an – Müller mahlt Korn zu Mehl – Bäcker bäckt Brot	Herstellung von Kleidung in Asien für den Verkauf z. B. in Europa

Funktionsbereiche der Unternehmen

► IV • 2.1.2

Arbeitsteilung und internationaler Handel ermöglichen es insbesondere Menschen in entwickelten Ländern, eine große Auswahl an Produkten zu haben, wie z. B. günstige Elektronikgeräte oder exotische Früchte, die sonst nicht in dieser Vielfalt und zu diesen Preisen verfügbar wären.

Die größten Importeure der Welt

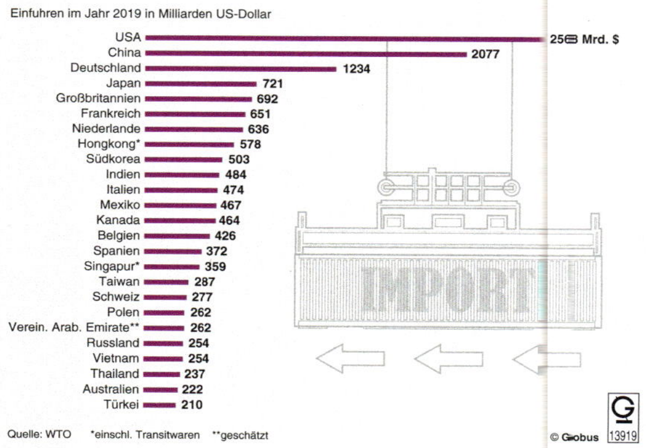

Die größten Exporteure der Welt

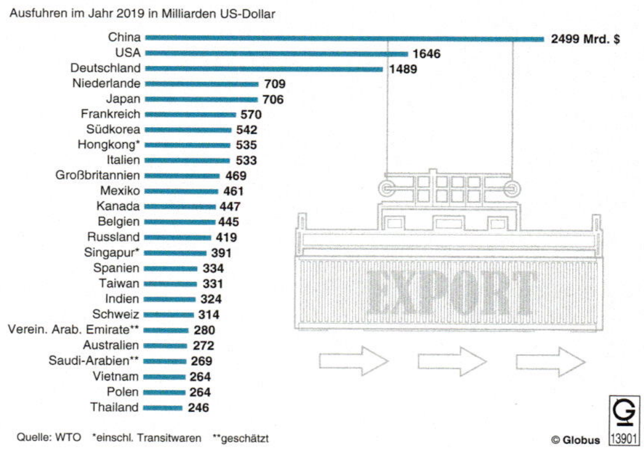

4.2.4 Arbeitsproduktivität

Aufgrund der Arbeitsteilung können die einzelnen Arbeitsschritte schneller erledigt werden und dadurch kann die Produktivität gesteigert werden. Menschen lernen die Arbeitsabläufe besser kennen und finden immer neue Wege, den Produktionsprozess zu optimieren.

Arbeitsproduktivität ist eine Maßzahl, die das Verhältnis zwischen der Ausbringungsmenge an Gütern und der hierfür aufgewendeten Arbeit, z. B. in Form von Stunden, misst und somit vergleichbar macht.

$$\text{Arbeitsproduktivität} = \frac{\text{Ausbringungsmenge an Gütern (Output)}}{\text{dafür aufgewendete Arbeit (Input)}}$$

In der Regel gibt es einen positiven Zusammenhang zwischen stärkerer Arbeitsteilung und größerer Ausbringungsmenge. Dieser Spezialisierungseffekt begünstigt die immer mehr zunehmende Arbeitsteilung. Jedoch kann es auch zu negativen Begleiterscheinungen kommen, insbesondere dann, wenn der Arbeitsablauf in sehr kleine Produktionsschritte zerlegt wird.

Vorteile von Spezialisierung	Nachteile von Spezialisierung
• gesteigerte Produktivität • einfache Aufgaben und Tätigkeiten, kein langes Anlernen notwendig • wenig Zeitverlust beim Übergang zwischen den einzelnen Arbeitsschritten	• Motivationsverlust durch eintönige Arbeit • Verlust von Flexibilität der Arbeitnehmer, da sie nur für eine spezifische Aufgabe ausgebildet sind • für Arbeitnehmer: höheres Risiko von Arbeitslosigkeit

Wichtige Werke der VWL – Die Idee der Spezialisierung in Adam Smiths „Der Wohlstand der Nationen“ („An Inquiry into the Nature and Causes of the Wealth of Nations“) aus dem Jahr 1776

Adam Smith zeigte den Effekt der Spezialisierung innerhalb eines Unternehmens in seinem Buch „Der Wohlstand der Nationen“ mithilfe des folgenden Beispiels:

„Wir wollen daher als Beispiel die Herstellung von Stecknadeln wählen, ein [...] Gewerbe, das [...] schon häufig zur Erklärung der Arbeitsteilung diente. **Ein Arbeiter**, der noch niemals Stecknadeln gemacht hat und auch nicht dazu angelernt ist [...], sodass er auch mit den dazu eingesetzten Maschinen nicht vertraut ist [...], könnte, selbst wenn er sehr fleißig ist, **täglich höchstens eine [Nadel]**, sicherlich aber keine zwanzig Nadeln herstellen. Aber so, wie die Herstellung von Stecknadeln heute betrieben wird, ist sie nicht nur als Ganzes ein selbstständiges Gewerbe. Sie zerfällt vielmehr in eine Reihe getrennter Arbeitsgänge [...]. Der eine Arbeiter zieht den Draht, der andere streckt ihn, ein dritter schneidet ihn, ein vierter spitzt ihn zu, ein fünfter schleift das obere Ende, damit der Kopf aufgesetzt werden kann. Auch die Herstellung des Kopfes erfordert zwei oder drei getrennte Arbeitsgänge.

Das Ansetzen des Kopfes ist eine eigene Tätigkeit, ebenso das Weißglühen der Nadel, ja, selbst das Verpacken der Nadeln ist eine Arbeit für sich. Um eine Stecknadel anzufertigen, sind somit etwa 18 verschiedene Arbeitsgänge notwendig, die in einigen Fabriken jeweils verschiedene Arbeiter besorgen, während in anderen ein Einzelner zwei oder drei davon ausführt. Ich selbst habe eine kleine Fabrik dieser Art gesehen, in der nur **10 Leute** beschäftigt waren, sodass einige von ihnen zwei oder drei solcher Arbeiten übernehmen mussten. [...] Sie [konnten] zusammen am Tage doch etwa 12 Pfund Stecknadeln anfertigen, wenn sie sich einigermaßen anstrengten. Rechnet man für ein Pfund über 4000 Stecknadeln mittlerer Größe, so waren die 10 Arbeiter imstande, täglich etwa **48 000 Nadeln** herzustellen. [...]. Hätten sie indes alle einzeln und unabhängig voneinander gearbeitet, noch dazu ohne besondere Ausbildung, so hätte der Einzelne nicht einmal 20, vielleicht sogar keine einzige Nadel am Tag zustande gebracht. [...]“

Quelle: Adam Smith: The wealth of nations, book 1, chapter 1 [03]; http://geolib.com/smith.adam/won1-01.html, übersetzt und gekürzt von der Autorin

Beispiel: Produktion von Nadeln

Arbeitsproduktivität = Ausbringungsmenge/Einsatz an Arbeit

vor Arbeitsteilung	nach Arbeitsteilung
1 Nadel/1 Arbeiter pro Tag = 1 (erfahrener Arbeiter: 20/1 = 20)	48 000 Nadeln/10 Arbeiter = 4 800

4.3 Kapitalbildung, Sparen und Investition

4.3.1 Kapitalbildung

Produzenten kombinieren Boden, Arbeit und Sachkapital, um die Güter zu produzieren, die die Bedürfnisse der Menschen befriedigen. Daher ist es wichtig, zu verstehen, wie das Sachkapital eines Landes zustande kommt:

Kapitalgüter (= Sachkapital) sind von Menschen geschaffene Güter und umfassen alle produzierten langlebigen Güter, die bei der Herstellung von anderen Gütern verwendet werden, wie beispielsweise Maschinen, Werkzeuge, Gebäude und Fahrzeuge.

Beispiel Autofabrik: Das Fabrikgebäude, die Maschinen darin und die Lieferbänder sind Sachkapital. Die Schrauben und das Metall, das genutzt wird, um die Autos herzustellen, sind kein Sachkapital, da sie im Produktionsprozess verbraucht werden. Das Land, auf dem das Fabrikgebäude steht, ist ebenfalls kein Sachkapital, sondern eine natürliche Ressource (Boden).

Der Produktionsfaktor Sachkapital ist nicht mit Geld gleichzusetzen: Im Gegensatz zum Produktionsfaktor Sachkapital kann Geld nicht unmittelbar genutzt werden, um Güter herzustellen. Kaufen Produzenten Sachkapital, handelt es sich um eine Investition. Diese wird getätigt, um Erträge zu erwirtschaften.

Investition bezeichnet den Kauf von Sachkapital zum Zweck der Produktion von Gütern.

Wenn der Manager der Autofabrik mehr Autos produzieren möchte, kann er in neues Sachkapital investieren. Er kann Maschinen kaufen und neue Fließbänder anschaffen und so die Produktion in der Fabrik erhöhen.

Das Sachkapital einer Volkswirtschaft bildet das produktive Sachvermögen, also den akkumulierten[1] Bestand an produzierten, dauerhaften Produktionsmitteln.

[1] accumulare (lateinisch): *anhäufen, ansammeln*

4.3.2 Investitionsarten und Sparen

Egal, ob es sich um ein großes oder kleines, ein lokales oder internationales Unternehmen handelt: Jedes Unternehmen (jeder Produzent) investiert. Investitionen bilden eine wichtige Basis für wirtschaftlichen Erfolg und Wachstum. Jedes Unternehmen muss entscheiden, wie viel es in neues Sachkapital investieren soll. Investitionen können nötig sein,

- um Maschinen, Ausrüstung oder Gebäude zu ersetzen, die aufgrund von Verschleiß beschädigt oder nicht mehr einsatzfähig sind, und somit einen Produktionsrückgang zu vermeiden;
- um neue Maschinen, Ausrüstung oder Gebäude zu kaufen, um die Produktion zu erhöhen.

Der Investitionsbegriff kann zunächst sehr eng ausgelegt werden und ausschließlich die Umwandlung liquider Mittel in Gegenstände des Sach- und Finanzvermögens umfassen. Dabei unterscheidet man:

- **Realinvestitionen**
  Diese lassen sich weiter aufteilen in:
  - **Sachinvestitionen (materielle Gegenstände),** z. B. Anlagen, Maschinen, Möbel, Lagerbestände und Betriebsmittel
  - **immaterielle Investitionen,** z. B. Investitionen in Forschung und Entwicklung, Ausbildung der Angestellten, Werbung und Patente
- **Finanzinvestitionen**
  Beteiligungen an anderen Unternehmen oder Forderungen wie z. B. Anleihen von anderen Unternehmen

Betrachtet man den Investitionsanlass, können diese Kategorien gebildet werden:

- **Gründungs- oder Errichtungsinvestitionen**
  Ausgaben für die Errichtung und Erstausstattung eines Betriebs, z. B. Kosten für die Gründung des Unternehmens, Anschaffung der ersten Lagerhalle, Produktionshalle oder Büroausstattung
- **laufende Investitionen**

Diese können wiederum unterteilt werden in:

  - **Ersatz- oder Reinvestitionen**
    Ersatz von alten oder nicht mehr funktionsfähigen Produktionsmitteln, z. B. Kauf einer neuen, modernen Maschine
  - **Erweiterungsinvestitionen**
    zur Ausweitung der Produktion bzw. Anpassung der Kapazität an die Nachfrage, z. B. neue Maschinen, zusätzliche Produktionshalle
  - **Rationalisierungs- oder Modernisierungsinvestitionen**
    zur Verbesserung und/oder Modernisierung der betrieblichen Anlagen zur Steigerung der Qualität oder Effizienz,

Oft wird durch eine Rationalisierungsinvestition auch eine Kapazitätsausweitung erreicht, sodass Rationalisierungs- und Erweiterungsinvestition nicht immer genau voneinander getrennt werden können.

Es gibt eine Vielzahl an weiteren Möglichkeiten, die Investitionen verschiedenen Kategorien zuzuordnen. Dabei kann z. B. nach Güterarten, Anlässen, Bedeutung der Rendite, Auswirkung auf die Rechnungslegung ▸ oder sogar geografischem Raum der Investitionstätigkeit unterschieden werden. Wichtig ist zu beachten, dass eine Investition meistens mehreren Kategorien gleichzeitig zugeordnet werden kann.

Erfassung des Anlagevermögens
▸ V • 7

Die Entscheidung für oder gegen eine Investition hängt von mehreren Faktoren ab:

- den Kosten der Investition (z. B. Geld, das für neues Sachkapital ausgegeben wird; Zinsen, die für aufgenommene Kredite gezahlt werden müssen)
- dem erwarteten Ertrag der Investition (z. B. Anstieg von Umsatz bzw. Gewinn)
- den Alternativen zu der Investition (den Opportunitätskosten, z. B. dem Zinseinkommen auf Ersparnisse)

Ein Investor investiert nur in neues Sachkapital, wenn er dies für profitabel hält. Daher vergleicht er nicht nur, wie viel er für das Sachkapital bezahlen muss und wie viel Geld er mit der erhöhten Produktionskapazität verdienen kann. Er wird auch die Opportunitätskosten berücksichtigen: Anstatt in neues Sachkapital zu investieren, könnte er das Geld auch bei einer Bank anlegen und dafür Zinsen erhalten. Oder er könnte das Geld für ein anderes Projekt verwenden, mit dem er möglicherweise mehr Geld verdient.

Der Manager einer Fabrik muss entscheiden, ob er in eine neue Maschine investieren soll. Die Maschine kostet 500.000 EUR. Die Maschine kann für ein Jahr genutzt werden, danach muss sie ersetzt werden. Wenn der Manager die Maschine kauft, erhöht sie die Produktion in der Fabrik. In einem Jahr kann das Unternehmen durch die Verwendung der Maschine einen zusätzlichen Umsatz von 520.000 EUR generieren. Der Zinssatz auf Bankguthaben beträgt 5%. Das Unternehmen hat genug Geld, um die Maschine ohne die Aufnahme eines Kredits zu finanzieren. Eingesetzte Rohstoffe bleiben unbeachtet.
Wenn der Manager die Maschine für 500.000 EUR kauft, hat er am Ende des Jahres exakt 520.000 EUR. Das klingt zunächst nach einem guten Geschäft. Wenn er die 500.000 EUR stattdessen jedoch auf seinem Bankkonto einzahlt und darauf 5% Zinsen erhält, hat er nach einem Jahr ein Bankguthaben in Höhe von 500.000 EUR · 1,05 = 525.000 EUR. Wenn er nicht investiert und das Geld stattdessen spart, hat er zusätzliche 5.000 EUR!

Entscheidet sich der Investor für eine bestimmte Investition, gibt er zwangsläufig eine andere alternative Verwendung des Geldes auf (Opportunitätskosten). Der Investor könnte das Geld auch schlicht nutzen, um Konsumgüter zu kaufen. Investoren müssen heute auf Konsum verzichten, wenn sie ihr Sachkapital erhöhen möchten (Sachkapitalbildung/Kapitalstockbildung), beispielsweise um eine neue Produktionsanlage zu kaufen. Dieser Konsumverzicht wird als **Sparen** bezeichnet.

Sparen ist der Verzicht auf Konsum zur Sachkapitalbildung.

Dieselbe Abwägung gilt auch aus Sicht einer ganzen Volkswirtschaft: Der Teil des Einkommens, der für Konsum verwendet wird, kann nicht verwendet werden, um in das Sachkapital der Volkswirtschaft zu investieren (und umgekehrt). Eine Volkswirtschaft, die ihren Kapitalstock erhöhen will, muss daher kurzfristig auf Konsum zugunsten von Investitionen verzichten. Langfristig ermöglicht der Anstieg des Kapitalstocks eine höhere Produktion und somit auch höheren Konsum.

Brutto-und Nettoinvestitionen

Investitionen in Sachkapital beinhalten einerseits die Veränderung der Ausstattung einer Volkswirtschaft mit Produktionsmitteln (z. B. Maschinen, Werkzeuge, Gebäude) und andererseits die Lagerbestandsveränderungen (z. B. Roh-, Hilfs- und Betriebsstoffe) aller Betriebe in einem gewissen Zeitraum. Addiert man die Anlageinvestitionen zu den Vorratsinvestitionen, ergibt sich ein Gesamtwert, die Bruttoinvestitionen einer Volkswirtschaft.

Produktionsmittel verlieren an Wert, weil sie im Zuge der Produktion abgenutzt werden, weil sie veralten oder weil sie durch Schadensfälle vernichtet oder beschädigt werden. Dieser im Laufe der Produktion entstandene Werteverlust wird durch Abschreibungen ▸ erfasst. Wird von den Bruttoinvestitionen der Betrag der Abschreibungen abgezogen, ergeben sich die Nettoinvestitionen.

buchhalterische Erfassung von Abschreibungen

▶ V • 7.2.3

Bruttoinvestitionen
Abschreibungen = Nettoinvestitionen

Investitionsfördernde wirtschaftspolitische Maßnahmen

Der Kapitalstock einer Volkswirtschaft hat einen bedeutenden Einfluss auf deren Kapazität, Güter zu produzieren. Daher wird eine Regierung versuchen, nach Möglichkeit ein Umfeld zu erzeugen, in dem die Unternehmen bzw. Investoren hohe Anreize haben zu investieren. Diese Investitionen werden von den folgenden Faktoren beeinflusst:

- **stabiles Wirtschaftswachstum**
  Unternehmen investieren bevorzugt in Ländern, in denen viele Konsumenten ein hohes oder wachsendes Einkommen haben und bereit sind, für ihre Güter zu bezahlen.
- **Planungssicherheit**
  Die Erträge der meisten Investitionen erstrecken sich über mehrere Jahre. Wenn ein Unternehmen befürchtet, dass der Staat neue Steuern oder Regularien[1] einführt, die die Produktion verteuern, wird es nur zögerlich oder weniger investieren.
- **Eigentumsrechte**
  Wenn Unternehmen befürchten, dass der Staat sie enteignen und ihr Sachkapital verstaatlichen könnte, werden sie in diesem Land nicht in neues Sachkapital investieren.
- **angemessenes Steuersystem**
  Regierungen brauchen Geld, um staatliche Ausgaben zu finanzieren, und besteuern daher Individuen wie auch Gewinne von Unternehmen. Diese Besteuerung reduziert die Investitionsanreize von Unternehmen. Daher muss eine Regierung die Erhebung von Steuern gegen die negativen Effekte auf die Kapitalakkumulation[2] abwägen.

[1] Regularien (nur Plural, lateinisch: regula): *Richtschnur, Leitsatz, Regel*

[2] Kapitalakkumulation: *Durch Investitionen in Sachkapital erwirtschaftet der Investor neues Kapital (= Geld). Er kann dieses Geld nutzen, um wieder zu investieren und somit weiteres Sachkapital anzuhäufen (akkumulieren).*

Subventionen
► II • 2.4.4

- **Subventionen** ►
  Mit Subventionen bezahlt der Staat Unternehmen dafür, etwas Bestimmtes zu tun, beispielsweise in Kapital zu investieren. Manchmal ist die Regierung der Ansicht, dass Unternehmen nicht genug in bestimmte Kapitalgüter investieren. Die Regierung kann z. B. die Anreize erhöhen, in Solarenergie oder in Hightech-Industrie zu investieren, indem sie speziell in diesen Branchen Subventionen zahlt. Es ist dabei aber sehr wichtig, dass sich die Regierung bewusst macht, weshalb die Unternehmen nicht mehr investieren: Gibt es positive externe Effekte, die die Unternehmen jedoch nicht beachten, oder investieren Unternehmen nicht, weil die zu erwartenden Erträge schlicht zu niedrig sind?

- **niedrige Zinsen**
  Unternehmen, die sich Geld leihen müssen, um zu investieren, profitieren von niedrigen Zinsen für ihren Kredit. Für Unternehmen, die bereits viel Geld haben und erwägen, in Sachkapital zu investieren, entsprechen die Zinsen auf Sparguthaben den Opportunitätskosten ihrer Investitionen. Je niedriger die Zinsen auf Ersparnisse sind, desto mehr Investitionsprojekte haben einen Ertrag, der die Zinseinkünfte entsprechender Bankeinlagen übersteigt.

- **gut entwickelte Kapitalmärkte**
  Unternehmen haben oft nicht genug Geld, um eine große Investition direkt selbst zu zahlen. Falls diese Unternehmen keinen Zugang zu Banken haben oder diese Banken sehr hohe Zinsen verlangen, hindert dies Unternehmen, eigentlich profitable Investitionsprojekte umzusetzen.

- **gut ausgebaute Infrastruktur**
  Infrastruktur wie Brücken, Straßen und Glasfaserleitungen (die oft staatlich bereitgestellt werden) erhöht die Produktivität von Sachkapital: Es wird dadurch einfacher, an Ressourcen zu gelangen und Güter an Kunden zu verkaufen. Allerdings muss diese Infrastruktur meist auch durch Steuern finanziert werden.

- **qualifizierte Arbeitskräfte**
  Sachkapital und andere Produktionsfaktoren wie z. B. Arbeit ergänzen einander gegenseitig. Ein Unternehmen, das sehr produktives Sachkapital wie moderne Roboter nutzt, benötigt gut ausgebildete Arbeitskräfte, um diese Maschinen auch effizient nutzen zu können. Daher bevorzugen es Unternehmen, in Regionen zu investieren, in denen viele qualifizierte Arbeitskräfte (Humankapital) zur Verfügung stehen.

4.4 Kombination der Produktionsfaktoren

4.4.1 Produktionsfunktion

Um Güter herzustellen, benötigt man Güter und Ressourcen (Produktionsfaktoren) ▸.

Produktionsfaktoren
▶ I • 2.3

Ein Bäcker backt Brezeln. Zur Herstellung nutzt er u.a. Getreide, Mehl und Wasser (Produktionsfaktor Boden). Er knetet den Teig und formt die Brezeln (Produktionsfaktor Arbeit). Die Teiglinge schiebt er in einen Backofen (Produktionsfaktor Sachkapital). All dies ist ihm nur möglich aufgrund seiner Kenntnisse und Fähigkeiten (Produktionsfaktor Humankapital).
Die Produktionsfaktoren werden also kombiniert, um ein neues Gut (die Brezel) herzustellen.

In Produktionsprozessen werden neue Güter produziert (Output) und andere Güter verbraucht oder abgenutzt (Input). Durch den Verbrauch an Produktionsfaktoren entstehen für Betriebe Kosten (betriebliche Kosten). Die Menge des Outputs im direkten Verhältnis zur Menge des Inputs im Rahmen eines Produktionsverfahrens wird in der Volkswirtschaftslehre in einer mathematischen Produktionsfunktion beschrieben. Es kann das optimale Verhältnis zwischen Input und Output bestimmt und so die Produktion optimiert werden. Die durch die Produktionsfaktoren Arbeit (r_1) und Sachkapital (r_2) erstellte Gütermenge wird dabei mit X bezeichnet.

produzierte Gütermenge
↓
$$X = f(r_1, r_2)$$
↑
verwendete Einsatzfaktoren (Arbeit und Sachkapital)

Produktionsfunktion

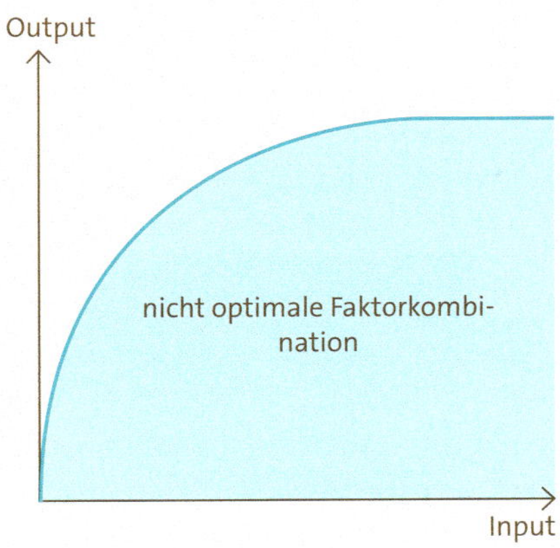

Die Produktionsfunktion kann auch grafisch dargestellt werden. Alle Punkte auf der Produktionsfunktionskurve geben dabei die Kombinationen der Inputfaktoren an, die die maximal realisierbare Outputmenge erreichen. Punkte unterhalb der Kurve stellen auch Möglichkeiten dar, wobei es sich aber um nicht optimale Faktorkombinationen handelt. Mit der Produktionsfunktion können Aussagen darüber getroffen werden, welche Outputmenge unter Einsatz welcher Inputfaktoren realisierbar ist.

Gesetz des sinkenden Grenzertrags:
Durch die Erhöhung eines Inputfaktors (f) steigt zunächst der daraus resultierende Output. Ab einer bestimmten Menge sinkt der Output jedoch trotz wachsendem Input.

4.4.2 Optimale Allokation der Produktionsfaktoren

[1] Allokation: *hier Zuweisung, Verteilung von knappen Ressourcen zur Produktion von Gütern*

Opportunitätskosten ► I • 4.2.1

Unternehmen und Gesellschaften müssen entscheiden, wie sie die knappen, verfügbaren Produktionsfaktoren effizient einsetzen, um das bestmögliche Ergebnis zu erreichen, d. h., die optimale Allokation[1] der Produktionsfaktoren zu finden.
Bei diesen Entscheidungen muss u. a. der Nutzen verschiedener Faktoren gegeneinander abgewogen werden. Dies erfolgt auf der Basis von Opportunitätskosten ►, auch Alternativ- oder Verzichtskosten genannt.

Da Produktionsfaktoren knapp sind, bringt jede Entscheidung Opportunitätskosten mit sich. Falls eine Ressource an einer Stelle eingesetzt wird, kann sie nicht gleichzeitig an anderer Stelle eingesetzt werden, sodass stets Kosten-Nutzen-Abwägungen getroffen werden müssen.

Bau des Panamakanals

Der Panamakanal ist eine künstliche Wasserstraße, die den Atlantik mit dem Pazifik für die Schifffahrt verbindet. Zahlreiche Güter können nun hier auf dem wesentlich kürzeren Wasserweg schneller transportiert werden. Der Bau des Kanals nahm nicht nur viele Arbeiter, sondern auch zahlreiche Maschinen für eine lange Zeit in Anspruch. Weder konnten die Arbeiter während der Bauzeit anderswo arbeiten, noch konnten die Maschinen für die Produktion von anderen Gütern genutzt werden.

Ein Containerschiff durchfährt den Panamakanal.

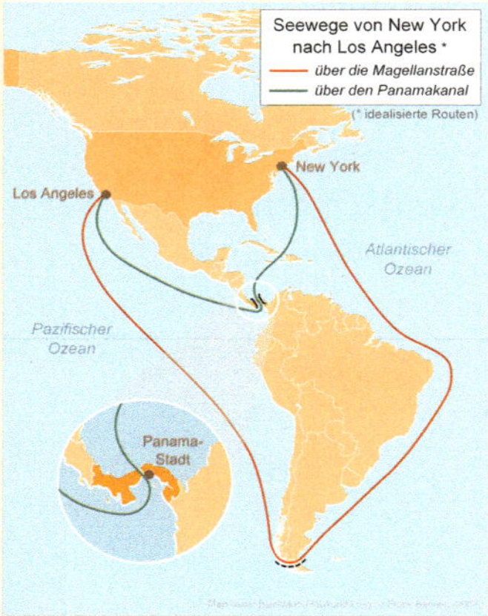

Panamakanal – kürzester Seeweg von der Ostküste zur Westküste der USA

Darüber hinaus steht nun auch keine Freilandfläche mehr zur Verfügung, die für eine landwirtschaftliche Produktion, Tierzucht, Hausbau für Familien oder Bau von Fabriken genutzt werden könnte.

Produktionsfaktoren können für die Produktion ein und desselben Gutes auf verschiedene Art und Weise eingesetzt und kombiniert werden. Ausgangspunkt für die zu treffenden Entscheidungen bildet neben den zur Verfügung stehenden Produktionsfaktoren auch die Auswahl der Produktionstechnologie, d. h. das einer Volkswirtschaft zur Verfügung stehende Produktionsverfahren. Konkret muss geklärt werden, ob die Produktion arbeitsintensiv, unter hohem oder geringem Sachkapitaleinsatz oder möglichst umweltschonend unter Verwendung neuester Produktionsverfahren erfolgen soll. Folgende Fragestellungen veranschaulichen die zu treffenden Überlegungen:

- Sollte ein Unternehmen einige wenige Facharbeiter und Maschinen oder viele Hilfsarbeiter beschäftigen (arbeitsintensive Produktion)?
- Wäre eine automatisierte Fertigungslinie die bessere Alternative (sachkapitalintensive Produktion)?
- Sollten Ernteerträge durch erhöhten Düngemitteleinsatz oder genetisch veränderte Pflanzen gesteigert werden?
- Sollte die Produktion von T-Shirts in Billiglohnländer ausgelagert werden?

Die Auswahl der Produktionsverfahren betrifft nicht nur das Unternehmen als Entscheidungsträger, sondern kann hinsichtlich der Verwendung des Produktionsfaktors Boden auch weitreichende Folgen für die Gesellschaft, Volkswirtschaft und unbeteiligte Dritte mit sich bringen.

4.4.3 Produktionspotenzial

Wenn Volkswirte die Kombination der Produktionsfaktoren in einer Volkswirtschaft analysieren wollen, ist es hilfreich, einen Vergleichspunkt zu haben, um die Effizienz der Faktorkombination (optimale Allokation) beurteilen zu können. Beispielsweise vergleichen sie die aktuelle Produktion in der Volkswirtschaft mit der Produktion bei hypothetisch[1] optimaler Kombination aller Produktionsfaktoren einschließlich Sachkapital, Arbeit, Boden und Produktionstechnologie. Dieser Vergleichswert (Benchmark) ist das Produktionspotenzial.

[1] hypothetisch (lateinisch: hypotheticus): *angenommen, ausgedacht, erdacht*

Das Produktionspotenzial ist das gesamtwirtschaftliche Produktionsergebnis, das bei maximaler Auslastung und optimaler Allokation aller volkswirtschaftlichen Produktionsfaktoren hergestellt werden könnte.

Dieses Konzept klingt zwar theoretisch relativ einfach, bei der konkreten Umsetzung ergeben sich jedoch mehrere Probleme:

- Bei „optimaler Auslastung" wird angenommen, dass alle zur Verfügung stehenden Arbeiter auch angestellt sind und dass alle Maschinen mit der höchsten Auslastung laufen, die langfristig tragbar ist. Die meisten Volkswirte nehmen an, dass es möglich ist, vorübergehend die Produktion sogar über das Produktionspotenzial zu steigern. Dies ist beispielsweise möglich, wenn Arbeiter Überstunden absolvieren oder Maschinen so stark ausgelastet werden, dass dies zu verstärktem Verschleiß oder anderen Kosten führt.
- Das Produktionspotenzial kann nicht direkt beobachtet werden. Es beschreibt einen hypothetischen Optimalfall. Daher nutzen Volkswirte komplexe statistische Methoden, um eine Schätzung für das Produktionspotenzial zu erhalten.
- Das Produktionspotenzial ist nicht konstant, sondern steigt üblicherweise im Laufe der Zeit an. Wenn die Bevölkerung wächst, Unternehmen in Sachkapital investieren oder technologischer Fortschritt und steigendes Humankapital die Produktivität erhöhen, nimmt das Produktionspotenzial ebenso zu.

Volkswirte benutzen häufig die sog. *Produktionslücke,* um zu beschreiben, wie gut eine Volkswirtschaft gegenwärtig die vorhandenen Produktionsfaktoren einsetzt.

Die Produktionslücke misst die relative Differenz (in Prozent) zwischen dem theoretischen Produktionspotenzial und der tatsächlich beobachteten Produktion.

Es kann unterschiedliche Gründe für eine Produktionslücke geben:

- Wenn Unternehmen nicht alle produzierten Güter verkaufen können, reduzieren sie ihre Produktion. Zum Beispiel halten sie dann jeden Tag ihre Maschinen für einige Stunden an, reduzieren die Arbeitszeit ihrer Angestellten oder entlassen sogar einige von ihnen. Daher kann eine niedrige Nachfrage nach Gütern zu einer niedrigen Auslastung von Sachkapital und Arbeit führen.
- Wenn die Qualifikationen der Arbeitnehmer nicht zu den Bedürfnissen der Unternehmen passen, können die Unternehmen ihr Sachkapital nicht optimal einsetzen. Ebenso können Menschen, die arbeitslos sind, ihre Fähigkeiten nicht produktiv nutzen.

Preisbereinigtes Produktionspotenzial in Deutschland (in Milliarden EUR)

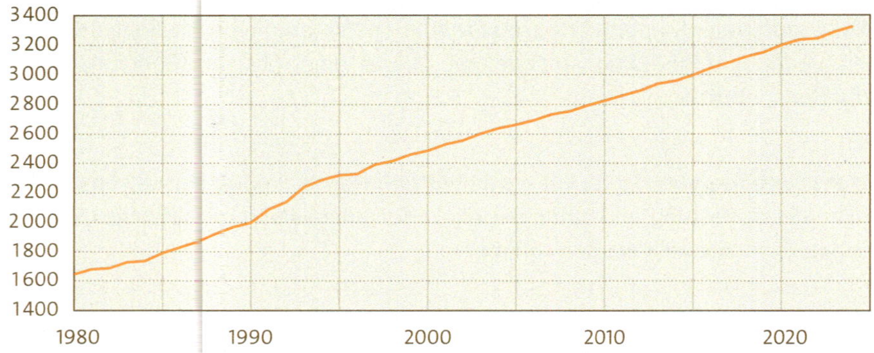

Quelle: Zahlen des Bundesministeriums für Finanzen, Monatsbericht Juni 2020[1]

Produktionslücke[2] in Deutschland (in % des preisbereinigten Produktionspotenzials)

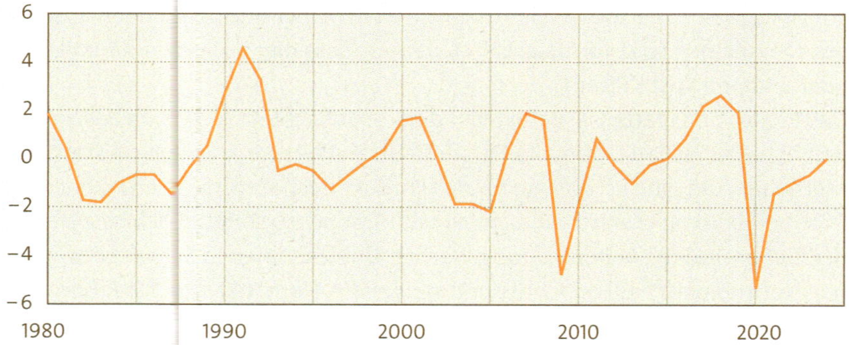

Quelle: Zahlen des Bundesministeriums für Finanzen, Monatsbericht Juni 2020

[1] Bei der Berechnung des Produktionspotenzials handelt es sich lediglich um Prognosen, die nachträglich immer wieder neu berechnet werden. Somit ist es möglich, dass sich die Daten auch noch rückwirkend verändern können und in einigen Jahren andere Ergebnisse für die in der Grafik abgebildeten Jahre vorliegen.

[2] 1,9 % Produktionslücke im Jahr 2019 bedeutet, dass 1,9 % weniger produziert wurden, als möglich gewesen wäre.

Ein Vergleich des Produktionspotenzials und der tatsächlichen Produktion in Deutschland zeigt, dass diese Effekte auch in Deutschland auftreten. Während das Produktionspotenzial im Laufe der Zeit stetig zugenommen hat, liegt in vielen Jahren eine Produktionslücke vor. Allerdings überschreitet in einigen Perioden wie den frühen 1990ern und 2007/2008 die tatsächliche Produktion das Produktionspotenzial. Dies sind üblicherweise Zeiträume, in denen die Wirtschaft sehr schnell wächst, sodass Menschen Überstunden leisten müssen und Unternehmen ihren Maschinen eine Leistung abverlangen, die langfristig zu starken Beschädigungen führen kann. Beispielsweise führte die deutsche Wiedervereinigung 1990 zu massiven staatlichen Investitionen in die Infrastruktur der früheren ostdeutschen Bundesländer.

4.4.4 Produktionsmöglichkeitenkurve

Anhand einer Produktionsmöglichkeitenkurve (PMK) kann das Konzept des Produktionspotenzials einer Volkswirtschaft mit zwei Gütern veranschaulicht werden. Die Kurve zeigt alle Mengenkombinationen der beiden Güterarten, die in der Volkswirtschaft bei voller Auslastung aller verfügbaren Produktionsfaktoren (Arbeit und Sachkapital) höchstens hergestellt werden können. Im naturalwirtschaftlichen Modell, als nur Robinson als Arbeitskraft und die Produktionsmöglichkeiten Fische und Früchte zur Verfügung standen, verlief die Produktionsmöglichkeitenkurve ► gerade. Nun, da eine ganze Volkswirtschaft und nicht mehr eine einzelne Arbeitskraft betrachtet wird, ergibt sich ein nach außen gekrümmter Verlauf. Die orange PMK im folgenden Diagramm zeigt die ursprünglichen Produktionsmöglichkeiten der Volkswirtschaft. Die Steigung der PMK hängt dabei von den Opportunitätskosten der Produktion ab. Wenn die Opportunitätskosten konstant sind (wie in Kapitel 4.2.1 beschrieben), ist die PMK eine Gerade mit konstanter Steigung. Üblicherweise nehmen die Opportunitätskosten eines Gutes jedoch zu, wenn eine Volkswirtschaft mehr von diesem Gut produzieren möchte.

Produktionsmöglichkeitenkurve in der Robinson-Crusoe-Volkswirtschaft
► I • 4.2.1

Zwei unterschiedliche Produktionsmöglichkeitenkurven (PMK)
Entscheidung: Welche Mengenkombination soll bei gegebenen Ressourcen produziert werden?

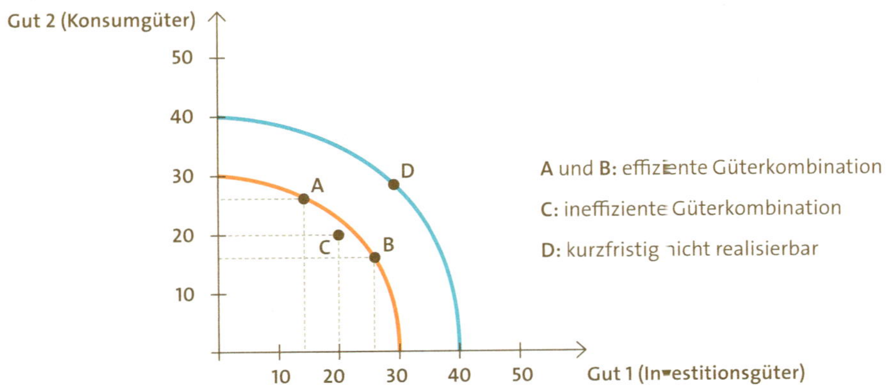

Bei einer Erhöhung der Produktion des Gutes 1 (z. B. Investitionsgüter) zulasten der Produktion des Gutes 2 (z. B. Konsumgüter) muss auf immer mehr Konsumgüter in der Volkswirtschaft verzichtet werden, um eine zusätzliche Einheit Investitionsgüter zu produzieren. Es entstehen Alternativkosten beziehungsweise Opportunitätskosten.

$$\text{Opportunitätskosten von Gut 1} = \frac{\text{Verzicht auf Gut 2}}{\text{Mehrproduktion einer Einheit von Gut 1}}$$

Die Opportunitätskosten werden bei einer Mehrproduktion von Investitionsgütern zunächst ansteigen, da die Mehrproduktion zusätzliche Produktionsfaktoren verschlingt, die zuvor in anderen Bereichen eingesetzt wurden. Dies bedeutet z. B. durch die nötigen Umstellungen zunächst einen Effizienzverlust. Auch die Arbeitsproduktitvität sinkt. Wird die Produktion von Investitionsgütern immer weiter ausgedehnt, steigt die Menge an dafür eingesetzten Produktionsfaktoren überproportional an. Es kommt zum Produktionsrückgang in den Bereichen, in denen diese Produktionsfaktoren bisher eingesetzt wurden.

Wenn die Volkswirtschaft exakt auf der PMK produziert (beispielsweise Punkt A oder Punkt B im Diagramm oben), dann ist es nicht möglich, von einem Gut mehr zu produzieren, ohne die Produktion des anderen Gutes zu reduzieren. Somit sind die Kombinationen aus beiden Gütern direkt auf der PMK effizient. Kombinationen unterhalb der PMK sind jedoch nicht optimal. Wenn sich die Volkswirtschaft in Punkt C befände, wäre es möglich, die Produktion von einem oder sogar beiden Gütern zu erhöhen, wenn die Produktionsfaktoren besser kombiniert würden.

Liegt eine Güterkombination außerhalb der Produktionsmöglichkeitenkurve (Punkt D), kann diese Güterkombination schlichtweg aufgrund von fehlenden Produktionsmöglichkeiten nicht hergestellt werden. Die PMK ist jedoch nicht fix, sondern verändert sich im Laufe der Zeit, genauso wie das Produktionspotenzial. Wenn Unternehmen ihre Kapazitäten erhöhen, die Anzahl oder das Humankapital der Arbeitskräfte steigt oder wenn die Unternehmen eine produktivere Technologie nutzen, verschiebt sich die PMK nach außen wie die blaue PMK in der obigen Darstellung. Investitionen und technologischer Fortschritt erlauben einer Volkswirtschaft also, Kombinationen von Gütern zu produzieren, die ursprünglich unerreichbar waren, wie Punkt D.

Wenn in einer Volkswirtschaft eine optimale Allokation der Produktionsfaktoren vorliegt, liegt die produzierte Güterkombination auf der Produktionsmöglichkeitenkurve. Das Produktionspotenzial der Volkswirtschaft wird voll ausgenutzt.

Um herauszufinden, inwieweit das Produktionspotenzial einer Volkswirtschaft genutzt wird, kann der Auslastungsgrad berechnet werden.

$$\text{Auslastungsgrad in \%} = \frac{\text{tatsächliches Produktionsergebnis}}{\text{mögliches Produktionsergebnis (Produktionspotenzial)}} \cdot 100$$

4.4.5 Optimale Faktorkombination

Während das Produktionspotenzial und die PMK eine theoretische, optimale Produktion in der Volkswirtschaft darstellen, befinden sich Volkswirtschaften in der Realität oft unterhalb des Produktionspotenzials, es gibt also eine Produktionslücke. Die tatsächliche Produktion wird in einer Volkswirtschaft von Haushalten und Unternehmen bestimmt, die das ökonomische Prinzip verwenden. Unternehmen wenden das ökonomische Prinzip an, wenn sie ihre Gewinne maximieren und dabei die Nachfrage der Konsumenten und die Preise für die Produktionsfaktoren berücksichtigen. Auch wenden sie das ökonomische Prinzip (Maximalprinzip) an, wenn knappe Produktionsfaktoren effizient auf verschiedene Bereiche der Güterproduktion verteilt werden, um einen maximalen Output an Gütern zu generieren. Dabei wird die Zuordnung der Produktionsfaktoren zu unterschiedlichen Einsatzmöglichkeiten als *Faktorallokation* bezeichnet. Ein Unternehmen, das eine bestimmte Anzahl von Gütern produzieren möchte, wird versuchen, die Produktionskosten zu minimieren ▸.

Minimalprinzip
▶ I • 1.4.2

i

Kostenbegriffe

Bei der Kombination der Produktionsfaktoren spielen die Kosten eine entscheidende Rolle. Hierbei ist es wichtig, die unterschiedlichen Definitionen des Kostenbegriffs zu kennen:
Die individuellen Kosten einer Handlung umfassen nach **volkswirtschaftlicher Definition** die direkten Kosten einer Handlung **einschließlich der Opportunitätskosten.** Wenn Robinson ▸ also die Kosten des Fischfangs betrachtet, berücksichtigt er dass ihm zugleich die benötigte Zeit zum Pflücken von Früchten fehlt. Einem Unternehmen, das in Sachkapital investiert, entgehen zugleich potenzielle Zinseinkünfte für den Fall, dass es das Geld stattdessen bei der Bank angelegt hätte.
Der **betriebswirtschaftliche Kostenbegriff** umfasst dagegen keine Opportunitätskosten und ist an buchhalterischen Vorgaben orientiert.
Diese unterschiedliche Definition von Kosten hat zur Folge, dass auch der Gewinn eines Unternehmens von der Kostendefinition abhängt. Wenn ein Unternehmen nach volkswirtschaftlicher Kostendefinition einen Gewinn von 0 EUR macht, deckt es seine Opportunitätskosten (der Unternehmer könnte ja beispielsweise sein Unternehmen verkaufen und den Erlös bei der Bank anlegen). Der betriebswirtschaftliche Gewinn wäre in diesem Fall positiv, da dort die Opportunitätskosten nicht berücksichtigt werden.
Losgelöst von der volkswirtschaftlichen oder betriebswirtschaftlichen Definition steht der Begriff der **externen Kosten.** Weder Individuen noch Unternehmen berücksichtigen bei ihrem Wirtschaften externe Kosten, also die Kosten, die sie für andere Mitglieder der Gesellschaft verursachen, ohne dafür zahlen zu müssen (z. B. Umweltverschmutzung).
In dieser Bildungsplaneinheit wird ausschließlich der volkswirtschaftliche Kostenbegriff verwendet.

Robinson-Crusoe-Volkswirtschaft
▶ I • 4.2.1

Zur Vereinfachung ist hier eine Beschränkung auf die Frage sinnvoll, wie viel Sachkapital und wie viel Arbeit ein Unternehmen einsetzen soll, um eine bestimmte Menge zu produzieren. Üblicherweise ist es möglich, einen dieser Produktionsfaktoren durch den anderen zu substituieren[1], also zu ersetzen (substitutive Produktionsfaktoren).

[1] Man spricht hier auch von *Faktorsubstitution*.

Stellen Sie sich vor, Sie möchten die Wände in Ihrem Zimmer neu streichen. Sie müssen die Arbeiten an diesem Abend abschließen. Sie haben viele Freunde, die Sie um Hilfe bitten können, aber Sie werden jedem Einzelnen, der mithilft, eine Pizza als kleine Entschädigung zahlen müssen. Sie haben noch einige alte Farbrollen und Pinsel, die Ihre Freunde nutzen könnten. Wenn Sie neue Farbrollen kaufen, werden Ihre Freunde die Arbeit schneller erledigen können. Als dritte Option könnten Sie auch eine teure Spezialausrüstung kaufen, die es Ihren Freunden erlaubt, Farbe direkt auf die Wand zu sprühen und so noch mehr Zeit zu sparen. Die folgende Tabelle zeigt die Anzahl der m², die von einer bestimmten Anzahl von Freunden mit den unterschiedlichen Werkzeugen gestrichen werden kann.

Werkzeug	**Anzahl der Freunde**				
	1	**2**	**3**	**4**	**5**
alte Pinsel/Rollen	7	13	18	22	23
neue Pinsel/Rollen	11	19	25	30	32
Spezialausrüstung	14	24	31	37	40

Wenn Sie 20 m² streichen müssen, haben Sie mehrere Optionen. Wenn die alten Pinsel verwendet werden, müssen Sie mindestens 4 Freunde einladen. Mit den neuen Pinseln sind 3 Freunde ausreichend. Und bei einer Investition in die Spezialausrüstung genügen sogar nur 2 Freunde. Wenn Sie Ihre Kosten minimieren wollen, werden Sie nicht mehr Freunde einladen als notwendig. Somit ist die optimale Kombination aus Sachkapital (Werkzeug) und Arbeit (Freunde) eine der drei in der Tabelle farblich markierten Varianten.

Ein Unternehmen, das seine Möglichkeiten zur Faktorsubstitution kennt, bestimmt die Produktionskosten für diese Kombinationen. Es wird letztendlich diejenige Kombination wählen, mit der die Güter zu minimalen Kosten hergestellt werden können.

Unser vorheriges Beispiel ist bereits auf drei Optionen reduziert. Nehmen Sie nun an, dass Sie jedem Freund Pizza im Wert von 10,00 EUR zahlen müssen. Sie besitzen bereits die alten Pinsel und Farbrollen. Neue Pinsel kosten 15,00 EUR und die Spezialausrüstung kostet 30,00 EUR. Nun können Sie die Gesamtkosten der drei Optionen berechnen:

- alte Pinsel, 4 Freunde: 0,00 EUR + 4 · 10,00 EUR = 40,00 EUR
- neue Pinsel, 3 Freunde: 15,00 EUR + 3 · 10,00 EUR = 45,00 EUR
- Spezialausrüstung, 2 Freunde: 30,00 EUR + 2 · 10,00 EUR = 50,00 EUR

Sie minimieren also Ihre Kosten, wenn Sie die alten Pinsel erneut verwenden und 4 Freunde um Hilfe bitten.

Die optimale Kombination der Produktionsfaktoren hängt zum einen von der technischen Möglichkeit der Substitution dieser Inputs ab, d. h. von der Produktionstechnologie. Zum anderen bestimmen die Preise von Sachkapital und Arbeit, welche der von der Produktionstechnologie vorgegebenen Faktorkombinationen die Kosten minimiert. Wenn sich diese Preise ändern, müssen Unternehmen überprüfen, ob sie die Faktorkombination verändern sollten. Wenn beispielsweise Arbeit knapper wird und Löhne steigen, könnte es für die Unternehmen optimal sein, Arbeit durch Sachkapital zu substituieren.

Leider müssen Sie ihr Zimmer ausgerechnet an dem Abend neu streichen, an dem das Finale der Fußball-WM stattfindet. Daher wird es schwieriger, Ihre Freunde zu überzeugen, Ihnen beim Streichen zu helfen. Zusätzlich zur Pizza müssen Sie jedem Freund jetzt auch noch ein Kinoticket schenken, wodurch die Kosten pro helfendem Freund von 10,00 EUR auf 20,00 EUR steigen. Alle anderen Annahmen bleiben unverändert[1]. Die vollständigen Kosten der drei möglichen Alternativen, mit denen mindestens 20 m² gestrichen werden können, lauten nun:

- alte Pinsel, 4 Freunde: 0,00 EUR + 4 · 20,00 EUR = 80,00 EUR
- neue Pinsel, 3 Freunde: 15,00 EUR + 3 · 20,00 EUR = 75,00 EUR
- Spezialausrüstung, 2 Freunde: 30,00 EUR + 2 · 20,00 EUR = 70,00 EUR

Unter den neuen Bedingungen wird es teurer, Arbeit im Produktionsprozess einzusetzen. Sie sollten daher, um Ihre Kosten zu minimieren, Arbeit durch Sachkapital substituieren: Investieren Sie in die teure Spezialausrüstung und bitten Sie nur 2 Freunde um Hilfe.

[1] Diese Annahme nennt sich in der Volkswirtschaft *Ceteris-paribus-Annahme* und bedeutet, dass mit Ausnahme der untersuchten Größe alle anderen Faktoren unverändert bleiben.

Wenn Unternehmen das ökonomische Prinzip anwenden und ihre Kosten minimieren, ist aus ihrer Sicht der Produktionsprozess optimal: Sie können ihre Gewinne nicht erhöhen, indem sie eine andere Faktorkombination wählen. Unternehmen versuchen, Kosten zu reduzieren, indem sie teure Produktionsfaktoren durch preiswertere ersetzen. Oft ist dieses Resultat auch gesamtgesellschaftlich optimal, jedoch nicht immer: Unternehmen nutzen Preise, um die optimale Faktorkombination zu bestimmen. Wenn die Preise der Produktionsfaktoren deren Knappheit nicht korrekt widerspiegeln, kann die Entscheidung der Unternehmen verzerrt sein. Dieses Problem tritt häufig dann auf, wenn Unternehmen ein Allmendegut bzw. eine natürliche Ressource im Produktionsprozess einsetzen.

Ein Unternehmen, das bei der Produktion die Luft verschmutzt, erzeugt einen externen Effekt. Selbst wenn dieses Unternehmen aus seiner eigenen Sicht Sachkapital, Arbeit und saubere Luft effizient und kostenminimierend einsetzt, kann die Faktorkombination ineffizient sein, wenn man alle Effekte auf die gesamte Volkswirtschaft miteinbezieht. Das Unternehmen bezahlt nicht für die Luftverschmutzung und ignoriert daher diese Kosten im Produktionsprozess. Für die gesamte Gesellschaft wäre es jedoch besser, wenn die Luft weniger verschmutzt würde und das Unternehmen durch Investitionen in Sachkapital diese Kosten reduzieren würde, beispielsweise durch die Nutzung von Luftfiltern.

Die Nachfrage nach den Produktionsfaktoren steigt mit deren Produktivität und sinkt mit deren Preis. Folglich ist die Nachfrage nach hoch qualifizierten und sehr produktiven Arbeitern höher als für schlecht ausgebildete Arbeitskräfte. Dementsprechend können gut ausgebildete Arbeitnehmer höhere Löhne verdienen. Ebenso kann ein Unternehmen, das in Sachkapital investiert, durch das die Arbeitnehmer produktiver werden, höhere Löhne zahlen. Produktivere Produktionstechniken benötigen aber üblicherweise auch höher qualifizierte Arbeitnehmer, die möglicherweise nur schwer zu finden sind.

4.5 Verdrängung von Arbeit durch Sachkapital

Unternehmen investieren viel in die Forschung und Entwicklung neuer Produktionsmethoden, die es den Unternehmen erlauben, zu niedrigeren Kosten zu produzieren. So steigt die Produktivität moderner Roboter und anderer Maschinen jedes Jahr. Wenn Maschinen produktiver werden, kann es optimal für die Unternehmen sein, Arbeit durch Sachkapital zu ersetzen. Das ist grundsätzlich keine schlechte Sache: Produktionsfaktoren sollten so effizient wie möglich eingesetzt werden. Es kann durchaus eine gute Idee sein, Arbeitskräfte dort einzusetzen, wo sie nicht so leicht durch Maschinen ersetzt werden können, beispielsweise im Dienstleistungssektor.

Volkswirte nennen diesen Vorgang auch „schöpferische Zerstörung“[1]. Technologischer Fortschritt und Globalisierung schaffen neue, moderne, wachsende Industrien und Märkte und zerstören nicht mehr wettbewerbsfähige Unternehmen, die ineffiziente, veraltete Produktionsmethoden verwenden.

[1] engl.: *creative destruction*

FALLSTUDIE Strukturwandel in Deutschland

Die folgende Grafik zeigt die Beschäftigungsentwicklung in Deutschland in den drei Wirtschaftssektoren:

- *Primärsektor: Landwirtschaft und Rohstoffförderung*
- *Sekundärsektor: Industrie (Autos, pharmazeutische Produkte, ...)*
- *Tertiärsektor: Dienstleistungen (Bankwesen, Bildungswesen, ...)*

Beschäftigungsentwicklung in den drei Wirtschaftssektoren (in % der gesamten Beschäftigung)

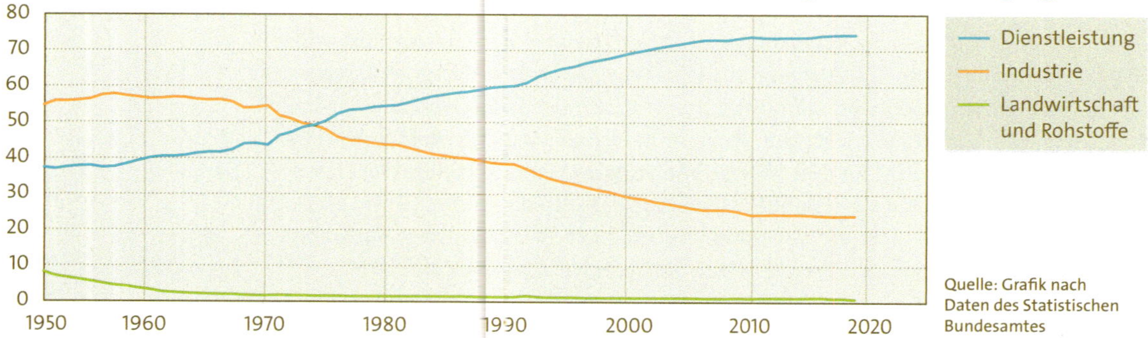

Quelle: Grafik nach Daten des Statistischen Bundesamtes

ARBEITSAUFTRÄGE

1. Welche(r) Sektor(en) sind (ist) im Laufe der Zeit wichtiger geworden, und welche(r) beschäftigen (beschäftigt) 2019 einen geringeren Anteil aller Beschäftigten im Vergleich zu 1950?
2. Geben Sie eine ökonomische Erklärung für die unterschiedlichen Entwicklungen in den drei Sektoren.
3. Wie hängen Ihre Erklärungen mit dem Prozess der „schöpferischen Zerstörung“ zusammen?

4.6 Ökonomische und soziale Effekte der Faktorsubstitution

4.6.1 Spezialisierung auf sachkapital- oder arbeitsintensive Produktion

Der technologische Fortschritt hat einen großen Einfluss auf den Arbeitsmarkt, da dadurch üblicherweise neue Arbeitsplätze für hoch qualifizierte Arbeiter geschaffen werden und Arbeitsplätze in „alten", weniger anspruchsvollen Tätigkeiten verloren gehen. Deutschland hat sich beispielsweise auf die Produktion von hochwertigen Autos und Maschinen spezialisiert und überlässt die Produktion von arbeitsintensiven Gütern wie Textilwaren Ländern mit niedrigeren Löhnen. Dadurch sind in Deutschland die Löhne für Fachkräfte gestiegen, während Menschen in arbeitsintensiven Branchen ihren Arbeitsplatz verloren haben. Viele dieser Menschen finden in anderen Branchen neue Jobs. Allerdings ist dieser Übergang für die meisten Menschen mit viel Zeit und Aufwand verbunden, da an den neuen Arbeitsstellen meist völlig andere Fähigkeiten benötigt werden.

Menschen, die keine Arbeit haben, aber eigentlich arbeiten möchten, werden als **arbeitslos** bezeichnet. Die **Arbeitslosenquote** misst, welcher Anteil aller Menschen auf dem Arbeitsmarkt, zu dem sowohl die Beschäftigten als auch die Arbeitslosen gehören, arbeitslos ist .

$$\text{Arbeitslosenquote} = \frac{\text{Arbeitslose}}{(\text{Beschäftigte} + \text{Arbeitslose})}$$

4.6.2 Individuelle und gesellschaftliche Folgen von Arbeitslosigkeit

Der Verlust des Arbeitsplatzes hat für die Betroffenen eine Reihe **individueller Folgen.** Es bedeutet nicht nur, das eigene Gehalt zu verlieren, sondern in der Folge auch einen Rückgang des Konsums und des ganzen Lebensstandards, da die staatliche Unterstützung Arbeitsloser deutlich niedriger ausfällt als das letzte Nettogehalt.

Arbeitslosenversicherung und Arbeitslosenunterstützung in Deutschland

In Deutschland zahlt jeder Arbeitnehmer in die Arbeitslosenversicherung ein. Verliert er seine Arbeit, erhält er aus dieser Versicherung zunächst „Arbeitslosengeld I", das bei Alleinstehenden ohne Kinder etwa 60 % des letzten Nettolohns beträgt. Erlischt der Versicherungsanspruch (normalerweise nach 12 Monaten), erhalten Arbeitslose vom Staat „Arbeitslosengeld II" (oft auch „Hartz IV" genannt), das einen festen Betrag in Höhe von 446,00 EUR (Stand 2021) zuzüglich der Übernahme der Kosten für die Wohnung umfasst.

Je länger ein Mensch arbeitslos ist, desto mehr nimmt zudem auch sein Humankapital ab. Er ist nicht mehr auf dem aktuellen Stand bezüglich seines Fachwissens und es wird immer schwieriger, eine neue Arbeit zu finden. Lange Arbeitslosigkeit hat auch negative psychische Folgen.

Viele Menschen bewerten ihren sozialen Status, indem sie ihren eigenen ökonomischen Erfolg mit dem ihrer Freunde oder Nachbarn vergleichen. Wenn sie mit diesen nicht mehr mithalten können, empfinden sie dies als Demütigung.

Die **gesellschaftlichen Folgen** von Arbeitslosigkeit:

- Wenn die Fähigkeiten und die Produktivität arbeitsloser Menschen nicht für die Produktion von Gütern genutzt werden, fällt die Produktion unter das Produktionspotenzial. Die Menschen in der Volkswirtschaft könnten also mehr Bedürfnisse befriedigen, wenn die Arbeitslosen eine Arbeitsstelle finden würden.
- Da die Regierung Arbeitslosenunterstützung bezahlen muss, steht dieses Geld nicht mehr für andere Projekte wie Infrastruktur oder Ausbildung zur Verfügung. Zudem zahlen Arbeitslose weniger Steuern und tragen nicht direkt zur Sozialversicherung bei.
- Wenn die Arbeitslosigkeit steigt, können sich die Menschen weniger Güter leisten. Folglich reduzieren die Unternehmen ihre Produktion und entlassen möglicherweise noch mehr Arbeitnehmer. Dies kann zu einem Kreislauf aus steigender Arbeitslosigkeit, fallendem Einkommen, fallender Nachfrage, fallender Produktion und noch weiter steigender Arbeitslosigkeit führen.

Aufgaben zu Kapitel 4

zusätzliche Aufgaben zu Kapitel 4
► Webcode WGW_I_4_A-Zusatz

1. Peter hat vier Stunden Zeit zur Verfügung. Er muss für VWL lernen und einen Roman für den Deutschunterricht lesen. In einer Stunde kann er entweder 20 Seiten in VWL lesen oder 40 Seiten in seinem Roman.
   - 1.1 Zeichnen Sie Peters Produktionsmöglichkeitenkurve.
   - 1.2 Berechnen Sie die Opportunitätskosten für das Lesen im VWL-Buch. Erläutern Sie die Bedeutung Ihres Ergebnisses.

2. Adriana aus Neapel und Rosie aus Tübingen wohnen zusammen in einer WG im Studentenwohnheim. Nach dem Lernen sind sie immer sehr hungrig und beide kochen gerne, ganz besonders Pizza und schwäbischen Kartoffelsalat. Für eine Pizza benötigt Rosie 120 Minuten, für den Kartoffelsalat 90 Minuten. Adriana braucht 90 Minuten für die Pizza und 120 Minuten für den Kartoffelsalat.
   - 2.1 Berechnen Sie die Opportunitätskosten der beiden Studentinnen für die Zubereitung von Kartoffelsalat und Pizza. Erläutern Sie, wer einen komparativen Kostenvorteil für die Produktion von Pizza und Kartoffelsalat hat. Nutzen Sie dabei eine Tabelle wie diese:

	Pizza	Kartoffelsalat
Rosie	Berechnung der Opportunitätskosten:	Berechnung der Opportunitätskosten:
Adriana	Berechnung der Opportunitätskosten:	Berechnung der Opportunitätskosten:
Ergebnis		

   - 2.2 Nehmen Sie an, beide spezialisieren sich auf die Herstellung des Produkts, das für sie die geringeren Opportunitätskosten hat. Schlagen Sie ein Tauschverhältnis vor, mit dem beide bessergestellt werden.

3. Carlandia hat 10 Millionen Arbeiter und kann entweder Autos oder Getreide herstellen. Jeder seiner Arbeiter kann pro Jahr entweder 4 Autos oder 50 kg Getreide herstellen. Wheatland hat 20 Millionen Arbeiter und jeder kann entweder 2 Autos oder 40 kg Weizen herstellen.

3.1 Zeichnen Sie die Produktionsmöglichkeitenkurven der beiden Länder in zwei verschiedene Koordinatensysteme. Erläutern Sie, welches Land einen absoluten Kostenvorteil für welches Produkt hat.

3.2 Berechnen Sie die Opportunitätskosten der beiden Länder für Autos und Getreide. Begründen Sie Ihre Antwort.

3.3 Carlandia schlägt vor, sich zu spezialisieren und dann 1 Auto für 20 kg Weizen zu handeln. Prüfen Sie, ob Wheatland dieses Angebot annehmen sollte. Belegen Sie Ihre Antwort rechnerisch.

3.4 Nach weiteren Verhandlungen bietet Carlandia ein Tauschverhältnis von 15 kg Weizen pro Auto an. Erläutern Sie, ob Wheatland dieses Angebot annehmen sollte.

3.5 Nehmen Sie an, dass 10 Millionen Autos für 150 000 Tonnen Getreide gehandelt werden sollen. Zeichnen Sie in die Produktionsmöglichkeitenkurven aus Teilaufgabe 3.1 den neuen Konsum ein und erläutern Sie den Unterschied im Konsum zwischen der Situation „Autarkie" und der Situation „Handel".

3.6 Beurteilen Sie: Richtig oder falsch?

- Viele der entwickelten Länder haben einen komparativen Vorteil bei der Produktion von allen Gütern, da ihre Produktivität hoch ist.
- Wenn Handel gut für ein Land ist, ist er automatisch auch gut für das Land, mit dem gehandelt wird.

4. Betrachten Sie den Entstehungsweg einer typischen Jeans (siehe Bild).

4.1 Beschreiben Sie die Grafik und erläutern Sie, weshalb so viele Länder am Produktionsprozess beteiligt sind.

4.2 Beurteilen Sie das Verhältnis der anfallenden Kosten für den Transport der Jeans zu den verschiedenen Produktionsstufen und der vom Konsumenten zu bezahlenden Preise.

Entstehungsweg einer Jeans „Made in Germany"

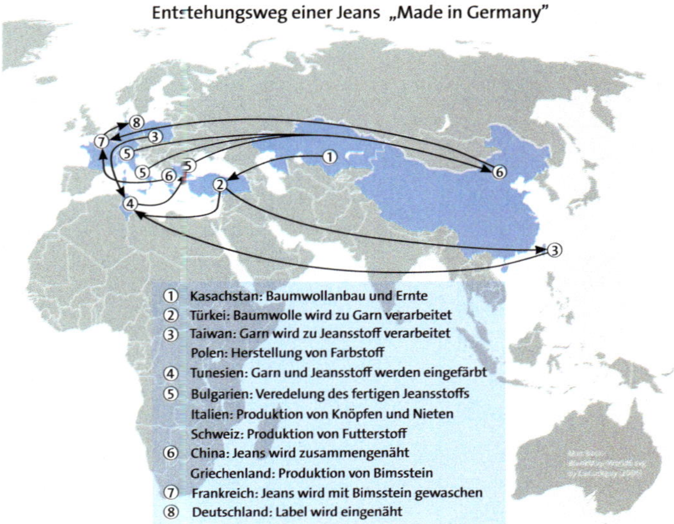

Nach Angaben der Friedrich-Ebert-Stiftung / www.fes-online-akademie

5. Bestimmen Sie, welche der folgenden Güter Sachkapitalgüter sind. Begründen Sie Ihre Entscheidung.

- ein Roboter, der Autoteile zusammensetzt
- Schrauben, die in der Autoproduktion verwendet werden
- das Fabrikgebäude eines Automobilproduzenten
- das Land, auf dem das Fabrikgebäude gebaut wurde
- der Zug, der die Arbeiter zum Arbeitsplatz bringt

6. Stellen Sie sich vor, dass Sie Bäcker in einer kleinen Stadt sind. Im Moment backen Sie jeden Tag 20 Brote. Die Herstellung eines Brotes kostet 1,00 EUR und Sie verkaufen jedes Brot für 2,00 EUR. Nehmen Sie nun an, dass Ihnen ein Unternehmen einen neuen Ofen zur Miete anbietet, mit dem Sie jeden Tag 30 Brote backen und gleichzeitig die Produktionskosten auf 0,80 EUR je Brot senken können. Wie viel würden Sie maximal für eine Jahresmiete des Ofens zahlen?
Hinweis: Nehmen Sie an, dass der Zinssatz 0 % beträgt.

7. Volkswirte argumentieren häufig, dass afrikanische Länder südlich der Sahara so arm sind, weil sie über zu wenig Sachkapital verfügen. Erklären Sie, weshalb Unternehmen möglicherweise zu zögerlich in diesen Ländern investieren. Schlagen Sie zudem Maßnahmen vor, die die Anreize für Investitionen erhöhen.

8. Was bedeutet Sparen aus der volkswirtschaftlichen Perspektive?

9. Erklären Sie den Unterschied zwischen Anlage- und Vorratsinvestitionen.

10. Beurteilen Sie, welche der folgenden Ereignisse einen Effekt auf das Produktionspotenzial haben:
    a Eine Naturkatastrophe zerstört Fabriken und Infrastruktur.
    b Einwanderung einer großen Zahl von Flüchtlingen
    c Ein Automobilhersteller stellt 20 000 Arbeitslose ein.
    d Ein Automobilhersteller baut eine neue Fabrik in Zuffenhausen.
    e Arbeitnehmer müssen wegen hoher Nachfrage Überstunden leisten.
    f Der Staat verbessert die Finanzierung von Schulen und Hochschulen, sodass das Humankapital in der Bevölkerung steigt.

11. Welche Bedeutung haben negative Nettoinvestitionen für die Gesamtwirtschaft?

12. In einer Volkswirtschaft werden ausschließlich Pizzas und Autos produziert.
    12.1 Zeichnen Sie (qualitativ) eine typische Produktionsmöglichkeitenkurve dieser Volkswirtschaft.
    12.2 Kennzeichnen Sie alle Produktionskombinationen aus Pizzas und Autos, die effizient sind.
    12.3 Kennzeichnen Sie alle Kombinationen, die zwar produziert werden können, aber nicht effizient sind.
    12.4 Zeigen Sie anhand Ihrer Zeichnung, welche Kombinationen aus Pizzas und Autos nicht produziert werden können.
    12.5 Nennen Sie drei Ereignisse, die die Antworten zu den Teilaufgaben 12.2 bis 12.4 ändern.

13. Sie leiten eine kleine Manufaktur, die Kuckucksuhren produziert. Sie müssen in den nächsten zwei Tagen einen Auftrag für 60 Uhren abarbeiten. Für die Produktion benötigen Sie Arbeitskräfte. Zudem können Sie Akkuschrauber kaufen, um die Produktion zu beschleunigen.

	Anzahl der Arbeitskräfte				
Werkzeug	**1**	**2**	**3**	**4**	**5**
1 Akkuschrauber	14	26	36	44	46
2 Akkuschrauber	22	38	50	60	64
3 Akkuschrauber	28	48	62	74	80
4 Akkuschrauber	32	56	72	86	90
5 Akkuschrauber	35	64	77	90	93

Die Tabelle zeigt die Anzahl der Kuckucksuhren, die mit einer bestimmten Anzahl von Arbeitskräften und Akkuschraubern innerhalb von zwei Tagen produziert werden kann.

13.1 Wie können Sie das ökonomische Prinzip auf dieses Problem anwenden?

13.2 Nehmen Sie zunächst an, dass Sie bereits 5 Akkuschrauber besitzen. Wie viele Arbeitskräfte würden Sie anstellen?

13.3 Nehmen Sie jetzt an, dass Sie noch keine Akkuschrauber besitzen, sie aber zum Preis von jeweils 100,00 EUR kaufen können. Sie müssen 50,00 EUR für jeden Arbeiter bezahlen. Welche Kombination aus Sachkapital und Arbeit wählen Sie?

13.4 Starker Wettbewerb und technologischer Fortschritt haben dazu geführt, dass die Preise von Akkuschraubern auf 20,00 EUR gefallen sind. Finden Sie die neue optimale Faktorkombination.

14. Nennen Sie vier Beispiele für schöpferische Zerstörung.

15. Zu Beginn des Jahres 2020 lebten etwa 83 Millionen Menschen in Deutschland. Etwa 45 Millionen von ihnen hatten einen Job und etwa 2,4 Millionen Menschen waren arbeitslos gemeldet.
Berechnen Sie die Arbeitslosenquote.

16. Erklären Sie die individuellen und die gesellschaftlichen Folgen von Arbeitslosigkeit.

Zusammenfassung:
4 Gesamtwirtschaftlicher Leistungserstellungsprozess

Arbeitsteilung = Spezialisierung von Arbeit

Arten der Arbeitsteilung
- innerhalb von Unternehmen
- zwischen Unternehmen
- international

führt zu erhöhter

$$\textbf{Arbeitsproduktivität} = \frac{\text{Ausbringungsmenge an Gütern (Output)}}{\text{dafür aufgewendete Arbeit (Input)}}$$

$$\text{Opportunitätskosten von Gut 1} = \frac{\text{Verzicht auf Gut 2}}{\text{Mehrproduktion einer Einheit von Gut 1}}$$

↓

komparativer Kostenvorteil = relativ geringere Opportunitätskosten

↓

Spezialisierung + Handel
= Menschen/Unternehmen/Länder können sich besserstellen

Kapitalbildung (Produktionsfaktor Sachkapital)

Konsumverzicht (Sparen) → **Investition**
- Anlageinvestition
- Vorratsinvestition

→ **erhöhtes Sachkapital**

Kapitalgüter sind von Menschen geschaffene Produktionsmittel (≠ Geld) und umfassen alle produzierten langlebigen Güter, die bei der Herstellung von anderen Gütern und Dienstleistungen verwendet werden.

Allokation der Produktionsfaktoren

Produktion

Produktionsfunktion

Output (Menge produzierter Güter) ist abhängig vom Input (Einsatz der Produktionsfaktoren Arbeit (r_1) und Sachkapital (r_2))

$x = f(r_1, r_2)$

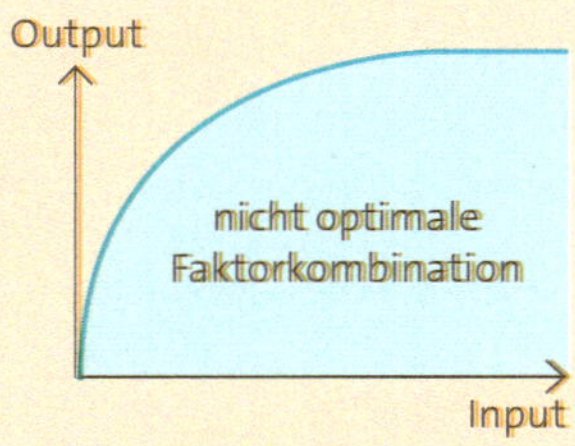

Produktionslücke

= relative Differenz (in Prozent) zwischen der tatsächlich beobachteten Produktion und dem theoretischen Produktionspotenzial

$$\text{Auslastungsgrad in \%} = \frac{\text{tatsächliches Produktionsergebnis}}{\text{mögliches Produktionsergebnis (Produktionspotenzial)}} \cdot 100$$

Produktionspotenzial

= Output bei maximaler Auslastung und optimaler Allokation der Produktionsfaktoren

Produktionsmöglichkeitenkurve

veranschaulicht das Konzept des Produktionspotenzials anhand einer Volkswirtschaft mit 2 Gütern

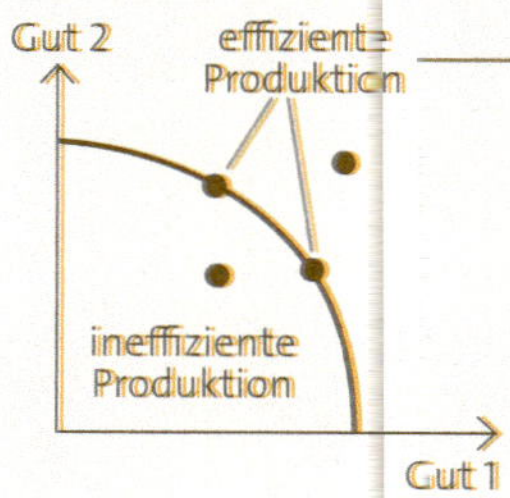

→ **Anwendung des ökonomischen Prinzips**
→ Maximalprinzip (optimale Faktorallokation)
→ Opportunitätskosten
→ Minimalprinzip (Minimalkostenkombination)
→ betriebliche Kosten

↓

Verdrängung von Arbeit durch Sachkapital
→ soziale Effekte (z. B. Arbeitslosigkeit)

Verteilungsgerechtigkeit und Verteilungskonflikte

5

Drei Männer ernten gemeinsam Kokosnüsse. Jeder der drei hat eine fest zugeteilte Aufgabe:

Nr. 1 klettert unter großem körperlichem Einsatz auf die Bäume, um die Nüsse zu pflücken und hinunterzuwerfen.

Nr. 2 steht unter dem Baum, fängt die Nüsse auf und stapelt sie. Dabei geht er ein hohes Risiko ein, denn die Nüsse könnten auch seinen Kopf treffen.

Nr. 3 verkauft die Nüsse vor Ort an die vorbeikommenden Passanten und muss all sein Verkaufstalent einsetzen, um ordentlich Umsatz zu generieren.

Am Ende des Tages geraten die Männer in einen Streit über die Verteilung der erzielten Einnahmen.

Wer soll welchen Anteil am Gesamtgewinn erhalten? Welche Arbeit ist mehr wert? Oder soll der Gesamtgewinn einfach durch drei geteilt werden? Schließlich haben alle drei acht Stunden lang gearbeitet.

5.1 Güterverteilung und Verteilungsgerechtigkeit

Unabhängig von der Frage, wie die Menschen ihre benötigten Güter herstellen, stellt sich die Frage, nach welchen Grundsätzen sie diese untereinander verteilen sollen. Verteilungsprobleme spielen deshalb schon immer eine wichtige Rolle in der Geschichte der Menschheit. Es müssen Regelungen zur Verteilung getroffen werden. Grundsätzlich stehen öffentliche Güter ► allen Bürgern zur Verfügung. Im Gegensatz dazu muss für private Güter eine Gegenleistung, oft in Form von Geld, erbracht werden. Hat eine Person, oder global betrachtet eine Volkswirtschaft, ein hohes Einkommen oder Vermögen, das ihr zur Verfügung steht, kann sie viele Güter erwerben und hat eine hohe

öffentliche Güter
► I • 2.2.1

Kaufkraft. Diese entscheidet über die Verteilung der (privaten) Güter. Die Verteilung des Einkommens und Vermögens innerhalb einer Volkswirtschaft sollte idealtypisch gerecht verteilt sein. Auch Nichterwerbstätigen (z.B. Kranke, Arbeitslose, Rentner und Kinder) sollte es möglich sein, Güter zu konsumieren.

Es gibt unterschiedliche Prinzipien, die bei der Verteilung des volkswirtschaftlichen Produktionsergebnisses (Inlandsprodukt) eines Landes angewandt werden können. Eines der wichtigsten Ziele ist es, dabei Verteilungsgerechtigkeit zu erlangen. Die Verteilungsgerechtigkeit gilt als wichtigstes Element der sozialen Gerechtigkeit innerhalb einer Volkswirtschaft. Deshalb wird die Verteilungsgerechtigkeit dem Begriff der sozialen Gerechtigkeit oft gleichgesetzt. Die Verteilung steht auch in Alltagsdiskussionen oder sozialpolitischen Debatten sehr häufig im Vordergrund, wenn es um soziale Gerechtigkeit geht.

5.2 Verteilungsprinzipien

5.2.1 Leistungsprinzip

Dem **Leistungsprinzip** entsprechend, soll jeder Bürger einen Anteil am Inlandsprodukt erhalten, der so groß ist wie die erbrachte Leistung des Bürgers bei dessen Erstellung. Welchen Bedarf jeder Bürger dabei hat (z.B. aufgrund der familiären Situation), wird dabei völlig außer Acht gelassen.

Einkommensverteilung nach dem Leistungsprinzip: **Entlohnung gemessen an erbrachten Leistungen (Erfüllung von Zielvorgaben, Menge der Arbeit in Zeiteinheit). Dabei wird die individuelle Bedarfssituation nicht berücksichtigt.**

Das Leistungsprinzip ist die leistungsorientierte Gleichheitsauffassung für Vertreter des Wirtschaftsliberalismus. Die Verteilung des Einkommens soll nach ihrer Auffassung mit möglichst geringen Eingriffen des Staates stattfinden. Er soll lediglich dafür sorgen, dass alle die gleichen Startchancen haben, z.B. durch eine einheitliche Elementarschulbildung.

Obwohl die Verteilung nach dem Leistungsprinzip allgemein als gerecht erachtet wird, ergeben sich bei der Anwendung einige Probleme.

Kritik am Leistungsprinzip:

- Der Beitrag eines Einzelnen zum Gesamtergebnis kann kaum oder nur sehr schwer festgestellt werden, da oft mehrere Personen daran beteiligt sind.
- Oft wird in der Produktion der Faktor Sachkapital eingesetzt, dessen Einsatz ebenso Berücksichtigung finden muss. Dies ist tatsächlich unmöglich.
- Die Messung und Bewertung von Leistungen gestaltet sich sehr schwierig.

Denzel Washington zählt mit einem Vermögen von 140.000.000 USD zu einem der 30 reichsten Schauspieler der Welt. Im Schnitt verdient er um die 40 Millionen USD pro Jahr. Diese Einkünfte erhält er aus Gagen und Werbeverträgen. Die Filmemacher begründen die hohen Gagen für Denzel damit, dass sie bei einem Film mit Denzel je 1 USD investierter Gage 6,50 USD Filmerlös generieren können. Seine Leistung ist den Filmemachern also viel Geld wert, da sie mit seinen Filmen wiederum viel Geld verdienen. Die Leistung, die Denzel erbringt, ist eine Dienstleistung. Schauen wir uns nun aber eine Altenpflegerin an. Auch sie trägt mit ihrer Dienstleistung zum Inlandsprodukt einer Volkswirtschaft bei. Sie pflegt alte Menschen, ist Tag und Nacht im Einsatz, wäscht ihre Patienten, geht mit ihnen zur Toilette, hebt zum Teil schwere Patienten aus Betten, setzt sie in Rollstühle und leistet Beistand. Betrachtet man das Gehalt der Altenpflegerin, so ist ihre Arbeit im Pflegeheim nur ca. 30.000 EUR im Jahr wert. Somit wäre die Leistung, die Denzel Washington in seinen Filmen erbringt, 1333-mal mehr wert. **Ist das gerecht?**

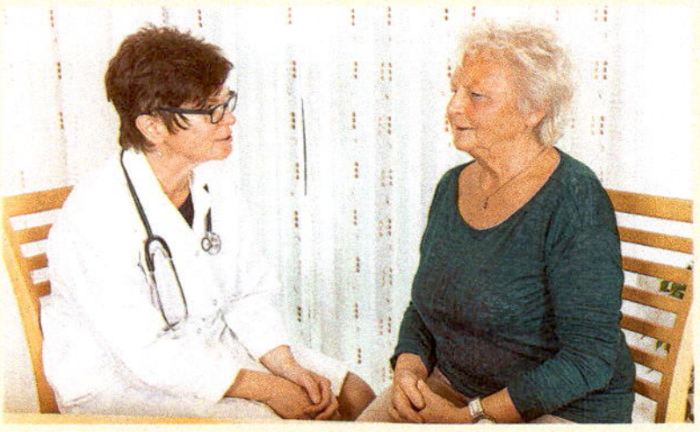

5.2.2 Bedarfsprinzip

Wie im vorangegangenen Beispiel klar wurde, gibt es keinen wirtschaftlichen Maßstab für eine gerechte Verteilung des Einkommens. Somit muss nach anderen Messgrößen gesucht werden. Das Bedarfsprinzip stellt dabei ein Leitbild für die gerechte Einkommensverteilung dar und ersetzt die individuelle Leistung jedes Bürgers durch dessen Bedarf bzw. dessen individuelle Bedürftigkeit. Es werden soziale Gesichtspunkte miteinbezogen. In Deutschland kommt das Bedarfsprinzip in vielen Teilen der Sozialgesetzgebung zum Ausdruck.

Einkommensverteilung nach dem Bedarfsprinzip: Verteilung des Einkommens ohne Berücksichtigung der individuellen Leistung. Jeder soll in der Lage sein, seinen Bedarf, bezogen auf durchschnittliche Lebensstandards, zu decken.

Die Verteilung der Einkommen nach dem Bedarfsprinzip hört sich zunächst sehr einfach an: Wer etwas benötigt, bekommt es auch. Es stellt sich allerdings die Frage, ob der empfundene Bedarf des Einzelnen wirklich gerechtfertigt ist. Dies muss entschieden werden. Des Weiteren muss bestimmt werden, wie groß der Bedarf eines Einzelnen oder einer ganzen Familie überhaupt sein darf. So wird in Deutschland immer wieder geprüft, wie hoch der monatliche Bedarf eines Erwachsenen ist, und dementsprechend der Hartz-IV-Regelsatz für Langzeitarbeitslose angepasst (Stand 2021: 446,00 EUR).

Eine feindliche Einstellung zu Leistung und übertriebene Versorgungsansprüche könnten in der Realität zum kompletten Zusammenbruch der Umverteilungsökonomie führen. Es wird klar, dass das Bedarfsprinzip in einer Gesellschaft nicht ausschließlich zur Anwendung kommen kann. Es kann lediglich als Ergänzung dort eingesetzt werden, wo das Leistungsprinzip versagt (z. B. Versorgung von Alten, Arbeitslosen, Kranken).

i

Gerechte Verteilung knapper medizinischer Güter: Allokation im Gesundheitswesen aus ethischer Sicht

Ärztliches Ethos sowie die Knappheit an Zeit, Ressourcen und medizinischen Gütern stellen praktizierende Ärztinnen und Ärzte vor heikle Herausforderungen. Anton Losinger, Weihbischof in Augsburg, und Eberhard Schockenhoff, Professor für Moraltheologie an der Universität Freiburg, formulieren unverzichtbare ethische Rahmenbedingungen für Allokationsentscheidungen im Gesundheitswesen.

Die Institutionen der Gesundheitsversorgung gleichen ihrer ökonomischen Struktur nach kleineren oder mittleren Wirtschaftsbetrieben. Ob es sich um Großkliniken, um fachärztliche Zentren oder die Praxis eines Landarztes handelt – immer müssen die darin tätigen Ärztinnen und Ärzte neben der medizinischen Zielsetzung ihres Handelns auch die Gesetzmäßigkeiten einer rentablen Betriebsführung beachten. Daher stehen sie vor einer doppelten Herausforderung, in der sie von der Gesundheitspolitik und den Versicherungen oft allein gelassen werden: Das ärztliche und pflegerische Ethos ist vom Gedanken der Fürsorge und Zuwendung zum kranken Menschen bestimmt. Allein die Sorge um das Patientenwohl darf daher Richtschnur des ärztlichen Handelns sein. Dabei stehen der individuelle Patient und sein Bedarf an medizinischer Versorgung im Vordergrund. Besonders das pflegerische Ethos lebt davon, dass nicht nur eine medizinische Leistung erbracht wird, die der Patient als Kunde verlangt, sondern dass der kranke, alte und sterbende Mensch in seinen jeweiligen Bedürfnissen – auch nach Zuwendung und mitmenschlicher Nähe – beachtet wird.
Die Knappheit an Zeit, Ressourcen und medizinischen Gütern fügt dem Blick auf den einzelnen Patienten jedoch eine gegenläufige Perspektive hinzu: die Frage der gerechten Zuteilung dieser knappen Güter. Wem soll sich der Arzt vorrangig widmen? Wie kann er Ansprüche, Erwartungen und Bedürfnisse seiner Patienten untereinander gewichten? Wie lassen sich notwendige Vorzugsentscheidungen ethisch rechtfertigen? [...]

Quelle: Eberhard Schockenhoff: Gerechte Verteilung knapper medizinischer Güter: Allokation im Gesundheitswesen aus ethischer Sicht, www.herder.de/stz/hefte/archiv/135-2010/2-2010/gerechte-verteilung-knapper-medizinischer-gueter-allokation-im-gesundheitswesen-aus-ethischer-sicht/, Februar 2010

5.2.3 Gleichheitsprinzip

Bis in das 19. Jahrhundert hielt sich in russischen Dorfgemeinden das Gleichheitsprinzip als Verteilungsprinzip. Dabei wurde landwirtschaftlich nutzbarer Boden in gleich große Felder eingeteilt und im Dorf unter den Bürgern verlost. Die Fruchtbarkeit der einzelnen Böden wurde dabei völlig außer Acht gelassen, da es hierfür noch keine Bestimmungsmethode gab. Um den Faktor Fruchtbarkeit aber nicht ganz zu vernachlässigen, wurden die Verlosungen alle fünf bis zehn Jahre wiederholt, um für Gerechtigkeit bei den Erträgen zu sorgen. Die Gleichbehandlung aller Menschen stellt ein Gerechtigkeitsideal dar. Demnach ist jeder Mensch nach dem naturrechtlichen Grundsatz vor dem Gesetz gleich.

Einkommensverteilung nach dem Gleichheitsprinzip: Jeder Mensch hat ein angeborenes Recht auf Gleichbehandlung und soll deshalb auch den gleichen Anteil erhalten wie alle anderen.

Praktisch wird das Gesetz, bis auf die in der Verfassung niedergeschriebene Gleichheit vor dem Gesetz, in keiner Gesellschafts- und Wirtschaftsordnung angewendet. Es ist nicht möglich, jeden bei der Einkommensverteilung gleich zu behandeln, da jeder individuelle Leistungen erbringt, über individuellen Leistungswillen und auch über unterschiedliche Fähigkeiten und Fertigkeiten verfügt. Darüber hinaus sind die Bedürfnisse▸ jedes Einzelnen individuell.

Bedürfnisse
▸ I • 1.1

5.3 Verteilungskonflikte

5.3.1 National

Dort, wo Menschen zusammenleben, kommt es unweigerlich zu Verteilungskonflikten. Diese entstehen nicht nur zwischen Reich und Arm, sondern auch zwischen verschiedenen Bevölkerungsgruppen. Dabei bieten unterschiedliche Anlässe Konfliktpotenzial.

Anlass	Konfliktbeteiligte
Höhe der Rente	junge und alte Menschen
Höhe der Einkommen	Arbeitnehmer und Arbeitgeber, Manager und Angestellte/Produktionsmitarbeiter, arme und reiche Bürger
Höhe der Einkommenssteuer	Besserverdiener und Geringverdiener
Höhe des Kindergelds	Familien und alleinstehende Kinderlose
Höhe der staatlichen Unterstützung für Flüchtlinge	Flüchtlinge und Arbeitslose, politische Flüchtlinge und Wirtschaftsflüchtlinge
Anteil an/Besitz von Agrarflächen	größere Agrarbetriebe und Kleinbauern

In Deutschland basiert die Einkommensverteilung größtenteils auf dem Leistungsprinzip. Um aber auch einkommensschwachen Bürgern ein menschendwürdiges Existenzminimum zu gewähren, wird das Bedarfsprinzip durch den Staat korrigierend eingesetzt (z. B. Arbeitslosengeld, Hartz IV). Da ein Konflikt oft deshalb entsteht, weil die Aufteilung knapper Ressourcen auf konkurrierende Ziele vorgenommen werden muss, greift der Staat hier häufig ein.

5.3.2 International

Knappe Ressourcen stellen nicht nur bei der nationalen Einkommens- und Güterverteilung Konfliktpotenzial dar. Eine wachsende Weltbevölkerung, immer weiter zunehmende Landnutzungskonflikte und ökologische Belastungen (z. B. durch den Klimawandel) führen dazu, dass landwirtschaftlicher Boden sowie Rohstoff- und Energie-Ressourcen zu einem knappen Gut werden und verstärkt ins ökonomische Interesse rücken. Am Ende entscheidet die Kaufkraft der konkurrierenden Länder darüber, wer seinen Bedarf stillen kann.

„Der Zugang zu Wasser bestimmt die sozio-ökonomische Entwicklung eines Staates. Wasser ist überlebenswichtig für die Erhaltung und Entwicklung jeder Volkswirtschaft und deshalb auch für das allgemeine Existenzniveau. Verteilungskonflikte um Wasser werden mit wachsender Erdbevölkerung, globaler Erwärmung und zunehmender Verschmutzung aller Voraussicht nach zahlreicher. [...]"

Quelle: Christiane Fröhlich: Zur Rolle der Ressource Wasser in Konflikten, In: Aus Politik und Zeitgeschichte (APuZ 25/2006), www.bpb.de/internationales/afrika/afrika/59071/ressource-wasser?p=all, 16. August 2006

Ein weiterer Anlass für weltweite Verteilungskonflikte bietet die Arbeitsteilung (z. B. Auslagerung der Produktion in Niedriglohnländer). Jeder weiß mittlerweile, wo seine Billigjeans produziert wird und dass die Menschen, die sie produzieren, nicht gut dafür bezahlt werden. Um aber möglichst hohe Gewinne zu erzielen, lassen Unternehmen trotzdem Kleidung in Ländern wie Bangladesch produzieren.

Firmen wollen nicht wissen, woher genau ihre Ware kommt; wir als Verbraucher wollen billige Kleidung kaufen, um immer dem neuesten Trend folgen zu können. Die Arbeiter, die diese Waren herstellen, z. B. in Bangladesch, werden für ihre Arbeit schlecht bezahlt.

Land Grabbing – Landnahme, Landraub, Landgrapscherei?

Schon seit vielen Jahren eignen sich Konzerne fruchtbares Tropenland in Entwicklungsländern an, um Kaffee, Kakao oder Bananen (Cash Crops) zu Exportzwecken anzubauen. Regierungen von Entwicklungsländern sind dabei bereit, viel Landfläche zu verkaufen und zu verpachten, um möglichst hohe Deviseneinnahmen[1] zu erzielen. Dabei nehmen Ausmaß und Geschwindigkeit des Landerwerbs sowie die massive Umgehung von Landrechten stetig zu. Mittlerweile werden auch Landflächen erworben, die der Produktion von Grundnahrungsmitteln wie Weizen, Mais und Reis dienen. Es geht hierbei vor allem um die Ernährungs- und Energiesicherung der investierenden Länder. Die Industrie- und Schwellenländer und deren private Investoren (z. B. Agrarkonzerne und Investmentfonds) sichern sich große Agrarflächen in armen Entwicklungsländern durch sogenannte *Auslandsdirektinvestitionen* (Foreign Direct Investments) und mithilfe von langfristigen Pacht- und Kaufverträgen, die sich in Grauzonen des Rechts bewegen.

[1] Devisen: *Bestände an ausländischer Währung*

Land Grabbing bezeichnet die Aneignung von Agrarflächen durch wirtschaftliche oder politische Akteure auf fremden Staatsgebieten.

Neben Ernährungs- und Energiesicherung soll dabei auch die Sicherung von Süßwasserquellen und die Rohstoffsicherung vorangetrieben werden. Gleichzeitig wird den Kleinbauern und Kleinbäuerinnen sowie Nomadenvölkern ihr traditionell genutztes Land weggenommen und sie werden oft gewaltsam vertrieben, da sie über keine offiziellen Besitztitel für den fruchtbaren Boden verfügen. Auslöser dieser Bewegung war der Preisanstieg von Nahrungsmitteln auf dem Weltmarkt zwischen 2005 und 2008. Aufgrund des Anstiegs der Weltmarktpreise von Agrarprodukten stiegen auch die Bodenpreise in Schwellenländern und der industrialisierten Welt. Dies machte das billige Land in den Entwicklungsländern für Investoren sehr attraktiv. In der EU registrierte Unternehmen sind an Hunderten von Landgeschäften beteiligt, was sich zu einer enormen Menge an Land in Entwicklungsländern summiert.

EU-Landgeschäfte nach Region

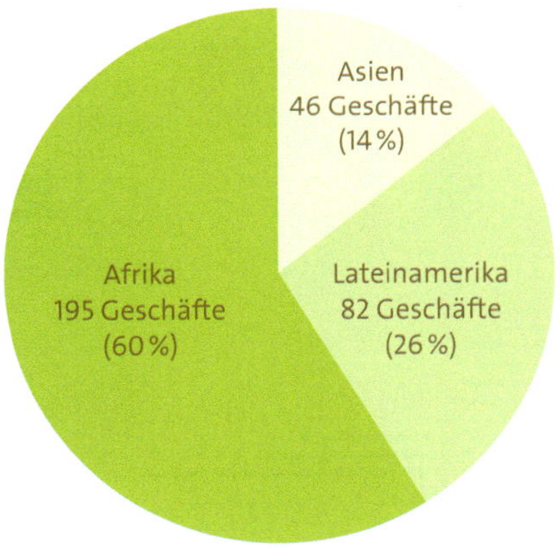

Quelle: FIAN International: Landgrabbing und Menschenrechte: Die Rolle von EU-Akteuren im Ausland. www.weltagrarbericht.de/fileadmin/files/weltagrarbericht/Weltagrarbericht/08LandGrabbing/2017LandgrabbingMenschenrechte.pdf, Seite 11

Umfang an Land, das direkt von EU-Unternehmen außerhalb von Europa kontrolliert wird

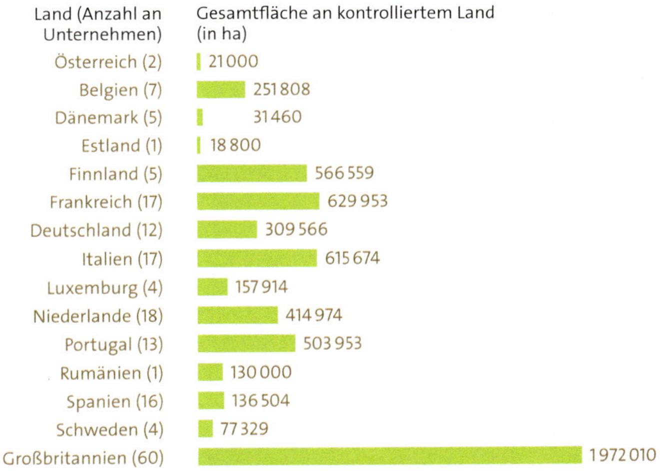

Quelle: FIAN International: Landgrabbing und Menschenrechte: Die Rolle von EU-Akteuren im Ausland. www.weltagrarbericht.de/fileadmin/files/weltagrarbericht/Weltagrarbericht/08LandGrabbing/2017LandgrabbingMenschenrechte.pdf, Seite 10

Land Grabbing führt zu enormen sozialen, ökonomischen und ökologischen Folgen in den betroffenen Ländern:

- Destabilisierung/Gefährdung der Ernährungssicherheit einiger Länder
- Verschärfung der Konflikte um Landrechte → gewaltsame Auseinandersetzungen/Krieg
- Großkonzerne schaffen auf gepachtetem Land keine oder sehr schlecht entlohnte Arbeitsplätze mit widrigen Arbeitsbedingungen
- ökologische Schäden und Umweltzerstörungen, z. B. durch erhöhten Wasserverbrauch und Rodung von Waldgebieten
- Abnahme der Biodiversität (Tier- und Pflanzensterben)

- Frauen wird die Lebensgrundlage genommen (Kleinbäuerliches Wirtschaften wird hauptsächlich von Frauen ausgeübt, sie produzieren in Entwicklungsländern 60 bis 80 Prozent der Lebensmittel für den lokalen Verbrauch.).

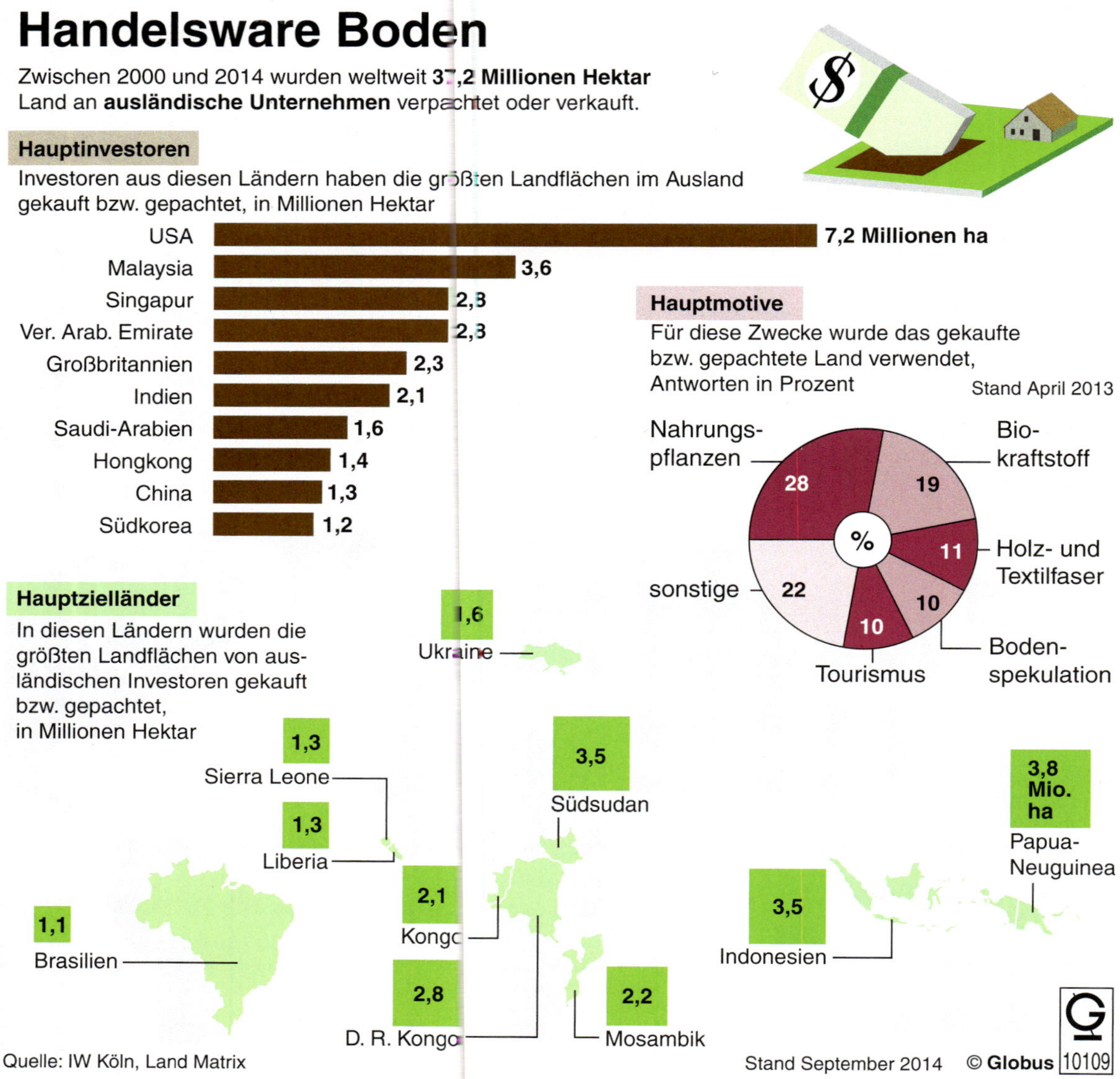

Neben all diesen negativen Folgen für die betroffenen Länder verletzt Land Grabbing auch das Menschenrecht auf angemessene Ernährung (Artikel 11 des internationalen Pakts über wirtschaftliche, soziale und kulturelle Rechte [UN-Sozialpakt]). Land Grabbing findet allerdings nicht nur in Entwicklungsländern statt, sondern kann auch in Deutschland beobachtet werden. Große Agrarkonzerne sichern sich riesige Ackerflächen und vertreiben kleinere Agrarbetriebe.

FALLSTUDIE Land Grabbing – Ist genug für alle da?

Wir produzieren heute auf der Welt so viele Nahrungsmittel wie nie zuvor. Und trotzdem: Von den knapp sieben Milliarden Menschen auf der Erde hat eine Milliarde zu wenig zu essen. Wo liegt das Problem?

Während eine Milliarde Menschen hungern, haben andere Menschen auf der Welt den Luxus sich ihre Nahrung – für immer geringere Preise – beliebig auszusuchen. Dass wir uns das ganze Jahr über aussuchen können, was wir gerne essen möchten, ist für die meisten von uns ziemlich normal. In vielen anderen Teilen der Welt sieht das ganz anders aus: Fast 800 Millionen Menschen leiden an Hungersnot. Einer weiteren Milliarde mangelt es jeden Tag an wichtigen Nährstoffen und Grundnahrungsmitteln. Auch in Deutschland gibt es Menschen, die zu wenig zu essen haben. Mit knapp unter fünf Prozent der Bevölkerung ist der Anteil allerdings vergleichsweise gering.

Dabei werden weltweit so viele Nahrungsmittel produziert wie nie zuvor: Die Erzeugnisse der Landwirtschaft liefern etwa ein Drittel mehr Kalorien, als für die Versorgung aller Menschen nötig wäre. Das Problem ist, dass Kaufkraft und Nahrung ungleich verteilt sind. Vor allem Kleinbauern und Menschen in den ländlichen Regionen von Entwicklungsländern können sich die nötigen Nahrungsmittel oft nicht leisten. Paradoxerweise sind es die Kleinbauern, die mit ihren Erzeugnissen zwei Drittel der Menschheit ernähren.

Hinzu kommt, dass Land eine endliche Ressource ist. Immer mehr Großbetriebe und Investoren drängen auf den internationalen Markt auf der Suche nach neuen Anbauflächen. Überall dort, wo Land noch vergleichsweise günstig zu haben ist, fällt es den Kleinbauern schwer, ihre Ländereien zu halten. Das so genannte Land Grabbing, also der Aufkauf und die Aneignung von Agrarflächen u. a. durch finanzstarke Akteure, ist laut der Soziologin Saskia Sassen eine der Hauptursachen für die Flüchtlingsströme, die wir gerade in der Welt erleben. Ohne Selbstversorgung und lokalen Handel geraten die Kleinbauern in Abhängigkeit vom globalen Markt.

Auch in Deutschland kämpfen kleine Betriebe um ihre Existenz. Großbauern und Agrarunternehmer dominieren den Markt und versorgen die Mehrheit der Bevölkerung. Ökohöfe und Kleinbetriebe bedienen hingegen eine recht überschaubare Klientel. Willi Lehnert vom Bündnis Junge Landwirtschaft setzt sich für kleinbäuerliche Betriebe ein und beschreibt die Lage so: „Wir haben die Situation, dass wenige große Betriebe über sehr, sehr viel Fläche verfügen, während viele kleine Betriebe einen Bruchteil der Flächen bewirtschaften." Vor allem die Agrarsubventionen der Europäischen Union, die zum Großteil per Hektar ausgezahlt werden, locken laut Lehnert immer mehr Investoren und Kapitalanleger an, die eigentlich nichts mit der Landwirtschaft zu tun haben. Er und andere Kritiker der europäischen Agrarpolitik sind unter anderem deshalb überzeugt, dass die EU-Vorgaben die Ungleichheiten am Markt weiter verschärften. Nicht nur für Kleinbetriebe, sondern für den gesamten ländlichen Raum sei das ein Problem. „Da kommen dann im November oder Dezember die 300,00 EUR pro Hektar. Bei 1000 Hektar sind das 300.000,00 EUR. Davon leben die [Firmen]. Deshalb fehlt auch die Innovation im ländlichen Raum: Das haben die Unternehmen nicht nötig", sagt Johannes Erz, der zusammen mit seiner Frau einen knapp zehn Hektar großen Hof in Brandenburg betreibt. Mit alternativen Modellen, wie z. B. der Solidarischen Landwirtschaft (SoLaWi), versuchen kleinere Landwirte die Problematik der Subventionen zu umgehen – z. B. über Mitgliedsbeiträge oder Direktfinanzierungen.

Doch nicht nur der Landkauf zieht Investoren an: Seit der Finanzkrise 2007/2008 ist der Nahrungsmittelmarkt für Kapitalanleger eine attraktive, weil als sicher geltende Alternative geworden. Seither sind die Preise für viele Nahrungsmittel stark gestiegen. Kritiker sind deshalb überzeugt: Die Spekulation großer Finanzinvestoren sei daran schuld, dass die Preise in die Höhe schießen. Spekulation solle deshalb verboten oder zumindest stark reguliert werden. Viele Finanzakteure, aber auch einige Stimmen aus der Wissenschaft, widersprechen: Spekulation habe kaum nachweisliche Effekte auf das Preisniveau. Im Gegenteil: Sie könne die Preise sogar stabilisieren. Einen negativen Einfluss hätten eher andere Faktoren wie etwa Kriege, der Klimawandel oder Naturkatastrophen sowie die stärkere Verknüpfung des Agrarmarkts mit dem Energiemarkt zur Herstellung von Biobrennstoffen wie Ethanol oder Biodiesel.

Zu guter Letzt gibt es da auch noch uns, die Konsumenten. Ob wir wollen oder nicht: Mit allem, was wir kaufen, nutzen und verbrauchen, treffen wir eine politische Entscheidung, die in einer globalisierten Welt auch weitreichende Folgen haben kann. Massentierhaltung und Dumping-Preise liegen genauso im Trend wie Fairtrade und Bio. Der politische Konsum ist bisweilen vor allem noch ein Hobby der gebildeten Mittelschicht. Aber wie wirksam ist er wirklich? Und wie fair ist „fair trade“ tatsächlich? Und: Was hilft es, wenn wir auf der einen Seite fair und ökologisch einkaufen, wenn aber am Ende ein großer Teil unseres Essens auf dem Müll landet. Weltweit werden jedes Jahr ca. 1,3 Milliarden Tonnen essbare Lebensmittel weggeworfen.

Wenn wir im Jahr 2050 also zehn Milliarden Menschen ernähren wollen, haben wir noch einige Probleme zu lösen.

Quelle: Bundeszentrale für politische Bildung/bpb, Redaktion Netzdebatte: Ist genug für alle da?, www.bpb.de/dialog/netzdebatte/231703/ist-genug-fuer-alle-da, 1. August 2016

ARBEITSAUFTRÄGE

1. Denken Sie über Ihre Essgewohnheiten nach. Wo kaufen Sie Ihre Lebensmittel ein? Was kaufen Sie ein? Wie viel davon wird weggeworfen oder bleibt übrig?
2. Begründen Sie, weshalb fast 800 Millionen Menschen weltweit an einer Hungersnot leiden, obwohl die Erzeugnisse der Landwirtschaft etwa ein Drittel mehr Kalorien liefern, als für die Versorgung aller Menschen nötig wäre.
3. Nennen Sie die Ursachen, die laut der Soziologin Saskia Sassen eine der Hauptursachen für die Flüchtlingsströme sind.
4. Erläutern Sie, weshalb auch kleinere landwirtschaftliche Betriebe in Deutschland um ihre Existenz bangen müssen.
5. Erklären Sie, weshalb der Lebensmittelmarkt als sichere Kapitalanlage gilt und welche Auswirkungen dieser Trend hat.

Ressourcenkonflikte

Volkswirtschaften geraten auch immer wieder in Konflikte darüber, wer welche Ressourcen besitzen sollte. Leidtragende dabei sind die einheimischen Bevölkerungsgruppen, die kaum Verantwortung für die Ursachen des Verteilungskonflikts tragen. Durch die entstehende Bedrohung von Menschen- und Existenzrechten kommt es zu Protesten und gewalttätigen Konflikten, die die Konfliktauslöser in den reicheren Volkswirtschaften nicht wahrnehmen. Durch die Ungleichverteilung von Ressourcen entsteht zudem eine weltweite Kluft zwischen Arm und Reich. Durch ihre Kaufkraft sichern sich die reichen Volkswirtschaften überdurchschnittlich hohe Anteile an knappen Ressourcen.

Reiche und arme Länder

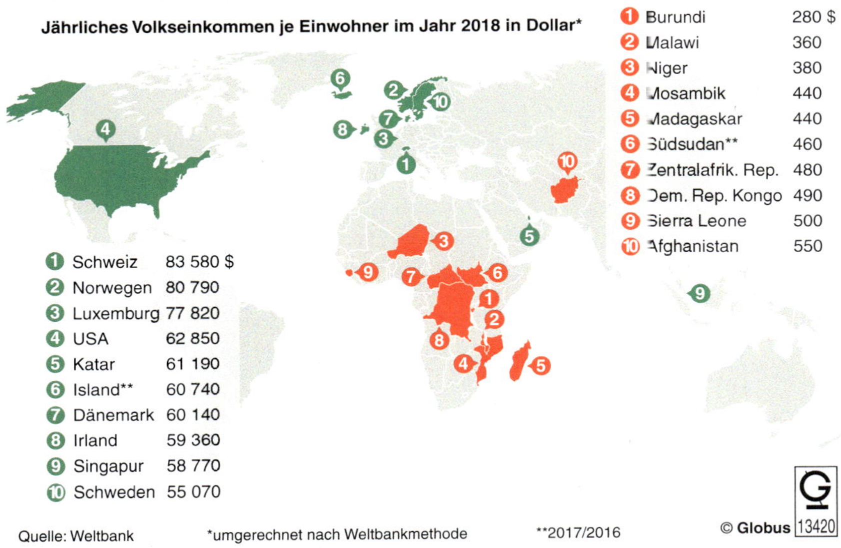

Allgemein gibt es drei Arten von Ressourcenkonflikten:
- Konflikte um den verwehrten Zugang zu Ressourcen
- Konflikte um die ungerechte Verteilung von Ressourcen
- Konflikte um Zugang und Verteilung von Ressourcen

Ressourcenkonflikte entstehen, wenn sich Vielverbraucher einen überdurchschnittlich hohen Anteil an Ressourcen aneignen und ärmere Bevölkerungsgruppen darunter leiden.

Des Weiteren kann unterschieden werden in:
- zwischenstaatliche Rohstoffkonflikte – Zwei (oder mehr) Staaten erheben Anspruch auf ein rohstoffreiches Territorium.
- innerstaatliche Rohstoffkonflikte – Eine Rebellenbewegung macht einem Staat ein rohstoffreiches Territorium streitig.

Innerstaatlich gibt es mehrere Konfliktarten, in denen Rohstoffe eine Rolle spielen. Es werden nationale Verteilungskonflikte um Rohstoffeinnahmen, lokale Konflikte in Rohstoffregionen und Kriegsökonomien unterschieden.

Nationaler Verteilungskonflikt: Die Erlöse aus dem Rohstoffsektor eines Staates fließen zunächst in den Staatshaushalt. Es liegt damit in der Hand der Regierung, diese Einnahmen zu verwalten und im Rahmen ihrer Politik auszugeben. Das erdölreiche und demokratische Norwegen hat dazu einen Fonds für zukünftige Generationen eingerichtet, damit die Bevölkerung auch langfristig vom Rohstoffreichtum profitiert. In weniger demokratischen Staaten ist statt der breiten Bevölkerung die machthabende Elite Nutznießer: Nicht demokratisch legitimierte Staatschefs bestechen mit den Einnahmen aus dem Rohstoffgeschäft und sichern sich so ihre Macht. Durch Korruption bereichern sich auch Regierungs- und Verwaltungsbeamte. Es entstehen Prachtbauten in der Hauptstadt, während in den Rest des Landes nicht investiert wird. Politische Macht bedeutet also den Schlüssel zum Rohstoffreichtum. [...]

Lokaler Konflikt in Rohstoffregionen: In den Gebieten, in denen Rohstoffe abgebaut werden, können sich Konflikte rund um die Verschlechterung der Lebensbedingungen der Anwohner entzünden. Gerade beim Abbau von Erdöl, aber auch bei anderen extraktiven Rohstoffen (Gold, Uran, Erz usw.) wird massiv in die Umwelt eingegriffen. Ganze Landschaften verändern sich und es kommt zu Verschmutzungen von Wasser, Boden und Luft. Zudem müssen Anwohner umgesiedelt werden: Teilweise geschieht dies unter Zwang und oft sind die Entschädigungen nicht angemessen. [...]

Kriegsökonomie: Eine auf Rohstoffen basierende Kriegsökonomie entsteht, wenn Rebellen ein rohstoffreiches Gebiet besetzen und ihren Kampf aus den Einnahmen des Rohstoffabbaus finanzieren. Zwar sind die Gründe für den Kampf weiterhin politische, soziale oder andere. Zeitweise kann die Kontrolle über den Abbau und den Schmuggel der Rohstoffe jedoch so lukrativ sein, dass die Fortführung des Konflikts zum Selbstzweck wird: Der Konflikt wird aufrechterhalten, um weiter von den Rohstoffeinnahmen zu profitieren. Diese dienen nicht nur der Finanzierung von Waffen- und Munitionskäufen, der Verpflegung der Kämpfer usw., sondern auch der Selbstbereicherung. [...]

Quelle: Bundeszentrale für politische Bildung: Rohstoffkonflikte. https://sicherheitspolitik.bpb.de/m4/layers/resource-conflicts, 01/2012

zusätzliche Aufgaben zu Kapitel 5

▶ Webcode WGW_I_5_A-Zusatz

Aufgaben zu Kapitel 5

1. Erklären Sie die Unterschiede zwischen dem Leistungs-, Bedarfs- und Gleichheitsprinzip.
2. Nennen Sie für jedes der in Aufgabe 1 beschriebenen Prinzipien ein Problem bei dessen Anwendung in einer Volkswirtschaft.
3. Begründen Sie, weshalb es keinen objektiven und allgemein anerkannten Maßstab für Verteilungsgerechtigkeit gibt.
4. Erläutern Sie, weshalb es zu nationalen Verteilungskonflikten kommt.
5. Erklären Sie, nach welchen Prinzipien die Einkommensverteilung in der Bundesrepublik Deutschland erfolgt.
6. Erläutern Sie, weshalb es zu internationalen Verteilungskonflikten kommt.
7. Der Klimawandel ist eine Bedrohung für die Sicherheit und Stabilität aller Staaten und Gesellschaften. Besonders gefährdet sind Länder, die bereits von Fragilität, Konflikt oder Bürgerkrieg betroffen sind. Hier wirkt der Klimawandel als zusätzlicher Risikomultiplikator und Konflikttreiber.

Lesen Sie auf der Internetseite der Bundeszentrale für politische Bildung den Beitrag von Lukas Rüttinger: Klimawandel als Risikomultiplikator und Konflikttreiber ▸. Stellen Sie die Rolle des Klimawandels als Risikomultiplikator und Konflikttreiber in einer Mindmap dar.

8. Lesen Sie den ZEIT-ONLINE-Artikel „Abholzung des Amazonas-Regenwalds stark ausgeweitet" ▸. Zeigen Sie den im Text beschriebenen Verteilungskonflikt anhand eines Vernetzungsdiagramms, indem Sie die Ursache-Wirkungs-Beziehung zwischen den Schlüsselbegriffen darstellen. Verbinden Sie die Ursachen und Wirkungen mit Pfeilen. Die Beziehung kann entweder in Form von **„je mehr, desto mehr"** (+) oder **„je mehr, desto weniger"** (–) vorliegen. Kennzeichnen Sie die Pfeile mit der jeweils vorliegenden Beziehung:
Beispiel: Werden mehr fossile Energieträger eingesetzt, steigt der CO_2-Ausstoß:
fossile Energieträger → CO_2-Ausstoß

Klimawandel als Risikomultiplikator und Konflikttreiber
▶ Webcode WGW_I_5_A7

ZEIT ONLINE-Artikel
▶ Webcode WGW_I_5_A8

Zusammenfassung: 5 Verteilungsgerechtigkeit und Verteilungskonflikte

Verteilungsprinzipien

Leistungsprinzip
Entlohnung gemessen an erbrachter Leistung

Bedarfsprinzip
Entlohnung **ohne** Berücksichtigung der individuellen Leistung. Bedarf, bezogen auf durchschnittliche Lebensstandards, soll gedeckt werden können.

Gleichheitsprinzip
Gerechtigkeitsideal: Gleichbehandlung aller Menschen

Problem:
individuelle Fähigkeiten, Leistungsbereitschaft und Wissen

Einen allgemeinen Maßstab für gerechte Güterverteilung gibt es nicht!

↓

Verteilungskonflikte

National
Aufteilung knapper Ressourcen auf konkurrierende Ziele führt zum Konflikt

Anlässe:
- Höhe der Einkommen
- Höhe der Renten
- Höhe der Einkommenssteuer
- Höhe des Kindergeldes
- Höhe der staatlichen Unterstützung für Flüchtlinge

International
wachsende Weltbevölkerung, Landnutzungskonflikte, ökologische Belastungen, Klimawandel

↓

Knappe Güter:
landwirtschaftlicher Boden, Rohstoff-, und Energie-Ressourcen
- Land Grabbing
- Ressourcenkonflikte

6 Geld- und Kreislaufprozesse in einer arbeitsteiligen Wirtschaft

Im naturalwirtschaftlichen Modell tauschte Robinson mit Freitag Fische gegen Früchte. Die Arbeit wurde geteilt und jeder der beiden bot sein Gut zum Tausch gegen das Gut des jeweils anderen an. Bei einer Zweipersonenwirtschaft mag das zunächst gut funktionieren. Denken wir jedoch an die Vielzahl von Produzenten und Konsumenten in einer Wirtschaft, wie wir sie heutzutage vorfinden, so wäre dieser Naturaltausch ziemlich beschwerlich. Ein Bauer könnte dann Milch anbieten und sie z. B. gegen Kleidung tauschen wollen. Er müsste aber zunächst einen Schneider ausfindig machen, der überhaupt einen Bedarf an Milch hätte. Zudem würde sich die Frage stellen, wie viel Milch denn so viel wert wäre wie ein Pullover. Würden sich die beiden tatsächlich über einen Preis für den Pullover einig werden, wäre dieser für andere Anbieter und Nachfrager völlig unbrauchbar, da es keine gemeinsame Bezugsgröße gibt.

In einer arbeitsteiligen Wirtschaft muss also sichergestellt sein, dass es ein allgemeines Tauschmittel für den Gütertausch gibt. Durch den Bezug von Gütern zwischen Unternehmen und privaten Haushalten ergeben sich Güter- und Geldströme, die als Kreislauf dargestellt werden können. Es stellt sich dann noch die Frage, wie solche Wirtschaftsprozesse geordnet und koordiniert werden können.

Welche Zusammenhänge bestehen zwischen diesen Güter- und Geldströmen? Wie können solche Wirtschaftsprozesse geordnet und koordiniert werden?

6.1 Funktionen des Geldes

In einer arbeitsteiligen Wirtschaft erstellen Produzenten meist andere Dinge, als sie konsumieren möchten. Daraus entstehen Tauschwünsche, woraus wiederum eine Tauschwirtschaft (Ware gegen Ware) entsteht. Da nicht immer ein direkter Tauschpartner für das hergestellte Gut gefunden werden kann, müssen umständliche Tauschketten gebildet werden. Durch Geld als Zwischentauschmittel können Tauschketten vermieden werden. Käufe und Verkäufe können direkt – ohne Tauschumwege – durchgeführt werden.

Was ist eigentlich „Geld“?

Geld ist alles, was die folgenden drei Funktionen gleichzeitig erfüllt:

- **Tausch- und Zahlungsmittel**
  Geld kann überall zum Kauf von Gütern verwendet werden. Bei der Bezahlung erhält der Verkäufer Geld vom Käufer und vertraut darauf, dass er selbst dieses Geld auch wieder seinerseits zum Kauf verwenden kann. Der Vorteil von Geld bei der Bezahlung liegt daher in der allgemeinen Akzeptanz als Zahlungsmittel: Der Käufer muss sich nicht mit der Frage beschäftigen, welche Güter der Verkäufer gerne hätte. Stattdessen gibt er dem Verkäufer einfach Geld, das dieser gegen jede Art von Gut eintauschen kann.
- **Wertaufbewahrungsmittel**
  Mithilfe von Geld können Vermögen bzw. Kaufkraft von der Gegenwart in die Zukunft verschoben werden. Mit Geld, das nicht heute ausgegeben wird, können auch morgen oder später Güter gekauft werden. Hierfür ist es entscheidend, dass Geld im Zeitverlauf seinen Wert behält und nicht verdirbt.
- **Recheneinheit und Wertmaßstab**
  Geld hilft den Menschen, die Preise unterschiedlicher Güter, die in Geldeinheiten ausgedrückt werden, zu vergleichen. Wenn ein Brot 4,00 EUR kostet, ein Fahrrad 400,00 EUR und ein Auto 18.000,00 EUR, können die Menschen die Preise dieser Güter leicht vergleichen. Wenn die Verkäufer dagegen für ein Brot als Bezahlung fünf Äpfel verlangen, für ein Fahrrad einen Tisch und für ein Auto drei Ochsen, dann ist es sehr schwierig, die Preise und den Wert dieser Güter untereinander einzuschätzen.

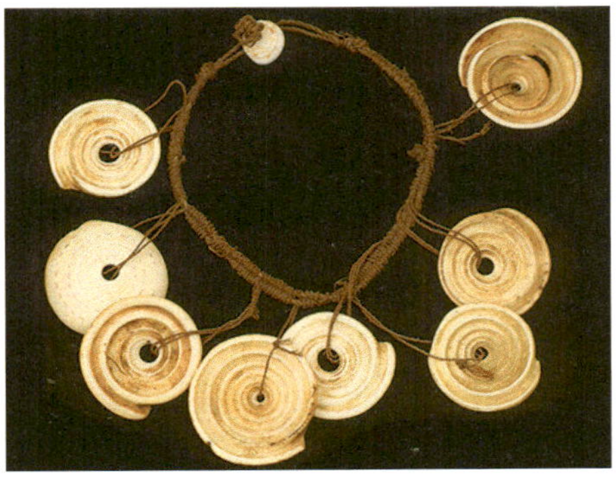

Halskette mit Muscheln – offizielle Komplementärwährung in Papua-Neuguinea

Euro – mittlerweile Währung in 19 Staaten der EU

Anhand dieser drei Kriterien wird klar, dass Geld letztendlich auf einer gesellschaftlichen Vereinbarung beruht, was als Geld akzeptiert wird und was nicht. Während man heutzutage bei „Geld" zunächst an Münzen und Scheine denkt, verwendeten Menschen vor langer Zeit beispielsweise Muscheln[1] als Geld, die vom ganzen Stamm als Zahlungs- und Wertaufbewahrungsmittel angesehen wurden. In Papua-Neuguinea sind diese sogar heute noch als alternatives Zahlungsmittel zugelassen.

Eine exakte Abgrenzung von „Geld" ist nicht möglich. Während Bargeld in Form von Münzen und Scheinen[2] unter normalen Umständen alle drei oben genannten Kriterien klar erfüllt, wird beispielsweise auch Guthaben auf Girokonten üblicherweise als Geld angesehen. Dieses Sichtguthaben kann sehr kurzfristig abgehoben und in Bargeld umgewandelt werden. Ebenso kann man in vielen Geschäften mit Bankkarte bezahlen, wobei den Unternehmen gestattet wird, den geschuldeten Betrag kurzfristig vom Girokonto abzubuchen. Es gibt sogar Definitionen von Geld, gemäß derer auch Sparguthaben und Finanzprodukte mit längerer Laufzeit noch als Geld interpretiert werden.[3]

[1] Dieser Typ von Geld wird auch *Warengeld* (commodity money) genannt. Es hat einen Eigenwert.

[2] Dieser Typ von Geld wird auch *Papiergeld* (fiat money) oder *Befehlsgeld* genannt. Es hat eigentlich keinen Eigenwert.

[3] Dieser Typ von Geld wird auch *Geldsubstitut* (near money) oder *Quasigeld, Geldsurrogat* genannt.

Allen Definitionen gemein ist, dass Geld gewisse Eigenschaften besitzen muss, um seine Funktionen zu erfüllen. Diese Eigenschaften des Geldes sind:

- **Knappheit (= Seltenheit) und Fälschungssicherheit**
  Das Gut, was die Funktionen des Geldes übernimmt, ist begrenzt und nicht durch jeden beliebig vermehrbar.
- **Haltbarkeit**
  Das Gut hat nach Jahren noch seine ursprünglichen Eigenschaften, ist nicht veränderbar und verdirbt nicht.
- **Teilbarkeit**
  Das Gut verliert trotz seiner Teilbarkeit seine ursprünglichen Eigenschaften nicht.
- **Transportfähigkeit**
  Das Gut kann mit wenig Aufwand von einem Ort zum anderen transportiert und übertragen werden.
- **Homogenität**
  Das Gut ist in der Masse vergleichbar und austauschbar.

Der „Wert von Geld"

Wie bei Gütern hängt auch der Wert von Geld von dessen Knappheit ab. Wenn die Geldmenge schneller steigt als die Menge an Gütern, die damit gekauft werden kann, dann wird eine Geldeinheit (z. B. ein Euro) an Wert verlieren, sodass mehr Euro für ein Gut bezahlt werden müssen. Somit steigen die Preise gemessen in Geldeinheiten. Daher kann Geld seine Funktion als Wertaufbewahrungsmittel nur erfüllen, wenn es nicht zu schnell an Wert verliert. Das bedeutet, dass die Geldmenge nicht zu schnell steigen sollte.

Geldscheine aus der Zeit der extremen Geldentwertung (1920–1923) in Deutschland

Woher kommt Geld?

Da die Geldmenge einen direkten Einfluss auf die Wertaufbewahrungsfunktion des Geldes und somit auf die Preisstabilität hat, wachen Zentralbanken über die Geldmenge und die Schaffung von neuem Geld. Für Länder mit dem Euro als Zahlungsmittel[1] ist dies die Europäische Zentralbank (EZB) mit Sitz in Frankfurt. Die EZB überwacht die Bereitstellung von Euro-Scheinen und -Münzen. Zudem beeinflusst sie die Geldversorgung von Geschäftsbanken, indem sie ihnen z. B. Geld gegen Zinsen leiht.

[1] Hier spricht man auch vom *Euroraum*.

6.2 Geldarten und Geldsubstitute

Geld ist für uns zunächst einmal Papiergeld, also Münzen und Scheine. Dieses Geld wird von der Zentralbank herausgegeben und heißt deshalb Zentralbankgeld. Die Münzen und Scheine sind gesetzlich geschützt, um zu gewährleisten, dass sie von jedem akzeptiert und sie nicht gefälscht werden. Der Euro ist in der BRD das gesetzliche Zahlungsmittel. Damit ergibt sich z. B. ein Annahmezwang für Einzelhändler (z. B. Münzgeld bis zu 50 Münzen pro Einzelzahlung).

Darüberhinaus gibt es noch das Geld, das auf Konten bei den Banken liegt. Es handelt sich dabei um Buchgeld, auch Giralgeld genannt. Es steht für eine Forderung, die der Kontoinhaber gegenüber der Bank hat.

Sven Müller betreibt ein Fitnessstudio. Jeden Abend bringt er das Bargeld, das er durch den Verkauf von Proteinshakes und -riegeln eingenommen hat, zur Bank. Im Moment der Einzahlung wechselt das Geld von staatlich geschütztem Bargeld in Giralgeld. Das Giralgeld ist nicht gesetzlich geschützt, aber Sven hat gegenüber der Bank einen Anspruch auf Rückgabe, der im Notfall vor Gericht eingeklagt werden kann. Hebt Sven das Geld am Bankautomaten von seinem Konto ab, wird aus seinem Giralgeld wieder staatlich geschütztes Zentralbankgeld. Etwa 80 % der gesamten Geldmenge in Deutschland sind Giralgeld und nur 20 % Bargeld.

Es gibt also verschiedene Typen von Geld. Neben Papiergeld (Münzen und Banknoten) und Buchgeld (Giralgeld auf Bankkonten) bezahlen wir heute auch oft mit elektronischem Geld, wie z. B. den Geldkarten oder der virtuellen Währung Bitcoin. Es können auch Mittel eingesetzt werden, die eine starke Nähe zu Geld besitzen und Geldfunktionen übernehmen können, ohne gleichzeitig gesetzliche Zahlungsmittel zu sein. Diese sogenannten *Geldsubstitute*[2] sind z. B. Zahlungsanweisungen (Reiseschecks), Zahlungsverpflichtungen (Wechsel) und Kreditkarten.

[2] Geldsubstitute = Geldsurrogate

Geldsubstitute sind liquide Mittel, die Geldfunktionen übernehmen können und eine sehr starke Geldnähe aufweisen, jedoch staatlich nicht geschützt sind.

In der folgenden Übersicht werden alle Geldtypen einer modernen Volkswirtschaft dargestellt.

Geldtyp	Erscheinungsformen des Geldes
Warengeld	Muscheln, Perlen, Gold, Silber, Weizen, Salz, Felle, Zigaretten
Papiergeld / Befehlsgeld / fiat money	Münzen und Banknoten
Buchgeld	Giralgeld auf Bankkonten
elektronisches Geld / Quasigeld / near money	**Kartengeld** (die GeldKarte – Karte mit einem Chip): Zahlungseinheiten werden elektronisch auf einer Wertkarte gespeichert und der Betrag wird von dieser Karte abgebucht. **Netzgeld:** Telekommunikationsnetze wie das Internet kommen zum Einsatz, d. h., es handelt sich um ein softwaregestütztes elektronisches Geld. Zahlungseinheiten werden im Voraus bezahlt (z. B. durch Überweisung) und als Datensatz gespeichert. Bei Bezahlung via Internet werden Daten transportiert, ohne Bankkonten zu berühren.
virtuelle Währungen / Krypto-Assets / virtual currency / Kryptowährungen	z. B. Bitcoin, Ethereum, Litecoin oder Ripple • digitale Abbildung von Wert, der nicht von einer Zentralbank oder einem Staat geschaffen wird • muss keine Verbindung zu gesetzlichen Zahlungsmitteln haben • können elektronisch übertragen, verwahrt oder gehandelt werden • nichtstaatliche Ersatzwährung mit begrenzter Geldmenge • Schöpfung neuer Werteinheiten erfolgt über ein vorbestimmtes mathematisches Verfahren innerhalb eines Computernetzwerks → „Mining"

i

Bitcoin

Seit 2008 gibt es die virtuelle Währung Bitcoin, entwickelt von Satoshi Nakamoto. Den größten Vorteil sehen Unterstützer der Währung darin, dass sie komplett unabhängig von Staaten und Banken ist. Das dezentrale Zahlungssystem erlangt aufgrund von allgemeiner Skepsis und in Zeiten von Wirtschaftskrisen an Bedeutung. Rein theoretisch kann man mit Bitcoins alles machen, was man auch mit einer klassischen Währung machen kann. Es ist möglich, mit Bitcoins zu handeln oder sie selbst zu „minen", also virtuelles Guthaben zu verdienen. Es gibt sogar schon eine eigene Bitcoin-Börse. Da es keinen festgeschriebenen Gegenwert für Bitcoins gibt, hängt ihr Wert ausschließlich von Angebot und Nachfrage ab. So konnte es auch passieren, dass der Bitcoinkurs innerhalb von 90 Minuten um fast 4.000 USD anstieg und dann ganz schnell wieder an Wert verlor.
Auch kann man Bitcoins nicht anfassen, es handelt sich lediglich um virtuelles und nicht um physisches Geld. Das Zahlungssystem wird ausschließlich im Internet bereitgestellt (Peer-to-Peer-Verbindung). Es sind also weder Banken noch dritte Personen zwischengeschaltet. Das Bitcoinsystem kann auf der ganzen Welt genutzt werden, mittlerweile auch auf mobilen Endgeräten.

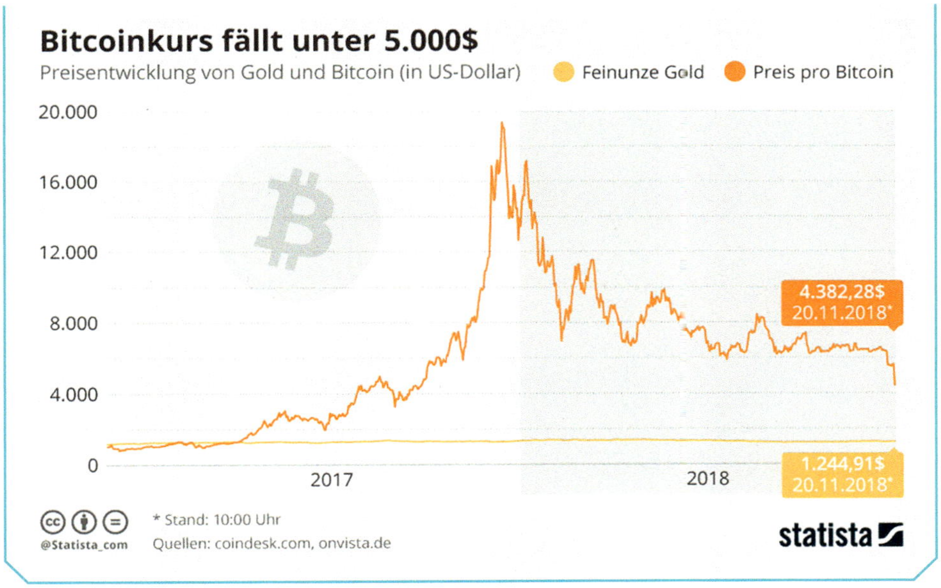

Kryptowährungen werden immer beliebter und so kommt es, dass auch Facebook die Einführung seiner eigenen Währung Libra plant. In den letzten Jahren sind mehr als 1200 verschiedene solcher neuartigen Währungen eingeführt worden, die alle miteinander konkurrieren.

6.3 Wirtschaftssubjekte

Aufgrund ihrer wirtschaftlichen Tätigkeit können Personen und Personengruppen (= Wirtschaftssubjekte ►) einem bestimmten Sektor (private Haushalte, Unternehmen, Staat) zugeteilt oder zusammengefasst (Aggregation) werden. Dies dient auch dazu, die komplizierten Wirtschaftsprozesse einer Volkswirtschaft übersichtlicher darzustellen.

ausführliche Erläuterungen zu den Wirtschaftssubjekten
► II • 3

In jeder arbeitsteiligen Wirtschaft beziehen Unternehmen Güter voneinander. Diese werden Vorleistungen genannt. Die Haushalte in solch einer Wirtschaft stellen den Unternehmen dabei die Produktionsfaktoren Arbeit, Sachkapital und Boden zur Verfügung. Es wird angenommen, dass die Unternehmen keine Produktionsfaktoren zur Verfügung stellen können und auf die Bereitstellung der Produktionsfaktoren der Haushalte angewiesen sind. Die privaten Haushalte werden für ihre Arbeitsleistung und das Einbringen der Produktionsfaktoren mit Geldeinkommen entlohnt, das sie zum Konsum von Gütern einsetzen können.

Wirtschaftssubjekte treffen ökonomische Entscheidungen. Ihre wirtschaftlichen Aktivitäten sind einerseits einzelwirtschaftlich ausgerichtet, weil sie als Individuen handeln und ihre eigenen wirtschaftlichen Pläne und Ziele im Mittelpunkt ihres Handelns stehen. Andererseits kann man bei vielen Aktivitäten der einzelnen Wirtschaftssubjekte ein gemeinsames Grundmuster erkennen.

Nach welchen Regeln die Wirtschaftssubjekte untereinander in Beziehung stehen, hängt von der Wirtschaftsordnung ► ab.

Wirtschaftsordnungen
► II • 1

Wirtschaftssubjekte Akteure im Wirtschaftsgeschehen einer Volkswirtschaft: Sie planen, entscheiden und handeln.	
private Haushalte	Wirtschaftliche Einheit aus mindestens einer natürlichen Person. Private Haushalte stellen Produktionsfaktoren zur Verfügung und fragen Güter nach.
Unternehmen	Wirtschaftliche Einheit (natürliche oder juristische Person), die Güter oder Dienstleistungen produziert. Unternehmen sind Anbieter und Nachfrager von Gütern und Dienstleistungen.
Staat	Öffentliche Haushalte: Alle staatlichen Einrichtungen wie Bund, Länder, Gemeinden, Sozialversicherungsträger. Der Staat tritt als Nachfrager auf.
Ausland	Übrige Welt: Durch Ex- und Importgeschäfte bietet das Ausland der Binnenvolkswirtschaft Güter an und fragt auch Güter nach.

6.4 Güter- und Geldströme

Wirtschaftssubjekte sind in ihrem wirtschaftlichen Handeln miteinander vernetzt und voneinander abhängig. Wirtschaftliches Handeln löst **Tauschprozesse bzw. Transaktionen** aus. Dies gilt insbesondere für eine arbeitsteilig organisierte Wirtschaft, die durch einen hohen Spezialisierungsgrad gekennzeichnet ist.

Private Haushalte stellen den Produktionsfaktor Arbeit und Boden zur Verfügung und erhalten dafür Entgelt. Dieses Entgelt wird **Faktoreinkommen** genannt. Allgemein wird der Einsatz von Produktionsfaktoren als **Faktorleistung** bezeichnet. Ihr Faktoreinkommen tauschen private Haushalte bei Unternehmen gegen Güter ein. Unternehmen untereinander tauschen Produktionsgüter. Öffentliche Haushalte tauschen Kollektivgüter gegen Faktorleistungen der privaten Haushalte und Produktionsgüter der Unternehmen. Auch das Ausland wird durch Export und Import in den Austausch von Gütern und Faktorleistungen eingebunden.

Ökonomische Transaktionen (Tauschprozesse)

Reiner Schwab wird von der Maschinenbau AG mit Sitz in Kehl als Maschineneinrichter eingestellt. Er erhält ein Gehalt im Austausch für seine Arbeitsleistung, genau wie seine Kollegen, die teilweise in Frankreich zu Hause sind. Reiner Schwab kauft von seinem Arbeitsentgelt beim ortsansässigen Autohändler regelmäßig das neueste Mittelklasse-Modell der Auto AG. Die Auto AG ist ein Global Player. Sie bezieht die Komponenten für ihre Produkte aus vielen Ländern. Die Maschinenbau AG baut im von der Stadt Kehl neu erschlossenen Gewerbegebiet eine neue Produktionshalle. Die Stadt Kehl profitiert von den Gewerbesteuern ihrer ansässigen Unternehmen, baut Kindertagesstätten und stellt Sozialarbeiter ein.

Güter und Faktorleistungen sind reale Größen. Sie werden entweder zur Güterproduktion eingesetzt oder dienen als Konsumgüter der Befriedigung von Wirtschaftssubjekten. Eine geldlose Wirtschaft wäre so denkbar, jedoch müsste das Güterangebot der jeweiligen Tauschpartner zueinander passen.

Geldlose Transaktionen (Kompensationsgeschäfte)

Die Stahlwerke AG stellt Spezialrohre für Öl- und Gaspipelines her. Sie verhandelt mit einem russischen Energiekonzern über die Lieferung von Röhren für eine geplante Ölpipeline durch Sibirien. Der Kunde will die Lieferung in Rohöl bezahlen. Es kommt zu einem Kompensationsgeschäft, wenn Röhren gegen Öl direkt getauscht werden.
Probleme: Kann der Verkäufer das Rohöl vermarkten? Einigen sich Käufer und Verkäufer auf einen Austauschpreis in Tonnen?

Geld erleichtert Tauschvorgänge, da die Wahl der Tauschpartner einfacher wird und die Wertrelationen der Tauschobjekte einfach zu bestimmen sind.

In der direkten Tauschwirtschaft werden Güter und Faktorleistungen ausschließlich mengenmäßig (real) getauscht. Die Geldwirtschaft gilt als indirekte Tauschwirtschaft, weil die Tauschpartner Geld als Tauschmittel akzeptieren. Die Tauschpreise werden in Geldeinheiten vereinbart.

Die ökonomischen Transaktionen in einer Geldwirtschaft umfassen im Regelfall sowohl reale Güter- und Faktorströme als auch Geldströme.

6.5 Einfacher Wirtschaftskreislauf

Ausgangspunkt für die gesamtwirtschaftliche Analyse ist der Wirtschaftskreislauf. Kreislaufsysteme sind in sich geschlossene Systeme. Der Wirtschaftskreislauf macht deutlich, dass alle wirtschaftlichen Aktivitäten ineinandergreifen und sich gegenseitig bedingen. Der einfache Wirtschaftskreislauf ist eine Modellbetrachtung ▸.

Verwendung von Modellen in der VWL
▸ I • 3.1

Modelle sind ein Abbild der Realität und beruhen auf bestimmten Prämissen[1]. Der einfache Wirtschaftskreislauf geht von folgenden Prämissen aus:

- Private Haushalte und Unternehmen bestimmen das gesamtwirtschaftliche Geschehen (2-Sektoren-Modell).
- Die Unternehmen nutzen Faktorleistungen der privaten Haushalte und stellen konsumreife Güter her.
- Private Haushalte stellen Faktorleistungen für den Produktionsprozess zur Verfügung und erhalten als Gegenleistung für ihren Wertschöpfungsbeitrag Faktoreinkommen.
- Das Faktoreinkommen wird von den privaten Haushalten zu 100 % (vollständig) für den Kauf (= Konsum) von Gütern verwendet.
- Die erforderliche Geldmenge steht zur Verfügung. Die Geldversorgung der Wirtschaft ist Auftrag einer staatlichen Notenbank wie z. B. im Euroland der Europäischen Zentralbank.
- In diesem Modell wird nicht gespart. Das gesamte Faktoreinkommen wird für Konsumausgaben der privaten Haushalte verwendet.

[1] Prämisse: *Annahme*

Wirtschaftliche Situation in einem Modellland

Der Sektor private Haushalte bestellt beim Sektor Unternehmen 100 Anzüge zum Preis von 20,00 EUR pro Anzug. Der Unternehmenssektor nimmt Faktorleistungen des Sektors private Haushalte in Anspruch. Er stellt Arbeitskräfte ein, pachtet Grundstücke und nimmt Kredite auf, um die 100 Anzüge herzustellen (realer Faktorstrom). Der Sektor private Haushalte erhält als Gegenleistung Faktoreinkommen (monetärer Strom) in Form von Arbeitsentgelten sowie Mieten, Pachten und Zinsen für im Produktionsprozess eingesetzte Vermögenswerte. Gewinne aus dem Verkauf der Anzüge werden an private Haushalte ausgezahlt, die unternehmerisch tätig sind. Die Anzüge werden nach Fertigstellung an den Sektor private Haushalte ausgeliefert (realer Güterstrom). Der Sektor Unternehmen erhält aus dem Verkauf der Anzüge vom Sektor private Haushalte 2.000,00 EUR in Form von Umsätzen (monetärer Strom). Der Sektor private Haushalte finanziert seine Konsumausgaben aus seinem Faktoreinkommen.

Das folgende Schaubild macht die Vernetzung aller Güter-, Faktor- und Geldströme auf der Basis der vorgegebenen Daten deutlich. Dabei sind Geld-und Faktorströme immer ausgeglichen.

Wirtschaftskreislauf mit zwei Sektoren (einfacher Wirtschaftskreislauf)

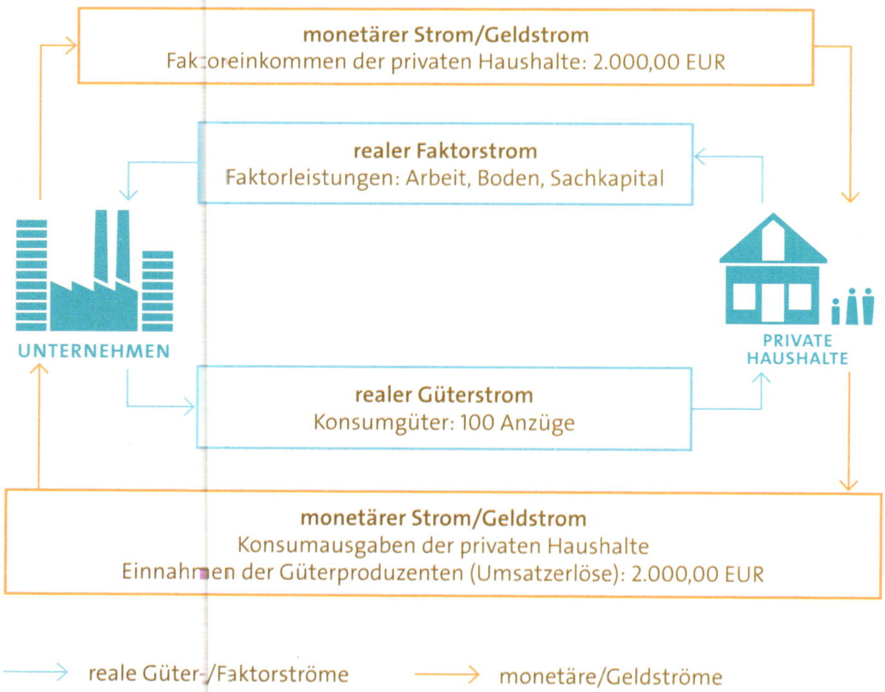

Kennzeichnend für den einfachen Wirtschaftskreislauf sind jeweils die beiden Geld- und Güterströme. Oft werden nur die Geldströme dargestellt, da die Güterströme wertmäßig gleich groß sind und dies die Betrachtung vereinfacht.

Die drei Säulen des einfachen Wirtschaftskreislaufs				
gesamtwirtschaftliche Güterproduktion durch Einsatz von Faktorleistungen		Faktoreinkommen für alle privaten Haushalte im Produktionsprozess in Form von Löhnen, Gehältern, Mieten, Pachten, Gewinnen	Nachfrage nach konsumreifen Gütern (geeignet zur Befriedigung der Individualbedürfnisse)	
real	monetär	monetär	real	monetär
100 Anzüge	2.000,00 EUR	2.000,00 EUR	100 Anzüge	2.000,00 EUR
gesamtwirtschaftliches Güterangebot = Summe aller produzierten Güter (Konsumgüter)		**Volkseinkommen** = Gesamteinkommen der privaten Haushalte	**gesamtwirtschaftliche Güternachfrage** = private Konsumausgaben	

Das System ist unter den gemachten Prämissen in sich geschlossen, es hat Kreislaufcharakter: Das Einkommen der privaten Haushalte wird in voller Höhe für Konsumgüter ausgegeben und zur Finanzierung der Produktion der Güter eingesetzt.

Schlussfolgerung: ohne Nachfrage keine Produktion von Gütern; ohne Produktion kein Einkommen; ohne Einkommen keine Nachfrage

6.6 Erweiterter Wirtschaftskreislauf

Die Erkenntnisse, die auf der Grundlage des einfachen Wirtschaftskreislaufs gewonnen werden, werden weiterentwickelt zu einer Kreislaufdarstellung, die im Idealfall alle Güter-, Faktor- und Geldströme zwischen allen Wirtschaftssubjekten erfasst. Im einfachen Wirtschaftskreislauf werden lediglich die wirtschaftlichen Aktivitäten des Sektors private Haushalte und des Unternehmenssektors dargestellt und deren Auswirkungen auf gesamtwirtschaftliche Prozesse erörtert. Im erweiterten Wirtschaftskreislauf sind mit einzubeziehen:

- wirtschaftliche Aktivitäten des Staatssektors
- außenwirtschaftliche Transaktionen (Sektor Ausland)

Evolutorischer Wirtschaftskreislauf

Im Gegensatz zum einfachen Wirtschaftskreislauf geben die privaten Haushalte nicht ihr gesamtes Einkommen für den Konsum aus. Die Haushalte sparen. Somit können die Unternehmen nicht alle produzierten Güter verkaufen. Nicht verkaufte Güter stellen Nettoinvestitionen in Lagerbestände dar. Um diesen Sachverhalt darstellen zu können, wird beim evolutorischen Wirtschaftskreislauf der Pol *Vermögensänderung*[1] eingeführt, somit sind die Ströme im Kreislaufmodell wieder ausgeglichen.

[1] In zahlreichen Darstellungen werden anstatt der Vermögensänderung Banken (Kapitalsammelstellen) als zusätzlicher Pol dargestellt. Da Banken Unternehmen sind, werden sie in der folgenden Darstellung dem Unternehmenssektor zugeordnet.

▶ siehe Darstellung des Wirtschaftskreislaufs auf der folgenden Seite

Evolutorischer Wirtschaftskreislauf mit staatlicher Aktivität

Der Staat tritt in diesem Modell als Nachfrager von Konsumgütern und Produktionsfaktoren auf. Zudem gewährt er Transferzahlungen an private Haushalte (z. B. Kindergeld,

Wohngeld, Hartz IV) und Subventionen an Unternehmen. Haushalte und Unternehmen leisten Abgaben und Steuern (z. B. Lohnsteuer, Einkommenssteuer, Gewerbesteuer) an den Staat.

Offener Wirtschaftskreislauf mit staatlicher Aktivität

Der offene Wirtschaftskreislauf erweitert den Kreislauf um die Export- und Importausgaben zwischen dem Ausland und den inländischen Unternehmen. Im folgenden Schaubild werden zur besseren Übersichtlichkeit nur die Geldströme zwischen den einzelnen Sektoren dargestellt. Transaktionen des Auslands mit den Sektoren Staat und private Haushalte werden nicht betrachtet.

Wirtschaftskreislauf in einer Wirtschaft mit staatlicher Aktivität und Einbindung des Auslands (offene Volkswirtschaft – erweiterter Wirtschaftskreislauf)

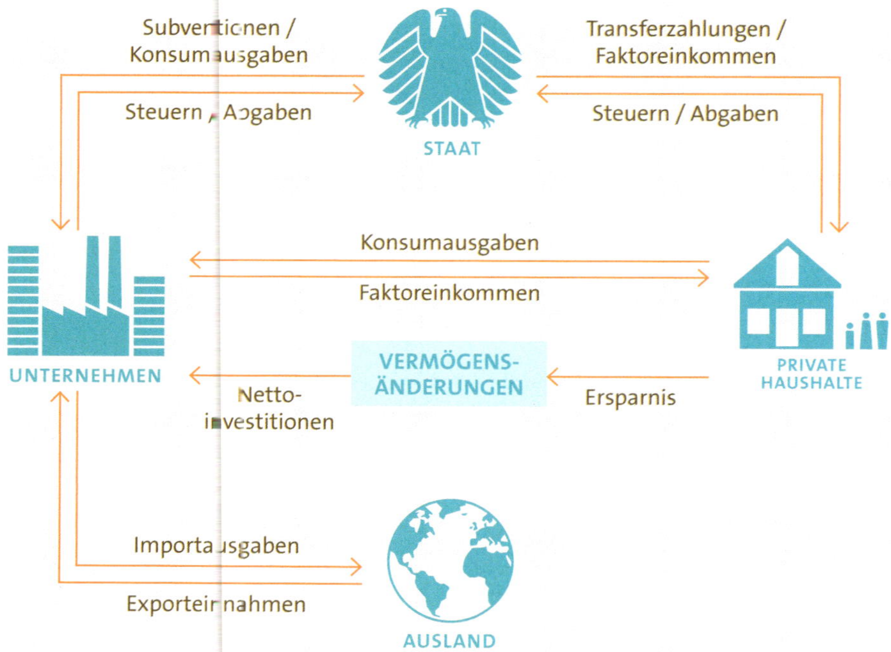

zusätzliche Aufgaben zu Kapitel 6

▶ Webcode WGW_I_6_A-Zusatz

Aufgaben zu Kapitel 6

1. Erläutern Sie, welche Funktionen Geld als Tauschmittel erfüllen muss.
2. Nennen Sie drei Geldarten.
3. Geld benötigen wir in unserer Wirtschaft für unterschiedliche Zwecke. Beschreiben Sie in eigenen Worten, welchem Zweck Geld in jedem der folgenden Beispiele dient:
   a Tim holt sich am Kiosk eine Zeitschrift für 6,00 EUR. Er gibt dafür einen 5-EUR-Schein und eine 1-EUR-Münze.

b Julia und ihre Freundin Sara gehen ins Kino. Leider hat Sara ihren Geldbeutel vergessen. Daraufhin leiht Julia ihr 10,00 EUR.

c Patrick legt jeden Monat einen Teil seines Taschengeldes zurück, weil er den Führerschein machen möchte.

4. Begründen Sie auf der Grundlage Ihrer persönlichen Lebenssituation Ihre Zugehörigkeit zur Gruppe der privaten Haushalte.

5. Erklären Sie die Kreislaufbeziehungen im einfachen Wirtschaftskreislauf.

6. Erklären Sie anhand von fünf beliebigen Transaktionen die dadurch ausgelösten Geldströme und deren Bedeutung für die Zahler und Zahlungsempfänger.

7. Im Folgenden werden die Güterströme zwischen drei Wirtschaftsbereichen (Handel und Verkehr, Dienstleistung und Industrie) dargestellt.

Empfangende Wirtschaftsbereiche / Liefernde Wirtschaftsbereiche	Handel und Verkehr	Dienstleistung	Industrie	Summe der abgegebenen Leistungen
Handel und Verkehr		0	0	
Dienstleistung	15		35	
Industrie	25	45		
Summe der empfangenen Leistungen				

7.1 Bestimmen Sie die Höhe der empfangenen und der abgegebenen Leistungen.

7.2 Zu den in der Tabelle aufgeführten Sektoren kommen nun die privaten Haushalte hinzu. Sie erzielen ihr Faktoreinkommen (Einkommen für Arbeitsleistung) von insgesamt 150 Geldeinheiten (GE) in den Unternehmen der drei aufgeführten Sektoren und geben ihr gesamtes Einkommen für Güter des Handels und Verkehrs aus.
Erstellen Sie eine Grafik in Anlehnung an die unten stehende Skizze, die die Geldströme in solch einer Wirtschaft aufzeigt, und versehen Sie die Geldströme mit den zugehörigen Geldwerten. Gehen Sie davon aus, dass eine Gütereinheit in der oberen Tabelle einer Geldeinheit entspricht.

7.3 Bestimmen Sie die Höhe der Wertschöpfung und das Volkseinkommen dieser Volkswirtschaft.

Zusammenfassung: 6 Geld- und Kreislaufprozesse in einer arbeitsteiligen Wirtschaft

Geldarten

- Warengeld
- Papiergeld
- Buchgeld
- elektronisches Geld
- virtuelle Währungen / Kryptowährungen

Wirtschaftssubjekte

- private Haushalte
- Unternehmen
- Staat / öffentliche Haushalte
- Ausland

Wirtschaftskreisläufe

erfassen gesamtwirtschaftliche Güter- und Geldströme zwischen den verschiedenen Wirtschaftssubjekten

geschlossener Wirtschaftskreislauf (ohne Aktivitäten mit dem Ausland)

einfacher Wirtschaftskreislauf	evolutorischer Wirtschaftskreislauf	evolutorischer Wirtschaftskreislauf mit staatlicher Aktivität
• stationärer Wirtschaftskreislauf, d. h., die Wirtschaft wächst nicht • Akteure: Unternehmen, private Haushalte	• die Wirtschaft wächst, da – Sparen der privaten Haushalte – Nettoinvestition in Lagerbestände • Akteure: Unternehmen, private Haushalte, Vermögensänderung	• Staat tritt als Nachfrager am Markt auf • Staat leistet Transferzahlungen und Subventionen • Akteure: wie evolutorischer Wirtschaftskreislauf + Staat

offener Wirtschaftskreislauf (mit Auslandsaktivitäten)

Exporteinnahmen und Importausgaben fallen an.
Akteure: wie evolutorischer Wirtschaftskreislauf mit staatlicher Aktivität + Ausland

Märkte als zentrale wirtschaftliche Institutionen

7

Amsterdam ist berühmt für seinen Tulpenmarkt – ein Ort, an dem viele Hersteller ihre Blumen verkaufen wollen und an den viele Käufer kommen, um Blumen zu kaufen. Sowohl die Hersteller als auch die potenziellen Käufer haben ihre jeweils eigenen Preisvorstellungen. Zu welchem Preis werden die Blumen verkauft werden?

7.1 Bedeutung von Märkten und Marktformen

Ein **Markt** ist ein Ort, an dem sich Käufer und Verkäufer treffen. Früher geschah dies in der Regel auf öffentlichen Plätzen im Herzen einer Stadt. Heute können Märkte auch Internetplattformen oder Börsen sein, bei denen gar keine materiellen Waren zugegen sind. Ein Markt bringt Käufer und Verkäufer zusammen. Verkäufer können ihre Produkte nur verkaufen, wenn es Menschen gibt, die bereit sind, das Gut zu kaufen. Käufer können nur etwas kaufen, wenn es auch Menschen gibt, die bereit sind, das gewünschte Produkt zu verkaufen.

Aufgrund der Anzahl der Anbieter und Nachfrager in einem Markt lassen sich verschiedene Marktformen unterscheiden. Im Modell des vollkommenen Marktes gibt es viele Anbieter und viele Nachfrager. Daher spricht man hierbei auch von einem **Polypol**[1]. In dieser Marktform herrscht vollkommener Wettbewerb, d. h., weder Anbieter noch Käufer können den Preis durch ihr einzelnes Handeln beeinflussen.

[1] poly (griechisch): *viele*

[1] oligo (griechisch): *wenige*

In der Realität gibt es allerdings häufig Märkte, in denen wenige Anbieter vielen Nachfragern gegenüberstehen. Diese Märkte bezeichnet man als **Oligopol**[1]. In diesen Märkten haben die Anbieter mehr Einfluss auf die Preisbildung und können so, sofern sie kooperieren, einen höheren Preis durchsetzen als im vollkommenen Wettbewerb.

[2] mono (griechisch): *eins*

Außerdem gibt es Märkte, in denen es zwar viele Nachfrager gibt, aber nur einen Anbieter. In diesem Fall handelt es sich um ein **Monopol**[2]. Im Monopol kann der Anbieter den Preis so hochsetzen, dass er dabei seinen eigenen Gewinn maximiert. In dieser Marktform hat der Anbieter die Marktmacht, den Preis zu seinen Gunsten zu beeinflussen.

	Polypol	Oligopol	Monopol
viele Nachfrager	viele Anbieter	wenige Anbieter	ein Anbieter
Beispiel	Blumenmarkt: viele Blumenverkäufer, viele Nachfrager nach Blumen	Tankstellenmarkt: wenige Anbieter von Treibstoff, viele Nachfrager nach Benzin	Deutsche Bahn: einziger Anbieter auf vielen Strecken, viele Nachfrager nach Bahnreisen

7.2 Preisbildung am Beispiel einer Warenbörse

Es ist Tulpenzeit auf dem Blumenmarkt in Amsterdam. Viele Tulpenverkäufer treffen auf viele Tulpenkäufer. Nehmen wir an, es gibt einen Makler, der den Preis so setzen will, dass die größtmögliche Anzahl an Blumenkisten verkauft wird. Die Verkäufer werden nach dem Preis gefragt, den sie gerade noch bereit sind zu akzeptieren, und nach der Menge an Kisten, die sie verkaufen wollen. Die Käufer werden ebenfalls nach dem Preis gefragt, den sie gerade noch bereit sind zu bezahlen, und nach der Menge an Tulpenkisten, die sie kaufen möchten. Die unten stehenden Tabellen zeigen die gesammelten Ergebnisse der individuellen Angebots- und Nachfragevorstellungen:

Namen der Verkäufer	Mindestpreis pro Kiste in EUR	Anzahl an Kisten
A: Anton Arndt	20	250
B: Berta Blum	25	200
C: Cesar Callas	30	150
D: Dahlia Doll	35	200
E: Ernst Eichel	40	100
F: Flora Fischer	45	50

Namen der Käufer	Höchstpreis pro Kiste in EUR	Anzahl an Kisten
G: Gerhard Ginster	20	250
H: Heide Heim	25	100
I: Iris Immel	30	200
J: Jasmin Jung	35	150
K: Karen Kussmaul	40	150
L: Lars Lilienthal	45	100

[3] aggregierte Nachfrage: *Summe der individuellen Nachfragen (Gesamtnachfrage)*

[4] aggregiertes Angebot: *Summe der individuellen Angebote (Gesamtangebot)*

Auf einem Markt müssen sich Verkäufer und Käufer über den Preis einig werden. Der Preis bestimmt sich durch die Gesamtnachfrage (aggregierte Nachfrage[3]) und das Gesamtangebot (aggregiertes Angebot[4]).

Der Makler berechnet nun, wie viele Tulpenkisten zu den verschiedenen Preisen insgesamt angeboten und nachgefragt werden, und ermittelt so das Gesamtangebot und die Gesamtnachfrage an Tulpen.

Gesamtangebot

Preis in EUR	A	B	C	D	E	F	Summe
20	250						250
25	250	200					450
30	250	200	150				600
35	250	200	150	200			800
40	250	200	150	200	100		900
45	250	200	150	200	100	50	950

Gesamtnachfrage

Preis in EUR	G	H	I	J	K	L	Summe
20	250	100	200	150	150	100	950
25		100	200	150	150	100	700
30			200	150	150	100	600
35				150	150	100	400
40					150	100	250
45						100	100

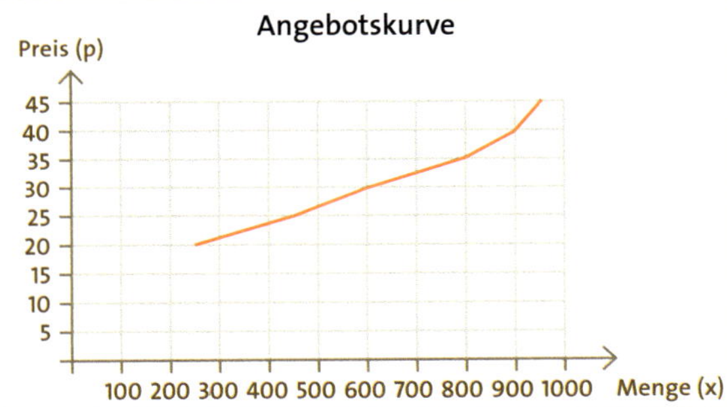

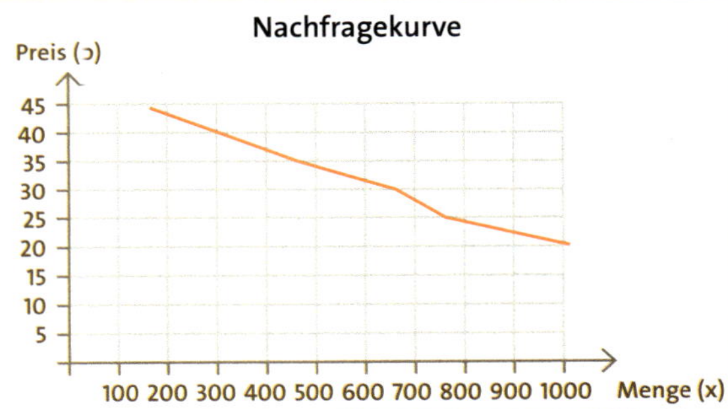

Das aggregierte Angebot eines Marktes lässt sich grafisch als Angebotskurve darstellen. Die Angebotskurve verläuft in der Regel mit positiver Steigung, da die angebotene Menge mit zunehmendem Marktpreis steigt. Ist der Marktpreis niedrig, werden nur wenige Anbieter in der Lage sein, ihre Herstellungskosten zu decken und somit ihre Güter anzubieten. Kommt ein höherer Preis zustande, können auch Hersteller mit höheren Produktionskosten ihre Waren verkaufen.

Die aggregierte Nachfrage eines Marktes lässt sich grafisch als Nachfragekurve darstellen. Sie verläuft in der Regel mit negativer Steigung, da die nachgefragte Menge mit zunehmendem Marktpreis sinkt. Steigt der Preis, fallen immer mehr Kaufinteressenten als potenzielle Käufer weg, da sie nicht unbeschränkt Geld ausgeben können. Sie werden sich dazu entscheiden, das Gut nicht mehr zu kaufen, weil andere Bedürfnisse dringender sind, oder es durch ein anderes, günstigeres Gut zu ersetzen.

Das „Gesetz“ des Angebots:

Je **höher** der Preis, desto **höher** die angebotene Menge;
je **niedriger** der Preis, desto **niedriger** die angebotene Menge.

Das „Gesetz“ der Nachfrage:

Je **höher** der Preis, desto **niedriger** die nachgefragte Menge;
je **niedriger** der Preis, desto **höher** die nachgefragte Menge.

Auf Grundlage des Marktangebots und der Marktnachfrage kann der Makler den Preis ermitteln, zu dem die größtmögliche Menge an Gütern umgesetzt wird:

Preis in EUR	Angebot	Nachfrage	Gehandelte Menge	Marktsituation
20	**250**	**950**	250	Nachfrageüberhang: 700
25	**450**	**700**	450	Nachfrageüberhang: 250
30	**600**	**600**	**600**	**Markt ist „geräumt"**
35	**800**	**400**	400	Angebotsüberhang: 400
40	**900**	**250**	250	Angebotsüberhang: 650
45	**950**	**100**	100	Angebotsüberhang: 850

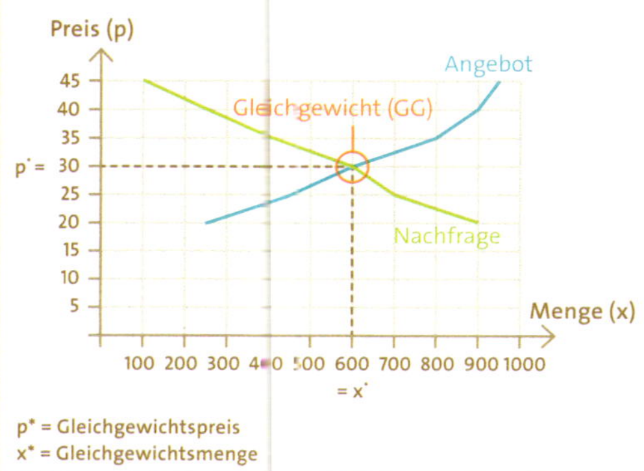

Für alle Preise, die unter 30,00 EUR liegen, herrscht ein Nachfrageüberhang, d. h., die nachgefragte Menge übersteigt die angebotene Menge. Bei einem Preis von 30,00 EUR pro Kiste entspricht die nachgefragte der angebotenen Menge, daher befindet sich der Markt im Gleichgewicht. Für alle Preise, die über 30,00 EUR pro Kiste liegen, gibt es einen Angebotsüberhang, d. h., die angebotene Menge übersteigt die nachgefragte Menge.

Die Preisbildung in Märkten mit Wettbewerb ist das Ergebnis der Interaktion zwischen Angebot und Nachfrage. Bei dem so zustande kommenden Gleichgewichtspreis wird die größtmögliche Menge an Waren umgesetzt.

7.3 Modell des vollkommenen Marktes mit Wettbewerb

Ein „**vollkommener Markt mit Wettbewerb**[1]" ist gegeben, wenn niemand, auch keine Regierung, in den Markt eingreift und zudem folgende Bedingungen erfüllt sind:

- **große Anzahl an Käufern und Verkäufern:** Keine Seite hat Marktmacht, d. h., keine Seite kann den Preis durch ihr einzelnes Handeln beeinflussen, alle müssen den Preis akzeptieren, der durch den Wettbewerb zustande kommt.
- **homogene Güter**[2]: Es gibt nur eine Art von Produkt und es gibt keine Unterschiede in der Qualität, dem Design, Geschmack, der Verpackung o. Ä. (z. B. Gold, Rohöl).
- **keine persönlichen Präferenzen**[3]: Kaufentscheidungen werden nicht von den Menschen, die an der Transaktion beteiligt sind, beeinflusst, z. B. wird ein Verkäufer einem anderen nicht wegen Sympathie vorgezogen.

[1] wird auch *perfekter Markt mit Wettbewerb* genannt

[2] homogen: *gleichartig*

[3] Präferenzen: *Vorlieben*

- **keine räumlichen Präferenzen:** Kaufentscheidungen werden nicht vom Standort der Verkäufer beeinflusst, alle Verkäufer sind gleich gut zu erreichen (z. B. Onlineshops).
- **perfekte Information:** Die Verkäufer kennen ihre Produktionskosten, die Käufer kennen ihre eigene Zahlungsbereitschaft und beide Gruppen kennen den Marktpreis.

Unter diesen Rahmenbedingungen wird sich der Preis so lange anpassen, bis die angebotene Menge der nachgefragten Menge entspricht. Dieser Gleichgewichtspreis maximiert die gehandelte Menge. Im vollkommenen Wettbewerb sind sowohl Verkäufer als auch Käufer Preisnehmer, d. h., sie akzeptieren den durch den Markt zustande gekommenen Preis: Die Verkäufer passen entsprechend die angebotene Menge an und die Käufer die nachgefragte Menge.

Im vollkommenen Wettbewerb wird sich immer der Gleichgewichtspreis einstellen, also der Preis, zu dem die größtmögliche Menge an Gütern gehandelt wird und bei dem die nachgefragte Menge der angebotenen Menge entspricht.

Dieses Modell des vollkommenen Marktes mit Wettbewerb basiert auf sehr strengen Annahmen. In der Realität gibt es nur wenige Märkte, in denen all diese Bedingungen erfüllt sind.

Wenn eine der zuvor beschriebenen Annahmen des vollkommenen Marktes verletzt wird, handelt es sich um einen **unvollkommenen Markt.**

Der Markt für frische Brötchen und Brezeln ist nicht vollkommen. Menschen neigen dazu, immer wieder bei bestimmten Bäckereien einzukaufen, was verschiedene Gründe haben kann:

- Es gibt nur wenige Bäckereien in der Stadt und die meisten davon gehören zu größeren Ketten.
- Käufer sind der subjektiven Ansicht, dass die Brötchen in der Bäckerei A besser schmecken als die in der Bäckerei B (somit würde es sich nicht um homogene Güter handeln).
- Käufer mögen die Verkäuferin der Bäckerei A lieber (persönliche Präferenz).
- Käufer möchten nicht zu viel Zeit brauchen, um zum Bäcker zu gehen, daher wählen die meisten die Bäckerei, die am nächsten liegt (räumliche Präferenz).
- Die Käufer sind sich nicht bewusst, dass irgendwo in der Stadt eine weitere Bäckerei ist, die gleich gute Brötchen für weniger Geld verkauft (keine vollständige Information).

Dennoch kommt die Preisbildung in vielen Märkten sehr nahe an das Ergebnis eines vollkommenen Marktes. Das vermutlich beste Beispiel ist eine Börse: Das hier gehandelte Gut ist homogen, es gibt nur eine Art von Aktien eines Unternehmens, oder das gehandelte Gut ist Massenware wie z. B. Weizen. Fällt der Preis an der Börse, ist dies ein Zeichen dafür, dass mehr Ware angeboten wird als Käufer nachfragen. Steigt der Preis, bedeutet dies in der Regel, dass die Nachfrage das Angebot übertrifft.

Das Modell des vollkommenen Marktes wird dazu verwendet, Preisänderungen in Märkten vorherzusagen.

i

Tulpenhandel – eine der ersten Spekulationsblasen

In den 30er-Jahren des 17. Jahrhunderts kam ein Seemann in den Niederlanden ins Gefängnis, weil er, ohne es zu wissen, eine Tulpenzwiebel statt einer normalen Zwiebel gegessen hatte. Die Kosten seiner Gefräßigkeit beliefen sich auf eine Summe, die ausgereicht hätte, um eine gesamte Schiffsmannschaft zwölf Monate lang zu ernähren. [...]

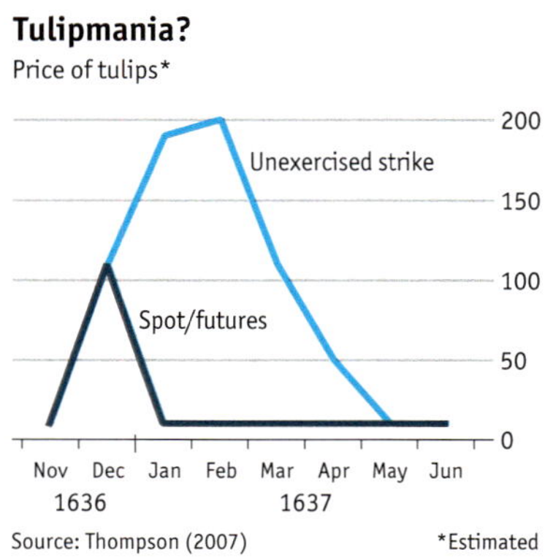

Die „Tulpenwoede" (Tulpenmanie) führte zu einem starken Anstieg der Tulpenpreise. Zu Beginn des Jahres 1637 wurden Tulpen zum 20-Fachen des Preises von 3 Monaten zuvor gehandelt. Eine besonders seltene Tulpe, Semper Augustus, wurde in den 20er-Jahren des 17. Jahrhunderts zu einem Preis von 1.000 Gulden gehandelt – kurz vor dem Platzen der Spekulationsblasse betrug der Preis 5.500 Gulden pro Zwiebel –, was damals ungefähr dem Preis eines luxuriösen Hauses in Amsterdam entsprach. Im Februar 1637 brachen die Preise ein [...] und einige Investoren waren danach bankrott.

Die Preisschwankungen waren weder durch Veränderungen in den Produktionskosten bedingt, noch hatten die Tulpen mit einem Mal einen besonderen zusätzlichen Nutzen. [...] Man geht davon aus, dass allein irrationales Verhalten auf dem Finanzmarkt die Tulpenmanie auslöste. [...] Ein Ausbruch der Beulenpest machte die Menschen risikofreudiger. Die [Menschen] lebten in dem Bewusstsein, dass jeder Tag ihr letzter sein könnte – und so waren sie offen für ein wenig Spekulation. Und da Glücksspiel verboten war, konnte die Einhaltung derartiger Verträge nicht eingefordert werden. Wenn sie den Markt falsch eingeschätzt hatten, konnten sie sich einfach ohne zu zahlen aus dem Staub machen.

Quelle: The Economist Group Limited, London (27.11.2020); www.economist.com/blogs/freeexchange/2013/10/economic-history, 4. Oktober 2013, übersetzt und leicht verändert von der Autorin

7.4 Preisveränderungen im vollkommenen Markt

Mithilfe des aggregierten Angebots und der aggregierten Nachfrage ist es möglich, Preisänderungen zu erklären und zu einem gewissen Grad vorherzusagen. Es gibt verschiedene Möglichkeiten:

Bewegung auf der Kurve

Die Angebots- und die Nachfragekurve zeigen den Zusammenhang zwischen dem Preis eines Gutes und der nachgefragten Menge. Wenn sich der Preis eines Gutes verändert, kommt es zu einer „Bewegung auf der Kurve".

Angebot

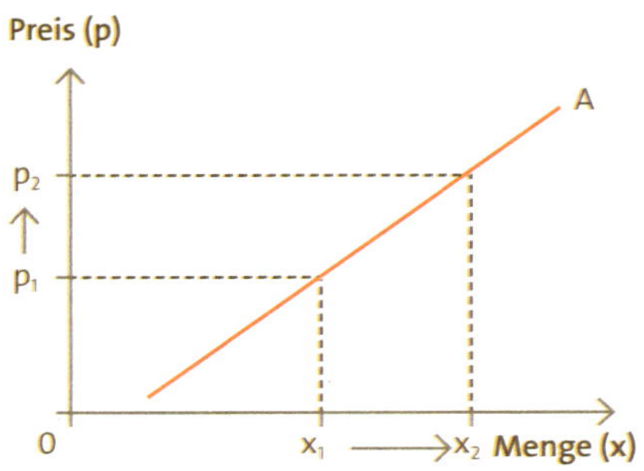

Wenn der Preis steigt, nimmt die von den Herstellern angebotene Menge zu, weil der Verkauf der Güter jetzt profitabler ist.
Wenn der Preis fällt, geht die von den Herstellern angebotene Menge zurück, da es weniger profitabel ist.

Nachfrage

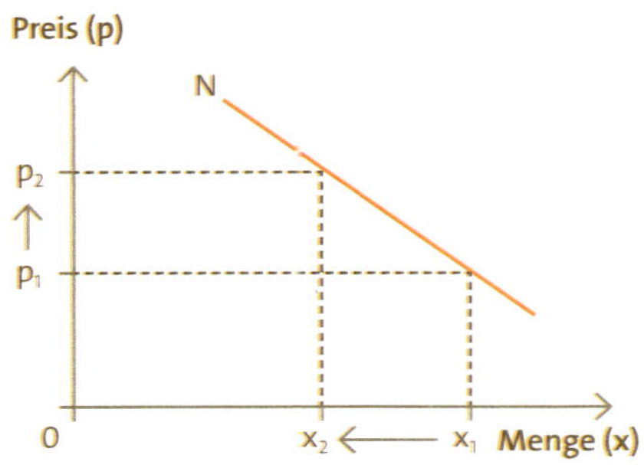

Wenn der Preis steigt, geht die nachgefragte Menge zurück, da Einkommen begrenzt ist und Käufer sich vielleicht für andere Güter entscheiden.
Wenn der Preis fällt, steigt die nachgefragte Menge.

Verschiebung der Angebotskurve

Auch einige andere Faktoren haben einen Einfluss auf das Angebot, z. B. die Herstellungskosten, die Versorgung mit Rohstoffen, Steuern oder Zuschüsse der Regierung. Falls sich einer dieser Faktoren ändert, verschiebt sich die Angebotskurve.

Angebotskurve verschiebt sich nach rechts

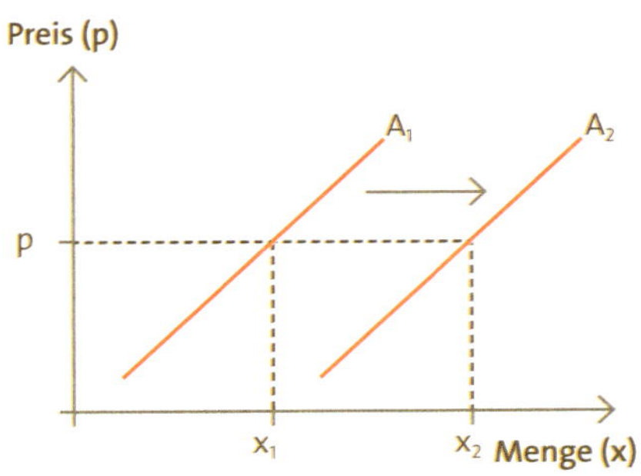

mögliche Ursachen:
- günstigere Herstellungskosten
- günstigere Rohstoffe
- Regierung zahlt dem Unternehmen einen Zuschuss für das Produkt

Angebotskurve verschiebt sich nach links

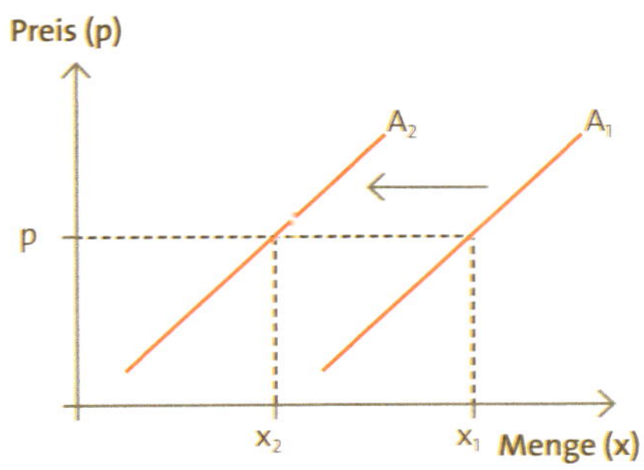

mögliche Ursachen:
- gestiegene Herstellungskosten
- gestiegene Preise der Rohstoffe
- Regierung führt Steuern auf das Gut ein, die vom Unternehmen abgeführt werden müssen

Auswirkung auf den Markt:

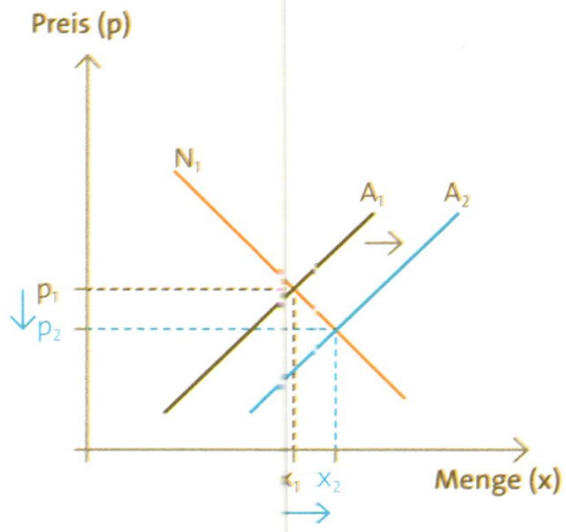

Erhöhung der angebotenen Menge:
- Preis fällt ↓
- nachgefragte Menge steigt ↑

Auswirkung auf den Markt:

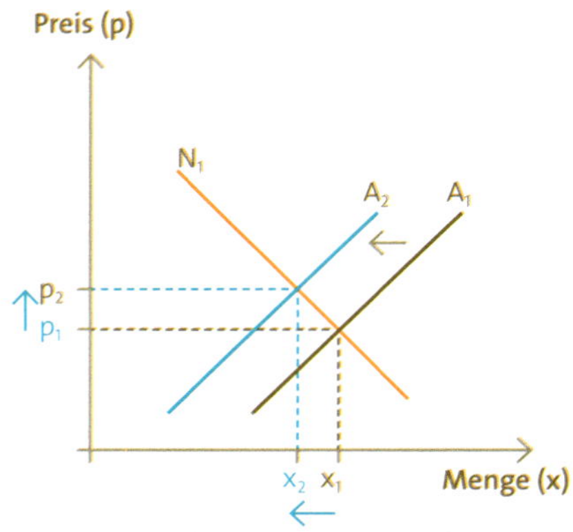

Verminderung der angebotenen Menge:
- Preis steigt ↑
- nachgefragte Menge fällt ↓

Verschiebung der Nachfragekurve

Neben dem Preis gibt es auch andere Einflussgrößen auf die Nachfrage, z. B. die Preise anderer Güter, das Einkommen oder sich verändernde Präferenzen. Wenn sich einer dieser Faktoren ändert, verschiebt sich die Nachfragekurve.

Nachfragekurve verschiebt sich nach rechts	Nachfragekurve verschiebt sich nach links

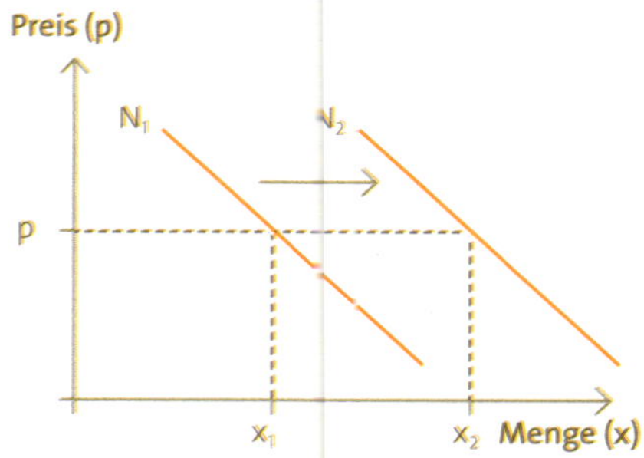

mögliche Ursachen:
- höheres Einkommen
- Bevölkerung wächst
- Substitutionsgüter werden teurer
- veränderte Präferenzen

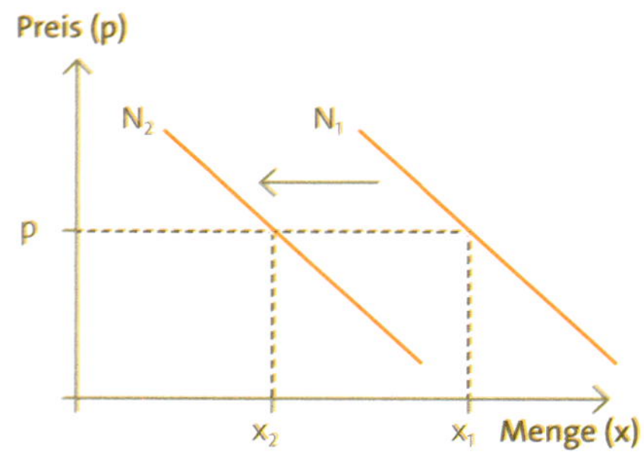

mögliche Ursachen:
- niedrigeres Einkommen
- Bevölkerung geht zurück
- Substitutionsgüter werden günstiger
- veränderte Präferenzen

Auswirkung auf den Markt:

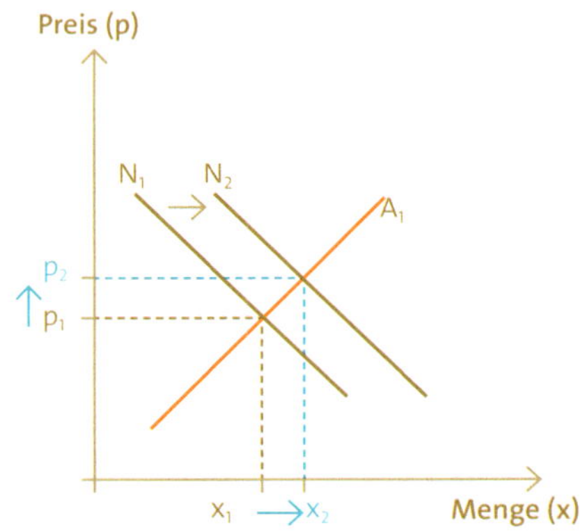

erhöhte Nachfrage:
- Preis steigt ↑
- angebotene Menge steigt ↑

Auswirkung auf den Markt:

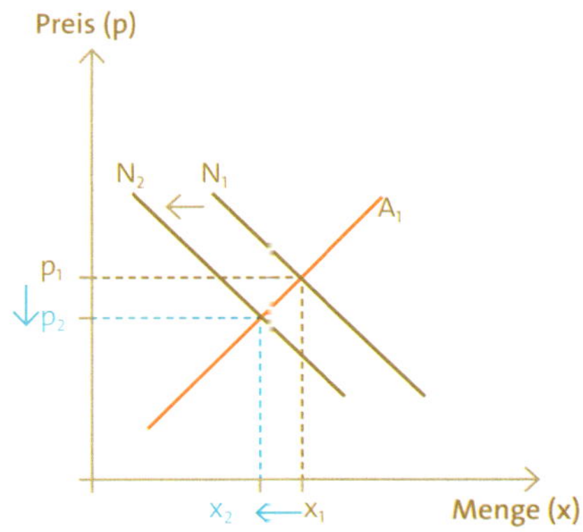

sinkende Nachfrage:
- Preis sinkt ↓
- angebotene Menge sinkt ↓

7.5 Funktionen des Preises

Preise sind das Ergebnis von Angebot und Nachfrage und lösen den klassischen volkswirtschaftlichen Konflikt aufgrund Knappheit der Güter einerseits und unbegrenzter Bedürfnisse andererseits. Der Marktmechanismus erfüllt dadurch mehrere Funktionen.

Funktionen des Preises	
Zuteilungsfunktion	Preise sind ein Indikator[1] für Knappheit. Wenn Ressourcen knapp werden, übersteigt die Nachfrage das Angebot. Der Preis steigt. Da das Einkommen der Nachfrager begrenzt ist, bleiben als Käufer diejenigen, die den höchsten Nutzen aus dem angebotenen Gut ziehen und in der Lage sind, den höheren Preis zu zahlen.
Signalfunktion	Für Nachfrager sind steigende Preise ein Signal, ihren Konsum zurückzufahren und den Markt zu verlassen. Für Anbieter/Hersteller bedeuten höhere Preise mehr Profit. Daher werden mehr Hersteller in Betracht ziehen, in den Markt einzutreten.
Allokationsfunktion	Preise stellen sicher, dass Ressourcen dort eingesetzt werden, wo sie den größten Nutzen stiften. Hohe Preise bei Ressourcen stellen sicher, dass sie möglichst effizient verwendet werden.

[1] Indikator: *Messgröße*

Aufgaben zu Kapitel 7

zusätzliche Aufgaben zu Kapitel 7
► Webcode WGW_I_7_A-Zusatz

1. Im wirklichen Leben gibt es nur wenige vollkommene Märkte.
   1.1 Nennen und erläutern Sie kurz die Annahmen des Modells eines vollkommenen Marktes.
   1.2 Zeigen Sie mithilfe der Annahmen, weshalb es sich bei dem Markt für „Pizza zum Mitnehmen“ in Ihrer Stadt nicht um einen vollkommenen Markt handelt.

2. Sie sind an der Kaffeebörse für Arabica-Kaffee in New York.
(Hinweis: Die Bedingungen des vollkommenen Marktes sind erfüllt.)
Es gibt die folgenden Gebote:

Mindestpreis pro Kilo in EUR	Verkäufer	Menge	Käufer	Menge	Höchstpreis in EUR
4,00	Argentina Arabica	100	French press coffee	70	4,00
6,00	Brazil Beans	120	Goldcafé	90	6,00
8,00	Chile Coffee	130	Hot coffee	100	8,00
10,00	Dominican Beans	110	I love Coffee	130	10,00
12,00	Ecuador Coffee	90	Koffi Hus	120	12,00

2.1 Berechnen Sie die aggregierte Nachfrage und das aggregierte Angebot bei den verschiedenen Preisen.

2.2 Bestimmen Sie den Gleichgewichtspreis und die Gleichgewichtsmenge.

3. Erläutern Sie die Ursachen für die Preisveränderungen mithilfe eines Preis-Mengen-Diagramms.

3.1 Wenn eine Kältewelle Italien und Spanien im Winter trifft, dann steigt der Preis von Orangen in deutschen Supermärkten.

3.2 Wenn es einen heißen Sommer in Mitteleuropa gibt, dann sinken die Preise für Hotelzimmer in Südeuropa.

3.3 Die USA führen Fracking ein und der Weltmarktpreis für Rohöl sinkt.

4. Auf dem Markt für frisch zubereitete Burger ergeben sich folgende Daten für eine kleine Stadt:

Preis in EUR	3,00	4,00	5,00	6,00	7,00	8,00
nachgefragte Menge	270	208	162	136	106	78
angebotene Menge	52	106	162	196	220	242

4.1 Zeichnen Sie die Angebots- und Nachfragekurve in ein Preis-Mengen-Diagramm.

4.2 Beschreiben Sie die Marktsituation, wenn der tatsächliche Marktpreis bei 7,00 EUR liegen würde. Was würde vermutlich passieren?

4.3 Der Markt befindet sich nun im Gleichgewicht. Angenommen, es gäbe eine unglaublich erfolgreiche Werbekampagne, die vegetarisches Essen in Schulen populär macht. Als Folge werden viele vegetarische Essen verkauft. Wie wird sich voraussichtlich der Preis der Burger entwickeln?

Zusammenfassung: 7 Märkte als zentrale wirtschaftliche Institutionen

Interaktive Übung „Flashcards“

Annahmen des Modells des vollkommenen Marktes

- viele Nachfrager, viele Anbieter, kein Marktteilnehmer hat Marktmacht
- homogene Güter
- perfekte Information
- keine Präferenzen (bezüglich Handelspartner oder Standort)

Preisbildung im vollkommenen Markt mit Wettbewerb
(Polypol, viele Anbieter, viele Nachfrager)

Nachfrage

= Summe der individuellen Nachfragen zu verschiedenen Preisen
→ Marktnachfrage (aggregierte Nachfrage)
Die Nachfrager nehmen den Preis als gegeben und entscheiden dann über die nachgefragte Menge, i. d. R. gilt: je höher der Preis, desto geringer die nachgefragte Menge.

+

Angebot

= Summe der individuellen Angebote zu verschiedenen Preisen
→ Marktangebot (aggregiertes Angebot)
Die Anbieter nehmen den Preis als gegeben und entscheiden dann über die angebotene Menge, i. d. R. gilt: je höher der Preis, desto höher die angebotene Menge.

=

Marktgleichgewicht

Angebot = Nachfrage
Gleichgewichtspreis maximiert die gehandelte Menge

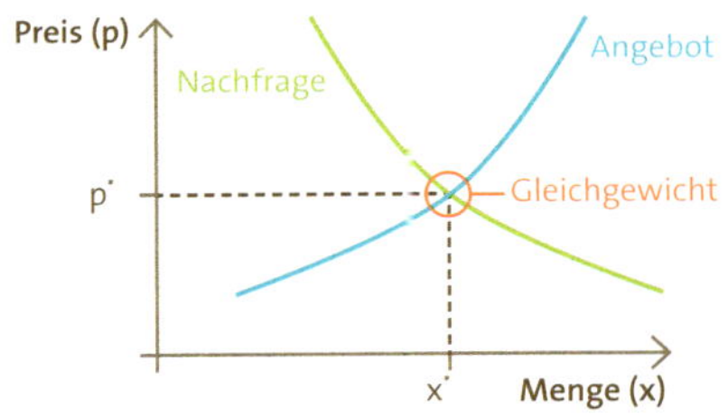

Wenn sich der Preis ändert → **Bewegung auf der Kurve**
Verschiebung der Angebotskurve durch:
Veränderungen in den Kosten der Herstellung, in der Versorgung mit Rohstoffen, Subventionen
Verschiebung der Nachfragekurve durch:
höhere Einkommen, größere Bevölkerung, Preisveränderungen anderer Güter, Steuern oder Subventionen

Selbsteinschätzung – I Grundlagen ökonomischen Denkens und Handelns

Nr.	Ich kann…	Noch Probleme? → Erklärungen und Aufgaben im Buch:
1	die Begriffe *Bedürfnis*, *Bedarf* und *Nachfrage* unterscheiden und definieren.	Kapitel 1.1, Aufgabe 1
2	die Arten von Bedürfnissen aufzählen und erläutern.	Kapitel 1.1.2, Aufgabe 2
3	aufzeigen, dass menschliches Handeln durch Bedürfnisse und Präferenzen gesteuert und abhängig vom Nutzen ist.	Kapitel 1.1.3, 1.2, Aufgaben 3 bis 5
4	freie von wirtschaftlichen Gütern unterscheiden.	Kapitel 1.3.1
5	erklären, zu welchen Problemen die Knappheit von Ressourcen und Gütern führt.	Kapitel 1.3.2 bis 1.3.4, Aufgabe 6
7	erläutern, wie Preise auf Knappheit von Gütern und Ressourcen reagieren.	Kapitel 1.3.3, Fallstudie *Ölpreis*, Aufgabe 7
8	das ökonomische Prinzip erklären und auf Beispiele anwenden.	Kapitel 1.4, Aufgabe 8
9	die Grundfragen jeder Volkswirtschaft nennen.	Kapitel 2.1, Aufgabe 1
10	die Konzepte Ausschließbarkeit und Rivalität im Konsum definieren und so verschiedene Güterarten unterscheiden.	Kapitel 2.2.1, Aufgabe 2
11	die Rolle des Staates bei der Bereitstellung öffentlicher Güter beschreiben.	Kapitel 2.2.2, Aufgaben 3 und 4
12	die volkswirtschaftlichen Produktionsfaktoren nennen und definieren.	Kapitel 2.3, Aufgaben 5 bis 8
13	die Bedeutung von Modellen in der VWL erklären.	Kapitel 3.1, Aufgabe 1
14	erläutern, was man unter einem Homo oeconomicus versteht.	Kapitel 3.2, Aufgabe 2
15	Egoismus und Altruismus voneinander unterscheiden.	Kapitel 3.3, Aufgaben 3 und 4
16	Beispiele dafür geben, was unter einer Win-win-, Win-lose- oder Lose-lose-Situation zu verstehen ist.	Kapitel 3.3
17	Beispiele dafür geben, dass individuell rationales Verhalten nicht immer zum besten Ergebnis für die Gemeinschaft führt.	Kapitel 3.2 bis 3.4
18	das Konzept der Allmendetragik erläutern und mit aktuellen Beispielen belegen.	Kapitel 3.5, Aufgabe 7
19	die ökologischen Folgen wirtschaftlichen Handelns erläutern.	Kapitel 3.5 und 3.6, Aufgaben 5, 6 und 8

Nr.	Ich kann...	Noch Probleme? → Erklärungen und Aufgaben im Buch:
20	den Begriff *externe Kosten* definieren.	Kapitel 3.6, Aufgabe 9
21	das Trittbrettfahrerproblem erklären.	Kapitel 3.7, Aufgabe 11
22	nachhaltige Entwicklung erläutern.	Kapitel 3.8, Aufgabe 12
23	das Konzept der Produktionsmöglichkeitenkurve erläutern und anwenden.	Kapitel 4.2, Aufgaben 1 und 2
24	das Konzept der Opportunitätskosten erläutern und Opportunitätskosten berechnen.	Kapitel 4.2, Aufgabe 2
25	den Unterschied zwischen absolutem und komparativem Kostenvorteil erläutern und begründen.	Kapitel 4.2.2, Aufgabe 3
26	begründen, weshalb und unter welchen Bedingungen Handel vorteilhaft für Länder sein kann.	Kapitel 4.2.3, Aufgabe 4
27	begründen, weshalb es immer mehr internationale Arbeitsteilung gibt.	Kapitel 4.2.2, Aufgabe 4
28	den Begriff *Sachkapital* definieren und den Zusammenhang zwischen Sachkapital und Investition erläutern.	Kapitel 4.3, Aufgaben 5 und 6
29	den Begriff *Sparen* erläutern.	Kapitel 4.3.2, Aufgabe 8
30	den Zusammenhang zwischen Sparen und Investitionen erläutern.	Kapitel 4.3.2
31	die Einflussgrößen auf die Investitionen eines Unternehmens nennen.	Kapitel 4.3.2
32	die unterschiedlichen Investitionsarten nennen.	Kapitel 4.3.2
33	Brutto- und Nettoinvestitionen unterscheiden und bestimmen.	Kapitel 4.3.2, Aufgabe 11
34	die Produktionsfunktion beschreiben.	Kapitel 4.4.1
35	die Rolle der Opportunitätskosten bei der optimalen Allokation der Produktionsfaktoren erklären.	Kapitel 4.4.2, Aufgabe 13
36	das Produktionspotenzial definieren und den Zusammenhang zwischen Produktionslücke und Produktionspotenzial erklären.	Kapitel 4.4.3
37	den Auslastungsgrad berechnen.	Kapitel 4.4.4
38	den Effekt von Produktivitätswachstum auf die Produktionsmöglichkeitenkurve (PMK) grafisch darstellen und erläutern.	Kapitel 4.4.4

Nr.	Ich kann...	Noch Probleme? → Erklärungen und Aufgaben im Buch:
39	das ökonomische Prinzip anwenden, um die optimale Faktorkombination eines Unternehmens herzuleiten.	Kapitel 4.4.5, Aufgabe 13
40	erläutern, wie Preisänderungen von Sachkapital und Arbeit die optimale Faktorkombination verändern.	Kapitel 4.4.5
41	das Konzept der schöpferischen Zerstörung erläutern.	Kapitel 4.5, Aufgabe 14
42	die ökonomischen Folgen von Automatisierung und Spezialisierung diskutieren.	Kapitel 4.6, Aufgabe 15
43	die sozialen Folgen von Arbeitslosigkeit erörtern.	Kapitel 4.6, Aufgabe 16
44	Leistungs-, Bedarfs- und Gleichheitsprinzip voneinander unterscheiden.	Kapitel 5.2, Aufgabe 1
45	begründen und erklären, dass es keinen allgemein anerkannten Maßstab einer Verteilungsgerechtigkeit gibt.	Kapitel 5.1 und 5.2, Aufgaben 2 und 3
46	nationale und internationale Verteilungskonflikte analysieren.	Kapitel 5.3, Fallstudie *Land Grabbing*, Aufgaben 4 und 5
47	Auswirkungen von nationalen und internationalen Verteilungskonflikten erläutern.	Kapitel 5.3, Aufgaben 6 bis 8
48	Funktionen von Geld erklären.	Kapitel 6.1, Aufgabe 1
49	den Unterschied zwischen Geldarten und Geldsubstituten erläutern.	Kapitel 6.2, Aufgaben 2 und 3
50	alle Wirtschaftssubjekte des Privatsektors benennen und unterscheiden.	Kapitel 6.3, Aufgabe 4
51	den Kreislaufcharakter des wirtschaftlichen Geschehens erläutern.	Kapitel 6.4 und 6.5, Aufgaben 5 bis 7
52	den Unterschied zwischen dem einfachen und dem erweiterten Wirtschaftskreislauf herleiten.	Kapitel 6.6
53	die unterschiedlichen Marktformen (Polypol, Monopol, Oligopol) nennen und unterscheiden.	Kapitel 7.1
54	die Annahmen des vollkommenen Marktes mit Wettbewerb nennen und erläutern.	Kapitel 7.3, Aufgabe 1
55	im vollkommenen Markt mit Wettbewerb den Gleichgewichtspreis und die Gleichgewichtsmenge berechnen sowie Preisveränderungen vorhersagen.	Kapitel 7.2 und 7.4, Aufgaben 2 bis 4
56	die Funktionen des Preises erläutern.	Kapitel 7.5

II

Wirtschaftsordnung in der Bundesrepublik Deutschland

1 Wirtschaftsordnungen

Das wirtschaftliche Handeln in einer Volkswirtschaft folgt bestimmten Regeln. Zusammen bilden sie die jeweilige Wirtschaftsordnung. Doch welche Wirtschaftsordnung soll gewählt werden? Die Werte, die in einer Gesellschaft Konsens sind, spielen bei der Entscheidung für oder gegen eine Wirtschaftsordnung eine große Rolle. Welche gesellschaftlichen Werte wären Ihrer Meinung nach zu beachten? Welche Aussagen der beiden konkurrierenden Lager würden Sie unterstützen und warum?

1.1 Grundlagen einer Wirtschaftsordnung

Wirtschaftssubjekte
► II • 3.1

In einer Volkswirtschaft nehmen unterschiedliche Wirtschaftssubjekte► – private Haushalte, Unternehmen, Staat und Ausland – am wirtschaftlichen Geschehen teil. Zwischen ihnen bestehen vielfältige und zahlreiche wirtschaftliche Beziehungen. Nach welchen Regeln und Normen diese Beziehungen zulässig sind und funktionieren, wird mit der Wahl der Wirtschaftsordnung festgelegt.

In einer Wirtschaftsordnung werden die Regeln und Normen, auf denen das wirtschaftliche Handeln in einer Volkswirtschaft basiert, festgelegt.

Die Wirtschaftsordnung eines Staates ist Bestandteil der herrschenden Gesellschaftsordnung[1]. Daher ist die geistige Grundhaltung ausschlaggebend für die Wirtschaftsordnung. Von zentraler Bedeutung sind das herrschende Menschenbild und die daraus abgeleitete Rolle des Staates. So stellt der Individualismus das freie Individuum in den Mittelpunkt, der Kollektivismus dagegen die Gemeinschaft[2], der sich das Individuum unterordnen muss.

[1] Gesellschaftsordnung: *Gesamtheit der Regeln und Maßnahmen für das Zusammenleben der Menschen in einem Staat (Rechtsordnung + Sozialordnung + Wirtschaftsordnung)*

[2] Gemeinschaft: *eine soziale Gruppe, die durch eine „Gemeinsamkeit" definiert ist, z. B. die Gemeinde, die Familie, die Bevölkerung eines Staates*

1.2 Idealtypische Wirtschaftsordnungen

1.2.1 Grundmodelle

Man unterscheidet zwei Grundmodelle, die als idealtypische Wirtschaftsordnungen bezeichnet werden:

Idealtypische Wirtschaftsordnungen

- **Freie Marktwirtschaft**
- **Zentralverwaltungswirtschaft**

Diese Modelle sind in ihrer Grundform in der Realität bisher nicht zu finden. Real existierende Wirtschaftsordnungen bauen aber im Wesentlichen auf diesen zwei Typen auf.

Um diese Wirtschaftsordnungen unterscheiden zu können, werden bestimmte Kriterien, die in der Fachsprache *Ordnungsrahmen* genannt werden, untersucht:

- Wie wird das Individuum gesehen?
- Welche Rolle hat der Staat?
- Wer plant und entscheidet in der Wirtschaft, welche Waren und Dienstleistungen produziert werden?
- Wer ist Eigentümer der Produktionsmittel?
- Wie und wo bildet sich der Preis für Güter?
- Welche Ziele (Ergebnisse) werden verfolgt?

Aus diesen Fragestellungen ergibt sich nachfolgende Tabelle für die zwei Grundtypen:

Kriterium	Freie Marktwirtschaft	Zentralverwaltungswirtschaft
Leitidee: Geisteshaltung und Menschenbild	• Jeder hat das Recht, sich frei zu entfalten. • „Einzelwohl führt zu Gemeinwohl" (d. h.: Vom egoistischen Streben des Einzelnen profitiert die gesamte Gesellschaft.) • Individualismus	• Der Einzelne muss sich der Gesellschaft unterordnen. • „Gesamtwohl führt zu Einzelwohl" (d. h.: Wenn jeder Einzelne das Gesamtwohl über seine Interessen stellt, trägt er zu einem hohen Gesamtwohl bei. Als Teil der Gemeinschaft wird so auch sein Einzelwohl positiv beeinflusst.) • Kollektivismus
Gesellschaftsordnung	• Liberalismus	• Sozialismus, Kommunismus
Rolle des Staates	• keine Eingriffe des Staates in das Wirtschaftsgeschehen • nur Gewährleistung der Freiheiten der Bürger	• Staat lenkt die Wirtschaft durch Staatseingriffe • Staat gewährt keine Bürgerrechte
Planung und Entscheidungen	dezentral: • Das einzelne Wirtschaftssubjekt plant und entscheidet.	zentral: • Allein der Staat stellt Produktionspläne auf und trifft wirtschaftliche Entscheidungen.
Preisbildung	• Angebot und Nachfrage • Der freie Markt ist der Ort der Preisbildung.	• Der Staat setzt Preise fest. • Orientierung anhand der Produktionsplanziele
Wettbewerb	• freier Wettbewerb	• kein freier Wettbewerb, sondern Zuteilung von Gütern
Eigentum an Produktionsmitteln	• privat, individuell	• staatlich, kollektiv
Voraussetzung	• Freiheit der Märkte • Wahrung der Freiheitsrechte (z. B. Vertragsfreiheit, Gewerbefreiheit usw.)	• Der Staat ist Eigentümer der Produktionsmittel. • Es werden keine Freiheitsrechte gewährt.
wirtschaftliches Ziel	• Gewinn- und Nutzenmaximierung	• Planerfüllung
Herrschaftsform	• Demokratie	• totalitäres[1] Regime

Adam Smith ► I • 1.4.1

Freiheitsrechte ► II • 1.2.2

[1] totalitär: *antidemokratisch, absolut, autoritär*

1.2.2 Freie Marktwirtschaft

Zentrale Antriebskraft der Wirtschaft ist der Egoismus des Einzelnen, der seinen Gewinn bzw. Nutzen maximieren will. Voraussetzung dafür ist es, dass er das Eigentum an Produktionsmitteln hat und der Wettbewerb nicht beschränkt wird. Der freie Wettbewerb zwingt Unternehmen, ihre Produktionskosten zu senken und Produktionsmittel effektiv einzusetzen. Die Anbieter können ihren Gewinn durch Kostensenkung maximieren und gleichzeitig ihre Güter zu billigeren Preisen anbieten. Auf der anderen Seite wollen private Haushalte zu möglichst niedrigen Preisen Güter kaufen, um ihren Nutzen zu maximieren. Wenn beide Wirtschaftssubjekte durch ihr „egoistisches" Handeln einen Vorteil erzielen, wird dadurch gleichzeitig das Gemeinwohl[1] positiv beein-

ökonomisches Prinzip ► I • 1.4.1

[1] Gemeinwohl: *Wohlergehen aller Bürger einer Gesellschaft*

flusst und gefördert. Dieser Selbstregelungsmechanismus der Wirtschaft macht Staatseingriffe überflüssig. Der Staat kann untätig bleiben, er muss nur für die öffentliche Ordnung, für die Sicherheit der Bürger und für den Schutz des Privateigentums sorgen. Bezogen auf die Wirtschaft soll jeder so handeln können, wie er es für richtig hält, um seinen Vorteil zu erreichen. Dieses Prinzip wird als **Laissez-faire-Prinzip**[1] bezeichnet.

Die Vorstellung, dass sich das Wirtschaftsgeschehen unbewusst von selbst regelt, findet sich in der Metapher der „unsichtbaren Hand“ (Adam Smith: „the invisible hand“), die alles lenkt, wieder.

Die Aufgabe des Staates wird bei diesem Modell also nur darin gesehen, durch Gesetze einen Ordnungsrahmen durchzusetzen, in dem die Rechte des Bürgers geschützt werden und ein funktionierendes gesellschaftliches Leben gewährleistet wird. Der Politiker Ferdinand Lassalle[2] vergleicht spöttisch die beschränkten Aufgaben des Staates mit denen eines Nachtwächters im Mittelalter und prägte den Begriff **„Nachtwächterstaat“.** Ähnlich einem Nachtwächter, der nachts durch die Straßen ging und lediglich für Ordnung sorgen sowie stündlich die Uhrzeit ansagen musste, bleibt der Staat untätig, greift nicht ins wirtschaftliche Geschehen ein.

[1] laisser faire quelque chose à quelqu'un (französisch): *jemanden etwas tun lassen*

[2] Ferdinand Lassalle (1825–1864): *sozialistischer Politiker, Begründer des „Allgemeinen Deutschen Arbeitervereins“, einer Vorgängerorganisation der SPD*

Freiheitsrechte in der freien Marktwirtschaft

Eine entscheidende Voraussetzung der freien Marktwirtschaft ist das Gewähren von Freiheitsrechten und Planungsautonomie des einzelnen Individuums durch den Staat.

Freiheitsrechte	Definition
Produktions- und Handelsfreiheit	Jeder Produzent entscheidet selbst, was und wie viel produziert wird.
freie Berufswahl und freie Wahl des Arbeitsplatzes	= Gewerbefreiheit Jeder Produzent kann ein beliebiges Gewerbe am Markt betreiben und sich frei betätigen.
Konsumfreiheit	Jeder Konsument entscheidet selbst darüber, wie viel seines Einkommens er für was ausgeben möchte. Impulse für Produktion gehen vom Konsumenten aus.
Privateigentum	Verfügungsmacht über Produktionsmittel
Vertragsfreiheit ►	Wirtschaftssubjekte können beliebige Verträge mit individuellen Inhalten abschließen.

Vertragsfreiheit
► III • 2.2.1

Die Grundgedanken des klassischen Wirtschaftsliberalismus gehen auf den englischen Nationalökonomen Adam Smith ► zurück. Wie egoistisches Handeln des Einzelnen zum Wohl der Gemeinschaft führt, zeigt er in seinem Buch „Der Wohlstand der Nationen“.

Adam Smith
► I • 1.4.1

In reiner Form wurde die freie Marktwirtschaft real nie umgesetzt. Das Wirtschaftsgeschehen in der ersten Hälfte des 19. Jahrhunderts in Europa kam dem Modell jedoch sehr nahe. Anstatt das Gemeinwohl zu stärken, wurden allerdings nur die Unternehmer wohlhabender. Da der Staat bei Missständen nicht eingriff, konnten die Unternehmen ihre wirtschaftliche Machtstellung ausnutzen und der Wettbewerb reduzierte sich drastisch. Die Arbeiterschaft wurde ausgebeutet und unterdrückt. Es kam zu Wirtschaftskrisen und sozialen Konflikten.

Freie Marktwirtschaft	
Vorteile	**Nachteile**
• hohe Effizienz bei der Güterproduktion • Freie Entfaltung des Einzelnen fördert Motivation. • Ideenreichtum fördert technischen Fortschritt. • besseres und umfangreicheres Güterangebot	• Öffentliche Bedürfnisse werden nur gering befriedigt, da der Staat wenig öffentliche Güter anbietet. • Ausbeutung schwächerer Marktteilnehmer (z. B. Kinderarbeit, Sonn- und Feiertagsarbeit, 12- bis 14-stündige Arbeitstage) • Ungerechte Einkommens- und Vermögensverteilung führen zu sozialen Konflikten (Verelendung der Arbeiterschaft). • Wettbewerbsausschaltung, Monopolbildung • erhöhte Anfälligkeit für Wirtschaftskrisen

Die Grundideen der freien Marktwirtschaft werden am ehesten in „kapitalistisch" orientierten Ländern gefunden. Wie stark Länder dem Idealtyp der freien Marktwirtschaft entsprechen, veröffentlicht das konservative amerikanische Forschungsinstitut Heritage Foundation zusammen mit dem Wall Street Journal im „index of economic freedom". Der Index versucht den Grad der wirtschaftlichen Freiheit eines Landes zu messen. 2020 wird die Indexliste angeführt von Singapur, Hongkong, Neuseeland, Australien, Schweiz, Irland, Großbritannien, Dänemark, Kanada und Estland. Deutschland liegt auf dem 27. Platz.

1.2.3 Zentralverwaltungswirtschaft

Im Modell der Zentralverwaltungswirtschaft liegen die Koordination der wirtschaftlichen Prozesse und die wirtschaftliche Entscheidungsbefugnis zentral beim Staat.

Beispiele für solch eine Wirtschaft gab es in der Vergangenheit viele:
- Europa des 17. und 18. Jahrhunderts: absolutistisches Regierungsprinzip auch in der Wirtschaft
- Drittes Reich: Große Teile der deutschen Wirtschaft sind zwecks Kriegsführung unter staatlicher Führung.

Wenn aber gemeinhin von der Zentralverwaltungswirtschaft gesprochen wird, so ist damit meistens die zentrale Planwirtschaft sozialistischer Ausprägung gemeint.

Das (sozialistische) Modell der Zentralverwaltungswirtschaft wurde aufgrund der Missstände des Laissez-faire-Kapitalismus im 19. Jahrhundert entworfen. Dabei stellt der Sozialismus ein Gegenmodell zum Kapitalismus dar und beschreibt eine politische Lehre, die die gesellschaftlichen Verhältnisse mit dem Ziel sozialer Gleichheit und Gerechtigkeit verändern will.

Karl Marx (1818–1883)

Bekanntester Vertreter der Zentralverwaltungswirtschaft war Karl Marx. Von besonderer Bedeutung ist sein Werk „Das Kapital", dessen erster Band 1867 erschien. Marx nannte die auf dem Zentralverwaltungsmodell beruhende Gesellschaftsform Kommunismus[1]. Er folgerte aus den sozialen Missständen und den zahlreichen Wirtschaftskrisen im 19. Jahrhundert, dass der bisher bestehende Kapitalismus zum Untergang verurteilt sei und der Kommunismus an seine Stelle treten würde. Er forderte Kollektivismus, der die geistige Grundlage der Zentralverwaltungswirtschaft ist. Dabei müssen sich die Einzelinteressen dem Gesamtinteresse, meist verkörpert durch den Staat, unterordnen. Somit ist eine wesentliche Grundlage planwirtschaftlicher Wirtschaftsordnungen das gesellschaftliche Eigentum an Produktionsmitteln (kein privates Eigentum an Unternehmen).

[1] communis (lateinisch): *gemeinsam*

Auch das Modell der Zentralverwaltungswirtschaft wurde in der Realität nie ganz umgesetzt. Neben dem Staat gab und gibt es wenige Haushalte und Unternehmen, die wirtschaftlich selbst planen können, z. B. Handwerksbetriebe. In der realen Zentralverwaltungswirtschaft bestehen auch kleine, einzelne freie Märkte, wie z. B. für landwirtschaftliche Produkte (Wochenmarkt). Wenn die Versorgung mit Gütern zu gering ist, bilden sich Schwarzmärkte[2].

[2] Schwarzmarkt: *illegaler Markt; entsteht meist*
- *für knappe Güter (z. B. Wohnungsmarkt, Konzertkarten)*
- *für verbotene Waren (z. B. Drogen)*
- *auf Märkten, die stark staatlich reguliert werden (z. B. Waffen)*

Zentralverwaltungswirtschaft

Vorteile	Nachteile
• Vorhersagen der wirtschaftlichen Entwicklung möglich • keine offene Arbeitslosigkeit • geringe Konjunkturschwankungen • Ausbeutung der Schwachen soll verhindert werden (Augenmerk auf soziale Komponenten)	• keine Entfaltungsmöglichkeit des Individuums, da der Staat den Plan vorgibt • keine Leistungsanreize (z. B.: Bei Weiterentwicklungen profitiert nur der Staat – also: „Warum sich anstrengen?") • Funktionen des Preises sind nicht vorhanden. • fehlender Anreiz zum optimalen Einsatz der Produktionsmittel führt zur ineffizienten Produktion von Gütern • Korruptionsgefahr • keine gute Versorgung mit Gütern, da Produktion vom Plan abhängig • Bildung von Schwarzmärkten

Die aktuellen Wirtschaftsordnungen von Kuba und Nordkorea basieren auf dem Modell der Zentralverwaltungswirtschaft. Die wachsende Wirtschaftsmacht China dagegen vermischt in manchen Wirtschaftsbereichen zunehmend das Modell der Zentralverwaltungswirtschaft mit dem der Marktwirtschaft.

Im heutigen Russland brachte die teilweise Marktliberalisierung in den 1990er-Jahren Oligarchen hervor, die als kleine Gruppe „mächtiger, reicher Männer" bezeichnet werden. Sie durften bedeutendes volkswirtschaftliches Staatseigentum (z. B. Energieunternehmen) kaufen und konnten so ihre Macht festigen und erweitern. Die totalitäre Staatsführung lässt Oligarchen jedoch nur so lange gewähren, wie sie sich nicht gegen die Staatsführung wenden.

1.3 Soziale Marktwirtschaft

1.3.1 Ordoliberalismus

Geschaffen wurde die Bezeichnung *soziale Marktwirtschaft* von dem Kölner Professor für Volkswirtschaftslehre Alfred Müller-Armack[1] in den 1930er-Jahren. Er und die Wirtschaftswissenschaftler der Freiburger Schule um Walter Eucken[2] gelten als geistige Begründer dieses Konzepts.

Die Wissenschaftler der Freiburger Schule entwickelten aus den Erfahrungen des Laissez-faire-Liberalismus und der Zentralverwaltungswirtschaft die Idee des **Ordoliberalismus** (oft synonym mit dem Begriff Neoliberalismus verwendet).

[1] Alfred August Arnold Müller-Armack (1901–1978): *deutscher Ökonom, Mitbegründer der sozialen Marktwirtschaft*

[2] Walter Eucken (1891–1950): *deutscher Ökonom, Mitbegründer des Ordoliberalismus*

Der Ordoliberalismus ist ein theoretischer Entwurf einer Wirtschaftsordnung, der auf der Marktwirtschaft basiert. Der definierte Ordnungsrahmen propagiert die Sicherung des Wettbewerbs und die Freiheit der Wirtschaftssubjekte durch Eingriffe des Staates.

Ein funktionierender Wettbewerb bei gleichzeitiger wirtschaftlicher und politischer Freiheit war für die Ordoliberalisten der zentrale Ausgangspunkt ihrer Theorie. Von diesen Gedanken leiteten sie die Rolle des Staates ab. Dabei ist der Staat ein starker, aktiver Staat. Er muss eine Ordnung schaffen, die auf der einen Seite das Leistungsprinzip fordert und die Freiheit der Wirtschaftssubjekte unter Beachtung sozialer Gesichtspunkte sichert und auf der anderen Seite eine verbindliche Ordnung mit einer dezentralen Lenkung verbindet. Dies kann der Staat nur leisten, wenn er zum Wohl der Gemeinschaft und der Schwächeren der Gesellschaft in das Wirtschaftsgeschehen eingreift.

1.3.2 Soziale Marktwirtschaft – der dritte Weg

Aus der Idee des Ordoliberalismus entwickelte sich die Theorie der sozialen Marktwirtschaft. Sie ist eine Mischform, da sie Vorteile beider idealtypischen Wirtschaftsordnungen (freie Marktwirtschaft und Zentralverwaltungswirtschaft) nutzt und deren Nachteile zu vermeiden versucht. Die soziale Marktwirtschaft wird auch als „dritter Weg" bezeichnet.

Die soziale Marktwirtschaft ist eine Wirtschaftsordnung, deren Ziel darin besteht, die Freiheit auf dem Markt mit dem sozialen Ausgleich in der Gesellschaft zu verbinden. Der Staat soll regulierend in das Wirtschaftsgeschehen eingreifen, dabei aber die Freiheitsrechte der Bürger nur so weit beschränken, dass das Gemeinwohl nicht negativ beeinflusst wird.

Prinzip der sozialen Marktwirtschaft

„So viel Freiheit wie möglich, so viel staatlicher Zwang wie nötig!"

(Alfred Müller-Armack)

Ordnungsrahmen der sozialen Marktwirtschaft

Kriterium	soziale Marktwirtschaft
Leitidee: Geisteshaltung und Menschenbild	• Der Mensch ist nicht nur Individuum, sondern auch ein Sozialwesen. Er trägt Verantwortung für sich und andere (d. h.: Eigenwohl kann unter Beachtung des Gesamtnutzens verfolgt werden). • Personalismus[1]
Gesellschaftsordnung	• Ordoliberalismus, Neoliberalismus
Rolle des Staates	• Der Staat ist aktiv, er betreibt Wirtschaftspolitik (erlässt Gebote und Verbote: Kündigungsschutz, Umweltbestimmungen, Export- und Importbestimmungen usw.). • Der Staat greift unmittelbar in das Wirtschaftsgeschehen ein, um Fehlentwicklungen zu korrigieren. • Der Staat hilft erst, wenn sich das Individuum nicht mehr selbst helfen kann. Er unterstützt das Individuum mit Transferleistungen ► wie z. B. Wohngeld und Hartz IV. = **Subsidiaritätsprinzip**[2]
Planung und Entscheidungen	• dezentral • Das einzelne Wirtschaftssubjekt plant und entscheidet im vom Staat vorgegebenen Rahmen.
Preisbildung	• Der freie Markt (Angebot und Nachfrage) ist der Ort der Preisbildung. • Der Staat kann jedoch in die Preisbildung eingreifen. Er kann z. B. Höchst-, Mindest- und Festpreise für Waren und Dienstleistungen festlegen.
Wettbewerb	• Leistungswettbewerb[3] • Sicherung des Wettbewerbs durch staatliche Wettbewerbspolitik (z. B. Gesetz gegen Wettbewerbsbeschränkungen)
Eigentum an Produktionsmitteln	• privat und staatlich
Voraussetzung	• Gewährung von Freiheit der Märkte und Freiheitsrechten – jedoch Beschränkung der Freiheiten der Wirtschaftssubjekte, falls das Gemeinwohl gefährdet ist (z. B. Einschränkung der Gewerbefreiheit und Vertragsfreiheit) • soziale Sicherung (z. B. Sozialversicherung) • soziale Gerechtigkeit durch staatliche Umverteilung (z. B. Kindergeld, Höhe des Einkommenssteuersatzes)
wirtschaftliches Ziel	• Gewinn- und Nutzenmaximierung • Verbindung von Eigeninitiative und individueller Freiheit mit sozialer Gerechtigkeit
Herrschaftsform	• Demokratie

[1] Personalismus: *Der Mensch und seine Beziehung zu seiner Umwelt stehen im Mittelpunkt.*

Transferleistungen
► II • 2.4.3

[2] subsidium (lateinisch): *Hilfe, Beistand*

[3] Leistungswettbewerb: *Anbieter entscheiden allein durch die bessere Leistung (Produktqualität, Service, Werbemaßnahmen) für ihre Kunden den Wettbewerb für sich, ohne unerlaubte Praktiken (z. B. Irreführung durch unlautere Werbung, Ausnutzung der Marktmacht) anzuwenden.*

1.3.3 Dualismus in der sozialen Marktwirtschaft

Wird im Zusammenhang mit der sozialen Marktwirtschaft von Dualismus gesprochen, ist das Zusammenspiel von Markt und Staat gemeint: Der Markt auf der einen Seite fordert die Selbstständigkeit des Individuums und die freie Entfaltung seiner Fähigkeiten. Auf der anderen Seite steht der Staat, der das allgemeine Wohl, soziale Gerechtigkeit und soziale Sicherheit in den Mittelpunkt seines Handelns stellt. Bei gleichzeitigem Verfolgen der beiden unterschiedlichen Ziele kann es zu Konflikten kommen. Immer dann muss der Staat ins Wirtschaftsgeschehen eingreifen.

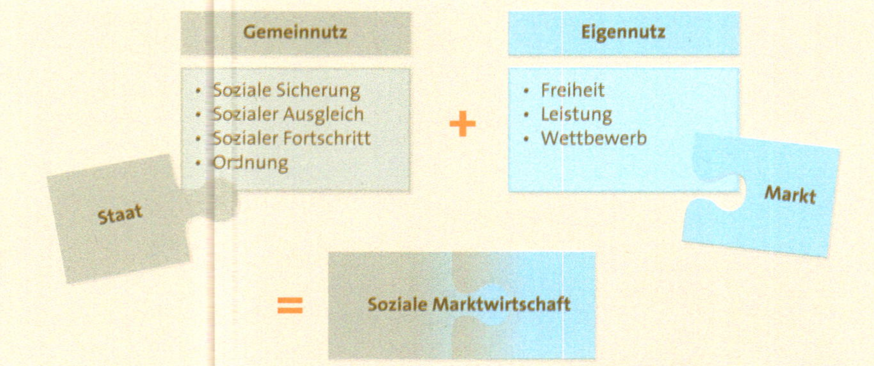

widerspruchsfreie Einheit durch marktkonforme Eingriffe

Quelle: Freiheit für alle – Rolle des Staates, www.adenauercampus.de/lernmodul_02_up_rolle-des-staates

Staatliche Eingriffe

Um Marktversagen[1] und zu verhindern, hält die soziale Marktwirtschaft staatliche Eingriffe in das Wirtschaftsgeschehen für nötig. Dabei erfüllt der Staat unterschiedliche Funktionen:

Funktion	Maßnahmen	Beispiele
Ordnungsfunktion	Rahmenbedingungen schaffen	• Träger der Wirtschaftspolitik definieren und deren Aufgaben festlegen • Autonomie der Zentralbank und Tarifparteien gewährleisten • Gesetz gegen Wettbewerbsbeschränkungen
Steuerungsfunktion	aktives Gestalten	• Beschäftigungspolitik, Konjunkturpolitik, Stabilitätspolitik, Strukturpolitik, Sozialpolitik, Umweltpolitik • Verordnungen und Gesetze in den oben genannten Bereichen erlassen
Schutzfunktion	Maßnahmen zum Schutz der Schwächeren	• Verbraucherschutz, Mieterschutz, Umweltschutz, Lohnfortzahlung im Krankheitsfall, Sozialversicherung, Verbrauchssteuern (z. B. Tabaksteuer), Mindestpreise festlegen
Ausgleichsfunktion	gerechte Umverteilung	• Transferleistungen ► wie Hartz IV, Kindergeld, Wohngeld • Subventionen ► (z. B. Unterstützung von Unternehmensgründungen) • Steuern (z. B. Höhe des Einkommensteuersatzes)

[1] Marktversagen: *Auf einem freien Markt wird der Güterpreis durch das Zusammenspiel von Angebot und Nachfrage gebildet. Entsprechend der VWL-Theorie führt dieser Marktmechanismus zum effizienten Einsatz der Produktionsfaktoren. Ist dieser Mechanismus aufgrund unterschiedlicher Ursachen gestört, liegt ein Marktversagen vor.*

Transferleistungen und Subventionen
► II • 2.4.3 und 2.4.4

Einschränkungen der Freiheitsrechte

Zum Schutz der Gemeinschaft und der Schwächeren in einer Volkswirtschaft beschränkt der Staat in der sozialen Marktwirtschaft die Freiheitsrechte der Unternehmen und Individuen wie folgt:

Freiheitsrechte	Beispiele der Einschränkung
Vertragsfreiheit	Wucherverbot, sittenwidrige Rechtsgeschäfte, Verbraucherschutz, Jugendschutz, Regelung des Onlinehandels, Haustürgeschäfte
Konsumfreiheit	Rauschgift, Waffen dürfen nicht konsumiert werden
Berufswahl	grundsätzlich frei; jedoch müssen Ausbildungsanforderungen erfüllt sein (z. B. Approbationen [staatliche Zulassungen] für Ärzte und Apotheker, Studium als Voraussetzung für viele Berufe, z. B. Ingenieure)
Gewerbe- und Produktionsfreiheit	Gewerbeschein, Konzessionen, Verbote von Produktion militärischer Güter, Umweltschutzauflagen bei der Produktion
Eigentumsrecht	Privat- und Staatseigentum; Enteignungen mit Ausgleichsleistung zur Erhaltung des Gemeinwohls möglich (z. B. bei Straßenbaumaßnahmen)

Bereitstellung von Kollektivgütern durch den Staat

Neben den staatlichen Eingriffen ins Wirtschaftsgeschehen sieht die soziale Marktwirtschaft die Aufgabe des Staates auch in der Bereitstellung kollektiver Güter, die von allen Wirtschaftssubjekten genutzt werden können. Durch die Nutzungsmöglichkeit dieser Güter wird das Gemeinwohl gefördert. Kollektivgüter sind z. B. Nutzung staatlicher Schulen, Hochschulen, Kindergärten, Dienstleistungen der Polizei sowie Einrichtungen des Gesundheitswesens und der öffentlichen Verwaltung.

Soziale Marktwirtschaft	
Vorteile	**Nachteile**
• motivierte Mitarbeiter • Ideenreichtum • effizienter Einsatz der Produktionsfaktoren • hohe Produktivität • gute Güterversorgung • soziale Sicherheit • gute Ausbildungsqualität • hoher technischer Fortschritt	• Großer Finanzbedarf führt zu hoher Staatsverschuldung. • hohe Abgabenlast • hohe Personalkosten des Staates • Gefahr des Verlustes der Wettbewerbsfähigkeit durch zu hohe Produktionskosten • Gefahr des Missbrauchs des Sozialstaats • Gefahr der Überregulierung durch den Staat

Interaktive Übung „Drag & Drop“

Aufgaben zu Kapitel 1

zusätzliche Aufgaben zu Kapitel 1
► Webcode WGW_ II_1_A-Zusatz

1. Erläutern Sie die Unterschiede zwischen einer freien Marktwirtschaft und einer Planwirtschaft.
2. Erläutern Sie anhand von drei Gründen, weshalb sich die meisten Länder gegen eine Planwirtschaft in ihrem Land entschieden haben.
3. Erklären Sie die Begriffe *Laissez-faire-Prinzip* und *Nachtwächterstaat.*
4. Welche Grundgedanken liegen der sozialen Marktwirtschaft zugrunde?

5. Welche Gründe sprechen für eine dualistisch geprägte Wirtschaftsordnung?
6. Erläutern Sie, was unter *Subsidiaritätsprinzip* zu verstehen ist und worin in diesem Zusammenhang Probleme bestehen können.
7. Der Staat erfüllt mit den Eingriffen in das Wirtschaftsgeschehen unterschiedliche Funktionen. Nennen Sie diese und geben Sie für jede Funktion ein Beispiel für den staatlichen Eingriff an.
8. *„Die Volkswirtschaft ist kein Patient, an dem man pausenlos operieren kann."* Interpretieren Sie diese Aussage des früheren Wirtschaftsministers Ludwig Erhard.

✔

Zusammenfassung: 1 Wirtschaftsordnungen

Idealtypische Wirtschaftsordnungen

Freie Marktwirtschaft

- uneingeschränkte Freiheitsrechte für Wirtschaftssubjekte und Märkte
- keine Staatseingriffe, Wirtschaft regelt sich selbst (Laissez-faire-Prinzip) – „Nachtwächterstaat"
- Individualismus
- Demokratie

Zentralverwaltungswirtschaft

- keine Freiheitsrechte
- keine freien Märkte
- Staatseingriffe
  Staat stellt Wirtschaftspläne auf.
- Kollektivismus
- totalitäres Regime

+ Vorteile
– Nachteile

ergeben Mischform:

+ Vorteile
– Nachteile

Soziale Marktwirtschaft

Merkmale

- Staatseingriffe zur Verhinderung von Marktversagen und Schaffung sozialer Gerechtigkeit
- eingeschränkte Freiheitsrechte der Wirtschaftssubjekte zum Wohle der Gemeinschaft
- Freiheit der Märkte bei sozialem Ausgleich
- Subsidiaritätsprinzip
- Personalismus
- Demokratie

Kritikpunkte

- in der Realwirtschaft zu viele Staatseingriffe
- Zu viele Transferzahlungen entsprechen nicht dem Sinn des Subsidiaritätsprinzips.
- Durch die vielen Transferzahlungen wird die Motivation der Wirtschaftssubjekte negativ beeinflusst.
- Der hohe Finanzbedarf führt zu immer höheren Staatsschulden.
- Wer legt fest, was gerecht ist?

Soziale Marktwirtschaft – Wirtschaftsordnung der BRD

2

Die Familie Söhnle lebt in einer Kleinstadt in der Nähe von Stuttgart. Vater Paul Söhnle betreibt ein Baugeschäft und beschäftigt zwei Maurer. Er baut Eigenheime und übernimmt Reparaturen aller Art. Seine aktuelle Auftragslage ist gut. Mutter Maria Söhnle arbeitet Teilzeit als Erzieherin im kirchlichen Kindergarten der Gemeinde. Die 20-jährige Tochter Sonja befindet sich im 2. Ausbildungsjahr der Ausbildung zur Industriekauffrau bei der Maschinenbau AG in Sindelfingen. Sie fährt mit dem Auto zur Firma. Sohn Max ist 17 Jahre alt und besucht die Eingangsklasse des Wirtschaftsgymnasiums Stuttgart. Er fährt mit der DB-Regionalbahn zur Schule. Die Familie nutzt eine große Wohnung in ihrem geerbten 4-Familien-Haus selbst. Die restlichen Wohnungen sind vermietet. Die Familie Söhnle bildet eine Bedarfsgemeinschaft. Sie prüft in regelmäßigen Zeitabständen ihre Einkommenssituation, stimmt die Bedürfnisse der Familienmitglieder ab und legt ihren Bedarfsplan fest. Regelmäßig sparen sie einen Teil ihres Einkommens.

2.1 Grundgesetz und Wirtschaftsordnung

2.1.1 Grundgesetz

aktuelle Fassung

► www.gesetze-im-internet.de/gg

Das Grundgesetz (GG►) ist die Verfassung der Bundesrepublik Deutschland. Explizit wird darin keine Wirtschaftsordnung vorgeschrieben. Jedoch sind in mehreren Artikeln Bedingungen an eine herrschende Wirtschaftsordnung zu finden. Ein zentraler Punkt des Grundgesetzes ist die freiheitliche Gesellschaftsordnung. Sie wurde in jeder Hinsicht zum Leitbild der Verfassung der Bundesrepublik Deutschland. Die soziale Marktwirtschaft entspricht den Vorgaben des Grundgesetzes.

Bundeskanzler Konrad Adenauer bei der Unterzeichnung des Grundgesetzes am 23. Mai 1949

Politisch umgesetzt wurde das Konzept der sozialen Marktwirtschaft im Nachkriegsdeutschland unter Bundeskanzler Konrad Adenauer (Regierungszeit: 1949–1963) von dem damaligen Wirtschaftsminister Ludwig Erhard, dem Vater des sogenannten „deutschen Wirtschaftswunders“. Bis heute ist die soziale Marktwirtschaft die herrschende Wirtschaftsordnung in Deutschland.

2.1.2 Freiheitsrecht und Planungsautonomie im Grundgesetz

Der Staat hat die Grundrechte der Bürger zu beachten. Er darf nur unter ganz eng gefassten Bedingungen in die Lebensplanung und Lebensgestaltung der Bürger eingreifen.

Freiheitsrechte und Planungsautonomie sind insofern subjektive individuelle Grundrechte, da sie die Individuen vor rechtlichen Eingriffen in deren Lebensplanung und -gestaltung schützen.

FALLSTUDIE **Grundgesetz und ökonomische Planungsautonomie**

Die folgenden ausgewählten Grundrechte des Grundgesetzes sind die rechtliche Basis für das Grundrecht der Planungsautonomie der Bürger und der Wahl der sozialen Marktwirtschaft als herrschende Wirtschaftsordnung.

Artikel	Inhalt
2	allgemeine Handlungsfreiheit, Freiheit der Person
9	Vereinigungs- und Koalitionsfreiheit
12	freie Berufswahl, freie Wahl des Arbeitsplatzes und der Ausbildungsstätte
14	Eigentums- und Erbrecht
20	demokratische Staatsform und Gesetzesgebung

ARBEITSAUFTRÄGE

1. Fassen Sie stichwortartig auf der Grundlage einer Internetrecherche die wesentlichen Inhalte der ausgewählten Grundrechte zusammen und nennen Sie jeweils zwei Beispiele für deren wirtschaftliche Bedeutung.
2. Erarbeiten Sie an Beispielen Ihrer persönlichen Lebenssituation ein Szenario, das deutlich macht, welche der angeführten Grundrechte sich in welchen Ihrer wirtschaftlichen Handlungen niederschlagen.
3. Welche gesamtwirtschaftlichen Folgen lassen sich aus Ihrem Szenario ableiten und wo stoßen Sie an Grenzen Ihrer wirtschaftlichen Planungsautonomie?

2.1.3 Wirtschaftliche Freiheitsrechte

Das Grundgesetz garantiert Freiheitsrechte für alle Lebensbereiche. Insofern sind die folgenden wirtschaftlichen Freiheitsrechte aus dem Grundgesetz abgeleitet.

Freiheitsrechte	Beispiel
Produktions- und Handelsfreiheit	Der Maurermeister Paul Söhnle hat sich selbstständig gemacht. Er ist als Gewerbetreibender unternehmerisch aktiv. Er baut Häuser bzw. repariert sie im Auftrag seiner Kunden. Ist seine Auftragslage gut, beschäftigt er Mitarbeiter. Wenn Aufträge ausbleiben, will er Mitarbeiter entlassen.
freie Berufswahl und freie Wahl des Arbeitsplatzes	Maria Söhnle hat eine Ausbildung zur Erzieherin gemacht, weil sie gerne mit Kindern arbeitet. Sie hat ein Eignungsprofil erworben. Die Kirchengemeinde sucht eine Teilzeitkraft. Maria Söhnle hat sich beworben, weil sie nur Teilzeit arbeiten möchte und die Kita zu Fuß zu erreichen ist. Eine besser bezahlte Vollzeitstelle im Nachbarort hat sie nicht angestrebt. Von Zeit zu Zeit besucht sie Weiterbildungsveranstaltungen. Sonja Söhnle hat sich für eine Ausbildung entschieden. Max Söhnle will ein Bachelor-Studium in Betriebswirtschaftslehre beginnen. Dazu benötigt er das Abitur.
Konsumfreiheit	Der Mehrpersonenhaushalt Söhnle bildet eine Bedarfsgemeinschaft. Die Familie trifft auf der Grundlage ihres verfügbaren Einkommens Konsum- und/oder Sparentscheidungen. Mitunter kommt es zu Interessenkonflikten zwischen den Familienmitgliedern.
Privateigentum	Der Unternehmer Paul Söhnle erweitert sein Baugeschäft. Er kauft ein Nachbargrundstück, baut eine Lagerhalle und erweitert seinen Fuhrpark. Sein Betriebsvermögen steigt. Das Nachbargrundstück ist so groß, dass die Familie darauf ein neues Eigenheim erstellen will. Der Bauantrag wird an die Gemeinde gestellt und abgelehnt, weil das Grundstück in einem Gewerbegebiet liegt, das für Wohnbebauung nicht freigegeben ist.
Vertragsfreiheit	Der Unternehmer Paul Söhnle freut sich über einen Kundenauftrag zum Bau eines Eigenheims. Er nimmt einen Kredit bei seiner Hausbank auf, um seine Lieferantenrechnungen bezahlen zu können. Er stellt einen neuen Mitarbeiter ein. Er mietet ein Baugerüst. Maria Söhnle kauft Gemüse und Obst auf dem Wochenmarkt ein. Sonja Söhnle kellnert aushilfsweise im Dorfkrug. Max Söhnle will von seinem gesparten Taschengeld ein Smartphone kaufen.

2.1.4 Sozialstaatsgebot des Grundgesetzes

Die Verpflichtung des Staates hinsichtlich der sozialen Ausrichtung der Gesellschafts- und Wirtschaftsordnung sowie der Verantwortung für die Sicherung der Lebensgrundlagen auch für zukünftige Generationen ergibt sich aus dem Grundgesetz.

Artikel 20 GG

(1) Die Bundesrepublik Deutschland ist ein demokratischer und sozialer Bundesstaat. [...]

Artikel 20 a GG

Der Staat schützt auch in Verantwortung für die künftigen Generationen die natürlichen Lebensgrundlagen und die Tiere im Rahmen der verfassungsmäßigen Ordnung [...]

Der Staat hat den Verfassungsauftrag, eine Gesellschafts- und Wirtschaftsordnung zu schaffen, die unter weitestgehender Wahrung der wirtschaftlichen Freiheitsrechte dem Wohl aller Bürger verpflichtet ist.

Die Artikel 20 und 20 a GG sind als Generalnorm formuliert. Sie enthalten keine Aussagen zur konkreten Ausgestaltung einer dem Allgemeinwohl verpflichteten Gesellschafts- und Wirtschaftsordnung. Das Grundgesetz legt also nicht fest, was sozial gerecht ist und wer auf welche sozialen Sicherheiten in welchem Umfang Anspruch hat. Das gilt auch für Art, Menge und Qualität des Angebots an Kollektivgütern. Die jeweilige gesellschaftliche und wirtschaftliche Situation sowie politische Aspekte bestimmen Art und Umfang der staatlichen Maßnahmen und Vorgaben.

Umsetzung und Ausformung des Sozialstaates erfolgen auf der Grundlage von rechtlichen Vorschriften. Der Staat schafft ein sozialpolitisches **Regelwerk** mit Rechten und Pflichten für die Bevölkerung. Darüber hinaus schaltet er sich aktiv in die Gestaltung der Wirtschaftsabläufe und Wirtschaftsprozesse ein, wenn dies aus sozialpolitischen und anderen gesellschaftlichen Gründen geboten erscheint.

2.2 Wettbewerbsordnung

2.2.1 Wettbewerb und Marktmacht

Grundelement der Marktwirtschaft ist der **Leistungswettbewerb.** Der Staat muss daher alles tun, um diesen Wettbewerb aufrecht zu halten. Wird der Markt sich selbst überlassen, wie z. B. in der freien Marktwirtschaft, kann der Wettbewerb durch die Bildung von Angebotsmonopolen (ein einziger Anbieter) und Angebotsoligopolen (wenige Anbieter) beschränkt bzw. ausgeschaltet werden. Überhöhte Preise und Marktmacht in den Händen weniger sind die Folge. Unternehmen ohne Konkurrenz wären nicht mehr gezwungen, Produktionsfaktoren effizient bei der Produktion einzusetzen.

Um auf einem Wettbewerbsmarkt bestehen zu können, müssen Produktionsfaktoren optimal eingesetzt werden. Wettbewerb führt somit zu höherer wirtschaftlicher Effizienz, günstigeren Güterpreisen, technischem Fortschritt, zu einer besseren Güterversorgung und somit zu einem gut funktionierenden Markt. So gelten Märkte mit hoher **Wettbewerbsintensität** als ideale Voraussetzung dafür, dass der Marktpreismechanismus funktioniert. Intensiver Wettbewerb eröffnet Konsumenten und Produzenten Wahlmöglichkeiten.

Da nur funktionierende Märkte mit hoher Wettbewerbsintensität einen fairen Interessenausgleich zwischen den Anbietern und Nachfragern garantieren, hat der Staat ein Interesse daran, durch wettbewerbspolitische Regelwerke den Wettbewerb zu sichern.

Der Staat muss Wettbewerbspolitik betreiben, um die Unternehmen daran zu hindern, Wettbewerb zu reduzieren.

2.2.2 Gesetz gegen Wettbewerbsbeschränkungen (GWB►)

aktuelle Fassung
► www.gesetze-im-internet.de/gwb

Die Wettbewerbsintensität nimmt tendenziell ab, wenn die Zahl der Marktteilnehmer sinkt. Also schließen sich Anbieter und/oder Nachfrager oft zusammen oder kooperieren, um ihre Marktmacht zu stärken. Denkbar sind auch Kartellabsprachen unter Konkurrenten zulasten der anderen Anbieter am Markt.

i

Kartellabsprachen

Kartellabsprachen sind Absprachen unter konkurrierenden Unternehmen in wirtschaftlichen Teilbereichen. Sie können sich u. a. auf Verkaufspreise und Produktionsmengen beziehen, die Aufteilung von Märkten regeln oder den Kartellmitgliedern feste Verkaufsmengen zuweisen. Kartelle können den Leistungswettbewerb gefährden.

Das GWB gilt als „Grundgesetz der Marktwirtschaft". Es wird auch als „Kartellgesetz" bezeichnet, beschränkt sich aber nicht allein auf die Unterbindung wettbewerbswidriger Kartellabsprachen, sondern enthält darüber hinausgehende Bestimmungen.

§ 1 GWB: Verbot wettbewerbsbeschränkender Vereinbarungen

Vereinbarungen zwischen Unternehmen, Beschlüsse von Unternehmensvereinigungen und aufeinander abgestimmte Verhaltensweisen, die eine Verhinderung, Einschränkung oder Verfälschung des Wettbewerbs bezwecken oder bewirken, sind verboten.

Für die Überwachung der Einhaltung der Bestimmungen des GWB sind das Bundeskartellamt und gegebenenfalls Landeskartellbehörden sowie das Bundesministerium für Wirtschaft und Energie zuständig. Im Falle wettbewerbsschädigender Praktiken unterbinden sie ein solches Verhalten durch Untersagen, Strafen oder Auflagen.

Gesetz gegen Wettbewerbsbeschränkungen	
Anwendungsbereich	Unternehmen, die sich wettbewerbswidrig verhalten
wettbewerbspolitische Instrumente	Kartellverbot, Verbot eines abgestimmten Verhaltens, Verbot von Behinderungspraktiken, Fusionskontrolle

i

Weitere Gesetze gegen Wettbewerbsverzerrungen und Wettbewerbsbeschränkungen

aktuelle Fassung
► www.gesetze-im-internet.de/uwg_2004

Gesetz gegen den unlauteren Wettbewerb (UWG►)
Das Gesetz ist zum Schutz vor unlauteren Handlungen und verfälschendem Wettbewerb verfasst worden. Unlautere Handlungen sind z. B. Belästigung, Nötigung oder Gewalt, um einen Marktteilnehmer in seiner Entscheidung zu beeinflussen. Verbraucher und Marktteilnehmer sollen ungezwungen am wirtschaftlichen Geschehen teilhaben können. Unter anderem werden direkte Preisvergleiche und nicht zulässige Sonderverkäufe verboten.

aktuelle Fassung
► www.gesetze-im-internet.de/gewo

Gewerbeordnung (GewO►)
Mit diesem Gesetz gewährleistet der Staat, dass bestimmte Erwerbstätigkeiten nur ergriffen werden dürfen, wenn die jeweiligen Fachkenntnisse vorliegen.

allgemeine Geschäftsbedingungen
► III • 3.6

Regelung zu den allgemeinen Geschäftsbedingungen (§§ 305 ff. BGB) ►
Diese Regelungen dienen dazu, den Verbraucher bei einem Vertragsabschluss nicht zu benachteiligen. Er soll vor allem vor dem sogenannten *Kleingedrucktem* geschützt werden.

2.3 Arbeitsordnung

2.3.1 Arbeitsmarkt

Der Arbeitsmarkt unterliegt wie alle Märkte dem Gesetz von Angebot und Nachfrage. Arbeitsuchende bieten ihre Arbeitsleistung an, Arbeitgeber fragen sie nach.

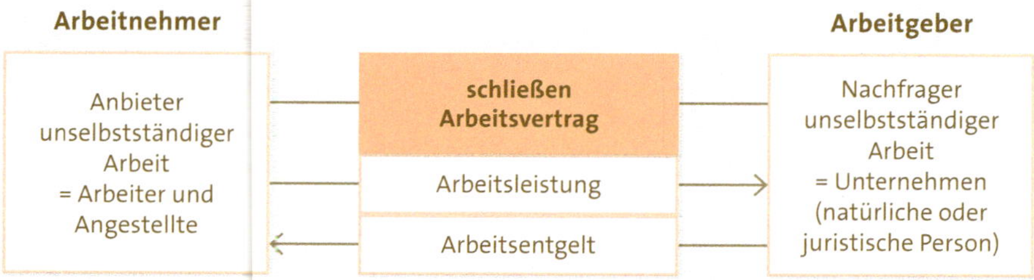

Folgende Zusammenhänge sind auf einem Arbeitsmarkt feststellbar:
- hohe Arbeitslosigkeit – niedrige Löhne und Gehälter → Überangebot an Arbeitsleistung
- geringe Arbeitslosigkeit – hohe Löhne und Gehälter → erhöhte Nachfrage nach Arbeitsleistung

Im Arbeitsrecht ist das Prinzip der Vertragsfreiheit zu beachten. Es gelten die Grundsätze der Abschlussfreiheit und der Gestaltungsfreiheit. Arbeitnehmer und Arbeitgeber können jeweils frei darüber entscheiden, ob sie und mit wem sie überhaupt eine vertragliche Bindung eingehen wollen, und, wenn ja, zu welchen Bedingungen.

Da der Arbeitsmarkt seiner Struktur nach von einem Übergewicht an Macht auf der Arbeitgeberseite geprägt ist und dadurch die wirtschaftliche und soziale Existenz von Arbeitsuchenden gefährdet werden kann, greift der Staat ein. Basierend auf dem Sozialstaatsgebot des Artikels 20 GG schafft er mit der Arbeitsordnung ein Regelwerk zum Schutz des Arbeitnehmers. Realisiert wird dies auf zwei Ebenen:

- **kollektives Arbeitsrecht**
  Es betrifft die Arbeitnehmerschaft als Gesamtheit und kann vereinfacht als „kollektive Selbsthilfe" bezeichnet werden. Es geht darum, die Arbeitsbedingungen für das Kollektiv der Arbeitnehmer zu verbessern und für die Wahrung ihrer Rechte einzutreten, also die Rahmenbedingungen zu beeinflussen, die sich auf das konkrete Arbeitsverhältnis auswirken. Eine wichtige Errungenschaft war die Möglichkeit, einen Personalrat und einen Betriebsrat ► im Unternehmen zu bilden.
- **individuelles Arbeitsrecht**
  Es betrifft das Verhältnis zwischen dem einzelnen Arbeitnehmer und seinem Arbeitgeber.

Betriebsrat
► II • 2.3.3

2.3.2 Tarifvertragsrecht

Tarifautonomie und Tarifvertrag

Das Tarifvertragsrecht ist Bestandteil des kollektiven Arbeitsrechts, das seine Grundlagen in der in Art. 9 Abs. 3 GG verankerten Koalitionsfreiheit findet. Im Regelfall sind nur Staatsorgane befugt, Rechtsnormen zu schaffen. Davon wird im kollektiven Arbeitsrecht abgewichen. Arbeitnehmer schließen sich auf freiwilliger Basis entsprechend ihrer Interessenlage zu Gewerkschaften zusammen. Auf der Gegenseite organisieren sich Arbeitgeber in Arbeitgeberverbänden. Ziel der beiden Parteien ist es, einen Tarifvertrag auszuhandeln. Die Verhandlungen über den Inhalt des Tarifvertrags geschehen ohne Einflussnahme von außen, also ohne Beteiligung des Staates. Auch bei Nichteinigung wird nicht nach dem Staat gerufen, sondern die Arbeitnehmer und Arbeitgeber bestimmen gemeinsam eine Schlichtungskommission. Dieses Recht auf autonomes[1] Verhandeln wird als *Tarifautonomie* bezeichnet. Insbesondere die als strukturell benachteiligt geltenden Arbeitnehmer haben so die Möglichkeit, ihre Interessen im Kollektiv zu vertreten und Forderungen zu stellen, mit deren Durchsetzung der einzelne Arbeitnehmer gegenüber seinem Arbeitgeber überfordert wäre (z. B. Aushandeln der Vergütung).

[1] autonom (griechisch autónomos, zu: nómos = Gesetz): *unabhängig, eigenständig, eigenverantwortlich*

Vorteile eines Tarifvertrags für die Tarifvertragsparteien

Arbeitnehmer	Arbeitgeber
• Mindestarbeitsbedingungen sind gesichert und dürfen nicht unterschritten werden (Unabdingbarkeit). • Gleichstellung mit anderen Arbeitnehmern (z. B. gleiche Lohn- und Gehaltsbedingungen)	• Kosten können besser kalkuliert werden. • keine großen Schwankungen auf dem Arbeitsmarkt der gleichen Branche • keine Produktionsunterbrechung während der Friedenspflicht

[1] Betriebsvereinbarung: *Vertrag zwischen dem Betriebsrat und dem Arbeitgeber. Darin sind Vorschriften zu Regelungen zur Ordnung im Betrieb, zum Verhalten der Arbeitnehmer und zu den Aufgaben des Betriebsrats enthalten. Gültigkeit hat eine Betriebsvereinbarung nur innerhalb des Betriebs.*

Ein Tarifvertrag wird auch als *Friedensvertrag* bezeichnet, da er für die Dauer der Gültigkeit nicht durch sogenannte *Kampfmaßnahmen* (Streik, Aussperrung) unterbrochen werden kann. Es gilt die Friedenspflicht.

Tarifliche Regelungen sind Mindestnormen. Sie gelten nur dann, wenn sie für den Arbeitnehmer vorteilhafter sind als die gesetzlichen Bestimmungen. In Betriebsvereinbarungen[1] ausgehandelte und in individuellen Arbeitsverträgen vereinbarte über dem Tarifvertrag liegende (übertarifliche) Leistungen gelten vorrangig. Bei dem Abschluss eines Tarifvertrags wird genau festgelegt, wie lange er gültig ist.

Betriebsvereinbarungen sind Verträge zwischen Arbeitgeber und Betriebsrat, die (ähnlich wie der Tarifvertrag) Normen enthalten, die sich unmittelbar auf einzelne Arbeitsverhältnisse auswirken.

Beginn und Ende der Arbeitszeit, betrieblicher Urlaubsplan, Ausbildungspläne

aktuelle Fassung
► www.gesetze-im-internet.de/tvg

Systematik des Tarifvertragsrechts nach Tarifvertragsgesetz (TVG►)

Prinzip der Tarifautonomie
Die Tarifvertragsparteien haben das Recht, unabhängig vom Staat (autonom) Rechtsvorschriften in Tarifverträgen festzuschreiben und ihre Mitglieder der Tarifbindung zu unterwerfen.

§ 2 TVG Tarifvertragsparteien	§ 3 TVG Tarifgebundenheit	§ 5 TVG Allgemeinverbindlichkeit
Gewerkschaften und Arbeitgeberverbände sowie einzelne Arbeitgeber	Bindungswirkung geregelter Sachverhalte für alle Mitglieder der Tarifvertragsparteien	Geltung für alle Betroffenen, wenn dies im öffentlichen Interesse liegt und ein gemeinsamer Antrag der Tarifvertragsparteien an das Bundesministerium für Arbeit und Soziales gestellt wird

- Tarifverträge sind Gruppenverträge, die für die Mitglieder der Vertragsparteien Rechte und Pflichten für eine festgelegte Laufzeit begründen.
- Tarifverträge sind
  - **Firmentarifverträge,** wenn sie zwischen einer Gewerkschaft und einem einzelnen Arbeitgeber abgeschlossen werden,
  - **Verbandstarifverträge,** wenn sie branchenbezogen sind und für ein bestimmtes regional abgegrenztes Tarifgebiet gelten.

[2] Entgeltgruppe: *Das Arbeitsentgelt wird nicht zwischen Arbeitgeber und Arbeitnehmer ausgehandelt, sondern erfolgt nach der Zuordnung zu einer Entgeltgruppe. Die Eingruppierung ist abhängig von unterschiedlichen Faktoren wie z. B. Ausbildung, Dauer der Betriebszugehörigkeit.*

Tarifverträge und ihr Inhalt

Entgelttarifverträge sind Lohn- und Gehaltstarife.	**Manteltarifverträge** regeln allgemeine Arbeitsbedingungen.	**Rahmentarifverträge** beziehen sich auf allgemeine Arbeitsbedingungen.
Höhe der Bruttoentgelte; Entgelte der einzelnen Entgeltgruppen[2]; Leistungslohnzuschläge, sonstige Zuschläge für Lärm, Schmutz, schwere Arbeiten; Ausbildungsvergütungen	Urlaub; Arbeitszeit; Arbeitsschutz; Rationalisierungsschutz; vermögenswirksame Leistungen; Kündigungsfristen; Erfolgsbeteiligung; 13./14. Monatsgehalt	Entgeltgruppenmerkmale; Merkmale der Zuordnung zu den Entgeltgruppen; Arbeits- und Leistungsbewertung

Friedenspflicht und Arbeitskampf

Ist die Friedenspflicht abgelaufen, können Kampfmaßnahmen ergriffen werden. Der Arbeitskampf hat zum Ziel, einen kollektiven Druck auf die jeweilige Gegenseite auszuüben, um eine Einigung zu erzwingen. Legitime Kampfmittel der Tarifvertragsparteien sind laut Arbeitskampfrecht:

- Streik (Arbeitnehmerseite)
- Aussperrung (Arbeitgeberseite)

Spielregeln für den Arbeitskampf

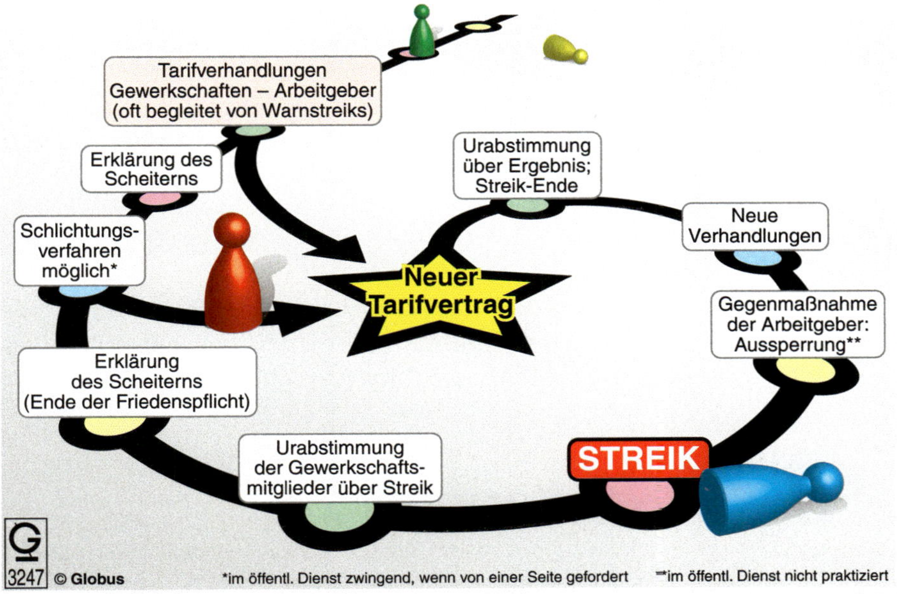

Ein Streik ist die kollektive Arbeitsniederlegung einer Mehrzahl von Arbeitnehmern ohne Einverständnis des Arbeitgebers mit dem Ziel, eine Verbesserung der Lohn- und/oder Arbeitsbedingungen durchzusetzen.

Unterschiedliche Streikarten

Flächenstreik
Rufen die Gewerkschaften zum Flächenstreik auf, erstreckt sich der Streik auf alle tarifgebundenen Arbeitgeber im jeweiligen Tarifgebiet.

Schwerpunktstreik
Ein Schwerpunktstreik ist zielgerichtet auf einen bestimmten Arbeitgeber, der häufig in der jeweiligen Branche eine Schlüsselstellung einnimmt, weil er z. B. ein wichtiger Zulieferer für die bekämpfte Branche ist.

Warnstreik als Vorstufe eines regulären Arbeitskampfes
Mithilfe von Warnstreiks signalisieren Gewerkschaften ihre Kampfbereitschaft während laufender Verhandlungen. Warnstreiks sind während der Friedenspflicht zulässig, wenn sie von den Gewerkschaften organisiert sind, auf das Tarifgebiet begrenzt bleiben und als Schwerpunktstreik gestaltet werden (Flächenstreiks sind unzulässig) sowie dem Prinzip der Verhältnismäßigkeit genügen.

Das Druckmittel der Arbeitgeber ist die Aussperrung.

Aussperrung ist die planmäßig durchgeführte Nichtzulassung einer Arbeitnehmergruppe zur Arbeitsleistung unter gleichzeitiger Verweigerung des Arbeitsentgelts seitens der Arbeitgeber, insbesondere zur Abwehr von Forderungen der Arbeitnehmer während eines Streiks.

Ständige Tarifverhandlungen begleiten den Arbeitskampf bis hin zu einem Tarifergebnis. Verständigen sich die Tarifvertragsparteien gemeinsam auf einen Schlichter, kann dieser für einen Interessenausgleich sorgen und so die Zustimmung zu einem Tarifergebnis erleichtern.

Sowohl für den Beginn als auch für das Ende eines Streiks bzw. einer Aussperrung bedarf es einer Zustimmung der jeweiligen betroffenen Gewerkschaftsmitglieder bzw. der Mitglieder des Arbeitgeberverbandes.

2.3.3 Mitbestimmung

Das Recht der Mitbestimmung räumt den Arbeitnehmern bzw. deren Vertretern Mitsprache-, Mitwirkungs- oder Anhörungsrechte in wirtschaftlichen und sozialen Angelegenheiten im Unternehmen ein. Die Ausgestaltung der Mitwirkung ist davon abhängig, ob sie auf Unternehmens- oder Betriebsebene erfolgt.

Unternehmen sind **rechtliche** Organisationseinheiten, mit denen z. B. von einzelnen oder mehreren Personen ein wirtschaftlicher Zweck verfolgt wird.
- **Einzelunternehmen**; d. h., eine Person ist Inhaber, Eigentümer
- **Unternehmensgesellschaften**; d. h., mehrere Personen sind Inhaber, Eigentümer, Gesellschafter (Anteilseigner)

Betriebe sind **technische** Organisationseinheiten bzw. Stätten, in denen Produktionsprozesse auch mithilfe von Arbeitnehmern stattfinden.

Unternehmen organisieren ihren Produktionsprozess in einem oder in mehreren Betrieben.

Mitbestimmungsrecht auf Unternehmensebene

Rechtsformen der Unternehmen ▶ IV • 4

Eine eigene Bedeutung hat die Mitbestimmung auf Unternehmensebene nur dann, wenn es sich um große Unternehmen handelt, die mindestens 500 Mitarbeiter beschäftigen und die in bestimmten Rechtsformen▶ mit der Rechtspersönlichkeit einer juristischen Person wie z. B. der Aktiengesellschaft, der Gesellschaft mit beschränkter Haftung usw. organisiert sind. Die genannten juristischen Personen kennzeichnen sich durch eigene Geschäftsführungs-, Gesellschafts- und Kontrollorgane.

Der **Vorstand** einer Aktiengesellschaft (AG) ist deren Geschäftsführungsorgan. Seine Geschäftsführung wird vom **Aufsichtsrat** kontrolliert, der auch in wichtigen unternehmerischen Angelegenheiten zu entscheiden hat. Die **Hauptversammlung** ist das Organ der Aktionäre bzw. der Gesellschafter, die Anteile an der AG erworben haben. Sie wählt die Mitglieder des Aufsichtsrats und wird in regelmäßigen Zeitabständen von Aufsichtsrat und Vorstand über die wirtschaftliche Lage der AG informiert.

Gerade in großen Unternehmen werden häufig unternehmerische Entscheidungen getroffen, die weitreichende Folgen für Beschäftigte bis hin zu deren Arbeitsplatzverlust und Existenzgefährdung haben können. Der Gesetzgeber hat daraus ein kollektives Schutzrecht für Arbeitnehmer in Großunternehmen abgeleitet und eine Mitgliedschaft bzw. Beteiligung von Arbeitnehmervertretern im Aufsichtsrat gesetzlich verankert.

Aufsichtsräte in Großunternehmen und in der Rechtsform einer juristischen Person sind sowohl mit Vertretern der Anteilseigner als auch Vertretern der dort beschäftigten Arbeitnehmer zu besetzen. Sie treffen gemeinsam grundlegende unternehmensrelevante Entscheidungen.

Betriebliche Mitbestimmung und Betriebsrat

In Unternehmen ist der Betriebsrat als ein eigenes Arbeitnehmerorgan auf der Grundlage des Betriebsverfassungsgesetzes unter bestimmten Voraussetzungen zu wählen. Die betriebliche Mitbestimmung ist für die Arbeitnehmer wichtig, weil der Betriebsrat seine Interessen bzw. die der Belegschaft unmittelbar am Arbeitsplatz gegenüber dem Arbeitgeber vertritt. Der Betriebsrat übt die ihm eingeräumten Beteiligungsrechte unabhängig von Weisungen der Arbeitnehmer und der Gewerkschaften aus.
Allgemeine Aufgaben des Betriebsrats sind z. B.:

- Überwachung der zugunsten der Arbeitnehmer geltenden Gesetze, Verordnungen, Unfallverhütungsvorschriften, Tarifverträge und Betriebsvereinbarungen
- Beantragung von Maßnahmen zur Durchsetzung der tatsächlichen Gleichstellung von Frauen und Männern, insbesondere bei der Einstellung, Beschäftigung, Aus-, Fort- und Weiterbildung
- Ansprechpartner für jeden Arbeitnehmer im Betrieb in allen Fragen, die dessen Arbeitsverhältnis betreffen

Das Maß der Beteiligung des Betriebsrats an Entscheidungen des Arbeitgebers richtet sich nach dem Gegenstand der jeweiligen Entscheidung. Am weitesten reichen die Mitwirkungsbefugnisse in sozialen Angelegenheiten, am schwächsten ausgeprägt sind sie, wenn es um wirtschaftliche Fragen geht.

Mitwirkungsbefugnisse des Betriebsrats	
Soziale Angelegenheiten betreffen eine Vielzahl von Arbeitnehmern.	Ordnung des Betriebs, Fragen der Arbeitszeit, Aufstellung allgemeiner Urlaubsgrundsätze und des Urlaubsplans, Ausschreibung von Arbeitsplätzen
Personelle Angelegenheiten betreffen nur einzelne Arbeitnehmer.	Kündigung, Versetzung, Eingruppierung, Umgruppierung
Wirtschaftliche Angelegenheiten sind dann von Bedeutung, wenn betriebliche Arbeitsplätze davon betroffen sind.	Planung von Arbeitsabläufen, technischen Anlagen und Arbeitsplätzen, Änderung der Betriebsorganisation, Stilllegung oder Verlagerung von Betrieben oder Betriebsteilen

Die getroffenen Regelungen zwischen dem Unternehmen und dem Betriebsrat werden in der Betriebsvereinbarung schriftlich festgehalten und sind Bestandteil eines jeden Arbeitsvertrags des Betriebs. Betriebsvereinbarungen setzen weder tarifliche Bestimmungen noch gesetzliche Regelungen außer Kraft.

2.3.4 Individuelles Arbeitsrecht

Aus der Vielzahl von Regelungen des individuellen Arbeitsrechts werden in der folgenden Tabelle beispielhaft bestimmte Bereiche dargestellt.

Rechtsfelder	Beispiele für Einschränkungen
Abschlussfreiheit von Arbeitsverträgen	• generelles Beschäftigungsverbot von Kindern und Jugendlichen unter 15 Jahren (Ausnahmen sind möglich) • Zustimmung des Betriebsrats bei Einstellung von Mitarbeitern • allgemeines Diskriminierungsverbot • Pflicht zur Besetzung von Arbeitsplätzen durch Schwerbehinderte • Anspruch Auszubildender auf Übernahme • befristete Arbeitsverträge nur unter bestimmten Voraussetzungen
Gestaltungsfreiheit von Arbeitsverträgen	• Mindestlohn 9,50 EUR brutto für volljährige Arbeitnehmer (Stand 01.01.2021) • maximale Arbeitszeit von 8 Stunden werktäglich, 48 Stunden wöchentlich • generell keine Sonn- und Feiertagsbeschäftigung (Ausnahmen im Arbeitszeitgesetz geregelt) • Ruhepausen, Mindesturlaub 24 Werktage • Lohnfortzahlung an gesetzlichen Feiertagen, im Krankheitsfall für maximal 6 Wochen • arbeitnehmerseitige ordentliche Kündigung ►: 4 Wochen zum 15. oder zum Monatsletzten ohne Angabe von Gründen möglich • arbeitgeberseitige ordentliche Kündigung nur mit Angabe von personen-, verhaltens- oder betriebsbedingten Gründen und in Abhängigkeit von der bisherigen Beschäftigungszeit • Kündigungsverbote u. a. für Frauen während der Schwangerschaft und nach der Entbindung, für Männer und Frauen während der Elternzeit, für Auszubildende nach der Probezeit, für Schwerbehinderte, für Mitglieder des Betriebsrats oder von Mitgliedern der Jugend- und Auszubildendenvertretung
sozialer Arbeitsschutz	• generelle Beschäftigungsverbote und -einschränkungen, wenn Gefahren für die körperliche, geistige und soziale Entwicklung drohen, für werdende und stillende Mütter • Recht auf einen behindertengerechten Arbeitsplatz
technischer Arbeitsschutz	• Vorschriften hinsichtlich des Schutzes der Arbeitnehmer vor Gefahren für Leib, Leben und Gesundheit, die sich aus der Arbeitsumgebung, insbesondere der Gestaltung ihrer Arbeitsplätze und der Arbeitstätigkeit ergeben wie z. B. Vorschriften zur Einstellung von Betriebsärzten und Fachkräften für Arbeitssicherheit • Geräte- und Produktsicherheit • Arbeitsstättengestaltung • Sicherheit vor Gefahrstoffen

ordentliche Kündigung und Kündigungsschutz
► IV • 3.6.3

Lernvideo „Betriebliche Mitbestimmung“

2.4 Sozialordnung

2.4.1 Grundprinzipien der Sozialordnung

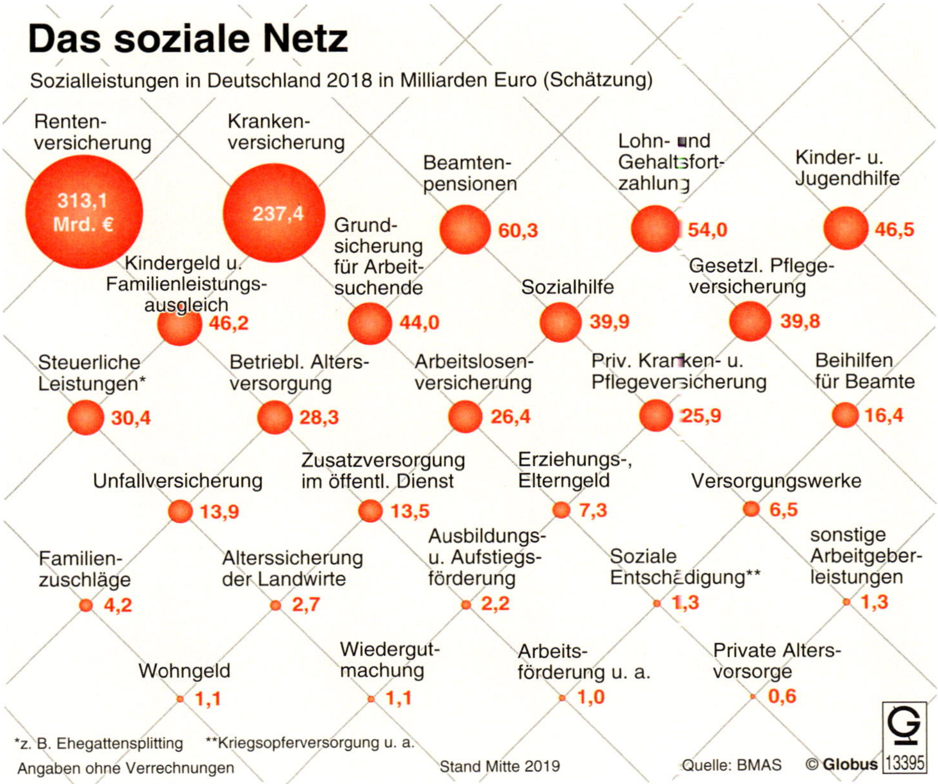

Eine der wesentlichen Aufgaben des Staates in der sozialen Marktwirtschaft besteht darin, einen sozialen Ausgleich zugunsten der wirtschaftlich Schwachen herbeizuführen und Menschen gegen Lebensrisiken abzusichern. Zentral ist der Gedanke, dass alle Menschen einer Gesellschaft unabhängig von der Höhe ihres Einkommens die Sicherheit haben, im Notfall Hilfe zu erhalten. Um dies leisten zu können, errichtete der Staat ein Sozialsystem, das drei Grundprinzipien der staatlichen Sozialordnung gerecht werden soll.

Grundprinzipien der staatlichen Sozialordnung in der sozialen Marktwirtschaft

Fürsorgeprinzip	Subsidiaritätsprinzip	Solidaritätsprinzip[1]
Der Staat schafft kollektive soziale Sicherungssysteme zur Absicherung seiner Bürger vor Not und Armut.	Der Staat hilft nur, wenn der einzelne Bürger oder dessen persönliches soziales Umfeld wie z. B. die Familie oder private Organisationen nicht in der Lage sind, existenzgefährdende Notfälle aufzufangen.	Der Staat schafft soziale kollektiv organisierte Sicherungssysteme auf der Grundlage von Versicherungen, die durch Beiträge (Umlagen) finanziert werden: Durch seine Beiträge erwirbt das einzelne Mitglied im Versicherungsfall einen Leistungsanspruch aus den Mitteln der Sozialkasse. Motto: „Einer für alle, alle für einen[2]"

[1] Solidarität: *Mitglieder einer Gemeinschaft unterstützen und helfen sich untereinander.*

[2] „Einer für alle, alle für einen": *Zitat aus dem Roman „Die drei Musketiere" von Alexandre Dumas dem Älteren (1802–1870)*

2.4.2 Gesetzliche Sozialversicherung

Die gesetzlichen Sozialversicherungen sind Pflichtversicherungen. Der **Versicherungspflicht** unterliegen in erster Linie Personen, die als Arbeitnehmer einer unselbstständigen sozialversicherungspflichtigen Erwerbstätigkeit nachgehen oder sich in der Berufsausbildung befinden. Der Staat greift somit in die wirtschaftlichen Freiheitsrechte seiner Bürger ein. Er begründet dies mit seiner sozialen Verantwortung gegenüber seinen Bürgern und deren besonderem Schutzbedürfnis vor bestimmten Lebensrisiken und in bestimmten Lebenssituationen.

Entsprechend den versicherten Risiken ruht die Sozialversicherung auf fünf Säulen. Gemeinsame Vorschriften für die Sozialversicherung finden sich im Sozialgesetzbuch viertes Buch (SGB IV). Jeder Säule widmet sich darüber hinaus ein eigenes Buch des insgesamt zwölf Bücher umfassenden **Sozialgesetzbuches (SGB)**[1].

[1] Ab dem Jahr 2024 wird es dreizehn Bücher umfassen. Dann wird auch das soziale Entschädigungsrecht im Sozialgesetzbuch enthalten sein.

Vorschriften für die verschiedenen Zweige der gesetzlichen Sozialversicherung

Zweige	Träger	Finanzierung	Leistungsansprüche (exemplarisch)
SGB V Krankenversicherung	Gesetzliche Krankenkassen und Ersatzkassen	Beiträge Arbeitgeber und Arbeitnehmer	Gesundheitsvorsorge, medizinische Hilfe, Krankengeld
SGB XI Pflegeversicherung	Pflegekassen (angesiedelt bei Krankenkassen)		Pflegegeld, Sachleistungen, ambulante und stationäre Pflege
SGB II Arbeitslosenversicherung	Bundesagentur für Arbeit		Lohnersatzleistung: Arbeitslosengeld, Eingliederungsmaßnahmen
SGB VI Rentenversicherung	Deutsche Rentenversicherung		Altersrenten, Renten bei Erwerbsminderung, Hinterbliebenenrente, Rehabilitation
SGB VII Unfallversicherung	Berufsgenossenschaften, Unfallkassen	ausschließlich durch Arbeitgeberbeiträge	Unfallverhütung, Entschädigung/Hilfen bei Arbeitsunfähigkeit und Berufskrankheiten

Hinweise:
- Die Beiträge ▶ werden für alle Zweige (außer Unfallversicherung) maximal bis zur sog. **Beitragsbemessungsgrenze** erhoben. Überschreitet das sozialversicherungspflichtige Einkommen die Beitragsbemessungsgrenze, wird die Differenz nicht herangezogen.
- Die Mitgliedschaft in der gesetzlichen Krankenversicherung ist zwingend vorgeschrieben bis zur Höhe der **Versicherungspflichtgrenze.** Übersteigt das sozialversicherungspflichtige Einkommen diese, hat der Versicherte das Recht, in eine private Krankenkasse zu wechseln.

Sozialversicherungsbeiträge
▶ IV • 3.5.2

Das System der gesetzlichen Sozialversicherungen erfüllt die grundlegenden Prinzipien der Sozialordnung in der sozialen Marktwirtschaft in Deutschland, Fürsorgepflicht und Solidaritätsprinzip, weil es für die Mitglieder eine Schutzfunktion im Rahmen einer beitragsfinanzierten Solidargemeinschaft hat. Hier wird der Gedanke „Einer für alle, alle für einen" praktisch umgesetzt.
Das Subsidiaritätsprinzip kommt zur Geltung, weil Leistungen erst erbracht werden, wenn der Versicherungsfall eintritt.

2.4.3 Umverteilung durch Transferleistungen

Die Träger der gesetzlichen Sozialversicherung sichern deren Mitglieder im Rahmen der kollektiven[1] Selbsthilfe ab. Leistungsansprüche können nur aus dem Kreis der Beitragszahler geltend gemacht werden. Nichtmitglieder zahlen keine Beiträge und erhalten keine Leistungen. Ihr Lebensrisiko besteht darin, mittellos zu werden, weil sie weder über Erwerbseinkommen noch über Vermögen bzw. Ersparnisse verfügen. Mittellosigkeit, gegebenenfalls verbunden mit Krankheit und Pflegebedürftigkeit sowie Altersarmut, ist existenzbedrohend oder mündet in sozialer Verelendung. Auch für diese Menschen nimmt der Staat seine Fürsorgepflicht wahr. Er unterstützt sie mit Transferzahlungen, z. B. Hartz IV oder Wohngeld, wenn ihnen niemand anders im Rahmen des Subsidiaritätsprinzips hilft oder kein anderer Träger dafür zuständig ist. Da Transferzahlungen aus Steuergeldern finanziert werden, findet hier eine Umverteilung aus sozialen Gründen durch den Staat statt.

[1] kollektiv: *gemeinschaftlich, betrifft alle Mitglieder einer Gruppe*

Der Umverteilungsaspekt ergibt sich daraus, dass Steuerzahler, die im Regelfall keine Transferleistungen erhalten, über ihre Zwangsabgaben (= Steuern) Transferleistungen finanzieren. Die Gesellschaft wird zur Solidargemeinschaft[2].

[2] Solidargemeinschaft: *Gruppe von Menschen, die für die Realisierung eines gemeinsamen Ziels gemeinsame Kosten und gemeinsame Pflichten trägt (z. B. Familie, Wirtschaftsverbände, gesetzliche Versicherungen)*

- Die Alleinerziehende Manuela Rund versorgt nach ihrer Scheidung ihre drei kleinen Kinder und ist deshalb nicht erwerbstätig. Sie erhält Grundsicherung sowie Miete und Mietnebenkosten vom Staat.
- Der Student Thomas Fritz erhält nach dem Bundesausbildungsförderungsgesetz (BAföG) Unterstützung.
- Die Eltern Paul und Maria Söhnle erhalten Kindergeld.

Staatliche Transferleistungen sind steuerfinanzierte Geld- und/oder Sachleistungen an Menschen, ohne dass von diesen eine direkte Gegenleistung gefordert wird. Sie dienen der Existenzsicherung von Menschen in Not oder dienen allgemeinen politischen Zielen (z. B. Kindergeld für alle Eltern).

2.4.4 Subventionen

Subventionen[3] sind ein Instrument der Finanzpolitik. Im Sinne der sozialen Marktwirtschaft stellen sie eine „Hilfe zur Selbsthilfe“ dar. Sie sind marktkonforme Staatseingriffe zur Förderung von Innovationen, Investitionen, Beseitigung von Marktungleichgewichten und zur Lenkung des Strukturwandels.

[3] subvenire (lateinisch): *zu Hilfe kommen, beistehen, abhelfen*

In der Regel sind Subventionen befristete Zahlungen des Staates an Unternehmen, ohne dass die Unternehmen eine Gegenleistung erbringen müssen. Im volkswirtschaftlichen Sinne zählen neben Zahlungen auch Vergünstigungen, Ermäßigungen und Steuererleichterungen zu den Subventionen.

Durch Subventionen können Unternehmen ihre Produktionskosten senken. Aus der Kostenersparnis resultiert ein besseres Betriebsergebnis. Geben die Unternehmen die Kostenersparnis in Form von Preissenkungen weiter, profitieren auch die Nachfrager von Subventionen.

Ziele der Subventionspolitik

Vor dem Hintergrund der wirtschaftlichen Lage und gesellschaftspolitischer Ziele (z. B. Umweltschutz) verfolgt der Staat mit der Leistung von Subventionen unterschiedliche Ziele:

Abschreibungen ▶ V • 7.2.1

- höheres Einkommen für Unternehmen (z. B. in Rezessionen direkte Zahlungen, Abschreibungserleichterungen ▶, Steuerbegünstigungen)
- Sicherung des Einkommens von Unternehmen in strukturschwachen Bereichen (z. B. Agrarsektor, Bergbau)
- Förderung von Wirtschaftsbereichen (z. B. Forschung und Entwicklung)
- Lenkung der Produktionsfaktoren in bestimmte Wirtschaftsbereiche (z. B. Wohnungsbau)
- Beeinflussung von Verkaufspreisen
- Beeinflussung des Verhaltens (z. B. Förderung erneuerbarer Energien wie Solar- und Windenergie, Dämmung im Wohnungsbau, Elektromobilität)

Ein großes Problem für den Staat ist es, die optimale Höhe und Ausgestaltung einer Subvention festzulegen, um die gewünschte Wirkung mit möglichst geringem Aufwand zu erzielen.

Kritik an der Subventionspolitik

Subventionen können auch unerwünschte Effekte auslösen:

- Verzerrungen des Marktgleichgewichts durch Preisbeeinflussung (dadurch Fehlsteuerung der Ressourcen)
- Subventionen werden weitergezahlt oder nicht zurückgezahlt, obwohl der Empfänger sich nicht mehr entsprechend der Subventionsbedingung verhält.
- Wettbewerbsunfähige Unternehmen werden „künstlich“ am Leben gehalten.
- Mitnahmeeffekte (Unternehmen, die sich sowieso wie gewünscht verhalten, nehmen die Subvention „mit“)
- Zu viele Subventionen führen zu sinkender Eigeninitiative der Unternehmen.
- Belastung des Staatshaushalts (= Allgemeinheit), da Subventionen einen enorm hohen Ausgabeposten des Staates darstellen

Aufgaben zu Kapitel 2

zusätzliche Aufgaben zu Kapitel 2
► Webcode WGW_ II_2_A-Zusatz

1. Machen Sie an Beispielen aus Ihrem persönlichen sozialen Umfeld Vor- und Nachteile des Egoismus in der Wirtschaft deutlich.
2. Welcher indirekte Zusammenhang besteht zwischen dem Verfassungsleitbild des Grundgesetzes und dem Ordnungssystem „Marktwirtschaft"?
3. Nennen Sie die Artikel des Grundgesetzes, auf denen unsere Wirtschaftsordnung basiert.
4. Inwiefern ist die Vertragsfreiheit ein wesentliches Bindeglied zu anderen wirtschaftlichen Freiheitsrechten?
5. Erklären Sie anhand von konkreten Beispielen die Bedeutung der wirtschaftlichen Freiheitsrechte für die Lebens- und Bedarfsgemeinschaft der Familie Söhnle (siehe Einstiegssituation zu diesem Kapitel).
6. Stellen Sie fest, an welchen Stellen die Freiheitsrechte der Familie Söhnle im Sinne der sozialen Marktwirtschaft eingeschränkt sind.
7. Erläutern Sie die Grundauffassung der sozialen Marktwirtschaft.
8. Über welche Maßnahmen verfügen Kartellbehörden und unter welchen Voraussetzungen werden sie eingesetzt?
9. Erklären Sie, was unter Tarifautonomie zu verstehen ist.
10. Welche Vor- bzw. welche Nachteile lassen sich aus der Sicht einzelner Arbeitnehmer bzw. einzelner Arbeitgeber aus der Tarifbindung herleiten?
11. Viele Arbeitgeber sind nicht Mitglied in ihrem zuständigen Arbeitgeberverband. Welche Folgen kann diese Tatsache für deren Arbeitnehmer haben und warum wäre für die dort Beschäftigten eine Allgemeinverbindlichkeit der Tarifverträge vorteilhaft?
12. Beschreiben Sie die Voraussetzungen für einen legitimen Arbeitskampf und erörtern Sie dessen Bedeutung für tarifgebundene betroffene Arbeitnehmer und Arbeitgeber sowie für Nichttarifgebundene und die Gesamtwirtschaft.
13. Wodurch unterscheidet sich die Mitbestimmung auf Unternehmensebene von der Mitbestimmung auf Betriebsebene?
14. Warum werden Mitwirkungsrechte des Betriebsrats in unterschiedlichen Angelegenheiten unterschiedlich geregelt?
15. Wodurch unterscheiden sich gesetzliche arbeitsrechtliche tarifvertragliche Regelungen und Betriebsvereinbarungen hinsichtlich ihres Wirkungsbereichs?
16. Machen Sie an einzelnen Beispielen aus dem Katalog der arbeitsrechtlichen Rechtsnormen deren Schutzcharakter für den Arbeitnehmer deutlich.
17. Was verstehen Sie unter einer sozialversicherungspflichtigen Beschäftigung und welche Vor- und Nachteile ergeben sich für die Versicherten?
18. Machen Sie anhand von Beispielen die Grundprinzipien eines Sozialstaates deutlich.
19. Recherchieren Sie die aktuellen Prozentsätze der gesetzlichen Sozialversicherung sowie deren Entwicklung seit 1980.
20. Inwiefern profitieren Sie und Ihre Familie von der Daseinsvorsorge des Staates?

✔

Zusammenfassung:
2 Soziale Marktwirtschaft – Wirtschaftsordnung der BRD

Soziale Marktwirtschaft

Grundgesetzrechtliche Basis	grundlegende Merkmale
Art. 2 allgemeine Handlungsfreiheit Art. 9 Vereinigungs- und Koalitionsfreiheit Art. 12 Berufs- und Gewerbefreiheit Art. 14 Eigentums- und Erbrecht Art. 20 Sozialstaat	• Privateigentum • freier Wettbewerb • Preisbildung auf dem Markt • Sozialstaatlichkeit

Staatseingriffe

Umsetzung der sozialen Marktwirtschaft in Politikbereichen

- Beschäftigungspolitik – Arbeitsrecht
- Wettbewerbspolitik – Wettbewerbsrecht
- Stabilitätspolitik – Stabilitätsgesetz
- Sozialpolitik – Sozialgesetzgebung
- Umweltpolitik – Umweltrecht
- Steuerpolitik – Einkommensteuergesetz

Maßgebliche Gesetzesregelungen zur Umsetzung der Prinzipien der sozialen Marktwirtschaft

Wettbewerbsordnung

• Leistungswettbewerb • hohe Wettbewerbsintensität	• Gesetz gegen Wettbewerbsbeschränkungen (GWB) • Gesetz gegen unlauteren Wettbewerb (UWG) • Gewerbeordnung (GewO) • Regelung zu den allgemeinen Geschäftsbedingungen im BGB

Arbeitsordnung

• Tarifverträge zwischen Gewerkschaften und Arbeitgeberverbänden ◦ Tarifautonomie ◦ Mindestnormen ◦ Kampfmaßnahmen: Streik und Aussperrung • Mitbestimmung auf ◦ Unternehmensebene (Aufsichtsrat) ◦ Betriebsebene (Betriebsrat)	• Tarifrecht (TVG) • individuelles Arbeitsrecht • Betriebsverfassungsgesetz (BetrVG) • Betriebsvereinbarung

Sozialordnung

• Grundprinzipien: Fürsorge-, Subsidiaritäts-, Solidaritätsprinzip • Gesetzliche Sozialversicherung (KV, PV, RV, AV, UV) • Umverteilung (z. B. Transferzahlungen)	• Sozialgesetzbuch (SGB)

Wirtschaftssubjekte und Wirtschafts-sektoren

3

Das wirtschaftliche Handeln der privaten Haushalte, der Unternehmen und der staatlichen Organisationen auf Güter- und Faktormärkten ist von individuellen interessengeleiteten Plänen bestimmt. Die Entscheidungen in- und ausländischer Wirtschaftssubjekte beeinflussen in ihrer Summe die gesamtgesellschaftliche wirtschaftliche und soziale Situation eines Landes. Verändern die Wirtschaftssubjekte ihre wirtschaftlichen Aktivitäten, so ist dies immer auch mit positiven oder negativen Auswirkungen für die Gesamtwirtschaft verbunden.

Was wäre, wenn Sie Ihre Konsumausgaben erhöhen, die Auto AG wegen fehlender Aufträge Mitarbeiter entlässt, der Bund die Steuern erhöht, um Defizite abzudecken?

3.1 Wirtschaftliche Aktivitäten der Wirtschaftssubjekte

3.1.1 Private Haushalte

Das gemeinsame Grundmuster des ökonomischen Verhaltens aller privaten Haushalte lässt sich in der Befriedigung von Individualbedürfnissen unter Berücksichtigung ihres verfügbaren Einkommens erkennen. Nutzenmaximierung ist im Regelfall ihr Ziel.

Grundmuster der wirtschaftlichen Aktivitäten der privaten Haushalte

- Einkommensquellen erschließen
  - Arbeitnehmerhaushalte durch die Vergabe von Nutzungsrechten an der Faktorleistung Arbeit (Arbeitseinkommen)
  - Vermögensbesitzerhaushalte (Sparer und Immobilieneigentümer) durch die Vergabe von Nutzungsrechten an den Faktorleistungen Geld und Sachvermögen wie z. B. Immobilien (Vermögenseinkommen)
  - Unternehmerhaushalte durch die Ausübung einer selbstständigen Erwerbstätigkeit (Gewinneinkommen)
  - anspruchsberechtigte private Haushalte durch Transferzahlungen (Zahlungen des Staates ohne Gegenleistungen) aus sozialen und/oder sonstigen Gründen
- Konsumentscheidungen treffen zum Zwecke der Befriedigung der Individualbedürfnisse (Individualkonsum)
- Sparentscheidungen treffen zum Zwecke der Vermögensbildung und aus Vorsorgegründen

3.1.2 Unternehmen

Alle Güterproduzenten bzw. Unternehmen stellen Güter für den Fremdbedarf her und vermarkten ihre Produktpalette in der Marktwirtschaft so optimal wie möglich. Dies schließt mit ein, dass privatwirtschaftlich organisierte Unternehmen für ihre Inhaber, Gesellschafter oder Anteilseigner das Ziel verfolgen, Gewinne zu erwirtschaften.

Grundmuster der wirtschaftlichen Aktivitäten der Güterproduzenten/Unternehmen

- Investitionen tätigen und Produktionsmittel (technische Anlagen, Vorprodukte, Faktorleistung wie Arbeit, Immobilien, Geld) beschaffen, um durch deren Einsatz Produktionsstätten zu errichten und Produktionskapazitäten aufzubauen
- Investitionen finanzieren durch die Beschaffung von Geldmitteln
- Produktionsprozesse organisieren und umsetzen
- Einnahmen/Umsätze aus der Vermarktung der Produktpalette erzielen
  Umsatz = Verkaufsmenge · Verkaufspreis/Stück
- Ausgaben für Produktionsmittel / Kosten der Tätigkeit bezahlen
- häufig: Gewinne erzielen / Verluste vermeiden
  Gewinn = Umsatz > Kosten
  Verlust = Umsatz < Kosten

3.1.3 Staat / öffentliche Haushalte

Die Bundesrepublik Deutschland ist nach Art. 20 GG ein Bundesstaat. Bund, Länder und Gemeinden sowie die gesetzlichen Kranken- und Pflegekassen, die Bundesagentur für Arbeit, die Rentenversicherungsanstalt und die Berufsgenossenschaften als Träger der gesetzlichen Sozialversicherungssysteme sowie andere staatliche Einrichtungen sind zuständig für das Gemeinwohl und übernehmen Aufgaben der Daseinsvorsorge für die Menschen. Die Befriedigung der Kollektivbedürfnisse ist mit Ausgaben verbunden, die aus den Einnahmen des Staates und gegebenenfalls aus Krediten zu finanzieren sind.

Haushaltspläne der staatlichen Organisationen bzw. der öffentlichen Haushalte stellen deren geplante Ausgaben und Einnahmen gegenüber und haben Gesetzescharakter. Haushaltspläne werden für gewöhnlich für ein Jahr erstellt.

Haushaltsdefizite liegen vor, wenn die Ausgaben größer sind als die Einnahmen. Werden sie durch Kredite ausgeglichen, kommt es zur Staatsverschuldung. Haushaltsüberschüsse können zur Tilgung von aus in Vorjahren angesammelten Schulden oder zur Rücklagenbildung genutzt werden.

Grundmuster der wirtschaftlichen Aktivitäten der öffentlichen Haushalte / staatlichen Organisationen

- Einnahmen erschließen durch:
  - Erhebung von Zwangsabgaben wie Steuern und Sozialversicherungsbeiträgen
  - Gebühren und Beiträge für die Inanspruchnahme staatlicher Leistungen
  - Zinsen, Gewinne aus Beteiligungen an Unternehmen
- Kredite aufnehmen, wenn in den öffentlichen Haushalten Defizite zu finanzieren sind, weil laufende Einnahmen nicht ausreichen, um die Ausgaben zu finanzieren
- Konsumentscheidungen treffen zum Zwecke der Befriedigung von Kollektivbedürfnissen (Kollektivkonsum), z. B. Ausgaben für Verwaltungs- und Sachleistungen für die Allgemeinheit wie allgemeine Verwaltung, innere und äußere Sicherheit, öffentliches Schulwesen
- Investitionen in Infrastruktur tätigen, z. B. Ausgaben für Verkehrs- und Nachrichtenübermittlung, Energie- und Wasserversorgung, kulturelle Einrichtungen, Schulen und Hochschulen, Sport- und Freizeitanlagen, Krankenhäuser
- Transferzahlungen für private Haushalte und Subventionen ► für Güterproduzenten/ Unternehmen finanzieren (Umverteilung)

Subventionen
► II • 2.4.4

Steuern sind die Haupteinnahmequelle des Staates. Steuern sind Zwangsabgaben der Wirtschaftssubjekte an den Staat, die zur Finanzierung der Kollektivbedürfnisse dienen. Die Verwendung der Steuereinnahmen ist nicht zweckgebunden. Der einzelne Steuerzahler erwirbt durch die Zahlung der Steuern keinen Anspruch auf eine direkte Gegenleistung.

Unterscheidungsmerkmale der Steuerarten

Was wird besteuert? Gegenstand der Besteuerung (Bemessungsgrundlage)	Wer fordert sie? (Erhebungskompetenz)	Wie wird der Steuerzahler belastet? (direkte/indirekte Steuern)
• **Personensteuern** z. B. Einkommen-, Körperschafts-, Gewerbesteuer, Grundsteuer, Erbschaftssteuer, Solidaritätszuschlag • **Verkehrssteuern** (Besteuerung des Güteraustauschs) z. B. Umsatzsteuer, Versicherungssteuer, Kfz-Steuer, Grunderwerbssteuer, Feuerschutzsteuer, Luftverkehrssteuer, Rennwett- und Lotteriesteuer • **Verbrauchsteuern/Gütersteuern/ Produktionsabgaben** (Besteuerung des Güterverbrauchs/ -gebrauchs) z. B. Tabaksteuer, Energiesteuer, Biersteuer, Hundesteuer, Jagdsteuer, Kaffeesteuer, Einfuhrumsatzsteuer • **Zölle auf Einfuhren**	**Bundessteuern** alle Verbrauchsteuern außer Bier- und Kfz-Steuer **Landessteuern** z. B. Erbschaftsteuer, Schenkungssteuer, Grunderwerbssteuer, Biersteuer, Kfz-Steuer **Gemeindesteuern** z. B. Hundesteuer, Gewerbesteuer (Umlage, sodass auch Bund und Länder profitieren) **Wer bekommt sie? (Ertragskompetenz)** • Die Verteilung der Steuern wird in Artikel 106 GG geregelt. Dabei gibt es Steuern, die ausschließlich der EU, dem Bund, den Ländern oder den Gemeinden zustehen. • Sogenannte **Gemeinschaftssteuern** werden nach einem bestimmten Verteilungsschlüssel unter den öffentlichen Haushalten aufgeteilt.	**direkte Steuern** werden vom Bruttoeinkommen der Steuerpflichtigen abgezogen bzw. belasten deren Vermögenswerte z. B. Einkommensteuer, Grundsteuer, Kfz-Steuer **indirekte Steuern/Produktionsabgaben** werden Preisbestandteil der besteuerten Güter und verteuern sie z. B. Umsatzsteuer, Tabaksteuer, Versicherungssteuer

3.1.4 Ausland

In einer global vernetzten Wirtschaft ist neben den inländischen Wirtschaftssektoren der Sektor Ausland zu berücksichtigen – die „übrige Welt“. Das Verhalten ausländischer Wirtschaftssubjekte beeinflusst im Rahmen grenzüberschreitender Transaktionen durch Exporte und Importe von Gütern sowie Faktorleistungen das inländische Wirtschaftsgeschehen.

Container-Terminal im Hafen Hamburg

Grundmuster der wirtschaftlichen Aktivitäten zwischen In- und Ausland (Sektor Ausland – übrige Welt)

Exporte von
- Waren und Dienstleistungen
- Faktorleistungen wie Arbeit (Grenzgänger) und Kapital (Kreditvergabe an das Ausland)

Importe von
- Waren und Dienstleistungen
- Faktorleistungen wie Arbeit (Grenzgänger) und Kapital (Kreditaufnahme im Ausland)

→ **Außenbeitrag** = Export – Import
Export > Import → Außenbeitrag positiv; Export < Import → Außenbeitrag negativ

3.2 Wertschöpfungsketten – Arbeitsteilung im Unternehmenssektor

Arbeitsteilung im Unternehmenssektor

Es wird unterstellt, dass im gesamten Unternehmenssektor maximal 100 Anzüge hergestellt werden können. Die Produktion läuft im Unternehmenssektor wie folgt ab:
- Der Schafzüchter Matzen verkauft Wolle für 200,00 EUR an das Unternehmen Textil GmbH.
- Die Textil GmbH stellt 100 Anzüge her, indem sie in der hauseigenen Spinnerei und Weberei die Wolle zu Stoffen verarbeitet und daraus die Anzüge fertigt. Anschließend werden die Anzüge für 1.500,00 EUR an das Modehaus Werner verkauft.
- Das Modehaus Werner ist Einzelhändler und verkauft die Anzüge für 2.000,00 EUR an seine Kunden aus dem Sektor private Haushalte.

In der Volkswirtschaftslehre werden Unternehmen unterschiedlichen Sektoren zugeordnet:

Gliederung des Unternehmenssektors (sektorale Arbeitsteilung)

Primärsektor

- baut Produkte an oder ab[1] (Urproduktion)
- umfasst alle Bereiche der Rohstoffgewinnung aus natürlichen Ressourcen
- liefert Vorleistungen für nachfolgende Wertschöpfungsprozesse

Land- und Forstwirtschaft, Fischerei, Bergbau, Erschließung und Abbau von Bodenschätzen

Sekundärsektor

- verarbeitet u. a. Vorleistungen des Primärsektors
- ist produzierendes Gewerbe, produziert Sachgüter
- übernimmt häufig auch Dienstleistungen

Bau, Industrie, Handwerk

Tertiärsektor

- ist Dienstleistungssektor
- umfasst öffentliche und private Dienstleistungen
- vermarktet u. a. Vorleistungen des Primär- und Sekundärsektors
- umfasst haushaltsnahe Dienstleistungen für Konsumenten und unternehmensnahe Dienstleistungen für Produzenten

Beratungsdienstleistungen (Banken, Versicherungen, Steuerberater, Rechtsanwälte); Handel; Gastgewerbe Verkehr (Logistik); öffentliche Verwaltung

Quartärer Sektor

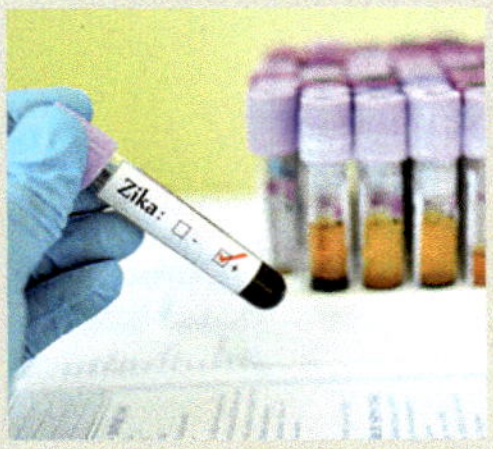

- ist wissensbasierter Dienstleistungssektor mit Schwerpunkt auf Forschung und Entwicklung
- Basis für Produkt- und Prozessinnovationen

Forschungs- und Entwicklungseinrichtungen, Gründerzentren

[1] Natur (Boden) ist als Anbau- und Abbaufaktor notwendig.

Einzelne Unternehmen teilen sich Produktionsprozesse – von der Urproduktion bis zum Verkauf an den Endverbraucher – untereinander auf. Dies wird Arbeitsteilung ► genannt.

Arten der Arbeitsteilung
► I • 4.2.3

Arbeitsteilung im Unternehmenssektor ist die Aufteilung von Tätigkeiten bei der Güterproduktion auf verschiedene Unternehmen.

Wertschöpfungs-
prozesse
▶ IV • 2.3

Durch die Arbeitsteilung leistet jedes Unternehmen einen eigenen Beitrag bei der Produktion eines Gutes. Der Wert des Gutes wird durch die Bearbeitung bzw. Weiterentwicklung erhöht. Dies wird als Wertschöpfung▸ bezeichnet. Werden Vorleistungen (Vorprodukte) von anderen Unternehmen bei dem Produktionsprozess weiterverarbeitet, ergibt sich eine Kette von Wertschöpfungen.

Wertschöpfung des einzelnen Unternehmens
= Eigenfertigung eines Unternehmens
= Umsatz (Verkaufserlös) – Vorleistungen (Kosten für Vorprodukte)

Wertschöpfung Schafzüchter Matzen	Wertschöpfung Textil GmbH	Wertschöpfung Modehaus Werner
Umsatz 200,00 EUR – Vorleistungen 0,00 EUR	Umsatz 1.500,00 EUR – Vorleistungen 200,00 EUR	Umsatz 2.000,00 EUR – Vorleistungen 1.500,00 EUR
200,00 EUR	1.300,00 EUR	500,00 EUR
gesamte Wertschöpfung = 2.000,00 EUR (= Summe der Wertschöpfungen der an der Produktion beteiligten Unternehmen)		
Einkommen/Volkseinkommen = 2.000,00 EUR		
Nachfrage der privaten Haushalte = 2.000,00 EUR		

Der gesamte Weg, den ein Gut von der Urproduktion bis zum Endverbraucher durchläuft, wird als Wertschöpfungskette (value chain) bezeichnet.

Arbeitsteilung erhöht die Produktivität einer Volkswirtschaft, wenn die Arbeitsteilung im Inland stattfindet. Durch die erhöhte Produktivität und die erhöhte Wertschöpfung steigt auch das Volkseinkommen, da die an der Produktion beteiligten Haushalte mehr Faktoreinkommen[1] für ihre Leistungen (Arbeit, Boden, Sachkapital) erhalten. Im Jahr 2019 betrug das Volkseinkommen▸ in Deutschland 2.561,55 Mrd. Euro.

Das Volkseinkommen ist das gesamte Faktoreinkommen von Inländern einer Volkswirtschaft.

[1] Faktoreinkommen: *Wirtschaftssubjekte stellen Produktionsfaktoren zur Verfügung. Für die Nutzung dieser Produktionsfaktoren erhalten sie Entgelt. In der VWL wird dieses Entgelt als Faktoreinkommen bezeichnet.*

Volkseinkommen
▶ II • 4.2.3

FALLSTUDIE **Aus dem Geschäftsbericht der Auto AG**

Die Auto AG hat im abgelaufenen Geschäftsjahr einen Umsatz von 197 Mrd. EUR erzielt. Der Materialaufwand für Stoffe, Halb- und Fertigfabrikate sowie sonstige Komponenten betrug 127 Mrd. EUR. Darüber hinaus wurden sonstige Vorleistungen wie Rechts- und Steuerberatungsleistungen, IT-Dienstleistungen, Dienstleistungen von Leiharbeitsfirmen, Transportleistungen von Spediteuren, Reparatur und Wartung durch Fremdfirmen in Höhe von 20 Mrd. EUR in Anspruch genommen. Der Wert der Eigenfertigung belief sich im abgelaufenen Geschäftsjahr auf 50 Mrd. EUR.

Die Wertschöpfung wurde wie folgt verteilt: Mitarbeiterlöhne und Gehälter sowie Soziales 31,747 Mrd. EUR; Zinsaufwand für Kreditgeber 3,442 Mrd. EUR, Steuern und Abgaben an den Staat 3,865 Mrd. EUR; Gewinnausschüttungen an Gesellschafter 1,851 Mrd. EUR und einbehaltene Gewinne (Rücklagen) 9,095 Mrd. EUR.

ARBEITSAUFTRÄGE

1. Zeigen Sie die Wertschöpfungskette auf, in die die Auto AG eingebunden ist.
2. Welche Sektoren sind an der Wertschöpfung der Auto AG beteiligt?
3. Ermitteln Sie die Höhe der Wertschöpfung der Auto AG im abgelaufenen Geschäftsjahr.
4. Stellen Sie die Höhe der Arbeits-, Vermögens- und Gewinneinkommen sowie die staatlichen Einnahmen fest.
5. Welche Gründe können die Auto AG bewogen haben, bestimmte Teilbereiche der Produktion auszulagern?
6. Wie beurteilen Sie die gesamtwirtschaftliche Bedeutung der Auto AG?

Aufgaben zu Kapitel **3**

zusätzliche Aufgaben zu Kapitel 3

► Webcode WGW_ II_3_A-Zusatz

1. Erklären Sie den Unterschied zwischen Wirtschaftssubjekt und Wirtschaftssektor.
2. Erläutern Sie, warum Arbeitsteilung die Produktivität einer Volkswirtschaft erhöht.
3. Erklären Sie, warum bei der Berechnung der Wertschöpfung die Vorleistungen der Unternehmen abgezogen werden müssen.

Zusammenfassung: 3 Wirtschaftssubjekte und Wirtschaftssektoren

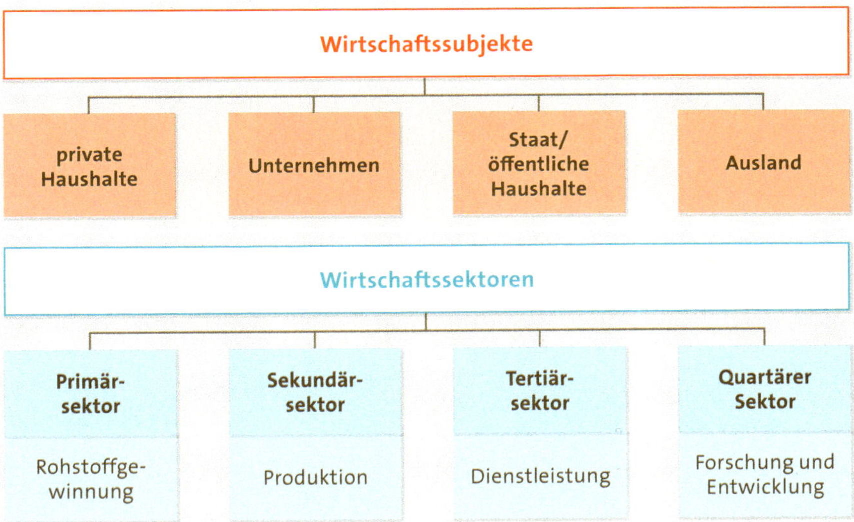

4 Volkswirtschaftliche Gesamtrechnung und Bruttoinlandsprodukt

Jahr für Jahr ermittelt das Statistische Bundesamt in der Volkswirtschaftlichen Gesamtrechnung (VGR) die Daten aller wirtschaftlichen Aktivitäten und bereitet sie nach unterschiedlichen Gesichtspunkten auf:

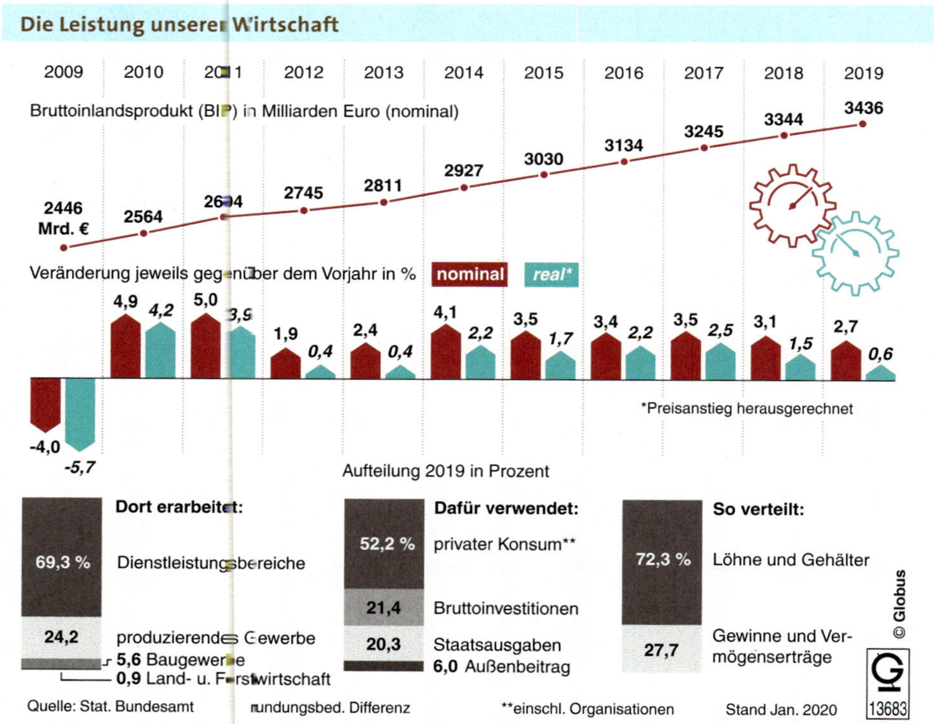

Wozu könnte Ihrer Meinung nach, das aufbereitete Datenmaterial verwendet werden? In welchen Bereichen finden Sie Ihre eigenen wirtschaftlichen Aktivitäten wieder?

4.1 Bedeutung und Aufgaben der Volkswirtschaftlichen Gesamtrechnung

Das gesamte wirtschaftliche Geschehen in Deutschland wird quantitativ vom Statistischen Bundesamt in der Volkswirtschaftlichen Gesamtrechnung (VGR►) dargestellt. Die Berichtsperioden umfassen Quartale und Kalenderjahre. Die Hauptaufgaben der VGR sind die Berechnung des Bruttoinlandsprodukts (BIP), das als Indikator für die wirtschaftliche Leistung und den Wohlstand der Volkswirtschaft gilt, sowie die Berechnung des Bruttonationaleinkommens (BNE). Bedeutend sind die Ergebnisse über die Entstehung, die Verteilung und die Verwendung des Bruttoinlandsprodukts in einer Periode. Weitere Nebenrechnungen wie Input-Output-Rechnung, Vermögensrechnung, Erwerbstätigenrechnung, Arbeitsvolumenrechnung und Finanzierungsrechnung werden ebenfalls in der VGR aufgestellt.

VGR

► www.destatis.de Menü → Themen → Wirtschaft → Volkswirtschaftliche Gesamtrechnungen, Inlandsprodukt → Grafiken

Die Ergebnisse der VGR sind für die Politik, die Wirtschaft und die Wirtschaftswissenschaften in vielen Zusammenhängen von enormer Bedeutung. Die VGR liefert wichtige Informationen über:

- Wirtschaftsleistung und gesamtwirtschaftliche Wirtschaftsstruktur in einer Periode
- Entwicklung der Wirtschaft in den vergangenen Perioden

Die VGR bildet somit die Grundlage für:

- Analysen und Wirtschaftsprognosen
- wirtschaftspolitische Entscheidungen
- Bewertung wirtschaftspolitischer Maßnahmen der Vergangenheit
- Aufstellung und Überprüfung wirtschaftswissenschaftlicher Theorien

Die gesamtwirtschaftliche Wirtschaftsleistung wird von unterschiedlichen Wirtschaftssubjekten erwirtschaftet. Angelehnt an den erweiterten Wirtschaftskreislauf► werden die einzelnen Subjekte zu volkswirtschaftlichen Sektoren (Unternehmen, private Haushalte, Staat und übrige Welt) zusammengefasst und deren Produktionsergebnisse wertmäßig summiert.

erweiterter Wirtschaftskreislauf

► I • 6.6

Die Volkswirtschaftliche Gesamtrechnung (VGR) erfasst alle Geld-, Faktor- und Güterströme zwischen den drei Sektoren private Haushalte, Unternehmen und Staat. Transaktionen mit dem Ausland werden eingebunden, sofern sie Auswirkungen auf die inländische Wirtschaft haben.

Die Summe der Produktionsergebnisse abzüglich der Vorleistungen wird Bruttowertschöpfung genannt. Addiert man nun die Nettogütersteuern (Gütersteuern – Gütersubventionen), erhält man schließlich das Bruttoinlandsprodukt (BIP) zu Marktpreisen. Die notwendigen Informationen und Zahlen zur Erstellung der VGR erhält das statistische Bundesamt von allen Akteuren der Volkswirtschaft[1].

[1] Auch statistische Daten aus vergangenen Berichtsperioden werden laufend verfeinert und aufgrund nachgelieferter Daten korrigiert.

Das Bruttoinlandsprodukt (BIP) misst den Wert aller Güter (Waren und Dienstleistungen), die im Inland in einer definierten Periode erwirtschaftet wurden. Dabei werden empfangene Vorleistungen bei der Güterproduktion nicht berücksichtigt.

Bruttowertschöpfung (aller Wirtschaftssubjekte)
= Produktionsergebnisse – Vorleistungen
= gesamtwirtschaftliches Produktionsergebnis
+ Nettogütersteuern[1]
= Bruttoinlandsprodukt (BIP) zu Marktpreisen

[1] Nettogütersteuern = Gütersteuern – Gütersubventionen

Ist das BIP gestiegen, spricht man von positivem Wirtschaftswachstum.
Ist das BIP gesunken, spricht man von negativem Wirtschaftswachstum.

Die Ergebnisse der VGR werden in Kontoform und Tabellenform dargestellt und unterschiedlich aufbereitet. So wird das BIP in drei verschiedenen Rechnungen ermittelt, die jeweils von anderen Fragestellungen ausgehen:

- Wo ist das BIP entstanden? = Entstehungsrechnung
- Wofür wurde das BIP verwendet? = Verwendungsrechnung
- Wie verteilt sich das BIP? = Verteilungsrechnung

Entstehung, Verwendung und Verteilung des Bruttoinlandsprodukts 2019 in Deutschland (in Mrd. EUR)[2]

Entstehung		=	Verwendung		=	Verteilung	
Bruttowertschöpfung	**3.093,0**		**Konsumausgaben**	**2.493,4**		**Volkseinkommen**	**2.561,5**
Produzierendes Gewerbe (ohne Baugewerbe)	749,1		Private Konsumausgaben	1.794,0		Arbeitnehmerentgelt	1.849,1
Handel, Verkehr, Gastgewerbe	502,0		Konsumausgaben des Staates	699,4		Unternehmens- und Vermögenseinkommen	712,4
Grundstücks- und Wohnungswesen	326,4		+			+	
Öffent. Dienstleister, Erziehung, Gesundheit	581,4		**Bruttoinvestitionen**	**734,7**		**Produktions- und Importabgaben an den Staat abzüglich Subventionen vom Staat**	**336,8**
Sonstiges	934,0		Bruttoanlageinvestitionen	746,9			
			Vorratsveränderungen	−12,2			
+			+			+	
Gütersteuer abzüglich Gütersubventionen	**342,8**		**Außenbeitrag**	**207,7**		**Abschreibungen**	**637,0**
			Exporte	1.612,1		–	
			Importe	−1.404,4		**Saldo der Primäreinkommen aus der übrigen Welt**	**99,6**

Bruttoinlandsprodukt = 3.435,8

[2] Hinweis: Da die angegebenen Summen auf Basis der ungerundeten Beträge ermittelt wurden, die einzelnen aufgeführten Beträge jedoch in der Grafik gerundet angegeben werden, kann es zu rundungsbedingten Differenzen kommen.

4.2 Ermittlung des Bruttoinlandsprodukts

4.2.1 Entstehungsrechnung

Um das BIP zu berechnen und festzustellen, in welchen Bereichen es in welcher Höhe entstanden ist, werden die Unternehmen unterschiedlichen Bereichen zugeordnet. Die Werte der Produktionsergebnisse werden je Bereich zusammengefasst.

Die Entstehungsrechnung zeigt, in welchen Wirtschaftsbereichen das BIP in welcher Höhe entstanden ist. Die Ergebnisse in den einzelnen Bereichen werden addiert. Somit wird die Höhe des BIP der Volkswirtschaft ermittelt und gleichzeitig die Struktur der Wirtschaft aufgezeigt.

Die deutsche Wirtschaft ist ihrer Struktur nach eine Dienstleistungsgesellschaft mit einem nach wie vor bedeutenden Anteil des produzierenden Gewerbes sowie einem sehr geringen Anteil der Land- und Forstwirtschaft. Demnach liegt der Schwerpunkt der Güterproduktion, des Faktoreinkommens und der Beschäftigung im Dienstleistungssektor. In einer Industriegesellschaft würde das produzierende Gewerbe aus Industrie und Handwerk dominieren. Eine Agrargesellschaft wäre gekennzeichnet durch einen hohen Wertschöpfungsanteil der Land- und Forstwirtschaft. Aus dem Zeitvergleich der Entwicklung des BIP und seiner Teilelemente lässt sich erkennen, wie sich das BIP insgesamt verändert und wie sich die Anteile der Sektoren entwickeln.

Entstehungsrechnung 2019 in Mrd. EUR	
Bruttowertschöpfung	**3.093,0**
Produzierendes Gewerbe (ohne Baugewerbe)	749,1
Handel, Verkehr, Gastgewerbe	502,0
Grundstücks- und Wohnungswesen	326,4
Öffent. Dienstleister, Erziehung, Gesundheit	581,4
Sonstiges	934,0
+	
Gütersteuer abzüglich Gütersubventionen	**342,8**
BIP = 3.435,8	

4.2.2 Verwendungsrechnung

Wirtschaftssubjekte fragen Güter und Faktorleistungen nach Die Verwendungsrechnung liefert Informationen darüber, wie sich die gesamtwirtschaftliche Nachfrage zusammensetzt: Wie hoch sind die Konsumausgaben, die Investitionen, die Ex- und Importe in der betrachteten Periode?

Die **Verwendungsrechnung** dokumentiert, wofür und in welcher Höhe die Wirtschaftssubjekte das erwirtschaftete BIP verwendet haben.

Brutto- und Nettoinvestitionen

▶ I • 4.3.2

Größtenteils wird das BIP für den privaten Konsum ausgegeben. Das zeigt sich auch in der Verwendungsrechnung des Jahres 2019. Aus der Summe der Bruttoinvestitionen ▶ wird die Investitionstätigkeit der Unternehmen deutlich. Sind die Bruttoinvestitionen höher als die ausgewiesenen Abschreibungen, die die Werteverluste von Sachanlagen erfassen, bedeutet dies, dass mehr in materielle und immaterielle Anlagen als in deren Ersatz investiert wurde. Dieser Sachverhalt bedeutet, dass die Produktionskapazitäten in einer Volkswirtschaft gestiegen sind. Negative Vorratsinvestitionen sind dadurch zu erklären, dass im Berichtsjahr auch Güter verkauft worden sind, die bereits im Vorjahr produziert und gelagert wurden. Der positive Außenbeitrag aus Exporten und Importen ist ein Beleg für die hohe Wettbewerbsfähigkeit der deutschen Wirtschaft auf den Weltmärkten. Er stabilisiert Wertschöpfung, Beschäftigung und Einkommen.

Verwendungsrechnung 2019 in Mrd. EUR	
Konsumausgaben	**2.493,4**
Private Konsumausgaben	1.794,0
Konsumausgaben des Staates	699,4
+	
Bruttoinvestitionen	**734,7**
Bruttoanlageinvestitionen	746,9
Vorratsveränderungen	−12,2
+	
Außenbeitrag	**207,7**
Exporte	1.612,1
Importe	−1.404,4
BIP = 3.435,8	

4.2.3 Verteilungsrechnung

Wirtschaftssubjekte stellen Produktionsfaktoren für den Produktionsprozess zur Verfügung und erhalten dafür Entgelte, die auf Unternehmer- und Arbeitnehmerhaushalte verteilt sind. In der Verteilungsrechnung wird daher zwischen Einkommen aus unselbstständiger Arbeit (z. B. Löhne, Gehälter) und Einkommen aus Unternehmertätigkeit und Vermögen (z. B. Mieten, Pachten, Unternehmergewinne, Zinsen, Dividenden) unterschieden.

Die **Verteilungsrechnung** zeigt, wie sich das erhaltene Faktoreinkommen auf unterschiedliche Haushaltsgruppen vor der Umverteilung durch den Staat verteilt. Sie gibt Hinweise auf die Einkommensstruktur in der Volkswirtschaft.

Da die Faktoreinkommen im Wertschöpfungsprozess entstehen werden sie als Primäreinkommen bezeichnet. Arbeits-, Vermögens- und Gewinneinkommen gelten als Primäreinkommen, wenn sie direkt an private Haushalte als Gegenleistung für deren Wertschöpfungsbeitrag ausgezahlt werden. Zählt man die gesamten Primäreinkommen (Arbeitnehmerentgelt, Unternehmens- und Vermögenseinkommen) von Inländern in einer Volkswirtschaft zusammen, erhält man das Volkseinkommen.

Volkseinkommen ist die Summe der gesamten Primäreinkommen in einer Volkswirtschaft, die inländische Wirtschaftssubjekte in einer Periode erhalten haben. Es wird auch als Bruttoeinkommen bezeichnet.

Das in der Verteilungsrechnung ausgewiesene Volkseinkommen ist jedoch nicht identisch mit dem verfügbaren Einkommen, das die privaten Haushalte für Konsum und Sparen einsetzen können. Das verfügbare Einkommen ergibt sich, wenn vom Volkseinkommen die Steuern und Sozialabgaben abgezogen und die Transferzahlungen des Staates dazugezählt werden.

Volkseinkommen/Bruttoeinkommen
– direkte Steuern
– Sozialabgaben
+ Transferzahlungen
= verfügbares Einkommen der privaten Haushalte

Vom Volkseinkommen zum BIP

Um vom Volkseinkommen zum Bruttoinlandsprodukt zu gelangen, wird nebenstehendes Berechnungsschema herangezogen.

- Produktionsabgaben sind Steuern bzw. Abgaben, die aufgrund der Produktion von Gütern anfallen, aber unabhängig von der Menge und dem Wert der produzierten Güter bestimmt werden. Dazu zählen z. B. Grundsteuer, Gewerbesteuer, Kfz-Steuer.
- Importabgaben: Zölle
- Subventionen, die nicht an der Produktionsmenge ausgerichtet sind, wie z. B. für den öffentlichen Personenverkehr oder Forschungssubventionen
- Die Abschreibungen benötigen Unternehmen zur Finanzierung ihrer Ersatzinvestitionen. Sie wurden vom Unternehmen „verdient", werden aber nicht an die privaten Haushalte „ausgezahlt". Da die Abschreibungen also erwirtschaftet wurden, müssen sie bei der Berechnung addiert werden.
- Der Saldo der Primäreinkommen (Einkommen der Inländer im Ausland minus Einkommen der Ausländer im Inland) aus der übrigen Welt muss abgezogen werden.

Verteilungsrechnung 2019 in Mrd. EUR

Volkseinkommen	**2.561,5**
Arbeitnehmerentgelt	1.849,1
Unternehmens- und Vermögenseinkommen	712,4
+	
Produktions- und Importabgaben an den Staat abzüglich Subventionen vom Staat	**336,8**
+	
Abschreibungen	**637,0**
–	
Saldo der Primäreinkommen aus der übrigen Welt	**99,6**
BIP = 3.435,8	

Lohnquote

Auf Basis der Verteilungsrechnung lässt sich die Lohnquote ermitteln. Diese volkswirtschaftliche Kennzahl gibt Hinweise auf die Einkommensstruktur in einer Volkswirtschaft. Das Pendant dazu ist die Gewinnquote. Sie gibt den Anteil der Einkünfte aus unternehmerischer und selbstständiger Tätigkeit sowie Einkünfte aus Kapital und Vermögen am Volkseinkommen an.

Die **Lohnquote** ist der prozentuale Anteil der Einkommen aus nichtselbstständiger Arbeit am Volkseinkommen.

In Deutschland beträgt die Lohnquote der letzten Jahre zwischen 68 % und 72 % des Volkseinkommens.

Berechnung der Lohn- und Gewinnquote für das Jahr 2019

Volkseinkommen 2.561,5 Mrd. EUR = 100 %

Arbeitnehmerentgelt 1.849,1 Mrd. EUR	Unternehmens- und Vermögenseinkommen 712,4 Mrd. EUR
Lohnquote = $\frac{1.849,1 \cdot 100}{2.561,5}$ = 72,19 Das heißt, die Lohnquote beträgt 72,19 %.	Gewinnquote = $\frac{712,4 \cdot 100}{2.561,5}$ = 27,81 oder: 100 % – 72,19 % = 27,81 % Das heißt, die Gewinnquote beträgt 27,81 %

Häufig wird die Lohnquote als Indikator für die Verteilung des Volkseinkommens auf Arbeitnehmer und Unternehmer herangezogen. Diese Interpretation ist umstritten, da auch Arbeitnehmer neben ihrem Arbeitsentgelt andere Einkünfte wie Dividenden und Mieteinnahmen haben. In der Verteilungsrechnung werden diese Einkünfte, auch wenn sie Arbeitnehmern zufließen, den Unternehmens- und Vermögenseinkommen zugerechnet. Die Lohnquote gibt lediglich Aufschluss über die gezahlten Löhne und Gehälter in der Berichtsperiode.

Obwohl sie in ihrer Aussagekraft beschränkt ist, wird die Lohnquote oft als Maßstab für die funktionelle Einkommensverteilung in Deutschland herangezogen.

4.3 Nominales und reales BIP

4.3.1 Unterschied zwischen nominalem und realem BIP

Um aussagefähige, unverzerrte Aussagen über die wirtschaftliche Entwicklung einer Volkswirtschaft zu erhalten, wird zwischen nominalem und realem BIP unterschieden.

Das **nominale** Bruttoinlandsprodukt bezeichnet den Wert der Waren und Dienstleistungen in einer Periode bewertet zu den jeweiligen Marktpreisen.

Betrachtet werden also zwei Komponenten: Menge und Preis der Güter. Deswegen müssen neben Mengenänderungen auch Preisänderungen berücksichtigt werden. Bei einem Vergleich zwischen mehreren Perioden kann das nominale BIP zu Fehlschlüssen über die tatsächliche wirtschaftliche Entwicklung führen, da eine Steigerung des BIP allein von Preissteigerungen hervorgerufen werden kann, ohne dass mehr Gütereinheiten produziert wurden.

In einer Mustervolkswirtschaft werden ausschließlich Gartenbänke des Typs *Chillgut* hergestellt. In einem Jahr (Basisjahr) werden 100 Gartenbänke produziert. Der Preis je Bank beträgt 100 GE (Geldeinheiten). Aufgrund dieser Produktion entsteht ein nominales BIP in Höhe von 10.000 GE. Im Folgejahr (Berichtsjahr) wurden ebenfalls 100 Gartenbänke des gleichen Typs produziert. Aufgrund gestiegener Rohstoffpreise erhöhte sich der Marktpreis für eine Bank von 100 GE auf 120 GE je Bank. Das nominale BIP beträgt im Folgejahr somit 12.000 GE. Obwohl keine Gartenbank mehr als im Vorjahr produziert wurde, ist das nominale BIP gestiegen. Man würde von Wirtschaftswachstum sprechen, jedoch liegt keine Steigerung der Güterproduktion vor.

Um die reale Entwicklung der Wirtschaftsleistung aufzuzeigen, muss daher das reale BIP betrachtet werden.

Die Preissteigerungen werden aus dem nominalen BIP herausgerechnet, indem der Wert der Waren und Dienstleistungen einer Berichtsperiode zu sogenannten *konstanten* Preisen berechnet wird.

Das reale Bruttoinlandsprodukt bezeichnet den Wert der Waren und Dienstleistungen im Berichtsjahr bewertet zu den Preisen des Basisjahres.
Basisjahr = Jahr, in dem die Güter zu ihren Marktpreisen berechnet wurden.
Berichtsjahr (Vergleichsjahr) = Jahr, in dem der Wert der Güter zu den Preisen des Basisjahres berechnet werden.

Im Zusammenhang mit dem obigen Beispiel bedeutet dies: Die produzierten Güter im Berichtsjahr werden zu Preisen des Basisjahres bewertet. Da weiterhin nur 100 Bänke des Typs *Chillgut* produziert wurden, beträgt das reale BIP im Berichtsjahr ebenfalls 10.000 GE. Die Wirtschaft ist weder gewachsen noch geschrumpft.

Das reale Bruttoinlandsprodukt dient als Vergleichsgröße für die Entwicklung einer Volkswirtschaft und entspricht dem um die Preissteigerungen bereinigten nominalen Bruttoinlandsprodukt. Das reale BIP ist ein aussagekräftiger Indikator für das Wirtschaftswachstum in einer Volkswirtschaft.

4.3.2 Berechnung des realen Bruttoinlandsprodukts und des realen Wirtschaftswachstums

Grundlage für die Berechnung des realen Wirtschaftswachstums sind das nominale Bruttoinlandsprodukt (BIP_n) und das reale Bruttoinlandsprodukt (BIP_r):
Um die Preissteigerungen aus dem nominalen BIP herauszurechnen, ermittelt das Statistische Bundesamt den BIP-Deflator, der im Folgenden als Preisindex bezeichnet wird.

Anders als der Verbraucherpreisindex, der Preissteigerungen eines definierten Warenkorbs misst, bezieht der BIP-Deflator alle Preise der produzierten Waren und Dienstleistungen einer Periode bei der Berechnung der Preissteigerungsrate ein.[1]

[1] Auf die Ermittlung des BIP-Deflators wird hier nicht näher eingegangen, da dies nicht Bestandteil des Bildungsplans ist.

$$BIP_{real} = \frac{BIP_{nominal} \cdot 100}{\text{Preisindex}}$$

Das statistische Bundesamt veröffentlichte 2019 Daten zur Entwicklung des Bruttoinlandsprodukts. Für das Basisjahr 2015 setzt das Statistische Bundesamt den Preisindex auf 100.

Entwicklung des nominalen und realen Bruttoinlandsprodukts 2015–2019 (Index: 2015 = 100)

Jahr	BIP nominal in Mrd. EUR	Veränderung in % nominal	Preisindex (BIP-Deflator)	BIP real in Mrd. EUR	Veränderung in % real
2015	3.030,07		100,00	3.030,07	
2016	3.134,10	3,4	101,17	3.097,86	2,2
2017	3.244,99	3,5	102,23	3.174,21	2,5
2018	3.344,37	3,1	103,78	3.222,56	1,5
2019	3.436,00	2,7	106,02	3.240,90	0,6

Quelle: Statistisches Bundesamt (Destatis), 2020: Auszug aus Fachserie 18, Reihe 1.4

Berechnung des nominalen und realen Wirtschaftswachstums von 2018 gegenüber 2017

Jahr	nominales BIP	Preisindex	reales BIP
2017	3.244,99 Mrd. EUR	102,23	$BIP_{real\,2017} = \frac{3.244,99 \cdot 100}{102,23} = 3.174,21$ Mrd. EUR
2018	3.344,37 Mrd. EUR	103,78	$BIP_{real\,2018} = \frac{3.344,37 \cdot 100}{103,78} = 3.222,56$ Mrd. EUR
Steigerung im Jahr 2018 in %	$BIP_n \text{ Steigerung} = \frac{BIP_n \text{ neu} \cdot 100}{BIP_n \text{ alt}}$ $BIP_n \text{ Steigerung 2018} = \frac{3.344,37 \cdot 100}{3.244,99} = 103,06$ Das heißt, das nominale BIP ist (aufgerundet) um 3,1 % gestiegen.		$BIP_r \text{ Steigerung} = \frac{BIP_r \text{ neu} \cdot 100}{BIP_r \text{ alt}}$ $BIP_r \text{ Steigerung 2018} = \frac{3.222,56 \cdot 100}{3.174,21} = 101,52$ Das heißt, das reale BIP ist (abgerundet) um 1,5 % gestiegen.

Das reale Wirtschaftswachstum ist

- positiv, wenn mehr produziert wurde als im Vergleichsjahr (wirtschaftlicher Aufschwung) = Steigerung des realen BIP;
- negativ, wenn weniger produziert wurde als im Vergleichsjahr (wirtschaftlicher Abschwung) = Verminderung des realen BIP;
- gleich null, wenn die Produktion gemessen am Vergleichsjahr sich nicht verändert hat (wirtschaftliche Stagnation).

4.3.3 Reales Bruttoinlandsprodukt im nationalen und internationalen Vergleich

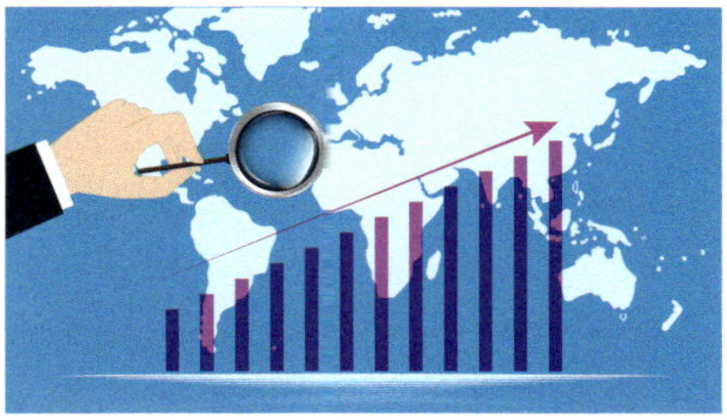

Um die wirtschaftliche Leistung und den Lebensstandard einzelner Regionen oder Länder zu vergleichen, wird die Kennzahl *BIP pro Kopf*[1] ermittelt. Sie zeigt die Entwicklung der durchschnittlichen Wirtschaftsleistung je Einwohner. Denn steigt das Bruttoinlandsprodukt, heißt dies nicht automatisch, dass sich die Einkommenssituation der Bevölkerung und die Güterversorgung verbessert haben. Im Jahr 2019 führte Luxemburg die Mitgliedsstaaten der EU mit 102.200 EUR BIP pro Kopf an. Deutschland lag mit 41.340 EUR BIP pro Kopf auf Platz 8.

[1] BIP pro Kopf $= \frac{\text{BIP}}{\text{Einwohnerzahl}}$

Die Wirtschaftskraft der Länder pro Kopf 2019

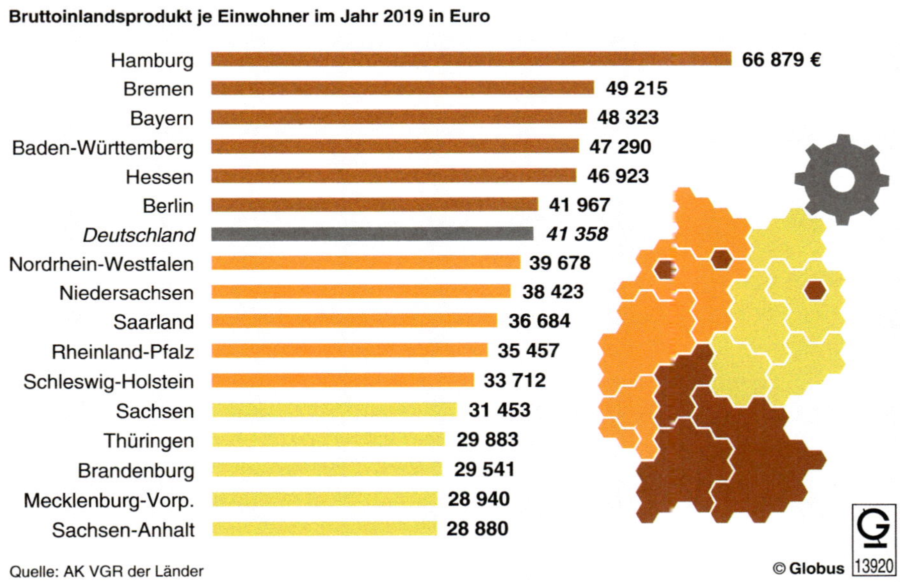

Bei der Interpretation dieses Indikators gibt es jedoch auch Verzerrungen:

- Wächst die Bevölkerung schneller als das BIP, sinkt das BIP pro Kopf.
- Steigt das BIP pro Kopf, kann man nur von einer Verbesserung der Einkommenssituation ausgehen, wenn man zudem die Einkommensverteilung des Landes betrachtet. So kann z. B. in einem Land, in dem die Wirtschaftsleistung in den Händen weniger Wirtschaftssubjekte liegt, das BIP pro Kopf steigen, ohne dass die Gesamtbevölkerung eine Einkommensverbesserung erfährt.

4.4 BIP als Wohlstandsindikator in der Kritik

Die wirtschaftliche Leistung einer Volkswirtschaft wird oft mit dem Wohlstand eines Landes gleichgesetzt. Damit kann das BIP allgemein auch als ein Wohlstandsindikator angesehen werden.

Erhöhung des BIP wird als **Wohlstandsteigerung** interpretiert.
Verringerung des BIP wird als **Wohlstandsminderung** interpretiert.

In Deutschland und auch international wird diese Betrachtung zunehmend diskutiert: Soll man das BIP als Wohlstandsindikator beibehalten oder um weitere Indikatoren ergänzen oder gar ganz verwerfen?
Zentrale Kritikpunkte am BIP als Wohlstandsindikator sind:

- Nicht alle Wertschöpfungsprozesse werden erfasst: Güter, die keinen Marktpreis haben, bleiben unberücksichtigt (z. B. Kindererziehung, Hausarbeit, Nachbarschaftsdienste, ehrenamtliche Tätigkeiten). Schwarzmärkte fließen nicht ein. Ihr wertmäßiger Anteil wird jedoch geschätzt in das BIP eingerechnet.
- Marktpreise können verzerrt sein. Subventionen oder soziale Kosten► (Kosten, die bei der Produktion entstehen, aber nicht dem Verursacher in Rechnung gestellt werden, wie z. B. Luftverschmutzung) würden zu anderen Marktpreisen führen. Eine verzerrte Wertschöpfung ist die Folge.
- Die Qualität der Güter wird nicht berücksichtigt.
- Die Höhe des BIP erlaubt keine Aussagen über die Einkommensverteilung. Ein hohes BIP könnte auch Wohlstand nur für wenige bedeuten.
- Immaterielle Werte wie Freizeit, lebenswerte Umwelt, Arbeitsbedingungen, soziales Klima in der Gesellschaft, Freiheit der Bevölkerung, politische Stabilität und Sicherheit gehen nicht in das BIP ein.
- Durch unerwünschte Effekte (z. B. Umweltverschmutzung oder die Beseitigung von Katastrophenfolgen oder Reparaturen aufgrund von Unfällen) steigt das BIP.
- Der Konsum von Genussmitteln (z. B. Tabak, Alkohol oder Medikamentenmissbrauch) erhöht das BIP. Die damit verbundenen gesundheitlichen Auswirkungen sind aber unerwünscht. Zudem werden dadurch mehr Leistungen des Gesundheitswesens nachgefragt, was wiederrum das BIP erhöht.
- Bereitstellungen von öffentlichen Gütern (z. B. Infrastruktur) durch den Staat stellen Vorleistungen im Wertschöpfungsprozess dar und müssten daher ebenfalls abgezogen werden.

soziale Kosten
= externe Kosten
► I • 3.6

Trotz dieser und weiterer Einwände wird das BIP als aussagekräftiges Wohlstandsmaß international verwendet. Es werden jedoch Forderungen lauter, weitere Indikatoren zur Wohlstandsmessung in einer Volkwirtschaft zu berücksichtigen.

Fazit: Immaterielle Wohlstandsziele können ohne Wirtschaftswachstum in einer Gesellschaft nicht erreicht werden. Materieller und immaterieller Wohlstand stehen somit in einer Wechselbeziehung zueinander.

4.5 Alternativkonzepte in der Diskussion

Verschiedene Initiativen auf nationaler und internationaler Ebene versuchen herauszufinden, wie gesellschaftlicher Fortschritt und Wohlstand umfassender gemessen werden können als mit dem BIP. Insbesondere wird untersucht, wie Wirtschaftswachstum, Wohlstand, Lebensqualität und Wohlbefinden zusammenhängen und ob unser Wohlstand nachhaltig ist. Hierzu wurde eine Reihe von Alternativkonzepten entwickelt, z. B.:

- Umweltökonomische Gesamtrechnung (UGR)
- Human Development Index (HDI)
- Happy Planet Index (HPI)

4.5.1 Umweltökonomische Gesamtrechnung (UGR)

Zum nachhaltigen Wirtschaften gehört vor allem der schonende Umgang mit den natürlichen Ressourcen des „Planeten Erde".

Risiken wirtschaftlichen Handelns für den „Planeten Erde":
- Industrieabfälle und Hausmüll, Abwässer, Abgase, Lärm, Abwärme und übermäßiges künstliches Licht beeinträchtigen Natur und Gesundheit.
- Der Verbrauch von fossilen Brennstoffen in Verkehr, Haushalt und Produktion erhöht den Ausstoß von klimaschädlichen und gesundheitsgefährdenden Abgasen wie Kohlendioxid, Stickoxiden und Methan.
- Der Klimawandel gefährdet die Lebensgrundlagen vieler Menschen in betroffenen Regionen (z. B. Dürren, Überschwemmungen, Naturkatastrophen).
- Die Entsorgung des radioaktiven Restmülls ist weltweit nicht geklärt.

Die Umweltökonomische Gesamtrechnung ist die umweltökonomische Ausrichtung der Volkswirtschaftlichen Gesamtrechnung und wird auch vom Statistischen Bundesamt erstellt. An die Stelle des Bruttoinlandsprodukts tritt das Ökosozialprodukt. Es orientiert sich an dem Prinzip des nachhaltigen Wirtschaftens und ergänzt das BIP um Aspekte des Verbrauchs natürlicher Ressourcen. Im Rahmen der Umweltökonomischen Gesamtrechnung werden insbesondere

- die Belastung der Umwelt durch den Material- und Energieverbrauch erfasst,
- die Nutzung von Fläche für Produktion und Konsum ermittelt,
- der Umweltzustand beschrieben,
- Maßnahmen des Umweltschutzes aufgezeigt,
- Umweltstandards festgeschrieben,
- Vermeidungskosten zur Einhaltung der Umweltstandards aufgezeigt.

Das Ökosozialprodukt soll insbesondere die Ausgaben erfassen, die ausschließlich dazu dienen, wachstumsbedingte Schädigungen der Lebens-, Arbeits- und Umweltsituation zu vermindern, auszugleichen oder vorbeugend zu vermeiden. Dazu gehören u. a. Umweltschutzaufwendungen des Staates / der Unternehmer, Aufwendungen zur Regulierung von Verkehrsunfällen und Ausgaben im Gesundheitswesen. Es sollen die Folgewirkungen des Wachstums dokumentiert werden.

Das Rechenwerk der Umweltökonomischen Gesamtrechnung soll dazu beitragen, dass ökologische Rahmenbedingungen geschaffen werden, die in das Marktgeschehen eingebunden werden. Es geht um eine ökologische Marktwirtschaft, d. h. um eine Berücksichtigung des Knappheitscharakters natürlicher Ressourcen.

Die wichtigsten Treibhausgase

Treibhausgase sind Gase in der Erdatmosphäre, die den Wärmehaushalt der Erde verändern. Zu den wichtigsten zählen:

Kohlendioxid	Methan	Distickstoffoxid	Fluorierte Treibhausgase
CO_2	CH_4	N_2O	HFKW, FKW, SF_6, NF_3
Aus diesen Quellen:			
Verbrennung fossiler Brennstoffe, Industrie, Abholzung	Reisanbau, Viehhaltung, Mülldeponien, Klärwerke, Verbrennen von Biomasse	Künstliche Düngemittel, Viehhaltung, Verbrennen fossiler Brennstoffe	Nicht natürlich; Treibgase, Kühl- und Löschmittel oder in Schallschutzfenstern
Globales Erwärmungspotenzial (*Erwärmungswirkung der Treibhausgase im Vergleich zu Kohlendioxid*)			
1	21	310	bis zu 22 800

Der Treibhauseffekt

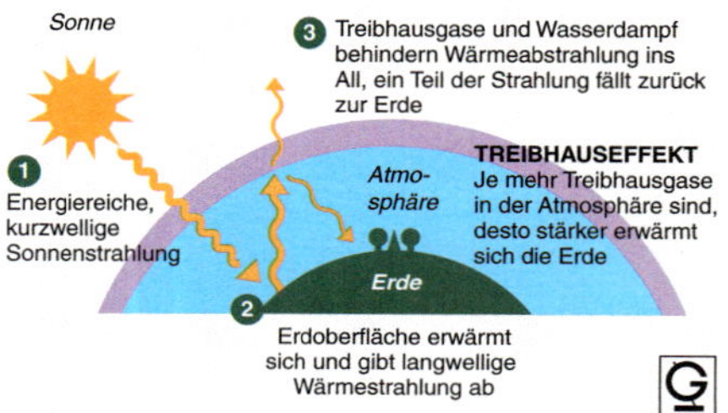

Quelle: UBA, WWF, WMO   vereinfachte Darstellung   © Globus 10673

Die Natur muss gepflegt und geschützt werden. In der Regel übernimmt diese Aufgabe der Staat, indem er Gesetze und Verordnungen für den Umweltschutz erlässt und auch als Organisator des Umweltschutzes auftritt. Das Problem der Einbindung von ökologischen Größen besteht in der geldmäßigen Erfassung externer Kosten, z. B. mithilfe von Öko-Steuern und Umweltzertifikaten, die erworben werden müssen, wenn Produktion, Verbrauch und Verkehr umweltschädigende Folgen mit sich bringen.

Ansatzpunkte der UGR

Wer verbraucht oder belastet wie viel Luft, Wasser und Boden? Wer produziert wie viel Lärm und Abfälle? Wie verändert sich die Pflanzen- und Tierwelt? Wer belastet Wälder und Gewässer? Welche Gefahren drohen seitens der Klimabelastung durch den steigenden Ausstoß von Treibhausgasen? Wer ist verantwortlich zu machen für die daraus resultierende Klimabelastung und welche Maßnahmen müssen ergriffen werden, um die Erderwärmung auf maximal 2 % (oder weniger) zu begrenzen?

Als weitere Ansätze für eine nachhaltige Entwicklung gewinnen die von den Vereinten Nationen aufgestellten 17 Ziele für nachhaltige Entwicklung (global goals) zunehmend an Bedeutung:

4.5.2 Human Development Index (HDI)

Der „Index der menschlichen Entwicklung“ ist eine von der UN entwickelte Messgröße, die als Maßstab für die Lebenschancen in einem Land herangezogen wird. Es werden qualitative Faktoren wie Chancengleichheit im Zugang zu Bildungs- und Gesundheitseinrichtungen sowie die Bekämpfung von Armut und die Einkommensverteilung berücksichtigt. Als Messgrößen, die zur Berechnung des HDI herangezogen werden, dienen u. a. die Lebenserwartung Neugeborener und das Pro-Kopf-Einkommen.

Je geringer der Wert des HDI, desto „ärmer“ ist ein Land und desto notwendiger ist es, in diesen Ländern neben der Steigerung des materiellen Lebensstandards u. a. das Gesundheitswesen und die Bildungschancen zu verbessern.

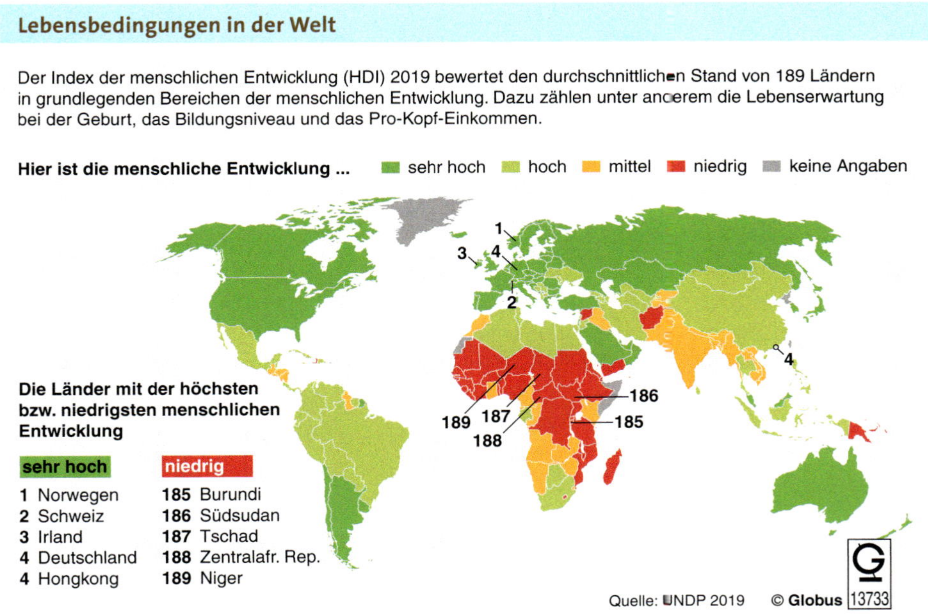

4.5.3 Happy Planet Index (HPI)

Der „Index des glücklichen Planeten“ der englischen Denkfabrik „New Economics Foundation“ (NEF ►) verknüpft subjektives Wohlbefinden der Menschen, deren Gesundheitszustand und Lebenserwartung mit dem Aspekt der Nachhaltigkeit zu einer Messgröße. Als Indikator für die Nachhaltigkeit wird der sogenannte *ökologische Fußabdruck* herangezogen, in den u. a. Umweltbelastungen und der Verbrauch natürlicher Ressourcen eingehen.

► https://neweconomics.org

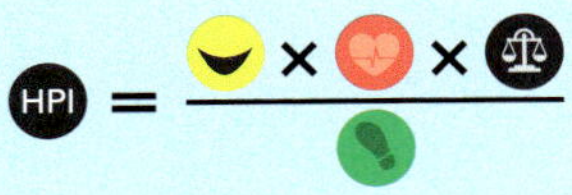

$$\text{Happy Planet Index} = \frac{\text{subjektives Wohlbefinden} \cdot \text{Lebenserwartung} \cdot \text{Ungleichheitsfaktor}}{\text{ökologischer Fußabdruck}}$$

Während die Größen subjektives Wohlbefinden, Gesundheit und Lebenserwartung auf die Lebenssituation der heutigen Generation abstellen, ist der ökologische Fußabdruck mit den daraus resultierenden Umweltbelastungen für die zukünftigen Generationen von Bedeutung.

Die Suche nach Konzepten, die den Wohlstand eines Landes auch unter qualitativen Aspekten ermitteln, gestaltet sich schwierig, zumal die Verbesserung der quantitativen Güterversorgung insbesondere in armen Ländern nach wie vor absolute Priorität genießt und auch in reichen Ländern der materielle Wohlstand einen hohen Stellenwert hat.

zusätzliche Aufgaben zu Kapitel 4

► Webcode WGW_ II_4_A-Zusatz

Aufgaben zu Kapitel 4

1. Erklären Sie die Bedeutung der Volkswirtschaftlichen Gesamtrechnung für die Träger der Wirtschaftspolitik sowie der Wirtschaftswissenschaft.
2. Erklären Sie den Unterschied zwischen Volkseinkommen und verfügbarem Einkommen der privaten Haushalte.
3. Welcher Zusammenhang besteht zwischen Staatseinnahmen, Bruttoinlandsprodukt und Volkseinkommen?
4. Erläutern Sie, warum der Staat Transferzahlungen an die privaten Haushalte leistet.
5. Die Entstehungsrechnung ist gleichzusetzen mit der Wertschöpfungsrechnung und dokumentiert u. a. die Branchenstruktur der deutschen Volkswirtschaft als Folge der sektoralen Arbeitsteilung. Erklären Sie diesen Sachverhalt.
6. Recherchieren Sie im Internet die neuesten Quartalsergebnisse der Entstehungs-, Verwendungs- und Verteilungsrechnung und analysieren Sie aufgetretene Veränderungen zum Vorjahresquartal.
7. Erklären Sie den Unterschied zwischen dem nominalen und dem realen BIP.
8. In dem Land LilaPunkt wurde im Berichtsjahr ein nominales BIP von 2.700 Mrd. GE (Geldeinheiten) erwirtschaftet. Im Basisjahr betrug es 2.450 Mrd. GE. Der Preisindex (BIP-Deflator) wurde mit 105,75 angegeben.
   - **8.1** Berechnen Sie die Veränderung des nominalen BIP in %, sowie das reale BIP im Berichtsjahr.
   - **8.2** Wie hoch ist die Veränderung des realen BIP in % wenn das reale BIP im Basisjahr 2.350 Mrd. GE betrug.

   Erstellen Sie jeweils zu den beiden Teilaufgaben 8.1 und 8.2 eine geeignete Tabelle, die die gegebenen und die berechneten Daten enthält.
9. Recherchieren Sie die aktuellen Quartalszahlen des BIP, real wie nominal. Vergleichen Sie sie mit den Ergebnissen des Vorjahresquartals.
10. Erläutern Sie die Aussagekraft der Kennzahl BIP pro Kopf.
11. Beschreiben Sie beispielhaft, warum das BIP als Wohlstandsindikator angesehen wird.
12. Welche kritischen Stimmen gibt es gegen das BIP als Wohlstandsindikator und wie beurteilen Sie diese?
13. Wie beurteilen Sie aus Ihrer persönlichen Lebenssituation die in Kapitel 4.5.1 bis 4.5.3 dargestellten Alternativkonzepte?

Interaktive Übung „Drag to Gap“

Zusammenfassung:
4 Volkswirtschaftliche Gesamtrechnung und Bruttoinlandsprodukt

Volkswirtschaftliche Gesamtrechnung
Erfassung, Dokumentation, Darstellung und Analyse der gesamtwirtschaftlichen Güter-, Faktor- und Geldströme

Entstehungsrechnung „So entstand das BIP“	**Verteilungsrechnung** „So wurde das BIP verteilt“	**Verwendungsrechnung** „So wurde das BIP verwendet“
Schlüsselgröße **Bruttoinlandsprodukt (BIP) (Produktions-/Wohlstandsindikator)** = Summe der Wertschöpfungen in einer Volkswirtschaft in einem Jahr Wertschöpfung = Umsatz – Vorleistungen	Schlüsselgröße **Volkseinkommen (Einkommensindikator)** = Summe der Arbeits-, Vermögens- und Gewinneinkommen der privaten Haushalte 100 % = Lohnquote + Gewinnquote	Schlüsselgröße **Gesamtwirtschaftliche Nachfrage** = Summe der Nachfrage aller Wirtschaftssubjekte aus dem In- und Ausland

Hauptaufgabe: Ermittlung und Analyse des BIP

nominales BIP → Bewertung zu Marktpreisen
reales BIP → Bewertung zu konstanten Preisen (preisbereinigt!)

↓

steigendes reales BIP → positives Wirtschaftswachstum
sinkendes reales BIP → negatives Wirtschaftswachstum

Alternative Konzepte zur Wohlstandsmessung

UGR Umweltökonomische Gesamtrechnung (Stat. Bundesamt)	**HDI** Human Development Index (UN)	**HPI** Happy Planet Index (NEF)
umweltökonomische Ausrichtung der VGR unter Berücksichtigung: • Naturverbrauch • Zustand der Natur (Welt) • Maßnahmen im Umweltschutz	Messgröße für die Lebenschancen unter Berücksichtigung: • Pro-Kopf-Einkommen • Lebenserwartung • Bildungsstand	verknüpft Wohlbefinden der Menschen mit Aspekt Nachhaltigkeit unter Berücksichtigung: • Lebenszufriedenheit • Lebenserwartung • ökologischer Fußabdruck

Selbsteinschätzung – II Wirtschaftsordnung in der BundesrepublikDeutschland

Nr.	Ich kann ...	Noch Probleme? → Erklärungen und Aufgaben im Buch:
1	die soziale Marktwirtschaft von den idealtypischen Wirtschaftsformen abgrenzen.	Kapitel 1, Aufgaben 1 und 4
2	deutlich machen, aus welchen Gründen der Staat eine aktive Rolle in der sozialen Marktwirtschaft übernimmt.	Kapitel 1.3, Aufgabe 7
3	erkennen, dass die im Grundgesetz festgelegten allgemeinen Freiheitsrechte die Grundlage für die wirtschaftlichen Freiheitsrechte bilden.	Kapitel 2.1
4	erläutern, warum die Gewährung von Freiheitsrechten für Wirtschaftssubjekte in einer Volkswirtschaft von großer Bedeutung ist.	Kapitel 2.1.2 und 2.1.3, Aufgaben 4 und 5
5	das Prinzip der freien Märkte erläutern und die Notwendigkeit wettbewerbspolitischer Eingriffe auf der Grundlage des Gesetzes für Wettbewerbsbeschränkungen nachvollziehen.	Kapitel 2.2, Aufgabe 8
6	die Regeln und den Ablauf von Arbeitskämpfen erläutern und Tarifverträge unterscheiden.	Kapitel 2.3.2, Aufgaben 9 bis 12
7	nachvollziehen, dass das kollektive Arbeitsrecht für die Arbeitnehmer Schutzfunktionen erfüllt.	Kapitel 2.3.3 und 2.3.4, Aufgaben 13 bis 16
8	erkennen, dass der Staat seiner sozialen Verpflichtung durch eine Vielzahl von Regelungen gerecht wird.	Kapitel 2.4, Aufgaben 17 bis 19
9	Prinzipien, Instrumente und Ziele einer staatlichen Sozialordnung einordnen.	Kapitel 2.4, Aufgabe 18
10	alle Wirtschaftssubjekte des Privatsektors benennen und ihre wirtschaftlichen Aktivitäten und wirtschaftlichen Beziehungen erläutern.	Kapitel 3.1
11	die sektorale Arbeitsteilung im Unternehmenssektor und die Bedeutung von Wertschöpfungsketten erkennen.	Kapitel 3.2, Aufgaben 2 und 3
12	die Elemente der Entstehungs-, Verteilungs- und Verwendungsrechnung auf der Grundlage des Zahlenmaterials für die Bundesrepublik Deutschland erläutern.	Kapitel 4.2, Aufgaben 2 bis 6
13	das nominale vom realen Wirtschaftswachstum unterscheiden.	Kapitel 4.3, Aufgaben 7 bis 9
14	das Konzept der Wohlstandsmessung eines Landes auf der Basis des BIP und die kritischen Ansätze dieses Konzepts erläutern.	Kapitel 4.4, Aufgaben 11 und 12
15	die unterschiedlichen Ansätze der dargestellten Alternativkonzepte beschreiben.	Kapitel 4.5

III

Rechtliche Grundlagen des Handelns privater Haushalte

1 Grundlagen und Begriffe

Tagtäglich wird geheiratet und geschieden, gekauft und gemietet, geleast, gebürgt, geerbt, vererbt und verpfändet. Eine unüberschaubare Menge an Handlungen von Menschen in Deutschland, jeden Tag rund um die Uhr. Als Ganzes betrachtet ein Chaos – oder folgen diese individuellen Handlungen nicht doch Mustern?

1.1 Regeln für das Zusammenleben in einer Gesellschaft

Das Zusammenleben in einer Gesellschaft unterliegt sowohl ungeschriebenen als auch niedergeschriebenen Regeln. Bei den ungeschriebenen Regeln handelt es sich um Sitten und Bräuche, also Verhaltensweisen, die sich über einen längeren Zeitraum hinweg gebildet haben und mündlich von Generation zu Generation weitergetragen werden.

In deutschen Großstädten ist es ein „ungeschriebenes Gesetz", dass auf Rolltreppen in der U-Bahn rechts gestanden wird, damit links vorbeigegangen werden kann.

Bei den niedergeschriebenen Regeln handelt es sich um für die Gesellschaft so wichtige Regeln, dass sie festgehalten und niedergeschrieben werden. Der Fachausdruck hierfür heißt „**kodifiziert**" werden. An ein solches niedergeschriebenes Recht muss sich jeder Mensch in der Gesellschaft halten. Wer sich nicht daran hält, kann durch die Gesellschaft (durch die staatliche Gewalt, z. B. die Polizei) dazu gezwungen und erforderlichenfalls bestraft werden.

In der Bundesrepublik Deutschland gilt das Grundgesetz (abgekürzt: GG►). Dies regelt in erster Linie das Verhältnis des einzelnen Bürgers zum Staat. Im Artikel (Art.) 13 ist zum Beispiel kodifiziert, dass Wohnungen nur durch richterliche Anordnungen vom Staat, z. B. der Polizei, durchsucht werden dürfen.

aktuelle Fassung
► www.gesetze-im-internet.de/gg

Auf das Grundgesetz aufbauend erlässt der Staat Gesetze, Rechtsverordnungen und Satzungen. Jede politische Ebene (von der Bundes- über die Landes- bis hin zur Gemeindeebene) kann in Deutschland Rechtsvorschriften in bestimmtem Umfang erlassen. Der Bundestag, in manchen Fällen zusammen mit dem Bundesrat, erlässt **Bundesgesetze**, die für das gesamte Gebiet der Bundesrepublik gelten. Für die Gebiete der einzelnen Länder tun dies die Landtage bzw. die Senate (**Landesgesetze**) und auf kommunaler Ebene erlassen die Gemeinderäte **Satzungen** (so nennen sich Gesetze auf dieser Ebene), die nur für die jeweilige Gemeinde Gültigkeit haben.

Politische Ebenen und zugehörige Rechtsvorschriften

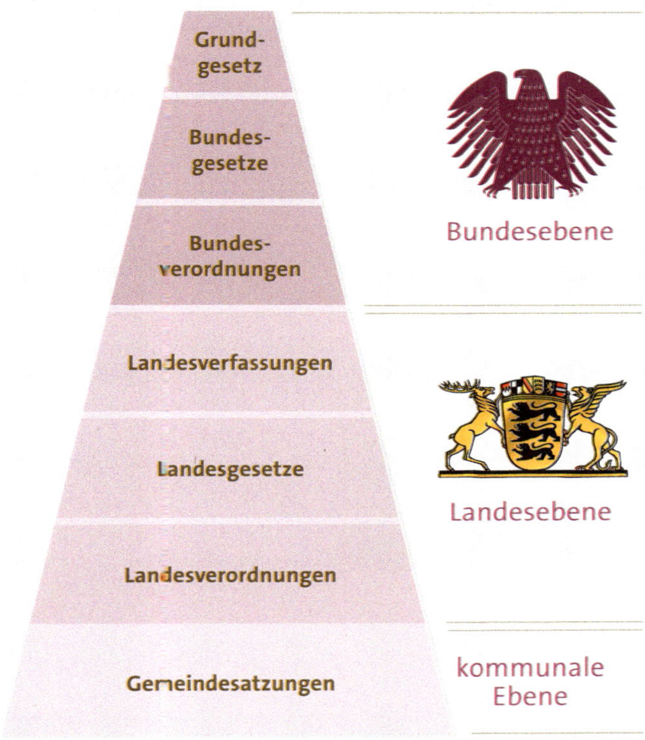

Rechtsverordnungen werden nicht von den Parlamenten erlassen, sondern von den dazugehörigen Verwaltungen (z. B. Landesregierung) auf der jeweiligen Ebene.

Ein Gesetz (auch Rechtsnorm genannt) ist nur dann wirksam, wenn es einer Rechtsnorm auf nächsthöherer Ebene nicht widerspricht. Da somit alle Gesetze zueinander passen und wie eine Einheit wirken, wird oft ganz abstrakt vom „**Gesetzgeber**" gesprochen als einer fiktiven[1] Person, die diese Gesetze erlassen hat.

[1] fiktiv: *nur angenommen, erdacht*

Der Bundestag ändert das Strafgesetzbuch (abgekürzt: StGB►) dahin gehend, dass nun Mord mit der Todesstrafe geahndet werden soll. Das Gesetz verstößt aber gegen Art. 102 des Grundgesetzes, wonach in Deutschland die Todesstrafe abgeschafft ist. Die Änderung des StGB ist also nicht möglich, da es der nächsthöheren Rechtsnorm widerspricht, und wird somit nicht wirksam.

aktuelle Fassung
► www.gesetze-im-internet.de/stgb

Gewaltenteilung

Parlamente agieren in einer Demokratie als Legislative[2] und beschließen Gesetze. Die Exekutive (Verwaltung/ausführende Gewalt) kann passend zu den Gesetzen Rechtsverordnungen erlassen. Die Judikative[3] (Gerichte) überprüft, ob die Gesetze miteinander und insbesondere mit dem Grundgesetz vereinbar sind.

[2] Legislative: *gesetzgebende Gewalt, in Deutschland z. B. Bundestag, Landtag von Baden-Württemberg, Gemeinderat der Stadt Konstanz*

[3] Judikative: *richterliche Gewalt*

1.2 Rechtsgebiete in der Bundesrepublik Deutschland

Das Recht in der Bundesrepublik Deutschland kann in zwei große Rechtsgebiete aufgeteilt werden:

- **Öffentliches Recht**
  Dies ist der Teil der Rechtsnormen, der den Aufbau, die Befugnisse und Aufgaben der Organe des Staates[1] sowie das Verhältnis Staat gegenüber Bürger regelt.
- **Privatrecht (auch Zivilrecht genannt)**
  Das Privatrecht regelt die rechtlichen Beziehungen der einzelnen Bürger auf der Stufe der Gleichordnung untereinander in Ehe, Familie, Beruf und Gesellschaft. Es gilt allgemein und für jedermann.

Im Nachfolgenden geht es allein um das Recht des täglichen Lebens: das Privatrecht. Die Durchsetzung des Rechts obliegt dem Staat, er hat das Gewaltmonopol[2]. Nur er darf im Zweifel auch Zwang ausüben, um Recht durchzusetzen. Im Privatrecht muss der „Geschädigte" allerdings erst klagen[3]. Im Anschluss daran kann er sein Recht mithilfe des Staates (z. B. Gerichtsvollzieher) durchsetzen lassen.

[1] Staatsorgane: *die für den Staat handelnden Personen oder Personengruppen, z. B. Bundespräsident, Bundeskanzler, Bundesregierung, aber auch Parlamente, wie der Bundestag*

[2] Monopol: *Vorrecht, alleiniges Recht*

[3] klagen: *seine Ansprüche von einem Gericht bestätigen lassen*

Paul wurde sein Fahrrad gestohlen, nun sieht er es bei seinem Nachbarn im Garten stehen. Der Nachbar behauptet, er hätte das Fahrrad bei Michael gekauft, und will das Fahrrad nicht herausgeben. Möchte Paul sein Fahrrad wiederhaben, muss er gegen den Nachbarn klagen. Da nur der Staat das Gewaltmonopol hat, kann er den Nachbarn nicht einfach das Fahrrad wegnehmen. Gleichzeitig ist der Diebstahl eine Straftat, die Paul natürlich bei der Polizei anzeigen kann. Diese ermittelt dann nach dem Dieb und nach dem gestohlenen Fahrrad.

1.3 Aufbau von Gesetzen am Beispiel des BGB

In der Bundesrepublik Deutschland gilt für das rechtliche Verhältnis der Bürger untereinander das **Bürgerliche Gesetzbuch** (abgekürzt: **BGB**▸). Es trat am 1. Januar 1900 in Kraft und vereinheitlichte erstmals das Privatrecht im gesamten Deutschen Reich. Ein Sonderrecht für Kaufleute ist das **Handelsgesetzbuch** (abgekürzt: **HGB**▸). Auch dieses trat zum 1. Januar 1900 in Kraft und gilt immer dann, wenn Kaufleute▸ betroffen sind. Die Sprache im BGB scheint oft antiquiert, dafür sind die Gesetze außerordentlich scharf und genau formuliert. Es gilt daher, sehr achtsam mit jedem einzelnen Wort umzugehen.

aktuelle Fassung
▸ www.gesetze-im-internet.de/bgb
▸ www.gesetze-im-internet.de/hgb

Kaufmann
▸ IV • 4.1.1

Formaler Aufbau

Das BGB ist in fünf Bücher unterteilt, diese wiederum sind in verschiedene Abschnitte gegliedert. Jede einzelne Vorschrift ist in einem Paragrafen[4] zusammengestellt. Im ersten Buch (Allgemeiner Teil) des BGB finden sich grundlegende Begriffsbestimmungen, wie z. B. in § 90 BGB die juristische Definition für eine Sache.

[4] Für das Wort Paragraf verwenden Juristen das Zeichen §.

§ 90 BGB: Begriff der Sache

Sachen im Sinne des Gesetzes sind nur körperliche Gegenstände.

Auf diese grundlegende Definition des Begriffs „Sache" wird dann in darauffolgenden Paragrafen zurückgegriffen, so z. B. im dritten Buch im § 903 BGB:

§ 903 BGB: Befugnisse des Eigentümers

Der Eigentümer einer **Sache** kann, soweit nicht das Gesetz oder Rechte Dritter entgegenstehen, mit der Sache nach Belieben verfahren und andere von jeder Einwirkung ausschließen.

Da sämtliche Regelungen des allgemeinen Teils grundsätzlich auch für die folgenden Bücher gelten, ist eine erneute Definition des Begriffs „Sache" nicht mehr nötig.

Inhaltlicher Aufbau

In jedem Paragrafen findet sich ein **Konditionalprogramm**[1]. Diese Bedingung kann man auch als „Wenn-dann-Grundsatz" bezeichnen:

[1] konditional: *eine Bedingung angebend*

Wenn der Voraussetzungsteil (juristisch: Tatbestand) (1. Teil) vorliegt,
dann tritt der Rechtsfolgenteil (2. Teil) in Kraft.

§ 433 BGB: Vertragstypische Pflichten beim Kaufvertrag

(1) Durch den Kaufvertrag wird der Verkäufer einer Sache verpflichtet, dem Käufer die Sache zu übergeben und das Eigentum an der Sache zu verschaffen.

Übertragen in den „Wenn-dann-Grundsatz" heißt dies:
Wenn eine Person eine Sache verkauft, **dann** muss der Verkäufer dem Käufer die Sache und das Eigentum an der Sache übergeben.

1.4 Juristisches Zitieren von Paragrafen

Gesetze müssen möglichst alle Eventualitäten abdecken – kein Gesetzgeber der Welt könnte sämtliche Fälle, die das Leben so schreibt, vorausdenken. Also sind die Rechtsnormen sowohl auf der Tatbestands- als auch auf der Rechtsfolgenseite abstrakt[2] formuliert. Die Schwierigkeit besteht darin, das abstrakte Gesetz auf den konkreten Fall (juristisch auch Lebenssachverhalt genannt) anzuwenden.

[2] abstrakt: *vom Dinglichen gelöst, theoretisch, ohne unmittelbaren Bezug zur Realität*

Ein Paragraf kann einen oder mehrere Absätze beinhalten. Bei mehreren Absätzen werden diese in den Gesetzen mit (1), (2) usw. markiert. In geschriebenen Texten (auch in diesem Buch) verwendet man anstatt der Zahlen in Klammern die Abkürzung Abs., um den Absatz genau zu benennen.

In besonders umfangreichen Absätzen werden zusätzlich die Sätze (Abkürzung: S.) durchnummeriert, in der Regel mit kleinen Hochzahlen.

§ 79 BGB: Einsicht in das Vereinsregister

(1) [1]Die Einsicht des Vereinsregisters sowie der von dem Verein bei dem Amtsgericht eingereichten Dokumente ist jedem gestattet. [2]Von den Eintragungen kann eine Abschrift verlangt werden; die Abschrift ist auf Verlangen zu beglaubigen. [...]

So bezeichnet die Zitierung § 79 Abs. 1 Satz 2 BGB den Satz: „Von den Eintragungen kann eine Abschrift verlangt werden; die Abschrift ist auf Verlangen zu beglaubigen."

Möchte man zwei Paragrafen zitieren, die im Gesetz aufeinanderfolgen, verwendet man die Abkürzung f. (= folgender) nach dem Zitat. Werden mehrere Paragrafen zitiert, verwendet man die Abkürzung ff. (= folgenden). Zudem doppelt sich in beiden Fällen das §-Zeichen zu §§.

Möchte man die Paragrafen 1 und 2 des BGB zitieren, sieht das so aus: §§ 1 f. BGB.

Interaktive Übung „Single-Choice-Test"

In der Bundesrepublik Deutschland gelten fast 2 000 Gesetze und über 3 000 Verordnungen. Daher ist es besonders wichtig, bei der Zitierung immer das entsprechende Gesetz bzw. dessen Abkürzung anzugeben. Ein §-Zeichen und eine Zahl ist also keine korrekte Zitierung, da niemand weiß, welches Gesetz gemeint ist.

1.5 Willenserklärung als Grundlage des rechtlichen Handelns im Privatrecht

1.5.1 Rechtsfolge

Die Juristen sprechen von einer Rechtsfolge, wenn durch den Lebenssachverhalt der Tatbestand der anzuwendenden Rechtsnorm verwirklicht wird.

Samir ist beim Fahrradfahren in der Stadt unachtsam und verkratzt mit dem Fahrradpedal beim Vorbeifahren das Auto von Herrn Druwe. Durch dieses Geschehen (= Lebenssachverhalt) ergibt sich der in § 823 Abs. 1 BGB beschriebene Tatbestand.

§ 823 BGB: Schadensersatzpflicht

(1) Wer vorsätzlich oder fahrlässig das Leben, den Körper, die Gesundheit, die Freiheit, das Eigentum oder ein sonstiges Recht eines anderen widerrechtlich verletzt, ist dem anderen zum Ersatz des daraus entstehenden Schadens verpflichtet.

Samir hat das Eigentum von Herrn Druwe widerrechtlich[1] verletzt. Aus diesem Tatbestand ergibt sich als Rechtsfolge die Verpflichtung von Samir, die Beschädigung des Autos zu ersetzen, d. h., Schadenersatz zu leisten.
Rechtsfolgen können ohne den Willen der beteiligten Personen entstehen, denn Samir wollte sicherlich das Auto von Herrn Druwe nicht beschädigen.

[1] auch rechtswidrig genannt: *im Widerspruch zur Rechtsordnung stehend*

Wenn die beteiligten Personen jedoch willentlich eine Rechtsfolge herbeiführen wollen, dann spricht man von einem Rechtsgeschäft▸. Die Beteiligten wollen sozusagen den Willen in Recht umwandeln.

Rechtsgeschäft
▶ III • 2.2

Samir erklärt Paul, dass er dessen E-Roller kaufen möchte. Damit will er die Rechtsfolge erreichen, dass ihm der E-Roller gehört.

Dadurch wird deutlich, dass dem Willen, eine Rechtsfolge auszulösen, besondere Bedeutung zukommt.

1.5.2 Willenserklärung

Die Willenserklärung (Abkürzung: WE) ist im Privatrecht ein wichtiger Teil des Grundgerüstes der Rechtsordnung; aus ihr können Rechtsgeschäfte entstehen.

Jede Willenserklärung setzt sich aus zwei Komponenten zusammen und soll schlussendlich zu einer Rechtsfolge führen:

Ein Mann geht in ein Café und bestellt einen Cappuccino. Es ist offensichtlich der Wille und die Absicht des Mannes, ein Getränk zu bekommen, und sicherlich ist ihm auch klar, dass er für den Cappuccino bezahlen muss.
Mit der Bestellung möchte der Mann auch die rechtliche Eigentumslage des Cappuccino verändern: Der Cappuccino soll sein Eigentum▸ werden, damit er ihn trinken kann.

Besitz und Eigentum
▶ III • 1.6

Zielsetzung einer Willenserklärung: Rechtsfolge

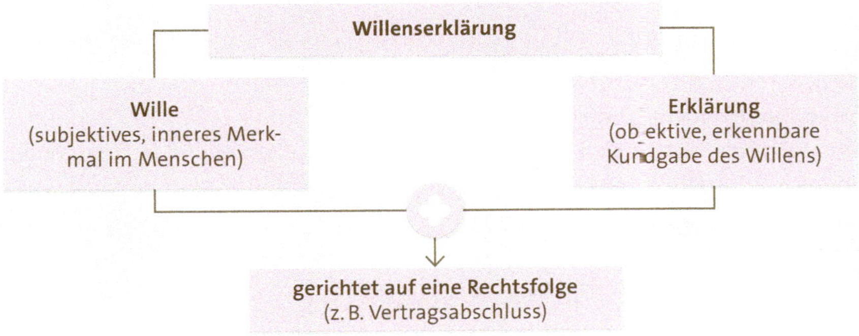

Bei der Willenserklärung handelt es sich um eine Willensäußerung, die auf die Herbeiführung eines bestimmten rechtlichen Erfolgs (Rechtsfolge) gerichtet ist.

Da die Willenserklärung eine so grundlegende Bedeutung hat, nehmen die Juristen ihre Bestandteile ganz genau unter die Lupe. Die einzelnen Bestandteile werden wie folgt aufgeschlüsselt:

Wille (auch innerer [subjektiver] Tatbestand genannt)

Zu einer rechtskräftigen Willenserklärung bedarf es eines tatsächlichen Willens. Dieser Wille setzt wiederum drei Komponenten voraus:

- **Handlungswille (auch Handlungsbewusstsein genannt)** = der freie Wille, handeln zu wollen

> Kein Handlungswille liegt vor: Worte im Schlaf, Handeln unter Hypnose, unkontrollierte Bewegungen eines Epileptikers, Handbewegung zum Bienenverscheuchen.

- **Erklärungswille (auch Erklärungsbewusstsein genannt)** = der Wille, überhaupt rechtsgeschäftlich tätig werden zu wollen

> Kein Erklärungswille liegt vor: Martin wird von Freunden auf eine Hochseejacht zu einer Party eingeladen. Während der ausgelassenen Party findet Martin Leuchtraketen an Bord und schießt sie ab – unwissend und unvertraut mit der Seefahrt, dass dies ein Zeichen für Seenot ist. Für den kostspieligen Seenoteinsatz fehlt Martin das Erklärungsbewusstsein.

- **Geschäftswille** = der Wille, ganz bestimmte Rechtsfolgen herbeizuführen

> Kein Geschäftswille liegt vor: Ein Erklärender verschreibt sich und schreibt 1 000 Stück anstatt 100 Stück.

Erklärung (auch äußerer [objektiver] Tatbestand genannt)

Die Erklärung ist die erkennbare Kundgabe eines rechtsgeschäftlichen Willens. Diese Kundgabe bzw. dieses Verhalten kann auf drei Arten erfolgen:

- **ausdrückliche Erklärung**
  Der Erklärende gibt mündlich oder schriftlich seinen Willen bekannt.
- **schlüssiges Handeln (konkludentes[1] Handeln)**
  Der Erklärende verhält sich so, dass es den Schluss auf einen bestimmten Willen zulässt, z. B. Nicken, Einwerfen einer Münze am Automaten, Benutzung eines Parkplatzes, Einsteigen in den Zug.
- **Schweigen**
  keine Abgabe einer Willenserklärung

[1] konkludent: *eine Schlussfolgerung zulassend, schlüssig*

Grundsätzlich ist das Schweigen das Gegenteil von Erklären und damit keine Willenserklärung. Wer schweigt (nicht reagiert), erklärt nichts, gibt also auch keine Willenserklärung ab.

Zu diesem Grundsatz gibt es nur wenige **Ausnahmen**, nachfolgend die für uns relevanten:

- Die Vertragsparteien haben Schweigen als eine Willenserklärung festgelegt.

> Moritz bestellt beim Buchhändler eine regelmäßig erscheinende Zeitschrift und vereinbart, dass er die Zeitschrift behalten möchte, wenn er sie nicht binnen zwei Wochen zurückbringt. Das Schweigen ist damit das vereinbarte Zeichen über das Zustandekommen eines Vertrags (hier eines Kaufvertrags).

- Im § 362 Abs. 1 HGB wird unterstellt, dass Kaufleute ►, die in Geschäftsbeziehungen zueinander stehen, durch Schweigen eine Willenserklärung formulieren.

Kaufleute
► IV • 4.1.1

> Der Hauslieferant eines großen Einzelhändlers liefert ohne vorherige Bestellung durch den Einzelhändler 10 Kisten Rotwein. Unternimmt der Einzelhändler nichts (schweigt also), gilt dies als Willenserklärung und der Kaufvertrag kommt zustande.

Bestandteile der Willenserklärung

Erklärung eines rechtlich relevanten Willens durch ein äußerlich erkennbares Verhalten	äußerer (objektiver) Tatbestand	**Erklärung**
getragen durch:		
Erklärungswillen (Erklärungsbewusstsein) Handlungswillen (Handlungsbewusstsein) Geschäftswillen	innerer (subjektiver) Tatbestand	**Wille**

1.5.3 Wirksamwerden der Willenserklärung

Damit die Willenserklärung wirksam[1] werden kann, sind zudem Abgabe und Zugang der Willenserklärung erforderlich.

[1] auch rechtswirksam genannt: *rechtlich existent*

Abgabe

Eine Willenserklärung ist abgegeben, wenn der rechtsgeschäftliche Wille so geäußert ist, dass an der

- **Ernsthaftigkeit** und
- **Endgültigkeit** keine Zweifel bestehen und
- die Erklärung mit Willen des Erklärenden **in den Verkehr gebracht** worden ist.

> Herr Otto lässt eine ausgefüllte Bestellpostkarte auf seinem Schreibtisch liegen, um sich die ganze Sache noch einmal zu überlegen. Seine Reinigungskraft nimmt die Postkarte, frankiert sie und gibt sie zur Post. Der Erklärende (Herr Otto) meinte seine Willenserklärung sicherlich ernst, wollte sie aber nicht in den Verkehr bringen, und somit liegt auch keine Willenserklärung vor.

Zugang

Üblicherweise wird eine Willenserklärung wirksam, wenn sie vom Empfänger (Adressat) empfangen wird. Das ist immer dann Voraussetzung, wenn es einen greifbaren Adressaten gibt.

Beispiele zur Machtbereichstheorie
► Webcode WGW_III_1_5_3

„Machtbereichstheorie"► gemäß § 130 Abs. 1 Satz 1 BGB

Nach dieser juristischen Theorie geht eine Willenserklärung zu, wenn sie in vom Empfänger bereitgehaltene Einrichtungen wie Briefkästen, Postfächer, Anrufbeantworter und E-Mail-Accounts eingeht und der Adressat unter gewöhnlichen Umständen die Möglichkeit hat, von der Willenserklärung Kenntnis zu nehmen.
Diese grundlegenden Festlegungen finden sich im BGB inzwischen auch in den Regeln zum elektronischen Geschäftsverkehr zwischen Privatpersonen und Unternehmen. So legt § 312 i Abs. 1 Satz 2 BGB fest, dass eine E-Mail als zugegangen gilt, wenn sie der Adressat unter gewöhnlichen Umständen in seinem E-Mail-Account abrufen könnte.

Eine Mieterin wirft ihrem Vermieter die Kündigung ihrer Wohnung am Samstagabend um 22:00 Uhr in den Briefkasten. Damit gelangt die Kündigung zwar in den Machtbereich des Vermieters, aber dieser kann unter gewöhnlichen Umständen erst am nächsten Werktag den Brief zur Kenntnis nehmen, nämlich dann, wenn er wie gewohnt nach der Post schaut. Erst hiernach ist das Kündigungsschreiben zugegangen. Dasselbe gilt für den Fall, dass der Empfänger (Vermieter) verreist ist. Die Kündigung gilt als zugegangen, da der Vermieter unter gewöhnlichen Umständen, nämlich wenn er zu Hause gewesen wäre, die Möglichkeit gehabt hätte, davon Kenntnis zu nehmen.

Das Risiko des Verlustes oder der Verfälschung der Erklärung auf dem Weg zum Empfänger trägt der Erklärende. Es gibt zwei Möglichkeiten des Zugangs einer **empfangsbedürftigen Willenserklärung:**

- Unter **Anwesenden** (mit anderen Worten: von Angesicht zu Angesicht) oder am Telefon ist eine Willenserklärung sofort wirksam. Hier spricht man auch von der „Vernehmungstheorie": Sobald der Adressat die Willenserklärung vernehmen kann, ist sie wirksam.
- Unter **Abwesenden** ist eine Willenserklärung zugegangen, wenn sie
  - in den Machtbereich des Empfängers gelangt und
  - dieser die Möglichkeit der Kenntnisnahme hat,

sofern **gewöhnliche** Umstände vorliegen (§ 130 Abs. 1 Satz 1 BGB).

Geht vor oder gleichzeitig mit der Willenserklärung beim Adressaten der Widerruf[1] dieser Erklärung ein, ist die Willenserklärung **nicht wirksam** (§ 130 Abs. 1 Satz 2 BGB).

[1] Widerruf: *Rücknahme einer Willenserklärung*

In seltenen Fällen ist eine Willenserklärung **nicht empfangsbedürftig.** Hierbei handelt es sich meist um einseitige Rechtsgeschäfte►, bei denen der Erklärende sich einseitig bindet und der Adressat nicht oder noch nicht bekannt ist.

Rechtsgeschäfte
► III • 2.2

- Ein Testament (§ 1937 BGB) ist wirksam, auch wenn es noch im Aktenschrank lagert, die vererbende Person noch lebt und es dem Erben noch nicht zugegangen ist.
- Die Auslobung[1] einer Belohnung (§ 657 BGB) ist sofort wirksam, auch wenn der vermisste Hund noch gar nicht wiedergefunden wurde.

[1] Auslobung: *rechtlicher Fachbegriff für ein* ***öffentliches*** *Versprechen einer Belohnung bei Erfolg*

1.6 Herrschaft über Sachen

1.6.1 Besitz

Ein weiterer Eckstein im Privatrecht ist die Herrschaft über Sachen[2].

[2] Sachen werden auch als Rechtsobjekte oder Rechtsgegenstände bezeichnet.

§ 854 BGB: Erwerb des Besitzes

(1) Der Besitz einer Sache wird durch die Erlangung der tatsächlichen Gewalt über die Sache erworben.

Das bedeutet, dem unmittelbaren Besitzer liegt das Rechtsobjekt vor und es kann von ihm genutzt werden. Umgangssprachlich kann man die Frage stellen: „Wer hat im Augenblick die Sache?“ Mit der Antwort kennt man den Besitzer.

Klaus mietet für seinen Umzug einen Kleintransporter beim Mietwagenunternehmer Hans Müller. Als Klaus in den Wagen steigt und vom Hof fährt, ist er Besitzer des Kleintransporters. Klaus hat die Sache und übt die tatsächliche Gewalt über die Sache aus.

Es ist beim Besitz bedeutungslos, ob der Besitzer auch das Recht hat, eine Sache zu besitzen[3]. Auch der Dieb, der eine Sache gestohlen hat, ist Besitzer der gestohlenen Sache. Folglich kann der Besitz durch einfache Übergabe wechseln.

[3] Ist der Besitzer auch gleichzeitig Eigentümer, spricht man vom Eigenbesitzer (§ 872 BGB).

1.6.2 Eigentum

Der Eigentümer hat die rechtliche Gewalt (Verfügung) über eine Sache. Hier wird umgangssprachlich die Frage gestellt: „Wem gehört die Sache?“, um den Eigentümer zu ermitteln ►.

Eigentumserwerb bei Nichtberechtigung des Veräußerers

► Webcode WGW_III_1_6_2

Obwohl Klaus mit dem gemieteten Lieferwagen vom Hof gefahren ist, bleibt der Wagen Eigentum von Hans Müller. Im Sprachgebrauch würde man sagen, der Wagen gehört weiterhin Hans Müller. Klaus bezeichnet man dann als Fremdbesitzer.

Das private Eigentum wird durch Artikel 14 des Grundgesetzes in Deutschland gewährleistet. Der Staat hat das Eigentum für jeden einzelnen Bürger zu sichern und kann nur in Ausnahmefällen Eigentum enteignen[4]. Der Eigentümer kann mit einem Rechtsobjekt nach Belieben verfahren, z. B. es nutzen, zerstören, verändern, verwerten, belasten, wegwerfen, übereignen, verkaufen, verschenken (§ 903 BGB). Es ist jedoch zu beachten, dass dieses Recht durch das Recht Dritter beschränkt ist.

[4] Enteignung: *juristische Bezeichnung für den Entzug des Eigentums durch den Staat; meist muss eine Entschädigung für das entzogene Eigentum bezahlt werden.*

Der Eigentümer darf einen alten Kühlschrank wegwerfen, darf ihn aber nicht beim Nachbarn auf das Grundstück werfen, da dies wiederum das Recht des Nachbarn auf Eigentumsschutz verletzt.

1.6.3 Eigentumsübertragung

Bei der Eigentumsübertragung muss zwischen beweglichen (Mobilien) und unbeweglichen Sachen (Immobilien) unterschieden werden.

Eigentumsübertragung von Mobilien

Der Normalfall der Eigentumsübertragung an beweglichen Sachen (§ 929 Satz 1 BGB) besteht aus:

- **Einigung**
  Veräußerer und Erwerber sind sich darüber einig, dass das Eigentum übergehen soll.
- **Übergabe**
  Der Eigentümer (Veräußerer) übergibt dem Erwerber die Sache.

Der § 929 BGB geht, genauso wie § 903 BGB, stillschweigend davon aus, dass der Veräußerer berechtigt ist, die Sache zu übereignen, der Veräußerer also vor der Übertragung Eigentümer und Besitzer der Sache ist. Durch Einigung und Übergabe gehen sowohl Besitz als auch Eigentum an den Erwerber über.

Eine weitere Möglichkeit besteht darin, dass der Erwerber bereits im Besitz der Sache ist und daher die Übergabe nicht mehr stattfinden muss. In diesem Fall reicht die Einigung aus, damit das Eigentum übergeht (§ 929 Satz 2 BGB).[1]

[1] Dies wird auch „Übergabe kurzer Hand“ genannt.

Marc hat sich von Ben ein Videospiel geliehen. Nach zwei Wochen schlägt Marc Ben vor, ihm das Videospiel abzukaufen. Ben ist einverstanden. Mit der Einigung wird Marc zum Eigentümer. Eine Übergabe ist nicht erforderlich, da Marc bereits Besitzer ist.

Die Übergabe der Sache kann durch ein Besitzmittlungsverhältnis, ein sogenanntes *Besitzkonstitut* gemäß § 930 BGB, ersetzt werden. Dies müssen die Vertragsparteien vereinbaren. Dabei bleibt der Veräußerer nach Übertragung des Eigentums zunächst weiterhin im Besitz der Sache.

Erich verkauft seinen gebrauchen Gasgrill an Daniel. Da beide Wert darauf legen, das Geschäft sofort abzuwickeln, Erich den Gasgrill aber noch für eine Outdoor-Party benötigt, wird vereinbart, dass das Eigentum am Gasgrill sofort übergeht, er aber noch eine Woche bei Erich für die Nutzung bei der Party verbleibt.

Zuletzt kann die Übergabe gemäß § 931 BGB durch die Abtretung des Herausgabeanspruchs ersetzt werden. In diesem Fall ist der Veräußerer nicht im Besitz der Sache, sondern ein Dritter ist im Augenblick der Besitzer. Der Erwerber kann die Herausgabe der Sache vom Dritten, dem aktuellen Besitzer, verlangen.

Leas Mountainbike steht beim Fahrradhaus Boppa nach einer Reparatur zur Abholung bereit. Lea verkauft ihr Fahrrad an Ruth. Beide wollen das Geschäft sofort abwickeln, daher tritt Lea ihren Herausgabeanspruch gegenüber dem Fahrradhaus Boppa an Ruth ab.

Möglichkeiten des Erwerbs des Eigentums an einer beweglichen Sache

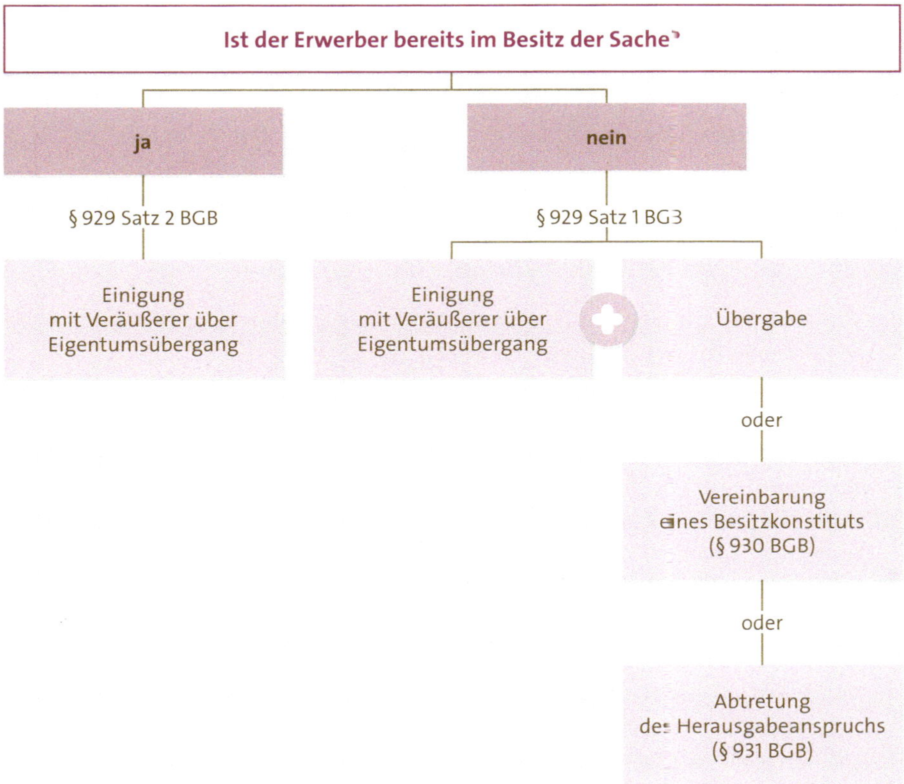

Eigentumsübertragung von Immobilien

Das Eigentum an unbeweglichen Sachen (z. B. Grundstücken) wird übertragen durch Auflassung und Eintragung in das Grundbuch.

- **Auflassung**
  Die Auflassung ist der Fachbegriff für die Einigung zwischen dem Veräußerer und dem Erwerber. Sie muss bei unbeweglichen Rechtsobjekten vor einem Notar[1] erklärt werden (§ 925 Abs. 1 Satz 2 BGB).
- **Eintragung in das Grundbuch**
  Für jedes Grundstück in Deutschland gibt es ein Grundbuchblatt, in dem die Eigentümer dieser Landfläche eingetragen sind. Mit Eintragung in das Grundbuch beim zuständigen Grundbuchamt ist schlussendlich das Eigentum übergegangen (§ 873 Abs. 1 BGB).

[1] Notar: *staatlich vereidigter Volljurist, der u. a. Rechtsgeschäfte beurkundet und beglaubigt*

zusätzliche Aufgaben zu Kapitel 1
► Webcode WGW_III_1_A-Zusatz

Aufgaben zu Kapitel 1

1. Erstellen Sie eigene Definitionen zu den folgenden Begriffen:
   a Sitten und Bräuche
   b kodifizieren
   c Grundgesetz
   d Gesetz
   e Rechtsverordnung
   f Gesetzgeber
   g Privatrecht = Zivilrecht
   h Konditionalprogramm

2. Suchen Sie die Sätze der folgenden Paragrafen im BGB und notieren Sie sie:
   a § 105 Abs. 1 BGB
   b § 286 Abs. 1 Satz 2 BGB
   c § 454 Abs. 2 BGB
   d § 573 Abs. 1 Satz 2 BGB

3. Erstellen Sie jeweils das Konditionalprogramm der folgenden Paragrafen des BGB:
   a § 1 BGB
   b § 433 Abs. 1 Satz 1 BGB
   c § 433 Abs. 2 BGB
   d § 488 Abs. 1 Satz 2 BGB
   e § 604 Abs. 1 BGB
   f § 929 Satz 1 BGB
   g § 961 BGB
   h § 978 Abs. 1 BGB
   i § 985 BGB
   j § 1601 BGB

4. Bestimmen Sie, mit welcher der drei Arten der erkennbaren Kundgabe eines rechtsgeschäftlichen Willens die Erklärung erfolgt.
   a Herr Anton bestellt an der Theke in der Bäckerei Müller ein Bauernbrot.
   b Frau Haselmann unterschreibt den Arbeitsvertrag für ihren Traumjob.
   c Die noch etwas verschlafene Schülerin Susanne wirft am Kaffeeautomaten der Berufsschule Münzen ein.
   d Carlos bestellt per E-Mail ein Buch beim örtlichen Buchhändler zur Abholung am nächsten Tag.
   e Herr Löbel hebt bei der Auktion von wertvollem Schmuck die Hand, weil er mitsteigern möchte.
   f Der Schüler Michael antwortet nicht auf das Angebot für den Erwerb eines Spiels vom Hersteller der Z-Spielekonsole.
   g Die Lehrerin Frau Epple steigt fröhlich am Morgen in den Bus und wünscht dem Busfahrer einen schönen guten Morgen.
   h Der Einzelhändler Paulis Frischemärkte GmbH bekommt wie immer ohne Bestellung frühmorgens von seinem Lieferanten zehn Kisten Salat geliefert.
   i Der langjährige Stammgast Peter betritt wie jeden Dienstagabend das „Bistro 0815". Ermüdet vom Tag, setzt er sich auf seinen Stammbarhocker und sagt kein Wort. Die Bedienung hinter der Theke stellt Peter ein Glas Bier vor die Nase.
   j Max hält an einer SB-Tankstelle und füllt seinen neuen SUV bis zum Tankrand mit Super E10.
   k Aurelia geht nach einem langen Schultag in einen Supermarkt und nimmt dort aus dem Regal eine Flasche Franz-Cola. An der Kasse legt sie wortlos die Flasche auf das Förderband. Die mürrische Verkäuferin zieht die Flasche über den Scanner, sagt kein Wort und nimmt das abgezählte Geld von Aurelia an.

5. Beurteilen Sie, wann die Willenserklärungen rechtskräftig zugegangen sind:
   a Der Mieter Anton möchte seine Wohnung zum 31.10. kündigen. Das Kündigungsschreiben wirft er am Mittwochabend, 03.08., um 23:56 Uhr in den Briefkasten des Vermieters.

b Beim mittelständischen Industriebetrieb Kriebler GmbH geht um 12:31 Uhr ein Fax mit einer großen Bestellung ein. Da ab 12:00 Uhr die gesamte Belegschaft auf dem jährlichen Betriebsausflug ist, wird die Bestellung erst am folgenden Tag gelesen.

c Frau Freitag betritt den Taschenladen in der Singener Innenstadt und sagt zur Verkäuferin: „Ich möchte gerne die neue Lederschultasche XL510 für Lehrer von Tocket kaufen."

6. Herr Löble kündigt sein Arbeitsverhältnis bei der Schatz OHG in dem Glauben, dass er bei der Y & Z GmbH für wesentlich mehr Gehalt als bisher unterkommen könnte. Sein Schreiben wirft er am 17.12. in den Briefkasten bei der Postfiliale ein. Am Abend des 17.12. erhält er jedoch einen Anruf von der Y & Z GmbH mit der Mitteilung, dass sich das Unternehmen nun doch für einen anderen Bewerber entschieden hat. Wie kann Herr Löble die Rechtswirksamkeit seiner Kündigung noch verhindern?

7. Bestimmen Sie in den folgenden Fällen, wer Eigentümer und wer Besitzer der Sache ist.

a Aurelia leiht sich von Max ein Fahrrad aus.

b Der Einzelhändler Paulis Frischemärkte GmbH bekommt Bio-Salatköpfe (1. Sache) in Mehrwegkisten (2. Sache) von der Salat GmbH geliefert.

c Die Lehrerin Frau Freitag holt ihre bestellte Lederschultasche im Taschenladen ab und geht glücklich nach Hause.

d Herr Löbl holt sich an der Hotelrezeption einen WLAN-Adapter für sein Hotelzimmer gegen ein Pfand von 15,00 EUR.

8. Erläutern Sie, wann in den folgenden Fällen das Eigentum übergeht und welche gesetzliche Regelung jeweils zutrifft.

a Auf dem alljährlichen Nachtflohmarkt in Konstanz steht die Lehrerin Frau Freitag am Stand von Aurelia. Sie hält bewundernd das Gemälde mit dem Titel „Ralf, der röhrende Hirsch im Abendrot" in der Hand. Beide einigen sich auf den Preis von 20,00 EUR. Frau Freitag bezahlt und trägt den erworbenen „Schatz" nach Hause.

b Im Möbelhaus Raun GmbH kauft Max einen Bürostuhl. Er bezahlt mit Kreditkarte und fährt sein Auto bei der Warenausgabe vor. Mit etwas Schwierigkeiten bekommt er den noch frisch verpackten Stuhl in sein Auto.

c Schüler Michael ist ganz begeistert von seinem neuen Spielkonsolenspiel. Der Hersteller hat es ihm zum kostenlosen Testen nach Hause geliefert. Nach 14 Tagen bezahlt Michael per Banküberweisung die Rechnung von 69,00 EUR.

d Gastwirt Hudel schickt seinen Auszubildenden zum Metzger nebenan, um 5 kg Gulasch zu erwerben. Der Metzger übergibt dem Auszubildenden das Gulasch.

9. Tamara möchte ihr Ein-Personen-Zelt an Kevin verkaufen. Sie benötigt es aber noch für ein Wochenende in den Bergen. Erläutern Sie mithilfe der entsprechenden Paragrafen, wie bereits heute das Eigentum an Kevin übergehen kann.

10. Ist es rechtlich möglich, dass jemand Eigentum an einer Mobilie überträgt, die nicht in seinem Besitz ist? Begründen Sie mithilfe der Paragrafen im BGB.

✔

Zusammenfassung: 1 Grundlagen und Begriffe

Das Privatrecht (= Zivilrecht) regelt die Beziehungen der einzelnen Bürger untereinander. Als Rechtsgrundlage dient hier das Bürgerliche Gesetzbuch (BGB).

Mit der Abgabe von Willenserklärungen beabsichtigen Menschen, eine Rechtsfolge zu erwirken.

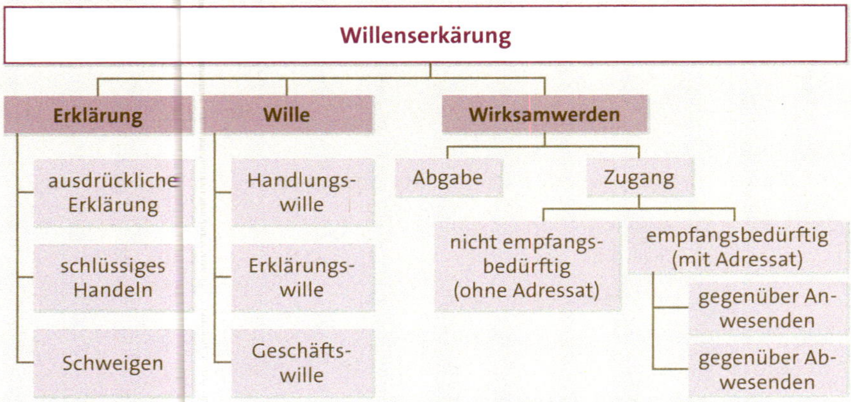

In der Bundesrepublik Deutschland wird zwischen Besitz und Eigentum unterschieden.

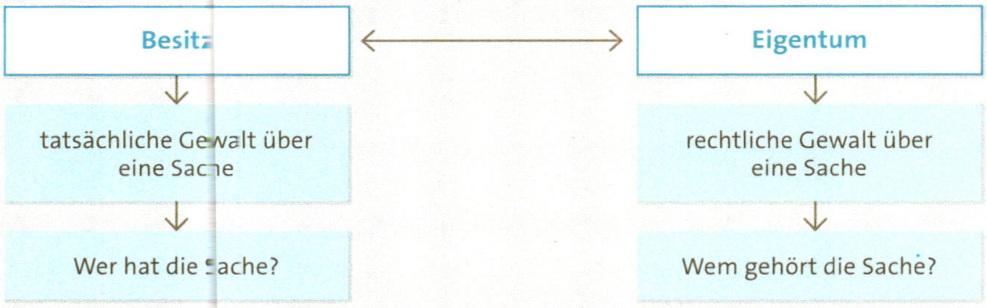

Um Eigentum an beweglichen Sachen zu übertragen, bedarf es der Einigung über den Übergang des Eigentums und die Übergabe der Sache.

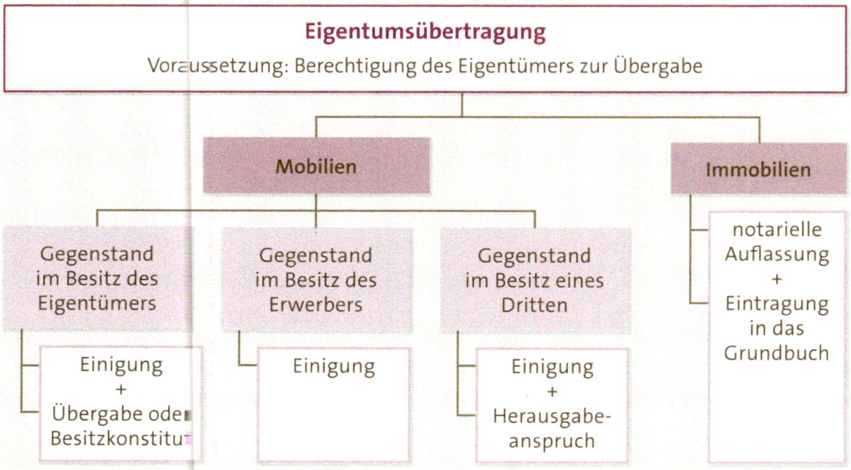

Grundlagen von Rechtsgeschäften

2

Im Durchschnitt bohrt eine Bohrmaschine in ihrem Leben rund 13 Minuten, den Rest der Zeit verbringt sie im Schrank. Was liegt da näher, als sie weiterzuverleihen? Die Idee des gegenseitigen Ausleihens von Dingen, der Share Economy, ist nicht neu, im Augenblick jedoch ganz modern. Ein neues Geschäftsmodell innerhalb der Sharing Community sind die in größeren Städten anzutreffenden E-Scooter, die über eine App zur Nutzung freigeschaltet werden können. Was aber bedeutet das Verleihen von Dingen rechtlich gesehen?

2.1 Rechtssubjekte

Rechtssubjekte herrschen über Sachen und können in zwei Gruppen eingeteilt werden:

- **natürliche Personen** = alle Menschen
- **juristische Personen** (organisatorische Zusammenschlüsse mehrerer Personen)
  - des öffentlichen Rechts
    Hierzu gehören staatliche Gebilde, wie z. B. Bund, Länder, Kreise, Gemeinden.
  - des Privatrechts
    Hierbei handelt es sich um Personenvereinigungen (= Körperschaften), z. B. eingetragener Verein, Gesellschaft mit beschränkter Haftung, Aktiengesellschaft.

2.1.1 Rechtsfähigkeit

Lernvideo „Rechtsfähigkeit“

Das BGB bestimmt im Grundsatz, wer im Privatrecht ein Rechtssubjekt ist und ab welchem Zeitpunkt dies zutrifft.

§ 1 BGB: Beginn der Rechtsfähigkeit

Die Rechtsfähigkeit des Menschen beginnt mit der Vollendung der Geburt[1].

[1] Vollendung der Geburt: *völliger Austritt der Leibesfrucht aus dem Mutterleib (Das Durchtrennen der Nabelschnur hat entgegen landläufiger Meinung keinerlei Bedeutung.)*

Grundsätzlich können also alle Menschen im Rechtsverkehr Rechte und Pflichten wahrnehmen. Die Fähigkeit, Rechte und Pflichten zu tragen, verliert der Mensch mit dem Tod. Diese gehen auf den Erben über. (§ 1922 Abs. 1 BGB).

Um die Rechtsfähigkeit zu erlangen, müssen juristische Personen (des Privatrechts) in der Regel in ein öffentliches Register[1] eingetragen werden. Der Verwaltungsakt des Eintragens in das Register ist im Grunde genommen die Vollendung der Geburt, das Löschen aus dem Register ist vergleichbar mit dem Tod einer natürlichen Person.

[1] öffentliche Register: *z. B. Vereinsregister, Handelsregister*

Rechtsfähig ist, wer Träger von Rechten und Pflichten sein kann.

Lernvideo „Geschäftsfähigkeit"

2.1.2 Geschäftsfähigkeit

Das BGB unterstellt jeder natürlichen Person zunächst einmal eine Handlungsfähigkeit[2].

[2] Handlungsfähigkeit: *die Fähigkeit, verantwortlich und rechtswirksam handeln zu können*

Geschäftsfähig ist, wer durch eigene Willenserklärungen ► Rechtsfolgen selbstständig bewirken kann.

Willenserklärung
► III • 1.5.2

Um rechtsverbindliche Willenserklärungen abgeben zu können, bedarf es eines hinreichenden Einsichts-, Entscheidungs- und Urteilsvermögens. So legt § 104 BGB fest, dass Kinder, die das siebte Lebensjahr noch nicht vollendet haben, diese Voraussetzungen nicht erfüllen und damit ihre Willenserklärungen nichtig[3] sind (sie sind geschäftsunfähig). Der Gesetzgeber hat je nach Alter verschiedene Stufen der Geschäftsfähigkeit eingeführt.

[3] nichtig: *Eine Willenserklärung oder ein Rechtsgeschäft leidet an einem derart schweren Fehler, dass die beabsichtigte Rechtsfolge von Anfang an nicht eintreten kann oder darf.*

<table>
<tr><th colspan="25">Geschäftsfähigkeit in Abhängigkeit vom Lebensalter</th></tr>
<tr><td></td><td>1</td><td>2</td><td>3</td><td>4</td><td>5</td><td>6</td><td>7</td><td>8</td><td>9</td><td>10</td><td>11</td><td>12</td><td>13</td><td>14</td><td>15</td><td>16</td><td>17</td><td>18</td><td>19</td><td>20</td><td>21</td><td>22</td><td>23</td><td>→</td></tr>
<tr><td rowspan="2">Natürliche Person ab Vollendung der Geburt rechtsfähig und …</td><td colspan="6">geschäftsunfähig (§ 104 Abs. 1 BGB)</td><td colspan="11">beschränkt geschäftsfähig (§ 106 BGB)</td><td colspan="7">voll geschäftsfähig (§ 2 BGB)</td></tr>
<tr><td colspan="6">Willenserklärungen sind nichtig. Der gesetzliche Vertreter handelt für das Kind.</td><td colspan="11">Die vorherige Einwilligung oder nachträgliche Genehmigung des gesetzlichen Vertreters zur Willenserklärung ist zur Wirksamkeit erforderlich.</td><td colspan="7">eine eigenverantwortliche und rechtsverbindliche Abgabe von Willenserklärungen</td></tr>
<tr><td colspan="25">Juristische Person des Privatrechts sind mit Eintragung in das entsprechende Register immer voll rechtsfähig und geschäftsfähig.</td></tr>
</table>

Zudem gelten als geschäftsunfähig – altersunabhängig – Personen mit dauerhaft krankhafter Störung der Geistestätigkeit (§ 104 Abs. 2 BGB) ►. Ihre Willenserklärungen sind nichtig.

Besonderheiten zu nicht geschäftsfähigen Personen
► Webcode WGW_III_2_1_2

Willenserklärungen von beschränkt Geschäftsfähigen werden nur nach vorheriger Einwilligung[1] oder nachträglicher Genehmigung[2] durch den gesetzlichen Vertreter rechtswirksam. Noch nicht genehmigte Willenserklärungen gelten als „schwebend unwirksam". Nach einer Ablehnung sind sie von Anfang an unwirksam, bei einer Genehmigung sind sie von Anfang an wirksam. Ausnahme: Falls der beschränkt Geschäftsfähige lediglich einen rechtlichen Vorteil erlangt, ist die Willenserklärung auch ohne den gesetzlichen Vertreter rechtswirksam (§ 107 BGB). Zu beachten sind beim rechtlichen Vorteil nur die rechtlichen und unmittelbaren Folgen einer Willenserklärung.

[1] Einwilligung: *vorherige Zustimmung zur Vornahme einer Willenserklärung*

[2] Genehmigung: *nachträgliche Zustimmung zu einer Willenserklärung*

Oma Gertraud will ihrem beschränkt geschäftsfähigen Enkel Hans ein Moped schenken ▶. Hans sagt begeistert, dass er das Geschenk annehmen möchte (Willenserklärung = Annahme der Schenkung). Hans muss keine Gegenleistung für das Moped erbringen, insoweit ist dies rechtlich nur vorteilhaft. Die darauffolgende Versicherungspflicht für das Moped ist zwar ein Nachteil, der jedoch erst entsteht, wenn Hans mit dem Moped auf öffentlichen Straßen fahren möchte, und ist somit nur ein mittelbarer Nachteil. Damit ist die Annahme der Schenkung eine rechtskräftige Willenserklärung.

Schenkung
▶ III • 3.2

i

Rechtsgeschäfte mit beschränkt Geschäftsfähigen

Ein Rechtsgeschäft mit Minderjährigen, bei dem keine Einwilligung des gesetzlichen Vertreters vorliegt, gilt gemäß § 108 Abs. 1 BGB bis zur nachträglichen Genehmigung als „schwebend unwirksam". Der Vertragspartner des Minderjährigen kann den gesetzlichen Vertreter gemäß § 108 Abs. 2 BGB auffordern, eine Zustimmung oder Ablehnung abzugeben. Erteilt der gesetzliche Vertreter nicht innerhalb von zwei Wochen seine Genehmigung, ist der Vertrag nichtig. Bei einer Genehmigung wird der Vertrag von Anfang an wirksam. Bei einseitigen Rechtsgeschäften (z. B. Kündigung) muss der gesetzliche Vertreter immer vorab seine Einwilligung zur Abgabe der Willenserklärung geben (§ 111 BGB).

Um den Alltag etwas zu vereinfachen, hat der Gesetzgeber den sogenannten **Taschengeldparagrafen** (§ 110 BGB) erlassen. Ein Vertrag ist demnach auch „ohne Zustimmung des gesetzlichen Vertreters" wirksam, wenn die beschränkt geschäftsfähige Person den Vertrag mithilfe von Mitteln (Geld) bewirkt,

- die ihr vom gesetzlichen Vertreter zur freien Verfügung überlassen worden sind (Taschengeld) und
- die vertragsmäßige Leistung (z. B. Kaufpreis) insgesamt komplett bezahlt wird.

Kann der Geldbetrag nicht oder nur teilweise erbracht werden, handelt es sich um einen Raten- oder Kreditvertrag; solche Verträge können von Minderjährigen nicht abgeschlossen werden, sie sind nichtig.

Eine beschränkt geschäftsfähige Person, die mit Einverständnis des gesetzlichen Vertreters einen **Arbeitsvertrag** schließt, gilt für alle Rechtsgeschäfte, die zur Eingehung, Erfüllung oder Aufhebung des Arbeitsverhältnisses notwendig sind, als voll geschäftsfähig. Diese Regelung umfasst auch die Kündigung des Arbeitsverhältnisses (§ 113 Abs. 1 BGB). Ein **Ausbildungsvertrag** gilt nicht als Arbeitsvertrag. Daher muss der gesetzliche Vertreter bei der Kündigung eines Ausbildungsvertrags sein Einverständnis erteilen.

2.2 Rechtsgeschäft

Mit der Willenserklärung möchte ein Rechtssubjekt eine Rechtsfolge herbeiführen, sozusagen den Willen in Recht umwandeln. Diese Rechtsfolge wird als Rechtsgeschäft bezeichnet und bindet die Rechtssubjekte fest daran.

Ein **Rechtsgeschäft** besteht aus einer oder mehreren Willenserklärungen, die eine Rechtsfolge herbeiführen sollen, die von den Rechtssubjekten gewollt ist.

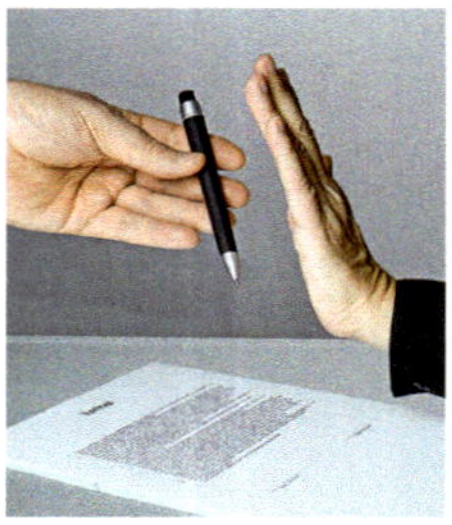

2.2.1 Vertragsfreiheit (Privatautonomie)

Grundsätzlich können Rechtssubjekte frei bestimmen,
- ob bzw. mit wem (Abschlussfreiheit)
- und über welchen Inhalt (Gestaltungsfreiheit und Inhaltsfreiheit)

ein Rechtsgeschäft geschlossen wird.
Jeder einzelne Bürger soll eigenverantwortlich und in Freiheit seine Lebensverhältnisse durch Rechtsgeschäfte und deren Beendigung (z. B. Kündigung eines Mietvertrags) gestalten können.

Unter **Privatautonomie** versteht man die Freiheit jedes Einzelnen, seine Rechtsgeschäfte nach eigenem Willen zu gestalten.

Diese Freiheiten werden z. B. durch das Allgemeine Gleichbehandlungsgesetz (AGG) eingeschränkt, womit Diskriminierungen ausgeschlossen werden sollen►. Der Vertragsfreiheit kann auch durch ein Abschlussverbot Grenzen gesetzt werden, so verbietet z. B. das Jugendarbeitsschutzgesetz Arbeitsverträge mit Kindern unter 15 Jahren. Außerdem gibt es in Bereichen der Grundversorgung einen sogenannten *Kontrahierungszwang*[1].►

weitere Informationen
► www.antidiskriminierungsstelle.de

[1] Kontrahierungszwang (auch Abschlusszwang): *Pflicht, ein bestimmtes Rechtsgeschäft abzuschließen*

Basiskonto als Beispiel für Kontrahierungszwang
► Webcode WGW_III_2_2_1

2.2.2 Arten und Zustandekommen von Rechtsgeschäften

Ein **einseitiges** Rechtsgeschäft wird nur von einem Rechtssubjekt durch eine Willenserklärung herbeigeführt. Die Willenserklärung muss somit vollständig alle Aspekte zum Inhalt haben, die das Rechtsgeschäft ausmachen.
Einseitige Rechtsgeschäfte lassen sich wiederum unterteilen in:
- **empfangsbedürftige Rechtsgeschäfte**
  Sie werden erst wirksam, wenn die Willenserklärung dem anderen zugeht.
- **nicht empfangsbedürftige Rechtsgeschäfte**
  Hier kommt es nicht darauf an, dass ein anderer von der Willenserklärung erfährt. Es ist lediglich ausschlaggebend, dass sie abgegeben wurde.

empfangsbedürftig: Kündigung (§ 626 BGB), Rücktritt (§§ 346 ff. BGB)
nicht empfangsbedürftig: Testament (§§ 2064 ff. BGB), Auslobung (§ 657 BGB)

Dem gegenüber stehen die **zwei-** und **mehrseitigen** Rechtsgeschäfte[1]: Hier kommen mindestens zwei Willenserklärungen von mindestens zwei Rechtssubjekten zusammen, die inhaltlich übereinstimmen, um eine Rechtsfolge herbeizuführen. ►

[1] Mehrseitige Rechtsgeschäfte werden auch Verträge genannt.

Überblick über die wichtigsten Vertragsarten

► Webcode WGW_III_2_2_2

- Leihvertrag zwischen zwei Personen
- Mietvertrag zwischen einem Ehepaar und einem Vermieter (= drei Personen)

Arten von Rechtsgeschäften

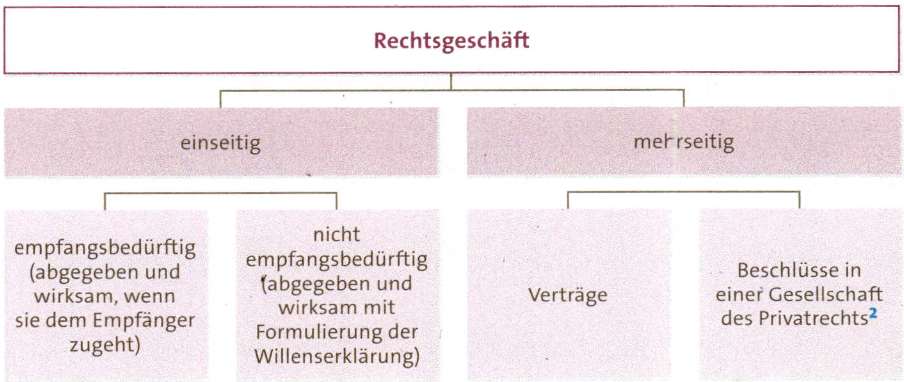

[2] Mehrere Personen können sich zu Personen- oder Kapitalgesellschaften zusammenschließen. In der jeweiligen Gesellschafterversammlung sind die Beschlüsse dann mehrseitige Rechtsgeschäfte.

2.2.3 Verpflichtungs- und Verfügungsgeschäft

Genau betrachtet, lässt sich ein Rechtsgeschäft in zwei Rechtsgeschäfte zerteilen[3]:

- **Verpflichtungs(rechts)geschäft**
  Ein Rechtssubjekt verpflichtet sich zu einem bestimmten Tun, Dulden oder Unterlassen. Erst im nächsten Schritt, mit einem weiteren Rechtsgeschäft (Verfügungsgeschäft), wird diese Verpflichtung dann umgesetzt.
- **Verfügungs(rechts)geschäft** (auch Erfüllungs(rechts)geschäft genannt)
  Hierbei wird auf ein bestehendes Recht unmittelbar eingewirkt. Es soll übertragen (z. B. § 929 BGB), belastet (z. B. § 1113 BGB), inhaltlich geändert (z. B. § 877 BGB) oder aufgehoben (z. B. § 397 BGB) werden. Auslöser (auch Causa[4] genannt) für dieses Rechtsgeschäft ist das vorausgegangene Verpflichtungsgeschäft.

[3] auch Trennungsprinzip genannt: *Verpflichtungs- und Verfügungsgeschäft sind selbstständige Rechtsgeschäfte.*

[4] causa (lateinisch): *Ursache*

Beide Rechtsgeschäfte sind unabhängig voneinander rechtswirksam, auch wenn sie aufeinander abgestimmt sind. Dieses Auseinanderfallen von Verpflichtung und Verfügung im deutschen Recht nennt sich Abstraktionsprinzip ►.

Abstraktionsprinzip beim Verbrauchsgüterkauf mit ausführlichem Beispiel

► III • 3.1.3

2.2.4 Formvorschriften

Grundsätzlich gilt, dass Rechtsgeschäfte ohne Beachtung einer besonderen äußeren Gestaltung (Form) wirksam sind. Allerdings hat der Gesetzgeber ausdrücklich Ausnahmen zu dieser grundsätzlichen Formfreiheit definiert.

Formvorschriften ► sollen insbesondere Privatpersonen (Verbraucher) vor Übervorteilung schützen und haben verschiedene Funktionen:

Beispiele zu Formvorschriften

► Webcode WGW_III_2_2_4

- **Warnfunktion**
  Formvorschriften sind für die Beteiligten ein Hinweis auf die weitreichenden Folgen des Rechtsgeschäfts.
- **Beweisfunktion**
- **Beratungsfunktion**
  Zum Beispiel sichert die vorgeschriebene Beurkundung durch einen Notar, dass ein neutraler und sachkundiger Dritter die Beteiligten beraten und rechtlich belehren kann.
- **Kontrollfunktion**
  Formvorschriften erfüllen die Kontrollfunktion z. B. dann, wenn der Formzwang zum Schutz eines öffentlichen Interesses vorgeschrieben ist.

Dem Schutzgedanken folgend sind Rechtsgeschäfte gemäß § 125 BGB von Anfang an nichtig, wenn die gesetzlich vorgeschriebene Form nicht eingehalten wurde.

Übersicht über die Formvorschriften

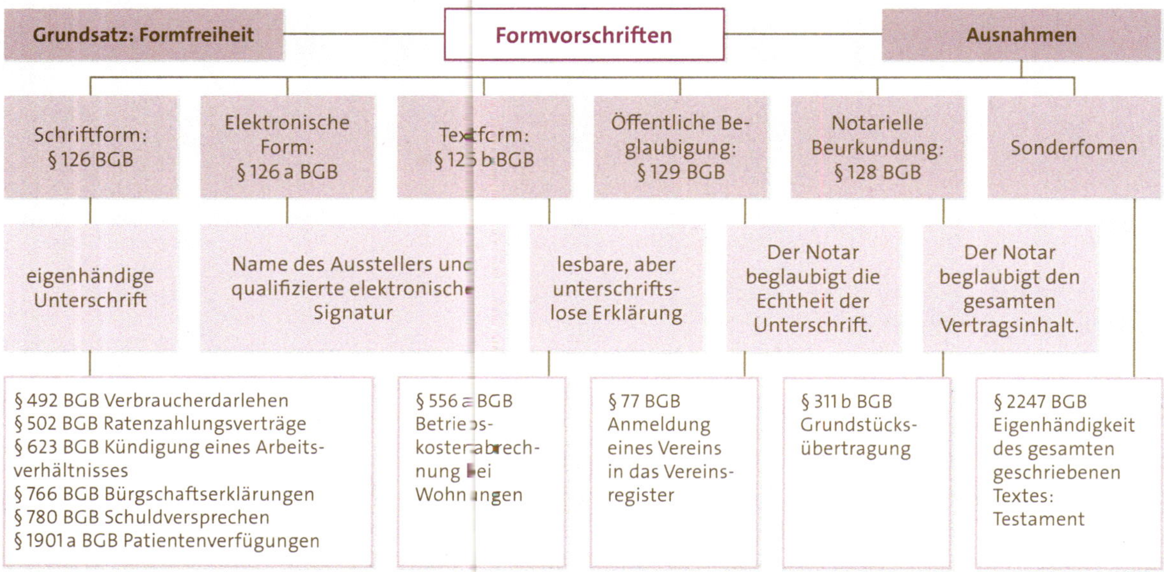

2.2.5 Fehlerhafte Rechtsgeschäfte

- **Nichtigkeit durch Gesetzeskraft**

Die weitreichende Privatautonomie wird dort eingeschränkt, wo Rechtsgeschäfte gegen wesentliche Prinzipien unserer Rechts- und Werteordnung verstoßen. In der juristischen Sprache weisen solche Rechtsgeschäfte einen Mangel (= Fehler) auf.

Nichtige Rechtsgeschäfte sind Rechtsgeschäfte, die aufgrund eines Mangels vom Gesetz von Anfang an als rechtlich unwirksam[1] erklärt werden.

[1] rechtlich unwirksam: *das Fehlen von Wirkungen*

Mängel, die zur Nichtigkeit eines Rechtsgeschäfts führen, sind:

- Der Inhalt des Rechtsgeschäfts
  - verstößt gegen ein gesetzliches Verbot (§ 134 BGB);
  - ist sittenwidrig und verstößt damit gegen das „Anstandsgefühl aller billig und gerecht Denkenden“[1] (§ 138 BGB).
- Das Rechtsgeschäft wird von einer geschäftsunfähigen oder geistig vorübergehend gestörten Personen getätigt (§ 105 BGB).►
- Den am Rechtsgeschäft beteiligten Personen mangelt es am rechtsgeschäftlichen Willen:
  - Scheingeschäft, § 117 BGB
    Im beidseitigen Einverständnis der Vertragspartner wird nur zum Schein ein Rechtsgeschäft geschlossen. Häufig werden Scheingeschäfte nur abgeschlossen, um ein anderes Rechtsgeschäft, das in Wahrheit gewollt ist, zu verdecken.
  - Scherzgeschäft, § 118 BGB
    Das Rechtsgeschäft ist nicht ernst gemeint, es wird zum Scherz geschlossen.
  - geheimer Vorbehalt, § 116 BGB
    Der zuerst Erklärende will insgeheim die Erklärung gar nicht abgeben und der Empfänger dieser Erklärung ist über diesen geheimen Vorbehalt informiert.
    Zu beachten ist aber: Ist der Empfänger über den geheimen Vorbehalt nicht informiert, ist der Vertrag rechtswirksam zustande gekommen. Hier schützt das Gesetz den nichts ahnenden Vertragspartner (Empfänger).
- Die dem Rechtsgeschäft gesetzlich vorgeschriebene Form wird nicht eingehalten►.

[1] So hat es das Reichsgericht im April 1901 definiert und der Bundesgerichtshof mehrmals bestätigt.

Geschäftsfähigkeit
► III • 2.1.2

Formvorschriften
► III • 2.2.4

Beispiele für von Anfang an nichtige Rechtsgeschäfte

Gesetzliches Verbot

Ein Drogenhändler schließt einen Vertrag mit einem Junkie über „Stoff“. Eigentlich ist das ein Rechtsgeschäft, aber da es ein Verbot gegen den Handel mit Betäubungsmitteln durch Privatpersonen gibt, ist das Rechtsgeschäft von Anfang an nichtig: Der Drogenhändler hat kein Recht auf Geld und der Käufer hat keinen Anspruch auf Drogen.

Sittenwidrigkeit

Ein Musikmanager schließt mit einem jungen Musiktalent einen Managementvertrag über 50 Jahre, in dem sich das Musiktalent verpflichtet, in der Laufzeit ausschließlich über den Musikmanager alle Auftritte organisieren zu lassen und den Manager dabei mit 60 % an den Erträgen zu beteiligen. Dieser Vertrag verstößt gegen die guten Sitten, da er wegen der langen Laufzeit und der hohen Beteiligung die wirtschaftliche Handlungsfreiheit des Musiktalentes erheblich einschränkt.

Scheingeschäft

Hans hat eine seltene Sammelkarte eines Fußballnationalspielers. Peter will ihm diese unbedingt abkaufen und „nervt“ Hans schon seit Wochen. Damit Peter endlich Ruhe gibt, verkauft Hans die Karte zum Schein an seine in den Plan eingeweihte Freundin Sandra und zeigt Peter den schriftlichen Kaufvertrag. Dieser ist nichtig, da Hans die Karte nur zum Schein an Sandra verkauft hat. Sandra hat also kein Recht auf die Übergabe der Karte und Hans hat kein Recht auf die Bezahlung des angeblichen Kaufpreises durch Sandra.

Lernvideo „Anfechtbarkeit von Rechtsgeschäften“

Anfechtbarkeit

Von den Rechtsgeschäften, die von Anfang an nichtig sind, müssen solche abgegrenzt werden, die erst nach einer Anfechtung[1] nichtig werden. Hier ist es zunächst so, dass durch zwei übereinstimmende Willenserklärungen ein Rechtsgeschäft zustande kommt, aber aufgrund von Anfechtungsgründen im Nachhinein vernichtbar ist. Eine der beiden Willenserklärungen kann durch eine Erklärung des Anfechtungsberechtigten angefochten werden. Die Rechtsfolge einer fristgerechten Anfechtung ist die Nichtigkeit der Willenserklärung und damit die Nichtigkeit des Rechtsgeschäfts.

[1] Anfechtung: *rückwirkende Beseitigung der Erklärung (rückwirkende Vernichtung der Willenserklärung)*

Anfechtungsgründe ▸

Beispiele zur Anfechtung
▸ Webcode WGW_III_2_2_5

- **unbewusstes Auseinanderfallen von Wille und Erklärung (Irrtümer)**
  - Inhaltsirrtum (§ 119 Abs. 1, 1. Fall BGB)
    Der Erklärende gibt in seiner Willenserklärung an, was er erklären möchte, irrt sich jedoch hinsichtlich der Bedeutung seiner Erklärung und erklärt damit etwas anderes, als er beabsichtigt.

> Ein Tourist bestellt in einer Kölner Altstadtkneipe einen „halven Hahn“ und bekommt statt des erwarteten halben Hähnchens ein Roggenbrötchen mit Käse.

  - Erklärungsirrtum (§ 119 Abs. 1, 2. Fall BGB)
    Der Erklärende sagt etwas anderes als das, was er erklären will; ihm unterläuft ein Fehler. Eselsbrücke „Ver-Fälle“: Ver-schreiben, Ver-sprechen, Ver-tippen usw.
  - Eigenschaftsirrtum (§ 119 Abs. 2 BGB)
    Der Erklärende irrt sich über verkehrswesentliche Eigenschaften einer Person oder einer Sache[2].

[2] Verkehrswesentliche Eigenschaften sind alle Merkmale, die den Wert der Sache erhöhen.

> Das Bestehen eines Baurechts auf einem Grundstück ist bei Abschluss eines Kaufvertrags über das Grundstück eine verkehrswesentliche Eigenschaft. Geht der Käufer davon aus, dass ein Baurecht besteht, dies aber nicht der Fall ist, so liegt ein Eigenschaftsirrtum vor und der Käufer kann seine Willenserklärung anfechten.

  - falsche Übermittlung (§ 120 BGB)
    Durch den „Transport“ der Willenserklärung kommt diese beim Empfänger anders an, als der Absender sie auf den Weg gebracht hat.

> Durch einen Softwarefehler werden auf der Website des Verkäufers Notebooks zu 250,00 EUR angeboten anstatt der beabsichtigten 2.500,00 EUR.

- **arglistige Täuschung** (§ 123 Abs. 1, 1. Fall BGB)
  Einer der Erklärenden macht bewusst falsche Angaben und täuscht damit den Empfänger der Willenserklärung. Der Täuschende muss dabei vorsätzlich[3] handeln: Er täuscht seinen Vertragspartner bewusst, damit dieser sich irrt und aufgrund des Irrtums eine Willenserklärung abgibt, die er ohne den Irrtum so nicht abgegeben hätte.

[3] vorsätzlich bedeutet rechtlich: *wissen und wollen*

Ein Verkäufer bietet einen Gebrauchtwagen als unfallfrei an, obwohl er weiß, dass es sich um ein Unfallfahrzeug handelt.

- **widerrechtliche Drohung** (§ 123 Abs. 1, 2. Fall BGB)
  Unter Drohung (= „Inaussichtstellung eines empfindlichen Übels") wird eine Person zur Abgabe einer Willenserklärung veranlasst. Widerrechtlich ist eine Drohung dann, wenn die eingesetzten Mittel widerrechtlich oder die zulässigen Mittel nicht dem Zweck angemessen sind[1].

[1] Die Drohung mit rechtlichen Schritten ist **nicht** widerrechtlich.

Kein Anfechtungsgrund: Motivirrtum

Das Motiv oder der Beweggrund, eine Willenserklärung abzugeben, muss ernsthaft und endgültig sein. Ein Motivwechsel kann niemals zum Anfechtungsgrund werden, da sonst jede Willenserklärung nachträglich für nichtig erklärt werden könnte. Dies würde das Prinzip der Rechtssicherheit[2] völlig aushöhlen, da keiner mehr darauf vertrauen könnte, dass eine Willenserklärung bindend ist.

[2] Rechtssicherheit garantiert dem Einzelnen die gleiche rechtliche Wertung gleichartiger Einzelfälle, die Beständigkeit, die Vorhersehbarkeit und die Gewährleistung von Rechtsnormen.

Hans kauft sich bei einem Einzelhändler in der Innenstadt eine rote Hose, weil ihm die Farbe gut gefällt. Daheim angekommen, findet seine Freundin die Farbe schrecklich, und Hans will die Hose nicht mehr haben. Sein Motiv (die Farbe), die Hose zu kaufen, hat sich verändert. Damit wird seine Willenserklärung zum Kauf der Hose jedoch nicht anfechtbar.

Anfechtungserklärung

Eine Anfechtung ist eine formfreie empfangsbedürftige Willenserklärung gegenüber dem Anfechtungsgegner (§ 143 BGB). Es genügt also, wenn der Anfechtungsberechtigte zu erkennen gibt, dass er seine erste Willenserklärung wegen eines Anfechtungsgrundes nicht gelten lassen möchte.

Anfechtungsfrist

Die Anfechtung muss innerhalb bestimmter Fristen erfolgen. So können Verträge nicht noch lange Zeit später unwirksam werden, damit Vertragspartner sich auf die Wirksamkeit des Rechtsgeschäfts verlassen können (Rechtssicherheit). Bei Anfechtungen, die auf § 119 und § 120 BGB (grob gesagt: Irrtümer) basieren, muss die Anfechtung unverzüglich[3] erfolgen, also sobald der Anfechtende vom Anfechtungsgrund Kenntnis genommen hat. Im Falle der arglistigen Täuschung muss die Anfechtung innerhalb eines Jahres ab Kenntniserlangung über die Täuschung erfolgen. Bei einer widerrechtlichen Drohung beginnt die Jahresfrist ab dem Zeitpunkt zu laufen, ab dem die durch die Drohung geschaffene Zwangslage entfallen ist. Eine Verjährung tritt für alle Anfechtungsmöglichkeiten nach einer Frist von zehn Jahren nach Abgabe der Willenserklärung ein.

[3] unverzüglich: *ohne schuldhaftes Zögern, eine angemessene Überlegungsfrist ist erlaubt. Die heutige Rechtsprechung geht von einer maximalen Zwei-Wochen-Frist aus.*

Gemäß § 142 Abs. 1 BGB ist das anfechtbare Rechtsgeschäft nach wirksamer Anfechtung als von Anfang an nichtig anzusehen.

FALLSTUDIE Auslegung von Gesetzen – Fallbearbeitung

Zahlreiche Gesetzestexte sind sehr einfach zu verstehen und anzuwenden, andere müssen genau untersucht werden. Die korrekte Lösung findet man meist erst nach einem mehrstufigen Verfahren. Grundsätzlich lässt sich zu Beginn immer die Frage stellen: Wer (Anspruchssteller) kann was (Anspruchsinhalt) von wem (Anspruchsgegner) woraus (Anspruchsnorm) erwirken?

Arbeitsschritte:

1.	Sachverhalt	Möglichst genaue Erfassung des Lebensvorganges (= Sachverhalt)
2.	Tatbestand	Auffinden der passenden Rechtsnormen, man nennt dies auch „den Tatbestand ermitteln". Im Konditionalprogramm ist dies der „Wenn-Teil".
3.	Subsumtion	Prüfung, ob der festgestellte Sachverhalt den Tatbestand der Rechtsnorm erfüllt
4.	Rechtsfolge	Anwenden des Konditionalprogramms: der „Dann-Teil"

Die kleine Lisa ist sechs Jahre alt. Im Süßigkeitenladen zeigt sie auf eine Tüte Bonbons und sagt der Verkäuferin, sie möchte diese Tüte kaufen.

ARBEITSAUFTRAG

Wie ist die Willenserklärung von Lisa zu beurteilen? Verwenden Sie hierzu die vorgegebenen Arbeitsschritte.

Aufgaben zu Kapitel 2

zusätzliche Aufgaben zu Kapitel 2
► Webcode WGW_III_2_A-Zusatz

1. Entscheiden Sie, in welcher Stufe der Geschäftsfähigkeit sich die nachfolgenden natürlichen Personen befinden:
   - **a** Peter Tupfer, 2 Monate alt
   - **b** Ellen Schulz, 95 Jahre, leidet an einer schweren Alzheimer-Erkrankung
   - **c** Franz Meier, 18 Jahre alt
   - **d** Klaus Haas, 16 Jahre alt
   - **e** Thekla Weber, 6 Jahre alt

2. Herr Lustig ist 86 Jahre alt und eigentlich noch ganz fit. Nun hat er sich aber entschieden, seinen Führerschein bei der Führerschein- und Zulassungsstelle abzugeben. Er fühlt sich der Anforderungen im modernen Straßenverkehr nicht mehr gewachsen. Ist Herr Lustig jetzt noch rechtsfähig? Begründen Sie, in welcher Stufe der Geschäftsfähigkeit sich Herr Lustig befindet.

3. Welche der folgenden Rechtsgeschäfte sind einseitig?
   - a Mietvertrag
   - b Schenkungsvertrag
   - c Testament
   - d Auslobung eines Finderlohns
   - e Kaufvertrag

4. Beurteilen Sie die Wirksamkeit der abgegebenen Willenserklärungen mithilfe der entsprechenden Rechtsgrundlage.
   - a Der schwer demenzkranke Albert Gruse steht im Scooter-Shop Singen und will eine Vespa für 1.500,00 EUR kaufen.
   - b Peter Will geht in einen Handy-Shop, um sich von seinem Taschengeld das neueste Handy mit „Prepaid“-Vertrag zu kaufen. Peter weiß, dass seine Eltern gegen diesen Kauf sind. Er ist aber schon 16 Jahre alt und lässt sich „von denen“ nichts mehr sagen.

5. Welche Formvorschriften sind für die folgenden Rechtsgeschäfte vorgeschrieben? Weisen Sie dies mit der jeweiligen Rechtsgrundlage nach.
   - a Kaufvertrag über ein Brötchen
   - b Aufsetzen einer Patientenverfügung
   - c Bürgschaftserklärung einer Privatperson
   - d Mietvertrag über eine Wohnung
   - e Kaufvertrag über ein Haus samt Grundstück

6. Die jungen Eheleute Paulsen möchten eine Eigentumswohnung kaufen und schauen sich in der Innenstadt von Singen eine Wohnung von Herrn Martin an. Am Ende der Besichtigung sind sich Herr Martin und die Eheleute Paulsen einig. Die Eheleute Paulsen wollen die Wohnung kaufen. Mit „Handschlag“ wird der Kaufvertrag „besiegelt“. Einen Tag später meldet sich Herr Martin bei den Paulsens und sagt nun, dass er die Wohnung nur für 10.000,00 EUR mehr verkauft. Ist ein gültiger Kaufvertrag zustande gekommen?

7. Dieter Siever einigt sich mit Peter Wagener auf den Kaufpreis von 150.000,00 EUR für das kleine Reihenhaus mit Grundstück. Um die Notargebühren zu sparen (sie betragen einen Prozentsatz vom Kaufpreis), geben sie im notariell beurkundeten Vertrag nur einen Kaufpreis von 80.000,00 EUR an.

8. Überprüfen Sie, ob die folgenden Rechtsgeschäfte anfechtbar sind. Geben Sie dabei auch die Rechtsgrundlage an.
   - a Ein Gast bestellt in einem Speiselokal „Knurrhahn“. Er weiß nicht, dass es sich dabei um ein Fischgericht handelt und nicht um Geflügel.
   - b Ein Busunternehmen stellt nichts ahnend einen Fahrer ein, der Alkoholiker ist.
   - c Ein vom Chef beauftragter Auszubildender kauft statt eines Laptops einen „normalen“ PC, weil er den Unterschied nicht kennt.
   - d Ein Briefmarkensammler kauft eine Briefmarke in der Erwartung, dass deren Preis steigt. Der Preis der Briefmarke ändert sich allerdings nicht wie erwartet.
   - e Ein Autoverkäufer will ein Auto für 12.000,00 EUR anbieten, verschreibt sich in seinem schriftlichen Angebot an Gertrud jedoch und notiert 10.000.00 EUR. Gertrud nimmt das Angebot an.
   - f Der Verkäufer eines Gebrauchtwagens erklärt beim Verkauf, dass es sich um ein „garantiert unfallfreies“ Fahrzeug handelt, obwohl er selbst vor einiger Zeit damit einen schweren Unfall verursachte.

✔

Zusammenfassung: 2 Grundlagen von Rechtsgeschäften

Rechtssubjekte

- natürliche Personen
  - alle Menschen
- juristische Personen
  - des öffentlichen Rechts (staatliche Gebilde)
  - des Privatrechts (Personenvereinigungen)

Rechtsfähig ist, wer Träger von Rechten und Pflichten sein kann.

Geschäftsfähigkeit

= Fähigkeit, durch eigene Willenserklärungen Rechtsfolgen selbstständig bewirken zu können

- **geschäftsunfähig**
  - Kinder bis 7 Jahre (§ 104 Abs. 1 BGB)
  - dauernd geistig gestörte Personen (§ 104 Abs. 2 BGB)
    - ✗ Willenserklärung nichtig (§ 105 Abs. 1 BGB)
- **beschränkte Geschäftsfähigkeit**
  - Minderjährige zwischen 7 Jahren und 18 Jahren (§ 2 und § 106 BGB)
    - Willenserklärung lediglich rechtlich vorteilhaft
      ✔ Willenserklärung wirksam (§ 107 BGB)
    - Willenserklärung nicht lediglich rechtlich vorteilhaft
      → schwebend unwirksam
- **unbeschränkte Geschäftsfähigkeit**
  - Volljährige ab 18 Jahren, sofern nicht geisteskrank (§ 2 BGB)
    - ✔ Willenserklärung wirksam

schwebend unwirksam

- Der gesetzliche Vertreter muss seine Einwilligung geben.
  - Einwilligung liegt vor
    ✔ Willenserklärung wirksam (§ 107 BGB)
  - Einwilligung liegt nicht vor
    ✗ Willenserklärung nichtig
- Der gesetzliche Vertreter muss seine Genehmigung geben.
  - Genehmigung wird nachträglich erteilt
    ✔ Willenserklärung wirksam (§ 108 BGB)
  - Genehmigung wird nicht nachträglich erteilt
    ✗ Willenserklärung nichtig

Rechtsgeschäfte

- grundsätzlich Formfreiheit
- bei manchen Rechtsgeschäften gesetzliche Formvorschriften zum Schutz der Beteiligten

Arten

einseitig

- eine Person
- eine Willenserklärung

mehrseitig = Verträge

- mehrere Personen
- mehrere Willenserklärungen

Unterscheidung nach dem Zweck

Verpflichtungsgeschäft

verpflichtet zum Tun, Dulden oder Unterlassen

Verfügungsgeschäft

unmittelbare Veränderung des betroffenen Rechts durch Übertragung, Aufhebung, Belastung oder Inhaltsänderung

- **Trennungsprinzip**
  Verpflichtungs- und Verfügungsgeschäft sind selbstständige Rechtsgeschäfte.
- **Abstraktionsprinzip**
  Das Verfügungsgeschäft ist unabhängig vom Verpflichtungsgeschäft wirksam.

Fehlerhafte Rechtsgeschäfte

nichtig
(= von Anfang an unwirksam)

Gründe:
- Verstoß gegen gesetzliches Verbot oder gute Sitten
- Geschäftsunfähigkeit oder beschränkte Geschäftsfähigkeit ohne Genehmigung des gesetzlichen Vertreters
- Schein- oder Scherzgeschäft
- Kenntnis des geheimen Vorbehalts
- Verstoß gegen Formvorschriften

anfechtbar
(= nichtig erst nach Anfechtung)

Gründe:
- Irrtum in Inhalt, Erklärung, Eigenschaft oder Übermittlung
- arglistige Täuschung
- widerrechtliche Drohung

3 Ausgewählte Vertragsarten

An einem heißen Sommertag kommen zwei Wanderer in einen Biergarten und bestellen zwei kalte Getränke zur Erfrischung. Als die Bedienung die Getränke auf den Tisch stellt, sind die Gläser nicht einmal bis zum Eichstrich gefüllt. Die Wanderer beschweren sich, aber die Bedienung sagt, sie hätten keinen schriftlichen Vertrag geschlossen, nur dann hätten sie auch ein Recht auf ein volles Glas. Wer ist nun im Recht? Wurde ein Vertrag geschlossen? Haben die Wanderer ein Anrecht auf ein bis zum Eichstrich gefülltes Glas?

3.1 Kaufvertrag

3.1.1 Zustandekommen eines Kaufvertrags

Ein Kaufvertrag kommt durch mindestens zwei übereinstimmende Willenserklärungen zustande. Die zeitlich erste Willenserklärung wird Angebot oder Antrag genannt, die darauffolgende zweite Willenserklärung ist die sogenannte Annahme.

Der Kaufvertrag ist ein mehrseitiges Rechtsgeschäft, das durch Angebot (Antrag) und Annahme zustande kommt.

Tagtäglich schließen Menschen Kaufverträge ab. Dies sind gemäß § 433 BGB schuldrechtliche Verpflichtungsgeschäfte. Dabei einigen sich die Vertragsparteien über den Kaufgegenstand und über den Kaufpreis. Der Verkäufer schuldet danach den Kaufgegenstand, der Käufer schuldet den Kaufpreis. Die meisten Kaufverträge fallen unter eine ganz besondere Kategorie von Kaufvertrag: den sogenannten *Verbrauchsgüterkauf*. ►

Verbrauchsgüterkauf
► III • 3.4

Angebot (Antrag)

Das Angebot muss alle wesentlichen Inhalte des zu schließenden Vertrags enthalten, beim Kaufvertrag z. B.:

- Kaufgegenstand
- Preis, Preisnachlässe
- Zahlungsbedingungen
- Lieferungsbedingungen
- Leistungsort
- Leistungszeit

Fehlen diese Inhalte, gelten die gesetzlichen Regelungen des BGB.

i

Häufige vertraglich vereinbarte Preisnachlässe

Mengenrabatt	bei größerer Abnahmemenge
Treuerabatt	für langjährige Kunden bei regelmäßigem Bezug
Wiederverkäuferrabatt	für Groß- und Einzelhändler bei Ausweis von Preisempfehlungen
Personalrabatt	für Angestellte und deren Angehörige
Sonderrabatt	bei Räumungsverkäufen oder Jubiläen
Bonus	nachträglich gewährter Preisnachlass, der in der Regel am Jahresende nach einem vereinbarten Mindestumsatz gewährt wird

Häufige vertraglich vereinbarte Zahlungsbedingungen

Vorauszahlung	üblich bei zahlungsschwachen Kunden, Sonderanfertigungen oder auch bei Auslandsgeschäften
Anzahlung	ein Teilbetrag wird bei Auftragserteilung, ein Teil bei Empfang der Rechnung und der Rest innerhalb einer bestimmten Frist nach der Lieferung fällig
Zielkauf, Kreditkauf	Zahlung innerhalb einer bestimmten Frist (Zahlungsziel) nach der Lieferung
Skonto	Preisnachlass für Zahlung innerhalb einer vereinbarten Skontofrist

Ein Angebot ist eine sofort wirksame ► Willenserklärung, es sei denn, der Abgebende hat die Bindung ausdrücklich ausgeschlossen (§ 145 BGB). Zum Ausschluss oder zur Einschränkung der Bindung dienen sogenannte *Freizeichnungsklauseln.*

Wirksamwerden von Willenserklärungen
► III • 1.5.3

Häufige Freizeichnungsklauseln: Angebot freibleibend, ohne Obligo (lateinisch für: ohne Verbindlichkeit), ohne Gewähr, nur solange der Vorrat reicht (nur der Preis, nicht aber die Menge ist verbindlich), Preis freibleibend (die Menge, nicht aber der Preis ist verbindlich)

Ein unverbindliches Angebot ist kein Antrag. Mit der Annahme stellt der Vertragspartner die erste Willenserklärung, den Antrag (siehe Info-Box zu Anpreisung).

Das Angebot erlischt, wenn die Annahmefrist ► überschritten oder das Angebot vom Empfänger abgelehnt wird (§ 146 BGB).

Annahmefristen
► III • 3.1.2

i

Anpreisung oder Einladung zur Abgabe eines Angebots

Eine Vorstufe zum Angebot ist die bloße „Einladung zur Abgabe eines Angebots" (der lateinische Fachbegriff heißt: invitatio ad offerendum). Sie liegt vor, wenn der Abgebende sich noch nicht rechtlich binden will, sondern vielmehr eine andere Person auffordert, ein verbindliches Angebot abzugeben.

Beispiele für die „Einladung zur Abgabe eines Angebots" sind: Ware im Schaufenster eines Ladengeschäfts, Annoncen in der Zeitung, Kataloge und Warenpräsentationen eines Versandhändlers im Internet.

Nach überwiegender Meinung in der Rechtsprechung sind Präsentationen der Waren im Internet „invitatio ad offerendum", auf deren Grundlage der Kunde das Angebot zum Kauf abgibt. Die Annahme wird anschließend durch den Internethändler erklärt, dies kann auch durch eine automatische Computererklärung geschehen.

Annahme

Die Annahme ist die empfangsbedürftige Willenserklärung, die aus einem bloßen „Ja" oder „Einverstanden" besteht. Wird das Angebot zu spät angenommen oder bei der Annahme inhaltlich abgeändert[1], kommt kein Vertrag zustande. Vielmehr gilt diese Willenserklärung gemäß § 150 Abs. 2 BGB als Ablehnung des ersten Angebots und Unterbreitung eines neuen Angebots, das nunmehr von der Seite, die das erste Angebot gemacht hatte, angenommen oder abgelehnt werden kann.

[1] Formulierungen wie „Ja, **aber** ..." sind rechtlich also ein neues Angebot!

Hans will zum Studium nach Freiburg ziehen und schaut sich vorher beim Vermieter Klausner ein Zimmer an. Dieser bietet Hans das Zimmer zur Warmmiete von 300,00 EUR an. Hans erwidert, dass das Zimmer ihm gefalle und er mit allem einverstanden sei, er aber nur 280,00 EUR zahlen könne. Das erste Angebot ist das von Vermieter Klausner über 300,00 EUR. Die „abgeänderte Annahme" von Hans gilt als Ablehnung des Angebots von Herrn Klausner, verbunden mit einem neuen Angebot (diesmal von Hans) über 280,00 EUR. Dieses neue Angebot kann nun von Vermieter Klausner angenommen werden oder eben auch nicht.

Zustandekommen eines Kaufvertrags

	Verkäufer		Käufer
1. Möglichkeit	verbindliches Angebot = Antrag	→	**Bestellung = Annahme**
2. Möglichkeit	verbindliches Angebot = Antrag	→	Bestellung mit Änderung = neuer Antrag
	Lieferung/Auftragsbestätigung = Annahme	←	
3. Möglichkeit	unverbindliches Angebot = kein Antrag	→	Bestellung = Antrag
	Lieferung/Auftragsbestätigung = Annahme	←	

3.1.2 Annahmefristen

Ein Angebot, das unter Anwesenden gemacht wird, kann nur sofort angenommen werden (§ 147 Abs. 1 BGB). Ein Angebot gegenüber Abwesenden kann nur bis zu dem Zeitpunkt angenommen werden, zu dem der Antragende den Eingang der Antwort (also der Annahme) unter gewöhnlichen Umständen erwarten darf (§ 147 Abs. 2 BGB).
Die Annahmefrist kann nach dieser Formel bestimmt werden:

Annahmefrist = Übermittlungszeit des Antrags zum Empfänger + Überlegungs- und Bearbeitungszeit + Übermittlungszeit der Antwort

Gemäß § 148 BGB kann der Antragende eine genaue Frist festsetzen, in der die Annahme des Antrags zu erfolgen hat. Es ist dabei darauf zu achten, dass die Annahmeerklärung innerhalb der gesetzten Frist bei der Person, die das Angebot gemacht hat, ankommen muss (§ 130 BGB).

Hans verhandelt mit dem Fahrradhändler Dreher über den Kaufpreis eines Mountainbikes. Der Händler bietet 950,00 EUR an. Hans überlegt und schaut sich zunächst noch mal ein anderes Mountainbike an. Da Hans das Angebot nicht sofort angenommen hat, ist es verfallen, und der Händler ist nicht länger an sein Angebot gebunden.
Anders sieht dies aus, wenn der Händler Hans eine „Bedenkzeit" von 24 Stunden einräumt. Dann ist der Händler für die vereinbarte Zeit an sein Angebot gebunden und Hans muss innerhalb dieser Frist annehmen, damit der Vertrag zustande kommt. Kommt Hans erst nach den 24 Stunden in das Ladenlokal, dann ist seine Frage nach dem Mountainbike für 950,00 EUR ein neues Angebot an den Fahrradhändler, das dieser wieder annehmen oder ablehnen kann.

Annahme unter An- und Abwesenden

Der Antrag wird gemacht

- **unter Abwesenden:**
  - **Die Annahmeerklärung**
    - geht dem Antragenden innerhalb einer angemessenen Frist zu. → ✔ Vertrag kommt zustande (§ 147 Abs. 2 BGB)
    - geht dem Antragenden nicht innerhalb einer angemessenen Frist zu und ist verspätet abgesandt worden. → ✗ Vertrag kommt nicht zustande (§ 147 Abs. 2 BGB)
- **unter Anwesenden:**
  - **Die Annahmeerklärung**
    - wird sofort angenommen. → ✔ Vertrag kommt zustande (§ 147 Abs. 1 BGB)
    - wird nicht sofort angenommen. → ✗ Vertrag kommt nicht zustande (§ 147 Abs. 1 BGB)

3.1.3 Pflichten beim Kaufvertrag

Durch einen Kaufvertrag verpflichten sich die beiden Parteien zu dem jeweils vereinbarten Tun, Dulden oder Unterlassen. Der Gesetzgeber hat für den so wichtigen Kaufvertrag die typischen Pflichten der beiden Parteien in einem Paragrafen zusammengefasst, der auch gleichzeitig das Abstraktionsprinzip verdeutlicht.

§ 433 BGB: Vertragstypische Pflichten beim Kaufvertrag

(1) Durch den Kaufvertrag wird der Verkäufer einer Sache verpflichtet, dem Käufer die Sache zu übergeben und das Eigentum an der Sache zu verschaffen. [...]
(2) Der Käufer ist verpflichtet, dem Verkäufer den vereinbarten Kaufpreis zu zahlen und die gekaufte Sache abzunehmen.

Eigentumsübertragung von Mobilien
► III • 1.6.3

Der Kaufvertrag ist die Verpflichtung (Verpflichtungsgeschäft), die lediglich Handlungspflichten entstehen lässt (es entsteht eine „Schuld", etwas zu tun), die anschließend erfüllt werden müssen. Die Erfüllung dieser Verpflichtungen erfolgt durch zwei gesonderte weitere Rechtsgeschäfte, die Verfügungsgeschäfte (Eigentumsübertragung ► von Kaufsache und Geld)

1. Der Verkäufer übereignet die Kaufsache an den Käufer.
2. Der Käufer bezahlt die Kaufsache.

Erst mit der Erfüllung der im Verpflichtungsgeschäft entstandenen Pflichten erlischt das gegenseitige Schuldverhältnis gemäß § 362 BGB.

Dieses etwas sperrige **Abstraktionsprinzip** stellt sicher, dass die einzelnen Rechtsgeschäfte unabhängig voneinander gültig bleiben. Ist das Verpflichtungsgeschäft nichtig, kann die Übereignung trotzdem gültig bleiben.

Abstraktionsprinzip

	Kaufvertrag (= Verpflichtungsgeschäft)	
Verkäufer hat die Sache	§ 433 Abs. 1 BGB: Pflicht, die Sache zu übereignen ⟶ ⟵ § 433 Abs. 2 BGB: Pflicht, das Geld zu übereignen	Käufer hat das Geld
	Erstes Verfügungsgeschäft	
Verkäufer hat die Sache	§ 929 BGB: Eigentumsübertrag (Einigung + Übergabe) der Sache ⟶ § 362 BGB: Mit Eigentumsübertragung erlischt die Schuld des Verkäufers dem Käufer gegenüber.	Käufer
	Zweites Verfügungsgeschäft	
Verkäufer	⟵ § 929 BGB: Eigentumsübertrag (Einigung + Übergabe) des Geldes § 362 BGB: Mit Eigentumsübertragung erlischt die Schuld des Käufers dem Verkäufer gegenüber.	Käufer hat das Geld

Hans bestellt beim Fotoladen Knauf eine Digitalkamera für 600,00 EUR. Der Fotohändler bestätigt die Bestellung und kündigt die baldige Lieferung an. Zwei übereinstimmende Willenserklärungen begründen dieses Rechtsgeschäft. Damit ist der Voraussetzungsteil des § 433 BGB erfüllt, es handelt sich um einen Kaufvertrag.

Verpflichtungsgeschäft:
§ 433 Abs. 1 BGB: Der Fotoladen Knauf hat die Pflicht, die Kamera zu übereignen und zu übergeben.
§ 433 Abs. 2 BGB: Hans hat die Pflicht, die Kamera entgegenzunehmen und den Kaufpreis zu bezahlen.

Verfügungsgeschäft:
Der Fotoladen Knauf und Hans müssen jeweils noch eine Übereignung der Kamera (erstes Verfügungsgeschäft) und eine Übereignung des Geldes (zweites Verfügungsgeschäft) vornehmen.

Sollten die Vertragspartner in ihrem Kaufvertrag nichts anderes vereinbart haben, gelten die nachfolgenden gesetzlichen Regelungen:

- Den Verkäufer trifft die Hauptpflicht, dem Käufer die Sache zu übergeben und das Eigentum an dieser Sache zu verschaffen sowie den vereinbarten Kaufpreis anzunehmen (§ 433 Abs. 1 BGB).
- Der Käufer ist hauptsächlich verpflichtet, den vereinbarten Kaufpreis zu zahlen und die gekaufte Sache abzunehmen (§ 433 Abs. 2 BGB). In der kaufmännischen Praxis wird die Leistung oft Zug um Zug erbracht. Erst nach Erbringung der Warenlieferung wird der Kaufpreis bezahlt (§ 320 Abs. 1 BGB).
- Der Erfüllungsort[1] – also der Ort, an dem die Leistung zu erbringen ist (z. B. die Lieferung der Sache oder die Zahlung des Kaufpreises) – ist der Geschäftssitz des Verkäufers (§ 269 Abs. 1 BGB). Der Käufer muss also den Transport vom Geschäftssitz des Verkäufers zum Käufer organisieren. Hierfür trägt er die Kosten und das Risiko, dass die Sache kaputt- oder verloren geht (§ 446 BGB).
- Der Zahlungsort für den Käufer ist ebenfalls der Geschäftssitz des Verkäufers (§ 270 Abs. 1 BGB). Der Käufer trägt folglich die Kosten und das Risiko, dass das Geld rechtzeitig ankommt.
- Das BGB geht, ohne dies ausdrücklich zu erwähnen, davon aus, dass eine Geldschuld in bar zu bezahlen ist. Der Verkäufer kann sich aber auch mit anderen Zahlungsmodalitäten einverstanden erklären (z. B. Überweisung, Kartenzahlung).

[1] Gegenstück zum Erfüllungsort ist der Belegenheitsort: *Ort, an dem sich die Sache gemäß ihrer Zweckbestimmung befindet*

3.2 Schenkungsvertrag

Der Schenkungsvertrag kommt durch zwei übereinstimmende Willenserklärungen von Schenker (im Gesetz heißt dieser Zuwendender) und Beschenktem (Zuwendungsempfänger) zustande.

Bei der sogenannten *Handschenkung* (§ 516 BGB) einigen sich beide über eine **unentgeltliche[2] Zuwendung** vom Schenker an den Beschenkten. Diese Zuwendung ist entweder bereits vollzogen oder erfolgt gleichzeitig mit dem Abschluss des Schenkungsvertrags an den Zuwendungsempfänger.

[2] unentgeltlich (in diesem Zusammenhang): *ohne eine Gegenleistung (in welcher Form auch immer, z. B. Geld, Arbeit) durch den Beschenkten*

Die **Vertragsschenkung** (§ 518 BGB) verpflichtet den Schenker, in der Zukunft eine unentgeltliche Zuwendung zu leisten. Hierfür sieht das Gesetz eine notarielle Beurkundung als Formvorschrift vor. Der Schenker soll so vor leichtfertig erteilten Schenkungsversprechen geschützt werden.

Formvorschrift
► III • 2.2.4

Großvater Hubert verkündet beim Mittagessen, dass er seinem Enkel Linus hiermit, wenn dieser groß und alt genug ist, seinen Oldtimer schenkt. Der Schenkungsvertrag ist unwirksam, da für Schenkungen in der Zukunft die notarielle Beurkundung vorgeschrieben ist.

Die Zuwendung muss in beiden Schenkungsformen das Vermögen des Schenkers verringern und den Beschenkten bereichern. Damit können z. B. Sachen, Geld oder auch Rechte verschenkt werden, jedoch muss dies unentgeltlich erfolgen, also kein Gegenwert vom Beschenkten an den Schenker übergehen.

Der Schenker haftet in der Regel nicht für Rechts- und Sachmängel (§ 521 BGB), muss keine Verzugszinsen zahlen, falls die Zuwendung nicht rechtzeitig erfolgt (§ 522 BGB), und hat das Recht, die Leistung zu verweigern, falls er durch die Schenkung selbst seinen Unterhalt[1] nicht mehr erfüllen kann (§ 528 BGB).

[1] Unterhalt: *regelmäßige Leistungen zur Deckung des Lebensbedarfs*

3.3 Darlehensvertrag

Der Darlehensvertrag[2] verpflichtet den Darlehensgeber, dem Darlehensnehmer einen Geldbetrag in der vereinbarten Höhe zur Verfügung zu stellen (§ 488 Abs. 1 BGB). Der Darlehensnehmer verpflichtet sich, einen vereinbarten Zins für die Überlassung des Darlehens und bei Fälligkeit den Darlehensbetrag in der gewährten Höhe zurück an den Darlehensgeber zu zahlen.

[2] umgangssprachlich auch *Kreditvertrag*

Kennzeichnend für den Darlehensvertrag ist die Überlassung von Kapital zur zeitlich begrenzten Nutzung durch den Darlehensnehmer.

Für gewöhnlich wird ein Termin für die Rückzahlung[1] des Darlehens beim Vertragsabschluss vereinbart. Ist kein Zeitpunkt für die Rückzahlung des Geldes vereinbart (= unbefristete Geldleihe), muss der Vertrag gemäß § 488 Abs. 3 BGB gekündigt werden. Die Kündigungsfrist beträgt drei Monate. Der Darlehensgeber hat vor der Fälligkeit kein Anrecht auf die Rückzahlung des verliehenen Geldbetrags.

[1] Rückzahlung = Tilgung

Nimmt ein Verbraucher (§ 13 BGB) ein Darlehen auf, schreibt § 492 BGB die Schriftform für den Vertrag vor. Der Darlehensgeber wird die Kreditwürdigkeit[2] des Darlehensnehmers genau prüfen und dabei abschätzen, wie hoch das Risiko ist, dass der Darlehensnehmer das Darlehen nicht zurückbezahlt und/oder die Zinsen nicht leistet. Unter Umständen wird er Mobilien oder Immobilien als Sicherheit für die Gewährung eines Darlehens verlangen und sie bis zur Beleihungsgrenze, dem Maximalbetrag, den der Darlehensgeber für „gesichert" hält, als Sicherheiten in den Darlehensvertrag aufnehmen.

[2] Kreditwürdigkeit = Kreditfähigkeit oder Bonität

Der Muster-Darlehensvertrag auf den beiden folgenden Seiten zeigt die wichtigsten Inhalte eines Darlehensvertrags:

1 Benennung Darlehensgeber und Darlehensnehmer
2 Art des Darlehens (z. B. Festdarlehen, Ratendarlehen oder Annuitätendarlehen)
3 Darlehenshöhe
4 Darlehenskosten (Zinssatz, Gebühren, Disagio und sonstige Kosten)
5 Fristen der Bereitstellung (Abnahme des Geldbetrags)
6 Rückzahlungsbedingungen (Tilgungs- und Zahlungsplan)
7 Vertragslaufzeit und gewöhnliche und außergewöhnliche Kündigungsmöglichkeit
8 besondere Vereinbarungen (z. B. Sondertilgung, Zinsstundung, Tilgungsstundung)
9 Darlehenssicherheiten

3.4 Verbrauchsgüterkauf

Ein Verbrauchsgüterkauf liegt vor, wenn ein Verbraucher (§ 13 BGB) von einem Unternehmer (§ 14 BGB) eine bewegliche Sache, im Gesetz heißen diese Gegenstände verbrauchbare Sachen (§ 92 BGB), kauft (§ 474 Abs. 1 Satz 1 BGB). Wenn beim Verbrauchsgüterkauf zusätzlich zum Kauf der Sache auch eine Dienstleistung (z. B. Montage der Kaufsache) mit erworben wird, dann gilt auch diese Dienstleistung als Verbrauchsgüterkauf (§ 474 Abs. 1 Satz 2 BGB).

Beim Verbrauchsgüterkauf werden die allgemeinen Vorschriften des BGB zum Kaufvertrag durch die den Verbraucher stark schützenden Regeln der §§ 474 ff. BGB ergänzt. Eine Umgehung dieser Vorschriften durch vertragliche Vereinbarungen zwischen Käufer und Verkäufer ist gemäß § 476 Abs. 1 Satz 2 BGB unwirksam.

Die sich aus der speziellen Vertragsart ergebenden Rechte und Pflichten sind:

- Ist für die Leistungserbringung kein Termin vereinbart worden, muss sie unverzüglich[3] nach Abschluss des Kaufvertrags erfolgen. Dies gilt sowohl für die Erbringung der Kaufsache als auch für die Zahlung durch den Käufer. Der Unternehmer muss jedoch spätestens 30 Tage nach Vertragsabschluss die Kaufsache übergeben (§ 475 Abs. 1 BGB).
- Wird der Versand der Sache an den Käufer vereinbart und der Unternehmer beauftragt den Transportdienstleister (= Versendungskauf), trägt der Verkäufer das Risiko

[3] unverzügliche Handlung: *ist dann erfüllt, wenn sie ohne schuldhaftes Zögern vorgenommen wurde (im Sinne des § 121 Abs. 1 BGB)*

SIB AG

Singener Industriebank AG Anton-Bruckner-Straße 325 • 78224 Singen (Hohentwiel)

Erläuterungen siehe Vorseite

Darlehen mit (anfänglich) gebundenem Sollzins

an juristische Personen oder für bereits ausgeübte gewerbliche oder selbstständige berufliche Zwecke

1. **Darlehensnehmer** 1

   Skater e. K., vertreten durch Herrn Maximilian Dietrich,
   Industriestr. 15, 78244 Singen (Hohentwiel)

   – nachstehend der Darlehensnehmer genannt – erhält von der Singener Industriebank AG zu folgenden Bedingungen ein

   Festdarlehen 2

   im Nennbetrag von EUR

   150.000,00 . 3

   Die Gutschrift des Auszahlungsbetrags und die Belastung erfolgen über das Konto

   454 545 547 in unserem Hause.

2. **Darlehenskosten, Rückzahlung** 4

2.1 Verzinsung

Das Darlehen ist mit jährlich 3,5 v. H. zu verzinsen.
Dieser Zinssatz ist bis zum 15.02.2030 unveränderlich.

2.2 Disagio

Die Singener Industriebank AG erhebt für die Dauer der Zinsbindungsfrist ein Disagio von 1,0 v. H.

Das Disagio wird bei der ersten Auszahlung von der Singener Industriebank AG verrechnet.

2.3 Sonstige Kosten

Der Darlehensnehmer trägt die Kosten der Sicherheitenbestellung. Der Ersatz von Aufwendungen der Singener Industriebank AG richtet sich nach den gesetzlichen Vorschriften.

2.4 Abnahme 5

Der Darlehensnehmer ist verpflichtet, die Auszahlungsvoraussetzungen zu schaffen und das Darlehen abzunehmen. Die Singener Industriebank AG ist ab 01.04.2020 berechtigt, Bereitstellungszinsen von 1,0 v. H. jährlich des nicht in Anspruch genommenen Darlehensbetrags zu berechnen.

2.5 Rückzahlung und Zahlungstermine 6

Alle fälligen Beträge werden gemäß der obigen Belastungsvereinbarung belastet. Zinsen sind erstmals an dem auf die erste Auszahlung folgenden Zahlungstermin zu zahlen.

Seite 1 von 2

Seite 2 von 2

Das Darlehen ist am 15.02.2030 komplett zurückzuzahlen. Die Zinsen sind in Teilbeträgen jeweils am **Monatsende** zu zahlen. Zahlt der Darlehensnehmer bei Fälligkeit nicht, so kann die Singener Industriebank AG unbeschadet weitergehender Ansprüche ihren Verzugsschaden in Rechnung stellen.

7

3. Kündigung/sofortige Fälligkeit

3.1 Ordentliche Kündigung

Es besteht kein ordentliches Kündigungsrecht.

3.2 Außerordentliche Kündigung

Die Möglichkeit zur außerordentlichen Kündigung für die Singener Industriebank AG und den Darlehensnehmer richtet sich nach Nr. 21 Abs. 5 der allgemeinen Geschäftsbedingungen. In diesem Falle hat der Darlehensnehmer denjenigen Schaden zu ersetzen, der der Singener Industriebank AG aus der vorzeitigen Kündigung entsteht (Vorfälligkeitsentschädigung).

3.3 Sofortige Fälligkeit

Unbeschadet ihres Rechts zur fristlosen Kündigung aus sonstigen wichtigen Gründen (Nr. 3.2) kann die Singener Industriebank AG das Kapital für sofort fällig und zahlbar erklären,

- wenn der Darlehensnehmer mit fälligen Leistungen länger als 14 Tage in Verzug gerät und auch nach einer weiteren Nachfristsetzung von 14 Tagen nicht zahlt;
- wenn das besicherte Objekt (Nr. 5) ganz oder teilweise veräußert oder sonst darüber ohne Zustimmung der Singener Industriebank AG verfügt wird.

8

4. Besondere Vereinbarungen

Eine außerplanmäßige Tilgung in Höhe von 10,0 v. H. pro Kalenderjahr (unter Verzicht auf die Berechnung von Vorfälligkeitsentgelt) ist ab der ersten Auszahlung möglich.

9

5. Sicherheiten

Das Darlehen kann erst in Anspruch genommen werden, wenn alle Voraussetzungen dafür erfüllt sind, dass die vereinbarten Sicherheiten der Singener Industriebank AG zur Verfügung stehen und der Singener Industriebank AG hierüber ggf. eine Bestätigung vorliegt. Der Singener Industriebank AG wurden – in gesonderten Verträgen, die die Einzelheiten regeln – folgende Sicherheiten bestellt:

Grundschuld über 300.000,00 EUR gemäß Zweckerklärung vom 02.07.2019

6. Allgemeine Geschäftsbedingungen

Die Singener Industriebank AG weist ausdrücklich darauf hin, dass ergänzend ihre allgemeinen Geschäftsbedingungen (AGB) Vertragsbestandteil sind.

Ort, Datum	Ort, Datum
Singen am Hohentwiel, 01.02.2020	Singen am Hohentwiel, 01.02.2020
Unterschrift Darlehensnehmer	Unterschrift des Vorstandsvorsitzenden der Singener Industriebank AG
Maximilian Dietrich	Theopont Neidig

für den Fall, dass die Ware verloren geht oder beschädigt wird (§ 475 Abs. 2 BGB). Erst mit **Übergabe** der Sache geht die Gefahr (= Gefahrübergang) an den Käufer über. Wird kein Versand der Sache vereinbart, gilt der Geschäftssitz des Verkäufers als Erfüllungsort, an dem der Gefahrübergang stattfindet (§ 269 Abs. 1 BGB).

- Kaufvertragliche Absprachen, die den Käufer im Vergleich zu den gesetzlichen Vorschriften bei einer Störung des Kaufvertrags (Mangel) schlechterstellen, sind unwirksam (§ 476 Abs. 1 BGB).
- Innerhalb der ersten sechs Monate seit Gefahrübergang wird zugunsten des Käufers die Beweislastregel umgekehrt. Während dieser Zeit muss der Verkäufer nachweisen, dass die Sache bei Übergabe ohne Mangel war (§ 477 BGB).
- Wird vom Unternehmer eine Garantieerklärung zur Funktionstüchtigkeit der Sache gegeben, muss sie einfach und verständlich abgefasst sein (§ 479 BGB).
- Gemäß § 312 a BGB werden Verbraucher vor Nebenentgelten, z. B. durch ein „voreingestelltes Häkchen" in Online-Formularen, geschützt. Der Unternehmer muss außerdem eine zumutbare unentgeltliche Zahlungsmöglichkeit sowie eine Rufnummer zur Klärung von Fragen zum üblichen Telefontarif anbieten.

Störungen bei der Erfüllung von Verbrauchsgüterkaufverträgen
▶ III • 4

Beweislastumkehr
▶ III • 4.1.2

Übernahme einer Garantie
▶ III • 4.1.4

3.5 Fernabsatzvertrag als Spezialfall eines Verbrauchsgüterkaufs

Wenn ein Verbraucher in einem Ladenlokal etwas kaufen möchte, kann er sich dort informieren, die Sache anschauen und alle möglichen Fragen zur Kaufsache und zur Abwicklung sofort klären. Bei der Verwendung von Fernkommunikationsmitteln[1] – also Kommunikationsmitteln, die ohne gleichzeitige körperliche Anwesenheit der Vertragsparteien eingesetzt werden können (§ 312 c Abs. 2 BGB) – ist dies nicht immer möglich.
Daher wurden auf europäischer Ebene Richtlinien erlassen, die in allen Mitgliedsstaaten einheitlich den Verbraucher im europäischen Binnenmarkt schützen. In Deutschland wird diese besondere Vertriebsform Fernabsatzvertrag genannt und in den §§ 312 ff. BGB geregelt. Ein Fernabsatzvertrag liegt immer dann vor, wenn für die Vertragsverhandlungen und für seinen Abschluss zwischen Verbraucher (= Käufer) und Unternehmer (= Verkäufer) ausschließlich Fernkommunikationsmittel verwendet wurden (§ 312 c Abs. 1 BGB) und der Verkäufer für gewöhnlich Geschäfte über diesen Verkaufsweg abwickelt.

[1] Fernkommunikationsmittel sind gemäß BGB: *Briefe, Kataloge, Telefonanrufe, Telekopien, E-Mails, über den Mobilfunkdienst versendete Nachrichten (SMS) sowie Rundfunk und Telemedien.*

3.5.1 Informationspflicht des Unternehmers

Bei Fernabsatzverträgen ist der Unternehmer verpflichtet, dem Verbraucher die wesentlichen Eckpunkte des Vertrags vor (§ 312 d BGB) und nach Vertragsschluss (§ 312 f BGB) zur Verfügung zu stellen. Wurde der Verbraucher nicht ausreichend über Versand- und sonstige Kosten informiert (§ 312 a und § 312 e BGB), muss er sie nicht bezahlen.

3.5.2 Widerrufsrecht des Verbrauchers bei Fernabsatzverträgen

Um den Verbraucher zu schützen, wird ihm bei Fernabsatzverträgen die Möglichkeit gewährt, sich durch einen Widerruf vom Vertrag zu lösen (§ 312 g Abs. 1 BGB). Dieses Widerrufsrecht gibt es im Kaufrecht nur bei Fernabsatzverträgen und Verträgen, die außerhalb von Geschäftsräumen geschlossen wurden, z. B. Haustürgeschäfte.

Die Widerrufserklärung ist eine formlose empfangsbedürftige Willenserklärung (§ 355 Abs. 1 BGB). Der Verbraucher muss also nur seinen Entschluss eindeutig dem Unternehmer gegenüber zum Ausdruck bringen, dass er die Sache nicht mehr möchte, eine Begründung ist nicht erforderlich. Eine kommentarlose Rücksendung der Ware reicht jedoch nicht aus! ►

Beispiel für eine Widerrufsbelehrung und ein Muster-Widerrufsformular

► Webcode WGW_III_3_5_2-1

Der Widerruf muss innerhalb von 14 Tagen nach Erhalt der Ware erfolgen (§ 355 Abs. 2 BGB in Verbindung mit § 356 Abs. 2 BGB). Voraussetzung für den Beginn der Widerrufsfrist ist eine ordnungsgemäße Widerrufsbelehrung durch den Unternehmer (§ 356 Abs. 3 BGB). Diese Belehrung ist, vereinfacht gesagt, eine Mitteilung an den Verbraucher, wie er sein Widerrufsrecht ausüben kann.

Das Widerrufsrecht erlischt auch ohne ordnungsgemäße Widerrufsbelehrung spätestens 12 Monate und 14 Tage, nachdem der Verbraucher die bestellte Ware erhalten hat (§ 356 Abs. 3 Satz 2 BGB).

Es gibt eine Reihe von Ausnahmen, in denen trotz eines Fernabsatzvertrags kein Widerrufsrecht besteht. Sie werden im § 312 g Abs. 2 BGB abschließend aufgezählt. ►

vom Widerrufsrecht ausgenommene Verträge sowie Beispiele zum Widerrufsrecht

► Webcode WGW_III_3_5_2-2

Besonderheiten bei der Internetauktion

Juristisch gesehen stellt die Internetauktion keine Auktion im Sinne von § 156 BGB dar. Vielmehr ist sie ein ganz gewöhnlicher Kaufvertrag, der, sollte ein Unternehmer der Verkäufer und ein Verbraucher der Käufer sein, die Sonderform des Fernabsatzvertrags annimmt. In diesem Fall gelten alle verbraucherschützenden Regelungen des Fernabsatzvertrags, auch das Widerrufsrecht.

Meist ist es so, dass die vom Online-Auktionshaus vorgegebenen Auktionsbedingungen den Anbieter verpflichten, den Gegenstand am Ende der Auktionszeit an denjenigen zu verkaufen, der das höchste Angebot abgegeben hat. Folglich ist das Einstellen eines Artikels in eine Internetauktion eine bindende Willenserklärung und die vorzeitige Beendigung der Auktion kann nur durch Anfechtung dieser Willenserklärung unter den bekannten Anfechtungsgründen ► erfolgen.

Die mit Privatverkauf gekennzeichneten Internetauktionen sind keine Verbrauchsgüterkäufe, daher besteht hier auch kein Widerrufsrecht.

Anfechtungsgründe

► III • 2.2.5

3.5.3 Rechtsfolgen des Widerrufs

Ein fristgerechter Widerruf hat zur Folge, dass bereits empfangene Leistungen (Ware und/oder Kaufpreis) spätestens nach 14 Tagen zurückgegeben werden müssen (§ 357 BGB)[1]. Die Versandkosten, die der Verkäufer vom Käufer bei Lieferung der Ware verlangt hat, müssen ebenfalls zurückerstattet werden. Der Käufer muss allerdings auf Verlangen des Verkäufers die Kosten für die Rücksendung der Ware übernehmen.

[1] Juristen bezeichnen diese Verpflichtungen als *Rückgewährschuldverhältnis.*

Hat der Käufer die Ware an den Verkäufer zurückgeschickt und zahlt dieser nicht innerhalb von 14 Tagen nach Widerruf den Kaufpreis zurück, hat der Käufer ein Anrecht auf eine zusätzliche Pauschale in Höhe von 40,00 EUR (§ 288 Abs. 5 BGB)[1].

[1] Diese Pauschale ist für die Deckung von „Kosten eigener Mühewaltung" des Verbrauchers gedacht.

3.6 Allgemeine Geschäftsbedingungen (AGB)

Um die Abläufe des täglichen Geschäftsverkehrs zu vereinfachen und Zeit zu sparen, erstellen Unternehmen „allgemeine Geschäftsbedingungen" (kurz: AGB). Dabei handelt es sich um vorformulierte Vertragsbedingungen (Klauseln), z. B. zu Leistungsort, Leistungszeit, Eigentumsvorbehalt und Zahlung. Individuelle Absprachen zwischen Käufer und Verkäufer haben aber stets Vorrang vor den Regelungen in den AGB (§ 305 b BGB). Theoretisch könnte der Käufer die AGB ablehnen oder abändern, dann stünde es aber wiederum dem Verkäufer frei, den Vertrag nicht abzuschließen.

Damit das sogenannte *Kleingedruckte* Bestandteil des Verbrauchsgüterkaufvertrags wird, müssen gemäß § 305 Abs. 2 BGB folgende Bedingungen erfüllt sein:

- Der Unternehmer[2] muss auf die AGB hinweisen (z. B. schriftlich im Angebot oder mündlich: „Es gelten unsere AGB.").
- Der Käufer muss die Möglichkeit haben, in zumutbarer Weise die AGB bei Vertragsschluss zur Kenntnis zu nehmen (z. B. Aushang in den Geschäftsräumen in angemessenem Umfang, angemessener Länge und ausreichender Schriftgröße).
- Der Käufer muss mit der Geltung der AGB einverstanden sein. Dazu muss keine ausdrückliche Erklärung erfolgen, es reicht aus, wenn der Käufer nach Hinweis auf die AGB und der Möglichkeit der Kenntnisnahme den Vertrag abschließt.

[2] Im Gesetzestext heißt der Unternehmer *Verwender.*

Klauseln, die „ganz und gar ungewöhnlich" sind (Überraschungsklauseln), werden nicht Vertragsbestandteil (§ 305 c Abs. 1 BGB), auch wenn die oben genannten Bedingungen erfüllt sein sollten.

Sollten die AGB Vertragsbestandteil geworden sein, ist zu überprüfen, ob einzelne verwendete Klauseln unwirksam ► sind. § 309 BGB enthält eine Aufzählung mit fünfzehn Klauseln, die „automatisch" unwirksam sind. Zum Beispiel werden Regelungen in den AGB zu kurzfristigen Preiserhöhungen ausgeschlossen.

AGB – unwirksame Klauseln
► Webcode WGW_III_3_6

Ergänzend gilt beim Verbrauchsgüterkauf § 476 BGB, wonach Klauseln, die das Recht des Verbrauchers bei einer mangelhaften Lieferung ► einschränken, unwirksam sind.

mangelhafte Lieferung
► III • 4.1

Oft wird in den AGB festgelegt, dass das Gericht am Sitz des Verkäufers bei Streitigkeiten zuständig ist. Auch diese Regelung ist gemäß § 38 Abs. 1 ZPO ► unwirksam. Zuständig ist immer das Gericht am Wohnsitz bzw. Geschäftssitz des jeweils Beklagten.

aktuelle Fassung der Zivilprozessordnung
► www.gesetze-im-internet.de/zpo

In den Fällen des § 308 BGB sieht der Gesetzgeber eine Wertungsmöglichkeit durch ein Gericht vor. Hier muss im Einzelfall entschieden werden, ob der Verbraucher unangemessen benachteiligt wird. So werden z. B. Regelungen in den AGB zu langen Lieferzeiten nicht grundsätzlich ausgeschlossen. Hier muss ein Gericht über die unangemessene Dauer der Lieferzeit je nach Kaufgegenstand entscheiden.

§ 307 Abs. 1 BGB enthält eine Generalnorm, wonach jede Klausel überprüft werden kann, ob sie den Käufer unangemessen benachteiligt. Der Gesetzgeber spricht hier von „Treu und Glauben“[1], den der Unternehmer an den Tag legen sollte.

[1] Treu und Glauben: *Verhalten eines redlich und anständig handelnden Menschen*

Regelungen in den AGB, die mehrdeutig oder unklar sind, werden immer zu**un**gunsten des Unternehmers ausgelegt. Der Unternehmer als Ersteller der AGB muss sich klar und unmissverständlich ausdrücken (§ 307 Abs. 1 Satz 2 BGB).
Sollte eine Klausel in den AGB oder die gesamten AGB unwirksam sein, bleibt der restliche Vertrag als Ganzes jedoch bestehen (§ 306 BGB).

Aufgaben zu Kapitel 3

zusätzliche Aufgaben zu Kapitel 3
▶ **Webcode WGW_III_3_A-Zusatz**

1. Entscheiden Sie, wer von beiden Vertragspartnern das Angebot und wer die Annahme in welcher Form abgibt.
   a Nach viel Verhandeln bietet Leon sein Auto Hamdi für 2.500,00 EUR zum Kauf an und hält die Hand zum Einschlag hin. Hamdi schlägt ein.
   b Benart sieht sich ein einfaches WG-Zimmer an, das er gerne von Maria mieten möchte. Sie verlangt eine Warmmiete von 290,00 EUR im Monat. Benart sagt: „Ja, ich nehme das Zimmer, aber für 270,00 EUR.“
   c Piedro bestellt per E-Mail beim Baustoffhandel Lauter Dachziegel für sein neues Haus. In der E-Mail schreibt er: „Ich bitte um kostenlose Lieferung bis zur Baustelle.“ Die Auftragsbestätigung des Baustoffhändlers kommt umgehend per E-Mail mit dem Text: „Wir bestätigen die Bestellung. Die Lieferung erfolgt gegen eine Kostenpauschale in Höhe von 0,4 % des Bestellwerts.“
2. Die 15-jährige Rowina sieht in einem Shop geniale Jeans. Sie geht zu einem jungen Verkäufer und fragt ihn nach dem Preis. Er sagt: „Weil du es bist und du bestimmt umwerfend darin aussiehst: 14,99 EUR.“ Rowina lächelt und wird rot. Sie hat aber nicht genügend Geld dabei, daher geht sie zuerst zu ihrer Bank, um sich am Automaten Geld vom Taschengeldkonto zu ziehen. Zurück im Shop, ist der Verkäufer verschwunden, und eine schrullige Kassiererin fordert 24,99 EUR an der Kasse. Rowina will die Jeans aber nur für 14,99 EUR kaufen. Wie ist die Rechtslage?
3. Unterscheiden Sie die zwei möglichen Formen des Schenkungsvertrags. Erklären Sie, welche Formvorschriften jeweils einzuhalten sind.
4. Johannes sagt zu Veit: „Ich zahle dir einen Kaffee, wenn du mir dafür deine Hausaufgaben gibst.“ Veit ist damit einverstanden. Beurteilen Sie, ob ein Schenkungsvertrag zustande gekommen ist.
5. Erläutern Sie, welche Pflichten sich für den Darlehensnehmer und den Darlehensgeber aus einem Darlehensvertrag ergeben.

6. Prüfen Sie für die folgenden Fälle mithilfe der entsprechenden Paragrafen, ob die AGB-Klauseln Bestandteil eines Vertrags werden.
- **a** In den AGB des Gebrauchtwagenhändlers Bratsch ist folgende Klausel enthalten: „Der Käufer eines Gebrauchtwagens stellt gleichzeitig den Antrag auf Mitgliedschaft im Internationalen Oldtimer Club Singen e. V.“
- **b** In den AGB eines Elektrogeschäfts ist folgende Klausel enthalten: „Der Käufer unserer Ware hat keinen Anspruch auf sofortige Lieferung. Der Verkäufer kommt seiner Vertragspflicht nach, wenn er die bestellte Ware innerhalb eines Kalenderjahrs liefert.“
- **c** In den AGB eines Baustofflieferanten steht: „Der Lieferer ist berechtigt, Preiserhöhungen des Herstellers, die sich innerhalb von drei Monaten nach Abschluss des Kaufvertrags, aber noch vor der Lieferung ergeben, dem Kunden weiterzuberechnen.“

7. Ann-Catrin schaut sich in einem Möbelhaus einen Schreibtisch an. Den benötigt sie nun im beruflichen Gymnasium, da sie selbstständig zu Hause arbeiten muss. Sie bestellt auf einem Formular die Luxusvariante Sorento, ohne zu bemerken, dass auf der Rückseite die AGB des Möbelhauses abgedruckt sind. Werden sie Bestandteil des Kaufvertrags? Begründen Sie Ihre Antwort.

8. Lennard hat sich das Auto von seinen Eltern ausgeliehen und muss nun nach einer etwas rauen Fahrt im Gelände schnell durch die Waschstraße fahren, bevor er wieder nach Hause fährt. An der Einfahrt zur Waschstraße hängt ein großes Hinweisschild: „Es gelten unsere AGB.“
- **a** Durch welche Willenserklärungen und in welcher Form ist hier ein Kaufvertrag zustande gekommen?
- **b** Werden die AGB Vertragsbestandteil?

Zusammenfassung: 3 Ausgewählte Vertragsarten

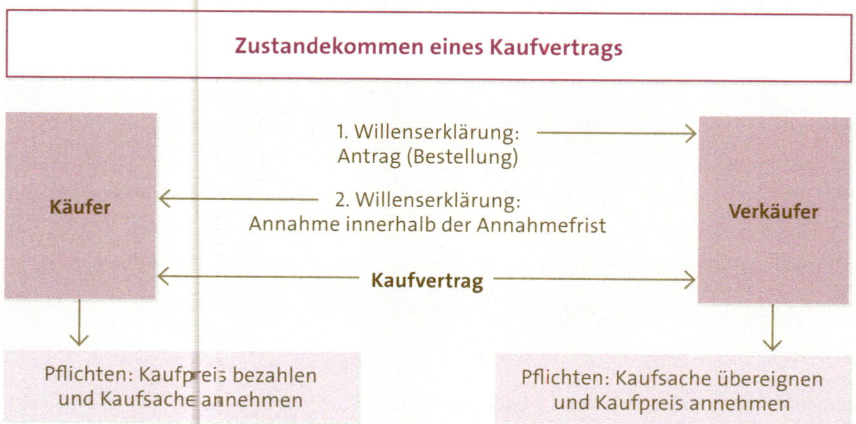

Erfüllungsort für Lieferung der Ware und Zahlung des Kaufpreises ist der Geschäftssitz des Verkäufers.

Besonderheiten des Verbrauchsgüterkaufs

Käufer: Verbraucher (§ 13 BGB)		Verkäufer: Unternehmer (§ 14 BGB)
	Verbrauchsgüterkaufvertrag ⟷	
	← bewegliche Sache	
	Kaufpreiszahlung →	

Verbraucherschutzregeln §§ 474 ff. BGB

- → unverzügliche Leistungserbringung; Ware spätestens 30 Tage nach Vertragsabschluss
- → Beim Versendungskauf (Verkäufer beauftragt Versand an den Käufer) liegt das Risiko für den Untergang oder die Beschädigung der Ware beim Verkäufer.
- → Der Käufer kann durch vertragliche Regelungen nicht um seine gesetzlichen Rechte gebracht werden.
- → Beweislastumkehr: Beweislast liegt in den ersten sechs Monaten seit Gefahrübergang beim Verkäufer.
- → Garantieerklärungen müssen einfach und verständlich sein.
- → Nebenentgelte sind nicht erlaubt. Es muss eine zumutbare unentgeltliche Zahlungsmöglichkeit geben. Hotlines dürfen nur den üblichen Telefontarif kosten.

Schenkung

Handschenkung (§ 516 BGB)	Vertragsschenkung (§ 518 BGB)
bereits vollzogene oder gleichzeitige Übergabe der Zuwendung	spätere Zuwendung → notarielle Beurkundung erforderlich

Zuwendender (Schenker)		Zuwendungsempfänger (Beschenkter)
	Schenkungsvertrag ⟷	
	Sache, Geld oder Rechte →	

Kennzeichen eines Darlehens (§§ 488 ff. BGB)

Darlehensvertrag	Geldleihe	Zinszahlung
zwischen Darlehensgeber und Darlehensnehmer	• von Darlehensgeber an Darlehensnehmer • für eine bestimmte Laufzeit oder unbefristet (dann aber mit Kündigungsfrist von drei Monaten) • zu einem bestimmten Zinssatz	als Entschädigung für den Darlehensgeber für die zur Verfügungstellung des Geldes

Das Angebot erlischt bei

- Ablehnung (§ 146 BGB)
- Zeitablauf (§ 146 BGB)
  - ohne Frist
    - unter Abwesenden (§ 147 Abs. 2 BGB) nach einer Übermittlungs- und Bedenkzeit
    - unter Anwesenden (§ 147 Abs. 1 BGB), wenn es nicht sofort angenommen wird
  - mit Frist
    - nach Ablauf der gesetzten Frist (§ 148 BGB)
- abgeänderter Annahme (§ 150 BGB)

Fernabsatzvertrag

Vertragsabschluss erfolgt über Fernkommunikationsmittel (§§ 312 ff. BGB)

Informationspflicht des Unternehmers

- Wird der Verbraucher nicht ausreichend über Kosten informiert, muss er sie nicht bezahlen (§ 312 a und § 312 e BGB).
- Der Unternehmer muss den Verbraucher über sein Widerrufsrecht aufklären (§ 356 Abs. 3 BGB).
- Erfolgt keine korrekte Belehrung zum Widerrufsrecht, dann erlischt das Widerrufsrecht nach 12 Monaten und 14 Tagen nach Erhalt der Ware (§ 356 Abs. 3 Satz 2 BGB).

Widerrufsrecht des Verbrauchers

- formlose Willenserklärung des Widerrufs (§ 355 Abs. 1 BGB)
- Widerruf muss innerhalb von 14 Tagen nach Erhalt der Ware erfolgen (§ 356 Abs. 2 BGB)

Rechtsfolge des erfolgreichen Widerrufs

- Rückgabe der jeweils empfangenen Leistungen (Rückabwicklung = „Rückgewährschuldverhältnis“) (§ 357 BGB)

Allgemeine Geschäftsbedingungen (AGB)

= vorformulierte Vertragsbedingungen, die Bestandteil des geschlossenen Vertrags werden, wenn sie dem Vertragspartner (Verbraucher) bekannt gegeben wurden und ihn nicht unangemessen benachteiligen

- AGB werden Vertragsbestandteil
- Inhaltskontrolle der AGB
  - § 309 BGB Klauselverbot ohne Wertungsmöglichkeit
  - § 308 BGB Klauselverbot mit Wertungsmöglichkeit
  - § 307 BGB Verstoß gegen die Generalklausel

Störungen bei der Erfüllung von Verbrauchsgüterkaufverträgen

4

Familie Hanser bestellt bei einem Online-Einzelhändler einen neuen großen Gartentisch. Die Bestellung wird sofort per E-Mail bestätigt. Ein Verbrauchsgüterkauf ist also zustande gekommen. Was kann nun alles bei der Umsetzung dieses Kaufvertrags „schiefgehen“?

4.1 Schlechtleistung – Mangelhafte Lieferung

4.1.1 Sach- und Rechtsmangel

Der Käufer hat bei Gefahrübergang der Kaufsache das Recht auf eine mangelfreie Ware (§ 433 Abs. 1 Satz 2 BGB). Hat die Sache einen Mangel, so hat der Verkäufer seine Pflicht aus dem Kaufvertrag nicht erfüllt. Ob die Sache einen Mangel hat, wird nach der Reihenfolge in § 434 BGB überprüft: Eine Kaufsache hat einen **Sachmangel,** wenn sie

- die (vertraglich) vereinbarte Beschaffenheit (= tatsächlicher Zustand) nicht aufweist (§ 434 Abs. 1 Satz 1 BGB),
- sich für die vertraglich vorausgesetzte Verwendung nicht eignet (§ 434 Abs. 1 Satz 2 Nr. 1 BGB),
- sich für die gewöhnliche Verwendung (= der üblich zu erwartende Zustand bei einer solchen Kaufsache) nicht eignet (§ 434 Abs. 1 Satz 2 Nr. 2 BGB),
- vom Verkäufer unsachgemäß montiert wurde (§ 434 Abs. 2 Satz 1 BGB) oder
- mit einer mangelhaften Montageanleitung[1] vom Verkäufer übergeben wurde (§ 434 Abs. 2 Satz 2 BGB).

Ein Sachmangel liegt vor, wenn für den Käufer eine ungünstige Abweichung der Ist-Beschaffenheit von der Soll-Beschaffenheit vorliegt.

[1] mangelhafte Montageanleitung = „IKEA-Klausel“: *Sollte die Montage trotz fehlerhafter Anleitung fehlerfrei verlaufen, liegt kein Mangel mehr vor (§ 434 Abs. 2 Satz 2 BGB).*

Dem Sachmangel gleichgestellt sind die Fälle (§ 434 Abs. 3 BGB), bei denen
- eine **andere** Kaufsache vom Verkäufer geliefert wurde als vereinbart (Falschlieferung = Aliud-Lieferung[1]);
- eine zu **geringe Menge** vom Verkäufer geliefert wurde (Zuweniglieferung = Mankolieferung).

[1] Aliud ist der lateinische Begriff für „etwas anderes".

Vereinbarte Beschaffenheit: Der Unterwasseranstrich für ein Segelboot an der Nordsee ist geeignet für Salzwasser.
Vertraglich vorausgesetzte Verwendung: Im Verkaufsgespräch äußert der Käufer den Wunsch, mit dem Tablet überall in Deutschland kabellos in das Internet zu kommen.
Gewöhnliche Verwendung: Ein Flaschenöffner muss auch wirklich so gebaut sein, dass er Flaschen öffnen kann.
Wenn ein Hersteller in seiner **Werbung** für eine bestimmte Verwendung wirbt (z. B. günstiger Spritverbrauch bei einem Kfz), muss sich der Käufer darauf verlassen können, dass diese Beschaffenheit vorhanden ist.[2]
Mangelhafte Montage bzw. mangelhafte Montageanleitung:
- Der Lenker an einem Fahrrad wurde falsch herum montiert.
- Wegen der falschen Montageanleitung lassen sich die Türen am Schrank nicht schließen.

Falschlieferung: Lieferung von Apfelwein statt Bier
Zuweniglieferung: Lieferung von 2 statt 5 Flaschen Wein

[2] Reißerische Anpreisungen allgemeiner Art in der Werbung sind ausgeschlossen: *Jedoch ist es kein Mangel, wenn „Red Bull" keine Flügel verleiht oder „Haribo" die Kinder nicht froh macht.*

Wird ein Mangel sofort bei Gefahrübergang entdeckt, kann der Käufer die Abnahme der Sache verweigern. In der Praxis ist es aber oft so, dass der Mangel erst zu einem späteren Zeitpunkt auftritt oder entdeckt wird. Um dann einen Mangel geltend zu machen, reicht es beim Verbrauchsgüterkauf aus, dass der Mangel „im Kern" von Anfang an vorhanden ist und sich nicht bereits bei Gefahrübergang „zeigen" muss (sogenannte *Kerntheorie*).

Ein **Rechtsmangel** gemäß § 435 BGB ist beim Verbrauchsgüterkauf bedeutungslos. Hier geht es hauptsächlich um rechtliche Ansprüche von Dritten an der Sache, von denen der Käufer beim Kauf nichts wusste. Zur Vollständigkeit hier ein Beispiel außerhalb des Verbrauchsgüterkaufs:

Ein Grundstück ist mit einer Hypothek (= eine in das Grundbuch eingetragene Schuld) zugunsten eines Dritten belastet, ohne dass der Käufer etwas davon weiß.

4.1.2 Beweislast beim Verbrauchsgüterkauf

Wenn ein Mangel vorliegt, stellt sich die Frage, wer nachweisen muss, dass die Kaufsache bereits bei Gefahrübergang diesen Mangel „im Kern" hatte. Allgemein gilt: Wer einen Anspruch erhebt, muss ihn auch begründen und nachweisen.[3]

[3] Begründung und Nachweis einer Tatsache heißt im Juristischen: *Beweislast*

Beim Verbrauchsgüterkauf hat der Gesetzgeber, wiederum zum Schutz der Verbraucher, eine spezielle Regelung erlassen: Zeigt eine Kaufsache in den ersten sechs Monaten nach Gefahrübergang einen Sachmangel, dann wird **vermutet**, dass dieser Sachmangel bereits bei Gefahrübergang vorlag (§ 477 BGB). Damit liegt die Beweislast der einwandfreien Kaufsache, abweichend von der allgemeinen Regel, beim Verkäufer (= Beweislastumkehr). Nach sechs Monaten wechselt diese Beweislast zur Seite des Käufers: Dann muss der Käufer nachweisen, dass die Sache bereits bei Gefahrübergang den Sachmangel „im Kern" aufwies.

Ein Verbraucher kauft einen neuen Mittelklassewagen, der nach fünf Monaten einen schweren Motorschaden hat. Hier muss der Verkäufer beweisen, dass der Mangel nicht schon bei Gefahrübergang vorhanden war, sondern z. B. durch den Fahrstil des Käufers verursacht wurde.

Die Beweislastumkehr gilt jedoch nicht, wenn die Vermutung über den Sachmangel mit der Art der Sache oder des Mangels unvereinbar ist.

Ein Handy wird nach zwei Monaten zum Händler gebracht, weil es nicht mehr richtig funktioniert. Beim Herausnehmen des Akkus im Ladenlokal ist offensichtlich, dass das Handy „baden" gegangen ist. Folglich hat also der Mangel „Handy funktioniert nicht" etwas mit der unachtsamen Handhabung zu tun.

4.1.3 Verjährung und Ausschluss von Ansprüchen

Verjährungsfristen

Der Käufer hat zwei Jahre (§ 438 Abs. 1 Nr. 3 BGB) lang die Möglichkeit, den Mangel mit einer Rüge zu beanstanden (= Mangelrüge[1]). Bei gebrauchten Waren kann die Frist auf ein Jahr verringert werden, wenn dies im Vertrag bzw. in der AGB vereinbart wurde (§ 476 Abs. 2 BGB). Die Frist der Verjährung der Ansprüche beginnt am Tag nach Ablieferung der Sache beim Käufer (§ 187 Abs. 1 BGB). Eine Verkürzung der Fristen ist zum Schutz der Verbraucher nicht möglich.

[1] Mangelrüge: *Der Käufer informiert den Verkäufer über den Mangel (§ 437 BGB).*

Verschweigt ein Verkäufer einen Sachmangel arglistig[2], dann tritt die regelmäßige Verjährungsfrist erst nach drei Jahren ein. Diese Frist beginnt mit dem Schluss des Jahres, in dem der Käufer vom Sachmangel an der Ware Kenntnis erlangt hat (§ 438 Abs. 3 BGB, § 195 BGB und § 199 BGB).

[2] Arglist liegt dann vor, wenn der Täuschende weiß und will, dass sein Verhalten zu einem Irrtum des Getäuschten führt.

Gewährleistungsausschluss

Beim Verbrauchsgüterkauf gibt es zwei Konstellationen, bei denen der Käufer keine Ansprüche auf eine Mangelbeseitigung stellen kann:

- wenn der Käufer den Mangel bei Vertragsschluss kennt, also weiß, dass die Sache einen Mangel hat (§ 442 Abs. 1 Satz 1 BGB);
- wenn der Anspruch auf Mangelbeseitigung verjährt ist (§ 438 BGB).

Einige Unternehmen versuchen, über vertragliche Regelungen oder über die AGB einen Anspruch auf eine mangelfreie Ware auszuschließen (Ausschluss der Mangelhaftung ►). Solche Regelungen sind gegenüber Verbrauchern immer nichtig.

► § 476 BGB, § 307 BGB und § 309 BGB

4.1.4 Rechte des Käufers bei Mängeln

Ist eine Kaufsache mangelhaft, hat der Käufer dem Verkäufer gegenüber nacheinander gestaffelte Rechte, um eine mangelfreie Sache zu erhalten.

Vorrangig: Anspruch auf Nacherfüllung

Vorrangig kann der Käufer eine Nacherfüllung, also die Beseitigung des Mangels durch den Verkäufer (nicht durch den Hersteller!), am Erfüllungsort[1] verlangen (§ 437 Nr. 1 BGB). Dies kann erfolgen durch (§ 439 Abs. 1 BGB):

- Nachbesserung = Reparatur der Sache
  oder
- Neulieferung = Umtausch, Lieferung einer neuen mangelfreien Sache

Die Entscheidung, welche der beiden Formen gewählt wird, liegt beim Käufer. Der Verkäufer hat alle Kosten zu tragen, die mit der Nachbesserung oder gar Neulieferung in Verbindung stehen. Daher kann er auch die vom Käufer gewählte Nacherfüllungsform verweigern, falls sie unverhältnismäßig teuer gegenüber der anderen Alternative ist (§ 439 Abs. 4 BGB).

Der Käufer eines neuen Pkw rügt leichte Kratzer im Lack an der Fahrertür und fordert daher einen neuen Pkw. Die Beseitigung der Kratzer ist mit einer einfachen Reparatur möglich, folglich ist die Forderung nach einem neuen Pkw unverhältnismäßig teuer für den Verkäufer. Er kann die Forderung des Käufers ablehnen und die Reparatur vorschlagen bzw. durchführen.

Der Käufer muss dem Verkäufer eine angemessene Frist zur Nacherfüllung gewähren (§ 323 Abs. 1 BGB). Eine Frist ist angemessen, wenn der Verkäufer die Möglichkeit hat, unter gewöhnlichen Umständen eine Nachbesserung vorzunehmen oder eine begonnene Nachbesserung zu beenden.[2] Nach Ablauf dieser Frist können die nachrangigen Rechte geltend gemacht werden.

Nachrangig: Rücktritt vom Kaufvertrag und/oder Minderung des Kaufpreises

Nachrangig hat der Käufer das Recht, vom Kaufvertrag zurückzutreten (§ 437 Nr. 2 BGB) oder eine Minderung des Kaufpreises zu verlangen (§ 441 Abs. 1 Satz 1 BGB). Für den Rücktritt müssen beide Voraussetzungen erfüllt sein, für eine Minderung lediglich Nr. 2:

1. Der Mangel ist nicht unerheblich[3] (§ 323 Abs. 5 Satz 2 BGB).
2. Es trifft einer der folgenden Punkte zu:
   - Es ist keine Nacherfüllung durch den Verkäufer innerhalb der gesetzten Frist erfolgt (§ 323 Abs. 1 BGB).
   - Der Verkäufer lehnt beide Formen der Nacherfüllung wegen unverhältnismäßig hohen Kosten ab (§ 439 Abs. 4 BGB).
   - Die Nacherfüllung ist für den Käufer unzumutbar (§ 440 Satz 1 BGB).
   - Die Nachbesserung ist zweimal erfolglos verlaufen (§ 440 Satz 2 BGB).
   - Die Neulieferung ist ebenfalls mangelhaft und es ist zu erwarten, dass eine weitere Neulieferung keinen Erfolg haben wird (§ 440 BGB und Rechtsprechung).

[1] Der Verkäufer muss gegebenenfalls die Kosten des Transport vom Belegenheitsort zum Erfüllungsort tragen (§ 439 Abs. 2 BGB).

[2] Eine konkrete Fristsetzung mit Datum (bestimmbarer Termin) ist nicht nötig. Es reicht aus, wenn der Käufer deutlich macht, dass der Verkäufer nur eine bestimmte Zeit zur Verfügung hat.

[3] Der Bundesgerichtshof hat entschieden, dass ein unerheblicher Mangel dann vorliegt, wenn die Kosten der Mangelbeseitigung weniger als fünf Prozent des Kaufpreises betragen.

Beim Rücktritt wandelt sich der Kaufvertrag um in ein „Rückgewährschuldverhältnis“. Die bisher ausgetauschten Leistungen werden gemäß § 346 Abs. 1 BGB zurückgegeben. Der Käufer muss aber eine Nutzungsentschädigung an den Verkäufer zahlen, soweit er die Sache nutzen konnte.

Bei der Minderung des Kaufpreises behält der Käufer die Kaufsache, erhält jedoch einen Teil des Kaufpreises zurück.[1]

[1] Die Berechnung der Minderung erfolgt gemäß § 441 Abs. 3 BGB.

- **Nachrangig: Schadenersatz und Ersatz vergeblicher Aufwendungen**

Wie der Anspruch auf Rücktritt vom Kaufvertrag ist das Recht auf einen Schadenersatz[2] (§ 437 Nr. 3 BGB) oder auf den Ersatz von vergeblichen Aufwendungen (§ 284 BGB) ein nachrangiges Recht. Es gelten die Voraussetzungen wie beim Rücktritt vom Kaufvertrag. Für die Geltendmachung eines Schadenersatzes muss tatsächlich ein Schaden entstanden sein. Keinen Schadenersatz kann der Käufer fordern, wenn der Verkäufer nachweisen kann, dass er eine mangelfreie Ware geliefert hat.

[2] Das BGB spricht von Schadensersatz.

Beim Schadenersatz *neben* der Leistung („kleiner Schadenersatz“) fordert der Käufer einen Schadenersatz, zugleich gibt er aber den Anspruch auf eine mangelfreie Kaufsache auf[3]. Beim Schadenersatz *statt* der Leistung („großer Schadenersatz“) gibt der Käufer die Kaufsache zurück und verlangt vom Verkäufer den gezahlten Kaufpreis sowie einen Schadenersatz (§ 281 BGB).

[3] Grundlage sind hier §§ 280 f. BGB.

Den Ersatz von vergeblichen Aufwendungen kann ein Käufer fordern, wenn ihm Kosten entstanden sind, die er getätigt hat im Glauben, die Kaufsache sei ohne Mangel.

Thekla hat einen Kredit aufgenommen, um das von Louis gekaufte Auto zu bezahlen. In der Zwischenzeit hat Louis das Auto an Franka verkauft. Die für den Kredit entstehenden Zinsen wären auch im Fall einer Übergabe des Autos an Thekla entstanden und sind damit kein „Schaden“. Thekla kann aber die Zinsen für den nun sinnlosen Kredit als Ersatz vergeblicher Aufwendungen fordern.

- **Übernahme einer Garantie durch den Verkäufer oder Hersteller**

Von der gesetzlichen Gewährleistung gemäß § 437 BGB ist die in der Umgangssprache so oft erwähnte Garantie (§ 443 BGB) abzugrenzen. Beides sind unterschiedliche Dinge und gelten nebeneinander!

Eine Garantie ist eine freiwillige vertragliche Zusicherung durch den Verkäufer oder den Hersteller über die Beschaffenheit der Sache bzw. die Haltbarkeit einer Sache.

Meist wird die Garantie vom **Hersteller** der Sache gewährt, sodass – obwohl beim Kauf kein Kontakt zwischen Hersteller und Käufer besteht – ein Anspruch des Käufers an den Hersteller entsteht. Beim Verbrauchsgüterkauf muss die Garantie verständlich formuliert sein und einen Hinweis darauf enthalten, dass die gesetzlichen Gewährleistungsansprüche weiterhin uneingeschränkt bestehen. Zudem muss die Garantieerklärung in Textform vorliegen (§ 479 BGB).

Die Gewährung einer Garantie ist eine freiwillige Leistung des Herstellers, die er deshalb nach seinen eigenen Vorstellungen inhaltlich ausgestalten und auch beschränken kann. Ist die Garantie aber einmal erteilt, kann sie nicht wieder eingeschränkt oder zurückgenommen werden.

Interaktive Übung „Drag to Gap“

Garantie und Gewährleistung

4.2 Verzug des Schuldners

4.2.1 Allgemeine gesetzliche Regelungen

Die Regelungen zum Schuldnerverzug (= nicht rechtzeitige Leistung des Schuldners) sind im Gesetz allgemein geregelt, dabei spielt es keine Rolle, ob eine Sache oder Geld geschuldet wird. Die Leistung der Sache bzw. des Geldes ist fällig zu dem Zeitpunkt, zu dem der Schuldner verpflichtet ist, sie zu erbringen. Ist ein Termin für die Leistung bestimmt oder bestimmbar[1], kommt der Schuldner mit dieser Fälligkeit gleichzeitig auch in Verzug (§ 286 Abs. 2 Nr. 1 und § 2 BGB). Der Schuldner kommt auch in Verzug, wenn er ernsthaft und endgültig die Leistung verweigert (§ 286 Abs. 2 Nr. 3 BGB) oder beide Seiten an einem sofortigen Verzugseintritt interessiert sind (§ 286 Abs. 2 Nr. 4 BGB), z. B. „eine schnellstmögliche Reparatur eines Wasserrohrbruchs“.

[1] bestimmter Termin: *Es ist ein genaues Datum angegeben.* bestimmbarer Termin: *Es kann ein Datum aufgrund eines Ereignisses nach dem Kalender berechnet werden.*

Trifft keine der genannten Voraussetzungen zu, muss der Schuldner nach Fälligkeit gemahnt werden, um in Verzug zu geraten. Mit Zugang der Mahnung beim Schuldner ist dieser im Verzug (§ 286 Abs. 1 BGB).

Eine Mahnung ist eine bestimmte und eindeutige Aufforderung des Gläubigers[2] zur Leistung an den Schuldner.

[2] Gläubiger (kaufmännisch auch *Kreditor* genannt): *jemand, der einem Schuldner gegenüber anspruchsberechtigt ist*

Alternativ zur Mahnung kann der Gläubiger auch einen gerichtlichen Mahnbescheid ► oder die Erhebung einer Klage auf Leistung beim zuständigen Gericht beantragen. Der Gesetzgeber geht davon aus, dass der Schuldner seine „Nicht-Leistung“ zu vertreten hat. Mit anderen Worten: Der Schuldner ist „schuld“ daran, dass er noch nicht geleistet hat. Somit muss der Schuldner beweisen, dass ihn keine Schuld trifft, um nicht in Verzug zu geraten (§ 286 Abs. 4 BGB).

gerichtliches Mahnverfahren ► III • 4.3

Am Abend vor der Auslieferung schlägt ein Blitz in die Lagerhalle eines Papierhändlers ein. Die bestellten Hochzeitskarten von Ralf und Susanna verbrennen. Bei diesem Blitzschlag handelt sich um höhere Gewalt, der Händler konnte nicht damit rechnen. Er kann also nachweisen, dass ihn keine Schuld für die Nicht-rechtzeitig-Lieferung trifft.

4.2.2 Nicht-rechtzeitig-Lieferung

Wird eine Sache nicht rechtzeitig geliefert und befindet sich der Verkäufer im Verzug, kann der Käufer auf der Erfüllung des Kaufvertrags bestehen. Ist nach dem Eintritt des Verzugs ein Schaden durch die Pflichtverletzung des Verkäufers entstanden, muss Schadenersatz leisten. Auch die Kosten weiterer Mahnungen oder Kosten für einen Anwalt kann der Käufer dem Verkäufer abverlangen.

Sollte der Verkäufer die Ware auch nach einer durch den Käufer gesetzten angemessenen Frist nicht liefern oder die Lieferung ganz verweigern, hat der Käufer noch weiterreichende (nachrangige) Rechte: ►

nachrangige Rechte
► III • 4.1.4

- **Schadenersatz statt der Leistung**
  Der Käufer verzichtet auf die Lieferung der Ware, verlangt aber vom Verkäufer einen Schadenersatz für entstandene Schäden (§ 280 BGB in Verbindung mit § 281 BGB).
- **Rücktritt vom Vertrag**
  Der Käufer tritt vom Kaufvertrag zurück (§ 323 Abs. 1 BGB). Damit wird das Schuldverhältnis in ein „Rückgewährschuldverhältnis" gemäß § 346 Abs. 1 BGB umgewandelt, d. h., alle empfangenen Leistungen müssen zurückgegeben werden.

Beide Rechte können auch miteinander kombiniert werden.

Tiffany hat bereits eine Anzahlung auf ein gebrauchtes Auto geleistet. Nach der Erklärung des Rücktritts vom Kaufvertrag hat sie keinen Anspruch mehr auf das Auto, dafür aber Anspruch auf die Rückzahlung der Anzahlung.

4.2.3 Nicht-rechtzeitig-Zahlung

Gemäß § 433 Abs. 2 BGB ist der Käufer verpflichtet, den Kaufpreis für die Sache zu bezahlen. Ist kein Datum ► bestimmt oder bestimmbar, ist die Zahlung sofort fällig. Allerdings tritt der Verzug spätestens 30 Tage nach Rechnungsstellung ein (§ 286 Abs. 3 BGB). Beim Verbrauchsgüterkauf ist der Verbraucher auf diese Folge in der Rechnung hinzuweisen, ansonsten tritt kein „automatischer" Verzug ein. Um den Käufer schon vor der 30-Tage-Frist in Verzug zu setzen, muss der Verkäufer den Käufer mahnen.

Berechnung des Datums
► Webcode WGW_III_4_2_3-1

Bei Geldschulden gilt der Grundsatz: „Geld hat man immer zu haben." Der Käufer muss immer sein Nicht-Zahlen vertreten und kann keine Beweise für seine „Unschuld" vorlegen (Auch höhere Gewalt gilt hier nicht!).

In der Praxis werden oft noch weitere (bis zu vier) Mahnungen an den Schuldner verschickt, um ihn so zu beeindrucken, dass er schlussendlich zahlt[1]. Allein die erste Mahnung ist jedoch rechtlich bereits ausschlaggebend für den Beginn des Verzugs.

[1] Diese Mahnungen werden zusammengefasst auch als außergerichtliches Mahnverfahren bezeichnet.

Mit Eintritt des Zahlungsverzugs hat der Verkäufer Anspruch auf:

- **Zahlung von Verzugszinsen** ► durch den Käufer (§ 288 BGB). Der Zinssatz beträgt fünf Prozentpunkte über dem von der Bundesbank veröffentlichten Basiszinssatz.
- **Schadenersatz wegen Verzögerung der Leistung** (§ 280 und § 286 BGB): nach der ersten Mahnung entstehende Mahn-, Anwalts- oder Gerichtskosten.

Berechnung von Verzugszinsen
► Webcode WGW_III_4_2_3-2

Einen Rücktritt vom Kaufvertrag (§ 323 BGB) oder einen Anspruch auf Schadenersatz statt der Leistung (§ 280 und § 281 BGB) kann der Verkäufer erst nach einer angemessenen Frist fordern. ►

nachrangige Rechte
► III • 4.1.4

4.3 Gerichtliches Mahnverfahren und Zwangsvollstreckung

4.3.1 Gerichtliches Mahnverfahren

Neben dem außergerichtlichen Mahnverfahren gibt es das gerichtliche Mahnverfahren. Dieses ist ein standardisiertes Verfahren, mit dem ein Gläubiger mit Unterstützung des Gerichts schnell und kostengünstig an sein Geld kommen kann. Dafür muss beim Mahngericht ein Mahnbescheid beantragt werden.[1]

[1] Für Baden-Württemberg ist das Amtsgericht Stuttgart zuständig.

Der Antrag auf einen Mahnbescheid wird in der Regel online gestellt. Das zuständige Mahngericht schickt dann einen Mahnbescheid an den säumigen Käufer. ► Die Rechtmäßigkeit des Anspruchs wird durch das Gericht nicht geprüft. Ein Mahnbescheid ist nichts anderes als eine Mahnung des Gerichts, d. h. die Aufforderung des Gerichts zur Zahlung der genannten Schuld ►.

Online-Antrag
► www.mahngerichte.de

Beispiel für eine Zustellungsnachricht
► Webcode WGW_III_4_3_1

Der Antrag auf einen Mahnbescheid ist dann sinnvoll, wenn zu erwarten ist, dass der säumige Käufer seiner Zahlungsverpflichtung nicht nachkommen wird. Der Gläubiger kann so schneller zu seinem Geld kommen als durch einen langwierigen Prozess.

Ablauf des gerichtlichen Mahnverfahrens

1. Der Gläubiger stellt beim Mahngericht den Antrag auf Erlass eines Mahnbescheids.
2. Das Gericht erlässt den Mahnbescheid und stellt ihn dem Schuldner (Käufer) zu. Der Schuldner hat nun drei Möglichkeiten, auf den Mahnbescheid zu reagieren:
   a Der Schuldner zahlt an den Gläubiger und das Verfahren ist beendet.
   b Der Schuldner erhebt innerhalb von zwei Wochen Widerspruch bei Gericht. Der Gläubiger wird durch das Amtsgericht über den Widerspruch benachrichtigt und aufgefordert, seinen Anspruch zu begründen. Das Gericht setzt dann einen Termin für eine mündliche Verhandlung fest.
   c Der Schuldner unternimmt nichts. Nach zwei Wochen kann der Gläubiger innerhalb von sechs Monaten einen Antrag auf Erlass eines Vollstreckungsbescheids stellen.
3. Das Mahngericht erlässt den Vollstreckungsbescheid auf Antrag des Gläubigers. Der Vollstreckungsbescheid ist ein sogenannter „vollstreckbarer Titel", der es dem Gläubiger erlaubt, gegen den Schuldner die Zwangsvollstreckung durchzuführen. Nach der Zustellung des Vollstreckungsbescheids hat der Schuldner folgende Handlungsalternativen:
   a Der Schuldner zahlt und das Verfahren ist beendet.
   b Innerhalb von zwei Wochen kann der Schuldner Einspruch erheben. Danach kommt es zu einer Verhandlung vor Gericht.
   c Der Schuldner unternimmt nichts. Der Vollstreckungsbescheid wird rechtskräftig.
4. Nach Ablauf der zweiwöchigen Einspruchsfrist kann die Zwangsvollstreckung durch einen Gerichtsvollzieher durchgeführt werden.

4.3.2 Zwangsvollstreckung und Pfändung

Voraussetzung für eine Zwangsvollstreckung ist ein Vollstreckungsbescheid oder ein gerichtliches Urteil.

Die Zwangsvollstreckung ist die Ausübung staatlicher Gewalt zur Durchsetzung privater Rechte bzw. Ansprüche.

Durchgesetzt wird sie per Pfändung durch einen Gerichtsvollzieher. Hierbei nimmt der Gerichtsvollzieher Geld, Schmuck und Wertpapiere des Schuldners in Besitz. Größere verwertbare Gegenstände werden nicht sofort mitgenommen, aber durch das Aufkleben eines Pfandsiegels („Kuckuck") als gepfändet gekennzeichnet.

Unpfändbar sind lebensnotwendige Gegenstände und Gegenstände, die zur Ausübung des Berufs unabdingbar sind. Haben diese nicht pfändbaren Gegenstände aber einen außerordentlich hohen Wert, so können sie im Rahmen einer Austauschpfändung durch geringerwertige Gegenstände ersetzt werden. Das regelmäßige Arbeitseinkommen kann ebenfalls bis zur Pfändungsgrenze, die in einer immer wieder aktualisierten Pfändungstabelle ► festgelegt wird, gepfändet werden.

► www.gesetze-im-internet.de
Suchbegriff: Pfändungsfreigrenzenbekanntmachung

Neben diesen beweglichen Gegenständen können auch Rechte, wie z. B. Forderungen und Gehaltsansprüche, und natürlich auch unbewegliche Gegenstände, wie z. B. Häuser und Grundstücke, gepfändet werden.

Die Pfandsachen werden zugunsten des Gläubigers verwertet, z. B. durch Zwangsversteigerung. Zum Abschluss des Verfahrens erhält der Schuldner eine Abrechnung und einen eventuellen Überschuss ausgezahlt.

Findet der Gerichtsvollzieher keine oder nur unzureichend verwertbare Gegenstände vor, kann er auf Antrag der Gläubiger vom Schuldner die Abgabe einer „eidesstattlichen Versicherung" verlangen. Dann erstellt der Gerichtsvollzieher durch Befragung des Schuldners ein Vermögensverzeichnis, das vom Schuldner an Eides statt unterschrieben werden muss. Mit diesem Vermögensverzeichnis erhält der Gläubiger genauere Informationen über die finanzielle Situation des Schuldners und über Pfändungsmöglichkeiten. Sollte der Schuldner die Informationen oder die Unterschrift verweigern, kann er für bis zu sechs Monate in Beugehaft genommen werden. Falsche oder fehlende Angaben im Vermögensverzeichnis können zu Geld- oder Haftstrafen bis zu drei Jahren führen.

Aufgaben ► zu Kapitel 4

zusätzliche Aufgaben zu Kapitel 4
► Webcode WGW_III_4_A-Zusatz

1. Geben Sie je ein Beispiel für einen Mangel:
   a in der vereinbarten Beschaffenheit
   b in der vertraglich vorausgesetzten Verwendung
   c in der gewöhnlichen Verwendung
   d in der Montage

2. Welche Art von Mangel liegt jeweils vor? Nennen Sie auch die Rechtsgrundlage:
   a Ein Versandhändler liefert statt der bestellten roten Badehose eine blaue.
   b Der Schlafzimmerschrank lässt sich mit der finnischen Montageanleitung nicht aufbauen.
   c Im Verkaufsgespräch hatte der Käufer betont, dass er nur ein Handy mit Betriebssystem 4.0 möchte. Der Verkäufer hat ihm nun ein Handy mit Betriebssystem 3.1 verkauft.
   d Die speziell beim Hersteller bestellten Sicherungsschrauben für den Bootspropeller sind ca. 1cm zu lang.

3. Die Fahranfängerin Dina reklamiert ihr vor einem Monat gekauftes Motorrad. Es hat einen Motorschaden. In der Werkstatt wird festgestellt, dass Dina statt „Super E10" versehentlich Dieselkraftstoff getankt hat. Liegt eine Schlechtleistung durch den Motorradhändler vor? Begründen Sie Ihre Antwort.

4. Der Student Kai kauft beim Fahrradshop in Gottmadingen ein neues City-Bike, um damit zur Uni fahren zu können. Nach nur einem Monat Nutzung bricht die Nabengangschaltung durch. Der Fahrradshop lehnt eine Reparatur mit dem Hinweis ab, bei Übergabe sei das Fahrrad voll funktionstüchtig gewesen. Der Defekt könne nur durch Kais falsche Bedienung der Gangschaltung erfolgt sein.
   a Wer trägt hier die Beweislast?
   b Welche Rechte hat Kai?

5. Theo Dietz hat sich ein neues Longboard in Carlos'-Skate-Shop gekauft. Bereits nach drei Wochen hatten sich die Self-Locking-Bolzen an den Rollen gelöst. Carlos hatte daraufhin die Bolzen ausgetauscht und ein anderes Mal wieder angezogen. Auf dem Weg zur Schule haben sich nun die Bolzen aufs Neue gelöst. Theo ist erbost und steht erneut im Laden von Carlos. Welche Rechte hat Theo?

6. Erklären Sie mit eigenen Worten den Unterschied zwischen Gewährleistung und Garantie.

7. Klara Takovidis erhält am 2. Juni 20.. eine Rechnung für ihren Einkauf im Beautysalon. Auf der Rechnung ist kein Zahlungsdatum angegeben.
   a Wann ist die Zahlung der Rechnung fällig?
   b Zu welchem Zeitpunkt gerät die Verbraucherin Klara in Verzug?
   c Am 17. Juni 20.. erhält Klara eine Mahnung zur Zahlung der Rechnung. Welche Rechte hat nun der Beautysalon Klara gegenüber?

8. Familie Hammer fliegt über Weihnachten in die Dominikanische Republik. Für die beiden Kinder hat Frau Hammer beim örtlichen Sporteinzelhändler zwei Surfanzüge bestellt, die sie, wie zuvor vereinbart, am 22. Dezember 20.. im Ladenlokal abholen möchte. Den Surfkurs für die Kinder hat Frau Hammer bereits im Hotel bestellt und auch schon bezahlt. Die Verkäuferin im Sportladen erklärt ihr aber nun, dass wegen der zurzeit sehr großen Nachfrage keine Surfanzüge bei der Großhandlung zu beschaffen waren.
   a Um welche Art der Vertragsstörung handelt es sich in diesem Fall?
   b Welche Ansprüche kann Frau Hammer gegenüber dem Sportgeschäft geltend machen?

9. Entscheiden Sie, ob die folgenden Dinge pfändbar, teilweise pfändbar oder nicht pfändbar sind.
   a LED-Backlight-Fernseher mit 60 Zoll Diagonale
   b Notebook eines Facharbeiters
   c Gehalt eines kaufmännischen Angestellten
   d Goldschmuck einer Einzelhandelskauffrau
   e Computer und Drucker einer Studentin

Zusammenfassung: 4 Störungen bei der Erfüllung von Verbrauchsgüterkaufverträgen

Sachmängel

- Sache hat nicht die vereinbarte Beschaffenheit (§ 434 Abs. 1 Satz 1 BGB)
- Lieferung einer zu geringen Menge (§ 434 Abs. 3 BGB)
- Lieferung einer anderen Sache (§ 434 Abs. 3 BGB)
- Sache hat nicht die vertraglich vorausgesetzte Beschaffenheit (§ 434 Abs. 1 Satz 2 Nr. 1 BGB)
- Sache eignet sich nicht für die übliche und zu erwartende gewöhnliche Verwendung oder entspricht nicht den von Verkäufer oder Hersteller öffentlich geäußerten Eigenschaften (§ 434 Abs. 1 Satz 2 Nr. 2 BGB)
- Sache wird mangelhaft montiert oder die Montageanleitung ist mangelhaft (§ 434 Abs. 2 BGB)

Beweislast

bis 6 Monate nach Gefahrübergang	Monat 7 bis 24 nach Gefahrübergang
Verkäufer	Käufer
Beweislastumkehr	**reguläre Beweislast**

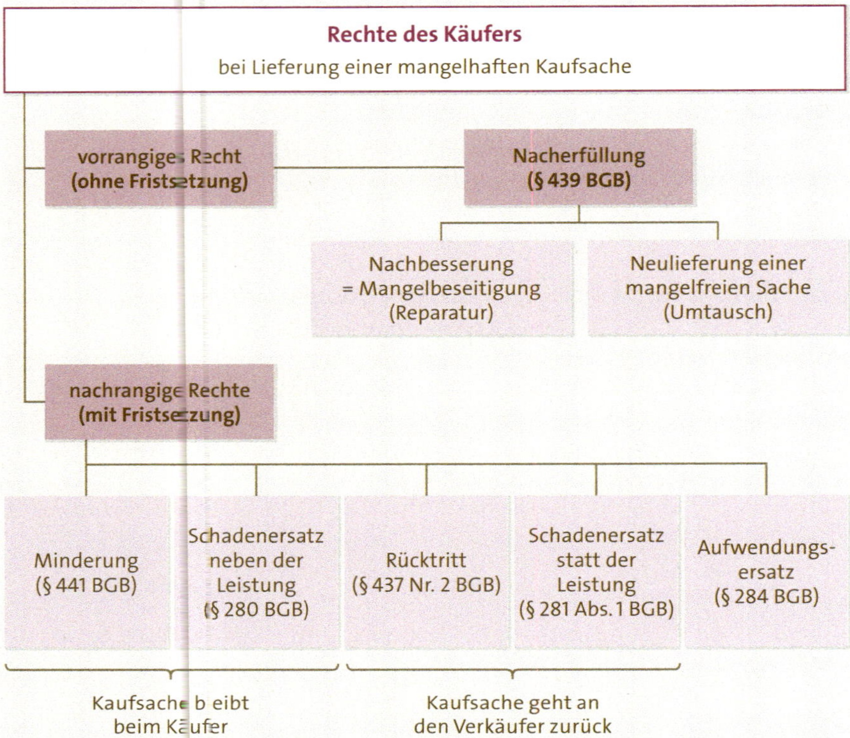

Lieferungsverzug

Voraussetzungen für den Lieferungsverzug sind Fälligkeit der Lieferung und der Verzug (= Nicht-rechtzeitig-Lieferung) durch den Verkäufer.

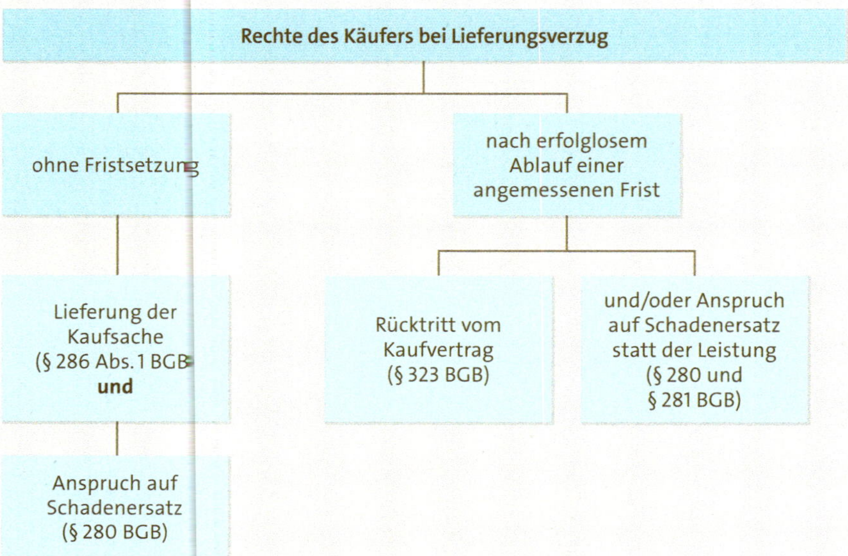

Zahlungsverzug

Voraussetzungen für den Zahlungsverzug sind Fälligkeit der Zahlung und der Verzug (= Nicht-rechtzeitig-Zahlung) durch den Käufer.

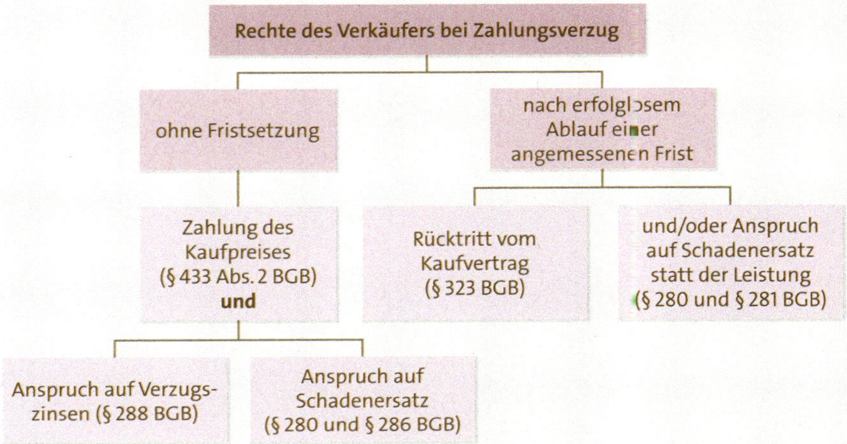

Ablauf des gerichtlichen Mahnverfahrens

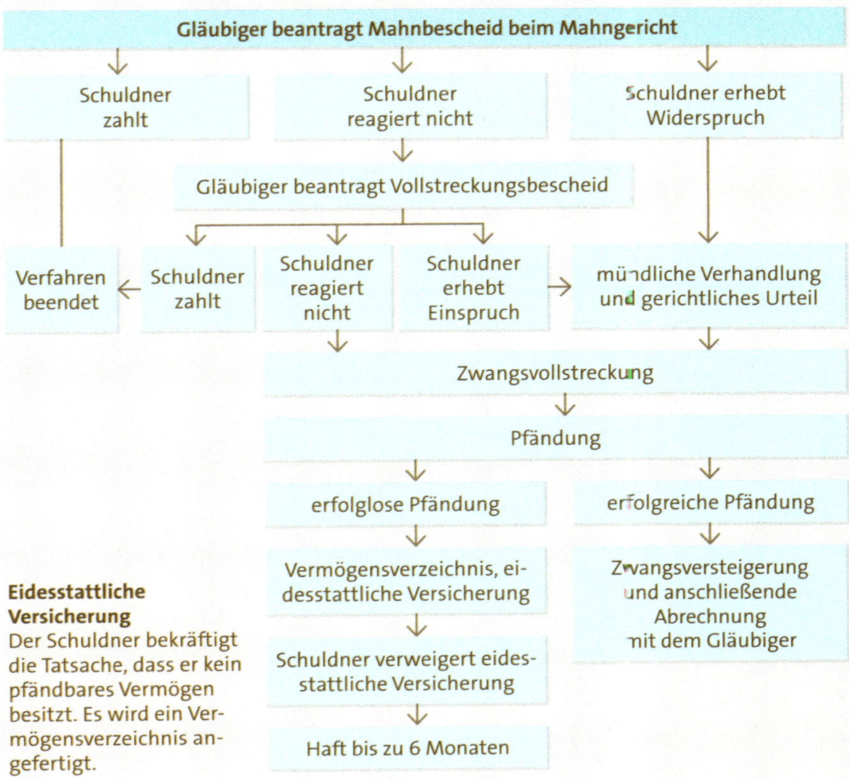

Eidesstattliche Versicherung
Der Schuldner bekräftigt die Tatsache, dass er kein pfändbares Vermögen besitzt. Es wird ein Vermögensverzeichnis angefertigt.

5 Überschuldung privater Haushalte

In 2018 ließen sich nach der Überschuldungsstatistik des Statistischen Bundesamtes 435465 Verbraucher wegen Überschuldung bei offiziellen Stellen beraten. Diese Verbraucher hatten jeweils im Schnitt rund 29.614 EUR Schulden. Wie kommen Menschen in diese missliche Lage und wie können sie sich hieraus wieder befreien?

5.1 Ursachen von Überschuldung

Immer dann, wenn das regelmäßige Einkommen nicht ausreicht, um die monatlichen Ausgaben auszugleichen, wird von Überschuldung gesprochen. Ganze Familien geraten in diese Situation aus unterschiedlichen Gründen. Selbst bei ganz genauer und vorausschauender Planung können Ereignisse im Leben auftreten, die einen finanziellen Engpass entstehen lassen. So sind z. B. der plötzliche Verlust des Arbeitsplatzes, Krankheit oder der Tod von nahen Angehörigen auch mit finanziellen Belastungen verbunden. Solche Ereignisse gehen vielfach einher mit Depressionen, Antriebsverlust, Orientierungslosigkeit und Verlust der Lebensperspektive, was das Lösen des Problems auch für professionelle Helfer von außen sehr schwierig macht. Nicht selten spielt die „gefühlte" Schuld für Schuldner eine nicht unerhebliche Rolle: Sie schämen sich für ihre Schulden. Darüber hinaus löst Überschuldung Existenzängste aus.

Schulden junger Erwachsener

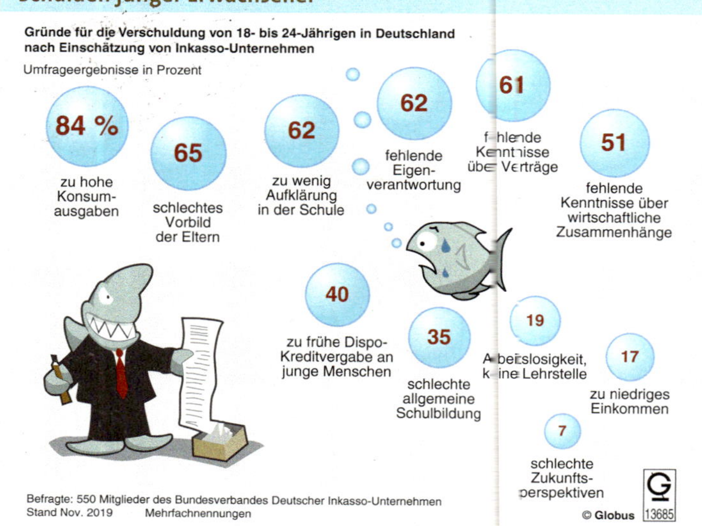

Es gibt jedoch Verbraucher, die einfach Schwierigkeiten haben, maßvoll mit Geld umzugehen. Neben unwirtschaftlicher Haushaltsführung und großer Vertrauensseligkeit fehlt es am Überblick über die Finanzen. Impulskäufe treiben Menschen dazu, Sachen zu kaufen. Die Werbung, der Wunsch nach gesellschaftlichem Status und die Unübersichtlichkeit von länger laufenden Verträgen sind weitere Ursachen. Größere Investitionen, z. B. eine neue Waschmaschine oder ein neues Auto, müssen auch mit den Folgekosten geplant werden. Aus dem etwas „ins Minus gehen“ beim Girokonto wird nach und nach ein echtes Problem: die Überschuldung.

Dispokredit

Der Dispokredit ist ein von der Bank gewährter Kreditrahmen für Privatpersonen. Seine Höhe hängt von regelmäßigen Geldeingängen ab. Die Sollzinsen sind erheblich höher als für andere Kredite. Für gewährte Überziehungen über das Dispolimit hinaus werden Überziehungszinsen fällig, die noch höher sind als Dispozinsen.

5.2 Verbraucherkredit

Um aus den „roten Zahlen“ beim Girokonto zu kommen oder ein teures Konsumgut zu kaufen, bieten Banken oder Finanzdienstleister Verbraucherkredite an. Diese sind oft zinsgünstiger als der Dispokredit. Trotzdem sollten die Konditionen unbedingt genau betrachtet werden – insbesondere anfallende zusätzliche Gebühren.

Der Verbraucherkredit ist nichts anderes als ein Darlehensvertrag, bei dem sich ein Darlehensgeber verpflichtet, Geld an einen Darlehensnehmer zu zahlen. Der Darlehensnehmer verpflichtet sich, das Darlehen bei Fälligkeit wieder zurückzuzahlen und die vereinbarten Zinsen für die Laufzeit zu entrichten.

Zum Schutz der Verbraucher hat der Gesetzgeber im Falle der Kreditgewährung eines Unternehmers an einen Verbraucher ergänzende Regeln erlassen (Verbraucherdarlehensvertrag: § 491 BGB). Sie sollen den Verbraucher vor langfristiger Belastung und starker Einengung der wirtschaftlichen Bewegungsfreiheit schützen.

Vor dem Vertragsabschluss muss der Darlehensgeber den Verbraucher über die folgenden Punkte in **Textform** informieren (§ 491 a BGB):

- Name und Anschrift des Darlehensgebers
- Art des Darlehens
- effektiver Jahreszins[1]
- Nettodarlehensbetrag
- Sollzinssatz
- Vertragslaufzeit
- Betrag, Zahl und Fälligkeit der einzelnen Teilzahlungen
- Gesamtbetrag
- Auszahlungsbedingungen
- alle sonstigen Kosten
- Verzugszinssatz und -kosten
- Warnhinweis zu den Folgen ausbleibender Zahlungen
- Bestehen oder Nichtbestehen eines Widerrufsrechts
- Recht des Darlehensnehmers, das Darlehen vorzeitig zurückzuzahlen
- ggf. Hinweis auf Notarkosten
- ggf. Angaben zu verlangten Sicherheiten

[1] Der effektive Jahreszins nach Preisangabenverordnung ist ein Prozentsatz des Nettodarlehensbetrags, der die Gesamtbelastung pro Jahr angibt.

Der Verbraucherdarlehensvertrag selbst muss dann zwingend in **Schriftform** erfolgen und ist dem Verbraucher auszuhändigen. Diese Vertragsurkunde muss unter anderem die oben genannten Mindestangaben enthalten (§ 492 BGB).
Fehlen eine oder mehrere der Angaben in der Vorabinformation oder im Vertrag, dann greifen, je nachdem, welche Angabe fehlt, automatisch gesetzliche Veränderungen des Vertrags ►. Dies gilt nur, wenn der Verbraucher das Darlehen auch wirklich in Anspruch nimmt, ansonsten ist der Vertrag nichtig.

► Rechtsfolgen von Formmängeln im § 494 BGB

Fehlt die Angabe des effektiven Zinssatzes, wird der Zinssatz vom Gesetz automatisch auf den gesetzlichen Zinssatz festgelegt.

Der Verbraucher hat das Recht, den Verbraucherkreditvertrag innerhalb von zwei Wochen nach Abschluss zu widerrufen (§ 495 BGB). Die Zwei-Wochen-Frist beginnt mit der ordnungsgemäßen Belehrung des Verbrauchers über sein Widerrufsrecht.

Im Einzelhandel ist der **finanzierte Abzahlungskauf** weitverbreitet. Hier wird eine Ware vom Einzelhändler an den Verbraucher verkauft (Verbrauchsgüterkaufvertrag). Der Verbraucher schließt zur Bezahlung der Ware zudem einen Darlehensvertrag mit einem Darlehensgeber (meist einer Bank). Beide Verträge werden gleichzeitig im Ladenlokal des Einzelhändlers geschlossen, der Verbraucherkredit wird jedoch durch den Einzelhändler nur vermittelt. Weil der Verbraucher diese rechtliche Konstruktion schwer durchschauen kann, werden die beiden Geschäfte vom Gesetzgeber als wirtschaftliche Einheit gesehen (§ 358 BGB). Als Folge bedeutet dies: Sollte der Kaufvertrag nichtig werden, wird auch der Darlehensvertrag aufgelöst und zu einem „Rückgewährschuldverhältnis".

Seit 2016 fällt auch die sogenannte *0-Prozent-Finanzierung* im Einzelhandel unter die Kategorie Verbraucherkreditvertrag.

FALLSTUDIE Die Kosten, auf eigenen Beinen zu stehen

Amalie Pilgermann hat gerade ihre duale Ausbildung im Bereich BWL-Industrie abgeschlossen. Sie wurde von ihrem Ausbildungsbetrieb, einem Farbenhersteller, übernommen und arbeitet dort nun in ihrem Traumberuf als Einkäuferin in der Materialwirtschaft. Netto bekommt sie 1.800,00 EUR ausbezahlt. Damit ist sie sehr glücklich, denn im Vergleich zu ihren Studienkolleginnen verdient sie gut. Nun will sie aber endlich aus der kleinen Studenten-WG ausziehen und eine eigene 2-Zimmer-Wohnung mieten. Die perfekte Wohnung hat sie auch schon gefunden. Sie kostet mit Nebenkosten (Hausmeister, Wasser und Heizung) 600,00 EUR. Ihre Eltern haben ihr dazu geraten, neben den gesetzlichen Versicherungen zudem eine Haftpflichtversicherung für 90,00 EUR im Jahr, eine Berufsunfähigkeitsversicherung von 65,50 EUR im Monat sowie eine jährlich zu bezahlende Hausratversicherung für 66,00 EUR bei einer regionalen Versicherung abzuschließen. Samstags hilft Amalie ihrem Onkel immer auf dem Markt am Obststand aus und bekommt dafür 35,00 EUR für den Vormittag. In einer eigenen Wohnung muss sie nun auch den Rundfunkbeitrag von 17,50 EUR pro Monat selbst zahlen. Den Stromtarif hat sie bei einem Vergleichsportal im Internet günstig gefunden, hier zahlt sie pro Monat 25,50 EUR. Im Sportverein ist sie natürlich weiterhin aktiv, bei der

Volleyballabteilung zahlt sie einen Mitgliedsbeitrag von 90,00 EUR im Jahr. Der Internetanschluss in der Wohnung kostet monatlich 19,00 EUR. Das neue Handy mit einer Flatrate hat sie sich erst vor Kurzem geleistet, hierfür beträgt die monatliche Abbuchung 55,00 EUR. Gut, dass sie ihr kleines Auto von ihren Eltern geschenkt bekommen hat. Da fallen im Jahr nur die Wartung (375,00 EUR), die Kfz-Versicherung (453,00 EUR) und die Steuern (48,00 EUR) an. Monatlich zahlt sie für Super E10 ungefähr 75,00 EUR. Umweltbewusst fährt sie mit dem Zug zur Arbeit, dafür hat sie ein Monatsticket, das 69,00 EUR kostet.

ARBEITSAUFTRÄGE

1. Die Übersicht über die eigenen Finanzen zu behalten, ist nicht einfach. Wie viel Geld bleibt Amalie nach dem Abzug aller festen Ausgaben am Monatsende?
2. Welches Problem könnte auftreten, wenn Amalie beim Möbelhaus Stutz eine 0-Prozent-Finanzierung für ihre neue Einbauküche von monatlich 350,00 EUR unterschreibt?
3. Welche Ausgabenpositionen nehmen den größten Umfang bei Amalie ein?
4. Wo sehen Sie Einsparpotenziale?

5.3 Lösungsansätze zur Überschuldung

5.3.1 Überblick über die Finanzverhältnisse

Fachleute sind sich einig: In erster Linie müssen Verbraucher einen Überblick über die eigenen Finanzen haben, um der Überschuldung entgegenzuwirken. Welche Einnahmen werden monatlich erzielt, welche Ausgaben fallen an? Nach dieser Aufstellung kann überlegt werden, wo Einsparpotenzial vorhanden ist.

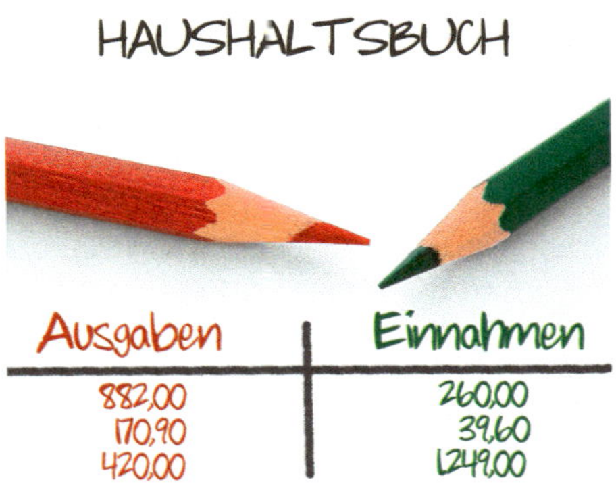

Die Ausgabenstruktur und das Konsumverhalten müssen meist grundlegend verändert werden. So ist z. B. zu überlegen:

- Welche Verträge sind zu kündigen?
- Kann zu einem günstigeren Anbieter gewechselt werden?
- Wie kann/muss das Einkaufsverhalten verändert werden?

Hat ein Verbraucher das Girokonto überzogen, ist es sinnvoll, mit der Bank in Kontakt zu treten, um eine Umschichtung des Dispokredits in einen meist zinsgünstigeren Verbraucherkredit zu erwirken. Gleichzeitig sollte dann mit der Bank vereinbart werden, dass das Girokonto nur auf Guthabenbasis geführt wird[1]. So vermeidet man, erneut in die „Dispofalle“ zu treten.

[1] Nach einer EU-Richtlinie müssen alle Banken seit Mitte 2016 ein solches Basiskonto anbieten.

5.3.2 Schuldnerberatung

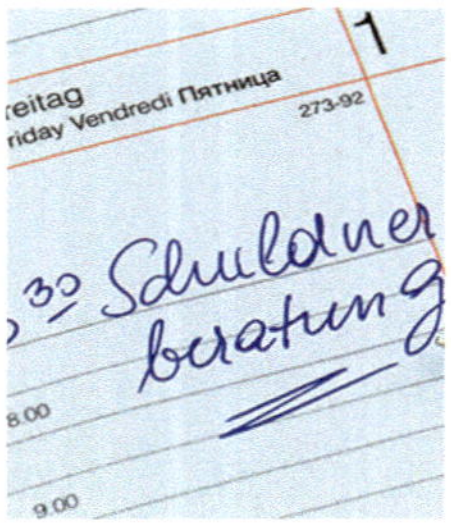

Meist sind die Finanzangelegenheiten so komplex, dass der einzelne Verbraucher nicht mehr den Überblick herstellen kann. Hier ist es sinnvoll, professionelle Hilfe in Anspruch zu nehmen. In Deutschland gibt es rund 1 400 Schuldnerberatungsstellen ▶, die unter der Trägerschaft der Verbraucher- und Wohlfahrtsverbände oder der Kommunen stehen. Die Schuldnerberatungen helfen bei der Strukturierung der Ausgaben, nehmen Kontakt mit Kreditgebern und Banken auf, erstellen Tilgungspläne und geben Schulungen im Umgang mit Geld. Die Schuldnerberatungen können auch beim Verbraucherinsolvenzverfahren wichtige Unterstützung bieten.

SCHUFA

Die Schutzgemeinschaft für allgemeine Kreditsicherung (SCHUFA) ist eine Gemeinschaftseinrichtung von Wirtschaftsunternehmen, die ihren Kunden Geld- oder Warenkredite einräumen. Ziel der SCHUFA ist es, Unternehmen vor Kreditausfällen zu schützen. Daher sammelt die SCHUFA möglichst viele wirtschaftliche Daten über den einzelnen Verbraucher. Die Mitgliedsunternehmen der SCHUFA geben Informationen über ihre Kunden an die SCHUFA weiter und fragen nach Daten von Neukunden, alles mit dem Ziel, zu erfahren, ob der Kunde finanziell vertrauenswürdig ist.

Beispiele von Online-Beratungsstellen
- ▶ www.caritas.de
- ▶ www.diakonie.de
- ▶ www.awo.org

Möchte ein Verbraucher einen neuen Handyvertrag abschließen, wird das Mobilfunkunternehmen bei der SCHUFA nachfragen, ob andere Unternehmen schon Erfahrungen mit dem Verbraucher gemacht haben (Pünktlichkeit der Zahlung usw.). Wird nur Positives zurückgemeldet, steht einem Vertragsabschluss sicherlich nichts entgegen.

5.3.3 Verbraucherinsolvenz

Wenn alle Stricke reißen, kann ein Verbraucher nach den sehr strengen Regeln der Insolvenzordnung (InsO ▶) Insolvenz anmelden. Das im Juli 2014 modernisierte Verbrauchsinsolvenzrecht soll Privatpersonen nach einer gewissen Zeit (= Wohlverhaltensphase) die Möglichkeit auf einen wirtschaftlichen Neuanfang geben. Die Schulden werden am Ende des Verfahrens gelöscht, obwohl sie nicht vollständig beglichen wurden (= Restschuldbefreiung). Während des Verfahrens ist der Schuldner vor den Gläubigern[1] geschützt. Es droht also nicht der Gerichtsvollzieher oder die Abgabe einer eidesstattlichen Versicherung. Die Privatinsolvenz können Verbraucher beantragen, die nicht selbstständig tätig waren. Bei Selbstständigen kann das Verfahren nur in besonderen Fällen angestrebt werden.

aktuelle Fassung
▶ www.gesetze-im-internet.de/inso

[1] Gläubiger (kaufmännisch auch *Kreditor* genannt): *jemand, der einem Schuldner gegenüber anspruchsberechtigt ist*

● Insolvenzverfahren (in 5 Schritten)

1. Außergerichtliches Schuldenbereinigungsverfahren
Bevor das Insolvenzgericht bemüht wird, muss erst versucht werden, mithilfe einer Schuldnerberatungsstelle oder eines Anwalts eine Einigung mit allen Gläubigern zu erzielen. Erst wenn die Gläubiger eine Einigung verweigern, kann der Schuldner einen Insolvenzantrag stellen.

2. Gerichtliches Schuldenbereinigungsverfahren

Ist die außergerichtliche Einigung nachweislich gescheitert, kann der Verbraucher einen Antrag auf Insolvenz beim Insolvenzgericht[1] stellen. Der hierfür nötige amtliche Vordruck umfasst 45 Seiten und enthält u. a. die genaue Vermögens- und Einkommensaufstellung und ein Gläubigerverzeichnis. Mit diesen Angaben kann nun das Gericht versuchen, nochmals Verhandlungen mit den Gläubigern zu führen (= gerichtliches Schuldenbereinigungsverfahren). Stimmt nicht die Mehrheit der Gläubiger nach Schuldsumme und Köpfen für den Schuldenbereinigungsplan des Gerichts, ist er gescheitert, und das Insolvenzverfahren wird eröffnet.

[1] Insolvenzgericht ist in der Regel das Amtsgericht in der Nähe des Schuldners, an dessen Ort sich auch ein Landgericht befindet (§ 2 InsO).

3. Gerichtliches Insolvenzverfahren

Der Beginn des Insolvenzverfahrens wird im Internet veröffentlicht.► Das Gericht kündigt hier eine Restschuldbefreiung an. Damit verliert der Schuldner seine Anonymität. Die Gläubiger sollen nun ihre Forderungen anmelden. Das Gericht bestimmt einen Treuhänder, der alle finanziellen Angelegenheiten des Schuldners betreut. Das vorhandene Vermögen des Schuldners wird durch den Treuhänder verwertet (Verkauf aller pfändbaren Gegenstände). Mit dem daraus entstehenden Überschuss werden gleichmäßig alle Gläubiger bedient.

► www.insolvenzbekanntmachungen.de

4. Wohlverhaltensphase

Nach dieser ersten Auszahlung an die Gläubiger beginnt die Wohlverhaltensphase für den Schuldner. An den Treuhänder wird nun der pfändbare Teil des Einkommens[2] abgeführt. Er verteilt das Geld an die Gläubiger weiter.
Der Schuldner muss zudem bestimmte Obliegenheiten (Auflagen) gemäß § 295 InsO erfüllen. Zum Beispiel ist er verpflichtet, jederzeit für den Treuhänder und das Insolvenzgericht erreichbar zu sein, und er muss sich selbst, falls er keinen Arbeitsplatz hat, aktiv um eine Erwerbstätigkeit bemühen. Kommt der Schuldner zu Vermögen (z. B. Erbschaft), ist es teilweise an den Treuhänder abzuführen. Verstößt der Schuldner gegen seine Obliegenheiten, kann das Insolvenzgericht die Restschuldbefreiung versagen und damit das Insolvenzverfahren frühzeitig beenden.

[2] Das Gehalt oder der Lohn werden nach der aktuellen Pfändungstabelle in pfändbar und nicht pfändbar eingeteilt.

5. Restschuldbefreiung

Das Insolvenzgericht entscheidet spätestens sechs Jahre nach der Eröffnung des Insolvenzverfahrens über eine mögliche Restschuldbefreiung. Diese Frist verkürzt sich auf

- drei Jahre, wenn es dem Schuldner gelingt, mindestens 35 % seiner Schulden und alle Verfahrenskosten zu bezahlen (§ 300 Abs. 1 Ziff. 2 InsO);
- fünf Jahre, wenn der Schuldner es zumindest schafft, innerhalb dieser Zeit die gesamten Verfahrenskosten zu bezahlen (§ 300 Abs. 1 Ziff. 3 InsO).

Mit der Restschuldbefreiung verfallen alle Ansprüche der Gläubiger gegenüber dem Schuldner.

Insolvenzplanverfahren

Falls sich in der Wohlverhaltensphase etwas in den Vermögensverhältnissen des Schuldners positiv verändert oder die Gläubiger Verhandlungsbereitschaft signalisieren, kann der Schuldner zusammen mit den Gläubigern einen Insolvenzplan erstellen. Wenn das Gericht diesen Plan genehmigt, wird das Insolvenzverfahren frühzeitig eingestellt.

Verbraucherinsolvenzverfahren

Vorteile	Nachteile
• Bei erfolgreicher Wohlverhaltensphase ist der Schuldner spätestens nach sechs Jahren schuldenfrei. Ohne Insolvenzverfahren können die Gläubiger 30 Jahre aus den Schuldtiteln pfänden. • In der Wohlverhaltensphase muss der Schuldner keine Angst vor Besuchen des Gerichtsvollziehers haben, da der Treuhänder nun Ansprechpartner für alle Gläubiger ist. • Das Existenzminimum ist für den Schuldner gesichert. • Neustart nach der Wohlverhaltensphase: Alle Einträge über das Verfahren werden gelöscht. Auch die SCHUFA nimmt drei Jahre nach der Restschuldbefreiung die Einträge aus ihren Unterlagen.	• lange Dauer des Verfahrens von maximal sechs Jahren • Der Arbeitgeber wird über das Verfahren informiert. Der pfändungsfreie Teil des Gehalts muss vom Arbeitgeber direkt an den Treuhänder überwiesen werden. • In der Wohlverhaltensphase dürfen keine größeren Anschaffungen auf „Pump" gemacht werden, sonst besteht die Gefahr, dass das Verfahren beendet wird. • Ein Wohnungswechsel wird kaum möglich sein. Jeder Vermieter kann sich über das bestehende Insolvenzverfahren informieren und wird eine Vermietung daher vermutlich ablehnen. • Der Wechsel zu anderen Anbietern bei Telefon, Gas, Strom und Versicherungen wird ebenfalls schwierig. Auch hier ist der negative SCHUFA-Eintrag ein Hindernis. • Das Insolvenzverfahren ist nicht billig. Es müssen das Gericht und der Treuhänder bezahlt werden.

Aufgaben zu Kapitel 5

zusätzliche Aufgaben zu Kapitel 5

► Webcode WGW_III_5_A-Zusatz

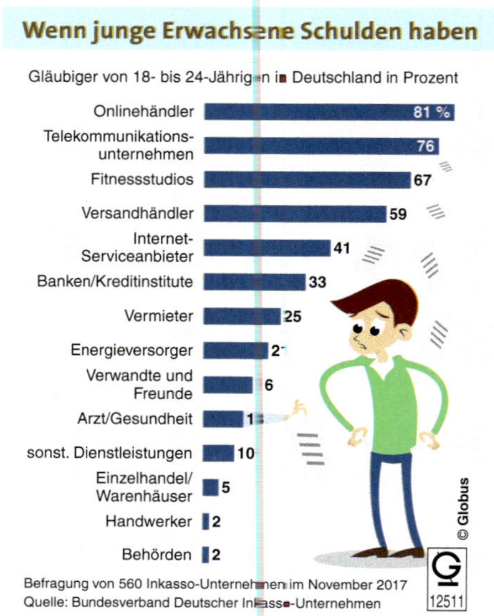

1. Die nebenstehende Grafik zeigt, wo junge Menschen Schulden haben. Überlegen Sie, wie es zu den Schulden kommt und mit welchen Maßnahmen einer Verschuldung vorgebeugt werden kann.

2. Schlagen Sie im Gesetz nach, welche wichtigen Pflichtangaben bei einem Verbraucherkredit zwingend vorgeschrieben sind. Begründen Sie, warum der Gesetzgeber diese Angaben vorschreibt.

3. Bringen Sie die folgenden Begriffe in die richtige Reihenfolge und erläutern Sie sie kurz.
   a Wohlverhaltensphase
   b außergerichtliche Schuldenbereinigung
   c gerichtliche Schuldenbereinigung
   d Eröffnung des Insolvenzverfahrens
   e Restschuldbefreiung

Zusammenfassung: 5 Überschuldung privater Haushalte

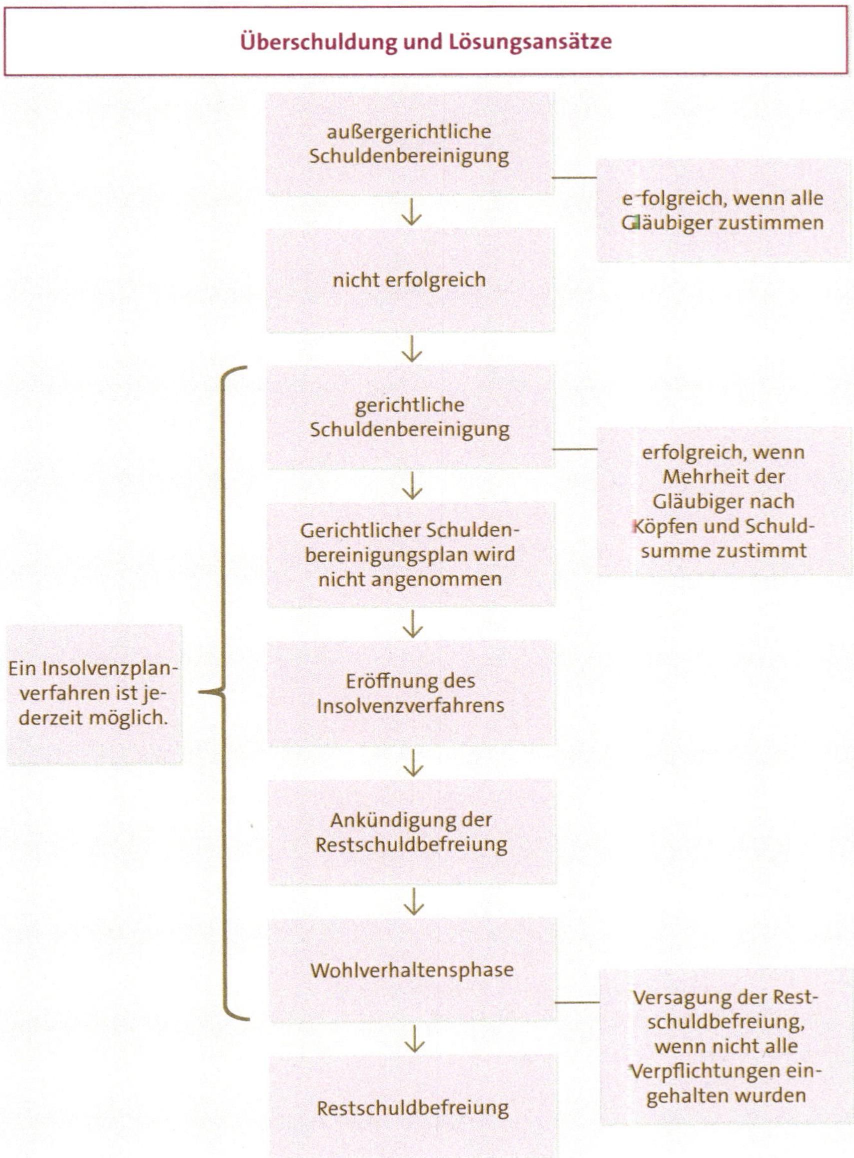

Selbsteinschätzung – III Rechtliche Grundlagen des Handelns privater Haushalte

Nr.	Ich kann …	Noch Probleme? → Erklärungen und Aufgaben im Buch:
1	einen Paragrafen in das Konditionalprogramm bringen.	Kapitel 1.3, Aufgabe 3
2	einzelne Bestandteile einer Willenserklärung erkennen und benennen.	Kapitel 1.5, Aufgabe 4
3	den Zeitpunkt des Zugangs einer Willenserklärung bestimmen.	Kapitel 1.5, Aufgabe 5
4	den Unterschied zwischen Besitz und Eigentum erklären.	Kapitel 1.6, Aufgabe 7
5	die Rechts- und Geschäftsfähigkeit unterscheiden.	Kapitel 2.1, Aufgaben 1 und 2
6	die Besonderheiten des Taschengeldparagrafen auf einen Fall anwenden.	Kapitel 2.1.2, Info-Box *Rechtsgeschäfte mit beschränkt Geschäftsfähigen*
7	erklären, wie einseitige und mehrseitige Rechtsgeschäfte zustande kommen.	Kapitel 2.2, Aufgabe 3
8	die Formvorschriften und jeweils dazugehörige Beispiele wiedergeben.	Kapitel 2.2.4, Aufgaben 5 und 6
9	nichtige Rechtsgeschäfte von anfechtbaren Rechtsgeschäften unterscheiden.	Kapitel 2.2.5, Aufgaben 7 und 8
10	einen Kauf-, Schenkungs- und Darlehensvertrag identifizieren.	Kapitel 3.1 bis 3.3, Aufgaben 3 bis 5
11	die vertragstypischen Pflichten bei einem Verbrauchsgüterkauf unterscheiden.	Kapitel 3.4
12	den Fernabsatzvertrag mit seinen besonderen Rechtsfolgen erklären.	Kapitel 3.5
13	nachvollziehen, ob die AGB Vertragsbestandteil werden oder nicht.	Kapitel 3.6, Aufgaben 6 bis 8
14	Sachmängel einer Kaufsache identifizieren.	Kapitel 4.1.1, Aufgaben 1 bis 3
15	vor- und nachrangige Gewährleistungsrechte von der Herstellergarantie abgrenzen.	Kapitel 4.1.4, Aufgaben 5 und 6
16	den Zeitpunkt bestimmen, zu dem ein Schuldner in Verzug gerät.	Kapitel 4.2.1, Aufgabe 7
17	die vorrangigen und die nachrangigen Rechte beim Lieferungsverzug aufzeigen.	Kapitel 4.2.2, Aufgabe 8
18	erklären, wie ein Käufer in Zahlungsverzug gerät und welche Folgen dies haben kann.	Kapitel 4.2.3, Aufgabe 7
19	das gerichtliche Mahnverfahren aufzeigen und die mögliche Zwangsvollstreckung erklären.	Kapitel 4.3, Aufgabe 9
20	die Ursachen und die Lösungsansätze von Überschuldung darlegen.	Kapitel 5.1 und 5.3, Aufgaben 1 und 3
21	die Besonderheiten des Verbraucherkredits aufzählen und ein Beispiel für einen Verbraucherkredit geben.	Kapitel 5.2, Aufgabe 2

IV

Betriebswirtschaftliche Grundlagen des Handelns privater Unternehmen

1 Betriebliche Leistungserstellung, Produktionsfaktoren und Ziele

Die Driller Werkzeugbau GmbH ist ein mittelständisches Familienunternehmen, das sich seit über 70 Jahren auf den Bau von qualitativ hochwertigen Werkzeugen und Werkstattausstattung für Privat- und Geschäftskunden spezialisiert hat. Die an zwei Produktionsstätten im Esslinger Landkreis hergestellten Produkte zeichnen sich durch eine besonders hochwertige Verarbeitung, beste Materialien und eine hohe Belastbarkeit aus. Der Vertrieb erfolgt ausschließlich über Werkzeuggroßhändler. Service und Wartung der Geräte werden aufgrund des hohen Anspruchs an Qualität und Sicherheit in einer Dienstleistungsgesellschaft der Driller Werkzeugbau GmbH durchgeführt.

Welcher Form der betrieblichen Leistungserstellung sind diese einzelnen Unternehmen zuzuordnen? Welche betriebswirtschaftlichen Produktionsfaktoren werden bei der Leistungserstellung eingesetzt und welche Ziele verfolgen die Inhaber dieser Unternehmen?

1.1 Unternehmen, Betrieb, Firma

Im allgemeinen Sprachgebrauch wird häufig der Begriff *Unternehmen* mit den Begriffen *Betrieb* und *Firma* gleichgesetzt. In der Betriebswirtschaftslehre müssen diese Begriffe aber klar voneinander abgegrenzt werden.

Ein **Unternehmen** ist eine eigenständige, wirtschaftliche und rechtliche Einheit, die einem erwerbswirtschaftlichen Zweck dienen soll.

Mit dem Begriff **Betrieb** hingegen wird eine planvoll organisierte, wirtschaftliche Einheit beschrieben, in der Produktionsgüter oder Dienstleistungen hergestellt und verkauft werden. So kann z. B. die Driller Werkzeugbau GmbH aus mehreren Betriebsstätten, z. B. den einzelnen Produktionsstandorten für Bohrgeräte oder Kettensägen, bestehen, aber ein Betrieb nicht aus mehreren Unternehmen.

Die **Firma**[1] ist dagegen gemäß § 17 HGB der Name, unter dem ein Kaufmann sein Geschäft betreibt und seine Unterschrift abgibt (z. B. Driller Werkzeugbau GmbH).

[1] auch *Handelsfirma* genannt

► IV • 4.1.2

1.2 Formen der betrieblichen Leistungserstellung

Um die gesamtwirtschaftliche und betriebsindividuelle Produktivität und Profitabilität zu erhöhen, spezialisieren sich Unternehmen in der Regel im Rahmen ihrer betrieblichen Leistungserstellung auf die Verrichtung ihrer Tätigkeit in speziellen betrieblichen Sektoren, wie z. B. den Bereichen Industrie, Handel oder Dienstleistung.►

Unternehmenssektoren und Arbeitsteilung

► II • 3.2

1.2.1 Industrie

Industrieunternehmen stellen den größten Teil der materiellen Produkte her, die in einer Volkswirtschaft von Konsumenten und anderen Unternehmen benötigt werden, und erbringen Sachleistungen in den verschiedensten Branchen. Auch wenn sie grundsätzlich dem sekundären Wirtschaftssektor zugordnet werden, sind Industrieunternehmen heute vermehrt entlang der gesamten Wertschöpfungskette► tätig, z. B. bieten sie Finanzdienstleistungen oder Schulungen an, bauen ihre Rohstoffe selbst an und veredeln diese auch selbst. Deshalb kann man sie auch wie folgt klassifizieren:

Wirtschaftssektoren und Wertschöpfungskette

► II • 3.2

Klassifikation von Industrieunternehmen		Beispiel
Grundstoffindustrie	Gewinnung von Rohmaterialien für die Produktionsgüterindustrie	Herstellung von Stahl in der Metallindustrie
Zuliefererindustrie	Verarbeitung der Rohstoffe zu Halbfertigprodukten[2] und Belieferung der Investitions- und Konsumgüterindustrie	Entwicklung von Fahrerassistenzprogrammen für die Automobilindustrie
Investitionsgüterindustrie	Fertigung von Betriebsmitteln, die für die Produktion anderer Güter eingesetzt werden	Produktion von Teigmischgeräten für Großbäckereien
Konsumgüterindustrie	Fertigung von Endprodukten aus Halbfertigteilen der Zuliefererindustrie für private Verbraucher	Herstellung eines Kfz in der Automobilindustrie

[2] Halbfertigprodukt, auch Halbfabrikat: *unfertige Erzeugnisse oder Leistungen, die in weiteren Fertigungsprozessen zu Fertigprodukten verarbeitet werden*

In Abgrenzung zum Handwerk sind Industrieunternehmen dadurch gekennzeichnet, dass sie

- Güter im großen Umfang (Massen- oder Einzelfertigung)
- für einen anonymen Markt
- ohne Produktionsarbeit des Inhabers,
- dafür mit einem hohen Einsatz von innerbetrieblicher Arbeitsteilung und unter Einsatz umfangreicher technischer Betriebsausstattung (viele Maschinen, wenig Handarbeit) produzieren,
- eine zumindest mittlere Betriebsgröße aufweisen (z. B. gemessen an der Anzahl von Mitarbeitern) und
- häufig international tätig sind.

Produktionshalle

1.2.2 Handel

Der Handel verbindet die Gütergewinnung und -herstellung mit dem Endverbraucher. Dem Produzenten (Hersteller) und dem Endverbraucher sind beim sogenannten *indirekten Absatz*[1] der Großhandel und der Einzelhandel zwischengeschaltet. Durch den Handel ist die flächendeckende Verteilung der Güter an den Endverbraucher gewährleistet.

[1] direkter Absatz: *Der Produzent verkauft seine Produkte direkt an den Endverbraucher.*

indirekter Absatz: *Der Handel ist zwischengeschaltet.*

Der **Einzelhändler** kauft Waren beim Industriebetrieb oder Großhändler ein und verkauft sie an den Endverbraucher weiter. Er sorgt damit für eine relative Markttransparenz für den Verbraucher. Der **Großhändler** vertreibt Waren in der Regel nicht direkt an den Konsumenten, sondern verkauft sie an gewerbliche Abnehmer (z. B. Einzelhändler, Krankenhäuser).

Handelsunternehmen übernehmen folgende Funktionen:

Funktion	Erläuterung
Raumüberbrückung	Die Ware wird von einem zum anderen Ort gebracht.
Zeitüberbrückung	Überbrückung der Zeit zwischen Ein- und Verkauf durch Lagerung
Mengenausgleich	Einkauf von Ware in großen Mengen (Chargen), Umverpackung in kleinere Verkaufseinheiten
Markterschließung	Erforschung neuer Märkte und Information über neue Produkte
Sortimentsbildung	Zusammenfassung von Waren zu Sortimenten[2], um so dem Kunden einen besseren Überblick zu verschaffen
Service	Angebot von Beratung und Gewährleistung
Veredelung	Ware erhält einen bestimmten Reifegrad bzw. Wert

[2] Sortiment: *Auswahl der auf dem Absatzmarkt angebotenen Güter*

1.2.3 Dienstleistung

Dienstleistungsunternehmen wie Banken, Energieversorger oder die Hotellerie produzieren und handeln keine materiellen Waren. Ihre Aufgabe ist es, immaterielle Güter (z. B. Informationen) zu vertreiben oder Leistungen zu erbringen.

- Friseure erbringen Dienstleistungen in Form von Haarschnitten oder Kosmetikberatung.
- Wartungsfirmen sorgen für die Instandhaltung von Maschinen.
- Versicherungen beraten ihre Kunden und übernehmen Risiken.

Dienstleistungsunternehmen am Beispiel einer Bank

Um das Funktionieren einer arbeitsteiligen Wirtschaft zu gewährleisten, bedarf es unter anderem Geld als einheitliches **Tauschmittel, Recheneinheit** und **Wertaufbewahrungsmittel** ►. Hiermit wird eine schnelle und zügige Abwicklung von Geschäften ermöglicht.

Funktionen des Geldes ► I • 6.1

Um die ständige Versorgung des Marktes mit Geld sicherzustellen, kommt den Finanzdienstleistungsinstituten u. a. die Aufgabe zu, eine Vermittlerposition zwischen Unternehmen und privaten Haushalten einzunehmen. Sie sollen den am Markt vorhandenen Kapitalbedarf von Unternehmen oder Privatpersonen durch Kreditvergabe decken. Gleichzeitig sichern sie durch die Hereinnahme von Kundengeldern als Einlage die Liquidität ihres Instituts.

Selbstverständlich erbringen die Banken auch weitere Dienstleistungen, z. B. durch das Angebot von Zahlungsverkehrsleistungen[1], die Emission[2] von Wertpapieren an Börsen, den Verkauf und die Verwaltung von Wertpapieren und die Durchführung von Devisengeschäften[3].

[1] Zahlungsverkehrsleistungen: *Zahlungsvorgänge zwischen Kunden und Banken (z. B. Überweisungen)*

[2] Emission: *Ausgabe*

[3] Devisen: *Zahlungsmittel in fremder Währung*

Banken im Kreislauf der Wirtschaft

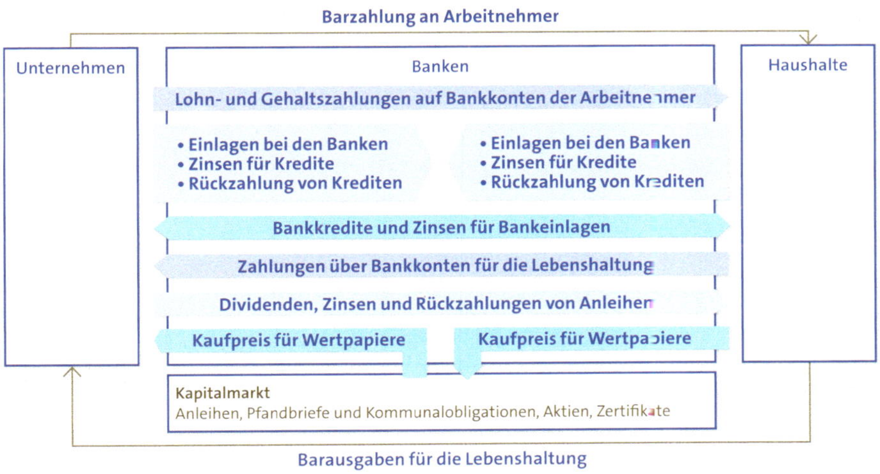

Quelle: Gogoll/Siller: Im Kreislauf der Wirtschaft, Köln 2010, Bank-Verlag, Seite 160

1.3 Betriebswirtschaftliche Produktionsfaktoren[1]

Die Erstellung der betrieblichen Leistung erfolgt im sogenannten *Transformationsprozess*. Hierzu werden die betriebswirtschaftlichen Produktionsfaktoren (Elementarfaktoren) ausführende Arbeit, Betriebsmittel und Werkstoffe zunächst auf den Beschaffungsmärkten erworben, um dann im Rahmen des betrieblichen Leistungsprozesses kombiniert und als neues Produkt oder Dienstleistung auf den Absatzmärkten verkauft zu werden. Die Kombination der Faktoren ist das Resultat der leitenden, planenden und organisierenden Tätigkeit der Betriebsführung, des sogenannten *dispositiven Faktors*[2].

[1] Achtung: nicht zu verwechseln mit den volkswirtschaftlichen Produktionsfaktoren Boden, Arbeit, Sachkapital

► I • 2.3.1

[2] auch *dispositive Arbeit* genannt

Transformationsprozess der betrieblichen Leistungserstellung

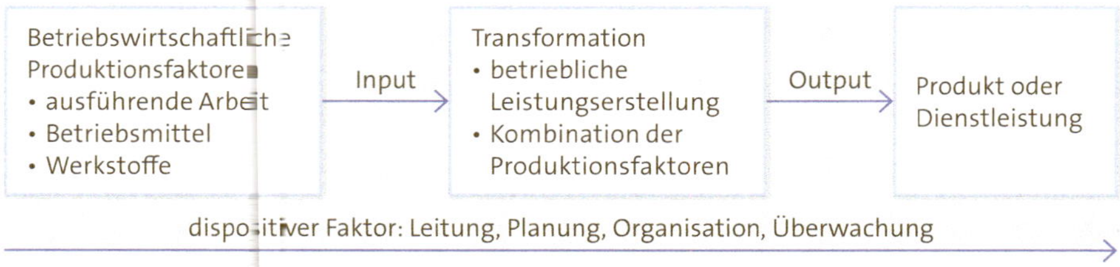

Dispositiver Faktor

Unter dem dispositiven Faktor wird die leitende Tätigkeit zur Gestaltung des Betriebsprozesses verstanden.

Der dispositive Faktor legt im Zielsetzungsprozess► die strategische, d. h. langfristige Ausrichtung des Unternehmens zur Erreichung des Oberziels der Gewinnmaximierung fest. Es folgt die Planung der betrieblichen Einzelheiten zur Umsetzung der gesteckten Ziele. Hierzu gehören z. B. die Festsetzung eines Beschaffungs-, Finanz-, Produktions- und Absatzplans, die Organisation und Realisierung der betrieblichen Abläufe und die Überwachung und Kontrolle der gesteckten Ziele und betrieblichen Ablaufprozesse. Diese Zusammenhänge werden häufig im sogenannten *Management-Regelkreis* zusammengefasst.

betriebliche Ziele und Zielbeziehungen
► IV • 1.4

Management-Regelkreis

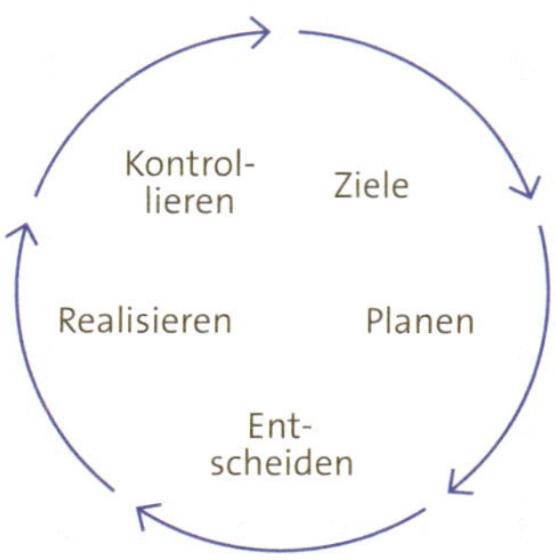

In der Praxis wird der dispositive Faktor weiter untergliedert in:

- **originäre Bereiche der Leitung des Unternehmens**
  Sie werden in der Regel durch den Eigentümer, z. B. beim Einzelunternehmen, oder auch einen eingesetzten Geschäftsführer, z. B. bei der GmbH, umgesetzt.
- **derivative Bereiche Planung, Organisation und Kontrolle**
  Sie werden vom Eigentümer häufig an spezialisierte Führungskräfte delegiert.

Ausführende Arbeit

Unter **ausführender Arbeit** wird der Einsatz aller Arbeitnehmer verstanden, die ihre physische und psychische Leistungsfähigkeit auf das Erreichen der gesetzten Unternehmensziele ausrichten.

Der Erfolg dieses Einsatzes hängt dabei maßgeblich von einer guten Personalauswahl▸ und Umsetzung guter Arbeitsbedingungen ab.

Personalbeschaffung und - auswahl
▸ IV • 3.2 und 3.3

Betriebsmittel

Unter dem Begriff **Betriebsmittel** werden betriebswirtschaftliche Produktionsfaktoren klassifiziert, die langfristig dem betrieblichen Leistungsprozess dienen.

Hierzu gehören Maschinen und technische Anlagen, Grundstücke und Gebäude, die IT-Infrastruktur sowie die Büroausstattung und jegliche Arten von Transportmittel.

Werkstoffe

Werkstoffe fließen im Zug der Leistungserstellung in die Produktion ein und werden zu Bestandteilen des Erzeugnisses.

Hierzu gehören **Rohstoffe,** die die Hauptbestandteile eines Fertigprodukts darstellen. Darüber hinaus gibt es **Hilfsstoffe,** wie z. B. Farben und Lacke in der Automobilproduktion, die aufgrund ihres wert- oder mengenmäßigen Anteils am Produkt eine untergeordnete Rolle spielen, aber dennoch Bestandteil des Produkts sind. Als **Betriebsstoffe** werden Werkstoffe wie Schmiermittel, Treibstoffe oder Reinigungsmittel bezeichnet, die nur mittelbar der Produktion dienen, aber nicht in das Produkt eingehen▸.

Differenzierung von Werkstoffen
▸ V • 6.1

1.4 Betriebliche Ziele und Zielbeziehungen

1.4.1 Zielsystem der Unternehmen

Unternehmensziele sind die Grundlage für das gesamte unternehmerische Handeln und werden zur Visualisierung der Unternehmensphilosophie in Unternehmensleitbildern und zum Zweck der Unternehmenssteuerung in Zielvereinbarungen mit Mitarbeitern festgehalten. Sie bestimmen die langfristige Marschrichtung eines Unternehmens. Die vom dispositiven Faktor der Betriebsleitung formulierte strategische Ausrichtung eines Unternehmens wird in einer sogenannten *Zielfunktion* zusammengefasst, die alle Hauptziele und die ihnen untergeordneten Teilziele in einem Zielsystem bündelt.

Dieses Zielsystem beinhaltet **ökonomische, ökologische, soziale** und **ethische** Zieldimensionen.
Darüber hinaus können Ziele auch unterschieden werden in

- **quantitative Ziele**
  d. h. objektiv in Kennzahlen messbare Werte, z. B. Gewinnerzielung oder Umsatzsteigerung
- **qualitative Ziele**
  nicht eindeutig messbare Ziele, die daher erst operationalisiert[1] werden müssen, z. B. Steigerung des Bekanntheitsgrads

[1] operationalisieren: *messbar machen*

Ökonomische Ziele

Unternehmen produzieren Güter und Dienstleistungen, um damit die durch menschliche Bedürfnisse generierte[2] Nachfrage zu decken. In einem rein marktwirtschaftlich ausgerichteten Unternehmen dient die Versorgung des Marktes dazu, das Hauptziel der **langfristigen Gewinnmaximierung** zu erreichen[3].

Die Erzielung einer hohen **Eigenkapitalrentabilität**[4] zielt darauf ab, die langfristige Finanzierungsbasis des Unternehmens zu sichern. Sie wird in Kombination mit der Wertentwicklung des Gesamtunternehmens als wesentliche Größe für die Attraktivität eines Unternehmens für Investoren bzw. Anteilseigner (Shareholder) betrachtet. Darüber hinaus müssen selbstverständlich auch weitere ökonomische Ziele wie Umsatzsteigerungen und die Produktivität und Wirtschaftlichkeit der Unternehmensführung in Betracht gezogen werden.

[2] generieren: *erzeugen, erschaffen*

[3] auch *erwerbswirtschaftliches Prinzip* genannt

[4] Eigenkapitalrentabilität: *Verzinsung des eingesetzten Kapitals*
Berechnung:
$\frac{\text{Gewinn}}{\text{Eigenkapital}} \cdot 100$

i

Non-Profit-Betriebe

Von den rein marktwirtschaftlich ausgerichteten Betrieben sind die sogenannten *Non-Profit-Betriebe* abzugrenzen. Es handelt sich dabei um nichtstaatliche, formell strukturierte Organisationen und Unternehmen, die nicht dem erwerbswirtschaftlichen Prinzip und damit nicht dem Oberziel der Gewinnmaximierung folgen. Ihre Finanzierung erfolgt mehrheitlich über Beiträge und Zuwendungen, nicht über den Vertrieb von Gütern und Dienstleistungen. Darüber hinaus erfolgt keine Gewinnausschüttung an Mitglieder bzw. Eigentümer.

Ihr Aufgabenspektrum umfasst Aktivitäten von öffentlichem Interesse:
- Angebot von Dienstleistungen und Gütern, die mangels eines Marktangebots häufig stellvertretend für den Staat angeboten werden, z. B. Integrationsbetriebe zur Eingliederung von Behinderten
- Entwicklung innovativer Güter und Dienstleistungen, z. B. Forschung und Beratung im Umweltsektor
- Überwachung der Einhaltung von Werten, z. B. als politischer Akteur
- Vertretung der Interessen Benachteiligter, z. B. in anwaltlicher Funktion, wie Vertreter von Sozialverbänden

Ökologische, soziale und ethische Ziele

Neben den rein ökonomischen Zielen rückten in den letzten Jahren die ökologischen, sozialen und ethischen Ziele verstärkt in den Fokus von Unternehmensleitungen. Durch die Aufnahme dieser Zieldimensionen in die Zielsysteme der Unternehmen gewinnt die Konzentration auf alle Anspruchsgruppen (Stakeholder), die von den Aktivitäten des Unternehmens direkt oder indirekt betroffen sind, eine größere Aufmerksamkeit.

Dabei werden zum einen die **ökologischen** Auswirkungen der unternehmerischen Tätigkeit wie z. B. die Reduktion umweltschädlicher Emissionen, der Verzicht auf schädliche Stoffe oder der Einsatz nachhaltiger Materialien im gesamten Produktionsprozess berücksichtigt.

Zum anderen müssen aber auch die **sozialen Ziele,** wie die langfristige Schaffung und Sicherung von Arbeitsplätzen, die Gestaltung eines sicheren Arbeitsplatzes oder die Vereinbarkeit von Familie und Beruf, ins Zentrum der Zielformulierungen rücken.

Darüber hinaus gehört auch die Selbstbindung der Unternehmensakteure an moralische Werte und Regeln und damit die Festlegung **ethischer** Ziele zum wichtigen Bestandteil eines auf nachhaltigen Erfolg ausgerichteten Unternehmens. So achten z. B. Banken im Zuge der Kapitalanlage verstärkt auf den Ausschluss der Investition in (geächtete) Waffenproduktionsanlagen oder Länder, in denen nachweislich Menschenrechtsverletzungen offenbart wurden. Industrieunternehmen konzentrieren sich auf die Transparenz entlang ihrer Wertschöpfungskette und wählen ihre Geschäftspartner verstärkt nach den Kriterien guter Unternehmensführung (z. B. Verzicht auf Kinderarbeit, Einhaltung von Compliance[1]-Richtlinien usw.) aus.

[1] Compliance: *Einhaltung von Gesetzen und regulatorischen Standards*

1.4.2 Zielbeziehungen

Die vier genannten Zieldimensionen können in unterschiedlicher Beziehung zueinander stehen. Sollen im Rahmen der Zielvereinbarungen mehrere Ziele gesetzt werden, müssen sie mit einer Priorität versehen oder gewichtet werden.

Zielbeziehung	Beschreibung	Beispiel
Zielharmonie	Die Verfolgung eines Ziels fördert die Erfüllung eines anderen Ziels.	Die Erhöhung der Verkaufsprämie für Handelsvertreter führt zur Steigerung der Umsatzzahlen.
Zielneutralität/ Zielindifferenz	Die Erfüllung einer Zielsetzung hat keinen Einfluss auf die Erfüllung einer anderen Zielsetzung.	Die Einführung des Angebots von Kinderbetreuung führt nicht zur Verringerung des Rohstoffverbrauchs in der Produktion.
Zielkonflikt	Die Erfüllung eines Ziels verhindert die Zielerreichung des anderen Ziels.	Das Angebot eines breiten Warensortiments führt zur Erhöhung der Lager- und Produktionskosten.

1.5 Betriebe in der digitalen Transformation

1.5.1 Internet der Dinge

Viele Unternehmen stehen im 21. Jahrhundert vor der Herausforderung, die digitale Transformation[1] umzusetzen.

[1] Transformation: *Wandel, Umformung*

Die digitale Transformation beschreibt den Prozess der stetigen Weiterentwicklung digitaler Technologien und die Ablösung von analogen Abläufen durch digitale Prozesse, die unsere Wirtschaft und Gesellschaft nachhaltig prägen und verändern.

Im Rahmen der digitalen Transformation werden Problemstellungen identifiziert, die mithilfe moderner Technologien gelöst werden. Dies führt im unternehmerischen Umfeld zu Veränderungen im Bereich der Leistungserstellung, des Leistungsangebots und der Kundeninteraktion.

Das Internet der Dinge (IoT[2]) bezeichnet die zunehmende Vernetzung von Maschinen, Gütern und jeglichen Alltagsgegenständen mithilfe des Internets und von Sensoren. Die Sensoren werden u. a. mittels RFID-Etiketten[3] auf Gütern angebracht und ermöglichen die automatische Identifizierung von Objekten und deren Verbindung mit dem Internet. Produkte können so z. B. in der Fertigung mit ihrer Produktionslinie selbstständig Informationen austauschen und Aktionen auslösen. Hierzu werden direkt vom physischen Produkt Informationen über den Zustand, den Standort, den Prozessfortschritt oder das Nutzungsverhalten ausgelesen und im Netzwerk bereitgestellt. Es kommt zu einer Verschmelzung der physischen und digitalen Welt.

[2] IoT: *Internet of Things*

[3] RFID: *Radio Frequency Identification*

Anwendung digitaler Prozesse bei HUGO BOSS

Digitalisierung entlang der Wertschöpfungskette

Produkt- und Kollektionsentwicklung	Beschaffung und Produktion	Distribution und Logistik	Marketing	Vertrieb
Digitale Trenderkennung	„Smart Factory" in Izmir (Türkei)	Hoher Automatisierungsgrad	Starker Fokus auf Onlinemarketing	Omnichannel-Services im eigenen Einzelhandel
Einsatz digitaler Prototypen	Digitale Vernetzung mit Zulieferern	Digitale Systeme zur Warenbedarfsplanung	Einsatz von „Advanced Analytics"	Digitaler Showroom im Großhandelsgeschäft
Digitale Stoff- und Zutatendatenbank				

Quelle: HUGO BOSS Geschäftsbericht 2018, https://geschaeftsbericht-2018.hugoboss.com/lagebericht/konzernprofil/konzernstrategie/digitale-transformation.html, 7. Juni 2020

Werden in diesem System Güter, Prozesse, Menschen und Daten miteinander verknüpft, spricht man vom Internet of Everything (IoE) bzw. im Rahmen des Wertschöpfungsprozesses von Industrie 4.0.

Industrie 4.0 bezeichnet die digitale Vernetzung aller Menschen, Maschinen und Produkte, die an einem Wertschöpfungsprozess beteiligt sind.

In Smart Factories[1] können mithilfe dieses Ansatzes alle Prozesse, von der Zulieferung bis zur Auslieferung an den Endkunden, optimiert und individualisiert werden. Durch die hierdurch erreichte Flexibilisierung kann z. B. in der Automobilindustrie ein für den Kunden im Hinblick auf Farbe und Sonderausstattung individualisiertes Fahrzeug zu den Kosten der Massenfertigung erstellt werden.

[1] Smart Factory: *intelligente Fabrik*

Zusätzlich zu den Kosteneffekten und der flexibleren, auf Kundenwünsche angepassten Produktion kommt es zu kürzeren Produkteinführungszeiten[2] (time-to-market), die die Erreichung der ökonomischen Ziele des Unternehmens erleichtern. Soziale und ökonomische Ziele können durch die Neugestaltung von ergonomischen Arbeitsplätzen durch Mensch-Roboter-Kooperation, d. h. durch die Zusammenarbeit von Mensch und Roboter im Fertigungsprozess, oder eine optimierte und damit ressourcenschonendere Materialbereitstellung erzielt werden.

[2] Produkteinführungszeit: *Dauer von der Produktentwicklung bis zur Platzierung des Produkts am Markt*

Die zunehmende Digitalisierung und Automatisierung bergen darüber hinaus negative Konsequenzen für Arbeitnehmer, da sie ggf. langfristig durch Maschinen ersetzt werden. Auch die mit der fortschreitenden Digitalisierung verbundene permanente Weitergabe von Daten birgt Datenschutzrisiken und die Gefahr von Missbrauch. Unternehmen und Verbraucher müssen sich der Sicherheitsrisiken bewusst werden, die durch die wachsende Zahl der mit dem Internet verbundenen Dinge entsteht.

1.5.2 Big Data

Die intensive Vernetzung von Produktions- und Wirtschaftsprozessen, aber auch die rasant ansteigende Nutzung von Assistenzgeräten, wie z. B. Smartphones, Navigationsgeräte, intelligente Agenten, soziale Medien oder Kredit- und Kundenkarten, führt zu einer großen Menge an Nutzerdaten (Big Data), die von Unternehmen gespeichert und analysiert werden können.

Diese Daten werden automatisch auf Muster und Zusammenhänge im Nutzerverhalten untersucht und anschließend zur Optimierung und Automatisierung der Produktion bzw. des Vertriebs genutzt. Zum Beispiel verwenden Produktionsmaschinen ihre eigenen Daten, um sich selbst zu optimieren und Fehlerquellen frühzeitig abzustellen. Weiterhin können aus den Daten Informationen über das Verhalten und die Vorlieben der Kunden generiert werden, um so Produkte, Dienstleistungen und Werbung gezielt auf Kunden zuzuschneiden.

Cross-Selling-Angebote

Eine weitverbreitete Anwendung findet diese Technik im Bereich von Onlineportalen, auf denen die Kunden mittels computergenerierter Empfehlungen („andere Kunden kauften auch …") beim Einkauf unterstützt werden.

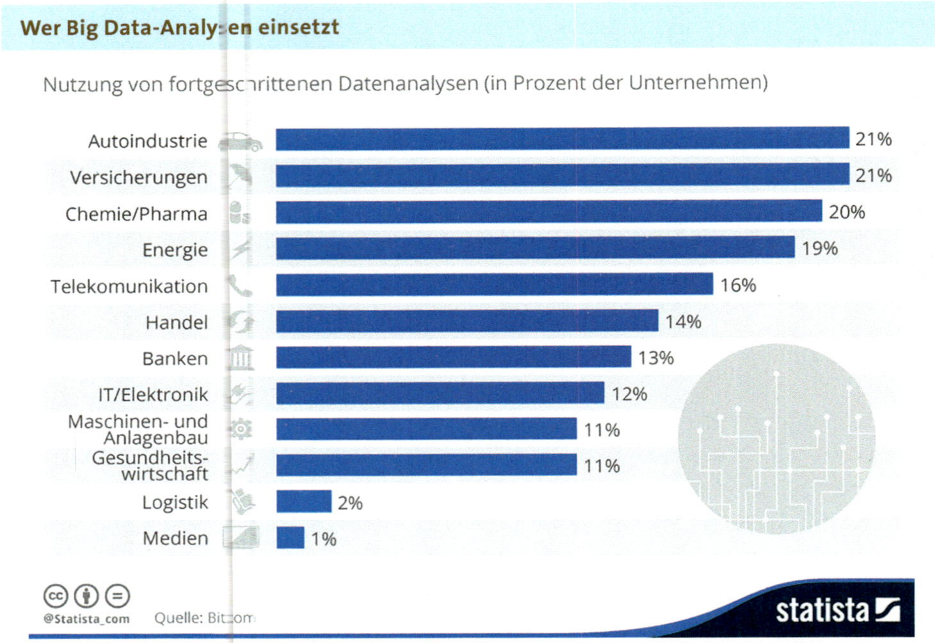

Auf Basis von Konsumprognosen können Änderungen im Nachfrageverhalten von Endkunden frühzeitig vorausgesagt werden. Unternehmen können zeitnah Bestellmengen anpassen und zukünftige Trends im Produktportfolio berücksichtigen sowie den Erfolg von Markteinführungen optimieren.

Die zugrundeliegende massenhafte Erfassung, Speicherung und Auswertung von Daten verursachen jedoch Probleme im Bereich des Datenschutzes, der Datensicherheit und der Wahrung der Persönlichkeitsrechte. Häufig werden Konsumenten nicht oder nur unzureichend über die Speicherung und Verarbeitung ihrer Daten aufgeklärt. Auch die fehlerhafte Interpretation von Daten oder die manipulative Verwendung kann zur Verletzung von Verbraucherrechten führen.

FALLSTUDIE Einkauf 4.0

Ich betrete den Supermarkt und verbinde mein Smartphone mit dem Einkaufswagen. Meine Einkaufsliste, die ich im Lauf des Tages auf meinem Smartphone erstellt habe, blendet sich sofort ein. Sobald ich ein Gut in den Warenkorb lege, wird es vom Wagen gescannt. Der Einkaufswagen zeigt auf einem Bildschirm an, welche Produkte von der Einkaufsliste bereits im Warenkorb liegen und wie viel der bisherige Einkauf kostet.

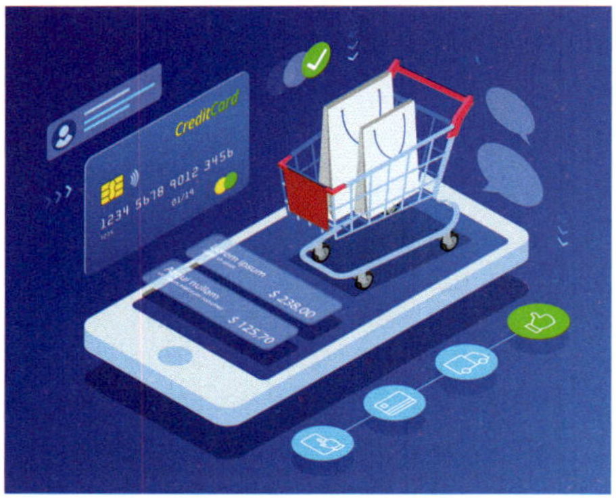

Derselbe Einkaufswagen leitet mich, passend zu meiner Einkaufsliste, auf dem besten Weg durch den Supermarkt. Auf einem zweiten Bildschirm werden mir Angebote, Rezeptvorschläge und aktuelle Kundeninformationen eingeblendet. Auch günstige Alternativprodukte und deren Inhaltsstoffe werden angezeigt. Meine Laufroute durch den Laden wird mittels Sensoren erfasst. Je öfter ich das Geschäft besuche, desto seltener muss ich Waren abseits meiner gewohnten Laufstrecke suchen.

Seit Längerem habe ich es außerdem nicht mehr erlebt, dass ich ein gewünschtes Produkt nicht erhalten habe. Die Bestände sind optimal an meine Bedürfnisse angepasst und meine App hat mich heute dankenswerterweise auch daran erinnert, dass das Lieblingsmüsli meiner Kinder in zwei Tagen zu Neige geht. Glück gehabt, die App hat mir gerade ein größeres Frühstücksdesaster erspart.

An der Kasse spare ich mir das lästige Ein- und Ausladen, meine Waren bleiben in den Einkaufstüten, in die ich sie bereits am Regal gepackt habe. Kaum schiebe ich meinen Wagen durch die Kassenschranke, meldet sich mein Smartphone wieder. Eine nach Warengruppen geordnete Liste zeigt mir den Gesamtbetrag meines Einkaufs an und ich bestätige den Einkauf mit meinem Fingerabdruck, die weiteren Bezahlmodalitäten werden automatisch über das Smartphone abgewickelt. Eine Kopie des Einkaufsbelegs geht mir in derselben Sekunde per Mail zu. Dank der in der Mail gespeicherten Ablaufdaten kann ich die Lebensmittel später gleich in der richtigen Reihenfolge im Kühlschrank einlagern. So vermeide ich, dass Lebensmittel ablaufen und ungenießbar werden. Sollte ich dennoch etwas übersehen, wird mich die Einkaufbegleiter-App daran erinnern. In der App befindet sich zudem bereits ein Bestellvorschlag für den Einkauf am kommenden Mittwoch. Ein Klick und ich kann sie als Einkaufsliste übernehmen. Natürlich habe ich bereits jetzt alle Informationen über die anstehenden Angebote der nächsten Woche erhalten. Ohne diese Info hätte ich womöglich zu viel Geld beim Einkaufen ausgegeben.

Auch heute konnte ich den Einkauf gewohnt zügig abwickeln. Dank des Hinweises meines Smartphones, das mich über hochfrequentierte Einkaufszeiten des Supermarkts und verstopfte Straßen ständig auf dem Laufenden hält, habe ich auch heute eine stressige Anfahrt, unnötige Wartezeiten und den Kampf um einen Parkplatz vermieden. Ich freue mich auf die gewonnene Freizeit und die Möglichkeit, über den Rest des verbleibenden Abends frei zu verfügen.

ARBEITSAUFTRÄGE

1. Welche Vorteile bieten der digitale Einkaufswagen und seine Vernetzung den Konsumenten?
2. Welche Vorteile und Möglichkeiten ergeben sich für Unternehmen aus der beschriebenen technischen Entwicklung?
3. Welche Gefahren sehen Sie in der oben beschriebenen Entwicklung?

zusätzliche Aufgaben zu Kapitel 1

▶ Webcode WGW_IV_1_A-Zusatz

Aufgaben zu Kapitel 1

1. Erläutern Sie die Begriffe *Unternehmen, Betrieb* und *Firma* am Beispiel der Driller Werkzeugbau GmbH und erklären Sie, welcher Form der Leistungserstellung die Driller Werkzeugbau GmbH, ihre Tochterfirmen und Geschäftspartner zuzuordnen sind.
2. Erläutern Sie, welcher Untergruppe von Industriebetrieben die Driller Werkzeugbau GmbH zuzuordnen ist.
3. Ordnen Sie die folgenden Beispiele den betriebswirtschaftlichen Produktionsfaktoren zu: Hammer, Hochregal, Strom, Produktionsmitarbeiter Ole Wirt, Betriebsgrundstück Gewann Eichholz, Dieselöl, Stahlblech, 200 m Gummiisolierung, Schmiermittel, Sachbearbeiterin Ida Stark, Werkleiter Tom Elm, 500 l Alkydharzlack.
4. Wodurch unterscheiden sich die Faktoren der ausführenden und distributiven Arbeit?
5. Erläutern Sie jeweils eine konfliktäre, eine harmonische und eine neutrale Zielbeziehung am Beispiel der Driller Werkzeugbau GmbH.
6. Erläutern Sie, welche Zielbeziehung zwischen den folgenden Zielen besteht und welcher Zieldimension die einzelnen Ziele zuzuordnen sind.
   a Kosteneinsparung beim Rohstoffeinkauf – Erhöhung des Gewinns
   b Einführung eines Systems der betrieblichen Altersvorsorge – Fluktuationsrate senken
   c Erhöhung des Marktanteils – Ausgabestopp im Bereich Marketing
   d Eröffnung einer Betriebskantine – Reduktion der Abgasemissionen in der Produktion
   e Unterzeichnung von Anti-Korruptionsverträgen mit allen Zulieferern – Verbesserung des Firmenimages
7. Ein Onlineshop fragt bei der Anlage eines Kundenkontos folgende Informationen ab: Name, E-Mail-Adresse, Wohnort, Geburtsdatum, Telefonnummer, abweichende Lieferadresse, abweichende Rechnungsadresse, präferierte Zahlungsmethode, bevorzugte Lieferzeit, den abweichenden Ablageort und die bevorzugte Spracheinstellung.
   7.1 Welche Maßnahmen lassen sich aus der Analyse aller Nutzer- und Verhaltensdaten für das Unternehmen ableiten? Erstellen Sie eine Übersicht, in der Sie den möglichen Nutzen für Unternehmen unterschiedlicher Branchen darstellen.
   7.2 Welche weiteren Daten können Unternehmen während des Aufenthalts des Kunden auf der Webpage sammeln und für unternehmerische Zwecke nutzen?
   7.3 Welche Vor- und Nachteile ergeben sich daraus für den Konsumenten?
8. 1959 gab ein großes Stuttgarter Kaufhaus die erste Kundenkarte mit Zahlungsfunktion aus. Seitdem ist der Verbreitung von mittlerweile auch branchenübergreifenden Kundenkarten stark angestiegen.
   8.1 Recherchieren Sie online zu einer Kundenkarte ihrer Wahl, z. B. Payback oder Deutschlandcard, welche Daten über den Kunden direkt oder indirekt gesammelt werden.
   8.2 Welche Vorteile versprechen sich Unternehmen durch den Einsatz von Kundenkarten?
   8.3 Von welchen Vorteilen profitieren die Nutzer einer Kundenkarte?
   8.4 Welche Gründe sprechen dafür, als Konsument auf die Nutzung einer Kundenkarte zu verzichten?

Zusammenfassung:
1 Betriebliche Leistungserstellung, Produktionsfaktoren und Ziele

Begriffsabgrenzung

- **Unternehmen** rechtliche und wirtschaftliche Einheit
- **Betrieb** örtliche Produktionsstätte
- **Firma** Name des Unternehmens

Formen der Leistungserstellung

- **Industrie**
- **Handel**
- **Dienstleistung**

Während Industrie und Handel **materielle Güter** produzieren bzw. verteilen, vertreibt der Dienstleistungssektor **immaterielle Güter und Leistungen.**

System der betriebswirtschaftlichen Produktionsfaktoren

dispositiver Faktor — Leitung, Planung, Organisation, Überwachung

↓ kombiniert die

betriebswirtschaftlichen Produktionsfaktoren — ausführende Arbeit, Werkstoffe, Betriebsmittel

↓

Produkt oder Dienstleistung

Zielsystem der Unternehmen

Ökologische Ziele beinhalten Vorgaben, die auf Ressourcenschonung oder Umweltschonung abzielen.

Ethische Ziele betreffen die Einhaltung moralischer Standards und Gesetze.

Soziale Ziele betreffen das Wohlergehen der von der unternehmerischen Tätigkeit betroffenen Personen.

Ökonomische Ziele sollen den Erfolg eines Unternehmens sicherstellen.

Die **digitale Transformation** beschreibt den Prozess der stetigen Weiterentwicklung digitaler Technologien und die Ablösung von analogen Abläufen durch digitale Prozesse, die unsere Wirtschaft und Gesellschaft nachhaltig prägen und verändern.

2 Betriebliche Organisation und Prozessmanagement

Beim Seminar „Erfolg durch Organisation“ trifft der Geschäftsführer der Driller Werkzeugbau GmbH die Geschäftsführerin der Stamm KG. Frau Brügner leitet das erfolgreiche deutsche Fruchtsaftunternehmen in dritter Generation. Sie ist als Verantwortliche für den führenden Fruchtsafthersteller in Europa immer an der Optimierung der unternehmensinternen Organisation interessiert und gerade dabei, ihr Haus auf eine konsequente Geschäftsprozessorientierung einzustellen.

Welche Möglichkeiten gibt es, um Unternehmen und ihre Betriebsabläufe zu strukturieren? Wie können Unternehmen durch betriebliche Organisation ihren Erfolg optimieren, Herausforderungen meistern und Risiken minimieren?

2.1 Betriebliche Organisation

2.1.1 Organisationsstrukturen

Die Führung eines Unternehmens sieht sich tagtäglich vielfältigen Aufgaben und Herausforderungen gegenüber. Die zielgerichtete Ausrichtung des Unternehmens auf die fixierten Unternehmensziele setzt neben einer wirtschaftlichen Planung, Steuerung und Kontrolle auch die richtige Markt- und Wettbewerbsausrichtung, Flexibilität und

Innovationsfähigkeit, effiziente Leistungsprozesse sowie die optimale Ausnutzung persönlicher, finanzieller und natürlicher Ressourcen voraus.

Um permanente Improvisation[1] im Zuge der Entscheidungsfindung und damit einhergehende Effizienzverluste im Unternehmen zu vermeiden, bedarf es eines Ordnungsrahmens, der den Mitarbeitern als Leitlinie dient und gleichzeitig dem spezifischen Zweck (Hauptaufgabe, z. B. Werkzeugproduktion) des Unternehmens genügend Handlungs- und Entwicklungsspielraum bietet. Diesen Ordnungsrahmen nennt man Organisation. Sie regelt die ordnungsgemäße Abwicklung sich regelmäßig wiederholender, gleichartiger Tätigkeiten oder Teilverrichtungen in einem Unternehmen.

[1] Improvisation: *ohne Vorbereitung, aus dem Stegreif*

Organisation
- **bedeutet die Einführung einer Anzahl von grundsätzlich und dauerhaft geltenden Standards;**
- **gibt dem Unternehmen eine Struktur und Regelbasis, die zeitlich befristete Regelungen oder Einzelfallentscheidungen regelmäßig wiederkehrender oder gleichartiger Tätigkeiten ersetzt.**

Eine Möglichkeit zur Schaffung einer Struktur des Unternehmens bietet die Einteilung in die Formen der **Aufbau- und Ablauforganisation:**

Aufbauorganisation
- Definition der statischen Strukturen eines Unternehmens
- Erstellung eines hierarchischen Grundgerüsts des Unternehmens
- Regelung der Abteilungs- und Stellengliederung[2] durch:
  - Analyse von Aufgaben und Zerlegung in Teilaufgaben
  - Aufgabensynthese: Zusammenfassung der Aufgaben zu Einheiten oder Abteilungen

Ablauforganisation
- Definition und Optimierung dynamischer **Arbeitsprozesse** innerhalb der Struktur
- Regelung von Beziehungen und Koordination von Arbeitsschritten
- Arbeitsgänge werden strukturiert nach
  - Arbeitsinhalten
  - räumlicher Anordnung,
  - zeitlicher Anordnung und der
  - Zuordnung der Arbeit (Einzelperson oder Gruppe).

[2] Stelle: *kleinste organisatorische Einheit im Betrieb; Aufgabenbereich einer Person*

Abteilung: *Zusammenfassung von Stellen eines gemeinsamen Aufgabenbereichs*

Beide Organisationsformen sind nicht isoliert zu betrachten, sondern sollten synchron durchgeführt werden. Um prozessorientierte Abläufe einzuführen, müssen zunächst die Zuständigkeiten im Rahmen der Aufbauorganisation definiert werden.

2.1.2 Funktionsbereiche der Unternehmen

Um während des Transformationsprozesses insbesondere die ökonomischen Ziele eines Unternehmens zu erreichen, wird in vielen Unternehmen eine **innerbetriebliche Arbeitsteilung** ► durchgeführt. Dabei erfolgt die Aufteilung der Tätigkeiten nach Verrichtungen zunächst in die **primären Funktionsbereiche** (Hauptaufgaben) eines Unternehmens wie Beschaffung, Produktion (Leistungserstellung) und Absatz. Darüber hinaus wird im Unternehmen auch eine Aufteilung der **sekundären** Aktivitäten, wie z. B. Rechnungswesen, Personal, Investition und Finanzierung oder Controlling, vorgenommen.

innerbetriebliche Arbeitsteilung
► I • 4.2.3

Primäre Funktionsbereiche und ihre Aufgaben	
Beschaffung	Aufgabe der **Materialwirtschaft** ist die Versorgung des Unternehmens mit Produktionsfaktoren (Waren und Dienstleistungen) in der erforderlichen Art, Güte und Menge zum richtigen Zeitpunkt am richtigen Ort. Sie ist damit zuständig für die Planung und Bereitstellung (Beschaffung, Lagerung und Transport) aller Betriebsmittel, Werkstoffe und Dienstleistungen, die im betrieblichen Produktionsprozess benötigt werden.
Produktion/ Leistungserstellung	In der **Produktion** eines Industriebetriebs werden nach vorangegangener Planung und Organisation Produktionsfaktoren kombiniert und zu Halb- und Fertigfabrikaten verarbeitet. Die Hauptaufgabe der Produktionswirtschaft besteht darin, Erzeugnisse in der benötigten Art, Qualität und Menge zum richtigen Zeitpunkt am richtigen Ort zur Verfügung zu stellen.
Absatz	Der **Absatz** hat die Aufgabe, die hergestellten Erzeugnisse und Dienstleistungen gegen Entgelt zu verkaufen. Diese Aufgabe wird durch die Tätigkeiten im Bereich der Werbung und der Öffentlichkeitsarbeit unterstützt.
Sekundäre Funktionsbereiche und ihre Aufgaben	
Personalwesen	Das **Personalwesen** ► stellt allen Funktionsbereichen des Unternehmens geeignete Arbeitskräfte zur richtigen Zeit, am richtigen Ort und in ausreichender Anzahl zur Verfügung. Hierzu erfüllen die Mitarbeiter die Aufgaben der Personalplanung, Personalbeschaffung und Personalauswahl. Sie erstellen Arbeitsverträge, setzen die Personalentlohnung fest und führen Maßnahmen der Personalentwicklung durch.
Investition und Finanzierung	Der Unternehmensbereich **Finanzierung** ist zuständig für die Deckung des Kapitalbedarfs des Unternehmens, der durch das Auseinanderfallen von Kapitalbindung (im Zuge des Beschaffungs- und Investitionsvorgangs) und Kapitalfreisetzung (durch den Absatz der Erzeugnisse und Dienstleistungen) entsteht. Damit stellt der Bereich dem Unternehmen die benötigten finanziellen Mittel zur Beschaffung der betrieblichen Produktionsfaktoren zur Verfügung und sichert die Liquidität des Unternehmens. Der Bereich der **Investition** kümmert sich um den effizienten Einsatz des Kapitals, die Kapitalverwendung. Hier werden die vom Finanzierungsbereich beschafften finanziellen Mittel in betriebliche Produktionsfaktoren umgewandelt.
Rechnungswesen	Das **Rechnungswesen** ► erfasst alle Güter- und Finanzbewegungen eines Unternehmens und erstellt den Jahresabschluss. Die Erfassung von Veränderungen des Vermögens und der Schulden liefert Daten, die als Planungs- und Entscheidungsgrundlage im Zielfindungsprozess sowie als Kontrollinstrument des Unternehmenserfolgs dienen.
Controlling	Das **Controlling** zeichnet sich verantwortlich für die Sammlung, Aufbereitung, Kontrolle und Analyse von internen und externen Unternehmensdaten. Mitarbeiter des **operativen Controllings** analysieren Quartalsergebnisse, Produkt- und Spartenergebnisse und führen regelmäßig Soll-Ist-Vergleiche[1] zur Bewertung der operativen Zielerreichung[2] durch. Ziel ist es, den kurz- und mittelfristigen wirtschaftlichen Erfolg des Unternehmens sicherzustellen. Im **strategischen Controlling** werden Daten in Zusammenarbeit mit der Geschäftsleitung zur strategischen Planung, Steuerung und Kontrolle der Unternehmensprozesse eingesetzt, um die langfristige Existenzsicherung zu erreichen.

Personalwirtschaft
► IV • 3

Rechnungswesen
► V

[1] Soll-Ist-Vergleich: *Gegenüberstellung von geplanten und tatsächlichen Werten (z. B. Kosten) einer Periode*

[2] operative Ziele: *kurzfristige, konkrete Ziele des täglichen Betriebs*

2.2 Formen der betrieblichen Aufbauorganisation

2.2.1 Schlüsselelemente von Organisationsstrukturen

Die Gestaltung der Organisationsstrukturen von Unternehmen erfolgt u. a. in Abhängigkeit von der Größe, des Alters und den Fertigungsstrukturen eines Unternehmens. Auch die Unternehmensstrategie wirkt sich entscheidend auf die Organisationsstruktur eines Unternehmens aus. So muss im Gegensatz zu einem lokalen Start-up die Organisationsstruktur eines international agierenden Unternehmens nicht nur die Größe und geografische Verteilung von Produktionsstätten widerspiegeln, sondern auch kulturelle Unterschiede, Zeitunterschiede und Sprachbarrieren berücksichtigen.

Aus Gründen der Übersichtlichkeit werden diese Strukturen in einem **Organigramm** dargestellt. Dieser Organisationsplan visualisiert die Aufbauorganisation eines Unternehmens. Er zeigt die organisatorischen Einheiten der Unternehmensstruktur und deren Interdependenzen[1] auf und dient der Kommunikation mit Mitarbeitern, Anteilseignern (Shareholder) und externen Stakeholdern.

[1] Interpendenz: *wechselseitige Abhängigkeit*

Kernelemente von Organigrammen

Bei der Erstellung von Organigrammen werden folgende Elemente berücksichtigt:

1. **Form der Arbeitsteilung im Unternehmen (Stellenbildung)**
   Wie soll die Gesamtaufgabe in verschiedene Teilverrichtungen unterteilt werden?
2. **Abteilungsbildung**
   Wie können die Teilverrichtungen wieder zu sinnvollen Einheiten und Abteilungen zusammengefasst werden?
3. **Kommunikations- und Weisungsbeziehung**
   Wie läuft der Informations- und Weisungsfluss innerhalb des Unternehmens ab? Welche Stellen verfügen über Macht und wie ist das Berichtswesen strukturiert? Der Weg von der Führungs- bis zur Ausführungsebene wird Linie genannt. Von diesem Instanzenweg darf nicht abgewichen werden.
4. **Leitungsspanne (Führungsspanne)**
   Wie viele Mitarbeiter sind einer Instanz[2] direkt unterstellt? Aufgabeninhalte und Kommunikations- und Kontrollmöglichkeiten bestimmen die Führungsspanne. Sie nimmt meist von oben nach unten zu. Niedrigen Hierarchieebenen werden mehr Ausführungsstellen zugeordnet.
5. **Leitungstiefe (Gliederungstiefe)**
   Wie hoch ist die Anzahl der Hierarchieebenen unterhalb der Leitung in einem Unternehmen? Verschiedene Rangebenen visualisieren Unter- und Überordnungsverhältnisse und Entscheidungsgewalt im Unternehmen. Eine Verringerung der Leitungstiefe führt zur Erhöhung der Leitungsspanne.
6. **Kompetenz und Verantwortung**
   Welche Rechte und Befugnisse werden einem Stelleninhaber zugeteilt und wer muss im Unternehmen welche Pflichten oder Verantwortungen tragen?
7. **Delegation – Zentralisierung und Dezentralisierung**
   Wird das Unternehmen zentral von der Unternehmensleitung gesteuert oder wird die Führungsaufgabe dezentral an tiefere Hierarchieebenen delegiert?

[2] Instanz: *Stelle, die anderen Weisungen und Befehle erteilen darf*

2.2.2 Funktionale Organisation

Werden Unternehmen gemäß ihrer Verrichtung strukturiert, spricht man von der funktionalen Organisationstruktur.

Diese Organisationsform gehört zu den **Einliniensystemen.** Dies bedeutet, dass jede nachgeordnete Stelle nur von einer ihr direkt übergeordneten Stelle Weisungen bezieht.

Funktionale Organisationsstruktur

Die oberste Hierarchieebene bildet die Geschäftsleitung. Auf der zweiten Hierarchieebene des Organigramms werden gleichartige Verrichtungen zu Abteilungen zusammengefasst. Die Kernfunktionen eines Industriebetriebs sind Entwicklung, Beschaffung, Produktion und Absatz/Marketing. Weitere Funktionsbereiche können für alle sekundären Funktionen, wie z. B. IT, Personal oder Finanzierung, gebildet werden.

Die dritte Hierarchieebene kann wahlweise nach Funktionen oder Objekten (Produkte, Kunden, Regionen) strukturiert werden.

Da alle Unternehmensbereiche direkt der Geschäftsleitung unterstellt sind, sind die Zuständigkeiten klar abgegrenzt und es kommt zu keinen Kompetenzstreitigkeiten. Die funktionale Organisation wird aufgrund der übersichtlichen Struktur, des einfachen hierarchischen Aufbaus und der klaren Berichts- und Delegationswege gerade bei Klein- und Mittelunternehmen, Start-ups und Unternehmen, die nur auf dem nationalen Markt agieren, häufig gewählt. Im Falle der internationalen Expansion kann die Funktion Export unkompliziert ergänzt werden.

Die im Rahmen dieser Organsiationsstruktur installierte funktionale Arbeitsteilung führt zu Spezialisierungseffekten und einer damit steigenden Produktivität der Mitarbeiter. Darüber hinaus kann das Unternehmen von Mengeneffekten im Kostenbereich (Economies of Scale), z. B. in den Abteilungen Beschaffung und Produktion, profitieren. Insbesondere in Mehrproduktunternehmen lassen sich auch Synergieeffekte[1] im Bereich Forschung und Entwicklung und der Produktion beobachten.

[1] Synergieeffekt: *Zusammenwirkung von Faktoren, die sich gegenseitig fördern*

Als Nachteile der funktionalen Organisationsstruktur zählen die langen Informations- und Weisungswege. Durch die hohe Anzahl an Schnittstellen und die vielfältigen Abhängigkeiten im Unternehmen ergibt sich die Gefahr von Informationsverlust aufgrund der langen Dienstwege. Auch kommt es zu Schwierigkeiten bei der Zuordnung von Aufgaben. Mit zunehmender Produktvielfalt steigt daher der Koordinationsaufwand. Da alle Entscheidungen auf der obersten Ebene der Hierarchie getroffen werden, kann dies zur Überlastung der Geschäftsleitungsebene sowie zu fehlender Motivation der Mitarbeiter führen, die aufgrund von sehr engen Handlungsspielräumen weder flexibel noch innovativ agieren können.

2.2.3 Divisionale Organisation – Spartenorganisation

Divisionale Grundstruktur

Organisiert sich ein Unternehmen auf der zweiten Hirarchiebene nach Leistungen bzw. Objekten, wie z. B. Produkten, Kundengruppen oder Ländern, spricht man von der divisionalen oder Spartenorganisation.

Auch die Spartenorganisation gehört zu den Einliniensystemen. Die oberste Hierarchieebene bildet die Geschäftsleitung. Auf der zweiten Hierarchieebene des Organigramms werden Sparten gebildet, die für ihren Geschäftsbereich weitestgehend unternehmerisch verantwortlich sind. Die Geschäftsleitung fungiert als Kontroll- und Überwachungsinstanz.

Die Spartenorganisation wird hauptsächlich in Mehrproduktunternehmen eingesetzt.

Nach dem Prinzip der Spartenorganisation hat ein international tätiger Getränkehersteller verschiedene Möglichkeiten, sein Unternehmen zu organisieren:

Spartenorganisation nach Kundengruppen

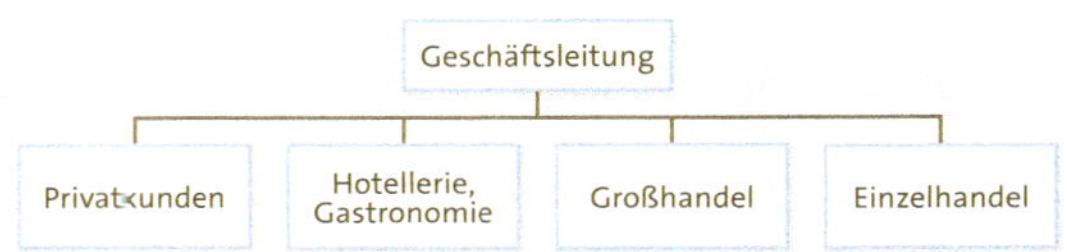

Spartenorganisation nach Produkten

Spartenorganisation nach Ländern

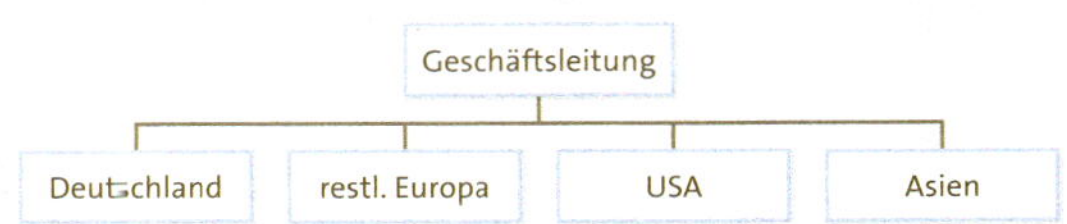

Auf einer dritten Stufe erfolgt die Einteilung häufig nach Funktionen, die im Hinblick auf den Geschäftsbereich zielgerichtet gesteuert werden können und den Vorteil einer leichteren Verwaltung und höherer Transparenz bieten. So entstehen autonome Geschäftsbereiche, die sich schnell und flexibel an individuelle Marktgegebenheiten und Kundenwünsche anpassen können. Im Zuge der Globalisierung können z. B. durch die Ausgründung von Tochterunternehmen im Ausland neue Märkte erschlossen und bei Bedarf ohne weitere Auswirkung auf die internen Abläufe wieder geschlossen werden.

Darüber hinaus kann durch die Bildung von sogenannten *Profitcentern*[1] den einzelnen Divisionen die Erfolgsverantwortung für das Gewinn- oder Umsatzergebnis ihrer Sparte übergeben werden und damit eine höhere Mitarbeitermotivation erreicht werden.

[1] Profitcenter: *Teil des Unternehmens, für den ein eigener Unternehmenserfolg ermittelt wird*

Die organisationsbedingte Dopplung von Strukturen (z. B. mehrfacher Aufbau von Produktionslinien) führt allerdings dazu, dass sowohl Größen- als auch Synergieeffekte innerhalb des Unternehmens nicht optimal genutzt und gleichartige Aufgaben häufig doppelt ausgeführt werden. Die auf Profitorientierung ausgerichtete Profitcenter-Struktur bietet weiterhin die Gefahr des Spartenegoismus. Sollten einzelne Sparten zu sehr auf die Generierung[1] des Spartengewinns ausgerichtet sein, kann dies langfristig innerhalb des Gesamtunternehmens zu mangelnder Kommunikation, fehlender Weitergabe von Wissen und damit auch zur Gesamtschädigung des Unternehmens führen. Aufgrund der Eigenverantwortlichkeit der Divisionen werden auch deutlich mehr qualifizierte Führungskräfte benötigt.

[1] Generierung (lateinisch: generare = (er) zeugen, hervorbringen): *Erzeugung*

- **Erweiterung der divisionalen Grundstruktur um Zentralbereiche**

Spartenorganisation mit Zentralbereichen

Aus Gründen der Wirtschaftlichkeit und der besseren Kontrolle der Sparten durch die Geschäftsführung wird es in vielen Unternehmen als sinnvoll erachtet, die Wirtschaftsleistung von Bereichen, wie z. B. der Personalabteilung, des Controllings oder dem Finanzbereich, nicht einzelnen Sparten unterzuordnen. Es kommt daher zur Erweiterung der Spartenorganisation um funktional strukturierte Zentralbereiche, die im Rahmen ihrer Querschnittsfunktionen Dienstleistungen für alle untergeordneten Bereiche ausführen. Hieraus ergeben sich wieder Größen- und Synergieeffekte.

Die Errichtung eines Zentralbereichs Materialbeschaffung führt zu einer stärkeren Verhandlungsmacht des Einkäufers und damit gegebenenfalls zu erhöhten Mengenrabatten oder optimierten Transportkapazitäten, die sich positiv auf alle Sparten des Unternehmens auswirken können.

Zentralbereiche bieten allgemeine Dienstleistungen für andere Abteilungen oder Geschäftsbereiche an.

2.2.4 Stablinienorganisation

Die bislang betrachteten Einliniensysteme verfügen über eine klare Befehls- und Weisungskette, in der Aufträge von der jeweils übergeordneten Leitungsstelle an die nachfolgende ausführende Stelle delegiert werden. Auch der Informationsfluss erfolgt gemäß der streng hierarchischen Ordnung von oben nach unten und umgekehrt entlang der Linie. Ein Überspringen von Instanzen oder eine Querverbindung ist im Kommunikationsprozess nicht möglich. Diese Tatsache führt zeitweise aber zu einer sehr hohen Frequentierung und damit eventuell auch zu einer Überlastung der Leitungsstellen. Um die Leitungsstellen im Rahmen ihres Entscheidungsprozesses zu unterstützen, werden den Leitungsstellen im Stabliniensystem spezielle Gremien oder Berater als Vorbereiter der Entscheidungsfindung zur Seite gestellt. Der Vorgesetzte kann sich damit auf die reine Aufgabe der Entscheidung konzentrieren und wird durch Spezialisten in seiner Aufgabe entlastet. Die Leitungshierarchie bleibt somit in der Regel intakt.

Ordnet man der Geschäftsleitung oder einer Abteilung eine Unterstützungsstelle zu, nennt man dies eine Stablinienorganisation.

Stabsstellen ähneln den Zentralbereichen der erweiterten Spartenorganisation, sind mit diesen aber nicht zu verwechseln. Sie bieten keine generellen Dienstleistungen für andere Geschäftsbereiche an.
Sofern eine Stabsstelle auch Weisungsbefugnisse gegenüber nachgeordneten Stäben entlang der Linie hat, spricht man von einem **Zentralstab.**

Stablinienorganisation

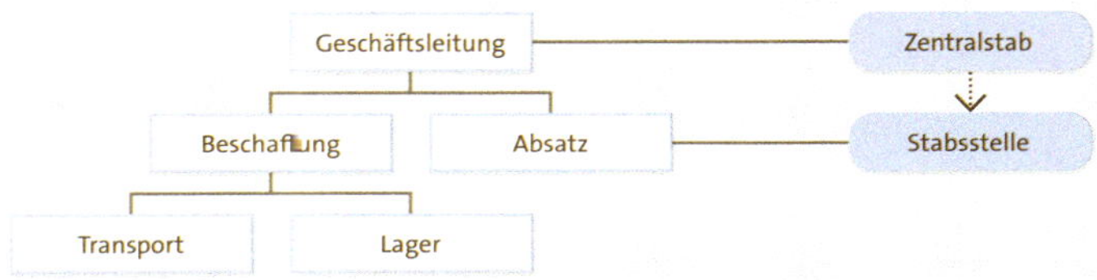

Neben den benannten Problemen der Einliniensysteme zeigen sich im Stabliniensystem häufig zusätzliche Probleme durch fehlende Akzeptanz der Stäbe seitens der Linie. Neben der Problematik unklarer Hierarchie- und Kompetenzgefüge wird den Stäben oft vorgeworfen, dass sie einerseits zu hohe Kosten erzeugen und andererseits keine Verantwortung für die durch sie vorbereiteten Entscheidungen tragen müssen.

2.2.5 Matrixorganisation

Die Matrixorganisation ist eine Kombination von zwei verschiedenen Organisationsstrukturen (z. B. der funktionalen auf der horizontalen Ebene und der divisionalen Organisationsstruktur auf der vertikalen Ebene). In diesem Mehrliniensystem stehen sich zwei Entscheidungs- und Weisungslinien gleichberechtigt gegenüber. Jeder Matrixschnittstelle sind zwei Matrixstellen, die Leitung der entsprechenden Funktionsabteilung mit ihren jeweiligen Kompetenzen und ein Produktmanager mit der entsprechenden Prozessverantwortung, übergeordnet. Diese kümmern sich arbeitsteilig um die Problembereiche.

Matrixorganisation

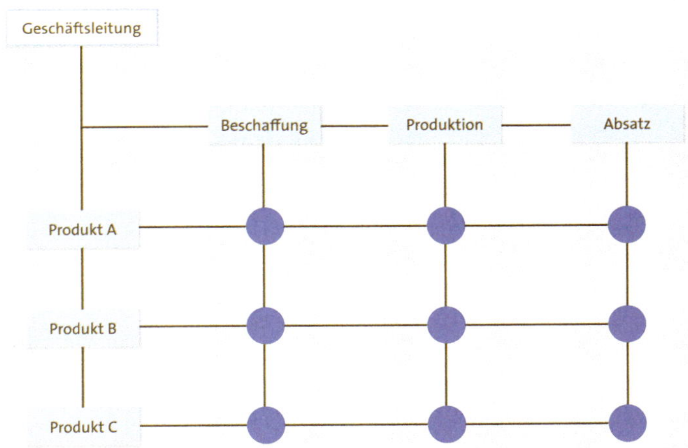

Die Matrixorganisation gilt als flexibelste und dynamischste aller Organisationsstrukturen und wurde daher in der Vergangenheit häufig von multinationalen Konzernen gewählt. Die Mehrfachunterstellung bietet gerade für Unternehmen im internationalen Umfeld die Option einer schnellen Reaktions- und Anpassungsfähigkeit an sich wandelnde Märkte. Dies liegt einerseits an den kurzen Kommunikationswegen des Mehrliniensystems. Andererseits sollen alle Beteiligte durch das Konstrukt der Mehrfachunterstellung dazu angeregt werden, sich mit allen Linien auszutauschen und dadurch innovative und vielfältige Problemlösungsstrategien anzuwenden, die wiederum zu Synergieeffekten und einem verbesserten Endergebnis führen sollen.

[1] Matrixmanager: *Managementpositionen der Matrixstellen, die sich in der Matrix gleichberechtigt gegenüberstehen (z. B. Produktmanager Produkt A und Leiter Beschaffung)*

Durch die Delegation der Entscheidungsbefugnis an die Matrixmanager[1] der Matrixstellen kommt es zur Entlastung der Geschäftsleitung, die sich allerdings um eine Balance der Machtverteilung zwischen den beiden Autoritätslinien kümmern muss.

Die zweidimensionale Struktur birgt aber einige systemimmanente Probleme. Der als Vorteil der Matrixstruktur erdachte Zwang zur Gesamtschau der Entscheidungsträger kann zwar die Anpassungsfähigkeit und Kundenorientierung innerhalb des Unternehmens deutlich erhöhen, führt aber auch zu deutlich höherem Koordinationsbedarf und zeitaufwendigen Entscheidungsfindungsprozessen. Um die Komplexität der Struktur zu verwalten, bedarf es eines aufwendigen Dokumentationsprozesses und einer hohen Anzahl von qualifizierten Führungskräften, die mit eindeutigen Kompetenzen ausgestattet sein müssen. Der hierdurch verursachte Kostenanstieg schmälert die hinzugewonnenen Produktivitätseffekte deutlich.

2.3 Wertschöpfungsprozesse der Unternehmen

2.3.1 Informations-, Material- und Wertefluss

Ein Industriebetrieb fertigt aus den betrieblichen Produktionsfaktoren, die er am Beschaffungsmarkt bezieht, Halbfertig- und Fertigerzeugnisse. Die Erzeugnisse werden unter Einsatz von Arbeitsteilung produziert und durchlaufen mehrere Fertigungsstufen, bevor sie dem Absatzmarkt zur Verfügung gestellt werden können. Im Zuge des betrieblichen Leistungsprozesses werden Informations-, Material- und Werteflüsse in Gang gesetzt, die mithilfe eines Warenwirtschaftssystems im Unternehmen verwaltet werden.

- **Informationsfluss**
  Durch die Stellung einer Anfrage und die Annahme des darauffolgenden Angebots löst ein Kunde eine Reihe von Aktivitäten aus, durch die ein Informationsfluss vom Absatzmarkt (Kunde) über den Vertrieb, die Produktionsplanung und Materialbestellung bis hin zum Beschaffungsmarkt entsteht.
- **Materialfluss**
  Wird das bestellte Material im Unternehmen angeliefert, gelagert, verarbeitet und schlussendlich in Form des Endprodukts auf den Absatzmarkt gebracht, entsteht ein Materialfluss, der entgegen dem Informationsfluss, ausgehend vom Beschaffungsmarkt zum Kunden, das Unternehmen durchläuft.
- **Wertefluss**
  Durch die Erfüllung seiner Verpflichtungen aus dem Kaufvertrag erhält das Unternehmen Erlöse aus dem Verkauf der Erzeugnisse. Dieser Liquiditätszufluss wird dazu verwendet, die Ausgaben am Beschaffungsmarkt und der eigenen Produktion zu decken. Es bildet sich ein Wertefluss, der vom Kunden zum Lieferanten am Beschaffungsmarkt verläuft.

Betrieblicher Leistungsprozess im Industrieunternehmen

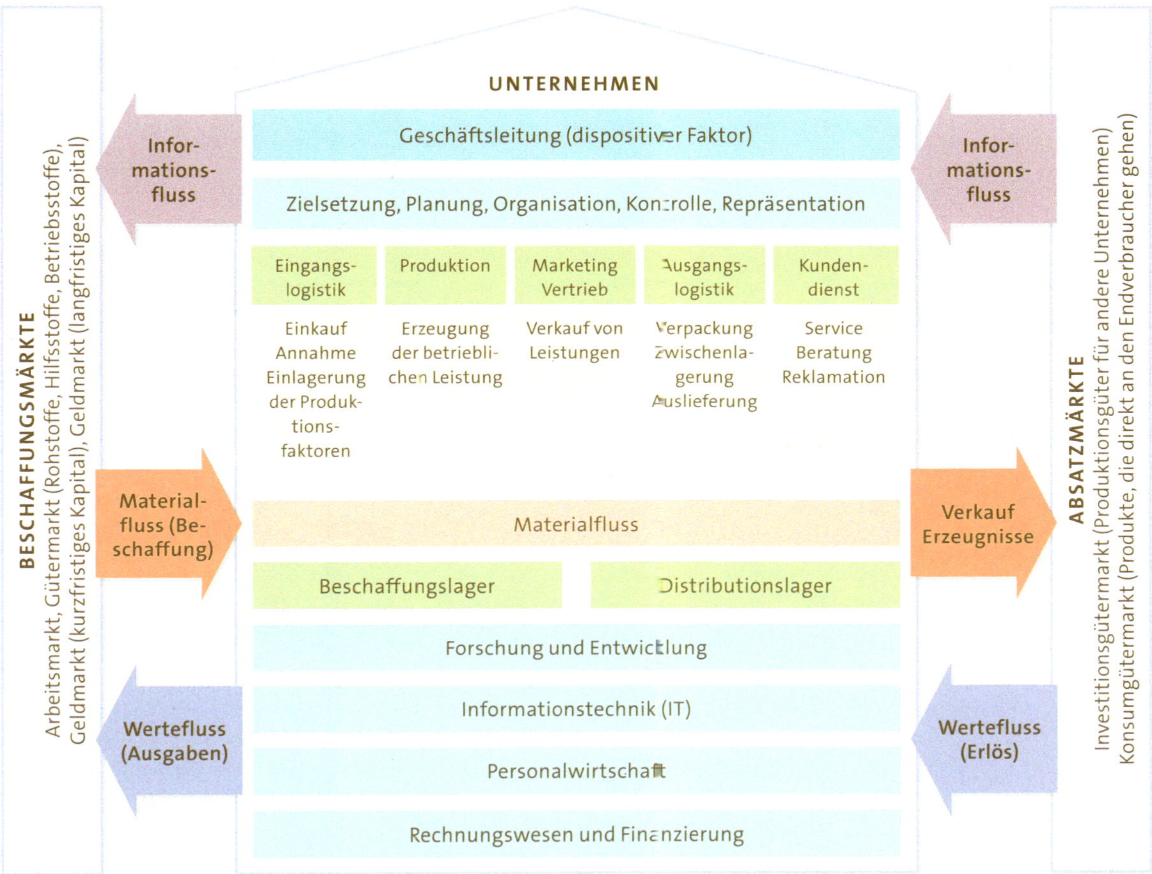

2.3.2 Wertschöpfung

Durch die Verarbeitung von Roh-, Hilfs- und Betriebsstoffen wird im Rahmen der industriellen Produktion auf den verschiedenen Fertigungsstufen ein Wertschöpfungsprozess in Gang gesetzt.

Der Wertschöpfungsprozess wird in der sogenannten *Wertschöpfungskette* dargestellt. Ziel des unternehmerischen Wertschöpfungsprozesses ist die Schaffung eines Wertezuwachses, der im Rahmen des Transformationsprozesses durch die Kombination der Produktionsfaktoren entsteht. Es kommt zur Wertschöpfung, wenn der Nutzen des Produkts, gemessen durch den Verkaufspreis oder einen internen Verrechnungspreis, höher ist als die Summe der vom Unternehmen in Anspruch genommenen Vorleistungen.

Wertschöpfung ist die Differenz zwischen dem Wert eines Gutes am Ende des Wertschöpfungsprozesses (Markterlös des Outputs) und den Kosten der eingebrachten Vorleistungen (Input).

Zieht man von der Wertschöpfung die Kosten der eigenen Wertschöpfungsaktivitäten ab, ergibt sich die Gewinnspanne (Marge) des Unternehmens.

Die Stamm KG ist ein familiengeführtes Unternehmen der Lebensmittelindustrie, das Fruchtsäfte und Halbwaren (Fruchtsaftpürees, Fruchtsaftaromen) produziert und an internationale Abnehmer vertreibt. Der Herstellungsprozess vom Apfel zum Saft verläuft auf verschiedenen Produktionsstufen und umfasst im Rahmen des Wertschöpfungsprozesses verschiedene Unternehmensaktivitäten und Prozesse.

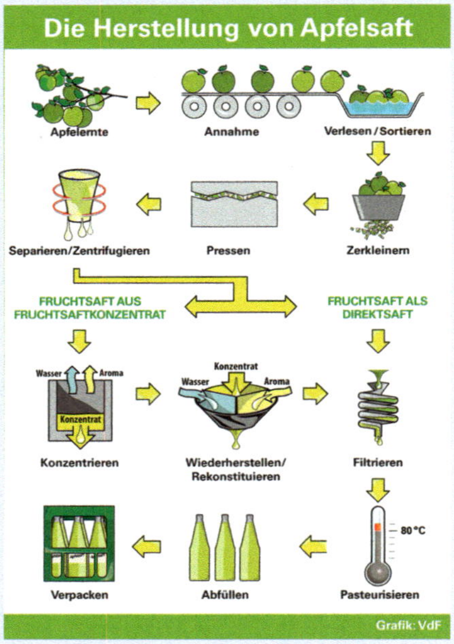

Wertschöpfung und Marge bei der Stamm KG

Zur Produktion von 1 Liter Apfelsaft erwirbt die Stamm KG durchschnittlich 1,5 kg Äpfel zum Marktpreis von 0,14 EUR/kg. Die Kosten des Rohstoffeinkaufs belaufen sich damit auf 0,21 EUR/l. Der Fruchtsaft wird im Rahmen der Saftproduktion (Leistungserstellung) direkt aus dem Frischobst zu Direktsaft verarbeitet und in Literflaschen abgefüllt. Diese erwirbt die Stamm KG bei einem Großhändler zum Stückpreis von 0,25 EUR. Der Apfelsaft wird über lokale Einzelhändler zum Verkaufspreis von 2,97 EUR/l vertrieben. Daraus ergibt sich eine Wertschöpfung von 2,51 EUR/l. Abzüglich der im Haus verursachten Herstellungskosten für Personalentlohnung, Maschinennutzung und anderen Gemeinkosten, die sich insgesamt auf 1,98 EUR/l belaufen, ergibt sich eine Marge von 0,53 EUR/l.

Verkaufs-erlös	Kosten der Vorleistung	Wert-schöpfung	Kosten der Wert-schöpfungs-aktivität	Marge
2,97 EUR/l	0,46 EUR/l	2,51 EUR/l	1,98 EUR/l	0,53 EUR/l

Mit der Wertschöpfung wird der Ertrag aus wirtschaftlicher Tätigkeit und damit die Leistungsfähigkeit eines Unternehmens gemessen. Ziel ist die Schaffung eines Produkts, dessen Wert die Herstellungskosten übersteigt. Gelingt es, langfristig ein wertvolleres Produkt zu schaffen oder zu günstigeren Preisen als die Konkurrenz zu produzieren, wird ein Wettbewerbsvorteil generiert.

2.3.3 Prozessorientierung der Unternehmen

Die Betrachtung der Wertschöpfungskette und der Einzelprozesse eines Unternehmens kann zur Optimierung von Unternehmensabläufen genutzt werden. Hierzu müssen

- die erfolgsrelevanten Teilprozesse und Wettbewerbsvorteile identifiziert werden;
- die in den Prozessen enthaltenen Abläufe analysiert und dokumentiert werden;
- im Anschluss daran die Abläufe neu- oder umgestaltet und an die Unternehmensstrategie angepasst werden und
- zuletzt die Ansatzpunkte zur Kostensenkung oder Prozessoptimierung identifiziert werden. Dabei erfolgt eine Konzentration auf die für das Unternehmen und den Geschäftserfolg wesentlichen Prozesse.

Bis nach dem Eingang eines Kundenauftrags bei der Stamm KG aus den auf den Obstbaumplantagen gereiften Früchte ein verkaufsfertiger Fruchtsaft entsteht, müssen bei der Stamm KG viele einzelne Teilprozesse durchlaufen werden

Prozesskette industrielle Fertigung

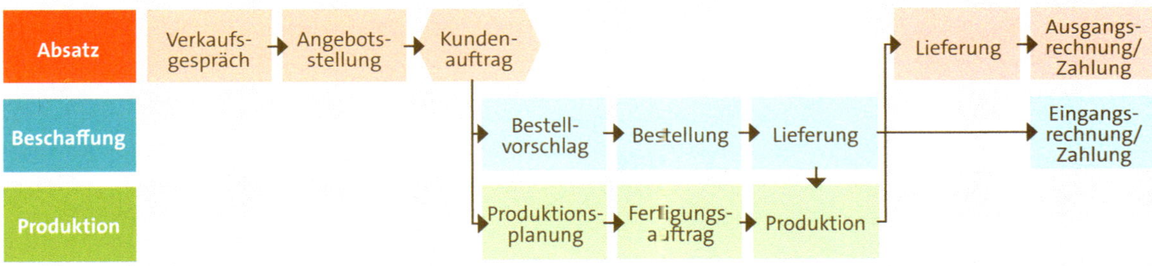

Ein Prozess[1] ist eine Folge von zweckgerichteten Aktivitäten, durch die Inputfaktoren (materielle Einsatzgüter und Informationen) in Outputfaktoren (materielle oder immaterielle Leistungen) verwandelt werden.

---

[1] Prozess (lateinisch: procedere): *vorrücken, vorwärtsgehen, fortschreiten*

Ganz vereinfacht dargestellt, werden bei der Stamm KG die Inputfaktoren Äpfel (materielles Einsatzgut) durch zweckgerichtete Aktivitäten wie Verlesen und Zerkleinern in den Outputfaktor Apfelsaft (materielle Leistung) verwandelt.

Jeder Prozess besteht aus einer sachlich, zeitlich und räumlich definierten Abfolge von Tätigkeiten, die auf ein Ziel ausgerichtet ist. Das Ergebnis muss vor der Durchführung des Prozesses festgelegt sein. Darüber hinaus ist ein Prozess zeitlich befristet. Er beginnt durch ein externes Ereignis (z. B. Kundenauftrag) oder das Erreichen eines festgelegten Zeitpunkts und endet mit einem Prozessergebnis. Die Zeitspanne zwischen Start und Ende des Prozesses wird als Durchlaufzeit bezeichnet.

[1] entrappen: *abbeeren*

Sachliche, zeitliche und räumliche Aufgabendefinition der Aktivität Waschen und Verlesen in der Produktionslinie Apfel-Holunder-Schorle der Stamm KG:

Was ist zu tun?	Entfernung von Blättern und Erdreich, Entrappung[1], Stiele entfernen
Woran ist es zu tun?	Obstsorten Apfel und Holunder
Wer ist die ausführende Person?	Mitarbeiter (Waschen und Verlesen)
Womit?	Waschanlage A23; Abbeermaschine VL3
Wann?	Produktionszeitraum Sommer 2
Wo?	Produktionshalle E4

Durch die chronologische Aneinanderreihung von Einzelprozessen entsteht eine Prozesskette.

Das Ergebnis (Output) eines Prozesses wird damit zum Input des nächsten Prozesses.

2.4 Geschäftsprozessmanagement

2.4.1 Koordinationsbedarf durch Schnittstellen

Durch die Funktionsorientierung vieler Unternehmen erfolgt eine starke Arbeitsteilung und Spezialisierung innerhalb der Unternehmen. Dies führt zu positiven Effekten im Bereich der industriellen Massenproduktion. Der Preis der weitgehenden Arbeitsteilung ist jedoch eine hohe Anzahl von Schnittstellen und Abhängigkeiten zwischen den einzelnen Funktionen.

Da stellenübergreifende Abläufe nicht berücksichtigt werden, führen funktional ausgerichtete Entscheidungsprozesse entlang der Linie zu einem erhöhten Regelungsbedarf und einem immensen hierarchieübergreifenden Koordinationsaufwand. Hinzu kommt, dass jeder Arbeitsvorgang durch mehrere Hände geht und zudem Einzelpersonen nicht mehr das gesamte Spektrum der Aufgabenvielfalt beherrschen. So steigt das Fehlerrisiko bei der Übergabe der Arbeitsvorgänge von einer zur nächsten Abteilung.

Zusätzlich entstehen Informationsverluste, Missverständnisse und Fehlinterpretationen aufgrund fehlender Dokumentation von Informationen. Beispielsweise werden spezielle Kundenwünsche, Präferenzen und Besonderheiten, die ein Kunde bei einer Auftragsvergabe gegenüber dem Vertriebsaußendienst eines Unternehmens äußert, häufig nicht vollständig an die nächsten Bearbeiter innerhalb des Leistungserstellungsprozesses weitergegeben. Dies führt neben der Kundenunzufriedenheit auch zu Qualitätseinbußen und damit langfristig auch zum Imageverlust eines Unternehmens.

Der Grund liegt hierbei in der starken Ausrichtung der einzelnen Mitarbeiter auf die Zielerreichung der eigenen Abteilung oder Stelle und die dadurch fehlende Verantwortung des einzelnen Mitarbeiters für den Gesamterfolg der Auftragsabwicklung.

Aufgrund von Zielkonflikten und Ressortegoismen zwischen einzelnen Abteilungen kann es dazu kommen, dass eine Entscheidung zwar als korrekt im Sinne der Zielerfüllung von Abteilung A anzusehen ist, dies aber gleichzeitig zu einem Zielkonflikt mit der auf den Output von Abteilung A angewiesenen Abteilung B kommt und dadurch insbesondere die Kundenorientierung leidet.

Beispiel 1: Konflikt Einkauf versus Lager
Herr Schäffer ist Leiter der Einkaufsabteilung und damit für die Beschaffung der Roh-, Hilfs- und Betriebsstoffe zuständig. Um das Oberziel der Gewinnmaximierung zu erreichen, versuchen seine zuständigen Sachbearbeiter, durch den Einkauf großer Mengen Mengenrabatte auszuhandeln und so durch hohe Lagerbestände die Einstandspreise der Waren zu senken.
Frau Hertner, zuständig für die Lagerhaltung, hat aber die Aufgabe, die Lagerbestände klein zu halten, um die durch sie verantworteten Lagerkosten und den Verderb der Ware zu reduzieren.

Beispiel 2: Konflikt Produktion versus Vertrieb
Der Vertriebsleiter Herr Schmid hat einen neuen Großkunden an Land gezogen und ihm versprochen, die Lieferfrist für die einzelnen Produktionschargen um jeweils zwei Tage zu verkürzen. Der neue Kunde verbaut die bezogenen Halbfertigfabrikate just in time in seine Produktionsmaschinen. Eine Verzögerung der Lieferung würde zum Stillstand der Produktionslinie und damit zu hohen Ausfallkosten führen.
Aufgrund seiner genauen Terminplanung weist der Produktionsleiter Herr Stoll darauf hin, dass er diese Vorgabe nur durch die Reduktion der Produktionsqualität oder der verspäteten Fertigstellung einer anderen Produktionsreihe erfüllen kann. Dies führt zu Konflikten mit den betriebsinternen Zielen der Produktionsabteilung hinsichtlich Qualität und fristgemäßer Lieferung anderer Produkte.

Beispiel 3: Konflikt Produktion versus Einkauf
Die Produktionsabteilung hat es sich auf die Fahnen geschrieben, immer schnell und termingerecht zu produzieren. Hierzu bedarf es aber eines regelmäßigen Rohstoffnachschubs, der daher von der Einkaufsabteilung auch in Kleinmengen beschafft werden müsste. Aufgrund der dadurch steigenden Einkaufskosten verweigert Herr Schäffer den Einkauf in kleinen Chargen. Eine pünktliche Fertigstellung der Produktion ist damit nicht möglich.

Durch eine Neuausrichtung der Organisation im Hinblick auf eine Geschäftsprozessorientierung sollen die Probleme der alten funktionsorientierten Organisationskonzepte, wie hoher Steuerungsaufwand oder Funktions- und Hierarchiebarrieren und Bereichsegoismen, überwunden und durch stellenübergreifende Ablaufkonzepte ersetzt werden.

2.4.2 Geschäftsprozess

Ein Geschäftsprozess wird von einem Kunden ausgelöst und beendet und ist eine Folge von zusammenhängenden Abläufen und Ergebnissen, bei deren Bearbeitung der Kunde im Mittelpunkt steht.

Die Idee des Geschäftsprozessmanagements basiert darauf, einen Kundenauftrag abteilungsübergreifend zu bearbeiten. Das heißt, ein Geschäftsprozess verläuft „quer" zu den funktionsorientierten Verrichtungen eines Unternehmens. Die maßgebliche Grundlage für den Unternehmenserfolg ist die schnelle, flexible und kostengünstige Abwicklung der auf den Kunden ausgerichteten Geschäftsprozesse.

Unterstützungsprozesse ▶ IV • 2.4.3

Prozessorientierung am Beispiel des Unterstützungsprozesses▶ der Materialbestellung

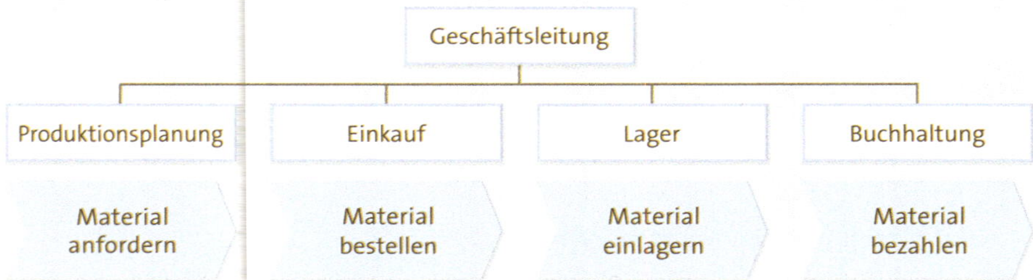

2.4.3 Arten von Geschäftsprozessen

Um ihre langfristigen Erfolgsziele zu erreichen, muss sich die Unternehmensleitung im Rahmen des Leistungserstellungsprozesses immer wieder die Frage stellen, welche Prozesse zur Wertschöpfung eines Unternehmens beitragen. Prozesse lassen sich gemäß der DIN[1]-Norm ISO 9001:2015 in drei verschiedene Prozessarten einteilen.

[1] DIN: *Deutsche Industrienorm, Standard des Deutschen Instituts für Normung*

Geschäftsprozessarten

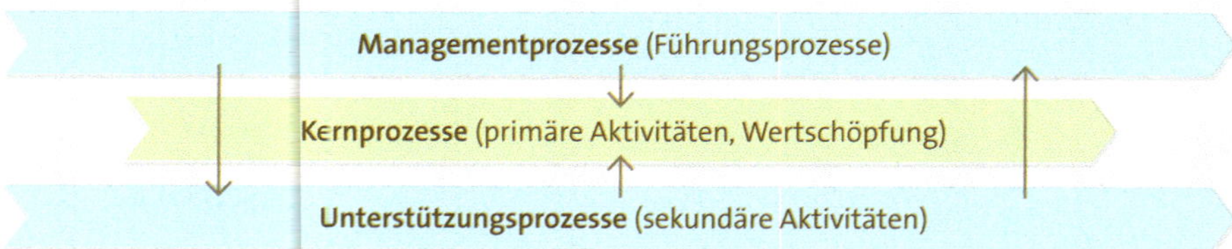

- **Kernprozesse (primäre Aktivitäten)**
  Kernprozesse sind unmittelbar an der Wertschöpfung des Unternehmens beteiligt und leisten daher einen wesentlichen und messbaren Beitrag zur Wertschöpfung des Gesamtunternehmens. Kernprozesse spiegeln die Kernkompetenzen eines Unternehmens wider. Aus ihnen generiert sich der Wettbewerbsvorteil im Rahmen des Wertschöpfungsprozesses. Durch den Kernprozess wird ein Kundennutzen geschaffen, für den der Kunde bereit ist zu zahlen. Zu den Kernprozessen gehören in einem

Industriebetrieb die Ein- und Ausgangslogistik, die Produktion, das Marketing und der Vertrieb sowie der Kundenservice. Häufig erfolgt eine Konzentration auf den Absatz-, Beschaffungs- und Leistungserstellungsprozess.

Kernprozesse am Beispiel der Apfelsaftproduktion der Stamm KG

Eingangs-logistik	Aufgabe der Eingangslogistik der Stamm KG ist es, Früchte und Gemüse bei Landwirten einzukaufen. An den Annahmestellen werden die angelieferten Waren dann gewogen, abgeladen und anschließend bis zur weiteren Produktion eingelagert.
Produktion	Im nächsten Schritt erfolgt die Produktion der Frucht- und Gemüsesäfte. Abhängig von der Frucht- und Gemüseart werden dazu die Zutaten gewaschen und verlesen, gepresst, gefiltert und pasteurisiert und anschließend abgefüllt. Im Sinne der Unternehmensstrategie wird hierbei besonders auf schonende Verfahren und eine nachhaltige Produktion Wert gelegt.
Marketing und Vertrieb	Marketing und Vertrieb sind dafür zuständig, den Verkaufserfolg der Produkte sicherzustellen. Hierzu müssen umweltfreundliche Getränkebehältnisse mit ansprechendem Design entworfen und produziert werden. Um den Bekanntheitsgrad der Getränke zu steigern, werden Werbeanzeigen geschaltet oder Probeverkostungen in lokalen Supermärkten organisiert. Hierdurch soll die Nachfrage nach dem Produkt erzeugt bzw. gesteigert werden.
Ausgangs-logistik	Der Bereich der Ausgangslogistik kümmert sich um die Verpackung, Zwischenlagerung und Auslieferung der Ware. Hierbei muss insbesondere auf die lebensmittelgerechte und transportsichere Verpackung geachtet werden.
Kunden-dienst	Mittels einer Telefonhotline und einer interaktiven Homepage steht der Kundendienst den Kunden an sechs Tagen der Woche zu Fragen rund um Inhaltsstoffe, Produktionsmethoden und Ernährungstipps zur Verfügung. Auch Beschwerden und Rücksendungen können hierüber abgewickelt werden.

- **Unterstützungsprozesse (sekundäre Aktivitäten)**
  Unterstützungsprozesse sichern die Betriebsbereitschaft des Unternehmens und unterstützen die Ausführung der Kernprozesse. Sie stiften keinen direkten Kundennutzen und sind daher nur mittelbar an der Wertschöpfung des Unternehmens beteiligt. Ohne sie könnte jedoch der Ablauf des Unternehmens nicht gewährleistet werden. Hierzu gehören Bereiche der Unternehmensinfrastruktur wie IT-Management, Rechnungswesen und Finanzierung, die Beschaffung der Maschinen und Betriebsmittel, das Personalmanagement und die Forschungs- und Entwicklungsabteilung.
- **Managementprozesse (Führungsprozesse)**
  Managementprozesse planen, steuern und kontrollieren die strategische Gesamtausrichtung eines Unternehmens. Sie sorgen dafür, dass Geschäftsprozesse erfolgreich und wirtschaftlich abgearbeitet werden können. Hierzu gehören z. B. die Strategieentwicklung, das Qualitäts- und Umweltmanagement und das strategische Controlling eines Unternehmens.

Jeder Kern-, Unterstützungs- und Managementprozess besteht seinerseits wieder aus einer Reihe von Teil- und Einzelprozessen. Die Zuordnung zu den einzelnen Prozessarten kann je nach Unternehmensausrichtung variieren. Zur besseren Übersichtlichkeit werden die Geschäftsprozesse in einer sogenannten *Prozesslandkarte*[1] dokumentiert.

[1] Prozesslandkarte: *grafische Darstellung der Prozessarchitektur als Teil des Qualitätsmanagements*

2.4.4 Ziele der Geschäftsprozessorientierung

Geschäftsprozesse erstrecken sich über mehrere Organisationseinheiten und Abteilungen und bieten daher die Gesamtsicht vom Kundenauftrag bis zur Auslieferung des Produkts (End-to-End) über vorhandene betriebliche Abläufe.

Jedem Kunden wird vom Unternehmen ein prozessverantwortlicher Mitarbeiter zugewiesen, der ihm in allen Fragen von der Auftragsvergabe bis zur Auslieferung des Produkts als Ansprechpartner und Schnittstellenkoordinator zur Verfügung steht.

Die starke Kundenorientierung soll überbetriebliches Denken und damit eine klare Konzentration auf wertschöpfende Aktivitäten fördern und gleichzeitig Bereichsegoismen reduzieren. So soll sich die klare und verbindliche Prozessstruktur mit definierten Verantwortlichkeiten entlang der Wertschöpfungskette positiv auf die Zusammenarbeit an allen Schnittstellen der Wertschöpfungskette auswirken. Das Ziel ist die Schaffung einer zeit-, kosten- und qualitätsoptimierten Ablaufstruktur.

Ziele des Prozessmanagements

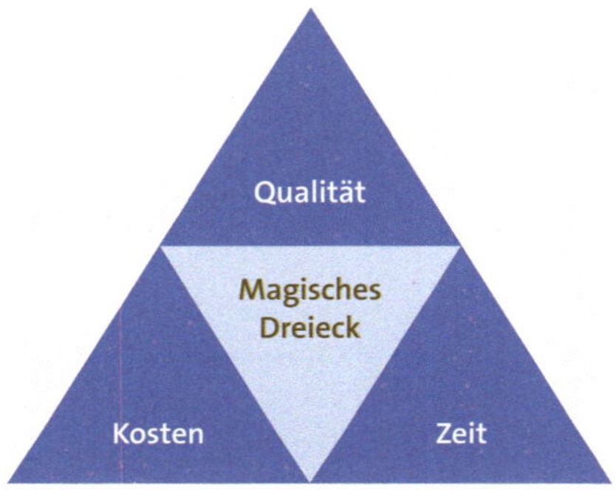

Neben den rein finanziellen Interessen an der Prozessverbesserung im Hinblick auf Kosteneinsparung und Gewinnmaximierung ist auch eine höhere Prozesssicherheit zu nennen. Eine höhere Prozesssicherheit soll zu einer steigenden Prozess- und Produktqualität und damit auch zur Verkürzung der Durchlaufzeiten (insbesondere der Liegezeiten[1]) in Entwicklung und Produktion führen. Die auf kurze Sicht gesehenen konfliktären Ziele des magischen Dreiecks der Prozessstrukturierung führen somit langfristig zur Kostensenkung und der Möglichkeit des Aufbaus von Wettbewerbsvorteilen.

[1] Liegezeit: *Zeit, in der ein Arbeitsgegenstand ablaufbedingt oder störungsbedingt nicht bearbeitet, geprüft oder transportiert wird*

2.5 Supply-Chain-Management

Getrieben von der fortschreitenden Verflechtung weltweiter wirtschaftlicher Strukturen, ausgelöst durch die Liberalisierung der Märkte nach dem Zweiten Weltkrieg und den rasanten Entwicklungen in den Bereichen Transport und Kommunikation, ergeben sich für viele Unternehmen weltweit neue Absatz- und Beschaffungsmärkte. Ein System der weltweiten Arbeitsteilung und des **Global Sourcing**[2] ersetzt zunehmend die gewohnten betrieblichen funktionalen Arbeitsteilungen und lokalen Einkaufsstrategien. Bedingt durch die wachsende Dynamik und Komplexität der betrieblichen Abläufe und den zunehmenden Konkurrenzdruck steigt aber gleichzeitig die Notwendigkeit, Beschaffungsprozesse zu optimieren, Leerzeiten zu verkürzen und nicht-wertschöpfende Prozesse an Zulieferfirmen auszulagern. Ziel ist die Reduktion der Fertigungstiefe[3] und die Spezialisierung auf die Kernkompetenzen des Unternehmens, um Kosteneinsparungen zu erzielen. Dies bedeutet, dass Vorleistungen z. B. in der Automo-

[2] Global Sourcing: *weltweite Beschaffung*

[3] Fertigungstiefe: *Anteil der im eigenen Unternehmen durchgeführten Produktionsschritte bei der Herstellung eines Gutes*
Fertigungstiefe in Prozent
$= \frac{\text{Eigenfertigung}}{\text{gesamte Fertigung}} \cdot 100$

bilindustrie wie Bremsen oder bestimmte Karosserie- und Motorteile nicht mehr von den Automobilherstellern selbst hergestellt, sondern von Zulieferern bezogen werden. Es findet eine unternehmensübergreifende Wertschöpfung statt

Unternehmens- und branchenübergreifend werden die Wertschöpfungsketten von Lieferanten und Abnehmern miteinander verbunden und koordiniert. Sie bilden so ein gemeinsames Wertschöpfungskettensystem, das sogenannte *Supply-Chain-Managementsystem*[1].

[1] supply chain: *Lieferkette*

Das Supply-Chain-Management zielt darauf ab, die Informations-, Waren- und Werteflüsse über Unternehmensgrenzen hinweg (vom Rohstofflieferanten bis zum Endkunden) zu steuern und zu kontrollieren.

Supply-Chain-Management

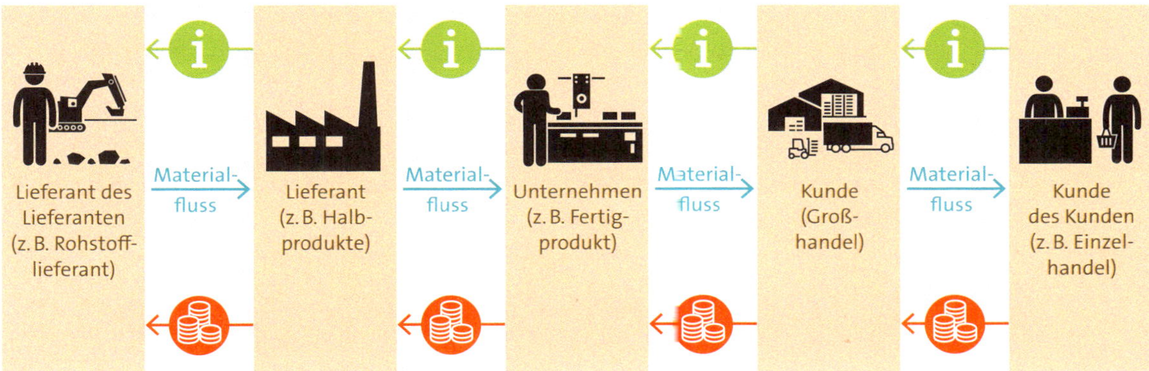

Eine erfolgreiche Umsetzung des Supply-Chain-Managements setzt allerdings voraus, dass Schnittstellen reduziert und verlässliche Lieferanten-Kunden-Beziehungen (CRM[2]) aufgebaut werden. Dazu müssen auch die Prozesse der Zulieferer und deren Lieferanten gleichfalls in das Prozessmanagement des Unternehmens integriert werden. Dies kann beispielsweise durch die gemeinsame Nutzung von ERP[3]-Systemen, Schaffung gemeinsamer Standards im Rahmen von ECM[4] und die Einführung von fertigungssynchronen Beschaffungssystemen, wie Just-in-time, sowie einem kontinuierlichen Verbesserungsmanagement realisiert werden.

[2] CRM: *Customer Relationship Management*

[3] ERP: *Enterprise Resource Planning System*

[4] ECM: *Efficient Consumer Response*

2.6 Prozessoptimierung durch Reihenfolgenplanung

2.6.1 Prozessmodellierung mit ereignisgesteuerten Prozessketten (EPK)

Um Geschäftsprozesse darzustellen, zu analysieren und zu optimieren, werden in der Geschäftswelt ereignisgesteuerte Prozessketten eingesetzt. Dabei handelt es sich um eine bildhafte Beschreibung von Prozessen, zu deren Veranschaulichung einheitlich definierte Darstellungselemente für Funktionen und Ereignisse, Organisationseinheiten und Informationsobjekte und logische Verknüpfungen verwendet werden.

Ereignisse und Funktionen

Übersichtsblatt EPK
► Webcode WGW_IV_2_6_1

Ein **Ereignis** ist ein im Geschäftsprozess eingetretener Zustand, z. B. der Eingang eines Auftrags. Ereignissen werden keine Informationsobjekte und Organisationseinheiten zugeordnet. Sie werden in der EPK durch eine Raute dargestellt und mit einem Informationsobjekt (z. B. „Rechnung“) und einem Verb (z. B. „eingegangen“) bezeichnet►. Auf ein Ereignis folgt immer eine Funktion, mit der das Ereignis durch Kanten verbunden wird.

- **Jeder Geschäftsprozess beginnt und endet mit einem Ereignis.**
- **Auf ein Ereignis folgen eine oder mehrere Funktionen.**
- **Entscheidungen sind immer passiv, sie haben keine Entscheidungskompetenz.**

Bei einer **Funktion** handelt es sich um einen wirtschaftlichen Vorgang innerhalb des Unternehmens, der Zeit und Ressourcen beansprucht. Die Funktion beschreibt, was nach dem Auftreten eines Ereignisses im Unternehmen gemacht werden soll. Funktionen werden häufig mit Organisationseinheiten und Informationsobjekten verknüpft. Sie werden durch abgerundete Rechtecke dargestellt und mittels Kanten, Pfeilen oder gestrichelten Linien mit anderen Objekten verknüpft.

Funktionen werden durch Ereignisse ausgelöst und haben wieder ein Ereignis zum Ergebnis.

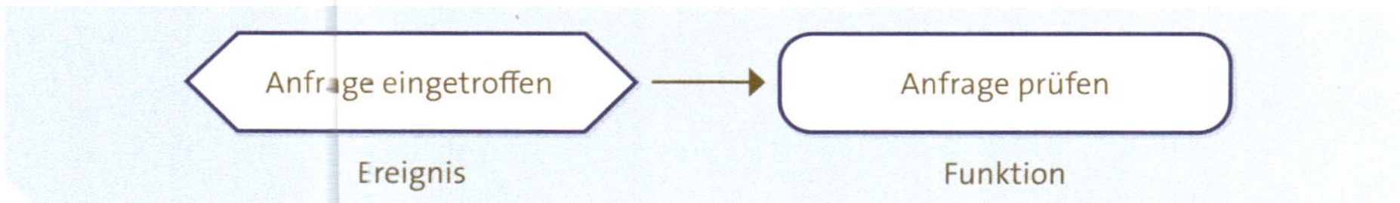

Organisationseinheiten und Informationsobjekte

Organisationseinheiten (z. B. Abteilungen oder Stellen) sind verantwortlich für die Ausführung der Aktivitäten. Sie werden Funktionen zugeordnet und mit ihnen durch gestrichelte Linien verbunden. **Informationsobjekte** sind Daten, die von der Organisationseinheit bei der Verrichtung der Funktion verwendet werden. Sie werden mit Pfeilen verbunden. Die Pfeilrichtung der Kanten indiziert die Flussrichtung der Information.

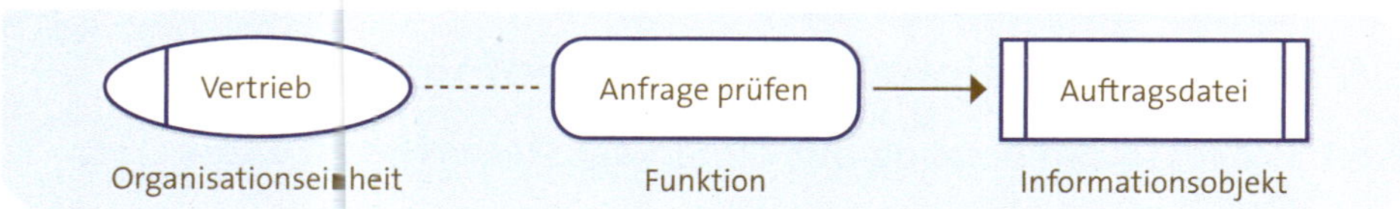

Verknüpfungsoperatoren

Wenn sich im Prozessablauf aus einem Ereignis mehrere Funktionen oder aus einer Funktion mehrere Ereignisse ergeben können, werden diese durch logische Verknüpfungsoperatoren verbunden. Sie ermöglichen die Modellierung komplexer Abläufe.

Verknüpfungsoperatoren

(XOR) exklusives ODER — (V) inklusives ODER — (Λ) ogisches UND

- Ereignisse treffen keine Entscheidungen. Daher darf auf sie folgend weder ein inklusives noch ein exklusives ODER verwendet werden.
- Verknüpfungsoperatoren können mehrere eingehende und einen ausgehenden Pfeil oder mehrere ausgehende und einen eingehenden Pfeil aufweisen.

Bearbeitung eines Kundenauftrags

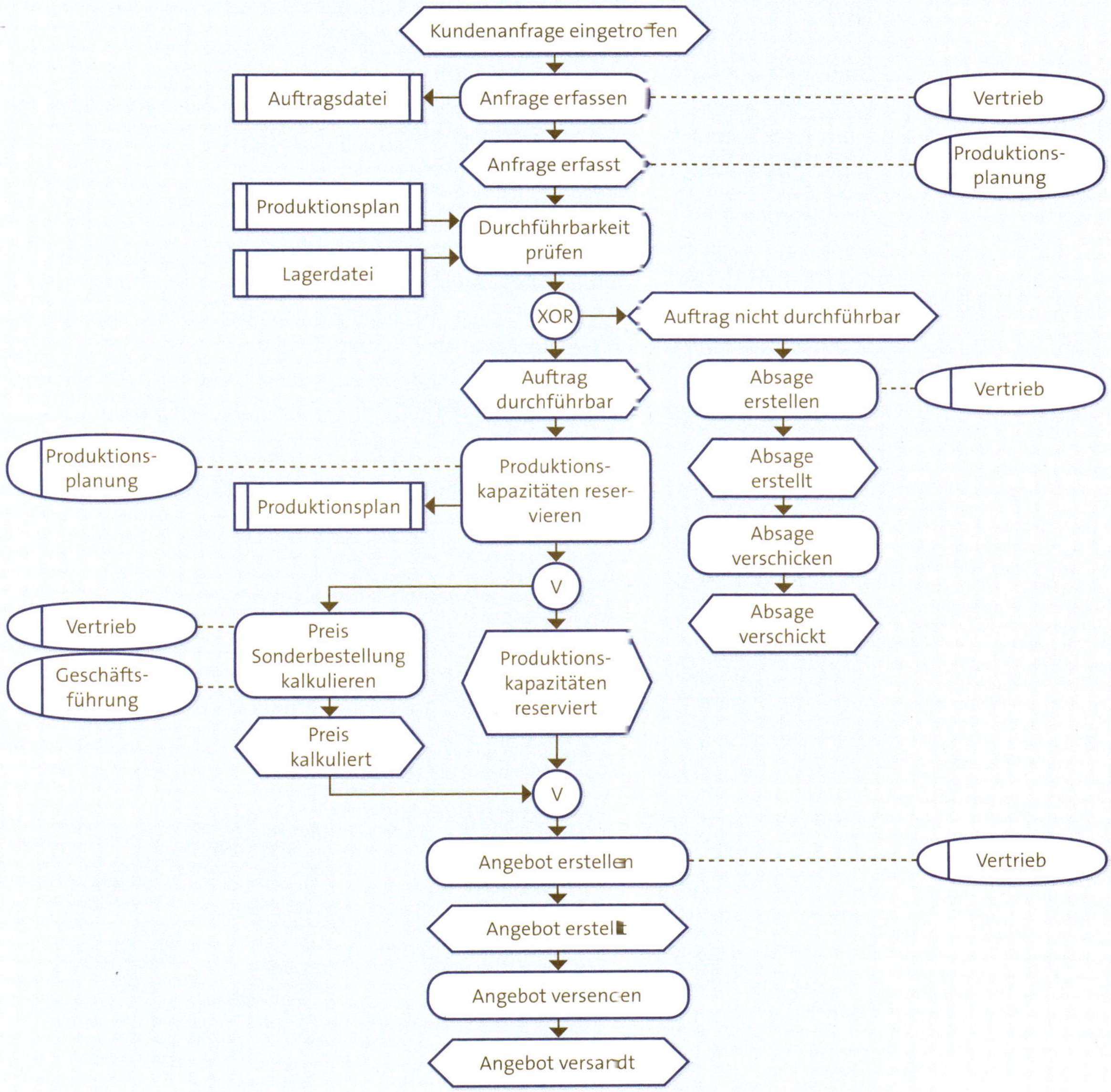

2.6.2 Ziele der Prozessmodellierung

Der Nutzen der Prozessmodellierung liegt zunächst in der Gestaltung einer anschaulichen Dokumentation der Prozesse. Die verständliche Hinterlegung von Ablaufstrukturen erleichtert und beschleunigt die Einarbeitung und Führung von Mitarbeitern. Durch die detaillierte Weitergabe von Prozesswissen wird eine standardisierte Arbeitsweise eingeführt und somit kann die Arbeitsqualität auf einem gleichmäßigen Niveau gehalten werden. Aufgrund der transparenten Darstellung der Prozesse und der Verbreitung eines prozessorientierten Verständnisses auf allen Ebenen der Hierarchie sieht jeder Mitarbeiter, an welchen Stellen der Wertschöpfung er konkret beteiligt ist und welchen Beitrag er selbst zum Unternehmenserfolg leisten kann.

Des Weiteren bietet die Prozessmodellierung die Möglichkeit der Auswertung und Verknüpfung von Daten und erleichtert so eine spätere Prozessoptimierung. Im Rahmen eines Soll-Ist-Vergleichs in Bezug auf die angestrebten Prozessgrößen Zeit, Kosten und Qualität können angestrebte Zielwerte mit der tatsächlichen Zielerreichung verglichen und Prozesse, wo nötig, zeitnah angepasst werden. Gegebenenfalls kann damit sogar eine Prozesssimulation durchgeführt werden, um rechtzeitig vor der Einführung neuer Geschäftsprozesse Problembereiche zu erkennen.

Gerade auch im Zuge der Digitalisierung, d. h. bei der Transformation von Daten von analogen zu digitalen Medien, müssen Daten codiert übertragen und gespeichert und anschließend in bestimmten Algorithmen[1] verarbeitet werden. Dies wird z. B. im Zuge der Entwicklung hin zu Industrie 4.0[2] wichtig werden, um flexible, nach Kundenwünschen individualisierte und weitgehend automatisierte Güterfertigungen zu ermöglichen. Durch den Einsatz von Methoden des maschinellen Lernens sollen die so zunächst modellierten Prozessstrukturen permanent weiterentwickelt werden.

[1] Algorithmus: *Verarbeitungsvorschrift*

[2] Industrie 4.0: *Einsatz moderner Informations- und Kommunikationsmechanismen im Rahmen von Fertigungs- und Wertschöpfungsstrukturen*

▶ IV • 1.5.1

2.7 Auftragsterminierung in der mittelfristigen Terminplanung

2.7.1 Faktor Zeit im Prozessmanagement

Industrieunternehmen erhalten jeden Tag viele Aufträge, die sie termingerecht und häufig parallel zueinander abwickeln müssen. Demgegenüber stehen die betriebsbedingt gegebenen Kapazitäten an Arbeitskräften und Produktionsmitteln. Das Ziel ist es, die Durchlaufzeit und Kapazitäten der Prozesse so optimal zu planen, dass es weder zu Unter- noch zu Überauslastungen einzelner Produktionsbereiche kommt.

Hierbei müssen die tatsächliche Bearbeitungszeit eines Gutes oder einer Dienstleistung, die Rüstzeit zum Umbau von Maschinen und die Transportzeit, die für die Weiterleitung an andere Arbeitssysteme oder Orte verstreicht, berücksichtigt werden. Hinzu kommt die Lagerzeit der Beschaffungs-, Produktions- oder Absatztätigkeiten und die Liegezeit, in der ein Gut zwischen Arbeitsschritten auf die Weiterverarbeitung wartet.

Die Durchlaufzeit
- **beschreibt die Zeitspanne, die bei der Produktion eines Gutes zwischen dem Beginn des ersten Arbeitsschrittes und dem Ende des letzten Arbeitsschrittes verstreicht;**
- **setzt sich aus der Ausführungs- und Rüstzeit, Transferzeit, Liegezeit und Lagerzeit zusammen und kann als Maß für die Beurteilung der Qualität eines Prozesses verwendet werden.**

Die Bewerkstelligung kurzer Durchlaufzeiten ist neben den Kosten und Qualitätsgesichtspunkten des Prozessmanagements ein entscheidender Faktor, um Wettbewerbsvorteile und Kundennutzen zu generieren. Durch eine genaue Terminplanung wird die Zeit der Kapitalbindung zwischen Auftragseingang und Auslieferung reduziert. So können durch die Sicherstellung eines zügigen Erlöseingangs Finanzierungskosten gespart werden. Zusätzlich minimieren kurze Liegezeiten und eine optimierte Planung der Beschaffungsvorgänge die Lagerkosten. Die Vermeidung von Terminüberschreitungen reduziert potenzielle Vertragsstrafen. Gleichzeitig wird durch eine exakte Terminplanung die Wahrscheinlichkeit reduziert, dass der Kunde aufgrund von Lieferverzögerungen oder Lieferausfällen unzufrieden ist oder gar zu einem Konkurrenten wechselt.

Ziele der Durchlaufplanung sind:
- Minimierung der Lagerkosten
- Minimierung der Finanzierungskosten
- Minimierung der möglichen Vertragsstrafen
- Aufrechterhaltung eines guten Unternehmensimages (Kundenzufriedenheit)

2.7.2 Termingrobplanung mit dem Gantt-Diagramm (Balkendiagramm)

Das Gantt-Diagramm ist ein Balkendiagramm oder Fristenplan, mit dem zeitliche Abfolgen von Verrichtungen in Form von Balken entlang einer Zeitachse dargestellt werden. Es unterstützt die **Termingrobplanung** eines Unternehmens.
Das Gantt-Diagramm gibt an,
- welche Aktivitäten im Zuge eines Projekts oder welche Arbeitsgänge im Zuge der Leistungserstellung durchgeführt werden müssen,
- wann diese Arbeitsgänge oder Aktivitäten beginnen und enden und
- welche Dauer für die jeweilige Aktivität oder den Arbeitsgang eingeplant ist.

Dabei kann es sich um die tatsächliche Fertigungszeit bei Eigenproduktion oder bei Fremdbezug um die Wiederbeschaffungszeit handeln. Die Anforderungen an die Reihenfolge, den Zeitverbrauch und die beanspruchten Betriebsmittel können dem Arbeitsplan entnommen werden.

Gleichzeitig können Überschneidungszeiträume sichtbar gemacht und grobe Start- und Endzeiten des Gesamtprojekts oder der Fertigungslinie angegeben werden. Im Anschluss werden die genauen Produktionstermine durch die Methode der Vorwärtsterminierung (progressive Methode) oder der Rückwärtsterminierung (retrograde[1] Methode) im Betriebskalender bestimmt.

[1] retrograd (lateinisch: retro = zurück, gradus = der Schritt): *zurückgehend*

- **Durchlaufterminierung mittels Vorwärtsterminierung**
  Bei der Vorwärtsterminierung werden beginnend von einem festgelegten Starttermin der frühestmögliche Fertigstellungs- bzw. Auslieferungstermin eines Gutes oder Projekts berechnet.
- **Durchlaufterminierung mittels Rückwärtsterminierung**
  Bei der Rückwärtsterminierung wird festgelegt, wann spätestens mit den Vorarbeiten eines Projekts oder den einzelnen Arbeitsgängen einer Fertigung begonnen werden muss, damit ein Gut, eine Dienstleistung oder ein Projekt zu einem bestimmten Zeitpunkt fertiggestellt ist. So wird ausgehend von einem Endtermin der späteste Starttermin von Vorgängen berechnet.

Methode	Vorwärtsterminierung	Rückwärtsterminierung
Ziel	Berechnung des frühestmöglichen Liefertermins	Berechnung des spätestmöglichen Fertigungs- oder Projektstarts
Vorteil	höhere Flexibilität und Terminsicherheit durch Pufferzeiten	Vermeidung von Liegezeiten, Lagerkosten und Kapitalbindungskosten
Nachteil	Generierung hoher Liegezeiten und damit Erhöhung von Lager- und Kapitalbindungskosten	Generierung eines möglichen Termindrucks durch die Reduktion oder Eliminierung von Pufferzeiten

Die Stamm KG hat aufgrund der hohen Nachfrage eine neue Apfel-Orangensaftmischung in ihr Produktsortiment aufgenommen. Für das neue Saftprodukt wurde ein grober Arbeitsplan erstellt. Da Zitrusfrüchte nicht immer auf denselben Maschinen bearbeitet werden können wie Äpfel, stehen an den Arbeitsgängen 1, 6, 7, 8, 9 getrennte Maschinen zur Verfügung. Darüber hinaus können einige Arbeitsgänge (z. B. Entfernung der Stiele und Schälen) parallel verlaufen. Die Produktionsleitung muss der Vertriebsabteilung den frühestmöglichen Termin der Fertigstellung der Charge Apfel-Orange mitteilen, der zu erreichen ist, wenn die Saftproduktion am 1. September beginnt. Um unnötigen Verderb der Ware durch lange Liegezeiten zu vermeiden, ist die Beschaffungsabteilung daran interessiert, den spätestmöglichen Produktionsstart genannt zu bekommen, der trotzdem sicherstellt, dass die Ware spätestens am 15. September abends versandfertig bereitsteht.

Arbeitsplan					
Apfel-Orangensaft-Fertigung 100 000 l					
	Arbeitsgänge	Durchlaufzeit		Arbeitsgänge	Durchlaufzeit
1	Waschen und Auslesen	Äpfel: 1 Tag Orangen: 1 Tag	6	Pressen	Äpfel: 1 Tag Orangen: 3 Tage
2	Entfernung der Stiele	Äpfel: 2 Tage Orangen: 0 Tage	7	Zentrifugieren	Äpfel: 2 Tage Orangen: 2 Tage
3	Früchtesortierung	Äpfel: 0 Tage Orangen: 1 Tag	8	Filtrieren	Äpfel: 1 Tag Orangen: 1 Tag
4	Schälen der Früchte	Äpfel: 0 Tage Orangen: 1 Tag	9	Pasteurisieren	Äpfel: 1 Tag Orangen: 1 Tag
5	Zerkleinern	Äpfel: 2 Tage Orangen: 0 Tage	10	Abfüllen	Äpfel: 1 Tag Orangen: 1 Tag

Durchlaufterminierung mittels Vorwärtsterminierung

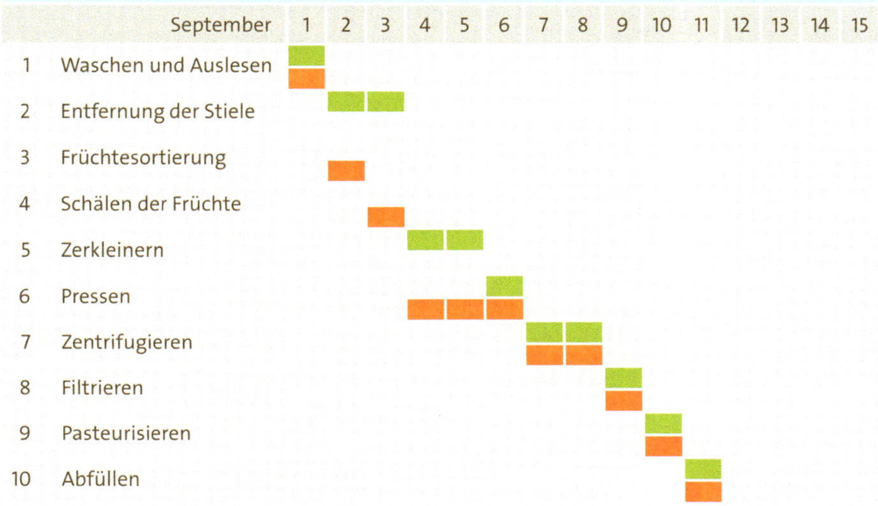

grüner Balken = Äpfel, oranger Balken = Orangen

Gemäß des Balkendiagramms kann die Charge Apfel-Orange innerhalb von 11 Tagen produziert werden. Durch Überlappungen in der Produktion kann die Durchlaufzeit erheblich verkürzt werden.

Durchlaufterminierung mittels Rückwärtsterminierung

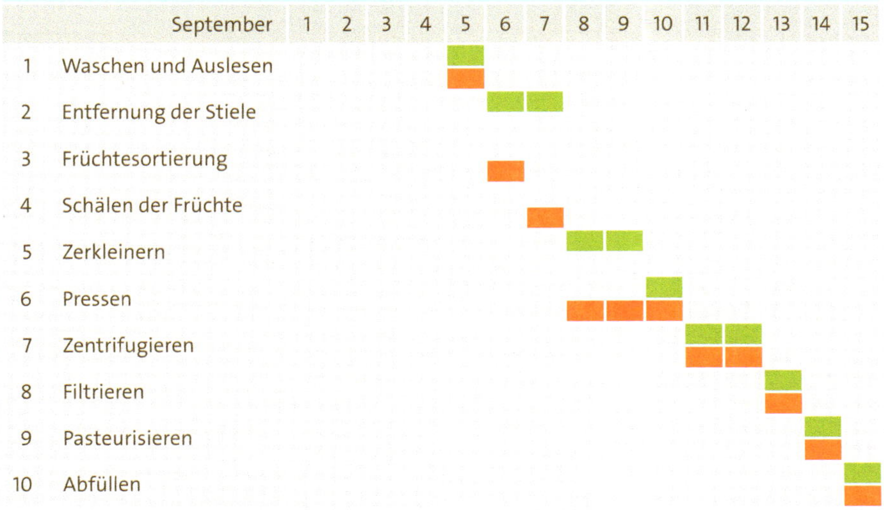

grüner Balken = Äpfel, oranger Balken = Orangen

Ausgehend vom spätesten Fertigstellungstermin am 15. September muss mit der Fertigung spätestens am 5. September begonnen werden, um eine fristgerechte Auslieferung zu gewährleisten. Durch Überlappungen in der Produktion kann die Durchlaufzeit erheblich verkürzt werden.

2.8 Kapazitätsplanung durch den Maschinenbelegungsplan

Die Möglichkeit der Optimierung von Durchlaufzeiten hängt weitestgehend von den Kapazitäten eines Unternehmens ab. Nur unter der Voraussetzung, dass alle Produktionssysteme zur Verfügung stehen, kann die optimale Durchlaufzeit erreicht werden.

Die Kapazität ist das maximale Produktionsvermögen eines Unternehmens, eines Betriebs oder einer Maschine innerhalb einer bestimmten Periode (= Zeitabschnitt).

Zur Vermeidung von Ablaufstörungen müssen daher zunächst die gewünschten Sollkapazitäten, d. h. der durch die Auftragseingänge bestimmte Kapazitätsbedarf, mit den im Unternehmen vorhandenen Istkapazitäten verglichen werden.

Soll-Ist-Vergleich der Kapazitätsauslastung

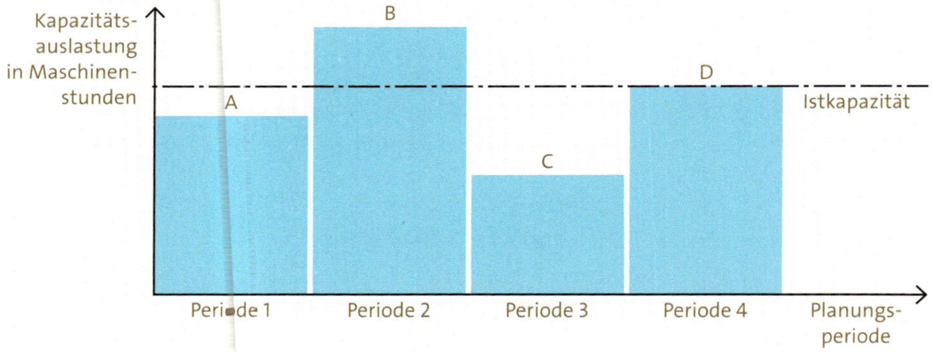

Die Fälle A und C zeigen einen Betrieb im Zustand der Unterbeschäftigung. Die vorhandenen Istkapazitäten sind nicht ausgelastet. Es kommt zu Leerzeiten, die zu Kosten (Leerkosten), aber nicht zur Produktivitätssteigerung führen. Dieser Situation kann durch Kapazitätsverminderungen in Form von Kurzarbeit oder der Stilllegung von Maschinen entgegengewirkt werden. Eine weitere Möglichkeit besteht in der Erhöhung der Auslastung durch die Hereinnahme von Zusatzaufträgen, der Terminverlagerung, um späteren Engpässen entgegenzuwirken, oder der Nutzung der Zeit für die Instandhaltung des Maschinenparks.

Im Fall B kommt es aufgrund von Überbeschäftigung zu einem Produktionsengpass und damit zu erhöhten Liegezeiten. Dem kann durch die Einführung von Überstunden und Zusatzschichten oder schnelleren Taktzeiten entgegengewirkt werden. Auf lange Sicht muss sich das Unternehmen über eine Ausweitung der Produktionskapazitäten in Form von Investitionen in Betriebsmittel oder eventuell der Auslagerung und Fremdvergabe von Produktionsgängen Gedanken machen.

Im Fall D entspricht die vorhandene Istkapazität der benötigen Sollkapazität. In dieser Situation sind die Kapazitäten optimal ausgelastet und es kann das Gewinnmaximum erreicht werden.

Um die Maschinen auszulasten und gleichzeitig die Kosten durch geringe Durchlaufzeiten zu minimieren, wird die Maschinenbelegungsplanung durchgeführt. Dabei stehen die Verantwortlichen dem **Dilemma der Ablaufplanung** gegenüber.

Sollen Leerkosten durch zu geringe Kapazitätsauslastung vermieden werden, muss sich die Unternehmensführung um Zusatzaufträge bemühen. Gleichzeitig steigen durch eine hohe Auslastung der Kapazität (z. B. aufgrund steigender Rüstzeiten) in der Regel aber die Durchlaufzeiten. Beide Ziele stehen also in Konflikt zueinander und müssen durch die Priorisierung und Sortierung von Aufträgen aufeinander abgestimmt werden.

Der **Maschinenbelegungsplan** ordnet Maschinen Produktionsaufträge zu und bestimmt die Reihenfolge der Abarbeitung.

Zur Optimierung der Maschinenbelegung werden in der Praxis verschiedene Prioritätsregeln verwendet. Sie geben an, welcher Auftrag an einer Maschine zuerst bearbeitet wird.

Prioritätsregeln	Es wird der Auftrag zuerst bearbeitet, ...
kürzeste Operationszeit[1] (KOZ)	... der die kürzeste Operationszeit auf der jeweiligen Maschine hat. Die Anordnung der Folgeaufträge erfolgt entsprechend.
längste Operationszeit (LOZ)	... der die längste Bearbeitungszeit auf der jeweiligen Maschine hat. Die Anordnung der Folgeaufträge erfolgt entsprechend.
frühester Fertigstellungstermin (FFT-Regel)	... der den frühesten Liefer- oder Fertigstellungstermin hat.
geringste Umrüstungskosten (SCC-Regel = smallest setup costs)	... der die geringsten Umrüstungskosten der Maschinen verursacht.
längste Wartezeit (first-come-first-serve)	... der die längste Wartezeit an der Maschine ausweist.
kürzeste Wartezeit (last-come-first serve)	... der zuletzt an der Maschine angekommen ist.
kleinste Gesamtbearbeitungszeit (KGB)	... der die kürzeste Gesamtdurchlaufzeit hat.
größte Gesamtbearbeitungszeit (GGB)	... der die längste Durchlaufzeit hat.
Summe der ausstehenden Bearbeitungszeit (MWKR/LWKR-Regel = most/least work remaining)	... der die größte bzw. kleinste Summe der noch ausstehenden Bearbeitungszeiten aufweist.
Schlupf-Regel (Slack-Regel)	... der die kleinste Schlupfzeit ausweist. Schlupfzeit ist die Differenz aus der verbleibenden Zeit bis zum fixierten Fertigstellungstermin und der Summe der verbleibenden Bearbeitungszeiten.

[1] Operationszeit: *Bearbeitungszeit*

In der Praxis werden zur Lösung komplexer Maschinenbelegungssysteme häufig computergesteuerte Produktionsplanungssysteme eingesetzt.

Beispiel der Durchführung für eine Maschinenbelegung

Für die Metallbearbeitung der Sparte Werkstattmobiliar hat die Driller Werkzeugbau GmbH eine eigene Produktionslinie eingerichtet. Dort gibt es drei Maschinenarbeitsplätze.
M1: Bohrmaschine M2: Schleifmaschine M3: Biegemaschine
Es liegen aktuell drei Kundenaufträge für Arbeitstische vor, deren Arbeitsplatte an den drei Maschinen zu bearbeiten ist. Der Planungszeitraum beginnt mit dem Betriebskalendertag 15 (1 Woche = 5 Betriebskalendertage).

Arbeitsvorgangsplan

	Arbeitsvorgang 1		Arbeitsvorgang 2		Arbeitsvorgang 3	
	Maschine	Tage	Maschine	Tage	Maschine	Tage
Auftrag 1 (A1)	M3	2	M1	1,5	M2	1
Auftrag 2 (A2)	M1	1,5	M2	2	M3	1
Auftrag 3 (A3)	M2	1,5	M3	1	M1	1,5

1. Schritt: Erstellung eines Auftragsfolgediagramms
Zur genaueren Produktionsvorbereitung erstellt der Produktionsassistent Samuel Wolf mithilfe des Arbeitsvorgangsplans ein Auftragsfolgediagramm. Es stellt horizontal die Aufträge und vertikal die Belegung der benötigten Maschinen dar.
Gemäß der innerbetrieblichen Vorgabe sollen die Aufträge nach der First-come-first-serve Regel, d. h. in der Reihenfolge ihres zeitlichen Eingangs (Nr. 1–3), bearbeitet werden.

Auftragsfolgediagramm (Beginn Betriebskalendertag [BKT] 15)

BKT	15		16		17		18		19	
	Vorm.	Nachm.	Vorm.	Nachm.	Vorm.	Nachm.	Vorm.	Nachm.	Vorm.	Nachm.
A1	M3	M3	M3	M3	M1	M1	M1	M2	M2	
A2	M1	M1	M1	M2	M2	M2	M2	M3	M3	
A3	M2	M2	M2		M3	M3		M1	M1	M1

Aus dem Auftragsfolgediagramm lässt sich ablesen, dass die Aufträge 1 und 2 am Vormittag des 19. Betriebskalendertags abgeschlossen sein werden. Auftrag 3 kann am Nachmittag des 19. Betriebskalendertags abgeschlossen werden.

2. Schritt: Erstellung des Maschinenbelegungsplans
Für eine Übersicht der Auslastungs- und Stillstandszeiten der Maschinen erstellt Herr Wolf im Anschluss den Maschinenbelegungsplan. Er weist horizontal die vorhandenen Maschinen und auf der vertikalen Zeitachse die vorhandenen Aufträge aus.

BKT	15		16		17		18		19	
	Vorm.	Nachm.	Vorm.	Nachm.	Vorm.	Nachm.	Vorm.	Nachm.	Vorm.	Nachm.
M1	A2	A2	A2		A1	A1	A1	A3	A3	A3
M2	A3	A3	A3	A2	A2	A2	A2	A1	A1	
M3	A1	A1	A1	A1	A3	A3		A2	A2	

Die im Maschinenbelegungsplan weiß hinterlegten Felder stellen Leerzeiten dar, die zur Wartung der jeweiligen Maschine genutzt werden können.

Ablauf der Maschinenbelegungsplanung
1. Festlegung der zu verwendenden Prioritätsregelung gemäß der Zielsetzung des Unternehmens
2. Priorisierung und Sortierung der vorliegenden Aufträge im Auftragsfolgediagramm
3. Terminierung und Zuordnung der Aufträge zu den Maschinen im Maschinenbelegungsplan

Aufgaben zu Kapitel 2

zusätzliche Aufgaben zu Kapitel 2
▶ Webcode WGW_IV_2_A-Zusatz

1. Erklären Sie den Unterschied zwischen der Ablauf- und der Aufbauorganisation eines Unternehmens.
2. Stellen Sie die Vor- und Nachteile der funktionalen Organisation, der Spartenorganisation, der Stablinienorganisation und der Matrixorganisation in einer Übersicht dar.▶

Vorlage der Übersicht
▶ Webcode WGW_IV_2_A2

3. Analysieren Sie die Organigramme der Driller Werkzeugbau GmbH und der Stamm KG.▶

Organigramme
▶ Webcode WGW_IV_2_A3

   3.1 Erläutern Sie, welcher Gruppe von Industriebetrieben die beiden Unternehmen zuzuordnen sind.
   3.2 Erläutern Sie, welche Organisationsstrukturen bei den beiden Unternehmen zum Einsatz kommen.
   3.3 Erläutern Sie anhand des Organigramms der Driller Werkzeugbau GmbH die betrieblichen Funktionsbereiche und deren Aufgaben.
   3.4 Nach welchem Organisationsprinzip erfolgte die Abteilungsbildung bei der Stamm KG?
   3.5 Welche Aufgabe übernimmt die Geschäftsleitung im Rahmen dieser Organisationsstruktur?
4. Die Einrichtung selbstständiger Divisionen bei der Stamm KG zeigte sich schnell als Erfolg. Die Mitarbeiter sind Experten ihres Geschäftsbereichs und durch eine gute Zusammenarbeit der Marketing- und Produktionsabteilung in den Divisionen ist es möglich, sich ändernde Nachfragestrukturen und die Angebote der Konkurrenz im Blick zu behalten und somit schnell Produktverbesserungen und Neuentwicklungen auf den Markt zu bringen. Immer häufiger kommt es jedoch zu Klagen und Ärger mit der Geschäftsleitung, da die Bereiche Rechnungswesen und Controlling der einzelnen Divisionen ihre Daten oft unvollständig und häufig zu spät weiterleiten. Dies wurde bereits bei der letzten Steuerprüfung bemängelt.
   4.1 Erläutern Sie der Geschäftsführung, wie sie dieses Problem beheben könnte.
   4.2 Skizzieren Sie das hierzu benötigte Organigramm.
5. Nach zwei sehr erfolgreichen Geschäftsjahren plant die Geschäftsleitung der Stamm KG im Zuge der strategischen Planung, neue Absatzmärkte zu eröffnen. Bereits nach kurzer Zeit muss sie allerdings feststellen, dass aufgrund der hohen Belastung der Geschäftsleitungsmitglieder diese Tätigkeit auf längere Sicht nicht selbstständig durchgeführt werden kann. Herr Fuchs, Mitglied der Geschäftsleitung, schlägt die Bildung einer Stabsfunktion für die Absatzmarktplanung vor.

5.1 Erläutern Sie die Tätigkeit und die Eingliederung einer Stabsabteilung in der bestehenden Organisationsstruktur.

5.2 Skizzieren das hierzu benötigte Organigramm.

5.3 Welche Vor- und Nachteile entstehen durch die Einrichtung einer Stabsstelle?

6. Aufgrund des steigenden Konkurrenzdrucks sieht sich die Driller Werkzeugbau GmbH gezwungen, zukünftig auch neue Absatzmärkte in Asien zu erschließen. Eine Verlegung von Produktionsstandorten oder die Eröffnung von Vertriebsbüros im Ausland ist bislang nicht geplant. Skizzieren Sie ein Organigramm, das die internationale Tätigkeit im Rahmen der bisherigen Organisationsstruktur berücksichtigt.

7. Die Simontex AG mit Sitz in Esslingen ist spezialisiert auf die Entwicklung von Spielzeugen aller Art. Hierzu wurden die Abteilungen Entwicklung, Beschaffung, Produktion und Absatz gebildet. Zeitgleich wurden international starke lokale Tochtergesellschaften in Frankreich, Oslo und auch Singapur eröffnet, die die Anpassung der Produkte an die regionalen Gegebenheiten sicherstellen sollen. Ein Unternehmensberater schlägt die Formierung einer Matrixstruktur vor.

7.1 Zeichnen Sie auf Basis der oben genannten Informationen eine mögliche Matrixstruktur für die Simontex AG und erläutern Sie ihren Aufbau.

7.2 Erläutern Sie das Ziel und die Vorteile dieser Organisationsstruktur.

7.3 Welche Probleme entstehen durch die Bildung einer Matrixstruktur?

8. Erläutern Sie die Begriffe *Wertschöpfung* und *Marge* anhand des Beispiels eines Automobilherstellers.

9. Erläutern Sie die Begriffe *Kern-*, *Unterstützungs-* und *Managementprozess* und stellen Sie die Zusammenhänge zwischen den Prozessen dar.

Belege
► Webcode WGW_IV_2_A10

10. Bei der Stamm KG werden im Rahmen des Geschäftsprozesses *Auftragsabwicklung* verschiedene Belege ► erstellt und verarbeitet.

10.1 Studieren Sie die im Webcode hinterlegten Belege und bringen Sie sie im Hinblick auf den Geschäftsprozess in eine logische Reihenfolge.

10.2 Erstellen Sie ein Plakat, auf dem Sie unter Zuhilfenahme der Belege den Ablauf vom Eingang der Kundenanfrage bis zur Endverarbeitung visualisieren.

10.3 Erläutern Sie Art und Inhalte der einzelnen Belegarten und ihre rechtliche Bedeutung bei der Entstehung von Kaufverträgen.

10.4 Ab wann ist rechtlich gesehen ein Kaufvertrag zustande gekommen?

10.5 Erläutern Sie die wesentlichen Aufgaben der für den jeweiligen Beleg zuständigen Abteilung.

10.6 Erläutern Sie mögliche Schnittstellenproblematiken, die den Ablauf des Geschäftsprozesses *Auftragsabwicklung* verzögern könnten. Gehen Sie auch auf mögliche Lösungsvorschläge zur Behebung der Schnittstellenproblematik ein.

11. 11.1 Erläutern Sie den Begriff *Supply-Chain-Management*.

11.2 Welche Methoden und Werkzeuge werden im Rahmen des Supply-Chain-Managements genutzt, um mögliche Schnittstellenproblematiken zu verringern?

12. In der Driller Werkzeugbau GmbH kommt es in der Abteilung Rechnungswesen aufgrund ungeordneter Strukturen immer häufiger zu verspätet angewiesenen Zahlungen. Der Abteilungsleiter Herr Woll schlägt vor, den bisherigen Ablauf des Geschäftsprozesses zur Bearbeitung von Eingangsrechnungen neu zu strukturieren. Sobald die Eingangsrechnung in der lokalen Postsammelstelle eingeht, wird sie vom zuständigen Mitarbeiter mit einem Eingangs- und Datumsstempel versehen. Die

Poststelle leitet dann die Rechnung an das Rechnungswesen weiter, das den Beleg auf sachliche und wertmäßige Richtigkeit prüft. Dies geschieht mithilfe der Lieferanten-, Bestell-, und Lagerdatei des Warenwirtschaftsprogramms. Im nächsten Schritt soll die Rechnung verbucht und danach für die Ablage digitalisiert werden.
Visualisieren Sie die Abläufe des geschilderten Geschäftsprozesses *Bearbeitung einer Eingangsrechnung* mit einer ereignisgesteuerten Prozesskette und erläutern Sie Ihre Vorgehensweise.

13. Erläutern Sie das Dilemma der Ablaufplanung anhand eines selbst gewählten Beispiels.

14. Die Driller Werkzeugbau GmbH möchte ihre Geschäftsprozesse in der Produktion optimieren, um damit die Zahl der verspätet ausgelieferten Aufträge zu reduzieren. Der Produktionsleiter hat die Möglichkeit, im Rahmen der Produktionsplanung die Prioritätsregel First-come-first-serve oder die des frühesten Fertigstellungstermins oder die Regel der kürzesten Gesamtbearbeitungszeit anzuwenden.
Eine Übersicht ► der Auftragseingänge, deren Bearbeitungsdauer und die geplanten Fertigstellungstermine wurde Ihnen von der Geschäftsleitung online zur Verfügung gestellt.
Berechnen Sie für alle angewendeten Prioritätsregeln die Fertigstellungstermine der Einzelaufträge und ggf. deren Verspätung im Rahmen des Gesamtauftrags.

Übersicht
► Webcode
WGW_IV_2_A14

Zusammenfassung: 2 Betriebliche Organisation und Prozessmanagement

Interaktive Übung „Multiple-Choice-Test“

Organisation
= Einführung von Regeln und Strukturen zur Umsetzung regelmäßig wiederkehrender, gleichartiger Aufgaben

Organisationsformen

Aufbauorganisation
- hierarchisches Grundgerüst des Unternehmens
- Gliederung nach Stellen, Abteilungen und Instanzen

Ablauforganisation
Definition von Arbeitsprozessen durch Regelung von Beziehungen und Koordination von Arbeitsschritten

Wichtige Funktionsbereiche der Unternehmen

primäre Funktionen
- Beschaffung
- Produktion
- Absatz

sekundäre Funktionen
- Personal
- Investition und Finanzierung
- Rechnungswesen
- Controlling

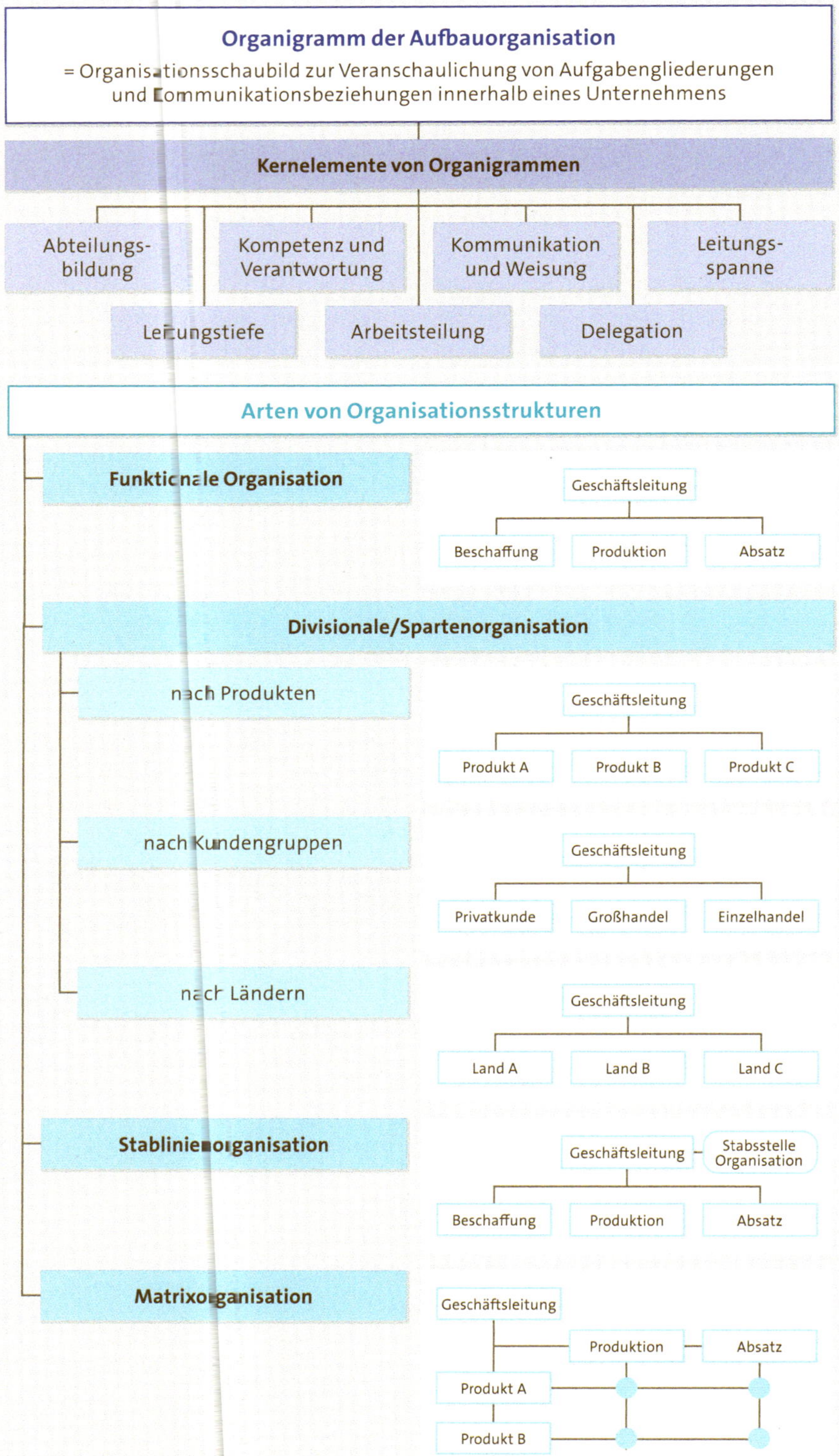
Organigramm der Aufbauorganisation
= Organisationsschaubild zur Veranschaulichung von Aufgabengliederungen und Kommunikationsbeziehungen innerhalb eines Unternehmens
Kernelemente von Organigrammen
Abteilungsbildung
Kompetenz und Verantwortung
Kommunikation und Weisung
Leitungsspanne
Leitungstiefe
Arbeitsteilung
Delegation
Arten von Organisationsstrukturen
Funktionale Organisation
Geschäftsleitung
Beschaffung
Produktion
Absatz
Divisionale/Spartenorganisation
nach Produkten
Geschäftsleitung
Produkt A
Produkt B
Produkt C
nach Kundengruppen
Geschäftsleitung
Privatkunde
Großhandel
Einzelhandel
nach Ländern
Geschäftsleitung
Land A
Land B
Land C
Stablinienorganisation
Geschäftsleitung
Stabsstelle Organisation
Beschaffung
Produktion
Absatz
Matrixorganisation
Geschäftsleitung
Produktion
Absatz
Produkt A
Produkt B

Wertschöpfungsprozesse

Wertschöpfung = Differenz zwischen dem Wert des Outputs
(Erlös zu Markt- oder Verrechnungspreisen)
und dem Wert des Inputs (eingebrachte Vorleistungen)

Arten von Prozessen

Prozess = wiederkehrende Folge von verbundenen Aktivitäten,
d. h. Arbeitsschritte, die immer in der gleichen Reihenfolge durchgeführt werden

Kernprozesse	Unterstützungsprozesse	Managementprozesse
• unternehmensspezifische Kernkompetenz • direkter Kundennutzen • direkter Beitrag zur Wertschöpfung, z. B. Absatz, Beschaffung, Produktion	• Unterstützung der Ausführung der Kernprozesse • Sicherstellung der Betriebsbereitschaft, z. B. Rechnungswesen	• Steuerung, Planung und Kontrolle des Unternehmens, z. B. Strategieentwicklung

Geschäftsprozessoptimierung

Geschäftsprozess = Folge von zusammenhängenden Abläufen, die sich über
mehrere Organisationseinheiten erstrecken und damit die Gesamtsicht über
Unternehmensabläufe vom Kundenauftrag bis zur Auslieferung bieten

Supply-Chain-Management	Terminplanung	Reihenfolgeplanung
plant, steuert und optimiert den Fluss von Waren, Informationen und Geld über die komplette Länge einer Wertschöpfungskette	Methoden: z. B. Vorwärtsterminierung, Rückwärtsterminierung, Maschinenbelegungsplan	Methoden: z. B. ereignisgesteuerte Prozesskette

Ziele der Geschäftsprozessorientierung:

- Verkürzung der Durchlaufzeiten
- Erhöhung der Prozessqualität
- Überwindung der Schnittstellenproblematik
- Minimierung der Prozesskosten

3 Personalwirtschaft

Die Driller Werkzeugbau GmbH kann auf ein erfolgreiches Geschäftsjahr zurückblicken. Nachdem auch die Absatzprognosen für die kommenden Jahre sehr gut aussehen, meldet die Abteilung Einkauf bei der Geschäftsleitung und der Personalabteilung einen erhöhten Personalbedarf an. Im Anschluss an eine durchgeführte Personalbedarfsrechnung erhält die Personalabteilung den Auftrag, für das kommende Quartal eine Mitarbeiterin oder einen Mitarbeiter im Bereich Einkauf einzustellen.

Welche Aufgaben erfüllt der Bereich Personalwirtschaft für ein Unternehmen? Welche Tätigkeiten müssen bis zur Einstellung einer Mitarbeiterin oder eines Mitarbeiters durchgeführt werden und welche Anforderungen stellt das Gesetz an einen Arbeitsvertrag und dessen Auflösung im Rahmen einer Kündigung?

3.1 Aufgaben der Personalwirtschaft

Die Hauptaufgabe des Personalmanagements ist die Bereitstellung geeigneter Arbeitskräfte zur richtigen Zeit, am richtigen Ort und in ausreichender Anzahl.

Um diese Aufgabe in die Tat umzusetzen, müssen nicht nur der Personalbedarf geplant und neue Mitarbeiter eingestellt, verwaltet und entlohnt werden. Vielmehr muss das Personalmanagement bei seinen Entscheidungen immer gemäß dem ökonomischen Prinzip ▸ auf ein ausgewogenes Verhältnis zwischen Personalkosten und Personaloutput achten. Darüber hinaus gilt es, die vorhandene Mitarbeiterschaft zu beurteilen und durch gezielte Fördermaßnahmen weiterzuentwickeln.

ökonomisches Prinzip
▶ I • 1.4

Auch das Arbeitsumfeld muss weiterentwickelt werden. So können einzelne Bausteine wie z. B. eine gerechte Entlohnung, ein gutes Betriebsklima, der Ausbau ergonomischer Arbeitsplätze oder andere freiwillige Sozialleistungen ▸ des Unternehmens dazu dienen, die Arbeitskraft der Beschäftigten zu erhalten und zu fördern.

freiwillige Sozialleistungen
▶ IV • 3.5.3

Besteht Personalüberschuss im Unternehmen, muss ggf. auch der Personalbestand durch Personalfreisetzung (z. B. Kündigung oder Altersteilzeit) reduziert werden.

Aufgaben der Personalwirtschaft

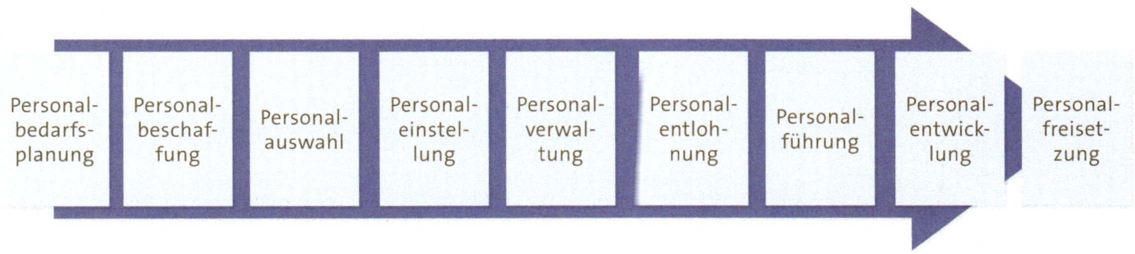

3.2 Personalbeschaffung

3.2.1 Planung des Personalbedarfs

Unternehmen müssen stets in der Lage sein, flexibel auf das sich verändernde Umfeld zu reagieren. Die Eröffnung neuer Märkte oder Absatzwege und eine sich verändernde Nachfrage kann Einfluss auf den Personalbedarf des Unternehmens haben. Deshalb sollten Unternehmen regelmäßig im Rahmen einer **quantitativen Bedarfsanalyse** prüfen, ob sie mit Blick auf den Personalstand über- oder unterbesetzt sind.

Im Falle eines festgestellten Personalbedarfs werden im Zuge der **qualitativen Bedarfsanalyse** in einer Stellenbeschreibung die Aufgaben- und Veranwortungsbereiche, Kompetenzen und die Einordnung der zu besetzenden Stelle in der Unternehmensorganisation festgehalten. Hieraus wird das Anforderungsprofil abgeleitet, das auch die Grundlage für eine Stellenausschreibung ist.

3.2.2 Interne und externe Personalbeschaffung

Wird in einem Unternehmen ein Personalbedarf festgestellt, wird die Stelle in der Regel über verschiedene Kommunikationskanäle, wie z. B. Stellenanzeigen in Fachzeitschriften, bei der Arbeitsvermittlung der Bundesagentur für Arbeit, auf Jobbörsen im Internet oder bei Karrieremessen, ausgeschrieben oder an einen Anbieter für Personaldienstleistungen weitergereicht (Stellenausschreibung).

Erfolgt die Stellenbesetzung durch die Akquise[1] neuer, bislang betriebsfremder Mitarbeiter, spricht man von externer Personalbeschaffung.

[1] Akquise (lateinisch: acquirere = erwerben): *Maßnahmen zur Gewinnung von Mitarbeitern, Kunden, ...*

Weitere unternehmensinterne Optionen ergeben sich durch die Veröffentlichung der Stellenanzeige im Firmenintranet oder der Mitarbeiterzeitschrift. Ebenso möglich ist die Übernahme von Auszubildenden oder eine Umwandlung von Teil- in Vollzeitarbeitsverhältnisse sowie die gezielte Nutzung von Weiterbildungsmaßnahmen und Personalentwicklungsgesprächen zur Akquise bereits vorhandener Mitarbeiter.

Erfolgt die Stellenbesetzung durch Beförderung oder Personalverschiebung zwischen einzelnen Abteilungen und bereits angestellten Arbeitnehmern, spricht man von interner Personalbeschaffung.

Sowohl die interne als auch die externe Personalbeschaffung weisen Vorteile und Nachteile auf:

	Interne Personalbeschaffung	Externe Personalbeschaffung
Vorteile	• Zeit- und Kostenersparnis im Rekrutierungsprozess • geringe Einarbeitungszeit, da der Bewerber das Unternehmen bereits kennt • Nutzung zur Mitarbeitermotivation und zur Reduzierung der Fluktuation durch Aufstiegschancen möglich	• Mitarbeiter bringen neues Know-how und evtl. auch Wissen über Wettbewerber mit. • bei überzähligen Bewerbungen Möglichkeit zur Schaffung eines Talentpools für zukünftige Stellenausschreibungen • geringere Fortbildungskosten, da Personalauswahl zielgerichtet erfolgen kann
Nachteile	• Die Beförderung von Kollegen kann zu Neid und Missgunst in der Belegschaft führen. • Die Versetzung eines Kollegen schafft neue Vakanzen[2] in der bisherigen Abteilung. • Gefahr der Betriebsblindheit bestehender Mitarbeiter	• Der Rekrutierungsprozess ist sehr zeit- und kostenintensiv. • Neue Mitarbeiter müssen in Unternehmensstrukturen und Prozesse eingearbeitet werden. • höheres Risiko einer Fehlbesetzung, da der Mitarbeiter noch nicht bekannt ist und nicht eingeschätzt werden kann

[2] Vakanz: *unbesetztes Amt oder Arbeitsstelle*

3.3 Personalauswahl

3.3.1 Ablauf der Personalauswahl

Die Bewerbung der Interessenten erfolgt über ein Onlineportal, per E-Mail oder mittels der klassischen Papierbewerbung. Um hohe Folgekosten durch Fehlbesetzungen zu vermeiden, wird im Rahmen der Personalauswahl der am besten geeignete Bewerber für die zu besetzende Stelle gesucht. Mögliche Bewerber werden im Auswahlprozess auf folgende Kriterien überprüft:

Kriterien bei der Personalauswahl

Leistungsfähigkeit	Leistungswille	Entwicklungsmöglichkeiten	Leistungspotenzial
Wie weit stimmt das Anforderungsprofil mit den Fähigkeiten des Bewerbers überein?	Ist der Bewerber bereit, seinen Fähigkeiten entsprechende Leistungen zu erbringen und den Erwartungen des Unternehmens gerecht zu werden?	Meist stimmen die Anforderungen und die Qualifikationen nicht hundertprozentig überein. Liegen die Qualifikationen unter den Anforderungen, stellt sich die Frage, inwieweit der Bewerber durch geeignete Fortbildungsmaßnahmen für die Stelle ausgebildet werden kann.	Inwieweit kommt der Bewerber zu einem späteren Zeitpunkt für höherwertige Aufgaben infrage?

Bei der Personalauswahl wird häufig in den folgenden vier Schritten vorgegangen:

- **Analyse der Bewerbungsunterlagen**

In einem ersten Schritt werden die eingegangenen Bewerbungsunterlagen, in der Regel bestehend aus Anschreiben, Lebenslauf, Zeugnissen und Referenzen[1], auf Inhalt und Form überprüft. Dieser Schritt dient der Vorselektion und liefert Informationen über den bisherigen Werdegang und die künftigen Entwicklungsvorstellungen der Bewerber. Eine Variante der Auswertung von Bewerbungen ist die Nutzung einer Entscheidungsbewertungstabelle.

Vorgehensweise der Bewertung mithilfe einer Entscheidungsbewertungstabelle

1 Definition von relevanten qualitativen Bewertungskriterien
2 Gewichtung der Bewertungskriterien nach Wichtigkeit für das Unternehmen auf einer Skala von 1 bis 5. Sehr wichtige Kriterien erhalten die Maximalpunktzahl 5, weniger wichtige werden mit der Gewichtung 1 bewertet.
3 Bewertung der individuellen Bewerberleistungen auf einer Skala von 1 bis 5. Eine sehr gute Zielerreichung des Bewertungskriteriums erhält dabei die Bewertungspunktzahl 5, eine mangelhaft bewertete Leistung erhält die Note 1.
4 Multiplikation der Bewertungspunkte mit der jeweiligen Gewichtung
5 Das Gesamtergebnis ergibt sich durch die Addition der einzelnen gewichteten Bewertungen.
6 Die Entscheidung fällt für den Bewerber mit der höchsten Gesamtpunktzahl.

[1] Referenz: *von einer Vertrauensperson gegebene (lobende) Beurteilung, Empfehlung*

Entscheidungsbewertungstabelle					
		Bewerber 1		Bewerber 2	
Kriterien	**Gewichtung**	**Bewertung**	**gewichtete Bewertung**	**Bewertung**	**gewichtete Bewertung**
Anschreiben Formalien, Rechtschreibung, Satzbau korrekt	3	3	9	4	12
Anschreiben Überzeugungskraft, Angabe von Motivation und Beweggründen	5	2	10	5	25
Lebenslauf chronologischer und lückenloser Eindruck über persönliche und berufliche Entwicklung möglich?	4	5	20	5	20
Arbeitszeugnisse und Referenzen	4	4	16	3	12
Schulbildung	2	3	6	4	8
Berufsausbildung/Studium	5	3	15	4	20
Zusatzqualifikationen	2	4	8	3	6
Berufserfahrung	3	4	12	4	12
Sprachkenntnisse	2	2	4	4	8
Führungserfahrung	2	3	6	5	10
Gesamtergebnis			**106**		**133**
Rang			**2**		**1**

Gewichtung der Kriterien: 5 = sehr hoch, 4 = hoch, 3 = mittel, 2 = gering, 1 = sehr gering
Bewertung der Kriterien: 5 = sehr gut, 4 = gut, 3 = befriedigend, 4 = ausreichend, 1 = mangelhaft

Testen der Bewerber mithilfe von Auswahlverfahren

Darüber hinaus werden insbesondere bei großen Unternehmen Tests und Auswahlverfahren, wie z. B. Assessment-Center, durchgeführt. Hierbei handelt es sich um standardisierte Verfahren zur Messung des Verhaltens oder der Eigenschaften von Personen. Damit werden insbesondere die Leistungsfähigkeit und Schlüsselqualifikationen, wie z. B. Kommunikationsfähigkeit, Teamfähigkeit, Führungs- und Durchsetzungsfähigkeit, sowie die Belastbarkeit der einzelnen Bewerber genauer unter die Lupe genommen.

Vorstellungsgespräch

Im Anschluss an die Auswahlverfahren erfolgt das persönliche Kennenlernen im Rahmen eines Vorstellungsgesprächs. Dies ermöglicht den Personalverantwortlichen die Klärung von Lücken oder Ungereimtheiten in den Bewerbungsunterlagen. Viel wichtiger ist jedoch, dass sich die Unternehmensvertreter ein persönliches Bild von dem Auftreten, der Kommunikationsfähigkeit und der persönlichen Motivation des Bewerbers machen können. Häufig nimmt an diesem Gespräch neben dem Vertreter der Personalabteilung auch ein Mitglied des Betriebsrats, der zukünftige direkte Vorgesetzte oder je nach Relevanz der zu besetzenden Stelle auch ein Mitglied der Geschäftsleitung teil.

Methoden zur Beurteilung von Bewerbern

Beurteilungsmethoden

Testverfahren

Psychologischen Einstellungstests liegt die Annahme zugrunde, dass sich die Bewerber durch eine Reihe relativ stabiler Persönlichkeitsmerkmale unterscheiden. Sie lassen Schlüsse auf die zukünftige Leistungsfähigkeit der getesteten Personen zu. Man unterscheidet Intelligenz-, Leistungs- und Persönlichkeitstests.

Job-Interview/ Vorstellungsgespräch

Kann in verschiedenen Phasen eingesetzt werden. Es wird unterschieden zwischen:

- Einführungsinterview: Es dient einem ersten Informationsaustausch und einer Vorselektion. Der Bewerber soll einen ersten Einblick ins Unternehmen erhalten. Die Anforderungen an ihn und seine Aufgabenbereiche werden präzisiert.
- Einstellungsinterview: Es findet in einer späteren Phase des Verfahrens statt und ergänzt die bisherigen Informationen. Meist werden dabei erste Verhandlungen geführt, in denen es oft um Gehaltsvorstellungen, Arbeitszeiten und -bedingungen geht.

Assessment-Center

Dies ist ein komplexes und standardisiertes Verfahren zur Beurteilung von Bewerbern. Mehrere Bewerber und mehrere Beurteiler nehmen gleichzeitig daran teil. Meist werden mehrere Beurteilungsverfahren eingesetzt, z. B. Fallstudie, Gruppendiskussion oder Rollenspiele. Deshalb kann ein solches Verfahren mehrere Tage dauern.

Einstellung, Abschluss des Arbeitsvertrags

Sollte das Vorstellungsgespräch für alle Seiten erfolgreich verlaufen sein, erfolgt in einem vierten Schritt die Einstellung des Bewerbers und der Abschluss des Arbeitsvertrags.

3.3.2 Arbeitsrechtliche Bestimmungen der Personalauswahl

Die Tätigkeiten Personalplanung und -auswahl liegen in der Entscheidungsbefugnis des Unternehmers bzw. der Geschäftsleitung. Beschäftigt ein Unternehmen mehr als zwanzig wahlberechtigte Arbeitnehmer, muss der Betriebsrat (sofern vorhanden) über Entscheidungen im Rahmen der Personalauswahl unterrichtet und mit einbezogen werden. Hierbei gelten die Regelungen des Betriebsverfassungsgesetzes (BetrVG►).

aktuelle Fassung
► www.gesetze-im-internet.de/betrvg

§ 99 BetrVG: Mitbestimmung bei personellen Einzelmaßnahmen

(1) In Unternehmen mit in der Regel mehr als zwanzig wahlberechtigten Arbeitnehmern hat der Arbeitgeber den Betriebsrat vor jeder Einstellung, Eingruppierung, Umgruppierung und Versetzung zu unterrichten, ihm die erforderlichen Bewerbungsunterlagen vorzulegen und Auskunft über die Person der Beteiligten zu geben [...] und die Zustimmung des Betriebsrats zu der geplanten Maßnahme einzuholen. Bei Einstellungen und Versetzungen hat der Arbeitgeber insbesondere den in Aussicht genommenen Arbeitsplatz und die vorgesehene Eingruppierung mitzuteilen. [...]

Sollten bei der Personalauswahl, -versetzung oder -kündigung feststehende Personalauswahlrichtlinien zum Einsatz kommen (z. B. standardisierte Interviewfragen oder Checklisten für Auswahlprozesse), muss gemäß § 95 BetrVG der Betriebsrat dem ebenfalls zustimmen.

Zusätzliche rechtliche Anforderungen an den Personalauswahlprozess werden durch das Allgemeine Gleichbehandlungsgesetz (AGG►) gestellt.

aktuelle Fassung
► www.gesetze-im-internet.de/agg

§ 1 AGG: Ziel des Gesetzes

Ziel des Gesetzes ist es, Benachteiligungen aus Gründen der Rasse oder wegen der ethnischen Herkunft, des Geschlechts, der Religion oder Weltanschauung, einer Behinderung, des Alters oder der sexuellen Identität zu verhindern oder zu beseitigen.

Es darf z. B. grundsätzlich keine Stelle gezielt nur für männliche Bewerber ausgeschrieben werden.

3.4 Arbeitsvertrag

Ein Arbeitsverhältnis wird in der Regel durch den Abschluss eines Arbeitsvertrags zwischen dem Arbeitgeber und dem Arbeitnehmer begründet. Beim Arbeitsvertrag handelt es sich um eine Unterkategorie des **Dienstvertrags**. Durch den Abschluss des Dienstvertrags wird der Arbeitnehmer zur Erbringung seines versprochenen Dienstes im Austausch gegen die vereinbarte Vergütung verpflichtet (§§ 611 ff. BGB). Im Gegensatz zum **Werkvertrag** (§ 631 Abs. 1 BGB) schuldet der Arbeitnehmer nur die bloße Leistung und nicht den Erfolg bzw. die Herstellung eines Werkes[1]. Aus Sicht des Arbeitnehmers ist der Vertrag gekennzeichnet durch abhängige und fremdbestimmte Arbeit.

[1] Werk: *Herstellung bzw. Veränderung einer Sache (z. B. Reparatur) oder Herbeiführung eines Erfolgs durch Arbeit oder Dienstleistung*

Ein Arbeitsvertrag unterliegt grundsätzlich keiner Formvorschrift. Dennoch wird die Form- und Gestaltungsfreiheit durch bestehende tarifvertragliche oder gesetzliche Regelungen begrenzt.

Formvorschriften

► III • 2.2.4

Beispielsweise besteht für den Arbeitgeber eine sogenannte Nachweispflicht der wesentlichen Vertragsbedingungen.

Gesetz über den Nachweis der für ein Arbeitsverhältnis geltenden wesentlichen Bedingungen (NachwG), aktuelle Fassung

► www.gesetze-im-internet.de/nachwg

§ 2 NachwG: Nachweispflicht

(1) Der Arbeitgeber hat spätestens einen Monat nach dem vereinbarten Beginn des Arbeitsverhältnisses die wesentlichen Vertragsbedingungen schriftlich niederzulegen, die Niederschrift zu unterzeichnen und dem Arbeitnehmer auszuhändigen. In die Niederschrift sind mindestens aufzunehmen:

1. der Name und die Anschrift der Vertragsparteien,
2. der Zeitpunkt des Beginns des Arbeitsverhältnisses,
3. bei befristeten Arbeitsverhältnissen: die vorhersehbare Dauer des Arbeitsverhältnisses,
4. der Arbeitsort [...],
5. [...] Beschreibung der vom Arbeitnehmer zu leistenden Tätigkeit,
6. die Zusammensetzung und die Höhe des Arbeitsentgelts einschließlich der Zuschläge, der Zulagen, Prämien und Sonderzahlungen sowie anderer Bestandteile des Arbeitsentgelts und deren Fälligkeit,
7. die vereinbarte Arbeitszeit,
8. die Dauer des jährlichen Erholungsurlaubs,
9. die Fristen für die Kündigung des Arbeitsverhältnisses,
10. ein in allgemeiner Form gehaltener Hinweis auf die Tarifverträge, Betriebs- oder Dienstvereinbarungen, die auf das Arbeitsverhältnis anzuwenden sind.

Der Nachweis der wesentlichen Vertragsbedingungen in elektronischer Form ist ausgeschlossen.

Die folgenden weiteren gesetzlichen Regelungen bestimmen die Rechte und Pflichten von Arbeitnehmer und Arbeitgeber noch weiter:

Rechte des Arbeitnehmers (= Pflichten des Arbeitgebers)	Pflichten des Arbeitnehmers (= Rechte des Arbeitgebers)
• Recht auf Beschäftigung (§§ 611 a, 242 BGB in Verbindung mit Art. 1 und Art. 2 Abs. 1 GG) • Entlohnung (§ 611 Abs. 1 BGB, § 64 HGB) • Fürsorge, Schutz der Person (§§ 617 ff. BGB, § 62 HGB) • Recht auf Erholungsurlaub (§§ 1 und 3 BUrlG) • Recht auf Ausstellung eines Arbeitszeugnisses (§ 630 BGB, § 109 GewO) • Recht auf Gleichbehandlung (§ 7 AGG) • Entgeltfortzahlung (§ 616 BGB)	• Erbringung der Arbeitsleistung (§§ 611, 611 a, 613 BGB) • Treuepflicht • Gehorsamspflicht (§ 611 a BGB, § 106 GewO) • Verschwiegenheitspflicht • Bestechlichkeitsverbot (§ 299 StGB) • Sorgfaltspflicht: Schadensabwendungspflicht (§§ 241, 242 BGB; § 138 StGB) • Einhaltung des gesetzlichen und vertraglichen Wettbewerbsverbots (§§ 60, 74, 74 a, 75 HGB)

aktuelle Fassung

► www.gesetze-im-internet.de/burlg

► www.gesetze-im-internet.de/gewo

FALLSTUDIE Der Arbeitsvertrag

Driller Werkzeugbau GmbH

Zwischen der Driller Werkzeugbau GmbH, Falkenstr. 8, 72622 Nürtingen (im folgenden Arbeitgeber genannt) und Mona Albert, Mainstr. 11, 72622 Nürtingen (im folgenden Arbeitnehmerin genannt) wird der folgende Arbeitsvertrag geschlossen:

§ 1 Beginn des Arbeitsverhältnisses

Das Arbeitsverhältnis beginnt am 1. April 2020.

§ 2 Probezeit

Das Arbeitsverhältnis wird auf unbestimmte Zeit geschlossen. Die ersten drei Monate gelten als Probezeit. Während der Probezeit kann das Arbeitsverhältnis beiderseits mit einer Frist von zwei Wochen gekündigt werden.

§ 3 Tätigkeit

Die Arbeitnehmerin wird als Industriekauffrau eingestellt.

§ 4 Wöchentliche Arbeitszeit

Die regelmäßige wöchentliche Arbeitszeit beträgt 40 Stunden. Im Falle dringender betrieblicher Bedürfnisse ist der Arbeitgeber berechtigt, Überstunden anzuordnen. Monatlich können bis zu 8 Überstunden in Freizeit ausgeglichen werden. Weiter anfallende Stunden werden in Entgelt ausgeglichen.

§ 5 Vergütung

Die Vergütung der Arbeitnehmerin beträgt 2.800,00 EUR monatlich. Die Vergütung wird spätestens am letzten Arbeitstag des Monats ausgezahlt.

§ 6 Urlaub

Die Arbeitnehmerin hat Anspruch auf Urlaub in Höhe von 24 Arbeitstagen im Kalenderjahr.

§ 7 Betriebsvereinbarungen/Tarifverträge

Die Tarifverträge für das Industriegewerbe sowie die Betriebsordnung und die Betriebsvereinbarung in ihren jeweils geltenden Fassungen sind Bestandteil dieses Arbeitsvertrags.

§ 8 Verschwiegenheitspflicht

Die Arbeitnehmerin ist zur absoluten Verschwiegenheit über alle ihr zur Kenntnis gelangten Tatsachen und Vorgänge, auch nach ihrem Ausscheiden, verpflichtet.

§ 9 Nebentätigkeit

Jede entgeltliche oder das Arbeitsverhältnis beeinträchtigende Nebenbeschäftigung ist nur mit Zustimmung des Arbeitgebers zulässig.

§ 10 Nebenabreden

Nebenabreden und Änderungen des Vertrags bedürfen zu ihrer Rechtsgültigkeit der Schriftform.

§ 11 Kündigung

Nach Ablauf der Probezeit beträgt die Kündigungsfrist vier Wochen zum 15. oder Ende eines Kalendermonats. Die Kündigung bedarf der Schriftform.

ARBEITSAUFTRÄGE

1. Lesen Sie den neuen Arbeitsvertrag von Frau Albert genau durch. Vergleichen Sie die Vertragsinhalte mit den Anforderungen des § 2 NachwG und begründen Sie, ob der Arbeitsvertrag alle gesetzlich geforderten Bestandteile enthält.
2. Bis wann muss nach den gesetzlichen Vorschriften der schriftliche Vertrag Frau Albert spätestens vorliegen?
3. Welche Pflichten geht Frau Albert mit der Unterschrift des Arbeitsvertrags ein?
4. Welche Rechte erlangt Frau Albert durch die Unterzeichnung des Arbeitsvertrags?
5. Aus welchem Grund vereinbaren Arbeitgeber und Arbeitnehmer eine Probezeit?
6. Wie würde sich die die Regelung der Probezeit verändern, wenn es sich statt um einen Arbeitsvertrag um einen Ausbildungsvertrag handeln würde? Siehe hierzu § 20 Berufsbildungsgesetz (BBiG ►).
7. Weshalb vereinbaren Arbeitgeber mit ihren Arbeitnehmern eine Verschwiegenheitsklausel, die über die Zeit der Beschäftigung hinaus gültig ist?

aktuelle Fassung
► www.gesetze-im-internet.de/bbig_2005

3.5 Lohn- und Gehaltsabrechnung

3.5.1 Grundlagen der Lohn- und Gehaltsabrechnung

Lernvideo „Eine Gehaltsabrechnung richtig lesen“

Die 26-jährige Mona Albert arbeitet seit dem 1. April 2020 als Industriekauffrau bei der Driller Werkzeugbau GmbH am Standort Nürtingen. Auf ihre erste Gehaltsauszahlung freut sie sich schon. Was muss bei der Erfassung von Löhnen und Gehältern in einem Unternehmen alles berücksichtigt werden?

Für die erbrachte Arbeitsleistung in einem Unternehmen erhalten die Arbeitnehmer für einen gewissen Zeitraum (in der Regel für einen Monat) Löhne bzw. Gehälter. Aus Sicht der Arbeitnehmer stellen Löhne und Gehälter Einnahmen, für ein Unternehmen stellen sie Aufwendungen dar.

Gehälter[1] beziehen in der Regel Angestellte, da die Vergütung vertraglich geregelt wird bzw. sie das Gehalt für eine feste Tätigkeit erhalten.

Die Ermittlung des **Lohns**[2] hängt davon ab, ob der Arbeitnehmer nach einer erbrachten Leistung oder nach Zeit entlohnt (bezahlt) wird.
Hierbei lassen sich verschiedene Lohnformen unterscheiden:

[1] Gehalt: *gleichbleibendes Einkommen eines Angestellten*

[2] Lohn: *variables Einkommen eines Arbeiters, abhängig von der erbrachten Leistung bzw. der Zeit*

Lohnformen		
Lohn nach erbrachter Leistung		**Lohn nach Zeit**
Akkordlohn	**Prämienlohn**	
Entgelt berechnet sich nach einer mengenmäßigen Arbeitsleistung	erfolgsabhängige Entgeltberechnung für Leistungen, die über der Vorgabe liegen	Entgelt bezieht sich auf die geleistete Arbeitszeit
Ein Arbeiter erhält 3,50 EUR für jedes Stück und kann bei Normalleistung 5 Stück in der Stunde herstellen. Seine wöchentliche Arbeitszeit beträgt 40 Stunden. Wochenlohn: 3,50 EUR · 5 · 40 = 700,00 EUR	Vorgabe: In einem Monat sind 1000 Stück zu fertigen. Erreicht: 1100 Stück in einem Monat → Prämie für 100 Stück	Stundenlohn

Die Bezüge von Arbeitnehmern lassen sich darüber hinaus in laufende Bezüge und Einmalbezüge unterteilen.

Laufende Bezüge
- Gehalt
- Lohn
- Zuschläge (z. B. Nachtarbeit)
- Zulagen (z. B. Erschwernis-, Funktionszulage)
- Arbeitgeberzuschuss zu vermögenswirksamen Leistungen

Einmalbezüge
- Urlaubsgeld
- Weihnachtsgeld
- Prämien
- Boni
- Abfindungen

Für die Berechnung des Auszahlungsbetrags, den ein Unternehmen an seinen Arbeitnehmer leistet, sind folgende Schritte notwendig:

1. **Ermittlung des steuer- und sozialversicherungspflichtigen Entgelts**
   Das steuer- und sozialversicherungspflichtige Entgelt setzt sich aus dem Bruttoverdienst[1], der sich aus den arbeitsvertraglich vereinbarten Gehalts- bzw. Lohnbestandteilen und möglichen Zulagen ergibt, und evtl. bezahlten Arbeitgeberzuschüssen zur betrieblichen Altersvorsorge oder den vermögenswirksamen Leistungen zusammen.
2. **Ermittlung der Steuer- und Sozialversicherungsabzüge**
   Der Arbeitgeber ist gesetzlich verpflichtet, die Lohnsteuer, den Solidaritätszuschlag, die Kirchensteuer sowie den Arbeitnehmeranteil an den Sozialversicherungsbeiträgen einzubehalten und an die entsprechenden Stellen abzuführen.
3. **Ermittlung des Nettoverdienstes**
   Der Nettoverdienst ergibt sich durch den Abzug der Steuer- und Sozialversicherungsabgaben vom steuer- und sozialversicherungpflichtigen Einkommen.
4. **Ermittlung des Auszahlungsbetrags**
   Fallen z. B. Beiträge für vermögenswirksame Leistungen an oder wurde ein Vorschuss ausbezahlt, weicht der Auszahlungsbetrag vom Nettoverdienst ab.

[1] Bruttoverdienst: *Verdienst, der noch nicht versteuert oder mit Sozialabgaben belastet wurde*

3.5.2 Ermittlung der Abzüge vom Bruttolohn

Lohnsteuer

Das Einkommen eines Steuerpflichtigen unterliegt der Einkommensteuer. § 2 EstG► definiert die Einkünfte, die zum Einkommen zählen und somit steuerpflichtig sind. Darunter fallen „Einkünfte aus nichtselbstständiger Arbeit". Die Besteuerung erfolgt mittels des ausgewiesenen Lohnsteuersatzes. Die Lohnsteuer stellt keine eigene Steuerart dar, sie ist vielmehr eine besondere Art der Einkommensteuer.

aktuelle Fassung
► www.gesetze-im-internet.de/estg

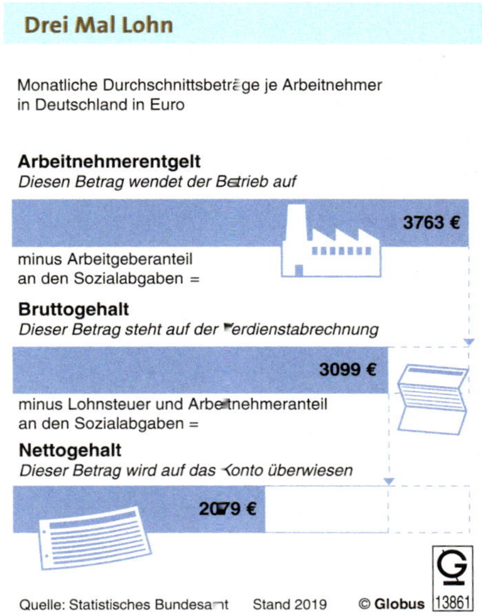

Der Gesetzgeber sieht einen lohnsteuerfreien Grundbetrag vor. Dieser stellt sicher, dass das Einkommen zum Bestreiten des Existenzminimums nicht besteuert wird. Der Grundfreibetrag liegt in 2021 bei 9.744,00 EUR für Ledige bzw. 19.488 EUR für Verheiratete.

Die individuelle Steuerbelastung kann unter Nutzung des steuer- und sozialversicherungspflichitigen Entgelts und der Lohnsteuerabzugsmerkmale

- Steuerklasse,
- Kinderfreibeträge und
- Konfession

aus der Lohnsteuertabelle abgelesen werden (siehe auf der folgenden Seite).

Die dabei zu wählende Steuerklasse wird in § 38 b EStG definiert und ist abhängig vom Familienstand einer Person. Sie kann wie die anderen Lohnsteuerabzugsmerkmale auf der elektronischen Lohnsteuerbescheinigung oder der Gehaltsabrechnung abgelesen werden:

Welcher Steuerklasse wird eine Person zugeordnet?

I	Arbeitnehmer, die ledig, geschieden oder verwitwet sind; Ehepartner, die getrennt leben oder deren Ehepartner im Ausland lebt und arbeitet
II	Arbeitnehmer, in deren Haushalt mindestens ein Kind gemeldet ist und ansonsten unter die Definiton der Steuerklasse I fallen
III	verheiratete Arbeitnehmer, die Alleinverdiener sind oder deren Partner in Steuerklasse V eingestuft ist
IV	verheiratete Ehepartner, die beide Arbeitslohn (in etwa gleicher Höhe) beziehen
V	verheiratete Arbeitnehmer, deren Ehepartner in Steuerklasse III eingestuft wurde
VI	Arbeitnehmer, die eine Steuerkarte für mindestens ein weiteres Dienstverhältnis benötigen, werden im zweiten und jedem weiteren Arbeitsverhältnis in Steuerklasse VI eingestuft.

Auszug aus der Lohnsteuertabelle ►

Lohn/Gehalt ab EUR	Steuerklasse	Lohnsteuer	Kinderfreib. 0		Kinderfreib. 0,5		Kinderfreib. 1		Kinderfreib. 1,5		Kinderfreib. 2	
			SolZ	KiSt	SolZ	KiStr	SolZ	KiStr	SolZ	KiStr	SolZ	KiStr
2.796,00												
	1	357,58	19,66	28,60	14,57	21,20	9,78	14,23	3,03	7,69	–	2,08
	2	311,75	–	–	12,20	17,74	7,55	10,98	–	4,72	–	0,05
	3	122,66	–	9,81	–	4,58	-	0,34	–	–	–	–
	4	357,58	19,66	28,50	17,08	24,58	14,57	21,20	12,14	17,66	9,70	14,23
	5	658,33	36,20	52,56	–	–	–	–	–	–	–	–
	6	694,00	38,17	55,52	–	–	–	–	–	–	–	–
2.799,00												
	1	358,33	19,70	28,66	14,61	21,26	9,82	14,28	3,16	7,74	–	2,12
	2	312,50	–	–	12,23	17,80	7,59	11,04	–	4,76	–	0,08
	3	123,16	–	9,85	–	4,62	-	0,37	–	–	–	–
	4	358,33	19,70	28,66	17,12	24,91	14,61	21,26	12,18	17,72	9,82	-14,28
	5	659,50	26,27	52,75	–	–	–	–	–	–	–	–
	6	659,00	39,22	55,60	–	–	–	–	–	–	–	–
2.802,00												
	1	359,08	19,74	28,7[illegible]	14,65	21,32	9,85	14,34	3,28	7,79	–	2,16
	2	313,16	–	–	12,27	17,85	7,62	11,08	–	4,81	–	0,11
	3	123,66	–	9,89	–	4,65	-	0,40	–	–	–	–
	4	359,08	19,74	27,72	17,16	24,96	14,65	21,32	21,21	17,77	9,85	14,34
	5	660,50	36,32	52,84	–	–	–	–	–	–	–	–
	6	696,16	38,28	55,69	–	–	–	–	–	–	–	–
5.001,00												
	1	993,58	65,64	79,48	47,85	69,60	41,35	60,15	35,15	51,13	29,25	42,54
	2	932,58	–	–	44,64	94,93	38,28	55,69	32,23	46,88	26,47	38,51
	3	605,66	33,31	48,45	28,32	41,20	23,47	34,14	18,78	27,32	14,24	20,72
	4	993,58	54,64	79,48	51,20	74,48	47,85	69,60	44,56	64,82	41,35	60,15
	5	1.442,75	79,35	115,42	–	–	–	–	–	–	–	–
	6	1.479,00	81,34	118,32	–	–	–	–	–	–	–	–
5.004,00												
	1	994,66	54,70	79,57	47,90	69,68	41,41	60,23	35,20	51,21	29,30	42,62
	2	933,58	–	–	44,69	64,01	38,34	55,77	32,28	46,96	26,52	38,58
	3	606,50	33,35	48,52	28,36	41,25	23,52	34,21	18,82	27,38	14,28	20,77
	4	994,66	54,70	79,57	51,26	74,57	47,90	69,69	44,62	64,90	41,41	60,23
	5	1.443,91	79,41	115,51	–	–	–	–	–	–	–	–
	6	1.480,16	81,40	118,41	–	–	–	–	–	–	–	–

Quelle: berechnet über: www.imacc.de/lohnsteuertabelle/ (Stand 2020 bei Drucklegung)
Bei der Anwendung der Lohnsteuertabelle 2021 können sich Abweichungen ergeben.

Auszug aus der Lohnsteuertabelle 2021

► Webcode WGW_IV_3_5_2

Solidaritätszuschlag

1991 wurde in der Bundesrepublik Deutschland der Solidaritätszuschlag (kurz: Soli) eingeführt. Er stellt eine Ergänzungsabgabe zur Einkommensteuer und Körperschaftssteuer dar (§ 1 SolzG) und berechnet sich vom anzusetzenden Lohnsteuerbetrag. Seit dem 1. Januar 2021 wird kein Solidaritätszuschlag erhoben, wenn die zu zahlende Jahreseinkommens- oder Lohnsteuer unter der Freigrenze von 16.956,00 EUR bei Einzelveranlagung bzw. 33.912,00 EUR bei Zusammenveranlagung liegt. ►

► Gesetz zur Rückführung des Solidaritätszuschlags 1995 vom 10. Dezember 2019

Für Arbeitnehmer, die nur wenige Euro über der Freigrenze verdienen, wurde eine Milderungszone eingeführt, in der die Solibelastung mit steigendem Einkommen zunimmt. Auf sehr hohe Einkommen wird der Soli in Höhe von 5,5 % fällig. Mit dieser Neuregelung sollen die Bezieher niedriger und mittlerer Einkommen entlastet werden.

Kirchensteuer

Laut dem deutschen Grundgesetz dürfen alle Religions- und Weltanschauungsgemeinschaften von ihren Mitgliedern eine Kirchensteuer erheben sofern sie als Körperschaft des öffentlichen Rechts anerkannt sind.
Die Länder Baden-Württemberg und Bayern erheben eine Kirchensteuer von 8 %, die restlichen Bundesländer von 9 %, die über die Finanzämter eingezogen und an die Kirchen weitergegeben wird.
Der Arbeitgeber ist verpflichtet, den Arbeitnehmeranteil an der Lohnsteuer, den Solidaritätszuschlag und die Kirchensteuer (falls der Arbeitnehmer einer der beiden großen Kirchen angehört) einzubehalten und an das Finanzamt abzuführen.

Sozialversicherungsbeiträge

Die deutsche Sozialversicherung ► ist ein gesetzliches Versicherungssystem, das sich aus den folgenden Zweigen zusammensetzt:

- Krankenversicherung
- Pflegeversicherung
- Arbeitslosenversicherung
- Rentenversicherung
- Unfallversicherung

gesetzliche Sozialversicherung
► II • 2.4.2

Mit Ausnahme der Unfallversicherung, die vom Arbeitgeber alleine getragen wird, teilen sich Arbeitnehmer und Arbeitgeber die Beitragsanteile zur Sozialversicherung.
Die Sozialversicherungsbeiträge werden unter Zugrundelegung fester Beitragssätze prozentual vom steuer- und sozialversicherungspflichtigen Entgelt berechnet.
Um im Bereich der Sozialversicherung eine gleichmäßige Belastung zwischen Hoch- und Geringverdienern zu gewährleisten, wurde die Beitragsbemessungsgrenze eingeführt. Sie definiert einen Höchstbeitrag, bis zu dem das Arbeitsentgelt den Sozialversicherungsabgaben unterliegt, der überschießende Anteil wird nicht verbeitragt.

Abzüge zu den gesetzlichen Sozialversicherungen (Stand 01. 01. 2021)

Abzüge in %	Krankenversicherung	Pflegeversicherung	Arbeitslosenversicherung	Rentenversicherung
Beitragssatz	14,60	3,05	2,40	18,60
Zuschlagssatz	1,30*	0,25**		
Arbeitnehmeranteil	7,30 + 0,65	1,525 + 0,25	1,20	9,30
Arbeitgeberanteil	7,30 + 0,65	1,525	1,20	9,30
Beitragsbemessungsgrenze (West***)	4.837,50 EUR	4.837,50 EUR	7.100,00 EUR	7.100,00 EUR

* Durchschnittlich bundesweit erhobener Krankenkassenzusatzbeitrag. Die Krankenkassen haben die Möglichkeit, einen individuell festgelegten Zusatzbeitrag zu erheben. Der Zuschlagssatz wird je zur Hälfte vom Arbeitgeber und vom Arbeitnehmer getragen.
** Beitragszuschlag für kinderlose Versicherte in der Pflegeversicherung, die das 23. Lebensjahr vollendet haben. Dieser Zuschlagssatz ist allein vom Arbeitnehmer zu tragen.
*** Werte gültig für Westdeutschland

Die Sozialversicherungsanteile von Arbeitgeber und Arbeitnehmer werden vom Arbeitgeber jeweils am drittletzten Bankarbeitstag des Monats an die Krankenkassen entrichtet.

Unter Beachtung aller Lohnsteuerabzugsmerkmale und den Daten der Sozialversicherung ergibt sich für Mona Albert die folgend Verdienstabrechnung:

Driller Werkzeugbau GmbH, Falkenstr. 8, 72622 Nürtingen

Persönlich
Frau
Mona Albert
Mainstr. 11
72622 Nürtingen

Abrechnung Monat/Jahr	Url. Anspr. Vorjahr	Url.Anspr. laufendes Jahr	Url.Rest
Apr 20	—	18	18
Eintrittsdatum	**Steuerklasse**	**Kinderfreibetr.**	**Religion**
Apr 20	I	0,0	ev
Freibetrag	**Kostenstelle:**	**Abteilung:**	
mon: -- jährl.: --	34246	34STGT	
Geburtsdatum	**Bundesland**	**Krankenkasse**	**Vers.-Nr.**
10.02.1994	BaWü	KVB Eintracht	022121002f1254
Bank:	**IBAN:**		**BIC:**
TopBank	DE24785644390714900209		TOPBDEBW125

Abrechnung April 2021

Pos.	Bezeichnung	%	Betrag
1	Gehalt/Lohn		2.800,00
2	AG Zuschuss VwL*		0,00
3	steuerfreies Entgelt		0,00
4	Gesamtbrutto		2.800,00
5	steuer- und sozialversicherungspflichtiges Entgelt		**2.800,00**
	Abzüge Steuer		
6	Lohnsteuer		358,33 **
7	Solidaritätszuschlag	0,00	0,00
8	Kirchensteuer	8,000	28,66 ***
	Abzüge Sozialversicherung		
9	Krankenversicherung	7,300	204,40
10	Krankenvers. Zusatzbeitrag	0,650	18,20
11	Pflegeversicherung	1,525	42,70
12	Pflegevers. Zusatzbeitrag	0,250	7,00
13	Arbeitslosenversicherung	1,200	33,60
14	Rentenversicherung	9,300	260,40
15	Summe gesetzliche Abzüge		953,29
16	Nettoentgelt		**1.846,71**
17	Nettoabzug VwL		0,00
18	Sonstige Be-/Abzüge		0,00
19	Auszahlungsbetrag		**1.846,71**

* VwL = Vermögenswirksame Leistungen: zur Vermögensbildung bestimmte Sparbeträge
** Werte entsprechen der bei Drucklegung vorliegenden Lohnsteuertabelle 2020.
*** Bei der Berechnung der Kirchensteuer werden die berechneten Werte nach der zweiten Nachkommastelle abgeschnitten.

3.5.3 Sozialleistungen

Freiwillige betriebliche Sozialleistungen

Bereits Mitte des 19. Jahrhunderts führte Alfred Krupp mit der Errichtung von Wohnsiedlungen für seine Mitarbeiter, dem Aufbau von Krankenunterstützungskassen und der Einführung von Waisen- und Wittwenrenten ein System der betrieblichen Fürsorge ein, das zu dieser Zeit auf staatlicher Seite noch in den Kinderschuhen steckte. So konnten sich Mitarbeiter in werkseigenen Läden vergünstigt mit Lebensmitteln eindecken und auf Wunsch ihre Freizeit im Werks-Chor verbringen.

Es gibt eine Reihe von Sozialleistungen, die dem Unternehmen weitere Personalzusatzkosten verursachen können. Sie lassen sich in vier Kategorien einordnen: gesetzliche, tarifvertragliche►, zusätzliche und freiwillige Sozialleistungen.

Tarifvertragsrecht
► II • 2.3.2

Sozialleistungen

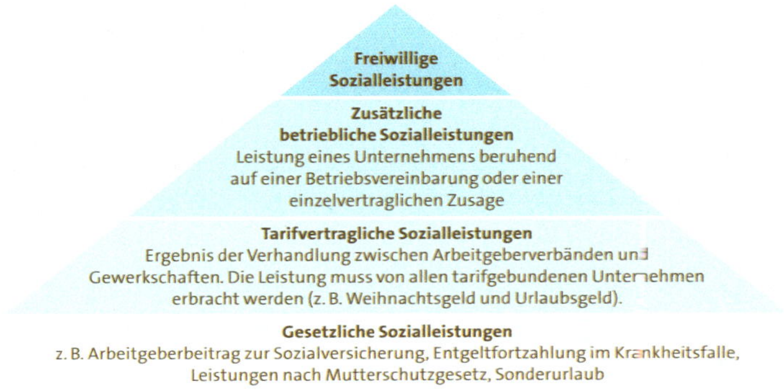

Freiwillige betriebliche Sozialleistungen sind Aufwendungen, die vom Arbeitgeber in Form von Geld-, Sach-, Dienst- und Nutzungsleistungen an Arbeitnehmer oder ehemalige Betriebsangehörige geleistet werden und die das vereinbarte vertragliche oder tarifliche Entgelt übersteigen.

Beispiele für freiwillige Sozialleistungen

monetäre Leistungen	Beiträge zur Vermögensbildung (vermögenswirksame Leistungen und betriebliche Altersversorgung), Jubiläumsprämien, Fahrtkostenzuschüsse (z. B. Jobtickets, Jobbikes, Verpflegungszuschüsse)
Sachmittelversorgung oder Verbilligung	Belegschaftsverpflegung, Personalrabatte
Sachmittelnutzung	Bereitstellung von Betriebswohnungen, private Nutzung von Firmenwagen
weitere Dienstleistungen	Betriebskindergarten, Arbeitgeberdarlehen, betriebliche Gesundheitsvorsorge, Betriebssport

Motive der Arbeitgeber für freiwillige Sozialleistungen

Die Motive heutiger Arbeitgeber für die Erbringung freiwilliger Sozialleistungen sind höchst unterschiedlich. Das Verantwortungsbewusstsein und die Fürsorgepflicht seinen Arbeitnehmern gegenüber ist noch heute ein grundlegendes Motiv für freiwillige Sozialleistungen. So sollen z. B. durch Betriebsrenten Rentenlücken ausgeglichen und die Risiken der Altersarmut gemildert werden. Mit dem Angebot von Versicherungen oder Sportaktivitäten zielen Arbeitgeber auf die Erhaltung und Steigerung der Arbeitsleistung ab.

Weiterhin erhoffen sich Arbeitgeber eine erhöhte Motivation und eine damit verbundene höhere Leistungsbereitschaft der Mitarbeiter, die sich schlussendlich auch in einem gestiegenen Unternehmenserfolg niederschlagen sollte. In Zeiten des Fachkräftemangels setzten viele Unternehmen aber auch auf freiwillige betriebliche Sozialleistungen als betriebspolitische Maßnahme, um gute Mitarbeiter langfristig an das Unternehmen zu binden. Schlagworte wie *Employer Branding* und *War for Talents* zeigen auf, wie wichtig es ist, sich im globalen Wettbewerb um Fach- und Führungskräfte als attraktiver und begehrter Arbeitgeber zu positionieren. Neben der deutlichen Senkung der Fluktuationsrate macht dies auch das Recruiting der Unternehmen deutlich einfacher und steigert die Qualität der Bewerber.

Können sich Mitarbeiter im Rahmen eines vertraglich vereinbarten, hierarchiebezogenen Punktesystems die ihnen zugedachten betrieblichen Leistungen aus einem breiten Angebot selbst zusammenstellen, spricht man vom sogenannten *Cafeteria-System* der Entlohnung. Dies ermöglicht dem Unternehmen die zielgesteuerte Förderung einzelner Personen und vermeidet die ungeplante Gleichverteilung nach dem Gießkannenprinzip.

Alle betrieblichen Sozialleistungen sind in der Finanzbuchhaltung Personalaufwendungen für das Unternehmen, die teilweise steuer- und sozialabgabenfrei oder auch vergünstigt an die Mitarbeiter weitergereicht werden können.

FALLSTUDIE Lohnnebenkosten

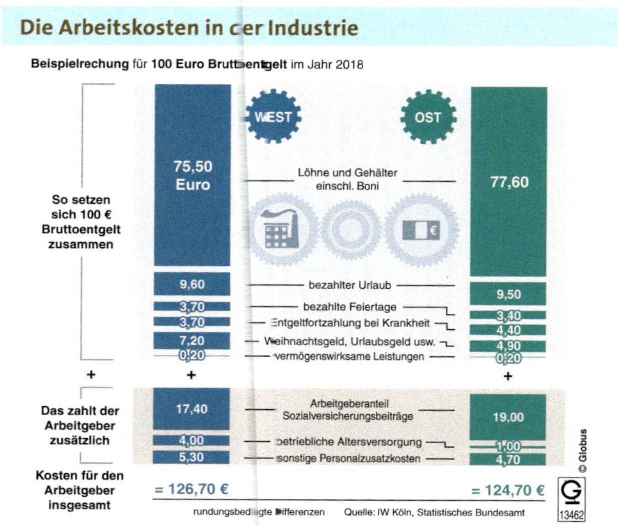

Die Personalkosten setzen sich aus dem Entgelt für die geleistete Arbeit und den Personalzusatzkosten zusammen. Der Faktor Arbeit wird durch die Personalzusatzkosten verteuert. Deutschland gehört bereits heute zu den teuersten Produktionsstandorten der Welt.

ARBEITSAUFTRÄGE

1. Beschreiben und interpretieren Sie die beiden Infografiken.
2. Erläutern Sie mögliche Vor- und Nachteile einer Senkung der Personalzusatzkosten.
3. Erarbeiten Sie mögliche Alternativen, um die Arbeitgeber bei den Personalzusatzkosten zu entlasten, und stellen Sie diese im Plenum vor.

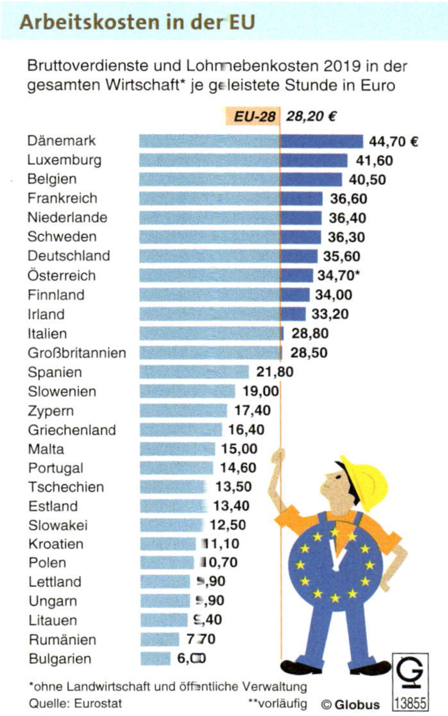

3.6 Kündigung des Arbeitsverhältnisses

3.6.1 Form der Kündigung

Die **Kündigung** ist eine schriftliche, einseitige, empfangsbedürftige Willenserklärung ▸ gegenüber dem Arbeitgeber oder Arbeitnehmer, mit der durch den Vertragspartner die Beendigung des Anstellungsverhältnisses ausgesprochen wird.

Willenserklärung
▸ III • 1.5.2

§ 623 BGB: Schriftform der Kündigung

Die Beendigung von Arbeitsverhältnissen durch Kündigung oder Auflösungsvertrag bedürfen zu ihrer Wirksamkeit der Schriftform; die elektronische Form ist ausgeschlossen.

Die Kündigung muss schriftlich erfolgen und in den Machtbereich des Empfängers gelangen. Grundsätzlich ist zwischen einer außerordentlichen Kündigung und einer ordentlichen Kündigung zu unterscheiden.

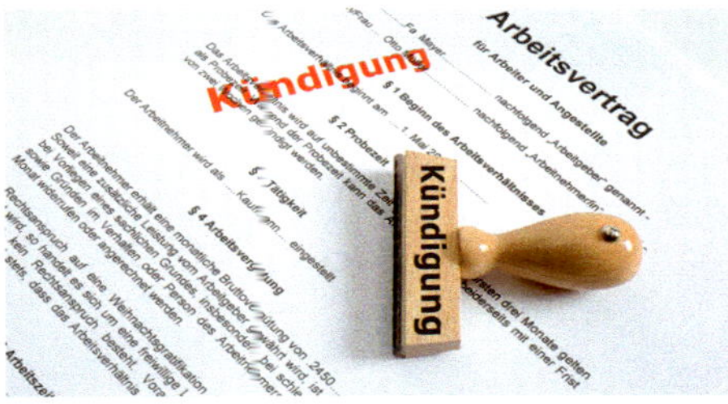

3.6.2 Außerordentliche Kündigung

Voraussetzungen

Ein Arbeitsverhältnis kann gemäß § 626 Abs. 1 BGB aus wichtigem Grund ohne Einhaltung einer Kündigungsfrist vorzeitig beendet werden, wenn Tatsachen vorliegen, die die Fortsetzung des Arbeitsverhältnisses für den Kündigenden unzumutbar machen. Die außerordentliche Kündigung erfolgt häufig fristlos, sie bedarf der Angabe eines wichtigen Grunds.

Beispiele für wichtige Gründe

vonseiten des Arbeitgebers
- Straftaten, die das Arbeitsverhältnis betreffen, z. B. Diebstahl im Betrieb
- Arbeitszeitbetrug oder erhebliche Arbeitszeitverstöße
- Verletzung des Konkurrenzverbots oder Annahme von Schmiergeldern
- erhebliche Verstöße gegen Sicherheitsvorschriften
- fremdenfeindliche Beleidigungen oder Belästigung von Betriebsangehörigen oder Kunden

vonseiten des Arbeitnehmers
- Zahlungsverzug oder Unpünktlichkeit bei Gehalts- bzw. Lohnzahlungen
- Nichtabführung von Sozialversicherungsabgaben durch den Arbeitgeber
- Körperverletzung/Beleidigung durch den Arbeitgeber
- sexuelle Nötigung

Eine außerordentliche Kündigung ist nur dann wirksam, wenn im Rahmen einer Interessensabwägung keine anderen Alternativen gefunden werden können, die die Situation mit milderen Mitteln, wie z. B. einer Abmahnung, beheben.

Schutz vor außerordentlicher Kündigung

Zur Erlangung der Gültigkeit muss eine außerordentliche Kündigung binnen zwei Wochen nach Kenntnis des Kündigungsgrunds ausgesprochen werden. Im Rahmen der Kündigung ist auch der Kündigungsgrund schriftlich mitzuteilen (§ 626 Abs. 2 BGB).

Betriebsrat
► II • 2.3.3

Sowohl bei außerordentlichen als auch bei ordentlichen Kündigungen muss der Betriebsrat gemäß § 102 BetrVG angehört werden. Eine ohne Anhörung des Betriebsrats ausgesprochene Kündigung ist unwirksam. Im Zuge einer außerordentlichen Kündigung kann der Betriebsrat binnen drei Tagen in einer schriftlichen Stellungnahme seine Bedenken äußern. Ein Widerspruch gegen die Kündigung ist aber nicht möglich. Der Arbeitnehmer kann jedoch binnen drei Wochen gegen die Entscheidung Klage beim Arbeitsgericht einreichen.

3.6.3 Ordentliche Kündigung

Voraussetzungen

Das Beschäftigungsverhältnis eines Arbeiters oder Arbeitnehmers kann im Rahmen einer ordentlichen Kündigung grundsätzlich ohne wichtigen Grund unter Einhaltung gesetzlicher Kündigungsfristen beendet werden. Gemäß § 622 Abs. 1 BGB ist dabei eine Kündigungsfrist von vier Wochen zum Fünfzehnten oder zum Ende des Kalendermonats einzuhalten.

Für Arbeitnehmer gelten für die Kündigung durch den Arbeitgeber verlängerte Kündigungsfristen in Abhängigkeit der Betriebszugehörigkeit des Arbeitnehmers (§ 622 Abs. 2 BGB).

Voraussetzung: Arbeitsverhältnis seit	Kündigungsfristen
2 Jahren	1 Monat zum Ende des Kalendermonats
5 Jahren	2 Monate zum Ende des Kalendermonats
8 Jahren	3 Monate zum Ende des Kalendermonats
10 Jahren	4 Monate zum Ende des Kalendermonats
12 Jahren	5 Monate zum Ende des Kalendermonats
15 Jahren	6 Monate zum Ende des Kalendermonats
20 Jahren	7 Monate zum Ende des Kalendermonats

In der Probezeit (maximal sechs Monate) können Verträge mit einer Kündigungsfrist von 14 Tagen beendet werden. Basierend auf Tarifverträgen (§ 622 Abs. 4 BGB) oder auch einzelvertraglich (§ 622 Abs. 5 BGB) können kürzere Kündigungsfristen vereinbart werden. Im Falle der Kündigung dürfen aber für den Arbeitnehmer keine längeren Fristen vereinbart werden als für den Arbeitgeber (§ 622 Abs. 6 BGB).

Informations- und Mitwirkungsrechte des Betriebsrats

Betriebsrat

► II • 2.3.3

Auch bei der ordentlichen Kündigung muss der Betriebsrat vor einer Kündigung gehört werden. Er kann gemäß § 102 BetrVG einer Kündigung widersprechen, sofern bei der Auswahl des zu Kündigenden u. a.

- soziale Gesichtspunkte nicht ausreichend berücksichtigt wurden,
- gegen Betriebsvereinbarungen verstoßen wurde,
- eine Weiterbeschäftigung des Mitarbeiters durch Versetzung, Umschulung oder Vertragsänderung möglich ist.

Im Falle des Widerspruchs muss der Arbeitnehmer bis zum Ende des bestehenden Kündigungsschutzprozesses weiterbeschäftigt werden. Schweigt der Betriebsrat oder stimmt er der Kündigung zu, beginnt die Kündigungsfrist mit Zugang der Kündigung.

Soziale Rechtfertigung
Im Falle der Kündigung eines Arbeitnehmers muss bei Unternehmen mit mehr als zehn Arbeitnehmern vom Arbeitgeber gemäß Kündigungsschutzgesetz (KSchG) nachgewiesen werden, dass die Kündigung sozial gerechtfertigt ist.

aktuelle Fassung

► www.gesetze-im-internet.de/kschg

§ 1 KSchG: Sozial ungerechtfertigte Kündigungen

(1) Die Kündigung des Arbeitsverhältnisses gegenüber einem Arbeitnehmer, dessen Arbeitsverhältnis in demselben Betrieb oder Unternehmen ohne Unterbrechung länger als sechs Monate bestanden hat, ist rechtsunwirksam, wenn sie sozial ungerechtfertigt ist.
(2) Sozial ungerechtfertigt ist die Kündigung, wenn sie nicht durch Gründe, die in der Person oder in dem Verhalten des Arbeitnehmers liegen, oder durch dringende betriebliche Erfordernisse, die einer Weiterbeschäftigung des Arbeitnehmers in diesem Betrieb entgegenstehen, bedingt ist. [...]

Hierzu sind folgende Kategorien zu beachten:

Kündigungsgründe		
in der Person begründet	**im Verhalten begründet**	**betriebliche Gründe**
• lange Krankheit • fehlende Arbeitserlaubnis • mangelnde Qualilfikation • mangelnde geistige und körperliche Eignung	• schlechte Arbeitsleistung • häufiges Zuspätkommen • Nichteinhaltung von Schutzvorschriften (z. B. Hygieneregeln) und Arbeitsanweisungen • unentschuldigtes Fehlen	• Werksschließung oder Verlegung • wirtschaftliche Gründe: z. B. Auftragseinbrüche
zu beachten		
Kündigung bei Krankheit nur bei langfristiger Negativprognose möglich	zweimalige schriftliche Abmahnung bei Verhaltensverstößen erforderlich, die nicht zur außerordentlichen Kündigung führen	• Kündigung nur möglich, wenn anderweitige Weiterbeschäftigung nicht möglich ist • Sozialauswahl nach Lebensalter, Familienstand, Betriebszugehörigkeit, Unterhaltspflichten und betriebssichernden Qualifikationen

Kündigungsschutz

Besonders schutzwürdige Gruppen

Bestimmte Arbeitnehmergruppen gelten als besonders schutzwürdig und sind daher nur unter Beachtung spezieller Voraussetzungen zu kündigen.

Besonders geschützte Arbeitnehmergruppen	
• Frauen während der Schwangerschaft (vorausgesetzt, der Arbeitgeber wurde über die Schwangerschaft informiert) und bis 4 Monate nach der Entbindung	Kündigung nicht zulässig (§ 17 Gesetz zum Schutz von Müttern bei der Arbeit, in der Ausbildung und im Studium – MuSchG)
• Väter und Mütter in der Elternzeit	Kündigung nicht zulässig (§ 18 Bundeselterngeld- und Elternzeitgesetz – BEEG)
• Schwerbehinderte	Kündigung nur nach Zustimmung des Integrationsamts (§ 168 SGB IX)
• Betriebsratsmitglieder und Mitglieder der Jugend- und Auszubildendenvertretung während der Amtszeit und ein Jahr danach	Kündigung grundsätzlich nicht zulässig (§ 15 Kündigungsschutzgesetz – KSchG)
• Auszubildende	Kündigung nach Ablauf der Probezeit grundsätzlich nicht möglich (§ 22 Berufsbildungsgesetz – BBiG)

Aufgaben zu Kapitel 3

zusätzliche Aufgaben zu Kapitel 3
► Webcode WGW_IV_3_A-Zusatz

1. Erläutern Sie die Phasen des Verfahrens zur Personalauswahl.
2. Welche Rechte kann der Betriebsrat bei der Personalauswahl und -einstellung geltend machen?
3. Welche Kommunikationskanäle kann ein Unternehmen nutzen, um eine offene Stelle auszuschreiben?
4. Worin liegen Ihrer Meinung nach Vor- und Nachteile der Personalsuche im Internet im Vergleich zu einer herkömmlichen Stellenanzeige in der Tageszeitung?
5. Erläutern Sie die Vor- und Nachteile der internen und externen Personalbeschaffung.
6. Die Geschäftsleitung der Driller Werkzeug GmbH hat sich entschieden, die Zahl ihrer Mitarbeiter im Bereich Einkauf aufzustocken. Auf eine Stellenannonce hin gingen viele Bewerbungen bei der Personalabteilung ein, die Ihnen nach einer Vorauswahl die Bewerbungen für eine weitere Entscheidung überlässt.

Bewerbungsunterlagen
► Webcode WGW_IV_3_A6

6.1 Recherchieren Sie im Internet zum Thema „Kriterien zur Bewerberauswahl". Erstellen Sie eine Übersicht mit den formalen Anforderungen an Bewerbungsunterlagen (Lebenslauf, Anschreiben, Zeugnisse und Referenzen) und den Anforderungskriterien für den Bewerber selbst.

6.2 Erstellen Sie in Excel eine Entscheidungsbewertungstabelle (siehe Beispieltabellenkopf), in der Sie im Anschluss die ausgewählten Bewerber einer Analyse unterziehen können.

		Bewerber 1		Bewerber 2		Bewerber 3	
Kriterien	**Gewichtungsfaktor**	**Punkte**	**gewichtete Punkte**	**Punkte**	**gewichtete Punkte**	**Punkte**	**gewichtete Punkte**
...							
Summe gewichtete Punkte							

6.3 Definieren Sie acht Kriterien, die Sie der Bewerberauswahl zugrunde legen möchten, und tragen Sie diese in der Exceltabelle in der Spalte *Kriterien* ein. Gewichten Sie im Anschluss die Kriterien auf einer Skala von 1 (gering) bis 5 (sehr hoch).

6.4 Lesen Sie die Ihnen vorliegenden Bewerbungsunterlagen genau durch und bewerten Sie die Unterlagen anhand Ihrer Kriterien mit einer Punktzahl von 1 (mangelhaft) bis 5 (sehr gut).

6.5 Berechnen Sie mithilfe der Excelfunktionen die gewichtete Punktzahl und die Gesamtpunktzahl eines jeden Bewerbers.

6.6 Entscheiden Sie, welche beiden Bewerber zum anschließenden Vorstellungsgespräch eingeladen werden sollen. Verfassen Sie hierzu eine kurze Begründung, die Sie als Notiz für Ihre Präsentation vor der Geschäftsleitung verwenden können.

7. Die Geschäftsleitung hat sich entschieden, die zwei von Ihnen vorgeschlagenen Bewerber zum Vorstellungsgespräch einzuladen, und bittet Sie, das Gespräch vorzubereiten.

7.1 Informieren Sie sich im Internet (z. B. im Existenzgründerforum des Bundesministeriums für Wirtschaft und Energie, www.existenzgruender.de) über die Zulässigkeit von Fragen im Bewerbungsgespräch.

7.2 Teilen Sie sich in vier Gruppen auf. Gruppe 1 übernimmt die Rolle der Personalleitung, Gruppe 2 die Rolle des am Gespräch beteiligten Betriebsrats, Gruppe 3 die Rolle des Bewerbers 1, Gruppe 4 die Rolle des Bewerbers 2. Bereiten Sie sich im Anschluss rollenspezifisch auf Ihre Teilnahme am Vorstellungsgespräch vor. Erarbeiten Sie hierfür Fragen an den Bewerber bzw. die Personalleitung und den Betriebsrat.

7.3 Führen Sie im Anschluss das Vorstellungsgepräch in einem Rollenspiel durch.

8\. 8.1 Unterscheiden Sie die Begriffe *Dienstvertrag* und *Werkvertrag*.

8.2 Ordnen Sie die folgenden Tätigkeiten den Begriffen *Dienstvertrag* bzw. *Werkvertrag* zu.
- Bau eines Fertighauses
- Ein Rechtsanwalt verteidigt einen Angeklagten vor Gericht.
- Vertrag über die Auslieferung einer Hochzeitstorte
- Reparatur des Autos von Familie Schmitz
- Emma lässt sich beim Zahnarzt behandeln.
- Luisa tritt ihre neue Stelle als Groß- und Außenhandelskauffrau bei der Lupir GmbH an.

Auszug aus der Lohnsteuertabelle 2021
► Webcode WGW_IV_3_5_2

9\. Führen Sie die Gehalts- und Lohnabrechnung für die Mitarbeiter der Driller Werkzeugbau GmbH unter Zugrundelegung der folgenden Daten und der Auszüge der Lohnsteuertabelle► durch:

Peter Heiter	Sigrid Heiter	Ole Jörgen
Stkl.3, Kinderfreibetrag 2, Alter 42, ohne Bekenntnis	Stkl. 5, Kinderfreibetrag 0, Alter 35, römisch-katholisch	Stkl. 4, Kinderfreibetrag 2, Alter 42, römisch-katholisch
Stundenlohn 17,52 EUR EUR, Arbeitszeit April: 40 Std./Woche	Gehalt 2.797,00 EUR	Gehalt 5.002,00 EUR
Zusatzbeitrag KV 1,00 %	Zusatzbeitrag KV 0,00 %	Zusatzbeitrag KV 0,50 %

10\. Stefan Feger hat soeben seinen neuen Arbeitsvertrag bei der Driller Werkzeugbau GmbH unterzeichnet. Zusätzlich zu einem Gehalt von 4.977,41 EUR erhält er vermögenswirksame Leistungen. Der Arbeitgeberanteil beträgt 26,59 EUR, die Driller Werkzeugbau GmbH überweist monatlich 40,00 EUR auf sein Vermögensbildungskonto bei der Sparbank. Herr Feger ist 22 Jahre alt und wird veranlagt mit Steuerklasse 2 und 0,5 Kinderfreibeträge. Er gehört keiner Religionsgemeinschaft an. Die Technikerkrankenkasse erhebt einen Zusatzbeitrag von 1,00 %.

Vorlage Gehaltsabrechnung
► Webcode WGW_IV_3_A10

10.1 Führen Sie die Gehaltsabrechnung► durch und ermitteln Sie den Auszahlungsbetrag, den Herrn Feger am Ende des Monats überwiesen bekommt.

10.2 Vertraglich wurden Herrn Feger weitere freiwillige betriebliche Sozialleistungen zugesagt. Erläutern Sie, warum Unternehmen ihren Mitarbeitern diese Zusatzleistungen anbieten.

10.3 Wie wirken sich diese Zusatzleistungen auf das Ergebnis des Unternehmens aus?

11. Mona Albert hat am 01.04.2020 ihre Tätigkeit bei der Driller Werkzeugbau GmbH angetreten. Anfang Juni erfährt sie, dass ihr früherer Arbeitgeber zum 01.07.2020 eine neue Stelle im Bereich Außenhandel ausgeschrieben hat.

- **11.1** Obwohl sie sich bei der Driller Werkzeugbau GmbH sehr wohlfühlt, überlegt sie, wieder zu ihrem alten Arbeitgeber zurückzukehren. Wann muss Frau Albert spätestens kündigen, um einen Wechsel zum 01.07.2020 zu ermöglichen?
- **11.2** Wie verändert sich die Kündigungsfrist, wenn sie die Informationen über die freie Stelle erst am 16.06.2020 erhält? Wann kann sie die Driller Werkzeugbau GmbH frühestens verlassen?
- **11.3** Frau Albert reicht die Kündigung in elektronischer Form ein. Der Arbeitgeber streitet die Rechtmäßigkeit dieser Kündigung ab. Wer ist im Recht?

12. Heiner Bau (35 Jahre) ist seit fünf Jahren in der Lackierung der Driller Werkzeugbau GmbH beschäftigt. Im Zuge einer Krankheitswelle entwendet er 30 hochwertige Schutzmasken zur privaten Nutzung. Der Diebstahl wird bei einer Routineprüfung bekannt. Daraufhin geht Heiner Bau am 30.06.2020 eine ordentliche Kündigung mit Wirkung zum 31.08.2020 zu. Herr Bau zweifelt die Rechtswirksamkeit dieser Kündigung an. Nehmen Sie dazu Stellung.

Zusammenfassung: 3 Personalwirtschaft

Interaktive Übung „Multiple-Choice-Test“

Personalmanagement
Aufgabe: qualifizierte Mitarbeiter in ausreichender Zahl zur richtigen Zeit am richtigen Ort zur Verfügung zu stellen

Personalbedarfsplanung

Personalbeschaffung

- interne Personalbeschaffung
- externe Personalbeschaffung

Phasen der Personalauswahl

↓ Analyse der Bewerbungsunterlagen
↓ Einstellungstests/Assessment-Center
↓ Vorstellungsgespräch
↓ Einstellung

Arbeitsvertrag

- grundsätzlich formfrei
- Niederschrift der wesentlichen Vertragsbedingungen innerhalb eines Monats
- vorgeschriebene Inhalte gemäß § 2 NachwG

Rechte und Pflichten für Arbeitnehmer und Arbeitgeber

Lohn- und Gehaltsabrechnung

Ermittlung des Auszahlungsbetrags:

steuer- und sozialversicherungspflichtiges Entgelt
– Steuer
  – Lohnsteuer
  – Solidaritätszuschlag
  – Kirchensteuer
– Sozialversicherung
  – Rentenversicherung
  – Krankenversicherung
  – Zuschlag Krankenversicherung
  – Pflegeversicherung
  – Zuschlag Pflegeversicherung
  – Arbeitslosenversicherung
= Nettoverdienst
  – Nettoabzug vermögenswirksame Leistungen
= Auszahlungsbetrag

Arten der Kündigung

außerordentliche Kündigung

- fristlos
- bei Vorliegen schwerwiegender Gründe
- binnen zwei Wochen nach Kenntnis des wichtigen Grunds

ordentliche Kündigung

- ohne wichtigen Grund
- Beachtung der gesetzlichen Kündigungsfristen

- soziale Rechtfertigung aus Gründen
  - in der Person
  - im Verhalten
  - im Betrieb
- Kündigung auf Basis eines Sozialauswahlverfahrens
- besonders schutzwürdige Gruppen (nicht kündbar)
  - Schwangere
  - Väter und Mütter in der Elternzeit
  - Mitglieder des BR und JAV
  - Schwerbehinderte
  - Auszubildende

Rechtsformen der Unternehmen

4

Das Handelsrecht sieht verschiedene Rechtsformen für Unternehmen vor. In der Bundesrepublik Deutschland können sowohl Einzelpersonen als auch Personenzusammenschlüsse ein Unternehmen betreiben. Welche Unternehmensformen sind besonders beliebt in Deutschland und welche Gründe sprechen hierfür?

4.1 Handelsrechtliche Grundlagen

4.1.1 Handelsstand und Kaufmannseigenschaften

Kaufmännischer Geschäftsbetrieb – Istkaufmann

Im Gegensatz zu Privatpersonen beschäftigen sich Unternehmen tagtäglich mit rechtlichen Fragen bzw. Geschäften wie etwa dem Verkaufen und Einkaufen von Ware oder dem Einstellen und Entlassen von Mitarbeitern. Folgerichtig hat der Gesetzgeber im Jahr 1900 festgelegt, dass Personen, die dauerhaft und immer wieder Handelsgeschäfte tätigen, als Kaufleute bezeichnet werden.

§ 343 HGB

Handelsgeschäfte sind alle Geschäfte eines Kaufmanns, die zum Betrieb seines Handelsgewerbes gehören.

Kaufleute unterliegen neben dem BGB auch einem noch spezielleren *Sonderprivatrecht für Kaufleute:* dem Handelsgesetzbuch (HGB ►). Das HGB bestimmt in seinem ersten Paragrafen, wer in die Gruppe der Kaufleute gehört, und grenzt damit die Privatpersonen, auch Nichtkaufleute genannt, von den „Profis" ab.

aktuelle Fassung unter
► www.gesetze-im-internet.de/hgb

§ 1 HGB

(1) Kaufmann im Sinne dieses Gesetzbuchs ist, wer ein Handelsgewerbe betreibt.
(2) Handelsgewerbe ist jeder Gewerbebetrieb, es sei denn, dass das Unternehmen nach Art oder Umfang einen in kaufmännischer Weise eingerichteten Geschäftsbetrieb nicht erfordert.

Zum Verständnis von § 1 HGB ist es hilfreich, ihn einmal „auf den Kopf zu stellen". Dann ergibt sich von unten (Absatz 2) nach oben gelesen, der folgende Aufbau: Ein Gewerbebetrieb, der in seiner Art oder seinem Umfang einen in kaufmännischer Weise eingerichteten Geschäftsbetrieb erfordert, wird Handelsgewerbe genannt. Erreicht also ein Gewerbe eine bestimmte Mindestbetriebsgröße, wird es automatisch zum Handelsgewerbe. Im Absatz 1 wird dann dem Handelsgewerbe der Begriff des Kaufmanns fest zugeordnet.

i

Gewerbe

Der Begriff *Gewerbe* (im § 1 Abs. 2 HGB als Gewerbebetrieb bezeichnet) ist nicht gesetzlich definiert und wurde nur im Laufe der Zeit durch die Rechtsprechung konkretisiert. Heute kann gesagt werden, dass ein Gewerbe äußerlich als solches erkennbar und gesetzlich erlaubt sein muss und die Person es selbstständig – und nicht nur auf Anweisung – ausüben muss. Zudem muss die Tätigkeit planmäßig, auf eine gewisse Dauer und mit der Absicht einer anbietenden Tätigkeit am Markt[1] ausgelegt sein.
Kein Gewerbe sind die sogenannten *freien Berufe* und *die Land- und Forstwirtschaft*. Bei diesen stehen die persönlichen Fähigkeiten der Person im Vordergrund und nicht die unternehmerische Organisation.

Freie Berufe sind unter anderem: Ärzte, Physiotherapeuten, Rechtsanwälte, Wirtschaftsprüfer, Steuerberater, Architekten, Autoren und Regisseure. Oft wird auf den Paragrafen 1 des Gesetzes über Partnerschaftsgesellschaften Angehöriger Freier Berufe (PartGG ►) verwiesen, in dem sich eine Liste an freien Berufen findet.

[1] In früherer Rechtsprechung wurde auf eine Gewinnerzielungsabsicht verwiesen. Dieses Kriterium wurde aber in den letzten Jahren durch viele karitative und öffentliche Unternehmen stark aufgeweicht, sodass heute dieses neue Kriterium verwendet wird. Siehe auch Non-Profit-Betriebe
► IV • 1.4.1

aktuelle Fassung
► www.gesetze-im-internet.de/partgg

Die Einstufung als Handelsgewerbe ist unabhängig davon, ob der Gewerbebetrieb eine solche Organisation wirklich eingerichtet hat. Vielmehr wird das Gesamtbild der kaufmännischen Organisation nach qualitativen und quantitativen Kriterien beurteilt. Im Zweifel wird die Existenz eines Handelsgewerbes immer unterstellt, unabhängig davon, ob ein Handel mit Waren, Dienstleistungen oder ein Handwerk betrieben wird.

Exemplarische Auflistung von Art oder Umfang einer kaufmännischen Organisation	
Art = qualitatives Kriterium	**Umfang = quantitatives Kriterium**
• Schwierigkeitsgrad eines Geschäftsvorgangs • nicht unerhebliche Inanspruchnahme von Krediten für den Geschäftsbetrieb • Notwendigkeit einer Bilanzierung • Umfang der Geschäftskorrespondenz (geschäftlicher Schriftverkehr[1])	• Höhe des Umsatzes, Umfang des Warenangebots • Höhe des Anlagevermögens und des Eigenkapitals • Anzahl der Beschäftigten, der Kunden • Umfang der Lohnsumme

[1] geschäftliche Korrespondenz: *der gesamte externe Schriftverkehr, z. B. Geschäftsbriefe, Rechnungen, Angebote, Auftrags- und Anfragebestätigungen, Bestell- und Lieferscheine sowie Quittungen – egal, ob diese in Papierform oder per E-Mail verschickt wurden*

Es spielt in der heutigen Zeit keine Rolle mehr, wie groß ein Büro oder die Lagerräume eines Unternehmens sind, um über das Vorliegen eines Handelsgewerbes zu urteilen. Ein Büro kann mit einer modernen IT-Ausstattung mit relativ wenigen Mitarbeitern funktional sein.
Bei einer Just-in-time-Produktion unterhält ein Unternehmen nur kleine Lager und kann trotz der geringen räumlichen Größe eine erhebliche geschäftliche Tätigkeit ausüben.

Mit Geschäftsaufnahme ist das Handelsgewerbe ein sogenannter *Istkaufmann*[2], egal, ob dies gewollt ist oder nicht. Die Vorschriften des HGB gelten sofort mit dem ersten Handelsgeschäft.

[2] Istkaufmann: *Kaufmann kraft Handelsgewerbe*

Weitere Kaufmannsformen

Kannkaufmann

Gewerbebetriebe, die nach Art oder Umfang keine in kaufmännischer Weise eingerichtete Organisation erfordern (also kein Handelsgewerbe sind), können sich gemäß § 2 HGB für den Kaufmannsstatus entscheiden (der Fachausdruck dafür lautet: optieren). Hierzu muss der Gewerbebetrieb in das Handelsregister ▸ eingetragen werden. Ab dem Zeitpunkt der Eintragung ist der Gewerbebetrieb Kaufmann und unterliegt dem HGB. Juristen sprechen dann von Kannkaufleuten[3] oder Optionskaufleuten.

Handelsregister
▸ IV • 4.1.3

[3] Kannkaufmann: *Kaufmann durch freiwillige Eintragung in das Handelsregister*

Ein kleiner Kioskbesitzer ist ein typischer Kannkaufmann. Nach Art oder Umfang ist hier keine kaufmännische Organisation erforderlich. Mit einer einfachen Einnahmen- und Ausgabenrechnung kann er den wirtschaftlichen Überblick behalten. Der Kioskbesitzer kann sich aber optional in das Handelsregister eintragen lassen.

Formkaufmann

Juristische Personen ▸ werden über einen „Umweg" automatisch zum Kaufmann. Zunächst wird in § 6 Abs. 1 HGB festgelegt, dass Handelsgesellschaften automatisch den Kaufmannstatus erhalten. Der Gesellschaft mit beschränkter Haftung (GmbH) wird dann in § 13 Abs. 3 GmbHG und der Aktiengesellschaft (AG) in § 3 AktG die Eigenschaft einer Handelsgesellschaft fest zugeordnet. Der von den Juristen verwendete Fachbegriff hierfür lautet Formkaufmann[4].

juristische Personen: *Kapitalgesellschaften, bildungsplanrelevant sind die GmbH*
▸ IV • 4.5
und die AG
▸ XI

[4] Formkaufmann: *Kaufmann kraft Rechtsform*

Pflichten und Rechte des Kaufmanns (Kaufmannseigenschaften)

Für einen Kaufmann ergeben sich aus dem HGB bestimmte Pflichten. Ein Kaufmann
- ist an die Bräuche und Gepflogenheiten des Handelsstandes gebunden (§ 346 HGB), z. B. Handelsklauseln wie „ab Lager", „frei Haus", Incoterms[1].
- ist immer Unternehmer im Sinne des § 14 Abs. 1 BGB.
- muss alle anmeldepflichtigen Tatsachen dem Handelsregister melden (§ 14, § 29, § 31 HGB).
- ist verpflichtet, Bücher über seine Handelsgeschäfte zu führen und einen Jahresabschluss zu erstellen (§ 238 HGB).
- ist zu einer unverzüglichen Mangelrüge verpflichtet (§ 377 HGB ►).
- ist wegen seiner höheren Professionalität zu einem höheren Entgelt (5 %) bei Fälligkeitszinsen ► (§§ 352 f. HGB) verpflichtet.
- ist im kaufmännischen Sinne stärker selbstverantwortlich als Privatpersonen, so kann er beispielsweise eine vereinbarte Vertragsstrafe nicht herabsetzen (§ 348 HGB).
- ist verpflichtet, in seinem Schriftverkehr, auch Geschäftskorrespondenz genannt, genaue Angaben über sein Unternehmen zu machen (§ 37 a HGB).

Im Gegenzug räumt das HGB dem Kaufmann diverse Rechte ein. Ein Kaufmann
- darf neben seinem bürgerlichen Namen einen handelsrechtlichen Namen führen, die sogenannte *Handelsfirma* (§§ 17 ff. HGB).
- kann inländische und ausländische Zweigniederlassungen gründen (§§ 13 und 13 d HGB).
- ist berechtigt, sich durch einen besonderen Bevollmächtigten (= Prokurist ►) vertreten zu lassen (§§ 48 f. HGB).
- hat bei Handelsgeschäften (Geschäften zwischen zwei Kaufleuten) die vereinfachenden Vorteile nach § 343 bis § 372 HGB.
- unterliegt weniger Formvorschriften als eine Privatperson. So kann ein Kaufmann beispielsweise ohne Formzwang bürgen[2] (§ 350 HGB).

[1] Incoterms (**In**ternational **Co**mmercial **Terms**): *international standardisierte und allgemein anerkannte Lieferungs- und Zahlungsbedingungen, in denen u. a. der Gefahrübergang, die Transportkosten und das Transportrisiko geregelt sind*

Schlechtleistung und Mängelrüge
► III • 4.1

Verzugszinsen
► III • 4.2.3

Prokura und Prokurist
► Webcode WGW_IV_4_1_1

[2] Ein Bürge muss dem Gläubiger einer Forderung diese zahlen, falls der Schuldner es nicht kann.

4.1.2 Handelsfirma

Nur ein Kaufmann ist berechtigt, im Handelsverkehr für seine Geschäfte einen eigenen Namen zu führen. Dieser Name wird *Handelsfirma* oder kurz auch *Firma* genannt (§ 17 HGB). Unter dieser Handelsfirma kann der Kaufmann Willenserklärungen abgeben, verklagt werden oder auch klagen. Mithilfe der Handelsfirma soll die kaufmännische Seite von der privaten Seite eines Unternehmers auch namentlich getrennt werden.

Ein Einzelkaufmann hat somit zwei Namen, seinen bürgerlichen Namen (z. B. Maximilian Dietrich) und seine Firma (z. B. Skater e. K.).

Grundsätzlich kann der Kaufmann eine Personalfirma (Personenname), Sachfirma (Sachgegenstand), Fantasiefirma oder Mischfirma („Mischung" aus allen Firmenformen) wählen. Selbst Schriftzeichen wie z. B. das @-Zeichen sind möglich.

Die **(Handels-)Firma** ist der Name, unter dem ein Kaufmann seine Geschäfte betreibt („firmiert").

Das HGB stellt strenge Voraussetzungen an eine Handelsfirma, die sogenannten ***Firmengrundsätze (Firmierungsgrundsätze):***

- **Firmeneinheit:** Der Kaufmann darf für ein Unternehmen nur eine Firma führen.
- **Firmenausschließlichkeit:** Firmen am gleichen Ort müssen sich ausreichend unterscheiden, um eine Verwechslung auszuschließen (§ 30 HGB).
- **Firmenwahrheit:** Die Firma darf nicht über die geschäftlichen Verhältnisse wie etwa Art oder Umfang täuschen (§ 18 HGB). Damit werden irreführende Firmen ausgeschlossen.
- **Firmenbeständigkeit:** Die Firma darf beibehalten werden, auch wenn sich der Unternehmensinhaber ändert (§ 21 bis § 24 HGB). Dies kann im Widerspruch zur Firmenwahrheit stehen. So kann aber das angesammelte Vertrauenskapital, auch *Goodwill* genannt, dem neuen Unternehmensinhaber erhalten bleiben.

Wenn der Mayer Drogeriemarkt e. K. nicht mehr Claudia Mayer gehört, sondern Droste Hiller, darf diese trotzdem die Firma „Mayer Drogeriemarkt" weiterführen.

- **Firmenöffentlichkeit:** Die Firma muss im Handelsregister eingetragen sein (§ 29 HGB).

Rechtsformzusatz

Damit gewährleistet ist, dass Handelspartner die Rechtsform des Unternehmens sofort erkennen können und wissen, dass die erweiterten Vorschriften des HGB für den Geschäftsverkehr gelten, müssen Kaufleute neben der Handelsfirma auch einen Rechtsformzusatz führen. In der Praxis wird er meist in einer passenden Abkürzung verwirklicht. Für das Einzelunternehmen und die Personengesellschaften findet sich die Vorschrift hierzu im § 19 HGB. Für Kapitalgesellschaften wird dies im jeweiligen Gesetz geregelt.

Skater e. K. → Skater = Handelsfirma, e. K. = eingetragener Kaufmann (Rechtsformzusatz)

Odernsky GmbH → Odernsky = Handelsfirma, GmbH = Gesellschaft mit beschränkter Haftung (Rechtsformzusatz)

Skater e. K.

Odernsky GmbH
seit 1951
Heiz- und Kühltechnik

4.1.3 Handelsregister

Das Handelsregister ist ein öffentliches Verzeichnis, in dem eintragungspflichtige und eintragungsfähige Tatsachen[1] der Kaufleute registriert werden. Es wird vom zuständigen Amtsgericht geführt und ist für jedermann ohne Nachweis eines Interesses zur Einsicht offen. Zur Übersichtlichkeit wird es in zwei Abteilungen unterteilt:

- Abteilung A insbesondere für Einzelkaufleute und Personengesellschaften ►
- Abteilung B für Kapitalgesellschaften ►

[1] *Eintragungsfähige Tatsachen können eingetragen werden, müssen aber nicht.*

Grundtypen der Gesellschaftsformen
► IV · 4.2

Alle Eintragungen sind abrufbar unter:

► www.unternehmensregister.de

Neue Eintragungen werden ausschließlich über das elektronische Portal► des Bundesministeriums der Justiz und für Verbraucherschutz bekannt gegeben (§ 10 HGB).

Eintragungspflichtig sind für den Istkaufmann z. B.: Handelsfirma, Name des Inhabers bzw. der persönlich haftenden Gesellschafter, Sitz bzw. Ort des Unternehmens (Hauptniederlassung) und die Rechtsform.

Seit dem Jahr 2007 wird das Handelsregister elektronisch geführt. Seitdem sind die Registergerichte in Baden-Württemberg zentral die Amtsgerichte Freiburg, Mannheim, Stuttgart und Ulm. Weiterhin kann aber in jedem Amtsgericht kostenlos Einsicht in das Handelsregister genommen werden.

Der Kaufmann ist verpflichtet, Anmeldungen beim Handelsregister öffentlich beglaubigt vor einem Notar (§ 12 HGB) vorzunehmen. Tut er dies nicht, kann er durch ein Zwangsgeld von bis zu 5.000,00 EUR hierzu gezwungen werden (§ 14 HGB).

Werden im Handelsregister bereits bestehende Tatsachen eingetragen, dann sprechen die Juristen von einer deklaratorischen[1] Wirkung der Eintragung. In einigen Fällen, z. B. bei der Entstehung einer Kapitalgesellschaft, hat die Eintragung eine rechtserzeugende Wirkung und wird dann konstitutiv genannt.

Eintragungen im Handelsregister unterliegen dem sogenannten *öffentlichen Glauben* gemäß § 15 HGB. Dies bedeutet, dass die Öffentlichkeit davon ausgehen kann, dass die Tatsachen, die im Handelsregister eingetragen sind, auch der Wahrheit entsprechen. Handelspartner müssen eigenständig im Register nachsehen, ob die behaupteten Tatsachen der Gegenpartei auch stimmen. Tun sie dies nicht, sind sie nicht vom Vertrauensschutz gedeckt (mit anderen Worten: „selbst schuld“).

[1] deklaratorisch: *rechtsbekundend*

Herr Hanser bestellt bei dem Unternehmen Telek GmbH eine Telefonanlage für 150.000,00 EUR und gibt sich dabei als Inhaber des Unternehmens @Filla e. K. aus. Bei einem Blick in das Handelsregister hätte die Telek GmbH feststellen können, dass Herr Hanser nicht Inhaber der @Filla e. K. ist und keine Berechtigung zur Vertretung des Unternehmens hat.

Ist der Handelspartner jedoch darüber informiert, dass die Eintragungen im Handelsregister nicht mehr den Tatsachen entsprechen, dann verliert der Wissende den Vertrauensschutz durch das Gesetz und kann sich nicht auf die Eintragung im Handelsregister berufen.

Das Handelsregister übernimmt zudem die Aufgabe, Jahresabschlüsse zu publizieren, falls der Kaufmann dazu gesetzlich verpflichtet ist.

	Istkaufmann (§ 1 HGB)	**Kannkaufmann (§ 2 HGB)**	**Formkaufmann (§ 6 HGB)**
Registeranmeldung	verpflichtend	wahlfrei	verpflichtend
Wirkung der Registereintragung	deklaratorisch	konstitutiv	konstitutiv

Beispiel für einen aktuellen Abdruck aus dem elektronischen Handelsregister

Handelsregister B des Amtsgerichts Ulm	Abteilung B Wiedergabe des aktuellen Registerinhalts Abruf vom 09.02.2020 15:39	Nummer der Firma: **HRB 630206**

Seite 1 von 7

1. **Anzahl der bisherigen Eintragungen:** 141
2. a) **Firma:** ZF Friedrichshafen AG[1]
   b) **Sitz, Niederlassung, inländische Geschäftsanschrift, empfangsberechtigte Person, Zweigniederlassungen:**
   Friedrichshafen Geschäftsanschrift: Löwentaler Straße 20, 88046 Friedrichshafen
   c) **Gegenstand des Unternehmens:** Entwicklung, Herstellung und Vertrieb von technischen Produkten und Systemen für den Fahrzeug-, Maschinen- und Apparatebau, insbesondere für die Fahrwerk- und Antriebstechnik, den Verkauf von Ingenieurleistungen sowie alle hiermit im Zusammenhang stehenden Tätigkeiten. Zur Erreichung dieses Zwecks darf die Gesellschaft sich auch an anderen Unternehmen beteiligen, Zweigniederlassungen errichten, Interessengemeinschaftsverträge oder ähnliche Verträge abschließen, die für den Unternehmenszweck sachdienlich erscheinen.
3. **Grund- oder Stammkapital:** 500.000.000,00 EUR
4. a) **Allgemeine Vertretungsregelung:**
   Der Vorstand besteht aus mindestens zwei Mitgliedern. Im Übrigen bestimmt der Aufsichtsrat die Zahl der Mitglieder des Vorstandes. Die Gesellschaft wird durch zwei Vorstandsmitglieder gemeinsam oder durch ein Vorstandsmitglied gemeinsam mit einem Prokuristen vertreten.
   b) **Vorstand, Leitungsorgan, geschäftsführende Direktoren, persönlich haftende Gesellschafter, Geschäftsführer, Vertretungsberechtigte und besondere Vertretungsbefugnis:**
   Vorstand: Dr. Fischer, Martin, Bloomfield Hills/Vereinigte Staaten, *0[illegible].05.1970
   Vorstand: Hankel, Michael, Eschborn, *23.05.1957
   Vorstand: Jaskula, Sabine Gertrud, Friedrichshafen, *21.11.1967
   [...]
   Vorstandsvorsitzender: Scheider, Wolf-Henning, Stuttgart, *06.05.1962
   [...]
5. **Prokura:**
   Gesamtprokura gemeinsam mit einem Vorstandsmitglied oder einem anderen Prokuristen:
   Adgey, Richard William, Neuwied, *03.12.1976
   Ahle, Dietmar Meinolf, Friedrichshafen, *17.02.1962
   [...]
6. a) **Rechtsform, Beginn, Satzung oder Gesellschaftsvertrag:** Aktiengesellschaft
   Satzung vom 27.05.1921, zuletzt geändert durch Beschluss vom 01.03.2016
   [...]
7. a) **Tag der letzten Eintragung:** 20.01.2020

[1] Die ZF Friedrichshafen AG ist ein weltweiter Automobilzulieferer mit mehr als 100-jähriger Tradition. Der Umsatz 2018 betrug rund 36,9 Milliarden EUR, der Konzern beschäftigt 149 000 Mitarbeiter an rund 230 Standorten in 40 Ländern.

4.2 Grundtypen der Gesellschaftsformen

Wird ein Unternehmen von einer Person alleine und ohne ein Mindestkapital und Haftungsbeschränkung[2] gegründet, spricht man von einem Einzelunternehmen. Durch einen Gesellschaftsvertrag können sich auch mehrere Personen zusammenschließen und gemeinsam ein Gewerbe betreiben (§ 705 BGB). Diese Zusammenschlüsse können in zwei große Kategorien eingeteilt werden:

[2] ohne Haftungsbeschränkung = uneingeschränkte Haftung: *Die haftende Person muss nicht nur mit dem Vermögen des Unternehmens für Verbindlichkeiten einstehen, sondern auch unbegrenzt mit ihrem Privatvermögen.*

- **Personengesellschaften**
  Die Personengesellschaften gehen auf das Vorbild der römischen „societas" zurück, deren Grundtypus die Gesellschaft bürgerlichen Rechts (GbR)[1] des BGB ist.
- **Kapitalgesellschaften** (= Körperschaften)
  Die Kapitalgesellschaften hingegen sind organisierte juristische Personen. Ihr Grundtypus ist der eingetragene Verein (e.V.)[1], der ebenfalls im BGB seine Rechtsgrundlage hat.

[1] Die GbR und der e.V. sind nicht Bestandteil des Bildungsplans.

Bei Personengesellschaften sind die Gesellschafter (als Person) Träger aller gesellschaftlichen Rechte und Pflichten – eine Personengesellschaft ist somit **keine** juristische Person. Bei den Körperschaften verselbstständigt sich der Personenzusammenschluss zu einer juristischen Person. Träger der gesellschaftlichen Rechte und Pflichten sind dann die Organe dieser juristischen Person. Bildlich gesprochen haben Körperschaften Organe und sind dann – wie ein Mensch mit seinen Organen – als eigenständige Person anzusehen und verselbstständigen sich somit.

Gesellschaftsformen im Privatrecht

Personengesellschaften
- offene Handelsgesellschaft (OHG)
  §§ 105 bis 160 HGB, §§ 705 bis 740 BGB
- Kommanditgesellschaft (KG)►
  §§ 161 bis 177 a HGB, §§ 705 bis 740 BGB

Körperschaften = Kapitalgesellschaften (juristische Personen)
- Gesellschaft mit beschränkter Haftung (GmbH)►
  GmbH-Gesetz (GmbHG)
- Aktiengesellschaft (AG)►
  Aktiengesetz (AktG)

KG ► IV · 4.4
GmbH ► IV · 4.5
Aktiengesellschaft ► XI

Bei der Wahl der richtigen Gesellschaftsform für einen Unternehmer spielen unter anderem die folgenden Fragen eine Rolle:
- Wer bringt das Kapital für das Unternehmen auf?
- Wer führt die Gesellschaft und wer vertritt sie nach außen?
- Wer haftet für die Verbindlichkeiten der Gesellschaft?
- Wer trägt den Gewinn oder den Verlust?
- Wer kontrolliert oder überwacht die Geschäftsführung?
- Welche Mitbestimmungsrechte haben die Arbeitnehmer?

i

Mitbestimmung der Arbeitnehmer in Unternehmen

In der Bundesrepublik wird durch das Betriebsverfassungsgesetz (Abkürzung: BetrVG►) die Einbindung der Arbeitnehmer in unternehmerische Entscheidungen gewährleistet►. Dabei ist es unerheblich, in welcher Rechtsform das Unternehmen betrieben wird. Ein Betriebsrat kann gebildet werden, wenn mindestens fünf ständige wahlberechtigte Arbeitnehmer, von denen drei wählbar sind, in einem Unternehmen beschäftigt sind. Der Betriebsrat besteht in diesem Fall aus einer Person, bei steigender Mitarbeiterzahl steigt die Zahl der Betriebsratsmitglieder. Grundsätzlich hat der Betriebsrat ein Informations- und Beratungsrecht, in Personalangelegenheiten auch ein Widerspruchsrecht und ein echtes Mitbestimmungsrecht in manchen sozialen Angelegenheiten.

aktuelle Fassung
► www.gesetze-im-internet.de/betrvg
betriebliche Mitbestimmung und Betriebsrat
► II · 2.3.3

4.3 Einzelunternehmen (Einzelkaufmann)

Das Einzelunternehmen[1] kann nur von einer natürlichen Person gegründet und geführt werden. Ist das Unternehmen ein Handelsgewerbe, dann ist es mit Aufnahme der Geschäfte Istkaufmann. Andernfalls kann der Inhaber (= Einzelunternehmer) für die Eintragung in das Handelsregister gemäß § 2 HGB als Kannkaufmann (= Optionskaufmann) optieren. Mit der Eintragung kann eine Handelsfirma geführt werden, was wiederum den Einzelunternehmer verpflichtet, den Rechtsformzusatz „eingetragene/r Kauffrau/Kaufmann" oder eine passende Abkürzung, e. Kfr. bzw. e. K., e. Kfm., zur Handelsfirma hinzuzufügen (§ 19 Abs. 1 Nr. 1 HGB).

[1] im Englischen vergleichbar mit: AE: *sole proprietorship* BE: *sole trader*

Der Inhaber führt die Geschäfte des Einzelunternehmens selbst und vertritt es nach außen. ► Nur er darf für das Unternehmen Willenserklärungen abgeben. Dieses Recht kann er in bestimmten Fällen übertragen, z. B. an seine Angestellten.[2]

Geschäftsführung und Vertretung

► IV • 4.4.3

[2] Das Gesetz spricht nicht von Angestellten, sondern von Handlungsgehilfen und Handlungslehrlingen (§§ 59 ff. HGB).

Ein Mindestkapital ist nicht vorgeschrieben. Der Teil des Privatvermögens, den der Inhaber dem Unternehmen zur Verfügung stellt, wird zum Geschäftsvermögen des Einzelunternehmens.

2019 wurden in Deutschland 550 565 Unternehmen neu gegründet, davon wurden 433 171 in der Rechtsform des Einzelunternehmens eingerichtet. Insbesondere im Handel ist diese Rechtsform sehr beliebt.

Über dieses Kapital hinaus haftet der Inhaber stets unbeschränkt und persönlich mit seinem gesamten Vermögen (auch mit seinem Privatvermögen) für sämtliche Schulden, Verluste, Schadenersatz usw. des Einzelunternehmens. Die ausgeschlossene Haftungsbeschränkung ist damit der entscheidende Nachteil dieser Unternehmensform. Der Inhaber trägt das gesamte Risiko allein, ihm steht aber auch allein der Gewinn des Unternehmens zu. Der Gewinn gilt für den Inhaber als Einkommen und unterliegt der Einkommensteuer. ►

Besteuerung von Unternehmen

► Webcode WGW_IV_4_3

Das Einzelunternehmen ist, genauso wie die Personengesellschaften, nicht verpflichtet, einen Jahresabschluss zu veröffentlichen, es sei denn, die ausgesprochen hohen Hürden gemäß § 1 Publizitätsgesetz (PublG)[3] werden erreicht.

[3] Das Publizitätsgesetz verpflichtet Unternehmen zur Offenlegung des Jahresabschlusses.

aktuelle Fassung

► www.gesetze-im-internet.de/publg

Aufgelöst wird das Einzelunternehmen durch den Tod des Inhabers, die freiwillige Entscheidung des Inhabers (Liquidation) oder durch Insolvenz des Unternehmens.

Einzelunternehmen (EU)

- eine natürliche Person als eingetragener Kaufmann
- kein Mindestkapital erforderlich
- unbeschränkte Haftung mit Privat- und Geschäftsvermögen der natürlichen Person
- Rechtsformzusatz: Kaufmann/Kauffrau oder eine passende Abkürzung – e. K., e. Kfm. bzw. e. Kfr.

Einzelunternehmer

- Geschäftsführung und Vertretung durch die natürliche Person
- Der Gewinn wird als Einkommen der natürlichen Person versteuert.
- keine Veröffentlichung des Jahresabschlusses

4.4 Kommanditgesellschaft (KG)

4.4.1 Begriff, Rechtsfähigkeit, Gründung und Handelsfirma

Die Kommanditgesellschaft (KG)[1] gehört zu den Personengesellschaften und wird in den § 161 bis § 177 a HGB geregelt. Sind dort keine Vorschriften aufgeführt, gelten die § 105 bis § 160 HGB, die eigentlich für die offene Handelsgesellschaft (OHG)[2] bestimmt sind. Sollten sich auch dort keine passenden Vorschriften finden, gilt der Grundtypus der Gesellschaft bürgerlichen Rechts (GbR) und damit das BGB.

[1] im Englischen vergleichbar mit:
AE: limited liability partnership (LLP)
BE: limited partnership (LP)

[2] Die offene Handelsgesellschaft und die Gesellschaft bürgerlichen Rechts sind nicht Bestandteil des Bildungsplans. Die Kommanditgesellschaft ist aber im Grunde eine Sonderform der OHG.

Gründung und Handelsfirma

Mit einem Gesellschaftsvertrag (§ 705 BGB) schließen sich mehrere natürliche und/oder juristische Personen (= Gesellschafter) zu einer Kommanditgesellschaft zusammen, um unter gemeinschaftlicher Handelsfirma ein Handelsgewerbe zu unterhalten. Der entscheidende Unterschied der KG zur OHG besteht darin, dass ein oder mehrere Gesellschafter nur mit einem festgelegten Betrag den Geschäftsgläubigern gegenüber haften (§ 161 HGB). Eine solche Haftsumme für bestimmte Gesellschafter ist bereits im Gesellschaftsvertrag der KG zu vereinbaren. Die Namen der beschränkt haftenden Gesellschafter müssen mit der jeweiligen Haftsumme in das Handelsregister eingetragen werden (§ 162 HGB). Somit gibt es bei der KG zwei Gruppen von Gesellschaftern:

persönlich haftende Gesellschafter = Komplementäre = Vollhafter[3]
beschränkt haftende Gesellschafter = Kommanditisten = Teilhafter

[3] Eselsbrücke: „Der Komplementär haftet komplett!"

Die KG ist gemäß § 124 HGB selbst Trägerin von Rechten und Pflichten. Damit ist sie eine rechtsfähige Personengesellschaft (§ 14 BGB), aber **keine** juristische Person. Bildlich gesprochen ist die KG eine Personengruppe (auch Gesamthand genannt), die als Gruppe selbst Rechte erwerben und Verbindlichkeiten eingehen kann. Als Grundlage hierzu dient der Gesellschaftsvertrag, weitergehende Entscheidungen müssen von den Gesellschaftern gemeinsam in der Gesellschafterversammlung gefasst werden. Die Gesellschafterversammlung beschließt insbesondere die Bilanzfeststellung, die Gewinnverwendung sowie Änderungen des Gesellschaftsvertrags (§ 119 HGB).
Im Gesellschaftsvertrag ist die Handelsfirma mit dem Rechtsformzusatz „Kommanditgesellschaft" oder einer allgemein verständlichen Abkürzung – üblicherweise KG – zu ergänzen (§ 19 Abs. 1 Nr. 3 HGB). Der Gesellschaftsvertrag kann grundsätzlich formfrei und ausdrücklich oder konkludent geschlossen werden ▸. In der Praxis sind wegen der Beweiskraft Gesellschaftsverträge meist schriftlich verfasst. Eine Ausnahme zur Formfreiheit ergibt sich, wenn ein Gesellschafter eine Immobilie in die Gesellschaft als seine Einlage einbringt. Dann schreibt § 311 b Abs. 1 BGB die notarielle Beurkundung der Übertragung des Grundstücks an die KG vor. Dies hat automatisch zur Folge, dass der Gesellschaftsvertrag notariell verfasst werden muss.

ausdrückliche Erklärung und konkludentes Handeln
▸ III • 1.5.2

Kapitalaufbringung

Die Gesellschafter verpflichten sich im Gesellschaftsvertrag, einen bestimmten Betrag[4] ihres Privatvermögens in das Gesellschaftsvermögen (= Gesamthandsvermögen) zu über-

[4] = Einlage des Gesellschafters in das Vermögen der KG. Es gibt keinen gesetzlichen Mindestbetrag.

führen. Dieser Betrag kann in Form von Geld oder Sachwerten[1] erfolgen. So ist das Privatvermögen der Gesellschafter eindeutig vom Gesamthandsvermögen getrennt (§ 719 BGB). Dieses steht der unternehmerischen Tätigkeit der KG und der Befriedigung der Gesellschaftsgläubiger zur Verfügung. Umgekehrt muss die Gesellschaft nicht für Forderungen an die Privatperson aufkommen. Die tatsächlich von den Komplementären und Kommanditisten in die KG eingebrachten Beträge werden dann **Kapitalanteile** genannt.
Beim Kommanditisten ist genauer zwischen seiner Einlagepflicht (= Kommanditeinlage) im Innenverhältnis und der Haftsumme im Außenverhältnis zu unterscheiden. Seine Pflichteinlage bestimmt sich nach dem Gesellschaftsvertrag. Die Haftsumme (auch Hafteinlage genannt) ist der im Handelsregister eingetragene Geldbetrag, der die Haftung des Kommanditisten nach außen begrenzt (§ 172 Abs. 1 HGB). Zu beachten ist hierbei, dass die zwei Beträge unterschiedlich hoch sein können. Gemäß §172 Abs. 3 HGB ist sogar ein Erlass der Zahlung an die KG möglich. Aus der Haftung in Höhe der Haftsumme wird der Kommanditist jedoch nicht entlassen.

[1] Sachwerte sind Gegenstände und Rechte (z. B. Grundstücke, Pkws oder Patente).

Gesamthandsvermögen einer Kommanditgesellschaft

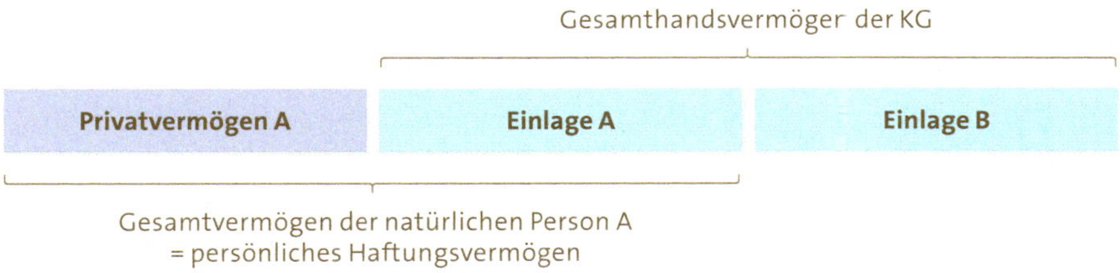

Entstehung

Im Innenverhältnis entsteht die KG mit Abschluss des Gesellschaftsvertrags oder zu dem Zeitpunkt, den dieser bestimmt. Hiervon ist das Außenverhältnis abzugrenzen.

Das Innenverhältnis betrifft die Rechtsbeziehungen der Gesellschafter untereinander und ihre Beziehungen zur Gesellschaft (zur Gesamthand).
Das Außenverhältnis betrifft die Rechtsbeziehungen der Gesellschafter und der Gesellschaft (der Gesamthand) zu Dritten.

Erfordert der Gewerbebetrieb nach der belastbaren Planung[2] einen kaufmännisch eingerichteten Geschäftsbetrieb im Sinne des § 1 Abs. 2 HGB, dann ist die KG Istkaufmann und die Eintragung in das Handelsregister, die immer von sämtlichen Gesellschaftern vorzunehmen ist (§ 108 HGB), hat nur eine deklaratorische Wirkung.

[2] belastbare Planung: *Die Planung kann mit einer sehr hohen Wahrscheinlichkeit umgesetzt werden.*

Nimmt die istkaufmännische KG, mit Zustimmung aller Gesellschafter, die Geschäfte vor der Eintragung in das Handelsregister auf, entsteht die Gesellschaft im Außenverhältnis bereits zu diesem Zeitpunkt. Ist der Gewerbebetrieb vom Umfang her kein Handelsgewerbe, hat die Eintragung in das Handelsregister eine konstitutive Wirkung (Kannkaufmann); bis dahin ist die Gesellschaft eine Gesellschaft bürgerlichen Rechts (GbR) nach dem BGB.

Entstehung einer Kommanditgesellschaft		
	Istkaufmännische KG (§ 161 Abs. 1 HGB)	**Kannkaufmännische KG (§§ 161 Abs. 2 und 123 Abs. 1 HGB)**
Innenverhältnis (§ 109 HGB)	mit Abschluss des Gesellschaftsvertrags	mit Abschluss des Gesellschaftsvertrags
Außenverhältnis (§ 123 HGB)	• mit Aufnahme der Geschäfte im Namen der KG und Einwilligung aller Gesellschafter • spätestens jedoch mit Eintragung in das Handelsregister	mit Eintragung in das Handelsregister
Wirkung der Eintragung in das Handelsregister	deklaratorisch	konstitutiv

4.4.2 Haftung der Gesellschafter

Reicht das Gesellschaftsvermögen für die Verbindlichkeiten der KG nicht aus, haften die Gesellschafter gemäß § 128 HGB über das Gesellschaftsvermögen hinaus
- unmittelbar – der Gläubiger hat einen Direktanspruch an den einzelnen Gesellschafter,
- primär – der Gläubiger kann sofort auf den Gesellschafter zugreifen und muss nicht erst versuchen, die KG in Anspruch zu nehmen,
- unbeschränkt – der Gesellschafter haftet dem Gläubiger mit seinem gesamten Privatvermögen – und
- gesamtheitlich – der Gesellschafter haftet für die volle Summe und nicht etwa nur für den Anteil, der seinem Anteil an der KG entspricht,

als Gesamtschuldner[1].

[1] Gesamtschuldner = solidarische Haftung: *Jeder einzelne Gesellschafter muss gegebenenfalls alleine für alle Schulden des Unternehmens einstehen.*

Ein Gesellschafter haftet für alle Verbindlichkeiten der KG, sobald er in sie (z. B. durch Neugründung oder in eine bestehende KG) eintritt. Verlässt ein Gesellschafter die KG, haftet er für Verbindlichkeiten, die bis zu diesem Zeitpunkt entstanden sind, noch weitere fünf Jahre nach dem Austritt aus der KG. Hat ein Gesellschafter eine Gesellschaftsverbindlichkeit „aus eigener Tasche" erfüllt, kann er von der KG Aufwendungsersatz gemäß § 110 HGB verlangen.

Die beiden Typen der Gesellschafter einer KG, die Komplementäre und die Kommanditisten, unterscheiden sich bei der Haftung wie folgt: Der Komplementär haftet grundsätzlich mit der gleichen Verpflichtung wie die Gesellschaft selbst, er schuldet damit die Erfüllung der Gesellschaftsverbindlichkeit. Hierfür haftet er mit seinem gesamten Vermögen (z. B. Privatvermögen, weiteres Geschäftsvermögen) als Gesamtschuldner. Diese Haftungsregelung kann im Außenverhältnis nicht abgeändert oder beschränkt werden. Die Kommanditisten haften im Außenverhältnis ausschließlich mit der in das Handelsregister eingetragenen Haftsumme[2] (§ 172 Abs. 1 HGB). Hat der Kommanditist diese bereits an die Gesellschaft geleistet, ist er vor weiterer Haftung (Inanspruchnahme durch Gläubiger) gemäß § 171 Abs. 1 Halbsatz 2 geschützt. Der Kommanditist kann nicht nur durch Einzahlung in die Gesamthand, sondern auch durch das Stehenlassen von Gewinnen seine Haftsumme erbringen. Jede Art von Rückgewähr aus der Haftsumme führt zu einem Wiederaufleben der Haftung gemäß § 172 Abs. 4 HGB.

[2] Im Gesetz wird an einigen Stellen auch von der *Hafteinlage* gesprochen.

Haftungssituationen der Gesellschafter einer Kommanditgesellschaft		
	Kommanditist	**Komplementär**
vor der Eintragung in das Handelsregister	Haftung (unmittelbar, primär, unbeschränkt, gesamtheitlich) gemäß § 128 HGB, falls er der Aufnahme der Geschäfte zugestimmt hat (§ 176 HGB)	Haftung (unmittelbar, primär, unbeschränkt, gesamtheitlich) gemäß § 128 HGB; mit Eintritt in die Gesellschaft auch für alle bestehenden Verbindlichkeiten (§ 130 HGB)
nach der Eintragung in das Handelsregister	Haftung nur mit der im Handelsregister eingetragenen Haftsumme Sollte der Betrag noch nicht oder noch nicht vollständig in das Gesamthandsvermögen einbezahlt sein, kann das Privatvermögen bis zur Höhe des ausstehenden Betrags zur Haftung herangezogen werden (§ 171 HGB).	
beim Eintreten in eine bestehende KG	Haftung für bereits bestehende Verbindlichkeiten mit der im Handelsregister eingetragenen Haftsumme, soweit diese einbezahlt wurde (§ 173 HGB)	
beim Ausscheiden aus einer KG	fünf Jahre Nachhaftung für bis zum Ausscheiden entstandene Verbindlichkeiten (§ 160 HGB), beim Kommanditisten bis zur Höhe seiner Haftsumme	

4.4.3 Geschäftsführung und Vertretung

Auch bei der Führung der Kommanditgesellschaft sind Innenverhältnis und Außenverhältnis zu unterscheiden.

Geht es um das rechtliche Dürfen (Handlungsbefugnis) im Innenverhältnis, also die Rechtsverhältnisse der Gesellschafter untereinander und im Verhältnis zur Gesellschaft (zur Gesamthand), dann spricht man von Geschäftsführung.

Das Gegenstück hierzu ist das rechtliche Können im Außenverhältnis, die sogenannte **Vertretung.**

Vertretungsmacht ist die Fähigkeit, die KG nach außen, Dritten gegenüber, rechtswirksam zu vertreten.

Da die KG selbst im Rechtsverkehr mit Dritten nicht handeln kann, müssen dies die Gesellschafter – bei der KG dürfen dies ausschließlich die Komplementäre – für sie tun[1].

Geschäftsführungsbefugnis

Alle Komplementäre sind zur Geschäftsführung berechtigt und verpflichtet (§ 114 HGB). Dabei hat jeder Komplementär Einzelgeschäftsführungsbefugnis (§ 115 HGB). Er darf bei gewöhnlichen Geschäften[2], die der Betrieb eines Handelsgewerbes mit sich bringt, alleine handeln. Der Gesellschaftsvertrag kann auch eine Gesamtgeschäftsführungsbefugnis festlegen, dann müssen die Entscheidungen gemeinsam von den Komple-

[1] Die Wahrnehmung der Vertretung nach außen durch die Komplementäre wird auch *Selbstorganschaft* genannt.

[2] Gegenstück: außergewöhnliche bzw. ungewöhnliche Geschäfte: *Diese gehen im Inhalt, Zweck, Umfang oder der Bedeutung über den bisherigen Geschäftsbetrieb hinaus und haben damit Ausnahmecharakter.*

mentären getroffen werden (§ 115 Abs. 2 HGB). Es ist auch möglich, Komplementäre durch den Gesellschaftsvertrag von der Geschäftsführung vollständig auszuschließen (§ 114 Abs. 2 HGB). Alle **geschäftsführenden** Komplementäre haben ein Widerspruchsrecht gegen konkrete gewöhnliche Geschäfte (§ 115 Abs. 1 HGB), die dann unterbleiben müssen. Handelt es sich um ein ungewöhnliches Geschäft, müssen ihm alle Gesellschafter (auch die Kommanditisten) zustimmen (§ 116 Abs. 2 HGB). Die Kommanditisten sind von der Geschäftsführung ausgeschlossen (§ 164 HGB). Dahinter steht die Überlegung, dass diejenigen, die nur beschränkt haften, keine Entscheidungsmacht haben sollen.

Verstößt ein Komplementär gegen Regelungen im Gesellschaftsvertrag oder im HGB, kann er sich der KG gegenüber schadenersatzpflichtig machen (§ 280 BGB).

Das Innenverhältnis kann im Gesellschaftsvertrag weitgehend frei gestaltet werden (§§ 163 ff. HGB). Zu beachten ist, dass die § 164 bis § 169 HGB dispositiv[1] zu sehen sind, das heißt, der Gesellschaftsvertrag kann Abweichungen vom Gesetz festlegen.

[1] dispositives Recht: *nachgiebiges Recht. Die Paragrafen gelten nur, wenn nichts anderes im Gesellschaftsvertrag vereinbart wurde.*

Vertretungsmacht

Im Außenverhältnis gelten die Regelungen des HGB unnachgiebig (§§ 170 ff. HGB). Die Kommanditisten sind nicht zur Vertretung der KG ermächtigt. Die Vertretungsmacht ist gesetzlich als Einzelvertretungsmacht festgelegt (§ 125 HGB). Eine Gesamtvertretung muss im Gesellschaftsvertrag festgelegt sein. Der Umfang der Vertretungsmacht erstreckt sich auf alle gerichtlichen und außergerichtlichen Rechtshandlungen (§ 126 Abs. 1 HGB) und umfasst damit auch die ungewöhnlichen Geschäfte der Geschäftsführungsbefugnis. Die Vertretungsmacht einzelner Gesellschafter kann nicht eingegrenzt, z. B. auf ein bestimmtes Sachgebiet beschränkt, werden (§ 126 Abs. 2 HGB). Der komplette Entzug der Vertretungsmacht hingegen ist gemäß § 127 HGB sehr wohl möglich und kann durch Vereinbarung im Gesellschaftsvertrag oder durch eine gerichtliche Entscheidung erfolgen. Zur Wirksamkeit dieser Abweichung vom Normalfall muss sie zum Schutz der Gläubiger im Handelsregister eingetragen sein (§ 106 HGB).

Vertretungsmacht (Außenverhältnis) einer Kommanditgesellschaft

Grundsatz nach dem Gesetz	Ausnahme nach Vereinbarung im Gesellschaftsvertrag
Einzelvertretung, § 125 Abs. 1 HGB Umfang: alle Geschäfte, § 126 Abs. 1 HGB (mit Ausnahme von Geschäften, die den Bestand der Gesellschaft berühren) Beschränkungen sind im Außenverhältnis unwirksam, § 126 Abs. 2 HGB.	**Gesamt**vertretung, § 125 Abs. 2 HGB, oder **Ausschluss** einzelner Gesellschafter von der Vertretung, § 125 Abs. 1 HGB, oder **gemischte** Gesamtvertretung mit einem Prokuristen, § 125 Abs. 3 HGB **→ zur Wirksamkeit immer eintragungspflichtig gemäß § 106 Abs. 2 Nr. 4 HGB**

Bei genauer Betrachtung fallen Geschäftsführungsbefugnis und Vertretungsmacht in ihrer Reichweite auseinander: Haben die Gesellschafter im Innenverhältnis ihre Befugnisse durch den Gesellschaftsvertrag beschränkt, wirkt diese Vereinbarung nicht nach außen, da die Vereinbarung nicht im Handelsregister eingetragen werden kann und sich Dritte somit nicht über sie informieren können.

Dies kann zum Missbrauch der Vertretungsmacht durch einen Gesellschafter führen: Der Gesellschafter kann bewusst seine Geschäftsführungsbefugnis (sein rechtliches Dürfen im Innenverhältnis) einem Dritten (= Erklärungsempfänger) gegenüber (rechtliches Können im Außenverhältnis) übertreten.

Missbrauch der Vertretungsmacht einer Kommanditgesellschaft		
Erklärungsempfänger wusste nichts vom Missbrauch der Vertretungsmacht.	**Erklärungsempfänger wusste vom Missbrauch der Vertretungsmacht.**	**Erklärungsempfänger und Gesellschafter handeln bewusst zum Schaden der KG.**
Das Rechtsgeschäft ist im Außenverhältnis wirksam. Im Innenverhältnis hat der Gesellschafter seine Pflichten verletzt und ist der Gesellschaft zum Schadenersatz verpflichtet.	Das Rechtsgeschäft wird gemäß §§ 177 ff. BGB schwebend unwirksam. Die Gesellschafterversammlung kann über das Rechtsgeschäft entscheiden.	Fachausdruck: Kollusion bzw. kollusorisches Zusammenwirken Das Rechtsgeschäft ist gemäß § 138 BGB nichtig, da beide bewusst zum Schaden der KG zusammengewirkt haben.

4.4.4 Gewinnverteilung und Verlustverteilung

Ein Gewinn der KG wird in einem zweistufigen Verfahren verteilt. Zunächst erhält **jeder** Gesellschafter eine Kapitaldividende von 4 % auf seinen Kapitalanteil (§ 168 Abs. 1 HGB). Sollte nach dieser ersten Verteilung noch ein Gewinn zur Verfügung stehen, wird er nach einem *angemessenen Verhältnis*[1] der Anteile verteilt (§ 168 Abs. 2 HGB). Hat der Kommanditist seinen vereinbarten Kapitalanteil bereits erbracht, kann er sich den Gewinn auszahlen lassen bzw. auf einem Sonderkonto der KG als Darlehen zur Verfügung stellen. Andernfalls wird mit dem Gewinn sein noch nicht erbrachter Kapitalanteil aufgefüllt (§ 169 Abs. 1 HGB). Dem Komplementär wird der Gewinn auf seinen Kapitalanteil zugeschrieben (§ 120 Abs. 2 HGB). Gewinne sind von den Gesellschaftern als Einkommen bei der Einkommensteuer zu versteuern.

Ein Verlust wird ebenfalls in einem *angemessenen Verhältnis* der Kapitalanteile auf die Gesellschafter verteilt. Die Kommanditisten tragen einen Verlust immer nur bis zur Höhe der vereinbarten Pflichteinlage (= Kommanditeinlage).

[1] Zur Beurteilung eines angemessenen Verhältnisses müssen die Kapitalanteile, der persönliche Einsatz und die Haftung eines Gesellschafters berücksichtigt werden. Folglich sind Kommanditisten und Komplementäre unterschiedlich zu berücksichtigen.

4.4.5 Weitere Mitgliedschaftsrechte und Mitgliedschaftspflichten der Gesellschafter

Die Rechte der **Komplementäre** entsprechen denen von OHG-Gesellschaftern. Daher finden sich die gesetzlichen Regelungen im Abschnitt der OHG im HGB. Die Komplementäre haben insbesondere das Recht,

- sich persönlich über die Verhältnisse der KG unterrichten zu lassen, die Handelsbücher und die Papiere der KG einzusehen und sich aus ihnen eine Bilanz und einen Jahresabschluss anzufertigen (§ 118 HGB). Dies gilt insbesondere auch für den Fall, dass ein Komplementär von der Geschäftsführung ausgeschlossen wurde.
- an den Gesellschafterversammlungen teilzunehmen und ihr Stimmrecht (eine Stimme je Komplementär unabhängig von der Höhe der Kapitaleinlage) dort auszuüben (§ 119 HGB).
- auf Entnahmen von Geld aus der Gesamthand, bis zu 4 % der Einlage (§ 122 HGB).

- nach ordentlicher Kündigung, die mindestens sechs Monate vor dem Geschäftsjahresschluss erfolgt sein muss, aus der KG auszuscheiden (§ 132 HGB).
- auf einen Anteil des Liquidationserlöses[1] bei Auflösung der KG (§ 155 HGB).

[1] Liquidationserlös, in diesem Zusammenhang: *verbleibende Geldmittel nach Verkauf aller Vermögensgegenstände und Begleichung aller Schulden*

Die Komplementäre einer KG unterliegen einem Wettbewerbsverbot gemäß §§ 112 f. HGB. So dürfen sie nicht ohne Genehmigung der Gesellschafterversammlung der KG Konkurrenz machen.

Da die Beteiligung des **Kommanditisten** an einer KG auf die Kapitalerbringung beschränkt ist, hat er nur:

- Teilnahmerecht und Stimmrecht (eine Stimme je Kommanditist) an der Gesellschafterversammlung
- Kontrollrecht des Rechnungsabschlusses durch Einsicht in die Bücher und die Papiere der KG (§ 166 HGB), aber kein Mitwirkungsrecht an der Aufstellung des Jahresabschlusses
- Widerspruchsrecht allein bei ungewöhnlichen Geschäften (§ 164 HGB)
- ordentliches Kündigungsrecht sechs Monate vor dem Geschäftsjahresschluss, wenn er aus der KG ausscheiden will (§ 132 HGB)

Gemäß § 169 Abs. 1 HGB steht dem Kommanditisten ausdrücklich kein Entnahmerecht aus der Gesellschaftskasse (= Gesamthand) zu.

Neben der Pflicht der Kapitalaufbringung hat der Kommanditist lediglich eine allgemeine gesellschaftliche Treuepflicht (§ 165 HGB), aber kein Wettbewerbsverbot. Er muss sich so verhalten, dass der gemeinsame Zweck der Gesellschaft gefördert und nicht behindert wird (§ 242 BGB).

i

Entlohnung der Geschäftsführungstätigkeit bei Personengesellschaften

Bei den Personengesellschaften führen die Gesellschafter die Geschäfte des Handelsgewerbes. Da sie aber keine Angestellten des Unternehmens sind, erhalten sie keine regelmäßigen Zahlungen, um ihren Lebensunterhalt zu bestreiten. Um hier einen Ausgleich zu schaffen, hat der Gesetzgeber mit dem § 122 HGB ein gewinnunabhängiges Kapitalentnahmerecht eingeführt. Damit können Komplementäre während des Jahres Geldbeträge für ihre Zwecke, z. B. Lebensunterhalt, entnehmen.
Etwas genauer muss die Sache betrachtet werden, wenn der Gesellschaftsvertrag eine Tätigkeitsvergütung für die Geschäftsführung vorsieht. Wird hier von einem **Vorabgewinn** oder einer **Vorab**-Tätigkeitsvergütung gesprochen, dann handelt es sich um eine Gewinnentnahme, die von der späteren Gewinnauszahlung abzuziehen ist (§ 122 Abs. 1 Halbsatz 2 HGB).

Eine KG machte im letzten Geschäftsjahr 250.000,00 EUR Gewinn. Die beiden Kommanditisten erhielten monatlich im Voraus eine Vergütung von 6.000,00 EUR. Folglich hat jeder Kommanditist bereits 72.000,00 EUR Gewinn ausgezahlt bekommen. Wird am Jahresende der Gewinn festgestellt, bekommen die Komplementäre nur noch den für sie verbleibenden Gewinn, also abzüglich des bereits ausgezahlten Gewinns, gutgeschrieben.

4.4.6 Auflösung der Gesellschaft

Folgende Sachverhalte können zur Auflösung einer KG führen (§ 131 HGB):

- Beendigung der vereinbarten Laufzeit der KG
- Beschluss der Gesellschafterversammlung
- Eröffnung des Insolvenzverfahrens über das Vermögen der Gesellschaft
- gerichtliche Entscheidung
- Ausscheiden des letzten Komplementärs (falls nicht im Gesellschaftsvertrag geregelt)

Stirbt ein Kommanditist, geht der Gesellschaftsanteil an dessen Erben über und die KG wird mit den Erben fortgeführt (§ 177 HGB). Bleiben nur noch Komplementäre einer KG übrig, wird sie automatisch in eine OHG umgewandelt.

Interaktive Übung „Drag to Gap“

Kommanditgesellschaft (KG)

- Personengesellschaft als Gesamthand mit Gesamthandsvermögen
- kein Mindestkapital erforderlich
- Mindestens zwei Personen schließen einen Gesellschaftsvertrag (Voll- und Teilhafter).
- Haftung:
  - Komplementäre (Vollhafter): unbeschränkte Haftung mit Privat- und Geschäftsvermögen
  - Kommanditisten (Teilhafter): Haftung mit der im Handelsregister eingetragenen Haftsumme
- Rechtsformzusatz: Kommanditgesellschaft oder eine passende Abkürzung – KG

Geschäftsführung der Komplementäre

- Einzelgeschäftsführungsbefugnis der Komplementäre
- Einzelvertretungsmacht der Komplementäre
- Kommanditisten sind von der Geschäftsführung und Vertretung ausgeschlossen.

Gesellschafterversammlung

- Stimmrecht und Teilnahmerecht aller Gesellschafter
- Jahresabschluss beschließen
- Gewinnverwendung entscheiden
- Änderungen des Gesellschaftsvertrags beschließen
- Kontrollrecht der Geschäftsführung

Komplementär

- Beteiligung am Gewinn und Verlust
- Geldentnahmerecht
- Kündigungsrecht
- Wettbewerbsverbot

Kommanditist

- Beteiligung am Gewinn und Verlust, aber kein Entnahmerecht
- Kontrollrecht des Rechnungsabschlusses
- Widerspruchsrecht bei außergewöhnlichen Geschäften
- Kündigungsrecht
- Treuepflicht gegenüber der Gesellschaft, aber kein Wettbewerbsverbot

4.5 Gesellschaft mit beschränkter Haftung (GmbH)

4.5.1 Begriff, Rechtsfähigkeit, Gründung und Handelsfirma

Die Gesellschaft mit beschränkter Haftung[1] gehört zu den Körperschaften (Kapitalgesellschaften). Sie basiert neben den Regelungen des HGB auch auf einem eigenen Gesetz, dem GmbHG ►. Eine GmbH entsteht durch vier aufeinanderfolgende Schritte:

- Zunächst wird durch eine oder mehrere Personen ein notariell beurkundeter Gesellschaftsvertrag geschlossen. Damit ist die GmbH errichtet. Sie wird dann auch Vor-GmbH oder „GmbH in Gründung" genannt (§ 2 Abs. 1 GmbHG).
- Im nächsten Schritt müssen die Gesellschafter einen oder mehrere Geschäftsführer bestellen (= benennen) (§ 6 GmbHG) und die vereinbarten Kapitaleinlagen an die Gesellschaft (= Vor-GmbH) übertragen (§ 7 GmbHG).
- Nun kann die Geschäftsführung beim Handelsregister die Anmeldung vornehmen. Eine genaue Aufstellung der für die Anmeldung erforderlichen Dokumente findet sich in § 8 GmbHG.
- Mit Eintragung in das Handelsregister entsteht die GmbH als eigenständige juristische Person (§ 11 und § 13 GmbHG), als Körperschaft, und ist durch § 13 Abs. 3 GmbHG und § 6 HGB kraft Rechtsform ein Formkaufmann.

Der Gesellschaftsvertrag wird zur Satzung der GmbH, die die Organisation und mitgliedschaftlichen Rechte und Pflichten der Gesellschafter zur GmbH und untereinander regelt. Neben der Handelsfirma muss auch der Rechtsformzusatz „Gesellschaft mit beschränkter Haftung" oder eine allgemein verständliche Abkürzung, z. B. GmbH[2], in das Handelsregister eingetragen werden (§ 4 GmbHG).

Gründung unter Verwendung eines notariellen Musterprotokolls

Im Jahr 2008 reagierte der Gesetzgeber auf das relativ langwierige Gründungsverfahren der GmbH mit zwei Musterprotokollen, die eine einfache und kostengünstige Neugründung einer GmbH ermöglichen sollen. Der Wortlaut der Musterprotokolle ► ist als Gesellschaftsvertrag bei Gründung unverändert zu übernehmen und findet sich in der Anlage des § 2 Abs. 1 a GmbHG. Diese „GmbH von der Stange" mit maximal drei Gesellschaftern und Bargründung[3] verursacht nur geringe notarielle Gebühren. Unter Juristen ist die Sinnhaftigkeit der Verwendung der Musterprotokolle jedoch umstritten. Die Kritiker führen an, dass die komplexen Interessenlagen der Gesellschafter durch das Protokoll nicht abgebildet werden. So sind heute übliche Regelungen zur Insolvenz, Pfändung, zum Überfremdungsschutz und Tod eines Gesellschafters nicht im Protokoll enthalten.

4.5.2 Kapitalaufbringung

Im Gesellschaftsvertrag wird das Stammkapital[4], das mindestens 25.000,00 EUR betragen muss, vereinbart (§ 5 GmbHG). Es wird in der Bilanz als „Gezeichnetes Kapital" ausgewiesen (§ 266 Abs. 3 HGB und § 42 Abs. 1 GmbHG). Durch dieses finanzielle Polster soll der nur beschränkt haftenden Gesellschaft eine wirtschaftliche Seriosität gegeben werden. Das eingezahlte Kapital kann während des Betriebs der Gesellschaft nicht mehr an die Gesellschafter ausgezahlt werden (§ 30 Abs. 1 GmbHG). Jeder Gesellschafter muss einen Geschäftsanteil (= Stammeinlage) übernehmen, dessen Nennbetrag[5]

[1] im Englischen vergleichbar mit:
AE: *limited liability company (LLC)*
BE: *private limited company (Ltd.)*

aktuelle Fassung
► www.gesetze-im-internet.de/gmbhg

[2] Wird in der Handelsfirma bereits das Wort *Gesellschaft* verwendet, reicht die Abkürzung mbH aus. Beispiel: Freie Handelsgesellschaft mbH Konstanz

Musterprotokolle
► Webcode WGW_IV_4_5_1

[3] Bargründung: *Gründung ohne Sacheinlagen*

[4] Fälschlicherweise wird oft auch von Grundkapital gesprochen. Dieser Begriff ist aber für die AG reserviert!

[5] auch Nennwert oder Nominalwert genannt, entspricht dem Geldbetrag des Anteils

auf volle Euro lautet und mindestens einen Euro betragen muss (§ 19 GmbHG). Die Summe der Nennbeträge aller Geschäftsanteile, ob in Bargeld oder Sachwerten, bildet das Stammkapital.

Bei einer Bargründung muss bis zum Zeitpunkt der Anmeldung der Gesellschaft beim Handelsregister gemäß § 7 GmbHG auf jeden Geschäftsanteil ein Viertel des Nennbetrags eingezahlt und insgesamt die Hälfte des Mindeststammkapitals erreicht sein (= 12.500,00 EUR). Der Erlass dieser Einlagenpflicht durch die GmbH ist gemäß § 19 Abs. 2 GmbHG nicht erlaubt.

Das Bosch Parkhaus am Stuttgarter Flughafen. Die Robert Bosch GmbH ist eine der größten GmbHs in Deutschland mit rund 77,7 Milliarden EUR Umsatz im Jahr 2019.

Sacheinlagen (jede Nicht-Geldleistung) sind im Gesellschaftsvertrag ausdrücklich zu erwähnen. Die Sache muss vom Gesellschafter an die Vor-GmbH als Ganzes übereignet werden. Die Handelsregistereintragung kann erst nach vollständiger Übertragung der Sacheinlagen an die GmbH erfolgen (§ 7 GmbHG).

4.5.3 Haftung der Gesellschafter

Für die Verbindlichkeiten der GmbH haftet den Gläubigern gegenüber ausschließlich und unbeschränkt das Gesellschaftsvermögen der GmbH (§ 13 GmbHG). Diese Haftungsbeschränkung ermöglicht den Gesellschaftern, ein kalkulierbares Risiko einzugehen. Sie werden damit zu reinen Kapitalgebern ohne persönliche unbegrenzte Haftungsrisiken. Nur im Falle einer Pflichtverletzung gegenüber der Gesellschaft können die Gesellschafter zur Haftung herangezogen werden. Hat ein Gesellschafter seine Stammeinlage noch nicht komplett einbezahlt, hat die GmbH ihm gegenüber eine Forderung in Höhe der ausstehenden Einlage. Eine Stammeinlage kann noch zehn Jahre lang eingefordert werden – insofern kann gesagt werden, dass der Gesellschafter mit dem noch nicht eingezahlten Betrag haftet.

4.5.4 Rechte und Pflichten der Organe der GmbH

Mit der Entstehung der GmbH verselbstständigt sich das Kapital, das die Gesellschafter in die GmbH eingebracht haben, zu einer eigenen juristischen Person. Sie kann nur durch ihre Organe handeln. Das GmbHG sieht zwei notwendige Organe vor:

- Gesellschafterversammlung – Organ der Willensbildung (§§ 45 ff. GmbHG)
- Geschäftsführung – Organ der Willensausführung (§§ 6 und 35 ff. GmbHG)

Ab 500 Mitarbeitern muss zudem ein Aufsichtsrat gemäß Drittelbeteiligungsgesetz ► bestellt (gewählt) werden. In diesem Fall spricht man von einer mitbestimmten GmbH, da im Aufsichtsrat auch Arbeitnehmer vertreten sein müssen. Bei mehr als 2 000 Arbeitnehmern spricht man von einer paritätisch mitbestimmten GmbH, bei der die Hälfte der Aufsichtsräte aus Arbeitnehmervertretern gemäß Mitbestimmungsgesetz ► besteht.

aktuelle Fassung

► www.gesetze-im-internet.de/drittelbg

► www.gesetze-im-internet.de/mitbestg

Gesellschafterversammlung der GmbH

Die Gesellschafterversammlung wird von der Geschäftsführung einberufen. Ihr Aufgabengebiet wird in § 46 GmbHG aufgelistet. Besonders erwähnenswert sind jedoch:

- **Entlastung der Geschäftsführung (§ 46 Nr. 5 GmbHG)**
  Die Entlastung bestätigt der Geschäftsführung, dass sie das Unternehmen innerhalb eines bestimmten Zeitraums beanstandungslos geführt hat. Hierdurch wird ein Verzicht auf Ersatzansprüche gegen die Geschäftsführung beschlossen. Diese Beschlüsse bedürfen der einfachen Mehrheit der abgegebenen Stimmen.
- **Beschlüsse über die Grundlagengeschäfte (§ 53 Abs. 2 GmbHG)**
  Grundlagengeschäfte sind so gravierend, dass die Satzung geändert werden und dies in der Gesellschafterversammlung mit einer Dreiviertelmehrheit[1] beschlossen werden muss. Hierzu zählen Satzungsänderungen, Kapitalerhöhungen und Kapitalherabsetzungen. Die Beschlüsse sind notariell zu beurkunden und in das Handelsregister einzutragen.
- **Beschluss über die Auflösung der GmbH (§ 60 Abs. 1 Nr. 2 GmbHG)**
  Die Auflösung der GmbH kann nur durch eine Dreiviertelmehrheit in der Gesellschafterversammlung beschlossen werden.

[1] auch qualifizierte Mehrheit genannt

Der Nennbetrag des Geschäftsanteils bestimmt die Stimmgewichtung in der Gesellschafterversammlung, jeder Euro Stammkapital ist eine Stimme (§ 47 GmbHG). Ist ein Gesellschafter selbst direkt von der Entscheidung der Gesellschafterversammlung betroffen (= Interessenkollision), wird ihm durch § 47 Abs. 4 GmbHG das Stimmrecht entzogen. Hier gilt der Grundsatz „Niemand kann Richter in eigener Sache sein".

Geschäftsführung der GmbH

Die Geschäftsführung ist das Geschäftsführungs- und Vertretungsorgan der GmbH. Sie besteht aus mindestens einem Geschäftsführer, der eine natürliche, unbeschränkt geschäftsfähige Person sein muss. Die Anzahl der Geschäftsführer legt die Satzung fest.

Der Geschäftsführer wird durch Mehrheitsbeschluss der Gesellschafterversammlung gewählt und damit Angestellter der GmbH.[2] Somit unterliegt er den Weisungen der Gesellschafterversammlung (= Weisungsunterworfenheit) und den Bestimmungen der Satzung (§ 37 GmbHG). Für seine Handlungen haftet er der GmbH gegenüber, falls er seine Pflichten verletzt (§ 43 GmbHG). Gemäß § 38 Abs. 1 GmbHG kann der Geschäftsführer jederzeit abberufen (im Gesetzestext heiß es: „widerrufen") werden.

[2] Bei einer paritätisch mitbestimmten GmbH entscheidet der Aufsichtsrat über die Bestellung und Abberufung des Geschäftsführers.

Der Geschäftsführer kann Gesellschafter sein, aber auch „außerhalb" dieses Personenkreises liegen. Hierdurch zeigt sich ein Merkmal der Kapitalgesellschaften: Trennung von Kapitalaufbringung und Leitung der Gesellschaft.

Im Außenverhältnis ist die Vertretungsmacht des Geschäftsführers unbeschränkt und unbeschränkbar (§ 37 Abs. 2 GmbHG). Die Vertretung kann nicht entzogen oder nur auf ein bestimmtes Sachgebiet beschränkt werden. Sind mehrere Geschäftsführer bestellt, legt § 35 Abs. 2 GmbHG eine Gesamtvertretung fest, d. h., die Gesellschaft kann nur gemeinsam von den Geschäftsführern vertreten werden. Soll in diesem Fall die Einzelvertretung gelten, muss dies durch die Satzung festgelegt werden.

Aufsichtsrat der GmbH

Als drittes Organ kann fakultativ[1] im Gesellschaftsvertrag ein Aufsichtsrat als Kontrollorgan eingerichtet werden (§ 52 GmbHG). Ein Aufsichtsrat muss jedoch bei einer mitbestimmten GmbH gebildet werden, um die Arbeitnehmerinteressen besser zu berücksichtigen. Der Aufsichtsrat hat folgende Aufgaben:
- Überwachung der Geschäftsführung
- Bestellung der Abschlussprüfer und Prüfung der Rechnungslegung
- Bei einem paritätisch mitbestimmten Aufsichtrat gemäß Mitbestimmungsgesetz gehört zudem sowohl die Bestellung als auch die Abberufung des Geschäftsführers aus wichtigem Grund zu den Aufgaben (§ 31 Abs. 1 MitbestG).

[1] fakultativ: *nach eigener Wahl* oder *nicht zwingend*

Im Gegenzug ist der Aufsichtsrat der Gesellschafterversammlung gegenüber verpflichtet, Rechenschaft über die Überwachung der Geschäftsführung und die Prüfung der Rechnungslegung abzulegen. Die Aufsichtsratsmitglieder werden durch die Gesellschafterversammlung bestellt und dürfen weder Geschäftsführer noch leitende Angestellte der Gesellschaft sein (= Vertreter der Anteilseigner des Unternehmens). Bei einer mitbestimmten GmbH werden die Vertreter der Arbeitnehmerseite im Aufsichtsrat durch die Arbeitnehmer gewählt. Die Namen der Aufsichtsratsmitglieder sind als Liste beim Handelsregister zu hinterlegen.

Mitbestimmungsrechte der Arbeitnehmer im Aufsichtsrat der GmbH und der AG ►

Für Kapitalgesellschaften gelten in Abhängigkeit von der Größe des Unternehmens die folgenden gesetzlichen Bestimmungen:

Gesetz über die Drittelbeteiligung der Arbeitnehmer im Aufsichtsrat (DrittelbG)	Gesetz über die Mitbestimmung der Arbeitnehmer (MitbestG)
• Unternehmen zwischen 500 und 2 000 Arbeitnehmern • Der Aufsichtsrat besteht zu einem Drittel aus Arbeitnehmervertretern, die von den Arbeitnehmern gewählt werden.	• Unternehmen mit mehr als 2 000 Arbeitnehmern • Es gilt die sogenannte *unechte paritätische*[2] *Mitbestimmung*: Der Aufsichtsrat wird paritätisch von Arbeitnehmern und Arbeitgebern gebildet. Bei Stimmengleichheit entscheidet der Aufsichtsratsvorsitzende, der von den Anteilseignern gestellt wird.

Aktiengesellschaft ► XI

[2] paritätisch bedeutet hier: *zahlenmäßig gleich und mit gleichen Rechten ausgestattet*

4.5.5 Weitere Mitgliedschaftsrechte und Mitgliedschaftspflichten der Gesellschafter

Aus den gesetzlichen Bestimmungen ergibt sich für einen Gesellschafter die Hauptpflicht, seine Einlage an die GmbH zu leisten. Eine ungeschriebene Nebenpflicht ist die Treuepflicht, wonach der Gesellschafter eine Schädigung der GmbH zu unterlassen hat. Zudem ist er gehalten, dabei mitzuwirken, den Gesellschaftsvertrag an veränderte Umstände anzupassen. Im Gegensatz zu den Personengesellschaften besteht kein allgemeines Wettbewerbsverbot für einen Gesellschafter.

Die Rechte der Gesellschafter können in zwei Kategorien eingeteilt werden:

Rechte der Gesellschafter einer GmbH	
Vermögensrechte	**Verwaltungsrechte (Teilhaberechte)**
• Anspruch auf Reingewinn Die Verteilung erfolgt im Verhältnis der Geschäftsanteile (§ 29 GmbHG). Zuvor wird der Unternehmensgewinn von der GmbH mit Körperschaftsteuer versteuert. • Anspruch auf Liquidationserlös (§ 72 GmbHG) • Anspruch auf ein Bezugsrecht zur Wahrung der Mitgliedsrechte bei einer Kapitalerhöhung (§ 55 GmbHG) • Verfügungsrecht über den Geschäftsanteil (z. B. Verkauf) Dieser kann nur durch notarielle Beurkundung übertragen werden (§ 15 GmbHG).	• Stimmrecht bei der Gesellschafterversammlung, jeder Euro Stammkapital ist eine Stimme (§ 47 GmbHG) • Auskunfts- und Einsichtsrecht (§ 51 a GmbHG) • Recht zur Anfechtung von Gesellschafterversammlungsbeschlüssen (§ 246 AktG[1]) • Recht zur Kündigung aus wichtigem Grund (§ 723 BGB)

[1] Da es keine Regelungen im GmbHG gibt, wird das AktG angewendet.

4.5.6 Auflösung der Gesellschaft

Die Mehrheit der Juristen geht davon aus, dass ein Gesellschafter nicht ohne wichtigen Grund aus einer GmbH austreten und damit Vermögen der GmbH entziehen kann. Beim Tod eines Gesellschafters fällt der Geschäftsanteil an dessen Erben. Die Gründe für die Auflösung einer GmbH werden im § 60 GmbHG abschließend aufgezählt. Die Gesellschaft endet jedoch erst mit dem Abschluss des Abwicklungsverfahrens und der Löschung im Handelsregister (§ 74 Abs. 1 GmbHG).

Prüfungs- und Offenlegungsvorschriften der Kapitalgesellschaften

Die Kapitalgesellschaften unterliegen einer besonderen Verpflichtung zur Prüfung und Offenlegung ihrer Jahresabschlüsse. Dahinter stehen folgende Überlegungen:

- Kapitalgesellschaften haben in der Regel einen großen wirtschaftlichen Einfluss. Sie haben zumeist viele Arbeitnehmer, hohes Kapital und starke wirtschaftliche Verflechtungen (Lieferanten, Kunden usw.). Kommt ein solches Unternehmen in wirtschaftlich problematisches „Fahrwasser", hat dies weitreichende Auswirkungen.
- Die Haftungsbeschränkung bringt die besondere Verpflichtung mit sich, die Stakeholder[2] über die wirtschaftliche Situation der Gesellschaft zu informieren. Stakeholder stehen in Beziehung zum Unternehmen und beeinflussen dessen Handeln und/oder sind von dessen Handeln betroffen, z. B. Geschäftspartner, Angestellte, Anteilseigner, staatliche Stellen.

Je nach Größenklasse des Unternehmens (§ 267 und § 267 a HGB) muss der Jahresabschluss durch einen Wirtschaftsprüfer geprüft oder über den elektronischen Bundesanzeiger veröffentlicht werden.

[2] Stakeholder: *Anspruchsgruppen gegenüber der Kapitalgesellschaft*

Gesellschaft mit beschränkter Haftung (GmbH)

- juristische Person
- Grundkapital mindestens 25.000,00 EUR
- Aufteilung des Stammkapitals in Geschäftsanteile der Gesellschafter
- Haftungsbeschränkung auf das Gesellschaftsvermögen
- Rechtsformzusatz:
  Gesellschaft mit beschränkter Haftung oder eine passende Abkürzung – GmbH

Geschäftsführung

- Leitungsorgan (Organ der Willensausführung)
- Geschäftsführer: Gesellschafter oder eine Person von „außerhalb“
- Gesamtgeschäftsführung
- Gesamtvertretung (unbeschränkt und unbeschränkbar)
- Berichterstattung an die Gesellschafterversammlung

Bestellung und Abberufung mit einfacher Mehrheit

Kontrolle

Gesellschafterversammlung

- Beschluss- und Kontrollorgan (Organ der Willensbildung)
- Aufgabenbereich aufgelistet in § 46 GmbHG
- Grundlagengeschäfte (Satzungsänderungen, Kapitalerhöhung und -herabsetzung) und Auflösung nur mit Dreiviertelmehrheit

Wahl

Aufsichtsrat (AR)

- (fakultatives) Organ
- Kontrollorgan (Überwachung der Geschäftsführung)
- Bestellung der Abschlussprüfer
- Berichterstattung an die Gesellschafterversammlung
- Bei AR nach MitbestG Bestellung und Abberufung der Geschäftsführung durch AR

Gesellschafter bilden die Gesellschafterversammlung

Wahl der Arbeitnehmervertreter

Gesellschafter

- Stimmgewichtung nach Nennbetrag der Stammeinlage; ein Euro = eine Stimme
- Auskunfts- und Einsichtsrechte
- Anspruch auf Reingewinn nach Verhältnis der Geschäftsanteile
- Kündigung nur aus wichtigem Grund

Arbeitnehmer (AN)

- unter 500 Arbeitnehmern: keine Mitbestimmung im AR
- 500 bis 2 000 Arbeitnehmer: Mitbestimmung nach DrittelbG, AN bilden ⅓ der AR-Mitglieder
- über 2 000 Arbeitnehmer: Mitbestimmung nach MitbestG, AN bilden ½ der AR-Mitglieder

zusätzliche Aufgaben zu Kapitel 4

▶ Webcode WGW_IV_4_A-Zusatz

Aufgaben zu Kapitel 4

1. Beurteilen Sie, ob die nachfolgenden Unternehmen Kaufmann nach HGB sind.
   a Steuerberater Ralf Dogel aus Singen
   b Der Bäckermeister Bernhard Schott betreibt in Konstanz eine Großbäckerei mit 12 Verkaufsstellen und 64 Mitarbeitern in Vollzeit und Teilzeit.
   c Die Bankangestellte Doris Bleiber malt sehr gerne Bilder mit Aquarellfarben von ihrem Lieblingsmotiv: der Bodenseehalbinsel Höri. Gelegentlich verkauft sie diese Bilder an Freunde und Bekannte.
   d Weinhändler Rebstuhl aus Hilzingen, der sein kleines Unternehmen in das Handelsregister eintragen ließ
2. Ab welchem Zeitpunkt erlangt ein Istkaufmann die Kaufmannseigenschaften? Begründen Sie mithilfe des entsprechenden Paragrafen.
3. Unterscheiden Sie die Fachbegriffe *konstitutive Wirkung* und *deklaratorische Wirkung*.
4. Lesen Sie den § 377 HGB und erläutern Sie, welche speziellen Forderungen an den Kaufmann in Sachen Mangelrüge gestellt werden.
5. Ordnen Sie den nachfolgenden Firmen den entsprechenden Firmenfachbegriff zu.
   a Theodor Bell Telefonanlagen OHG
   b Klaus Zinsmüller GmbH
   c Feuerwerke Singen GmbH
   d Anjas O-Shop e. K.
   e RealSunPower AG
6. Begründen Sie, warum der zuständige Richter beim Handelsregister die Eintragung der Firma „Weltweite PC Reparatur e. K." ablehnen wird, wenn der Schüler Tarkan Yildrin sie anmelden möchte. Sein geplantes Unternehmen besteht aus seinem modernen Werkzeugkasten, den er zum 18. Geburtstag bekommen hat, 500,00 EUR Startkapital und ihm selbst als erfahrenem PC-Tüftler.
7. Der Einzelhändler Petrit Ager e. K. verlegt seinen Geschäftssitz von Orsingen nach Engen. Dies teilt er dem zuständigen Handelsregister per Einschreiben mit. Beurteilen Sie die Rechtslage.
8. Unterscheiden Sie die zwei Grundtypen der Gesellschaftsformen anhand zweier Kriterien.
9. Vor einigen Jahren hat sich Laura Schmidtschneider mit ihrem Sonnenstudio als Lauras Lichtblick e. Kfr. in das Handelsregister eintragen lassen. Erläutern Sie, welche rechtlichen Folgen sich für Laura Schmidtschneider durch die Eintragung ergeben haben.
10. Ludwig und Tamara wollen gemeinsam einen Kiosk zum Verkauf von Zeitungen und Rauchwaren und mit einer Imbissmöglichkeit betreiben.
    10.1 Ludwig und Tamara haben sich erkundigt und denken, die Kommanditgesellschaft ist die genau richtige Unternehmensform für sie. Daher schließen sie einen Gesellschaftsvertrag zur Gründung einer KG per Handschlag. Wann entsteht die KG im Innenverhältnis und wann im Außenverhältnis?
    10.2 Ludwig ist von der Kioskidee so begeistert, dass er bereit ist, mit seinem gesamten Privatvermögen einzustehen. Tamara möchte kein so großes Risiko eingehen und daher maximal 10.000,00 EUR einbringen. Eine weitere Haftung will sie ausschließen. Erläutern Sie, wie der Gesellschaftsvertrag gestaltet sein muss, um dieses Ziel zu erreichen.

10.3 Nach einem ereignisreichen Geschäftsjahr beschließt Ludwig, endlich Urlaub vom Kiosk zu machen, und fährt samt Freundin an die Ostsee. Dort mietet er ein Segelboot und verursacht damit grob fahrlässig einen schweren Unfall (er hat keinen Segelschein und wollte nur seiner Freundin imponieren). Kann der durch den Unfall geschädigte Hein Küppers die Kosten für den Schaden bei der Kiosk KG einfordern?

10.4 Zur Finanzierung der Kiosk KG hat Ludwig nach Eintragung in das Handelsregister ein Darlehen bei der Singener Industriebank AG aufgenommen. Inzwischen ist die Rückzahlung des Darlehens fällig. Kann die Singener Industriebank AG auch bei Tamara auf Rückzahlung des Darlehens bestehen?

11. Im Gesellschaftsvertrag der E.M.S. KG finden sich die folgenden Klauseln:

§ 8 Das Geschäftsjahr entspricht dem Kalenderjahr.

§ 9 **Abfindung eines ausscheidenden Gesellschafters**
1. Scheidet ein Komplementär aus der Gesellschaft aus, erhält er eine Abfindung in Höhe des Buchwerts seiner Beteiligung laut letzter Bilanz vor seinem Ausscheiden zuzüglich 20 % dieses Betrags.
2. Die Auszahlung der Abfindung findet in vier gleichen Jahresraten statt, von denen die erste zehn Monate nach Ausscheiden des Gesellschafters fällig wird.

Die Komplementärin Nada Schuck kündigt ihre Mitgliedschaft im April 2020 zum nächstmöglichen Termin und verlangt die vertraglich vereinbarte Abfindung.

11.1 Zu welchem Termin kann Frau Schuck frühestens aus der KG ausscheiden?

11.2 Erläutern Sie die Haftungssituation für Frau Schuck nach ihrem Ausscheiden aus der KG.

11.3 Ermitteln Sie die Höhe und den Zeitpunkt der Zahlung der ersten Abfindungsrate bei einem Geschäftsanteil von Frau Schuck über 260.000,00 EUR.

12. Sophia Röhlig, Steffen Schirmer und Marc Lüdke beschließen die Gründung der „Wireless Connected GmbH" mit Sitz in Radolfzell am Bodensee. Das Unternehmen soll hochwertige WLAN-Repeater herstellen, die sich ohne Konfiguration sofort mit einem offenen Netzwerk verbinden.
Der am 15.11.2019 notariell geschlossene Gesellschaftsvertrag enthält die folgenden Regelungen:

§ 2 Geschäftsbeginn ist der 04.12.2019.

§ 3 Die Stammeinlagen betragen:
- Sophia Röhlig 160.000,00 EUR
- Steffen Schirmer 110.000,00 EUR
- Marc Lüdke 30.000,00 EUR

Die Einlagen von Röhlig und Schirmer sind sofort zu leisten. Lüdke hat 5.000,00 EUR sofort zu leisten, den Rest am 22.12.2019.

§ 4 Geschäftsführer der GmbH:
- Sophia Röhlig, zuständig für den Einkauf
- Steffen Schirmer, zuständig für Marketing und Vertrieb
- Marc Lüdke, zuständig für Forschung und Entwicklung sowie Produktion

Die Geschäftsführer sind alleinvertretungsberechtigt. Geschäftsführer Lüdke ist nur befugt, Geschäfte bis zu 50.000,00 EUR selbstständig abzuschließen.

Die Gesellschafter bringen ihre Einlage zu den vereinbarten Terminen ein. Die Handelsregistereintragung soll nach dem Wunsch der Gesellschafter am 04.12.2019 erfolgen.

12.1 Beurteilen Sie, ob alle rechtlichen Voraussetzungen zur Eintragung in das Handelsregister am 04.12.2019 erfüllt sind.

12.2 Die Handelsregistereintragung erfolgt erst am 27.12.2019, die Bekanntmachung im elektronischen Bundesanzeiger eine Woche später. Marc Lüdke kauft am 15.02.2020 , ohne die übrigen Geschäftsführer zu fragen, Funkmessgeräte im Wert von 35.000,00 EUR. Die anderen Geschäftsführer sehen den Kauf kritisch und fordern von Lüdke, den Kaufvertrag rückgängig zu machen. Der Lieferant besteht aber auf Erfüllung des Vertrags. Beurteilen Sie die Rechtslage im Außenverhältnis.

12.3 Im Jahr 2020 erwirtschaftete die GmbH einen Gewinn in Höhe von 450.000,00 EUR. Der Gesellschaftsvertrag enthält keine Regelungen zur Gewinnverteilung. Nennen Sie die gesetzlich vorgeschriebene Regelung zur Gewinnverteilung und berechnen Sie den Gewinnanteil jedes Gesellschafters.

13. Die Hausmeisterdienste Überlingen KG wird von den zwei geschäftsführenden Gesellschaftern Hans Pätzold und Julius Grimm geführt. Patricia Bofinger ist Kommanditistin der KG. Die Gesellschaft bietet mit ihren 25 Mitarbeitern Hausmeisterdienste in der Bodenseeregion an. Im Gesellschaftsvertrag wurden keine abweichenden Regelungen zum HGB festgelegt.

13.1 Aufgrund von Meinungsverschiedenheiten über die Geschäftsführung möchte Julius Grimm in Zukunft die Gesellschaft nur noch gemeinsam mit Hans Pätzold nach außen vertreten. Bestimmen Sie, welche Voraussetzungen hierfür geschaffen werden müssen.

13.2 Die Gesellschafter überlegen, die KG in eine GmbH umzuwandeln. Nehmen Sie begründet Stellung, welche Vorteile die Gesellschafter mit der Umwandlung in eine GmbH verbinden könnten.

13.3 Die KG wird bei einem Notartermin am 26.10.2021 in eine GmbH umgewandelt, Hans Pätzold soll alleiniger Geschäftsführer werden. Die Eintragung in das Handelsregister erfolgt am 15.11.2021. Ermitteln Sie das Datum der Entstehung der GmbH.

13.4 Am 02.02.2022 wird Theodor Vanotti als weiterer Gesellschafter der GmbH in das Handelsregister eingetragen. Als Einlage bringt er in das Unternehmen ein Grundstück mit Lagerhalle im Wert von 350.000,00 EUR ein. Zwei Tage nach der Eintragung kauft Theodor Vanotti im Namen der GmbH einen automatischen Rasentrimmer mit künstlicher Intelligenzsteuerung für 35.000,00 EUR. Beurteilen Sie die Rechtslage.

13.5 Eine weltweite Pandemie geht auch an der Hausmeisterdienste Überlingen GmbH nicht spurlos vorbei. Sie kommt, wie viele weitere kleine Unternehmen, in Zahlungsschwierigkeiten. Der Geschäftsführer Bert Mattes stellt fest, dass Theodor Vanotti beim Eintritt in die GmbH seine Stammeinlage nicht voll erbracht hat, und fordert diese nun im Namen der GmbH bei Vanotti zur Deckung offener Rechnungen ein. Dieser winkt ab: „Das ist kalter Kaffee, das ist schon so lange her und gilt nicht mehr, ich muss nichts mehr bezahlen." Beurteilen Sie die Rechtslage.

Zusammenfassung: 4 Rechtsformen der Unternehmen

Interaktive Übung „Drag & Drop“

Handelsstand

Das **Handelsrecht** ist das Sonderprivatrecht der Kaufleute, das mit speziellen Vorschriften das bürgerliche Recht (BGB) für Kaufleute ergänzt.
Kaufmann ist, wer ein Handelsgewerbe betreibt.

Voraussetzungen für ein Handelsgewerbe

Art (qualitatives Kriterium)	Umfang (quantitatives Kriterium)	kaufmännische Einrichtung	Erforderlichkeit

Kaufmannsarten

Istkaufmann	Kannkaufmann Optionskaufmann	Formkaufmann
Kaufmann kraft Handelsgewerbe	Kaufmann durch freiwillige Eintragung ins Handelsregister	Kaufmann kraft Rechtsform
§ 1 HGB nach Art oder Umfang kaufmännische Organisation erforderlich	§ 2 HGB Kleingewerbe: Gewerbe erfordert keine kaufmännische Einrichtung → freiwillige Eintragung möglich	§ 6 HGB alle Kapitalgesellschaften, unabhängig vom Unternehmensgegenstand
Eintragung in das HR: **deklaratorisch**	Eintragung in das HR: freiwillig und **konstitutiv**	Eintragung in das HR: **konstitutiv**
Beginn: Aufnahme der Geschäftstätigkeit Ende: Ende der Geschäftstätigkeit oder Löschung im HR	Beginn: Eintragung im HR Ende: Ende der Geschäftstätigkeit oder Löschung im HR	Beginn: Eintragung im HR Ende: Löschung im HR

Handelsfirma

Die **Handelsfirma** ist der Name eines Unternehmens, unter dem es handelt. Sie dient dazu, die private Seite von der unternehmerischen Seite einer Person klar zu trennen.

Firmengrundsätze

Wahrheit (§ 18 HGB)	Einheit „Ein Unternehmen – eine Firma“	Beständigkeit (§§ 21, 22, 24 HGB)	Öffentlichkeit (§§ 29, 31 HGB)	Ausschließlichkeit (§ 30 HGB)

Die Handelsfirma kann auf einen anderen Unternehmer übertragen werden.

Handelsregister

Das **Handelsregister** wird beim zuständigen Amtsgericht geführt und ist im Internet abrufbar. Im Register werden alle Tatsachen zu den Kaufleuten erfasst. Auf diese kann sich der Außenstehende verlassen und darauf berufen (öffentlicher Glaube).

Kriterium	Einzelunternehmen	Personengesellschaft: KG	Kapitalgesellschaft: GmbH
Rechtsgrundlage	HGB, BGB	§ 161 bis § 177 a HGB; § 705 bis § 740 BGB	Gesetz betreffend die Gesellschaften mit beschränkter Haftung (GmbHG)
Rechtsfähigkeit	Inhaber als natürliche Person	rechtsfähige Gesamthand mit handelnden Personen	juristische Person (§ 13 GmbHG)
Gründung/Gründerzahl	eine natürliche Person	mindestens ein Vollhafter und ein Teilhafter (§ 161 HGB)	eine oder mehrere Personen (§ 1 GmbHG)
Mindestkapital	keine Vorschrift	keine Vorschrift	25.000,00 EUR (§ 5 GmbHG)
Handelsregister	Abteilung A	Abteilung A	Abteilung B
Kaufmannsform	Ist- oder Kannkaufmann (§ 2 HGB)	Ist- oder Kannkaufmann (§ 2 HGB)	Formkaufmann (§ 13 Abs. 3 GmbHG)
Handelsfirma und Rechtsformzusatz	Personal-, Sach-, Fantasie- und Mischfirma, Zusatz: e. K. (§ 19 HGB)	Personal-, Sach-, Fantasie- und Mischfirma, Zusatz: KG (§ 19 HGB)	Personal-, Sach-, Fantasie- und Mischfirma, Zusatz: GmbH (§ 4 GmbHG)
Vermögen	Geschäftsvermögen	Gesamthandsvermögen (§ 719 BGB)	Stammkapital (§ 5 GmbHG)
Kapitalanteil	–	Kapitalanteil bzw. Kommanditeinlage	Geschäftsanteil (= Stammeinlage) (§ 5 GmbHG)
Geschäftsführung/Leitung	Inhaber als natürliche Person	ausschließlich Komplementäre (Einzelgeschäftsführung) (§ 164 HGB)	Geschäftsführer (Gesamtgeschäftsführung) (§ 6 GmbHG)
Vertretung	Inhaber als natürliche Person	Komplementär hat Einzelvertretung (§ 125 und § 161 HGB), Kommanditist ist ausgeschlossen (§ 170 HGB)	Geschäftsführer (Gesamtvertretung) (§§ 35 ff. GmbHG)
Wettbewerbsverbot der Gesellschafter	–	Komplementär Wettbewerbsverbot (§ 112 HGB), Kommanditist grundsätzlich kein Wettbewerbsverbot (§ 165 HGB)	–
Kontrollrechte	Inhaber	volles Kontrollrecht für Komplementär (§ 118 HGB), beschränktes Kontrollrecht für Kommanditisten (§ 166 HGB)	volles Kontrollrecht aller Gesellschafter (§§ 45 ff. GmbHG) (fakultativer) Aufsichtsrat (§ 52 GmbHG)
Haftung	uneingeschränkt mit Geschäfts- und Privatvermögen	Komplementär uneingeschränkt gesamtschuldnerisch, Kommanditisten mit Haftsumme (§§ 171 ff. HGB)	Beschränkung auf die eingebrachte Stammeinlage (§ 13 GmbHG)
Gewinnverteilung	Inhaber	zwei Stufen: 4 % Kapitaldividende, Rest in angemessenem Verhältnis (§ 168 HGB)	nach Geschäftsanteil (§ 29 GmbHG)
Verlustverteilung	Inhaber	in angemessenem Verhältnis (§ 168 HGB)	keine Verteilung – trägt die juristische Person selbst
Entnahmebeschränkungen	keine	Komplementär maximal 4 % des Kapitalanteils (§ 122 HGB), Kommanditist hat kein Entnahmerecht (§ 169 HGB)	keine Entnahmen möglich (§§ 29 f. GmbHG)
Publizität und Prüfung	nicht erforderlich, Ausnahme Großunternehmen gemäß § 1 PublG		zwingend vorgeschrieben je nach Größe der Gesellschaft (§§ 267, 267 a HGB)
Besteuerung	Inhaber versteuert Gewinn (Einkommensteuer)	Gesellschafter versteuern Gewinn (Einkommensteuer)	Körperschaftsteuer
Vorteile	• große Unabhängigkeit • wenige Formvorschriften • kaum Mitbestimmung der Arbeitnehmer • Inhaber erhält allein Gewinne	• hohes Vertrauen der Gläubiger durch Vollhafter • Kommanditist haftet beschränkt, damit Aufnahme weiterer Kapitalgeber einfach möglich • kein Mindestkapital	• Haftungsbeschränkung auf das Gesellschaftsvermögen • Geschäftsführung auch durch Nicht-Gesellschafter möglich • Geschäftsanteile sind frei veräußerlich und vererbbar • Unternehmensrisiko wird auf mehrere Personen verteilt
Nachteile	• Eigenkapital gering • unbeschränkte Haftung • Nachfolgeproblem • Inhaber trägt allein Verluste	• unbeschränkte Haftung der Gesamthand • großes gegenseitiges Vertrauen der Komplementäre notwendig, da gemeinsame Haftung • Entscheidungsfindung schwierig (drohende Konflikte) • Komplementär erbringt die Leistung in der KG	• Gründung kompliziert, langwierig und teuer • durch Haftungsbeschränkung nur geringes Vertrauen der Gläubiger (insbesondere bei Neugründung) • aufwendiger Jahresabschluss als Körperschaft und strenge Prüfungs- und Offenlegungsvorschriften

Selbsteinschätzung – IV Betriebswirtschaftliche Grundlagen des Handelns privater Unternehmen

Nr.	Ich kann ...	Noch Probleme? → Erklärungen und Aufgaben im Buch:
1	die Begriffe *Unternehmen, Betrieb* und *Firma* erklären und voneinander abgrenzen.	Kapitel 1.1, Aufgabe 1
2	die Funktionen und Klassifikationen von Industrie-, Handels- und Dienstleistungsbetrieben erläutern.	Kapitel 1.2.1 bis 1.2.3
3	die betriebswirtschaftlichen Produktionsfaktoren und deren Funktion erläutern.	Kapitel 1.3, Aufgaben 3 bis 4
4	unternehmerische Ziele nennen und Zielkonflikte erläutern.	Kapitel 1.4, Aufgaben 5 und 6
5	die Begriffe *Internet der Dinge* und *Big Data* erläutern.	Kapitel 1.5
6	die Aufgaben der Bereiche Beschaffung, Produktion, Absatz, Personal, Investition und Finanzierung, Rechnungswesen und Controlling erläutern.	Kapitel 2.2.2
7	Formen der betrieblichen Aufbauorganisation beschreiben und deren Vor- und Nachteile erläutern.	Kapitel 2.2, Aufgaben 3 bis 7
8	den Prozess der Leistungserstellung im Industriebetrieb erläutern.	Kapitel 2.3.1
9	den Begriff der *Wertschöpfung* erläutern.	Kapitel 2.3.2, Aufgabe 8
10	eine Prozesskette der industriellen Fertigung darstellen.	Kapitel 2.3.3, Aufgabe 10
11	Kern- und unterstützende Prozesse nennen, deren Aufgaben erläutern und Schnittstellen zwischen den Prozessen erklären.	Kapitel 2.4.1, 2.4.3
12	die Ziele der Prozessorientierung erläutern.	Kapitel 2.4.4
13	die Ziele des Supply Chain Managements in eigenen Worten erläutern.	Kapitel 2.5, Aufgabe 11
14	Prozesse der Reihenfolgeplanung mittels einer ereignisgesteuerten Prozesskette modellieren.	Kapitel 2.6, Aufgabe 12
15	eine Zeitplanung mittels eines Gantt-Diagramms darstellen und erläutern.	Kapitel 2.7.2
16	Prioritätsregeln der Maschinenbelegung erläutern und anwenden.	Kapitel 2.8, Aufgabe 14

Nr.	Ich kann ...	Noch Probleme? → Erklärungen und Aufgaben im Buch:
17	Aufgaben der Personalabteilung erläutern.	Kapitel 3.1
18	Methoden der internen und externen Personalbeschaffung erläutern und bewerten.	Kapitel 3.2, Aufgabe 5
19	qualitative Kriterien zur Personalauswahl nennen und eine Personalauswahl unter Nutzung einer Entscheidungsbewertungstabelle durchführen.	Kapitel 3.3, Aufgaben 6 bis 8
20	Bestandteile eines Arbeitsvertrags analysieren und die damit verbundenen Rechte und Pflichten der Vertragsparteien erläutern.	Kapitel 3.4
21	eine Lohn- und Gehaltsabrechnung berechnen und einzelne Bestandteile erläutern.	Kapitel 3.5, Aufgaben 9 und 10
22	Bestandteile freiwilliger betrieblicher Sozialleistungen benennen und die damit verbundenen Motive der Arbeitgeber erläutern.	Kapitel 3.5.3
23	Formen der Kündigung erläutern und Fälle unter Beachtung rechtlicher Vorschriften beurteilen.	Kapitel 3.6, Aufgaben 11 und 12
24	erkennen, wann das Handelsgesetzbuch Anwendung findet, und dabei die Kaufmannsformen zuordnen.	Kapitel 4.1, Aufgaben 1 bis 4
25	die Regeln für die Handelsfirma, die Verwendung des Rechtsformzusatzes und die Funktion des Handelsregisters erklären.	Kapitel 4.1.2 und 4.1.3, Aufgaben 5 bis 7
26	die Regelungen zur Haftung, Geschäftsführung und Vertretung des Einzelunternehmens sowie der Personengesellschaft (KG) unterscheiden.	Kapitel 4.3 und 4.4, Aufgabe 10
27	für die Kommanditgesellschaft die Entstehung und das Gesamthandsvermögen erklären.	Kapitel 4.4.1
28	außergewöhnliche und gewöhnliche Geschäfte bei der Kommanditgesellschaft unterscheiden.	Kapitel 4.4.3
29	die Mitgliedschaftsrechte der KG-Gesellschafter unterscheiden und begründen.	Kapitel 4.4
30	die unterschiedliche Haftungssituation und Gewinnverteilung der Gesellschafter einer KG erklären.	Kapitel 4.4.2 und 4.4.4, Aufgabe 11
31	die Schritte der Entstehung einer GmbH als juristische Person erläutern.	Kapitel 4.5.1, Aufgabe 12
32	die Haftungssituation der GmbH-Gesellschafter erklären.	Kapitel 4.5.3
33	die Organstruktur der GmbH mit deren Zuständigkeiten skizzieren.	Kapitel 4.5.4

V

Einführung in das externe Rechnungswesen

1 Rechnungswesen als Teil der BWL

Ein Unternehmen hat täglich mit unzähligen Eingangsrechnungen, Ausgangsrechnungen, Kontoauszügen, Quittungen, Mahnungen, Materialentnahmescheinen oder Lohn- und Gehaltsabrechnungen zu tun. Wie gelingt es dem Unternehmen, dabei den Überblick zu behalten?

1.1 Das Rechnungswesen als Informationssystem in der BWL

Das Aufzeichnen aller anfallenden Güter- und Finanzbewegungen (Geschäftsvorfälle) in einem Unternehmen stellt die Aufgabe des Rechnungswesens dar. Häufig wird das Rechnungswesen als lästige Pflicht gesehen, dabei liefert es der Unternehmensführung laufend die Informationen über die wirtschaftliche Situation (Gewinn oder Verlust) und schafft einen Überblick über das Vermögen und die Finanzlage.

Produktionsfaktoren
▶ I • 2.3.1

Dazu ist es wichtig, das gesamte Unternehmensgeschehen, insbesondere
- die **Beschaffung** von Produktionsfaktoren▸ (Natur, Arbeit, Sachkapital, Humankapital),
- die **Produktion** und den **Absatz** von betrieblichen Leistungen[1] und
- das **Finanzwesen,**

zu **erfassen,** zu **überwachen** und **auszuwerten.**

Teilaufgaben des betrieblichen Rechnungswesens	
Dokumentationsfunktion	Jeder Vorgang, der eine Veränderung des Vermögens, der Schulden oder des Erfolgs nach sich zieht, ist lückenlos, sachlogisch und chronologisch festzuhalten.
Kontrolle des Unternehmenserfolgs	Die Unternehmensführung möchte in der Regel nach einem Geschäftsjahr (oder einem Monat oder einem Quartal) den Erfolg[2] des Handelns des Unternehmens feststellen.
Rechenschaftslegung und Informationsfunktion	Das Unternehmen muss jährlich gemäß gesetzlicher Bestimmungen sämtliche Vermögens-, Schulden- und Erfolgswerte in einem Jahresabschluss festhalten.
Dispositionsfunktion	Die aufbereiteten Unternehmenszahlen dienen der Unternehmensführung als Grundlage zur Planung und Entscheidung z. B. über Investitionen.

[1] Betriebliche Leistungen umfassen den Verkauf oder die Vermietung von Erzeugnissen, Handelswaren oder Dienstleistungen.

[2] Der Erfolg kann entweder ein Gewinn oder ein Verlust sein.

Die bereitgestellten Informationen aus dem Rechnungswesen dienen nicht nur der Unternehmensführung, sondern allen, die in irgendeiner Weise mit dem Unternehmen in Beziehung stehen, z. B. Lieferanten, Banken, Finanzamt. Dabei sind für unternehmensfremde Adressaten[1] andere Informationen von Bedeutung als für unternehmensinterne Adressaten. Im Hinblick auf die unterschiedlichen Adressaten kann das Rechnungswesen in zwei Bereiche eingeteilt werden – das externe Rechnungswesen und das interne Rechnungswesen. Die Erstellung des Jahresabschlusses durch die Aufzeichnungen der Finanzbuchhaltung ist die Hauptaufgabe des externen Rechnungswesens. Die Kosten- und Leistungsrechnung sowie die Investitions- und Finanzierungsrechnung bilden den Kern des internen Rechnungswesens und dienen ausschließlich unternehmensinternen Bereichen.

[1] Adressat: *Empfänger*

Teilgebiete des Rechnungswesens

externes Rechnungswesen		**internes Rechnungswesen**	
Vermögens-, Finanz-, und Ertragslage des Unternehmens	*liefert Informationen zur*	Planung, Steuerung und Kontrolle des Unternehmens	
Finanzbuchhaltung	*wird ermöglicht durch die*	**Kosten- und Leistungsrechnung**	**Finanzierungs- und Investitionsrechnung**
Erstellung des Jahresabschlusses mit einer Bilanz und einer Gewinn- und Verlustrechnung (GuV-Rechnung)	*Kernaufgabe der Teilgebiete*	Erfolgskontrolle und die Bereitstellung von Daten, die dem Betriebszweck dienen, z. B. Kalkulation von Angebotspreisen	liefert Informationen über Ein- und Auszahlungen in einem Zeitraum
• Unternehmensfremde (Fiskus, Gläubiger, Öffentlichkeit, Eigentümer [Aktionäre]) • Unternehmensleitung	*Adressaten*	Unternehmensangehörige (Geschäftsleitung, Vorstand, Mitarbeiter, Eigentümer [Unternehmer])	

1.2 Rechtliche Grundlagen

1.2.1 Historische Entwicklung des Rechnungswesens

Die grundlegenden Bestimmungen der Buchführung sind historisch gewachsen und spiegeln Zielsetzungen in unterschiedlichen Epochen wider. Im Altertum (ab ca. 3000 v. Chr.) galt es, das Vermögen und die Bestände schriftlich festzuhalten. Erste Belege für die Anwendung der doppelten Buchführung▸ – das heute in Deutschland gebräuchliche System der Buchführung – stammen aus Norditalien aus dem 15. Jahrhundert. Unvergleichlich prägte die Kaufmannsfamilie Fugger aus Augsburg die Entwicklung des externen Rechnungswesens ab dem 15. Jahrhundert im deutschsprachigen Raum.

organisatorische Rahmenbedingungen der doppelten Buchführung
▸ V • 4

Mit dem Allgemeinen Deutschen Handelsgesetzbuch aus dem Jahr 1861 wurden erstmals Regeln für die Buchführung festgehalten und niedergeschrieben (kodifiziert▸). Das Hauptaugenmerk der Gesetzgebung in dieser Zeit lag auf dem Schutz der Unternehmenseigentümer, der Gläubiger[2] und der Öffentlichkeit. Das externe Rechnungswesen hat sich seither stetig weiterentwickelt. Die letzte bedeutende Reform des Han-

kodifizieren
▸ III • 1.1

[2] Gläubiger: *jemand, der berechtigt ist, an jemand anderen finanzielle Forderungen zu stellen*

aktuelle Fassung
▶ www.gesetze-im-internet.de/hgb

[1] Rechnungslegung: *bedeutet, Finanzberichte abzubilden, z. B. eine Bilanz zu erstellen*
Rechnungswesen: *erfasst alle Prozesse im Unternehmen, um daraus Finanzberichte zu erstellen*

delsgesetzbuchs▸ (HGB) trat 2009 mit dem Bilanzrechtsmodernisierungsgesetz (BilMoG) in Kraft. Hierbei wurden die internationalen Standards der Rechnungslegung[1] berücksichtigt und u. a. Vereinfachungen für das Führen der Bücher geschaffen.

1.2.2 Vorschriften der Rechnungslegung

Die Vorschriften für die Buchführung lassen sich in zwei Gruppen einteilen: Vorschriften, die in Gesetzen verankert (kodifiziert) sind, und solche, die nicht in Gesetzen fixiert (nicht kodifiziert) sind.

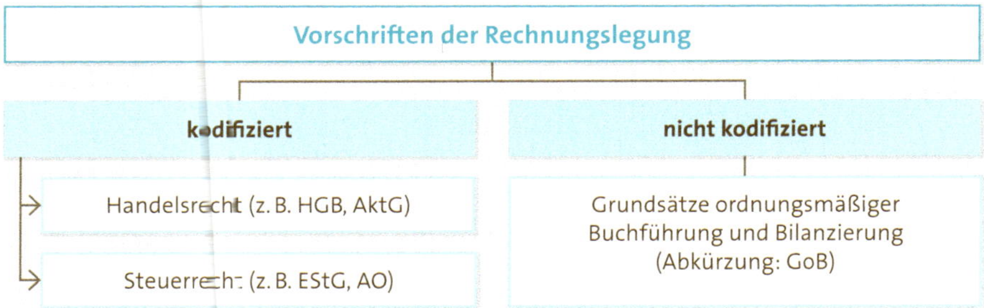

Das **Steuerrecht** entwickelte sich Ende des 19. Jahrhunderts aus der Fragestellung: „Wie ist die Besteuerung von Einkommen und Ertrag in einem Unternehmen für ein Geschäftsjahr anzusetzen?“ Dabei dienten die bereits bestehenden Vorschriften aus dem Handelsgesetzbuch als Grundlage (Maßgeblichkeitsprinzip).

[2] ordnungsmäßige Buchführung und Bilanzierung: *Ein „sachverständiger Dritter“ (z. B. Wirtschaftsprüfer) soll sich in einer angemessenen Zeit Überblick über das Vermögen, das Kapital und die Ertragslage eines Unternehmens verschaffen können (§ 238 Abs. 1 Satz 2 HGB).*

Die **Grundsätze ordnungsmäßiger Buchführung und Bilanzierung**[2] (GoB) sind Prinzipien, die nicht in Gesetzen schriftlich festgehalten sind. Sie dienen dazu, die gesetzlichen Bestimmungen aus dem HGB zu ergänzen oder zu konkretisieren. Die Grundsätze ordnungsmäßiger Buchführung finden bei der Erstellung eines Jahresabschlusses immer Anwendung, z. B. müssen die Vermögens- und Schuldenwerte eines Unternehmens immer vollständig aufgeführt werden (Bilanzwahrheit).

Die Grundsätze ordnungsmäßiger Buchführung und Bilanzierung (GoB) sind Prinzipien und Gepflogenheiten, die ordentliche und gewissenhafte Kaufleute in der kaufmännischen Praxis bei der Buchführung und bei der Erstellung des Jahresabschlusses anwenden.

Neben den handelsrechtlichen Bestimmungen existieren für Unternehmen weitere Gesetze und Verordnungen, die z. B. die Besteuerung des Unternehmens regeln. Hierzu zählen unter anderem:

- Abgabenordnung (AO)
- Umsatzsteuergesetz (UStG)
- Einkommensteuergesetz (EStG)
- Körperschaftsteuergesetz (KStG)

Durch die Wahl der Rechtsform eines Unternehmens können zudem Gesetze, wie z. B. das GmbH-Gesetz (GmbHG) oder das Aktiengesetz (AktG), über die handelsrechtlichen Vorschriften hinaus Besonderheiten für die Rechnungslegung festlegen, z. B. eine Ergebnisverwendungsrechnung für Aktiengesellschaften.

Aufgaben zu Kapitel 1

zusätzliche Aufgaben zu Kapitel 1
► Webcode WGW_V_1_A-Zusatz

1. Welche Aufgaben werden in einem Unternehmen durch das Rechnungswesen übernommen?
2. Nennen und erläutern Sie die unterschiedlichen Teilgebiete des Rechnungswesens.
3. Erläutern Sie die unterschiedlichen Interessen der Adressaten am externen Rechnungswesen eines Unternehmens.
4. Das Rechnungswesen unterliegt vielen Vorschriften. Erläutern Sie die Zielsetzung der steuerrechtlichen Vorschriften und die Zielsetzung der Grundsätze ordnungsmäßiger Buchführung.

Zusammenfassung: 1 Rechnungswesen als Teil der BWL

Rechnungswesen

lückenlose, sachlogische und chronologische Dokumentation aller Geschäftsvorfälle, die das Vermögen, die Schulden oder den Erfolg eines Unternehmens beeinflussen

Aufgaben

- Dokumentationsfunktion
- Kontrolle des Unternehmenserfolgs
- Rechenschaftslegung und Informationsfunktion
- Dispositionsfunktion

Teilgebiete

Externes Rechnungswesen
- Finanzbuchhaltung

Internes Rechnungswesen
- Kosten- und Leistungsrechnung
- Finanzierungs- und Investitionsrechnung

Grundsätzliche Bestimmungen der Rechnungslegung

- Handelsrecht
- Steuerrecht
- Grundsätze ordnungsmäßiger Buchführung und Bilanzierung (GoB)

2 Inventur, Inventar und Bilanz

Das neu gegründete Unternehmen Skater e. K. stellt hochwertige Longboards her. Der Inhaber und Geschäftsführer Maximilian Dietrich muss sich dringend mit der Buchführung befassen. Wie alle Unternehmen muss auch die Skater e. K. zur Gründung und am Ende jedes Geschäftsjahres die Vermögensgegenstände und Schulden erfassen. Doch wie soll Herr Dietrich dabei vorgehen? Welche gesetzlichen Grundlagen muss er dabei beachten?

2.1 Inventur und Inventar

2.1.1 Grundlagen

Das Rechnungswesen hat die Aufgabe, alle Geschäftsvorfälle in einem Unternehmen, die Auswirkungen auf das Vermögen, die Schulden oder den Erfolg haben, zu dokumentieren. Dazu müssen zunächst die Vermögensgegenstände und Schulden erfasst werden. Diese Bestandsaufnahme der Vermögensgegenstände und Schulden wird *Inventur* genannt. Das daraus erstellte Verzeichnis heißt *Inventar.*

Ein Kaufmann ist gemäß Handelsgesetzbuch verpflichtet, zum Ende eines Geschäftsjahres ein Inventar zu erstellen. Für die Durchführung der Inventur gibt es keine gesetzlichen Vorschriften, für die Erstellung des Inventars schreibt der Gesetzgeber jedoch Folgendes vor:

§ 240 HGB: Inventar

(1) Jeder Kaufmann hat zu Beginn seines Handelsgewerbes seine Grundstücke, seine Forderungen und Schulden, den Betrag seines baren Geldes sowie seine sonstigen Vermögensgegenstände genau zu verzeichnen und dabei den Wert der einzelnen Vermögensgegenstände und Schulden anzugeben.
(2) Er hat demnächst für den Schluss eines jeden Geschäftsjahrs ein solches Inventar aufzustellen. Die Dauer des Geschäftsjahres darf zwölf Monate nicht überschreiten. Die Aufstellung des Inventars ist innerhalb der einem ordnungsmäßigen Geschäftsgang entsprechenden Zeit zu bewirken.

2.1.2 Durchführung der Inventur

Bei der Durchführung der Inventur unterscheidet man:

- **körperliche Inventur**
  Vermögensgegenstände werden gezählt, gemessen, gewogen und geschätzt.
- **buchhalterische Inventur**
  Überprüfung der Vermögensgegenstände anhand von Belegen, Aufzeichnungen (= Büchern)

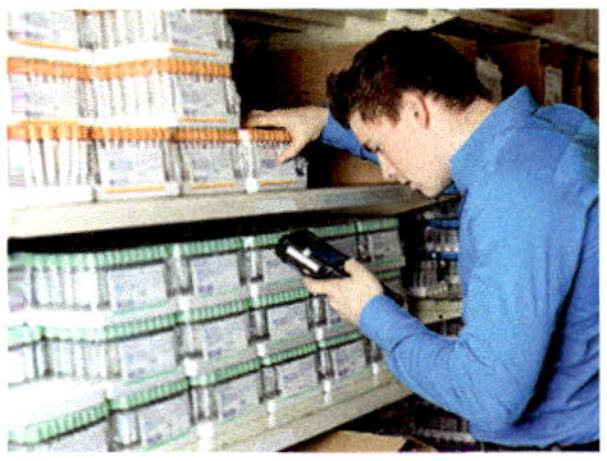

Die Inventurlisten werden durch die körperliche Inventur erstellt. Auf diesen sogenannten *Einzelnachweisen* sind die genaue Warenbezeichnung, die Anzahl und der Einzelpreis festzuhalten. Bei der buchhalterischen Inventur müssen Nachweise (z. B. Kopien der Kontoauszüge) an die Inventurliste angehängt werden.

Beispiel zur Erfassung der Inventur bei der Skater e. K. durch einen Einzelnachweis:

Inventurliste

Tag der Aufnahme *28.12.* Jahr *20..* Lager *Material* Gruppe *I*

Ort der Aufnahme (Tisch, Regal, Fach-Nr.) *Materiallager*

Aufnahme im Lager					Im Büro auszufüllen					
Warenbezeichnung/Inventur-Nr.	Eingangsdatum	Anzahl, Stück, Paar	Einzelpreis		Gesamtpreis		Ermittlung des Bilanzwertes: Einzelbewertung		Gesamtbewertung	
Skaterhelm grün	*15.11.*	*15 St.*	*18*	*00*	*270*	*00*	*18*	*00*	*270*	*00*
Skaterhelm blau	*07.12.*	*20 St.*	*18*	*00*	*360*	*00*	*18*	*00*	*360*	*00*
Rollen	*25.10.*	*400 St.*	*0*	*50*	*200*	*00*	*0*	*50*	*200*	*00*
Holz – hell	*15.09.*	*60 m*	*5*	*95*	*357*	*00*	*5*	*95*	*357*	*00*
Holz – dunkel	*26.09.*	*30 m*	*5*	*35*	*160*	*50*	*5*	*35*	*160*	*50*
angesagt *Wöhrle*	geschrieben *Hauser*		abgenommen *Katzer*		vorgerechnet *Kübel*		nachgerechnet *Reber*		Geprüft *Weber*	

Warum schreibt der Gesetzgeber mindestens einmal im Geschäftsjahr die Durchführung der Inventur vor? Dies dient einerseits dem Schutz der Gläubiger und andererseits der Kontrolle des eigenen Handelns. Dabei soll sichergestellt werden, dass die Sollwerte aus den Büchern des Rechnungswesens, die sämtliche Güter- und Finanzbewegungen dokumentieren, regelmäßig überprüft werden. Diese Sollwerte (Werte aus den Büchern) werden dazu mit den Istwerten (Werte aus der Inventur) verglichen.

Liegen Inventurdifferenzen[1] vor, muss

- die Ursache ermittelt und
- eine Korrektur der Buchführung an die Istwerte vorgenommen werden.

[1] Inventurdifferenzen: *Abweichungen zwischen den Sollwerten und den Istwerten*

► Webcode WGW_V_2_1_2

Laut den Unterlagen in der Einkaufsabteilung der Skater e. K. sollten 20 grüne Skaterhelme (Sollwert) auf Lager liegen. Bei der Bestandsaufnahme (Inventur) wurden tatsächlich nur 15 Skaterhelme (Istwert) gezählt. Die Recherche hat ergeben, dass 5 Skaterhelme bei der Lieferung beschädigt waren und an den Lieferanten zurückgeschickt wurden. Die Finanzbuchhaltung muss nun mit einer Korrekturbuchung ihren Wert auf 15 Skaterhelme berichtigen.

2.1.3 Inventurarten

Die gesetzlichen Vorschriften erlauben mehrere Inventurverfahren:

- **Stichtagsinventur gemäß § 240 Abs. 2 HGB**
  Die Inventur ist grundsätzlich zum Bilanzstichtag zu erstellen.
- **permanente Inventur gemäß § 241 Abs. 2 HGB**
  Die permanente Inventur ermöglicht es, die sonst stoßweise zum Bilanzstichtag anfallenden Inventurarbeiten über das ganze Jahr zu verteilen. Es findet eine ständige Aufnahme, meist EDV-gestützt, aller Zu- und Abgänge nach Tag, Art und Menge anhand der Lagerkartei statt.
- **zeitlich verlegte Inventur gemäß § 241 Abs. 3 HGB**
  Um die Arbeitsbelastung zum Bilanzstichtag etwas zu verringern, besteht die Möglichkeit, die Inventur innerhalb von drei Monaten vor und bis zu zwei Monaten nach dem Bilanzstichtag durchzuführen. Bei der vor- oder nachgelagerten Stichtagsinventur müssen die ermittelten Bestände bis zum Bilanzstichtag wertmäßig fortgeschrieben[1] bzw. zurückgerechnet (Wertnachweisverfahren) werden.

[1] fortschreiben: *ständige Ergänzung von Zu- und Abgängen*

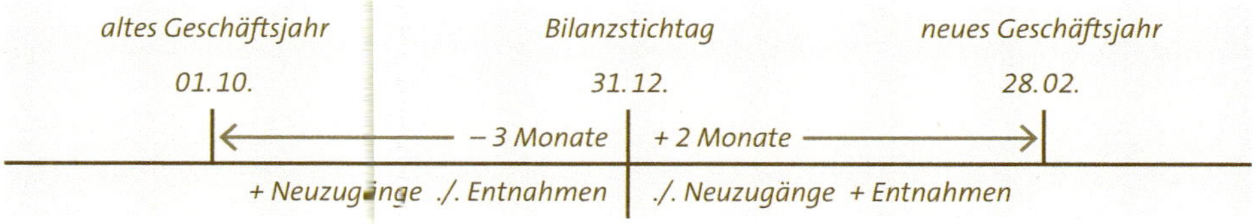

2.1.4 Inventar

Von der Inventur zum Inventar

Die Ergebnisse der Inventur werden in einem Verzeichnis, dem Inventar, zusammengefasst. Bei der Erstellung des Inventars müssen die gesetzlichen Bestimmungen gemäß § 240 und § 241 HGB berücksichtigt werden. Das Inventar soll eine übersichtliche Auskunft über das bestehende Vermögen und die Schulden eines Unternehmens geben. Hierfür wird die Staffelform verwendet. Sie ordnet die einzelnen Positionen untereinander in einer Liste an und summiert in mehreren Zwischenschritten alle Beträge zu einer Summe auf.

Um eine Übersichtlichkeit im Inventar zu erreichen, werden einzelne gleichartige Vermögensgegenstände oder Schulden zu sinnvollen Gruppen zusammengefasst und in Staffelform niedergeschrieben. So ist es folgerichtig,

- offene Rechnungen von Kunden unter **Forderungen aus Lieferungen und Leistungen**
- und offene Rechnungen gegenüber Lieferanten unter **Verbindlichkeiten aus Lieferungen und Leistungen** ►

zusammenzufassen.

Abgrenzung von *Forderungen aus Lieferungen und Leistungen* und *Verbindlichkeiten aus Lieferungen und Leistungen*

► Webcode WGW_V_2_1_4

Der Gesetzgeber überlässt es den Unternehmen, wie sie die Reihenfolge der Vermögensgegenstände und Schulden wählen. In der Praxis werden üblicherweise die Reihenfolge und die Begriffe der Bilanz[2] gemäß § 266 HGB übernommen.

[2] Bilanz: *Gegenüberstellung von Vermögen und Kapital eines Unternehmens*

Das Inventar ist eine strukturierte und zusammengefasste Liste der Einzelnachweise aus der Inventur. Die Reihenfolge und Begriffe lehnen sich an die Bilanz an.

Erstellung eines Inventars

Vermögen (Gesamtvermögen)

Das Gesamtvermögen eines Unternehmens wird in Anlagevermögen und Umlaufvermögen aufgeteilt. Dabei werden die Vermögensgegenstände nach ihrer zeitlichen Bindung bzw. steigenden Liquidierbarkeit[1] gegliedert. Zeitlich lange dem Unternehmen zur Verfügung stehende Gegenstände stehen zu Beginn.

[1] Liquidierbarkeit: *auch als Flüssigkeit bezeichnet. Je schneller ein Vermögensgegenstand durch Veräußerung in Geld umgewandelt werden kann, desto flüssiger ist er.*

Gesamtvermögen

Anlagevermögen	Umlaufvermögen
Hierzu gehören Gegenstände, die dem Unternehmen langfristig zur Verfügung stehen.	Hierzu zählen Vermögenspositionen, die sich gewöhnlich innerhalb kurzer Zeit verändern.
Grundstücke, Maschinen, Fuhrpark, Betriebs- und Geschäftsausstattung[2], langfristige Kapitalanlagen usw.	Rohstoffe, Waren, Forderungen aus Lieferungen und Leistungen, Guthaben bei Banken, kurzfristige Kapitalanlagen usw.

[2] *Betriebs- und Geschäftsausstattung* wird mit *BGA* abgekürzt.

Schulden (Verbindlichkeiten, Fremdkapital)

Die Schulden eines Unternehmens, also Verbindlichkeiten gegenüber Dritten, werden nach der Fristigkeit[3] von langfristigen zu kurzfristigen Schulden (in dieser Reihenfolge!) gegliedert.

[3] Fristigkeit: *die Dauer, wie lange ein Unternehmen Zeit hat, diese Schuld zu begleichen*

- Beispiel für langfristige Schulden:
  Verbindlichkeiten gegenüber Kreditinstituten
  (Die Skater e. K. nimmt ein Darlehen mit einer Laufzeit von zehn Jahren für den Kauf der Produktionshalle auf.)
- Beispiel für kurzfristige Schulden:
  Verbindlichkeiten aus Lieferungen und Leistungen
  (Die Skater e. K. kauft Holz bei einem Lieferanten ein und begleicht die Rechnung in 14 Tagen.)

Ermittlung des Reinvermögens (Eigenkapital)

Das Reinvermögen, auch Eigenkapital genannt, ergibt sich aus der Differenz zwischen dem Vermögen und den Schulden.

	Vermögen (Gesamtvermögen)
./.	Schulden (Verbindlichkeiten)
=	Reinvermögen (Eigenkapital)

Beispiel für ein Inventar der Skater e. K. in Staffelform

Inventar zum 31. Dezember 20.., in EUR
Skater e. K., Industriestr. 15, 78224 Singen am Hohentwiel

A. Anlagevermögen		
I. SACHANLAGEN		
1. Grundstücke und Bauten, Inventurliste 1		
Industriegebiet Süd, Industriestr. 15	173.000,00	
Alfred Fisch Straße 10	59.000,00	
Industriegebiet Süd, Industriestr. 17	150.000,00	
August-Ruf-Str. 60	145.000,00	527.000,00
2. Maschinen, Inventurliste 2		127.800,00
3. Fuhrpark, Inventurliste 3		
Pkw: KN - BU 123	86.000,00	
Sprinter: KN - BU 456	67.200,00	
Anhänger: KN - BU 789	18.000,00	171.200,00
4. Betriebs- und Geschäftsausstattung		
Lagereinrichtung, Inventurliste 4	93.000,00	
Verkauf- und Verwaltungseinrichtung, Inventurliste 5	66.000,00	
EDV-Anlagen, Inventurliste 6	37.500,00	196.500,00
B. Umlaufvermögen		
I. VORRÄTE		
1. Rohstoffe, Inventurliste 7		37.000,00
2. Hilfsstoffe, Inventurliste 8		8.600,00
3. Betriebsstoffe, Inventurliste 9		2.900,00
4. Unfertige Erzeugnisse, Inventurliste 10		9.600,00
5. Fertige Erzeugnisse		
Longboard – Cruising	17.800,00	
Longboard – Downhill	23.400,00	41.200,00
II. FORDERUNGEN und sonstige VERMÖGENSGEGENSTÄNDE		
1. Forderungen aus Lieferungen und Leistungen		
Skater & More OHG, Tauberbischofsheim	14.600,00	
Mischfeld, Nick, Tübingen	7.400,00	
Teurer, Clemens, Ravensburg	5.300,00	27.300,00
III. KASSENBESTAND und GUTHABEN bei KREDITINSTITUTEN		
1. Kassenbestand, Inventurliste 11		400,00
2. Guthaben bei Banken		
Guthaben Singener Industriebank AG	34.100,00	
Guthaben Bank 3000	16.400,00	50.500,00
Summe des Vermögens (Gesamtvermögen)		**1.200.000,00**
C. Schulden (Verbindlichkeiten)		
1. Verbindlichkeiten gegenüber Kreditinstituten		
Darlehen bei Singener Industriebank AG		420.000,00
2. Verbindlichkeiten aus Lieferungen und Leistungen		
Holz GmbH, Villingen	24.700,00	
Farben & Lacke KG Tuttlingen	16.100,00	
Dachdecker Martin, Konstanz	8.700,00	
Schraubenfabrik, Mannheim	10.500,00	60.000,00
Summe der Schulden (Verbindlichkeiten)		**480.000,00**
D. Ermittlung des Reinvermögens (Eigenkapital)		
Summe des Vermögens		1.200.000,00
./. Summe der Schulden		480.000,00
= **Reinvermögen (Eigenkapital)**		**720.000,00**

2.2 Vom Inventar zur Bilanz

Das Inventar ist eine noch recht ausführliche Liste der Vermögensgegenstände und Schulden eines Unternehmens. Bei größeren Unternehmen kann diese Aufstellung viele Seiten umfassen und wird dadurch unübersichtlich. Eine stärker zusammengefasste und damit noch übersichtlichere Darstellung aller Vermögensgegenstände und Schulden stellt die Bilanz dar. In der Bilanz werden dem Vermögen das Reinvermögen und die Schulden in Kontenform gegenübergestellt.

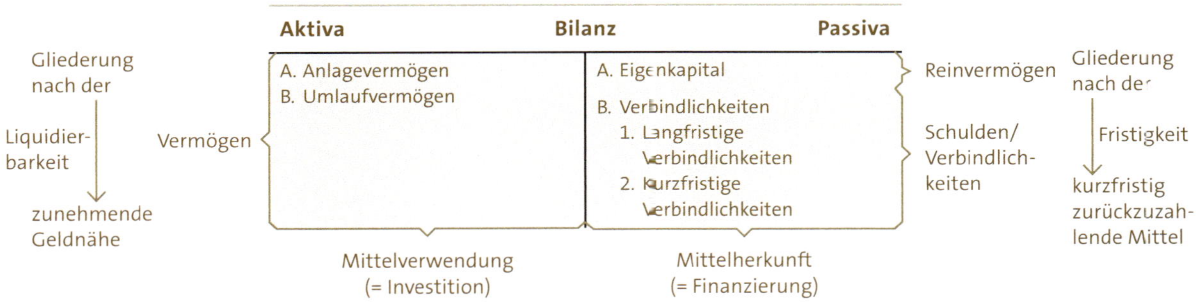

Die **Aktivseite** gibt Auskunft über die sogenannte *Mittelverwendung* (Investition). Auf dieser Seite steht, wofür das Unternehmen das Geld ausgegeben hat. Bei der Erstellung der Bilanz ist darauf zu achten, dass die Vermögensgegenstände in Anlagevermögen und Umlaufvermögen aufzuteilen sind. Das Anlagevermögen steht dem Unternehmen langfristig zur Verfügung. Das Umlaufvermögen dient dem Betriebsprozess kurzfristig. Die Gliederung der Aktivseite orientiert sich an der steigenden Liquidierbarkeit der Vermögensgegenstände.

Auf der **Passivseite** (Kapitalseite) werden die von Eigentümer(n) und von Dritten (Gläubigern) zur Verfügung gestellten Mittel gelistet. Man spricht hier auch von der *Mittelherkunft* (Finanzierung). Die Gliederung der Passivseite orientiert sich an der Fristigkeit der Bilanzpositionen. Der gesamte Aufbau der Bilanz findet sich in § 266 HGB.

Da das Vermögen in seiner Gesamtheit immer der Summe der Ansprüche der Eigentümer und der Gläubiger entsprechen muss, müssen Aktivseite und Passivseite in der Summe gleich groß sein.

Die Skater e. K. kauft ein Grundstück mit einer Produktionshalle im Wert von insgesamt 150.000,00 EUR. Herr Dietrich finanziert 50.000,00 EUR aus eigenen Mitteln und über die restlichen 100.000,00 EUR muss er für das Unternehmen bei der Singener Industriebank AG ein Darlehen über zehn Jahre aufnehmen.

Im Auszug der Bilanz zeigt sich folgendes gekürztes Bild:

Aktiva	**Bilanz der Skater e. K. zum 31. 12. [Geschäftsjahr 00], in EUR**		**Passiva**
A. Anlagevermögen		**A. Eigenkapital**	50.000,00
I. SACHANLAGEN		**B. Verbindlichkeiten**	
1. Grundstücke und Bauten	150.000,00	1. Verbindlichkeiten ggü.[1] Kreditinstituten	100.000,00

[1] ggü.: *gegenüber*

Die Pflicht zur Aufstellung der Bilanz findet sich im Handelsgesetzbuch wieder:

§ 242 HGB: Pflicht zur Aufstellung

(1) Der Kaufmann hat zu Beginn seines Handelsgewerbes und für den Schluss eines jeden Geschäftsjahres einen das Verhältnis seines Vermögens und seiner Schulden darstellenden Abschluss (Eröffnungsbilanz, Bilanz) aufzustellen. Auf die Eröffnungsbilanz sind die für den Jahresabschluss geltenden Vorschriften entsprechend anzuwenden, soweit sie sich auf die Bilanz beziehen.

Inventar der Skater e. K.
▶ V • 2.1.4

Aus dem Inventar der Skater e. K.▶ ergibt sich nach den gesetzlichen Bestimmungen gemäß § 266 HGB folgende Bilanz:

Aktiva — Bilanz der Skater e. K. zum 31. 12. [Geschäftsjahr 00], in EUR — Passiva

Aktiva		Passiva	
A. Anlagevermögen		**A. Eigenkapital**	720.000,00
I. SACHANLAGEN		**B. Verbindlichkeiten**	
1. Grundstücke und Bauten	527.000,00	1. Verbindlichkeiten gegenüber Kreditinstituten	420.000,00
2. Maschinen	127.800,00	2. Verbindlichkeiten aus Lieferungen und Leistungen	60.000,00
3. Fuhrpark	171.200,00		
4. Betriebs- und Geschäftsausstattung	196.500,00		
B. Umlaufvermögen			
I. VORRÄTE			
1. Rohstoffe	37.000,00		
2. Hilfsstoffe	8.600,00		
3. Betriebsstoffe	2.900,00		
4. Unfertige Erzeugnisse	9.600,00		
5. Fertige Erzeugnisse	41.200,00		
II. FORDERUNGEN und sonstige VERMÖGENSGEGENSTÄNDE			
1. Forderungen aus Lieferungen und Leistungen	27.300,00		
III. KASSENBESTAND und GUTHABEN bei KREDITINSTITUTEN[1]			
1. Kassenbestand	400,00		
2. Guthaben bei Banken	50.500,00		
	1.200.000,00		1.200.000,00

Singen, 31. Dezember 20..

Maximilian Dietrich

[1] Häufig findet man in der Literatur die Reihenfolge von *Kassenbestand* und *Guthaben bei Banken* gerade umgedreht. Gemäß § 266 Abs. 2 HGB wird jedoch zuerst der Kassenbestand aufgeführt.

Aus der Bilanz sind folgende gesetzliche Vorschriften ersichtlich:

- Eine Bilanz muss vom Kaufmann unterzeichnet werden (§ 245 Abs. 1 HGB).
- Bestehende leere Räume müssen durch die sogenannte *Buchhalternase* entwertet werden. Diese Entwertung schützt eine Bilanz davor, dass nachträglich Änderungen vorgenommen werden. Falsche Eintragungen oder spätere Eintragungen gelten als Urkundenfälschung und können strafrechtlich verfolgt werden.

Mit der Bilanz eines Unternehmens lässt sich auf einen Blick erkennen, woher das Kapital (Eigen- oder Fremdkapital) stammt, das wiederum in Vermögensgegenstände (z. B. Fuhrpark, Guthaben bei Banken) investiert wurde. Die Zusammensetzung des Kapitals gibt Aufschlüsse darüber, wie hoch der Anteil des Eigenkapitals am Gesamtkapital ist. Zur Berechnung genügt eine einfache Dreisatzrechnung.

Bei der vorliegenden Bilanz der Skater e. K. liegt der Anteil des Eigenkapitals vom Gesamtkapital bei 60 %:

$$\frac{720.000{,}00\ \text{EUR}}{1.200.000{,}00\ \text{EUR}} \cdot 100 = 60\,\%$$

Der Anteil des Fremdkapitals liegt somit bei 40 %. Mit dieser Kapitalstruktur, die überwiegend aus Eigenkapital besteht, bleibt die Skater e. K. unabhängiger von Fremdkapitalgebern.

Des Weiteren können einige Gleichungen aus der Bilanz abgeleitet werden:

Summe der Aktiva	**≙ Summe der Passiva**
Aktiva	**≙ Anlagevermögen + Umlaufvermögen**
Passiva	**≙ Eigenkapital + Fremdkapital**
Eigenkapital	**≙ Vermögen (Aktiva) ./. Fremdkapital**
Fremdkapital	**≙ Vermögen (Aktiva) ./. Eigenkapital**

Aufgaben zu Kapitel 2

zusätzliche Aufgaben zu Kapitel 2
► Webcode WGW_V_2_A-Zusatz

1. Wann und warum muss ein Kaufmann eine Inventur erstellen?
2. Grenzen Sie Inventur und Inventar voneinander ab.
3. Unterscheiden Sie zwischen der körperlichen und der buchhalterischen Bestandsaufnahme.
4. Begründen Sie, welche Werte bei einer möglichen Inventurdifferenz korrigiert werden (Soll- oder Istwerte).
5. Grenzen Sie die Bereiche Anlage- und Umlaufvermögen in einer Bilanz ab und ordnen Sie folgende Positionen den Bereichen nach ihrer Liquidierbarkeit zu:
   Grundstücke, Betriebs- und Geschäftsausstattung, Fertige Erzeugnisse, Guthaben bei Banken, Maschinen, Forderungen aus Lieferungen und Leistungen, Kassenbestand, Geschäfts- oder Firmenwert, Wertpapiere des Umlaufvermögens, Rohstoffe
6. Stellen Sie in einer Tabelle Inventar und Bilanz anhand folgender Kriterien gegenüber:
   Darstellung, Inhalt, gesetzliche Vorschriften, Rolle des Reinvermögens bzw. Eigenkapitals und Zugänglichkeit für Dritte
7. Die Firma Sankabamö GmbH stellt seit Jahrzenten erfolgreich Sanitärkeramik her. Durch die Inventur wurden folgende Vermögens- und Schuldenwerte ermittelt:

Position	Betrag
Lkw	80.000,00 EUR
Guthaben Sparkasse Freudenstadt	67.800,00 EUR
EDV-Anlagen	25.000,00 EUR
Pkw	14.000,00 EUR
Kassenbestand	1.400,00 EUR
Verwaltungsgebäude	342.000,00 EUR
Darlehen bei Sparkasse Freudenstadt	346.000,00 EUR
Verbindlichkeiten aus Lieferungen und Leistungen Kieswerke Südbaden	62.100,00 EUR
Guthaben Volksbank Freudenstadt	45.300,00 EUR
Maschinen	233.000,00 EUR
Rohstoffe	45.000,00 EUR
Produktionshalle	467.000,00 EUR
Forderungen aus Lieferungen und Leistungen Baumarkt Müller, Stuttgart	17.600,00 EUR

Vorlagen für Inventar und Bilanz

► Webcode WGW_V_2_A7

7.1 Erstellen Sie das Inventar►. Achten Sie dabei auf die Gliederung der Vermögensteile nach steigender Flüssigkeit und der Schulden nach Fristigkeit.

7.2 Berechnen Sie das Reinvermögen.

7.3 Erstellen Sie eine Bilanz►.

7.4 Ermitteln Sie den prozentualen Anteil des Eigen- und Fremdkapitals am Gesamtkapital.

✔

Zusammenfassung: 2 Inventur, Inventar und Bilanz

Inventur ↓ Bestandsaufnahme aller Vermögensgegenstände und Schulden eines Unternehmens zu Beginn der Geschäftstätigkeiten und jährlich zu einem bestimmten Stichtag

Inventar ↓ strukturierte Zusammenfassung der Inventurergebnisse in Staffelform
gesetzliche Grundlage: § 240 HGB, § 241 HGB

Bilanz Gegenüberstellung der Vermögensgegenstände und Schulden in Kontenform
gesetzliche Grundlage: § 242 HGB, § 266 HGB

Aufbau einer Bilanz in Kontenform

	Aktiva	Bilanz / Passiva	
Vermögen	A. Anlagevermögen B. Umlaufvermögen	A. Eigenkapital	Reinvermögen
		B. Verbindlichkeiten 1. Langfristige Verbindlichkeiten 2. Kurzfristige Verbindlichkeiten	Schulden/ Verbindlichkeiten
	Mittelverwendung (= Investition)	Mittelherkunft (= Finanzierung)	

- Gliederung der Aktivseite nach Liquidierbarkeit
- Gliederung der Passivseite nach Fristigkeit
- Summe der Aktivseite ≙ Summe der Passivseite

Aufzeichnung von Geschäftsvorfällen auf Bestandskonten

3

Während eines Geschäftsjahres fallen bei der Skater e. K. verschiedene Geschäftsvorfälle an:

Ein Kunde begleicht eine offene Rechnung bei der Skater e. K. durch Überweisung bei der Bank.

Die Skater e. K. begleicht eine offene Lieferantenrechnung durch Banküberweisung.

Die Skater e. K. kauft Holzbretter (Rohstoffe) für die Produktion der Longboards bei einem Lieferanten auf Rechnung ein.

Eine bestehende Verbindlichkeit gegenüber einem Lieferanten wird in ein langfristiges Bankdarlehen umgewandelt.

Wie verändern diese Geschäftsvorfälle die Vermögens- und Schuldenstruktur der Skater e. K.?

3.1 Werteveränderung von Bilanzpositionen

Was sind Belege?

Ein Geschäftsvorfall verändert das Vermögen oder die Schulden eines Unternehmens. Für die Buchführung eines Unternehmens muss diese Veränderung stets durch einen Beleg dokumentiert werden. Erst mit einem Beleg wird eine dazugehörige Buchung in den Büchern vorgenommen.

Hier gilt der Grundsatz: keine Buchung ohne Beleg!

Bei der Art der Belege wird zwischen Eigen- und Fremdbelegen (bzw. internen und externen Belegen) unterschieden:

- **Eigenbeleg (intern):** ein vom Unternehmen selbst erstellter Beleg
- **Fremdbeleg (extern):** ein von einem anderen Unternehmen erstellter Beleg

Deutsche Post AG
53119 Bonn
829183748 12.03.20..

Postwertzeichen ohne Zuschlag
*0,80 EUR x 20 St. 16,00 EUR A
*1,55 EUR x 14 St. 21,70 EUR A

Nettoumsatz 37,70 EUR

Umsatzsteuerbefreiter Umsatz
gem. § 4 Nr. 11 b UStG
Ust-Identnr.: DE 169838187

Vielen Dank für Ihren Besuch.
Ihre Deutsche Post AG

Mithilfe einer Bilanz werden die bestehenden Vermögens-, Schulden- und Eigenkapitalwerte eines Unternehmens zu einem bestimmten Zeitpunkt (Stichtag) festgestellt, vergleichbar mit einem Foto, das einen Moment zu einem bestimmten Zeitpunkt festhält. Im Laufe eines Geschäftsjahres verändert jedoch jeder Geschäftsvorfall die Bilanz auf mindestens zwei Bilanzpositionen. Daraus ergeben sich vier Grundtypen von möglichen Bilanzveränderungen:

Aktivtausch | Passivtausch | Aktiv-Passiv-Mehrung | Aktiv-Passiv-Minderung

Um die Auswirkungen auf die Vermögens-, Schulden- und Eigenkapitalwerte festzuhalten, ist bei jedem einzelnen Geschäftsvorfall zu prüfen:

1. **Welche Bilanzpositionen werden von diesem Geschäftsvorfall verändert?**
2. **Befinden sich diese Positionen auf der Aktiv- oder Passivseite der Bilanz?**
3. **Nehmen diese Positionen wertmäßig zu oder ab?**
4. **Um welchen Grundtyp der Bilanzveränderung handelt es sich?**
5. **Welche Auswirkung hat der Geschäftsvorfall auf die Bilanzsumme?**

Ausgangsbilanz

Aktiva		Bilanz der Skater e. K. zum 31. 12. [Geschäftsjahr 00], in EUR	Passiva
A. Anlagevermögen		**A. Eigenkapital**	720.000,00
I. SACHANLAGEN		**B. Verbindlichkeiten**	
1. Grundstücke und Bauten	527.000,00	1. Verbindlichkeiten gegenüber Kreditinstituten	420.000,00
2. Maschinen	127.800,00	2. Verbindlichkeiten aus Lieferungen und Leistungen	60.000,00
3. Fuhrpark	171.200,00		
4. Betriebs- und Geschäftsausstattung	196.500,00		
B. Umlaufvermögen			
I. VORRÄTE			
1. Rohstoffe	37.000,00		
2. Hilfsstoffe	8.000,00		
3. Betriebsstoffe	3.500,00		
4. Unfertige Erzeugnisse	9.600,00		
5. Fertige Erzeugnisse	41.200,00		
II. FORDERUNGEN und sonstige VERMÖGENSGEGENSTÄNDE			
1. Forderungen aus Lieferungen und Leistungen	27.300,00		
III. KASSENBESTAND und GUTHABEN bei KREDITINSTITUTEN			
1. Kassenbestand	400,00		
2. Guthaben bei Banken	50.500,00		
	1.200.000,00		**1.200.000,00**

Aktivtausch

Ein Aktivtausch liegt vor, wenn ein Geschäftsvorfall zwei Positionen auf der Aktivseite der Bilanz verändert. Eine Bilanzposition nimmt dabei wertmäßig zu, eine andere ab. Die Bilanzsumme bleibt unverändert.

Aktiva	Bilanz	Passiva
Mehrung einer Position	⊕	
Minderung einer Position	⊖	

Geschäftsvorfall ①

Ein Kunde begleicht seine bestehende Rechnung gegenüber der Skater e. K. über 10.300,00 EUR per Banküberweisung.

1. Welche Bilanzpositionen werden von diesem Geschäftsvorfall verändert?
   Forderungen aus Lieferungen und Leistungen[1] *und* *Guthaben bei Banken*[2]
2. Befinden sich diese Positionen auf der Aktiv- oder Passivseite der Bilanz?
   Beide Positionen befinden sich auf der Aktivseite der Bilanz.
3. Nehmen diese Positionen wertmäßig zu oder ab?
   Forderungen a LuL nehmen ab *und* *Bank nimmt zu*
4. Um welchen Grundtyp der Bilanzveränderung handelt es sich?
   Aktivtausch
5. Welche Auswirkung hat der Geschäftsvorfall auf die Bilanzsumme?
   Die Bilanzsumme bleibt unverändert.

[1] *Forderungen aus Lieferungen und Leistungen* wird mit *Ford. a LuL* abgekürzt.

[2] *Guthaben bei Banken* wird mit *Bank* abgekürzt.

Bilanz nach dem 1. Geschäftsvorfall

Aktiva — Bilanz der Skater e. K. zum 31. 12. [Geschäftsjahr 00], in EUR — Passiva

Aktiva		Passiva	
A. Anlagevermögen		**A. Eigenkapital**	720.000,00
I. SACHANLAGEN		**B. Verbindlichkeiten**	
1. Grundstücke und Bauten	527.000,00	1. Verbindlichkeiten gegenüber Kreditinstituten	420.000,00
2. Maschinen	127.800,00	2. Verbindlichkeiten aus Lieferungen und Leistungen	60.000,00
3. Fuhrpark	171.200,00		
4. Betriebs- und Geschäftsausstattung	196.500,00		
B. Umlaufvermögen			
I. VORRÄTE			
1. Rohstoffe	37.000,00		
2. Hilfsstoffe	8.000,00		
3. Betriebsstoffe	3.500,00		
4. Unfertige Erzeugnisse	9.600,00		
5. Fertige Erzeugnisse	41.200,00		
II. FORDERUNGEN und sonstige VERMÖGENSGEGENSTÄNDE			
1. Forderungen aus Lieferungen und Leistungen	*17.000,00*		
III. KASSENBESTAND und GUTHABEN bei KREDITINSTITUTEN			
1. Kassenbestand	400,00		
2. Guthaben bei Banken	*60.800,00*		
	1.200.000,00		**1.200.000,00**

Passivtausch

Ein Passivtausch liegt vor, wenn ein Geschäftsvorfall zwei Positionen auf der Passivseite der Bilanz verändert. Eine Bilanzposition nimmt dabei wertmäßig zu, eine andere ab. Die Bilanzsumme bleibt unverändert.

Aktiva	Bilanz	Passiva
	Mehrung einer Position	⊕
	Minderung einer Position	⊖

Geschäftsvorfall ②

Die Skater e. K. nimmt bei der Bank einen Kredit über 15.000,00 EUR auf und begleicht damit eine Verbindlichkeit aus Lieferungen und Leistungen[1].

1. Welche Bilanzpositionen werden von diesem Geschäftsvorfall verändert?
   Verbindlichkeiten ggü. Kreditinstituten und Verb. a LuL
2. Befinden sich diese Positionen auf der Aktiv- oder Passivseite der Bilanz?
   Beide Positionen befinden sich auf der Passivseite der Bilanz.
3. Nehmen diese Positionen wertmäßig zu oder ab?
   Verbindlichkeiten ggü. Kreditinstituten nehmen zu und Verb. a LuL nehmen ab
4. Um welchen Grundtyp der Bilanzveränderung handelt es sich?
   Passivtausch
5. Welche Auswirkung hat der Geschäftsvorfall auf die Bilanzsumme?
   Die Bilanzsumme bleibt unverändert.

[1] *Verbindlichkeiten aus Lieferungen und Leistungen* wird mit *Verb. a LuL* abgekürzt.

Bilanz nach dem 2. Geschäftsvorfall

Bilanz der Skater e. K. zum 31. 12. [Geschäftsjahr 00], in EUR

Aktiva		Passiva	
A. Anlagevermögen		**A. Eigenkapital**	720.000,00
I. SACHANLAGEN		**B. Verbindlichkeiten**	
1. Grundstücke und Bauten	527.000,00	*1. Verbindlichkeiten gegenüber Kreditinstituten*	*435.000,00*
2. Maschinen	127.800,00	*2. Verbindlichkeiten aus Lieferungen und Leistungen*	*45.000,00*
3. Fuhrpark	171.200,00		
4. Betriebs- und Geschäftsausstattung	196.500,00		
B. Umlaufvermögen			
I. VORRÄTE			
1. Rohstoffe	37.000,00		
2. Hilfsstoffe	8.000,00		
3. Betriebsstoffe	3.500,00		
4. Unfertige Erzeugnisse	9.500,00		
5. Fertige Erzeugnisse	41.200,00		
II. FORDERUNGEN und sonstige VERMÖGENSGEGENSTÄNDE			
1. Forderungen aus Lieferungen und Leistungen	17.000,00		
III. KASSENBESTAND und GUTHABEN bei KREDITINSTITUTEN			
1. Kassenbestand	400,00		
2. Guthaben bei Banken	60.300,00		
	1.200.000,00		**1.200.000,00**

Aktiv-Passiv-Mehrung (Bilanzverlängerung)

Ein Geschäftsvorfall verändert je eine Position auf der Aktiv- und Passivseite der Bilanz. Beide Positionen nehmen dabei wertmäßig zu. Die Bilanzsumme wird erhöht (Bilanzverlängerung).

Aktiva	Bilanz	Passiva
Mehrung einer Position (+)		Mehrung einer Position (+)

Geschäftsvorfall (3)

Die Skater e. K. kauft Holzbretter (Rohstoffe) im Wert von 8.600,00 EUR auf Rechnung beim Lieferanten ein.

1. Welche Bilanzpositionen werden von diesem Geschäftsvorfall verändert?
   Rohstoffe *und* *Verbindlichkeiten a LuL*
2. Befinden sich diese Positionen auf der Aktiv- oder Passivseite der Bilanz?
   Aktivseite *und* *Passivseite*
3. Nehmen diese Positionen wertmäßig zu oder ab?
   Rohstoffe nehmen zu *und* *Verbindlichkeiten a LuL nehmen zu*
4. Um welchen Grundtyp der Bilanzveränderung handelt es sich?
   Aktiv-Passiv-Mehrung
5. Welche Auswirkung hat der Geschäftsvorfall auf die Bilanzsumme?
   Die Bilanzsumme erhöht sich (Bilanzverlängerung).

Bilanz nach dem 3. Geschäftsvorfall

Aktiva — Bilanz der Skater e. K. zum 31. 12. [Geschäftsjahr 00], in EUR — Passiva

Aktiva		Passiva	
A. Anlagevermögen		**A. Eigenkapital**	720.000,00
I. SACHANLAGEN		**B. Verbindlichkeiten**	
1. Grundstücke und Bauten	527.000,00	1. Verbindlichkeiten gegenüber Kreditinstituten	435.000,00
2. Maschinen	127.800,00	*2. Verbindlichkeiten aus Lieferungen und Leistungen*	*53.600,00*
3. Fuhrpark	171.200,00		
4. Betriebs- und Geschäftsausstattung	196.500,00		
B. Umlaufvermögen			
I. VORRÄTE			
1. Rohstoffe	*45.600,00*		
2. Hilfsstoffe	8.000,00		
3. Betriebsstoffe	3.500,00		
4. Unfertige Erzeugnisse	9.600,00		
5. Fertige Erzeugnisse	41.200,00		
II. FORDERUNGEN und sonstige VERMÖGENSGEGENSTÄNDE			
1. Forderungen aus Lieferungen und Leistungen	17.000,00		
III. KASSENBESTAND und GUTHABEN bei KREDITINSTITUTEN			
1. Kassenbestand	400,00		
2. Guthaben bei Banken	60.800,00		
	1.208.600,00		**1.208.000,00**

Aktiv-Passiv-Minderung (Bilanzverkürzung)

Ein Geschäftsvorfall verändert je eine Position auf der Aktiv- und Passivseite der Bilanz. Beide Positionen nehmen dabei wertmäßig ab. Die Bilanzsumme wird vermindert (Bilanzverkürzung).

Aktiva	Bilanz	Passiva
Minderung einer Position ⊖		Minderung einer Position ⊖

Geschäftsvorfall ④

Die Skater e. K. begleicht eine offene Rechnung bei einem Lieferanten per Banküberweisung in Höhe von 5.300,00 EUR.

1. Welche Bilanzpositionen werden von diesem Geschäftsvorfall verändert?
   Bank und *Verbindlichkeiten a LuL*
2. Befinden sich diese Positionen auf der Aktiv- oder Passivseite der Bilanz?
   Aktivseite und *Passivseite*
3. Nehmen diese Positionen wertmäßig zu oder ab?
   Bank nimmt ab und *Verbindlichkeiten a LuL nehmen ab*
4. Um welchen Grundtyp der Bilanzveränderungen handelt es sich?
   Aktiv-Passiv-Minderung
5. Welche Auswirkung hat der Geschäftsvorfall auf die Bilanzsumme?
   Die Bilanzsumme vermindert sich (Bilanzverkürzung).

Bilanz nach dem 4. Geschäftsvorfall

Aktiva — Bilanz der Skater e. K. zum 31. 12. [Geschäftsjahr 00], in EUR — Passiva

Aktiva		Passiva	
A. Anlagevermögen		**A. Eigenkapital**	720.000,00
I. SACHANLAGEN		**B. Verbindlichkeiten**	
1. Grundstücke und Bauten	527.000,00	1. Verbindlichkeiten gegenüber Kreditinstituten	435.000,00
2. Maschinen	127.300,00	*2. Verbindlichkeiten aus Lieferungen und Leistungen*	*48.300,00*
3. Fuhrpark	171.200,00		
4. Betriebs- und Geschäftsausstattung	196.500,00		
B. Umlaufvermögen			
I. VORRÄTE			
1. Rohstoffe	45.500,00		
2. Hilfsstoffe	8.000,00		
3. Betriebsstoffe	3.500,00		
4. Unfertige Erzeugnisse	9.500,00		
5. Fertige Erzeugnisse	41.200,00		
II. FORDERUNGEN und sonstige VERMÖGENSGEGENSTÄNDE			
1. Forderungen aus Lieferungen und Leistungen	17.900,00		
III. KASSENBESTAND und GUTHABEN bei KREDITINSTITUTEN			
1. Kassenbestand	400,00		
2. Guthaben bei Banken	*55.300,00*		
	1.203.300,00		**1.203.300,00**

Geschäftsvorfälle verändern den Wert von Bilanzpositionen, jedoch nicht die Gleichheit der Aktiv- und Passivseite einer Bilanz. Das Eigenkapital bleibt bei diesen vier Möglichkeiten der Bilanzveränderung unverändert. Diese Art von Geschäftsvorfällen werden erfolgsneutrale (erfolgsunwirksame) Geschäftsvorfälle genannt. Verändert ein Geschäftsvorfall das Eigenkapital, wird von einem erfolgswirksamen Geschäftsvorfall gesprochen. Erhöht sich das Eigenkapital, handelt es sich um einen Gewinn, verringert sich das Eigenkapital, handelt es sich um einen Verlust[1].

[1] Die Privatentnahmen bleiben hier zunächst unberücksichtigt.

3.2 Von der Bilanz zu den Bestandskonten

Die Erstellung einer Bilanz nach jedem Geschäftsvorfall ist in der Praxis viel zu zeitaufwendig. Durch einen Geschäftsvorfall werden mindestens zwei Bilanzpositionen verändert, jedoch ist es nicht notwendig, alle Bilanzpositionen durch eine Inventur erneut zu prüfen und festzuhalten. Zur Erleichterung der Arbeit (keine erneute Aufstellung einer Bilanz) und zwecks der Übersichtlichkeit (bei umfangreichen Bilanzen ist die Veränderung durch einen Geschäftsvorfall nicht sofort ersichtlich) wird für **jede Bilanzposition** für das laufende Geschäftsjahr ein **eigenes Konto** geführt. Die Veränderung kann als Rechnung in Staffelform untereinander erfolgen oder nebeneinander, in der sogenannten *T-Kontoform* (Kontenkreuz).

Das T-Konto hat die Form eines „T" und besteht aus zwei Seiten. Dabei werden die Zugänge den Abgängen gegenübergestellt erfasst, sodass die eine Seite alle Mehrungen und die andere Seite alle Minderungen darstellt. Die linke Seite wird mit **Soll** und die rechte mit **Haben** bezeichnet. Der Vorteil eines T-Kontos ist die übersichtliche Darstellung von Geschäftsvorfällen während des Geschäftsjahres. Die Konten werden von den Bilanzpositionen abgeleitet und führen die ermittelten Werte aus der Inventur als sogenannte *Anfangsbestände*. Am Geschäftsjahresende werden die beiden Seiten aufaddiert und die Differenz, der **Saldo,** ermittelt.

In der Kasse befinden sich am 1. Januar 2.300,00 EUR (Anfangsbestand). Es folgen die Geschäftsvorfälle:

3. Januar: *Ein Kunde kauft gegen bar 2 Longboards für 300,00 EUR.*
5. Januar: *Ein Großkunde kauft gegen bar 10 Skaterhelme für 800,00 EUR.*
7. Januar: *Ein Kunde kauft gegen bar 1 Longboard für Kids für 100,00 EUR.*
8. Januar: *Entnahme der Wocheneinnahmen von 3.000,00 EUR*

Wird die Bilanzposition Kassenbestand[2] in Staffelform geführt spricht man von einem *Kassenbuch*. Das folgende Beispiel zeigt den Unterschied zur T-Kontoform.

[2] Die Bilanzposition *Kassenbestand* wird abgekürzt mit *Kasse*.

Darstellung der Rechnung in Staffelform:

	Anfangsbestand (AB)	2.300,00 EUR
+	Zugang am 3. Januar	300,00 EUR
+	Zugang am 5. Januar	800,00 EUR
+	Zugang am 7. Januar	100,00 EUR
./.	Entnahme am 8. Januar	3.000,00 EUR
=	Schlussbestand	500,00 EUR

Darstellung der Rechnung im T-Konto:

Soll		Kasse	Haben
Anfangsbestand	2.300,00	Entnahme 8. Januar	3.000,00
Zugang 3. Januar	300,00	Schlussbestand	500,00
Zugang 5. Januar	800,00		
Zugang 7. Januar	100,00		
	3.500,00		3.500,00

Soll-Buchung – Kontobezeichnung – Haben-Buchung – Saldo – Buchhalternase – Kontosumme

Die Konten, die sich aus der Bilanz bilden, werden Bestandskonten genannt. Sie lassen sich in zwei Gruppen aufteilen:

- **aktive Bestandskonten (Aktivkonten)**
  alle Bilanzpositionen auf der Aktivseite der Bilanz
- **passive Bestandskonten (Passivkonten)**
  alle Bilanzpositionen auf der Passivseite der Bilanz

Übertragung der Anfangsbestände am Geschäftsjahresanfang

Die ermittelten Inventurwerte sind die Anfangsbestände (AB) der Bestandskonten. Bei aktiven Bestandskonten werden die Anfangsbestände auf der linken Kontenseite, Sollseite (S), eingetragen. Bei passiven Bestandskonten werden die Anfangsbestände auf der rechten Kontenseite, Habenseite (H), eingetragen.

Systematik

Soll	Aktives Bestandskonto	Haben
Anfangsbestand (AB)		

Soll	Passives Bestandskonto	Haben
		Anfangsbestand (AB)

Bilanz nach dem 4. Geschäftsvorfall
► V • 3.1

Aus der Bilanz nach dem 4. Geschäftsvorfall ► ergeben sich nachstehende ausgewählte Bestandskonten:

S	Bank		H
AB	55.500,00		

S	Verbindlichkeiten a LuL		H
		AB	48.300,00

Buchung der Geschäftsvorfälle im laufenden Geschäftsjahr

Ein Geschäftsvorfall mehrt oder mindert den Anfangsbestand des Bestandskontos. Aktive Bestandskonten nehmen auf der Sollseite und passive Bestandskonten nehmen auf der Habenseite zu (Bestandsmehrung). Eine Bestandsminderung wird auf einem aktiven Bestandskonto auf der Habenseite und auf einem passiven Bestandskonto auf der Sollseite gebucht.

Systematik

Soll	Aktives Bestandskonto Haben
Anfangsbestand (AB)	⊖ Bestandsminderung
⊕ Bestandsmehrung	

Soll	Passives Bestandskonto Haben
⊖ Bestandsminderung	Anfangsbestand (AB)
	⊕ Bestandsmehrung

Die Begriffe *Soll* und *Haben* im externen Rechnungswesen

Jeder kennt die Begriffe *Soll* und *Haben* von den Kontoauszügen des privaten Girokontos. Die Auszüge werden aus der Sicht der Bank erstellt. Für diese stellen Einlagen (z. B. Vermögen auf einem Girokonto) Verbindlichkeiten gegenüber einem Kunden dar und somit werden Mehrungen auf der Habenseite gebucht. Aus Sicht der Bank handelt es sich um Fremdkapital. Dies wird auf der Passivseite der Bilanz einer Bank aufgeführt.
Für ein Unternehmen ist das Bankkonto ein Vermögensgegenstand und somit in der Buchführung des Unternehmens auf der Aktivseite der Bilanz zu führen. Eine Mehrung des Bankkontos wird im Unternehmen auf der Sollseite gebucht.

Geschäftsvorfall ①

„Wir“[1] begleichen eine bestehende Lieferantenrechnung von 4.500,00 EUR durch Banküberweisung.

Betroffene Konten	Guthaben bei Banken (Bank)	Verbindlichkeiten a LuL
Kontenart	Aktives Bestandskonto	Passives Bestandskonto
Mehrung oder Minderung	Minderung (./. 4.500,00 EUR)	Minderung (./. 4.500,00 EUR)
Buchung auf der	Habenseite	Sollseite
Grundtyp der Bilanzveränderung	Aktiv-Passiv-Minderung	

S	Bank		H
AB	55.500,00	① Verb. a LuL	4.500,00

S	Verbindlichkeiten a LuL		H
① Bank	4.500,00	AB	48.300,00

Es sind die Konten *Bank* und *Verbindlichkeiten a LuL* betroffen. Das Konto *Bank* nimmt um 4.500,00 EUR ab (Buchung auf der Habenseite). Vor den Betrag wird das Gegenkonto *Verb. a LuL* und die Nummer des Geschäftsvorfalls ① vermerkt. Das Konto *Verbindlichkeiten a LuL* nimmt um 4.500,00 EUR ab (Buchung auf der Sollseite). Auch hier wird das Gegenkonto *Bank* und die Nummer des Geschäftsvorfalls ① davor vermerkt.

[1] Die Finanzbuchhaltung betrachtet jeden Geschäftsvorfall aus Sicht des Unternehmens. Im Allgemeinen spricht man hier auch von „wir“ bzw. „uns“.

Prinzip der Doppik
▶ V • 4.1

Jeder Geschäftsvorfall berührt mindestens zwei Konten. Als Hilfestellung werden bei den Buchungen im T-Konto das sogenannte *Gegenkonto* und eine Nummerierung des Geschäftsvorfalls mit angegeben.

Geschäftsvorfall ②

Ein Kunde begleicht seine offene Rechnung über 1.000,00 EUR auf unser Bankkonto.

Betroffene Konten	**Bank**	**Forderungen a LuL**
Kontenart	Aktives Bestandskonto	Aktives Bestandskonto
Mehrung oder Minderung	Mehrung (+ 1.000,00 EUR)	Minderung (./. 1.000,00 EUR)
Buchung auf der	Sollseite	Habenseite
Grundtyp der Bilanzveränderung	Aktivtausch	

S	Bank		H
AB	55.500,00	① Verb. a LuL	4.500,00
② Ford. a LuL	1.000,00		

S	Forderungen a LuL		H
AB	17.000,00	② Bank	1.000,00

Es sind die Konten *Bank* und *Forderungen a LuL*[1] betroffen. Das Konto *Bank* nimmt um 1.000,00 EUR zu (Buchung auf der Sollseite). Vor den Betrag wird das Gegenkonto *Forderungen a LuL* und die Nummer des Geschäftsvorfalls ② vermerkt. Das Konto *Forderungen a LuL* nimmt um 1.000,00 EUR ab (Buchung auf der Habenseite). Vor den Betrag wird das Gegenkonto *Bank* und die Nummer des Geschäftsvorfalls ② vermerkt.

[1] Das Konto *Bank* wurde mit der Buchung des 1. Geschäftsvorfalls übernommen. Der Anfangsbestand für das Konto *Forderungen a LuL* stammt aus der Bilanz nach dem 4. Geschäftsvorfall
▶ V • 3.1

Abschluss der Bestandskonten mit der Ermittlung der Schlussbestände am Geschäftsjahresende

Am Geschäftsjahresende wird für jedes Bestandskonto der Schlussbestand (Saldo) ermittelt. Ausgehend vom Anfangsbestand werden die Mehrungen addiert und die Minderungen subtrahiert. Bei den aktiven Bestandskonten stehen die Schlussbestände auf der Habenseite, bei passiven Bestandskonten auf der Sollseite des Kontos.

[2] Auf eine vollständige Abbildung der T-Konten wird im Folgenden aus Gründen der Übersichtlichkeit verzichtet.

Systematik

Soll	Aktives Bestandskonto	Haben
Anfangsbestand (AB)		⊖ Bestandsminderung
⊕ Bestandsmehrung		Schlussbestand (SB)

Soll	Passives Bestandskonto	Haben
⊖ Bestandsminderung		Anfangsbestand (AB)
Schlussbestand (SB)		⊕ Bestandsmehrung

S	Bank[2]		H
AB	55.500,00	① Verb. a LuL	4.500,00
② Ford. a LuL	1.000,00	SB	52.000,00
	56.500,00		56.500,00

S	Verbindlichkeiten a LuL		H
① Bank	4.500,00	AB	48.300,00
SB	43.800,00		
	48.300,00		48.300,00

S	Forderungen a LuL		H
AB	17.000,00	② Bank	1.000,00
		SB	16.000,00
	17.000,00		17.000,00

Vorgehensweise beim Abschluss eines Kontos:
1. **Die wertmäßig stärkere Kontoseite wird addiert und somit die Kontosumme ermittelt.**
2. **Die Kontosumme wird auf die wertmäßig schwächere Kontenseite übertagen.**
3. **Der Saldo (Differenz) zwischen Kontosumme und wertmäßig schwächerer Kontenseite wird ermittelt.**
4. **Ein möglicher Leerraum wird durch eine Buchhalternase ertwertet.**

Aufstellen der Bilanz am Geschäftsjahresende

Mit den ermittelten Schlussbeständen der Bestandskonten wird am Geschäftsjahresende die Bilanz erstellt. Ausnahme: Ergab die Inventur Abweichungen, müssen die Bestandskonten vorab korrigiert werden. Die Gleichheit der Aktivseite und der Passivseite der Bilanz muss immer gewahrt werden.

Für die Skater e. K. ergibt sich nach den beiden Geschäftsvorfällen folgende Bilanz:

Aktiva	Bilanz der Skater e. K. zum 31. 12. [Geschäftsjahr 00], in EUR		Passiva
A. Anlagevermögen		**A. Eigenkapital**	720.000,00
I. SACHANLAGEN		**B. Verbindlichkeiten**	
1. Grundstücke und Bauten	527.000,00	1. Verbindlichkeiten gegenüber Kreditinstituten	435.000,00
2. Maschinen	127.800,00	*2. Verbindlichkeiten aus Lieferungen und Leistungen*	*43.800,00*
3. Fuhrpark	171.200,00		
4. Betriebs- und Geschäftsausstattung	196.500,00		
B. Umlaufvermögen			
I. VORRÄTE			
1. Rohstoffe	45.600,00		
2. Hilfsstoffe	8.000,00		
3. Betriebsstoffe	3.500,00		
4. Unfertige Erzeugnisse	9.600,00		
5. Fertige Erzeugnisse	41.200,00		
II. FORDERUNGEN und sonstige VERMÖGENSGEGENSTÄNDE			
1. Forderungen aus Lieferungen und Leistungen	*16.000,00*		
III. KASSENBESTAND und GUTHABEN bei KREDITINSTITUTEN			
1. Kassenbestand	400,00		
2. Guthaben bei Banken	*52.000,00*		
	1.198.800,00		**1.198.800,00**

Hinweis: Die letzte Bilanz aus Kapitel 3.1 dient als Ausgangsbilanz für das Kapitel 3.2 und somit auch zur Erstellung dieser Bilanz.

3.3 Buchungssatz

Geschäftsvorfälle können auf zwei Fragen reduziert werden:

1. Welche Konten sind durch diesen Geschäftsvorfall betroffen?
2. Auf welcher Kontenseite ist der entsprechende Betrag zu erfassen?

Diese reduzierten Angaben zu jedem Geschäftsvorfall lassen sich im sogenannten *Buchungssatz* zusammenfassen.

Für die Reihenfolge, in der ein Buchungssatz formuliert wird, gilt folgende Regel: Erst die Konten, die auf der Sollseite betroffen sind mit den zugehörigen Beträgen, dann das Wort „an"[1] und schließlich die auf der Habenseite betroffenen Konten mit den dazugehörenden Beträgen.

[1] Das Wort „an" hat lediglich einen Trennungscharakter und zeigt dem Leser an, dass jetzt die Konten, die auf der Habenseite betroffen sind, folgen.

Buchungssatz: Sollkonten an Habenkonten

Werden durch einen Geschäftsvorfall lediglich zwei Konten verändert, spricht man vom **einfachen** Buchungssatz. Betrifft ein Geschäftsvorfall mehrere Konten auf einer Kontenseite, handelt es sich um einen **zusammengesetzten** Buchungssatz.

Einfacher Buchungssatz

Singener Industriebank AG — auf eigenes Konto

Bareinzahlung

IBAN DE74 2648 3050 0045 5455 47 — EUR 830,00

Legitimation: ☒ Pers. bekannt ☐ Kundenkarte ☐ Personalausweis ☐ Reisepass ☐ Sonstiges

Mittelherkunft: Tageseinnahmen

Kontoinhaber(in): Skater e. K.

Beleg-Nr. 20..-06-1660

Konto Soll: Bank 830,00 — Konto Haben: Kasse 830,00

gebucht am: 20.06.20..

Bemerkungen: Bareinzahlung der Tageseinnahmen

19.06.20.. — Datum

Maximilian Dietrich — Unterschrift Einzahler(in)

Geschäftsvorfall ①

Wir zahlen die Tageseinnahmen aus der Kasse bar auf unser Bankkonto ein.

Überlegungen im Hintergrund:

- Der Geschäftsvorfall berührt die beiden Konten *Bank* und *Kasse*.
- *Bank* und *Kasse* sind zwei aktive Bestandskonten.
- *Bank* nimmt zu (Buchung auf der Sollseite).
- *Kasse* nimmt ab (Buchung auf der Habenseite).

Darstellung des Geschäftsvorfalls auf T-Konten:

S	Bank		H
① Kasse	830,00		

S	Kasse		H
		① Bank	830,00

Darstellung des Geschäftsvorfalls als Buchungssatz:

Geschäftsvorfall	Konten	Soll	Haben
① Wir zahlen aus unserer Kasse auf das Bankkonto ein.	Bank	830,00	
	an Kasse		830,00

Gelesen wird der Buchungssatz:

① Bank 830,00 EUR an Kasse 830,00 EUR

Nach der Prüfung jedes Belegs ist dieser mit einem **Kontierungsstempel**[1] zu versehen und die entsprechenden Felder sind auszufüllen. Beim Kontieren werden vorab Angaben wie die interne Belegnummer und Buchungsanweisungen vermerkt, um so die spätere Buchungsdurchführung in den Büchern oder am PC zu erleichtern.

[1] siehe grüner Stempel im obigen Beispiel auf dem Beleg zur Bareinzahlung

Zusammengesetzter Buchungssatz

Geschäftsvorfall ②

Herr Dietrich kauft bar bei einem Großhändler Holzbretter (Rohstoffe) für die Longboards über 1.000,00 EUR ein. An der Kasse stellt er fest, dass er nicht genügend Bargeld dabeihat. Er bezahlt 400,00 EUR bar und 600,00 EUR begleicht er mit seiner Bankkarte.

Überlegungen im Hintergrund:

- Der Geschäftsvorfall berührt die Konten *Rohstoffe, Kasse* und *Bank*.
- Alle Konten sind aktive Bestandskonten.
- *Rohstoffe* nimmt zu (Buchung auf der Sollseite).
- *Kasse* nimmt ab (Buchung auf der Habenseite).
- *Bank* nimmt ab (Buchung auf der Habenseite).

Darstellung des Geschäftsvorfalls auf T-Konten:

S	Rohstoffe		H
② Kasse/Bank	1.000,00		

S	Kasse		H
		② Rohstoffe	400,00

S	Bank		H
		② Rohstoffe	600,00

Darstellung des Geschäftsvorfalls im Buchungssatz:

Geschäftsvorfall	Konten	Soll	Haben
② Wir kaufen für 1.000,00 EUR Rohstoffe und begleichen davon 400,00 EUR bar und 600,00 EUR per Banküberweisung.	Rohstoffe an Kasse Bank	1.000,00	 400,00 600,00

Gelesen wird der zusammengesetzte Buchungssatz:

② Rohstoffe 1.000,00 EUR an Kasse 400,00 EUR und Bank 600,00 EUR

Bei jedem Buchungssatz müssen die Summen der Beträge, die im Soll gebucht werden, jenen im Haben entsprechen. Damit gilt immer:

Summe der Beträge der Sollseite in EUR ≙ Summe der Beträge der Habenseite in EUR

3.4 Vom Eröffnungsbilanzkonto zum Schlussbilanzkonto

Die doppelte Buchführung beruht auf dem Prinzip, dass keine Buchung ohne entsprechende Gegenbuchung erfolgen kann. Um dieses Prinzip einzuhalten, müssen die Anfangsbestände aus der Bilanz abgeleitet werden. Da aber die Bilanz nicht als Gegenkonto für die Eröffnungsbuchungen dienen kann (denn die Bilanz gehört im engeren Sinne nicht zur Buchführung), muss eine Hilfskonstruktion erstellt werden.

Das Eröffnungsbilanzkonto (EBK) steht zwischen einer Eröffnungsbilanz und den Bestandskonten und hat nur einen Hilfscharakter, damit die doppelte Buchführung durchgehend verläuft und die Anfangsbestände aus der Bilanz übernommen werden können.

Das Eröffnungsbilanzkonto ist, wie der Name schon sagt, ein Konto und die Kontenseiten werden mit Soll und Haben bezeichnet. Auf der Sollseite werden alle passiven Bilanzpositionen und auf der Habenseite die aktiven Bilanzpositionen ausgewiesen. Das Eröffnungsbilanzkonto ist somit das Spiegelbild der Eröffnungsbilanz.

Systematik

Aktiva	Eröffnungsbilanz	Passiva
Aktive Bestandskonten		Passive Bestandskonten

Soll	Eröffnungsbilanzkonto (EBK)	Haben
Passive Bestandskonten		Aktive Bestandskonten

Eröffnungsbilanz zum Beginn des Geschäftsjahres 01:

Bilanz der Skater e. K. zum 01. 01. [Geschäftsjahr 01], in EUR

Aktiva		Passiva	
A. Anlagevermögen		**A. Eigenkapital**	720.000,00
I. SACHANLAGEN		**B. Verbindlichkeiten**	
1. Grundstücke und Bauten	527.000,00	1. Verbindlichkeiten gegenüber Kreditinstituten	435.000,00
2. Maschinen	127.800,00		
3. Fuhrpark	171.200,00	2. Verbindlichkeiten aus Lieferungen und Leistungen	43.800,00
4. Betriebs- und Geschäftsausstattung	196.500,00		
B. Umlaufvermögen			
I. VORRÄTE			
1. Rohstoffe	45.600,00		
2. Hilfsstoffe	8.000,00		
3. Betriebsstoffe	3.500,00		
4. Unfertige Erzeugnisse	9.600,00		
5. Fertige Erzeugnisse	41.200,00		
II. FORDERUNGEN und sonstige VERMÖGENSGEGENSTÄNDE			
1. Forderungen aus Lieferungen und Leistungen	16.000,00		
III. KASSENBESTAND und GUTHABEN bei KREDITINSTITUTEN			
1. Kassenbestand	400,00		
2. Guthaben bei Banken	52.000,00		
	1.198.800,00		**1.198.800,00**

Aus der Eröffnungsbilanz leitet sich folgendes Eröffnungsbilanzkonto ab:

Soll		Eröffnungsbilanzkonto (EBK)	Haben
Eigenkapital	720.000,00	Grundstücke und Bauten	527.000,00
Verbindlichkeiten gegenüber Kreditinstituten	435.000,00	Maschinen	127.800,00
Verbindlichkeiten a LuL	43.800,00	Fuhrpark	171.200,00
		Betriebs- und Geschäftsausstattung	196.500,00
		Rohstoffe	45.600,00
		Hilfsstoffe	8.000,00
		Betriebsstoffe	3.500,00
		Unfertige Erzeugnisse	9.600,00
		Fertige Erzeugnisse	41.200,00
		Forderungen a LuL	16.000,00
		Kassenbestand	400,00
		Bank	52.000,00
	1.198.800,00		**1.198.800,00**

Nun werden die Anfangsbestände der Bestandskonten aus dem EBK „herausgebucht". Die allgemeinen Buchungssätze zur Buchung der Anfangsbestände lauten:

Aktives Bestandskonto	**an**	**Eröffnungsbilanzkonto**
Eröffnungsbilanzkonto	**an**	**Passives Bestandskonto**

Nach der Buchung der Anfangsbestände auf die Bestandskonten wird das Eröffnungsbilanzkonto nicht mehr benötigt.

Systematik

Soll	Eröffnungsbilanzkonto (EBK)	Haben
Passive Bestandskonten	Aktive Bestandskonten	

Soll	Aktives Bestandskonto	Haben
Eröffnungsbilanzkonto		

Soll	Passives Bestandskonto	Haben
	Eröffnungsbilanzkonto	

Exemplarisch werden aus dem Eröffnungsbilanzkonto folgende aktive und passive Bestandskonten abgebildet:

S	Forderungen a LuL	H
EBK	16.000,00	

S	Verbindlichkeiten a LuL		H
		EBK	43.800,00

S	Bank	H
EBK	52.000,00	

Geschäftsvorfall	Konten	Soll	Haben
Eröffnungsbuchungen	Forderungen aus Lieferungen und Leistungen an Eröffnungsbilanzkonto	16.000,00	 16.000,00
Eröffnungsbuchungen	Bank an Eröffnungsbilanzkonto	52.000,00	 52.000,00
Eröffnungsbuchungen	Eröffnungsbilanzkonto an Verbindlichkeiten aus Lieferungen und Leistungen	43.800,00	 43.800,00

Am Geschäftsjahresende werden sämtliche Bestandskonten über das Schlussbilanzkonto (SBK) abgeschlossen. Dazu wird in jedem Bestandskonto der Schlussbestand ermittelt und mit dem Gegenkonto (hier: Schlussbilanzkonto) versehen. Die Schlussbestände der aktiven Bestandskonten werden im Schlussbilanzkonto auf die Sollseite und die Schlussbestände der passiven Bestandskonten auf die Habenseite gebucht. Das Schlussbilanzkonto stellt nicht wie das Eröffnungsbilanzkonto ein Spiegelbild dar, sondern kann, wenn die ermittelten Schlussbestände mit den Werten aus der Inventur übereinstimmen, gleich als Schlussbilanz umgeschrieben werden. Die Schlussbilanz eines Geschäftsjahres stellt gleichzeitig die Eröffnungsbilanz des nächsten Geschäftsjahres dar, beide müssen identisch sein. Die allgemeinen Buchungssätze zum Abschluss der Bestandskonten lauten:

Schlussbilanzkonto	**an**	**Aktives Bestandskonto**
Passives Bestandskonto	**an**	**Schlussbilanzkonto**

Systematik

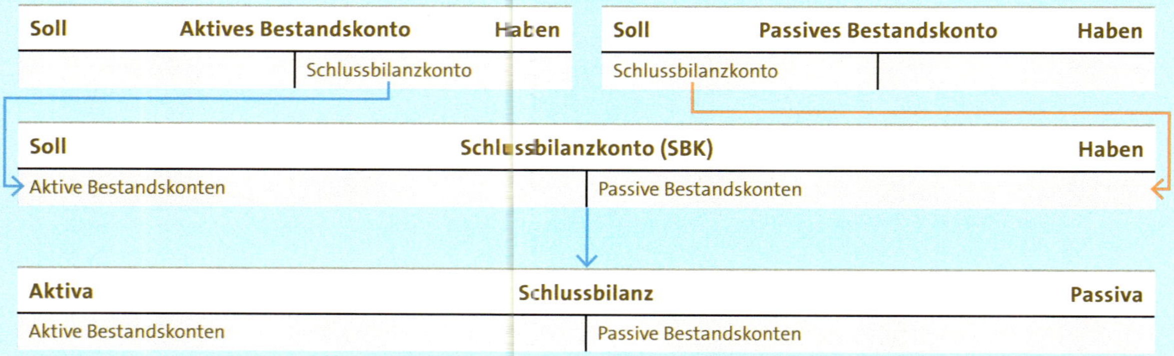

Während des Geschäftsjahres werden zwei Geschäftsvorfälle gebucht:

1. *Wir begleichen eine offene Lieferantenrechnung per Banküberweisung über 9.000,00 EUR.*
2. *Ein Kunde begleicht eine Rechnung per Banküberweisung in Höhe von 2.000,00 EUR.*

Die Bestandskonten dokumentieren die Geschäftsvorfälle. Sie werden am Ende des Geschäftsjahres über das Schlussbilanzkonto abgeschlossen, das gleichzeitig die Schlussbilanz bildet.

Geschäftsvorfall	Konten	Soll	Haben
① Wir begleichen eine Lieferantenrechnung per Banküberweisung über 9.000,00 EUR.	Verbindlichkeiten a LuL an Bank	9.000,00	 9.000,00
② Kunde begleicht eine Rechnung per Banküberweisung über 2.000,00 EUR.	Bank an Forderungen a LuL	2.000,00	 2.000,00

S — Forderungen a LuL — H

S			H
EBK	16.000,00	② Bank	2.000,00
		SBK	14.000,00
	16.000,00		16.000,00

S — Verbindlichkeiten a LuL — H

S			H
① Bank	9.000,00	EBK	43.800,00
SBK	34.800,00		
	43.800,00		43.800,00

S — Bank — H

S			H
EBK	52.000,00	① Verb. a LuL	9.000,00
② Ford. a LuL	2.000,00	SBK	45.000,00
	54.000,00		54.000,00

Soll — Schlussbilanzkonto (SBK) — Haben

Soll			Haben
Grundstücke und Bauten	527.000,00	Eigenkapital	720.000,00
Maschinen	127.800,00	Verbindlichkeiten gegenüber Kreditinstituten	435.000,00
Fuhrpark	171.200,00	Verbindlichkeiten a LuL	34.800,00
Betriebs- und Geschäftsausstattung	196.500,00		
Rohstoffe	45.600,00		
Hilfsstoffe	8.000,00		
Betriebsstoffe	3.500,00		
Unfertige Erzeugnisse	9.600,00		
Fertige Erzeugnisse	41.200,00		
Forderungen aus Lieferungen und Leistungen	14.000,00		
Kassenbestand	400,00		
Bank	45.000,00		
	1.189.800,00		**1.189.800,00**

Geschäftsvorfall	Konten	Soll	Haben
Abschlussbuchungen	Schlussbilanzkonto an Forderungen a LuL	14.000,00	 14.000,00
Abschlussbuchungen	Schlussbilanzkonto an Bank	45.000,00	 45.000,00
Abschlussbuchungen	Verbindlichkeiten a LuL an Schlussbilanzkonto	43.800,00	 43.800,00

Aktiva	Bilanz der Skater e. K. zum 31. 12. [Geschäftsjahr 01], in EUR		Passiva
A. Anlagevermögen		**A. Eigenkapital**	720.000,00
I. SACHANLAGEN		**B. Verbindlichkeiten**	
1. Grundstücke und Bauten	527.000,00	1. Verbindlichkeiten gegenüber Kreditinstituten	435.000,00
2. Maschinen	127.800,00	2. Verbindlichkeiten aus Lieferungen und Leistungen	34.800,00
3. Fuhrpark	172.200,00		
4. Betriebs- und Geschäftsausstattung	196.500,00		
B. Umlaufvermögen			
I. VORRÄTE			
1. Rohstoffe	45.600,00		
2. Hilfsstoffe	8.000,00		
3. Betriebsstoffe	3.500,00		
4. Unfertige Erzeugnisse	9.600,00		
5. Fertige Erzeugnisse	41.200,00		
II. FORDERUNGEN und sonstige VERMÖGENSGEGENSTÄNDE			
1. Forderungen aus Lieferungen und Leistungen	14.000,00		
III. KASSENBESTAND und GUTHABEN bei KREDITINSTITUTEN			
1. Kassenbestand	400,00		
2. Guthaben bei Banken	45.000,00		
	1.189.800,00		**1.189.800,00**

i

Das Konto *Bank* – ein besonderes Bestandskonto

Das aktive Bestandskonto *Bank* ist das einzige Aktivkonto, das entweder auf der Aktivseite oder der Passivseite der Bilanz erscheinen kann. Wie kann das passieren? Ganz einfach: Das Bankkonto hat einen Bestand von 1.500,00 EUR. Das Unternehmen begleicht eine fällige Lieferantenrechnung per Überweisung in Höhe von 1.800,00 EUR. Somit „überzieht" das Unternehmen kurzfristig das Bankkonto mit 300,00 EUR, mit anderen Worten, das Unternehmen hat gegenüber der Bank Verbindlichkeiten in Höhe von 300,00 EUR. Wird das Konto nun abgeschlossen, sieht das Bestandskonto wie folgt aus:

S	Bank		H
Eröffnungsbilanzkonto	1.500,00	Verb. a LuL	1.800,00
Schlussbilanzkonto	300,00		
	1.800,00		1.800,00

Damit wird das aktive Bestandskonto *Bank* auf die Habenseite des *Schlussbilanzkontos* abgeschlossen:

Soll	Schlussbilanzkonto (SBK)		Haben
		Bank	300,00

In der Schlussbilanz erscheint damit das Bankkonto auf der Passivseite der Bilanz.

3.5 Besonderheit der Bilanzveränderung – Privatentnahmen und -einlagen

Entnimmt ein Unternehmer für private Zwecke aus dem eigenen Unternehmen während des Geschäftsjahres Geld oder Sachwerte, verringert dies das Vermögen und gleichzeitig das Eigenkapital des Unternehmens. Die Privatentnahme gilt als Vorgriff auf den zu erwartenden Gewinn eines Geschäftsjahres. Als Privateinlage wird die Übertragung von Geld oder Sachwerten aus dem Privatvermögen in das Unternehmensvermögen durch den Unternehmer bezeichnet, sie erhöht damit das Eigenkapital.

Aus Gründen der besseren Übersicht werden Privatentnahmen und -einlagen nicht direkt auf das Eigenkapitalkonto (EK) gebucht, sondern auf das Konto ***Privat***[1]. Das Privatkonto ist ein Unterkonto des Eigenkapitals. Im Konto *Privat* werden auf der Sollseite die Entnahmen und auf der Habenseite die Einlagen der Unternehmensinhaber gebucht. Das Konto *Privat* wird am Ende des Geschäftsjahres über das Eigenkapitalkonto abgeschlossen. Die Privatentnahmen bzw. -einlagen verändern zwar das Eigenkapital, sie haben jedoch keine Auswirkung auf den Unternehmenserfolg.

[1] Das Konto *Privat* dürfen nur Einzelunternehmen und Personengesellschaften (OHG und KG) führen.

Grundtypen der Gesellschaftsformen
► IV • 4.2

Systematik

Soll	Privat	Haben
Privatentnahme		Privateinlage

Privatentnahme

Der Inhaber der Skater e. K., Maximilian Dietrich, entnimmt dem Geschäftskonto 6.500,00 EUR für den anstehenden Urlaub in Italien.

Geschäftsvorfall	Konten	Soll	Haben
① Privatentnahme vom Bankkonto von 6.500,00 EUR	Privat an Bank	6.500,00	 6.500,00

S	Bank		H
EBK	16.500,00	① Privat	6.500,00
		SBK	10.000,00
	16.500,00		16.500,00

S	Privat		H
① Bank	6.500,00	Eigenkapital	6.500,00
	6.500,00		6.500,00

Soll	Schlussbilanzkonto		Haben
Bank	10.000,00	Eigenkapital	30.500,00

S	Eigenkapital		H
Privat	6.500,00	EBK	37.000,00
SBK	30.500,00		
	37.000,00		37.000,00

Hinweis: Aus Gründen der Vereinfachung wurden die Werte für das Eröffnungsbilanzkonto angenommen.

Privateinlage

Für die Anschaffung einer neuen Produktionsanlage benötigt die Skater e. K. Kapital. Herr Dietrich überweist von seinem privaten Bankkonto auf das Geschäftskonto 20.000,00 EUR.

Geschäftsvorfall	Konten	Soll	Haben
② Privateinlage: Banküberweisung in Höhe von 20.000,00 EUR	Bank an Privat	20.000,00	 20.000,00

S	Bank		H
EBK	30.500,00	SBK	50.500,00
② Privat	20.000,00		
	50.500,00		50.500,00

S	Privat		H
Eigenkapital	20.000,00	② Bank	20.000,00
	20.000,00		20.000,00

Soll	Schlussbilanzkonto		Haben
Bank	50.500,00	Eigenkapital	80.500,00

S	Eigenkapital		H
SBK	80.500,00	EBK	60.500,00
		Privat	20.000,00
	80.500,00		80.500,00

Hinweis: Aus Gründen der Vereinfachung wurden die Werte für das Eröffnungsbilanzkonto angenommen.

zusätzliche Aufgaben zu Kapitel 3

► Webcode WGW_V_3_A-Zusatz

Aufgaben zu Kapitel 3

1. Erklären Sie anhand von geeigneten Beispielen die Begriffe *Aktivtausch, Passivtausch, Aktiv-Passiv-Mehrung* und *Aktiv-Passiv-Minderung*. Gehen Sie darüber hinaus auf die Begriffe der *Bilanzverlängerung* bzw. *-verkürzung* ein.
2. Erklären Sie, was unter Fremd- und Eigenbelegen zu verstehen ist. Nennen Sie je drei Beispiele.
3. Ihnen liegt folgender Kontoauszug vor:

Singener Industriebank AG

IBAN: DE74 2648 3050 0045 4545 47		Auszug 7	Konto 454545547
	Alter Kontostand vom 18.02.20..	EUR	85.300,00 +
Tag	**Text**	**zu Lasten**	**zu Gunsten**
22.02.	Überweisung Bankdarlehen, laut Darlehensvertrag Nr. 326741 vom 15.01.20..		100.000,00
23.02.	Skater & More OHG, KD-NR 24683 RECHN. NR 32486 vom. 01.02.20..		37.000,00
23.02.	Bareinzahlung, Belegnummer 951357		2.500,00
23.02.	A. Müller, Anhängerverkauf vom 20.02.20..		1.600,00
24.02.	Lieferant Büromöbel KC, Rg-Nr. 6543; Rg-Datum: 05.02.20..	3.000,00	
24.02.	Lieferanten-Nr. 42963, Rg-Nr. 963258; Rg-Datum: 14.02.20..	16.000,00	
25.02.	Tilgung Darlehen, Darlehensvertrag Nr.: 326201	20.000,00	
	Neuer Kontostand vom 25.02.20..		187.400,00 +

3.1 Welche Geschäftsvorfälle können aus dem Beleg entnommen werden.

3.2 Bilden Sie das Bestandskonto *Bank* ab und buchen Sie die Geschäftsvorfälle. Hinweis: Die Buchungen auf den Gegenkonten sind nicht notwendig.

3.3 Bilden Sie hierzu die entsprechenden Buchungssätze und bilden Sie den Abschlussbuchungssatz des Bestandskontos *Bank*.

4. Bilden Sie zu den nachstehenden Geschäftsvorfällen die Buchungssätze.

1. *Wir kaufen ein Grundstück und nehmen dazu ein Bankdarlehen über 200.000,00 EUR auf.*
2. *Wir begleichen eine offene Rechnung eines Lieferanten in Höhe von 1.750,00 EUR per Banküberweisung.*
3. *Eine Lieferantenschuld über 14.000,00 EUR wird in ein langfristiges Darlehen umgewandelt.*
4. *Beim Bankengang werden 1.650,00 EUR aus der Kasse auf das Bankkonto einbezahlt.*
5. *Die erste Tilgungsrate in Höhe von 3.000,00 EUR für das Bankdarlehen aus Geschäftsvorfall 1 wird fällig.*

5. Die Fahrrad-Profi Fietser e. K. weist folgende Bilanz aus.

Aktiva	**Bilanz Fahrrad-Profi Fietser e. K. zum 31. 12. [Geschäftsjahr 01], in EUR**		**Passiva**
A. Anlagevermögen		**A. Eigenkapital**	395.625,00
I. SACHANLAGEN		**B. Verbindlichkeiten**	
1. Grundstücke und Bauten	173.000,00	1 Verbindlichkeiten gegenüber Kreditinstituten	261.750,00
2. Technische Anlagen und Maschinen	240.000,00	2 Verbindlichkeiten aus Lieferungen und Leistungen	27.010,00
3. Fuhrpark	75.000,00		
4. Betriebs- und Geschäftsausstattung	53.000,00		
B. Umlaufvermögen			
I. VORRÄTE			
1. Roh-, Hilfs- und Betriebsstoffe	27.500,00		
2. Unfertige Erzeugnisse	1.500,00		
3. Fertige Erzeugnisse	82.000,00		
II. FORDERUNGEN und sonstige VERMÖGENSGEGENSTÄNDE			
1. Forderungen aus Lieferungen und Leistungen	8.009,00		
III. KASSENBESTAND und GUTHABEN bei KREDITINSTITUTEN			
1. Kassenbestand	756,00		
2. Guthaben bei Banken	23.620,00		
	684.385,00		**684.385,00**

5.1 Bilden Sie die Buchungssätze für die folgenden Geschäftsvorfälle und nennen Sie die jeweilige Art der Bilanzveränderung ►.

Vorlage für die Bearbeitung der Aufgabe 5
► Webcode WGW_V_3_A5

1. *Ein Kunde begleicht seine Rechnung über 5.250,00 EUR per Banküberweisung.*
2. *Eine Verbindlichkeit aus LuL über 10.800,00 EUR wird durch eine Kreditaufnahme in ein Bankdarlehen umgewandelt.*
3. *Das Unternehmen kauf Rohstoffe auf Rechnung in Höhe von 7.500,00 EUR.*
4. *Das Unternehmen begleicht eine offene Rechnung über 2.400,00 EUR per Banküberweisung.*

5.2 Buchen Sie die Geschäftsvorfälle auf die Bestandskonten und schließen Sie diese ab.

5.3 Stellen Sie die Schlussbilanz auf. Achten Sie dabei auf die geltenden Vorschriften.

5.4 Erläutern Sie die Aufgabe des Eröffnungs- und Schlussbilanzkontos.

6. [1]Aus der Finanzbuchhaltung der Spätzle KG liegen folgende Informationen vor.

[1] Die Umsatzsteuer bleibt in den Aufgaben 6 und 7 und in den Aufgaben des Webcodes für dieses Kapitel noch unberücksichtigt.

Anfangsbestände:

Technische Anlagen	212.500,00 EUR	Eigenkapital	595.000,00 EUR
Rohstoffe	573.000,00 EUR	Verbindlichkeiten ggü. Kreditinstituten	254.100,00 EUR
BGA	93.500,00 EUR	Verbindlichkeiten a LuL	350.900,00 EUR
Bank	185.250,00 EUR	Forderungen a LuL	97.800,00 EUR
Kasse	25.950,00 EUR		

Geschäftsvorfälle	***Betrag***
1. *Kauf einer neuen Büroausstattung auf Rechnung*	*47.600,00 EUR*
2. *Rohstoffeinkauf auf Rechnung*	*78.200,00 EUR*
3. *Ein Kunde begleicht eine Rechnung per Banküberweisung.*	*39.100,00 EUR*
4. *Banküberweisung zum Ausgleich einer Rechnung beim Lieferanten*	*34.500,00 EUR*
5. *Tilgung der Darlehensverbindlichkeit durch Banküberweisung*	*15.000,00 EUR*

Vorlage für die Bearbeitung der Aufgabe 6
► Webcode WGW_V_3_A6

6.1 Erstellen Sie das Eröffnungsbilanzkonto►.

6.2 Erstellen Sie die Bestandskonten und tragen Sie die Anfangsbestände vor.

6.3 Buchen Sie die Geschäftsvorfälle in die Konten und bilden Sie die Buchungssätze.

6.4 Ermitteln Sie die Schlussbestände und erstellen Sie das Schlussbilanzkonto.

7. Aus der Finanzbuchhaltung der GuterTon OHG liegen folgende Daten vor.

Anfangsbestände:

Technische Anlagen	54.000,00	Grundstücke und Bauten	220.000,00
Fuhrpark	25.000,00	Forderungen a LuL	13.000,00
BGA	8.000,00	Eigenkapital	?
Rohstoffe	15.000,00	Verb. ggü. Kreditinstituten	75.000,00
Kasse	3.000,00	Verbindlichkeiten a LuL	30.000,00
Bank	22.000,00		

Geschäftsvorfälle

1. *Ein Kunde begleicht eine frühere Rechnung durch Banküberweisung 8.300,00 EUR.*

2. *Sohn Anton kauft Schulbücher mit Geld aus der Geschäftskasse 160,00 EUR.*

3. *Ein Lieferant liefert Rohstoffe auf Rechnung 14.800,00 EUR.*

4. *Banküberweisung für fällige Teiltilgung eines Darlehens 15.000,00 EUR*

5. *Metallschrank für die Produktion bar gekauft 1.200,00 EUR*

6. *Eine Erbschaft von 14.000,00 EUR wird auf das Bankkonto überwiesen.*

7. *Ausgleich einer offenen Lieferantenrechnung per Banküberweisung 7.400,00 EUR*

8. *Kauf von Bettwäsche für den privaten Haushalt per Banküberweisung 240,00 EUR*

9. *Barverkauf eines Fahrzeuganhängers 900,00 EUR*

10. *Kauf einer Verpackungsmaschine auf Rechnung 5.400,00 EUR*

7.1 Erstellen Sie das Eröffnungsbilanzkonto ►.
7.2 Führen Sie die Bestandskonten und zusätzlich das Konto *Privat*.
7.3 Buchen Sie die Geschäftsvorfälle im Grund- und Hauptbuch.
7.4 Schließen Sie die Konten ab und erstellen Sie das Schlussbilanzkonto.

Vorlage für die Bearbeitung der Aufgabe 7
► Webcode WGW_V_3_A7

8. Richten Sie für die Fahrrad-Profi Fietser e. K. folgende Konten ein: *Grundstücke und Gebäude* (AB: 50.000,00 EUR), *BGA* (AB: 26.400,00 EUR), *Bank* (AB: 45.000,00 EUR), *Eigenkapital* (AB: 74.000,00 EUR), *Privat*.
Buchen Sie im Grund- und im Hauptbuch folgende Geschäftsvorfälle und schließen Sie die Konten ab.

1. *Herr Schulze überweist für seinen in Kürze anstehenden Kuba-Rad-Wanderurlaub 7.000,00 EUR vom Geschäftskonto.*
2. *Die angrenzende Lagerhalle im Wert von 24.000,00 EUR wird von Privatbesitz in Firmenbesitz umgewandelt.*
3. *Damit die Lagerhalle in eine Werkstatt umgebaut werden kann, muss Herr Schulze 35.000,00 EUR von seinem privaten Bankkonto einlegen.*
4. *Einen nicht mehr benötigten Aktenschrank übernimmt Herr Schulze für seinen Hobbyraum. Der Buchwert beträgt 180,00 EUR.*

Zusammenfassung:
3 Aufzeichnung von Geschäftsvorfällen auf Bestandskonten

Interaktive Übung „Single-Choice-Test“

Werteveränderungen von Bilanzpositionen

Aktivtausch | Passivtausch | Aktiv-Passiv-Mehrung | Aktiv-Passiv-Minderung

Bestandskonten

Aktiva	Bilanz	Passiva
A. Anlagevermögen B. Umlaufvermögen		A. Eigenkapital B. Verbindlichkeiten

↓ Positionen der Aktivseite ↓ Aktive Bestandskonten

↓ Positionen der Passivseite ↓ Passive Bestandskonten

- Auf den Bestandskonten werden erfolgsneutrale Geschäftsvorfälle gebucht.
- Die ermittelten Schlussbestände der Bestandskonten werden beim Jahresabschluss in die Bilanz verbucht.

Soll	Aktives Bestandskonto	Haben
Anfangsbestand (+) Bestandsmehrung		(−) Bestandsminderung = Schlussbestand

Soll	Passives Bestandskonto	Haben
(−) Bestandsminderung = Schlussbestand		Anfangsbestand (+) Bestandsmehrung

Buchungssatz

- Einfacher Buchungssatz: Nur zwei Konten werden durch einen Geschäftsvorfall betroffen.
- Zusammengesetzter Buchungssatz: Mehrere Konten werden gleichzeitig von einem Geschäftsvorfall betroffen.
- Summe der Beträge auf der Sollseite ≙ Summe der Beträge auf der Habenseite

Allgemeiner Aufbau:

Geschäftsvorfall	Konten	Soll	Haben
	Konto, das auf der Sollseite betroffen ist	Betrag	
	an Konto, das auf der Habenseite betroffen ist		Betrag

Vom Eröffnungsbilanzkonto zum Schlussbilanzkonto

Aktiva	Eröffnungsbilanz	Passiva
Aktive Bestandskonten		Passive Bestandskonten

Soll	Eröffnungsbilanzkonto (EBK)	Haben
Passive Bestandskonten		Aktive Bestandskonten

Soll	Aktives Bestandskonto	Haben
Eröffnungsbilanzkonto		Schlussbilanzkonto

Soll	Passives Bestandskonto	Haben
Schlussbilanzkonto		Eröffnungsbilanzkonto

Soll	Schlussbilanzkonto (SBK)	Haben
Aktive Bestandskonten		Passive Bestandskonten

Das Schlussbilanzkonto ist identisch mit der Schlussbilanz.
Die Schlussbilanz eines Geschäftsjahres ist die Eröffnungsbilanz des nächsten Geschäftsjahres. Beide müssen inhaltlich übereinstimmen.

Privatentnahmen und -einlagen

- Das Privatkonto ist ein Unterkonto des Eigenkapitalkontos.
- Privatentnahmen mindern, Privateinlagen erhöhen das Eigenkapital.

1. Fall: Entnahme > Einlage
(Wertminderung des Eigenkapitals)

Soll	Privat	Haben
Privatentnahmen		Privateinlagen
		Eigenkapital

Soll	Eigenkapital	Haben
Privat		EBK
SBK		

Buchungssatz: Eigenkapital
an Privat

2. Fall: Entnahme < Einlage
(Wertmehrung des Eigenkapitals)

Soll	Privat	Haben
Privatentnahmen		Privateinlagen
Eigenkapital		

Soll	Eigenkapital	Haben
SBK		Privat
		EBK

Buchungssatz: Privat
an Eigenkapital

4

Organisatorische Rahmenbedingungen der doppelten Buchführung

Jeder Kaufmann ist gemäß § 238 HGB verpflichtet, Bücher zu führen. Der Ausdruck „Bücher führen" stammt noch aus einer Zeit, in der tatsächlich gebundene Bücher dazu dienten, die unternehmerischen Tätigkeiten festzuhalten. In der heutigen Zeit werden die gebundenen Bücher in der Regel durch Software am Computer ersetzt. Die Kernaufgabe der Buchführung – jeden Geschäftsvorfall des Unternehmens zu erfassen – hat sich über die Jahrhunderte hinweg nicht verändert, wenn auch der Vorgang der Erfassung eines Geschäftsvorfalls sich „digitalisiert" hat.

4.1 System der doppelten Buchführung

Die sogenannte *doppelte* Buchführung hat ihren Ursprung im Italien des 15. Jahrhunderts. Damals wurden erstmals Geschäftsvorfälle systematisch und lückenlos nach bestimmten Ordnungskriterien und Regeln aufgezeichnet. Der Begriff *doppelt* leitet sich aus der Möglichkeit der zweifachen Erfolgsermittlung[1] ab. Sie kann in der Systematik

- durch Vergleich des Eigenkapitals zu Beginn und zum Ende eines Geschäftsjahres oder
- durch Gegenüberstellung von Aufwendungen und Erträgen ► erfolgen.

Im geschlossenen Kontensystem der doppelten Buchführung (in der Literatur auch Doppik[2] genannt) werden Geschäftsvorfälle ausschließlich auf Grundlage von Belegen in zwei Büchern, dem Grundbuch und dem Hauptbuch, erfasst. Diese doppelte Erfassung stellt eine zusätzliche Kontrollmöglichkeit für die korrekte Buchung des Geschäftsvorfalls dar. Heute verpflichtet § 238 HGB den Kaufmann zur Buchführung, gemeint ist dabei die doppelte Buchführung.

[1] Der Erfolg eines Unternehmens kann entweder ein Gewinn oder ein Verlust sein.

Aufwendungen und Erträge
► V • 5.1

[2] Doppik: *Kunstwort, das sich aus „**Dopp**elte Buch-führung **i**n **K**onten" zusammensetzt*

Das geschlossene Kontensystem im Buchführungskreislauf

Schlussbilanz ≙ Eröffnungsbilanz des Folgejahres

Buchungen zu Beginn des Geschäftsjahres
Eröffnungsbilanz → Bestandskonten über das Eröffnungsbilanzkonto eröffnen

Buchungen während des Geschäftsjahres
Geschäftsvorfälle buchen

Buchungen am Ende des Geschäftsjahres
Konten auf das Schlussbilanzkonto abschließen

Buchungen im Rahmen des Jahresabschlusses
Schlussbilanz erstellen

Buchführungs-kreislauf

4.2 Bücher der doppelten Buchführung

4.2.1 Grundbuch

Vorlage Grundbuch (Journal)
► Webcode WGW_V_4_2_1

Im **Grundbuch** (Journal) werden sämtliche Belege (= Geschäftsvorfälle) **chronologisch**[1] und zeitnah, also entsprechend ihres Eingangs im Unternehmen, erfasst. Dabei werden Belegdatum, Belegnummer, Buchungstext (eine kurze und aussagekräftige Beschreibung des Geschäftsvorfalls) sowie die betroffenen Konten in der Form eines Buchungssatzes mit Buchungsbetrag festgehalten. Das Grundbuch gilt als eigentliche Grundlage der Buchführung im Unternehmen, denn es ermöglicht,

- grundlegend jeden einzelnen Geschäftsvorfall nach Datum nachzuweisen und
- über die Belegnummer jede Buchung schnell bis zum Beleg zurückzuverfolgen.

[1] chronologisch: *geordnet nach der zeitlichen Reihenfolge*

Kontoauszug (= Beleg) der Skater e. K.:

Singener Industriebank AG

IBAN: DE74 2648 3050 0045 5455 47 — **Auszug 9, Seite 1** — **Konto** **454545547**

Tag	Text	zu Lasten	zu Gunsten
	Alter Kontostand vom 18.03.20..	EUR	317.847,12 +
20.03.	Skater & More OHG Rg-Nr. 32468 Kd-Nr. 24683		750,00
	Neuer Kontostand vom 21.03.20..		318.597,12 +

Beleg-Nr. 20..-03-256
Konto Soll: Bank 750,00 | Konto Haben: Ford. a LuL 750,00
gebucht am: 22.03.20..
Bemerkungen: Rechnungsausgleich der Skater & More OHG

Der Geschäftsvorfall des Kontoauszugs wird im Grundbuch wie folgt festgehalten:

Grundbuch	Monat März			Seite 3/5
Datum[1]	Geschäftsvorfall	Konten	Soll	Haben
20.03.	① Der Kunde Skater & More OHG begleicht am 20. März eine offene Rechnung per Banküberweisung.	Bank an Ford. a LuL	750,00	 750,00

[1] Zur Vereinfachung wird in diesem Buch in den Aufgaben für gewöhnlich auf die Datumsspalte verzichtet.

4.2.2 Hauptbuch▸

Vorlage Hauptbuch (T-Konten)

▶ Webcode WGW_V_4_2_2

Die Basis für das **Hauptbuch** ist das Grundbuch[2]. Aus dem Grundbuch werden die Buchungen in die Konten (T-Konten) des Hauptbuchs übertragen. Folglich werden die Buchungen unter sachlichen Gesichtspunkten neu geordnet. Die Buchungssätze im Grundbuch dienen als Anweisung zur Übertragung in das Hauptbuch. Durch die Ermittlung der Salden der Konten können jederzeit der Stand der Vermögens- und Schuldenwerte des Unternehmens, also eine Bilanz, sowie der Erfolg des Unternehmens abgeleitet werden.

[2] Daher wird das Grundbuch auch als *Primanota* bezeichnet: Im Grundbuch erfolgt die erstmalige Eintragung.

Darstellung des obigen Geschäftsvorfalls im Hauptbuch:

S	Bank	H
① Ford. a LuL 750,00		

S	Forderungen a LuL	H
		① Bank 750,00

4.2.3 Nebenbücher

Neben dem Grundbuch und Hauptbuch werden noch verschiedene weitere Bücher wie z. B. Debitorenbücher[3], Kreditorenbücher[4], Anlagenbücher oder Lohn- und Gehaltsbücher geführt. Die Nebenbücher dienen dazu, das Hauptbuch zu entlasten und Geschäftsvorfälle detaillierter zu erfassen. Diese Bücher sind für die Erstellung eines Jahresabschlusses nicht erforderlich.

[3] Debitor (lateinisch: debitor = Schuldner): *Ein Kunde schuldet dem Unternehmen etwas.*

[4] Kreditor (lateinisch: creditor = Gläubiger): *Das Unternehmen schuldet einem Lieferanten etwas.*

4.3 Kontenplan und Kontenrahmenplan

Kontenrahmen und Kontenplan

Tagtäglich werden in einem Unternehmen viele Geschäftsvorfälle gebucht. Um die Übersicht über die verwendeten Konten zu bewahren, wurde 1971 ein Organisations- und Gliederungsplan für eine Kontenstruktur vom Bundesverband der Deutschen Industrie (BDI) für die Industriebranche herausgegeben (Industrie-Kontenrahmen[5]). Um den speziellen Bedürfnissen anderer Branchen gerecht zu werden, entwickelten diese Wirtschaftszweige, wie z. B. Einzelhandel, Banken und Versicherungen, jeweils ihren eigenen Kontenrahmen. Durch den Kontenrahmen werden alle Konten systematisiert nach einem bestimmten Ordnungsgerüst gesammelt dargestellt. Für gewöhnlich werden die Konten mithilfe des dekadischen Prinzips[6] nummeriert. Dies ermöglicht eine exakte Bezeichnung des Kontos und im Rahmen der digitalen Buchführung eine sehr

[5] In diesem Buch gehen wir von einem Industriebetrieb aus.

[6] dekadisches Prinzip, auch Zehnersystem genannt: *numerische Gliederung*

einfache Verwendung. Die Kontenrahmen sind lediglich als eine Empfehlung zu verstehen und müssen den unternehmensspezifischen Bedürfnissen angepasst werden. Dieser angepasste Kontenrahmen, der alle Konten zusammenstellt, die in der Buchführung des Unternehmens Verwendung finden, wird *Kontenplan* genannt.

Vorteile dieser vorgegebenen Ordnungsstruktur:
- Die Unternehmen innerhalb einer Branche lassen sich leichter vergleichen **(Branchenvergleich).**
- Ein Unternehmen kann über Geschäftsperioden/Abrechnungsperioden[1] hinweg seine Entwicklung feststellen **(Zeitvergleich).**
- Die Buchung mit Nummern und der damit verbundene Wegfall der Kontenbezeichnungen ermöglicht ein **effizienteres Arbeiten** mit der EDV.

[1] Abrechnungsperiode: *betrachteter Zeitraum (in der Regel ein Jahr, ein Quartal oder ein Monat)*

Industrie-Kontenrahmen

Der in diesem Lehrbuch verwendete Kontenplan ►, in Anlehnung an den Industrie-Kontenrahmen, ist in 10 Kontenklassen (von 0 bis 9) aufgeteilt, die Klassen wiederum in 10 Kontengruppen, die Kontengruppen wiederum in 10 Kontenarten und die Kontenarten schließlich in 10 Kontenunterarten.

► Faltplan auf den Umschlagsklappen im Buch

► Webcode WGW_V_4_3

Kontenklasse	Inhalt der Kontenklasse	Kontenzuordnung	Bereich des Rechnungswesens
0	Immaterielle Vermögensgegenstände und Sachanlagen	Aktivkonten (Anlagevermögen)	
1	Finanzanlagen	Aktivkonten (Anlagevermögen)	
2	Umlaufvermögen und aktive Rechnungsabgrenzung	Aktivkonten (Umlaufvermögen)	
3	Eigenkapital, Wertberichtigungen und Rückstellungen	Passivkonten	
4	Verbindlichkeiten und passive Rechnungsabgrenzung	Passivkonten	Finanzbuchhaltung
5	Erträge	Ertragskonten (Erfolgskonten)	
6	Betriebliche Aufwendungen	Aufwandskonten (Erfolgskonten)	
7	Weitere Aufwendungen	Aufwandskonten (Erfolgskonten)	
8	Ergebnisrechnung	Abschlusskonten	
9	Kosten- und Leistungsrechnung		Kosten- und Leistungsrechnung

Aus dieser Gliederung ergeben sich für die einzelnen Konten die Kontennummern.

Gliederung des Kontenrahmens und Aufbau der Kontennummer

10 Kontenklassen	Umlaufvermögen	2	vorgegeben durch den Kontenrahmen
↓ enthält je			
10 Kontengruppen	z. B. Flüssige Mittel	28	
↓ enthält je			
10 Kontenarten	z. B. Guthaben bei Kreditinstituten	280	
↓ enthält je			
10 Kontenunterarten	z. B. Kontokorrentkonto Kreissparkasse	2801	spezifische Anpassung an das Unternehmen: **Kontenplan**
	z. B. Tagesgeldkonto Volksbank	2802	
	z. B. Kontokorrentkonto Deutsche Bank	2803	

Nicht jeder Kontenplan muss alle Kontenarten des Kontenrahmens enthalten und es können beliebige betriebsspezifische Kontenarten bzw. Kontenunterarten ergänzt werden.

Buchung mit Angabe der Kontonummern[1]

Geschäftsvorfall ①: Ein Kunde begleicht eine offene Rechnung über 750,00 EUR per Banküberweisung.

S 280 Bank	H
① 240 Ford. a LuL 750,00	

S 240 Forderungen a LuL	H
	① 280 Bank 750,00

	Konten			Soll	Haben
bisher			Bank	750,00	
	an		Forderungen a LuL		750,00
jetzt		280	Bank	750,00	
	an	240	Forderungen a LuL		750,00
verkürzt		280		750,00	
	an	240			750,00

[1] Aus Gründen der Vereinfachung werden in diesem Buch maximal vierstellige Kontonummern verwendet.

Aufgaben zu Kapitel 4

zusätzliche Aufgaben zu Kapitel 4
► Webcode WGW_V_4_A-Zusatz

1. Im Grundbuch der Baden-Ökostrom OHG sind folgende Buchungen vorgenommen.

071	an	44	05	an	280
221	an	44	44	an	280
282	an	280	280	an	282
280	an	05	280	an	42
240	an	084	280	an	240

1.1 Welche Geschäftsvorfälle liegen den Buchungen zugrunde?
1.2 Buchen Sie die Geschäftsvorfälle im Hauptbuch.
1.3 Worin unterscheiden sich Kontenrahmen und Kontenplan? Begründen Sie darüber hinaus die Notwendigkeit eines Kontenrahmens.
1.4 Erläutern Sie die Aufgabe von folgenden Büchern in einem Unternehmen: Grundbuch, Hauptbuch und Nebenbücher.

2. Ordnen Sie die folgenden Belege den Überbegriffen *Eigen-* und *Fremdbeleg* zu: Eingangsrechnung (ER) vom Lieferanten, Einlagerungsschein zur Belegung der Einlagerung von Werkstoffen, Lohnlisten, Bankbelege wie Kontoauszüge/Steuerbescheide, Bestellscheine von Kunden, Ausgangsrechnung (AR) an den Kunden, Kassenbeleg, Verträge wie Arbeitsverträge, Lieferscheine von Lieferanten, Gutschrift von Lieferanten zur Korrektur von Rechnungen, Materialentnahmescheine zur Belegung der Entnahme von Materialien aus Lagern, Beitragsnachweis der Sozialversicherung, Bewirtungsbeleg von Gaststätten, Spesenabrechnungen von Geschäftsreisen, Kassenbeleg vom Einzelhändler, Inventurbeleg

Zusammenfassung:
4 Organisatorische Rahmenbedingungen der doppelten Buchführung

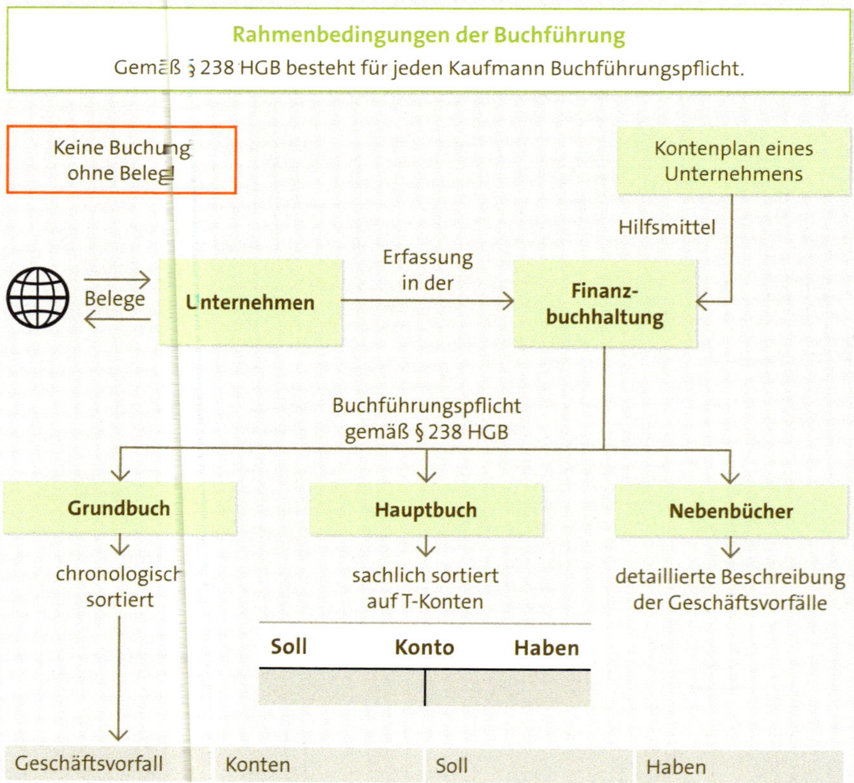

Veränderungen des Eigenkapitals

5

Nach dem ersten Geschäftsjahr möchte der Inhaber der Skater e. K. unbedingt wissen, ob sich die Arbeit auch gelohnt hat. Benötigt ein Unternehmen für die Ermittlung des Erfolgs wirklich eine Kristallkugel?

"How do the year end numbers look?"

5.1 Aufwendungen und Erträge

Verändern Geschäftsvorfälle das Eigenkapital eines Unternehmens, wird von **Erträgen** und **Aufwendungen** gesprochen. Stellt ein Unternehmen alle Erträge und Aufwendungen eines Geschäftsjahres gegenüber, ergibt sich rechnerisch der Erfolg. Sind die Erträge höher als die Aufwendungen, erwirtschaftete das Unternehmen einen Gewinn, folglich erhöht sich das Eigenkapital (Bestandsmehrung). Sind die Erträge geringer, entsteht ein Verlust (Jahresfehlbetrag), das Eigenkapital verringert sich (Bestandsminderung). Es bleibt festzuhalten:

Besonderheiten der Privateinlage und -entnahme
▶ V • 3.5

Erfolgswirksame Geschäftsvorfälle verändern das Konto *Eigenkapital.*
Erfolgsneutrale Geschäftsvorfälle berühren das Konto *Eigenkapital* nicht.

Werteveränderungen von Bilanzpositionen
▶ V • 3.1

Aufwendungen	Erträge
Nimmt der Wert des **Eigenkapitals** durch einen Geschäftsvorfall **ab,** handelt es sich um einen **Aufwand.**	**Nimmt** der Wert des **Eigenkapitals** durch einen Geschäftsvorfall **zu,** handelt es sich um einen **Ertrag.**
Die Skater e. K. begleicht eine Rechnung für eine Werbeanzeige in der Tagespresse per Banküberweisung.	Die Skater e. K. erhält auf ihrem Bankkonto Zinsen von der Bank gutgeschrieben.
Weitere Beispiele: • Aufwand für Rohstoffe • Aufwand für Handelswaren • Löhne • Abschreibungen auf Sachanlagevermögen • Steuern	**Weitere Beispiele:** • Umsatzerlöse für fertige Erzeugnisse • Umsatzerlöse für Handelswaren • Umsatzerlöse für Leistungen • Erträge aus Vermietung und Verpachtung • Erträge aus Beteiligungen

5.2 Buchen auf Erfolgskonten[1]

Würden in der Finanzbuchhaltung alle erfolgswirksamen Geschäftsvorfälle direkt im Konto *Eigenkapital* gebucht, würde man sicherlich schnell die Übersicht verlieren. Daher werden nun Unterkonten für das Konto *Eigenkapital* eingeführt, auf denen thematisch und getrennt nach Aufwand und Ertrag die Buchungen erfasst werden. Diese Konten werden zusammengefasst als Erfolgskonten bezeichnet und am Geschäftsjahresende wieder, über einen „kleinen Umweg“, auf das Konto *Eigenkapital* abgeschlossen. Beispielsweise werden alle Werbeausgaben auf dem Konto *687 Werbung* gebucht, während alle Zinserträge auf dem Konto *571 Zinserträge* erfasst werden. Im Gegensatz zu den Bestandskonten führen Erfolgskonten keinen Anfangsbestand. Zudem wird zur besseren Unterscheidung bei den Erfolgskonten von Aufwendungen und Erträgen gesprochen und nicht von Zugängen und Abgängen.

[1] Erfolgskonten werden in der Literatur häufig auch *Ergebniskonten* genannt.

Systematik

Erfolgskonten

Soll	Aufwandskonten	Haben
Aufwendungen		Stornierungen[2] und Erstattungen Saldo

Soll	Ertragskonten	Haben
Stornierungen und Erstattungen Saldo		Erträge

[2] Stornierung: *rückgängig machen,* häufig auch *Storno* oder *Stornobuchung* genannt

Auf Aufwandskonten buchen

Entstandene Aufwendungen werden im betroffenen Aufwandskonto auf der Sollseite gebucht. Unternehmen führen für jede erdenkliche Art von Aufwand ein separates Konto ►. Ziel ist es, möglichst genau nachzuvollziehen, für was Aufwendungen angefallen sind.

Aufwendungen
► Kontenklassen 6 und 7 im Kontenrahmen

① Die Skater e. K. überweist 200,00 EUR vom Bankkonto für eine Werbeanzeige an die Tagespresse.

Geschäftsvorfall	Konten	Soll	Haben
① Bezahlung einer Werbeanzeige über 200,00 EUR durch Banküberweisung	687 Werbung an 280 Bank	200,00	 200,00

S	687 Werbung		H
① 280 Bank	200,00		

S	280 Bank		H
		① 687 Werbung	200,00

Auf Ertragskonten buchen

Entstandene Erträge werden im entsprechenden Ertragskonto auf der Habenseite gebucht. Unternehmen führen für jede Art von Ertrag ein eigenes Konto▸.

Erträge
▸ Kontenklasse 5 im Kontenrahmen

② Die Bank schreibt der Skater e. K. für das 1. Quartal auf dem Bankkonto Zinsen über 1.500,00 EUR gut.

Geschäftsvorfall	Konten	Soll	Haben
② Gutschrift des Zinsertrags von 1.500,00 EUR auf dem Konto *Bank*	280 Bank	1.500,00	
	an 571 Zinserträge		1.500,00

S	280 Bank	H
② 571 Zinserträge 1.500,00		

S	571 Zinserträge	H
		② 280 Bank 1.500,00

5.3 Abschluss der Erfolgskonten auf das Gewinn- und Verlustkonto

Das ökonomische Ziel eines Unternehmens ist es, Gewinn zu erwirtschaften. Zur Ermittlung des Erfolgs werden am Geschäftsjahresende alle Aufwands- und Ertragskonten im *Gewinn- und Verlustkonto (GuV)* gegenübergestellt. Das GuV ist ein (Hilfs-)Konto zwischen den Erfolgskonten und dem Eigenkapitalkonto. Durch die Gegenüberstellung der Salden der einzelnen Erfolgskonten ermöglicht das GuV einen Gesamtüberblick über die Veränderungen des Eigenkapitals und die Ermittlung des Erfolgs (Gewinn oder Verlust) eines Geschäftsjahres.

Das GuV weist alle Aufwendungen auf der Sollseite und alle Erträge auf der Habenseite aus. Der Saldo aus dem GuV wird abschließend in das Konto *Eigenkapital* als Bestandsmehrung (Gewinnfall) oder Bestandsminderung (Verlustfall) gebucht.

Abschlussbuchungssätze für die Erfolgskonten		Beispiele		
		Konten	Soll	Haben
Aufwandskonten	GuV	802 GuV	200,00	
	an Aufwandskonto	an 687 Werbung		200,00
Ertragskonten	Ertragskonto	571 Zinserträge	1.500,00	
	an GuV	an 802 GuV		1.500,00

Abschluss der Erfolgskonten auf das Gewinn- und Verlustkonto und Abschluss des Gewinn- und Verlustkontos auf das Eigenkapitalkonto im *Gewinnfall*

Erträge > Aufwendungen → Gewinn

Systematik (Gewinnfall: Bestandsmehrung)

1. Abschluss der Erfolgskonten auf das Gewinn- und Verlustkonto (GuV)
2. Ermittlung des Erfolgs (Saldo)
3. Abschluss des GuV auf das Konto *Eigenkapital*

Soll	802 GuV	Haben
Aufwendungen		Erträge
300 Eigenkapital (Gewinn)		

Soll	300 Eigenkapital	Haben
801 SBK		800 EBK
		802 GuV

Abschlussbuchungssatz des GuV im Gewinnfall: 800 Gewinn- und Verlustkonto an 300 Eigenkapital

Der ermittelte Saldo aus dem GuV wird auf das Konto *Eigenkapital* gebucht. Dabei werden Gewinne im Konto *Eigenkapital* auf der Habenseite gebucht (Bestandsmehrung).

Die Werbeanzeige stellt für die Skater e. K. einen Aufwand dar und die Gutschrift von Zinsen einen Ertrag. Die Auswirkungen dieser erfolgswirksamen Geschäftsvorfälle lassen sich wie folgt darstellen:

S	687 Werbung		H
① 280 Bank	200,00	802 GuV	200,00
	200,00		200,00

S	571 Zinserträge		H
802 GuV	1.500,00	② 280 Bank	1.500,00
	1.500,00		1.500,00

Soll	802 GuV		Haben
687 Werbung	200,00	571 Zinserträge	1.500,00
③ 300 Eigenkapital *(Gewinn)*	1.300,00		
	1.500,00		1.500,00

S	300 Eigenkapital		H
801 SBK	821.300,00	800 EBK	820.000,00
		③ 802 GuV	1.300,00
	821.300,00		821.300,00

Geschäftsvorfall	Konten	Soll	Haben
③ Abschlussbuchung des GuV auf das Konto *Eigenkapital*	802 GuV	1.300,00	
	an 300 Eigenkapital		1.300,00

Abschluss der Erfolgskonten auf das Gewinn- und Verlustkonto und Abschluss des Gewinn- und Verlustkontos auf das Eigenkapitalkonto im *Verlustfall*

Erträge < Aufwendungen → Verlust

Systematik (Verlustfall: Bestandsminderung)

1. Abschluss der Erfolgskonten auf das Gewinn- und Verlustkonto (GuV)
2. Ermittlung des Erfolgs (Saldo)
3. Abschluss des GuV auf das Konto *Eigenkapital*

Soll 802 GuV	Haben
Aufwendungen	Erträge
	300 Eigenkapital (Verlust)

Soll 300 Eigenkapital	Haben
802 GuV	800 EBK
801 SBK	

Abschlussbuchungssatz im Verlustfall: 300 Eigenkapital
an 802 Gewinn- und Verlustkonto

Der ermittelte Saldo aus dem GuV wird auf das Konto *Eigenkapital* gebucht. Dabei werden Verluste als Bestandsminderung auf der Sollseite des Kontos *Eigenkapital* gebucht.

[1] *500 Umsatzerlöse für fertige Erzeugnisse* wird mit *500 Umsatzerlöse* bzw. *500 UE* abgekürzt.

Die Skater e. K. verbrauchte in einem Geschäftsjahr Rohstoffe zur Herstellung von Longboards über 80.000,00 EUR (① Aufwandskonto: *600 Aufwendungen für Rohstoffe*). Durch einen plötzlichen Preisverfall auf dem Markt für Longboards konnte jedoch lediglich ein Umsatzerlös von 50.000,00 EUR für die produzierten Longboards erzielt werden (② Ertragskonto: *500 Umsatzerlöse für fertige Erzeugnisse*[1]).

Soll 802 GuV		Haben	
① 600 Aufw. für Rohstoffe	80.000,00	② 500 Umsatzerlöse	50.000,00
		③ 300 Eigenkapital *(Verlust)*	30.000,00
	80.000,00		80.000,00

S 300 Eigenkapital		H	
③ 802 GuV	30.000,00	800 EBK	820.000,00
801 SBK	790.000,00		
	820.000,00		820.000,00

Geschäftsvorfall	Konten	Soll	Haben
③ Abschlussbuchung des GuV auf das Konto *Eigenkapital*	300 Eigenkapital	30.000,00	
	an 802 GuV		30.000,00

Ermittlung des Erfolgs und des neuen Eigenkapitals:
1. sämtliche Aufwands- und Ertragskonten über das GuV abschließen
2. Gewinn bzw. Verlust (Saldo) im GuV ermitteln
3. ermittelten Saldo in das Konto *Eigenkapital* buchen

i

Doppelte Ergebnisermittlung – Betriebsvermögensvergleich

Erfolgsermittlung

- nach Handelsrecht (HGB)
  - Gewinn- und Verlustrechnung
- nach Steuerrecht (EStG)
  - Betriebsvermögensvergleich

Die Gewinn- und Verlustrechnung ist neben der Bilanz ein Bestandteil des Jahresabschlusses. Jeder Kaufmann ist gemäß § 242 Abs. 2 HGB verpflichtet, einen Jahresabschluss aufzustellen. ▶

Inventur, Inventar und Bilanz
▶ V • 2.2

Die Erfolgsermittlung nach dem Steuerrecht (§ 5 EStG) erfolgt durch einen Betriebsvermögensvergleich[1]. Hier zeigt sich der Erfolg einer Periode durch Vergleich des Eigenkapitals zwischen zwei Bilanzstichtagen und wird nach folgendem Schema ermittelt:

	Eigenkapital am Ende eines Geschäftsjahres
./.	Eigenkapital am Ende des vorangegangenen Geschäftsjahres
+	(Privat-)Entnahmen
./.	(Privat-)Einlagen
=	**Gewinn/Verlust**

Der ermittelte Erfolg durch die Gewinn- und Verlustrechnung muss mit der Berechnung mittels des Betriebsvermögensvergleichs übereinstimmen.

[1] Der Begriff *Betriebsvermögen* ist gesetzlich nicht eindeutig definiert. An dieser Stelle wird zum besseren Verständnis das Eigenkapital herangezogen.

Beispiel zur Erfolgsermittlung in einem Geschäftsjahr[2]

Geschäftsvorfälle:

1. *Wir zahlen Löhne 7.000,00 EUR und Gehälter 6.000,00 EUR durch Banküberweisung.*
2. *Kauf von Rohstoffen über 24.000,00 EUR zum sofortigen Verbrauch (Aufwendungen für Rohstoffe) auf Rechnung*[3]
3. *Kauf von Büromaterial über 1.250,00 EUR durch Banküberweisung*
4. *Die Miete für unsere angemietete Lagerhalle über 750,00 EUR wird per Lastschriftverfahren beglichen.*
5. *Alle selbst hergestellten Erzeugnisse werden auf Rechnung für insgesamt 45.000,00 EUR verkauft (Umsatzerlöse für fertige Erzeugnisse).*

[2] Auf die Darstellung der Bestandskonten wird in diesem Beispiel bewusst verzichtet, da der Abschluss der Erfolgskonten im Zentrum der Betrachtung steht. Zusätzlich findet eine didaktische Reduzierung der Umsatzsteuer statt.

[3] Ein anderer Fachbegriff für *Kauf auf Rechnung* ist *Kauf auf Ziel*.

Grundbuch

Geschäftsvorfall	Konten	Soll	Haben
① Löhne 7.000,00 EUR und Gehälter 6.000,00 EUR durch Banküberweisung	62 Löhne	7.000,00	
	63 Gehälter	6.000,00	
	an 280 Bank		13.000,00
② Kauf von Rohstoffen zum sofortigen Verbrauch über 24.000,00 EUR auf Rechnung	600 Aufwendungen für Rohstoffe	24.000,00	
	an 44 Verb. a LuL		24.000,00
③ Kauf von Büromaterial über 1.250,00 EUR durch Banküberweisung	680 Büromaterial	1.250,00	
	an 280 Bank		1.250,00
④ Miete für eine Lagerhalle über 750,00 EUR durch Banküberweisung	670 Mieten, Pachten	750,00	
	an 280 Bank		750,00
⑤ Verkauf von Erzeugnissen auf Rechnung für 45.000,00 EUR	240 Forderungen a LuL	45.000,00	
	an 500 Umsatzerlöse		45.000,00

Anfangsbestand des Eigenkapitalkontos: 40.000,00 EUR

Hauptbuch

S	600 Aufw. für Rohstoffe		H
② 44 Verb. a LuL	24.000,00	802 GuV	24.000,00
	24.000,00		24.000,00

S	670 Mieten, Pachten		H
④ 280 Bank	750,00	802 GuV	750,00
	750,00		750,00

S	62 Löhne		H
① 280 Bank	7.000,00	802 GuV	7.000,00
	7.000,00		7.000,00

S	680 Büromaterial		H
③ 280 Bank	1.250,00	802 GuV	1.250,00
	1.250,00		1.250,00

S	63 Gehälter		H
① 280 Bank	6.000,00	802 GuV	6.000,00
	6.000,00		6.000,00

S	500 Umsatzerlöse		H
802 GuV	45.000,00	⑤ 240 Ford. a LuL	45.000,00
	45.000,00		45.000,00

Soll	802 GuV		Haben
600 Aufw. für Rohstoffe	24.000,00	500 Umsatzerlöse	45.000,00
62 Löhne	7.000,00		
63 Gehälter	6.000,00		
670 Mieten, Pachten	750,00		
680 Büromaterial	1.250,00		
300 Eigenkapital *(Gewinn)*	6.000,00		
	45.000,00		45.000,00

S	300 Eigenkapital		H
801 SBK	46.000,00	800 EBK	40.000,00
		802 GuV	6.000,00
	46.000,00		46.000,00

Ergebnis: Das Unternehmen erwirtschaftete einen Gewinn von 6.000,00 EUR.

zusätzliche Aufgaben zu Kapitel 5

▶ Webcode WGW_V_5_A-Zusatz

Aufgaben zu Kapitel 5

1. Richten Sie für die Fahrrad-Profi Fietser e. K. diese Erfolgskonten ein: Zinsaufwendungen, Mieten und Pachten, Provisionserträge, Löhne, Umsatzerlöse. Buchen Sie folgende Geschäftsvorfälle im Grund- und Hauptbuch, ohne die Gegenkonten zu führen, und ermitteln Sie den Erfolg im GuV.

   1. *Die Zinsen von 600,00 EUR für ein Darlehen werden per Banküberweisung beglichen.*
   2. *Die Miete für die Lagerhalle über 1.300,00 EUR wird vom Bankkonto überwiesen.*
   3. *Wir erhalten eine Provision von 5.400,00 EUR durch Banküberweisung.*
   4. *Die Löhne von 12.500,00 EUR werden per Banküberweisung bezahlt.*
   5. *Ein Kunde kauft 15 Fahrräder zu insgesamt 28.000,00 EUR auf Ziel.*

2. Sortieren Sie die folgenden Arbeitsschritte chronologisch.
   - Anfangsbestände auf die Bestandskonten buchen
   - Ermittlung des Gewinns. bzw. Verlust im GuV
   - Eröffnungsbilanzkonto erstellen
   - Erfolgskonten auf das GuV abschließen
   - Geschäftsvorfälle auf die Konten buchen
   - GuV auf das Eigenkapitalkonto abschließen
   - Bestandskonten auf das Schlussbilanzkonto abschließen

Vorlage für die Bearbeitung der Aufgabe 3

▶ Webcode WGW_V_5_A3

3. Von der Hot-Wood-Smoker OHG liegt folgende Bilanz vor:

Bilanz der Hot-Wood-Smoker OHG zum 31. Dezember [Geschäftsjahr 00], in EUR

Aktiva		**Passiva**	
A. Anlagevermögen		**A. Eigenkapital**	**111.000,00**
I. SACHANLAGEN		**B. Verbindlichkeiten**	
1. Grundstücke und Bauten	72.000,00	1. Verbindlichkeiten gegenüber Kreditinstituten	128.000,00
2. Technische Anlagen und Maschinen	64.200,00	2. Verbindlichkeiten aus Lieferungen und Leistungen	56.000,00
B. Umlaufvermögen			
I. VORRÄTE			
1. Rohstoffe	48.000,00		
2. Unfertige Erzeugnisse			
3. Fertige Erzeugnisse	14.600,00		
II. FORDERUNGEN und sonstige VERMÖGENSGEGENSTÄNDE			
1. Forderungen aus Lieferungen und Leistungen	32.000,00		
III. KASSENBESTAND, GUTHABEN bei KREDITINSTITUTEN			
1. Kasse	6.200,00		
2. Guthaben bei Banken	58.000,00		
	295.000,00		295.000,00

Folgende Geschäftsvorfälle sind angefallen:

1. *Einkauf von Rohstoffen zum sofortigen Verbrauch mit einem Wert von 42.000,00 EUR auf Ziel (Hinweis: Konto* Aufwendungen für Rohstoffe*)*
2. *Löhne werden am Monatsende in Höhe von 30.000,00 EUR per Banküberweisung bezahlt.*
3. *Ein Kunde kauft Ware im Wert von 88.000,00 EUR auf Rechnung.*
4. *Die Monatsmiete von 7.200,00 EUR für unsere angemieteten Büroräume wird durch Dauerauftrag beglichen.*
5. *Ein Kunde begleicht eine offene Rechnung von 16.000,00 EUR per Banküberweisung.*
6. *Die Bank schreibt 2.400,00 EUR Zinsen für eine Sparanlage gut.*

3.1 Erstellen Sie das Grund- und Hauptbuch und buchen Sie parallel die Geschäftsvorfälle.
3.2 Schließen Sie die Erfolgskonten auf das GuV ab, bilden Sie die Abschlussbuchungen und ermitteln Sie den Erfolg.
3.3 Schließen Sie die Bestandskonten ab und erstellen Sie das Schlussbilanzkonto.
3.4 Begründen Sie, warum Aufwendungen und Erträge nicht direkt auf das Konto *Eigenkapital* gebucht werden.
3.5 Ermitteln Sie den Erfolg durch den Betriebsvermögensvergleich.

4. Für die Schutzbekleidung Mayr GmbH liegen folgende Inventurergebnisse vor:

Bilanzpositionen	**Werte in EUR**
Grundstücke und Bauten	205.200,00
Bankguthaben	20.000,00
Technische Anlagen und Maschinen	51.700,00
Betriebs- und Geschäftsausstattung	13.600,00
Verbindlichkeiten ggü. Kreditinstituten	110.000,00
Eigenkapital	?
Forderungen aus Lieferungen und Leistungen	12.300,00
Fuhrpark	24.200,00
Rohstoffe	10.000,00
Kasse	3.000,00
Verbindlichkeiten aus Lieferungen und Leistungen	18.000,00

1. *Ein Kunde begleicht eine offene Rechnung über 7.800,00 EUR mit einer Überweisung auf unser Bankkonto.*
2. *Bank-Abbuchung für Haftpflichtversicherung des Unternehmens in Höhe von 830,00 EUR*
3. *Kauf von Rohstoffen zum sofortigen Verbrauch (Hinweis: Konto* Aufwendungen für Rohstoffe*) auf Ziel für 6.400,00 EUR*
4. *Kauf von Büromaterial über 70,00 EUR wird bar bezahlt.*
5. *Bank-Abbuchung für Strom von 850,00 EUR*
6. *Monatliche Tilgungszahlung durch Banküberweisung von 5.000,00 EUR*

7. *Rechnungseingang über den Einbau einer Zentralheizungsanlage. Durch diese Baumaßnahme erhöht sich der Wert des Gebäudes um 16.000,00 EUR.*
8. *Begleichung einer offenen Rechnung bei einem Lieferanten durch Banküberweisung von 7.600,00 EUR*
9. *Verkauf von fertigen Erzeugnissen (Hinweis: Konto* Umsatzerlöse*) an einen Kunden auf Rechnung über 9.250,00 EUR*
10. *Kauf einer Maschine in Höhe von 1.100,00 EUR per Banküberweisung*
11. *Kauf eines Aktenschranks auf Ziel über 1.600,00 EUR*
12. *Überweisung von Nettolöhnen an Mitarbeiter über 3.100,00 EUR*

Vorlage für die Bearbeitung der Aufgabe 4
▶ Webcode WGW_V_5_A4

4.1 Erstellen Sie aufgrund der Inventurergebnisse ein Eröffnungsbilanzkonto▸.

4.2 Eröffnen Sie die Bestandskonten im Hauptbuch, tragen Sie die Anfangsbestände ein.

4.3 Die folgenden Ergebniskonten sind im Hauptbuch zu führen: Umsatzerlöse, Aufwendungen für Rohstoffe, Aufwendungen für Energie und Treibstoffe, Löhne, Büromaterial, Versicherungsbeiträge

4.4 Buchen Sie die Geschäftsvorfälle für den Monat April 20.. parallel im Grund- und im Hauptbuch.

4.5 Schließen Sie die Erfolgskonten und die Bestandskonten ab und erstellen Sie das Schlussbilanzkonto.

Interaktive Übung „Single-Choice-Test“

Zusammenfassung: 5 Veränderungen des Eigenkapitals

Erfolgskonten (Ergebniskonten)

Aufwendungen mindern das Eigenkapital.

Soll	Aufwandskonten	Haben
Aufwendungen		Saldo

Erträge mehren das Eigenkapital.

Soll	Ertragskonten	Haben
Saldo		Erträge

Soll	802 GuV	Haben
→ Aufwendungen		Erträge ←

1. Fall: Gewinnfall
Erträge > Aufwendungen → Gewinn
(Mehrung des Eigenkapitals)

Soll	802 GuV	Haben
Aufwendungen 300 EK (Gewinn)		Erträge

Soll	300 Eigenkapital	Haben
801 SBK		800 EBK 802 GuV ←

2. Fall: Verlustfall
Erträge < Aufwendungen → Verlust
(Minderung des Eigenkapitals)

Soll	802 GuV	Haben
Aufwendungen		Erträge 300 EK (Verlust)

Soll	300 Eigenkapital	Haben
→ 802 GuV 801 SBK		800 EBK

Buchungen von Umsatzprozessen

6

Die Skater e. K. möchte zur Erweiterung und Abrundung ihres Sortiments Helme und Protektoren in ihre Produktpalette aufnehmen. Wie muss Maximilian Dietrich den Einkauf des Skaterzubehörs im Rechnungswesen erfassen? Was muss Herr Dietrich beim Verkauf des Zubehörs oder seiner hergestellten Longboards beachten?

6.1 Differenzierung von Werkstoffen und Handelswaren

Ein Industriebetrieb kauft Werkstoffe ein und die Mitarbeiter ver- oder bearbeiten sie weiter. Dadurch entstehen neue Produkte (fertige Erzeugnisse). Das Unternehmen veräußert die fertigen Erzeugnisse möglichst zu einem höheren Verkaufspreis als die Summe der Einkaufspreise aller eingesetzten Werkstoffe sowie weiterer Produktionsmittel (z. B. Arbeitszeit).
Um die Produktpalette eines Unternehmens zu erweitern, kann ein Industriebetrieb zusätzlich (Handels-)Waren einkaufen und sie unverändert mit einem Kalkulationszuschlag[1] weiterverkaufen.

[1] Kalkulationszuschlag: *die prozentuale Angabe der Differenz aus Verkaufs- und Einstandspreis, bezogen auf den Einstandspreis*

	Werkstoffe (noch nicht in die Fertigung eingegangene Güter)			**Fertige Erzeugnisse**	**Handelswaren**
	Rohstoffe	Hilfsstoffe	Betriebsstoffe		
Beschreibung	Güter, die den wesentlichen Bestandteil eines fertigen Erzeugnisses ausmachen	Güter, die als Nebenbestandteil in die fertigen Erzeugnisse eingehen	Güter, die für die Produktion benötigt werden, aber nicht in das fertige Erzeugnis eingehen	Güter, die durch den Verbrauch von Werkstoffen gefertigt werden	Güter, die von anderen Unternehmen bezogen und unverändert weiterverkauft werden
Bestandskonto	200 Rohstoffe	202 Hilfsstoffe	203 Betriebsstoffe	220 Fertige Erzeugnisse	221 Handelswaren
dazugehöriges Aufwandskonto	600 Aufwendungen für Rohstoffe	602 Aufwendungen für Hilfsstoffe	603 Aufwendungen für Betriebsstoffe	52 Bestandsveränderungen	608 Aufwendungen für Handelswaren
Beispiele	Bambus für ein Longboard	Lacke oder Schrauben	Schmier- und Kühlflüssigkeiten für die Maschine	Longboard	Skaterhelme, Protektoren

Methoden zur Ermittlung des Verbrauchs

Es gibt zwei Methoden, um den tatsächlichen Verbrauch von Werkstoffen bzw. Handelswaren aufbauend auf die Inventur in einer Abrechnungsperiode zu ermitteln.

1. **Direkte Verbrauchsermittlung – inventurunabhängige Methode**
(Skontrationsmethode, Fortschreibungsmethode)
Jede Bewegung im Lager, Zu- sowie Abgang, wird in der Finanzbuchhaltung unmittelbar festgehalten. Ein Zugang wird durch das Buchen der Eingangsrechnung und der Verbrauch durch das Buchen eines Materialentnahmescheins erfasst. Der Materialentnahmeschein dient als Beleg für die Buchung auf ein Aufwandskonto, sodass darin der Verbrauch (= Aufwand) durch Ermittlung des Saldos sofort erkennbar wird.

Systematik

Soll	Bestandskonto Werkstoffe / Haben
800 EBK Zugänge	① Abgang ② Abgang ③ Abgang 801 SBK

Soll	Aufwandskonto Werkstoffe / Haben
① Verbrauch ② Verbrauch ③ Verbrauch	Saldo (Werkstoffaufwand)

(① Abgang → ① Verbrauch; ② Abgang → ② Verbrauch; ③ Abgang → ③ Verbrauch)

Vorteil	Nachteil
immer aktuelle Informationen über den Verbrauch der Werkstoffe durch Ermittlung des Saldos im Aufwandskonto	aufwendiges Verfahren, da jede Bewegung im Lager, insbesondere die Abgänge durch Materialentnahmescheine, erfasst werden müssen.

2. **Indirekte Verbrauchsermittlung – inventurabhängige Methode** (Inventurmethode)
Es wird während der Abrechnungsperiode ausschließlich der Lagerzugang durch Buchung der Eingangsrechnungen erfasst. Mittels der Inventur wird dann der Istbestand im Lager ermittelt (= Schlussbestand). Die Differenz zwischen den erfassten Zugängen (inkl. Anfangsbestand) und dem Inventurergebnis ergibt den Saldo, also den Verbrauch (= Aufwand) in der Abrechnungsperiode.

	Anfangsbestand laut Inventur
+	Zugänge
./.	Schlussbestand laut Inventur
=	Saldo (Verbrauch bzw. Aufwand)

Systematik

Soll	Bestandskonto Werkstoffe / Haben
800 EBK Zugänge	Abgang = Saldo 801 SBK

Soll	Aufwandskonto Werkstoffe / Haben
Verbrauch	Saldo (Werkstoffaufwand)

(Abgang = Saldo → Verbrauch)

Vorteil	Nachteil
keine laufenden Buchungen der Materialentnahmescheine erforderlich, geringer Buchungsaufwand	Die Feststellung von außerordentlichem Verbrauch ist nicht sofort erkennbar (z. B. Schwund oder Diebstahl). Der Verbrauch kann erst mit der Inventur berechnet werden, eine dauernde Kontrolle ist nicht möglich.

6.2 Bestandsorientierte Buchung beim Einkauf und Absatz von Handelswaren

Der Einkauf von Handelswaren wird auf dem Bestandskonto *221 Handelswaren*[1] gebucht. Das bedeutet zunächst nichts anderes, als dass das Unternehmen Handelswaren zu einem Einstandspreis einkauft und sie einlagert. Entnimmt das Unternehmen für den Verkauf die Handelsware, verringert sich der Bestand im Lager. Diese Minderung des Lagerbestands stellt für das Unternehmen einen Aufwand dar (entnommene Menge bewertet zum Einstandspreis) und wird daher auf dem Konto *608 Aufwendungen für Handelswaren* gebucht.

Werden die aus dem Lager entnommenen Handelswaren an einen Kunden verkauft[2], stehen die Umsatzerlöse (verkaufte Menge bewertet zum Verkaufspreis) den entstandenen Aufwendungen gegenüber. Der Verkaufsprozess wird durch die Buchung auf das Ertragskonto *501 Umsatzerlöse für Handelswaren*[3] abgebildet.

Aufwendungen für Handelswaren → bewertet zum Einstandspreis
Umsatzerlöse für Handelswaren → bewertet zum Verkaufspreis

Das bedeutet, die mengenmäßig gleiche Handelsware wird zu unterschiedlichen Preisen bewertet. Der Verkaufspreis liegt in der Regel über dem Einstandspreis. Die Differenz aus den Umsatzerlösen für den Verkauf und dem Wareneinsatz[4] wird als Rohgewinn bezeichnet.

Rohgewinn = Umsatzerlöse ./. Wareneinsatz

Bei der Buchung der Handelsware ist stets darauf zu achten, dass der Einkaufs- und Verkaufsprozess buchhalterisch getrennt voneinander gebucht werden. Der Grund ist einfach nachzuvollziehen:

Beide Erfolgskonten *(608 Aufwendungen für Handelswaren* und *501 Umsatzerlöse für Handelswaren)* werden am Geschäftsjahresende über das GuV abgeschlossen. Der Erfolg eines Unternehmens wird im GuV durch Gegenüberstellung von Aufwendungen und Erträgen ausgewiesen.

[1] *221 Handelswaren* wird mit *221 HW* abgekürzt.

[2] Ein anderes Wort für Verkauf ist in der Fachsprache auch *Absatz*.

[3] *501 Umsatzerlöse für Handelswaren* wird mit *501 Umsatzerlöse f HW* bzw. *501 UE f HW* abgekürzt.

[4] Wareneinsatz = Einstandspreis · Menge

Die Skater e. K. kauft 15 Skaterhelme für insgesamt 750,00 EUR per Banküberweisung ein und verkauft sie zwei Wochen später an einen Kunden für insgesamt 1.000,00 EUR auf Rechnung. Vor und nach dem Geschäft befinden sich keine Skaterhelme oder andere Handelswaren im Lager.

Geschäftsvorfall	Konten	Soll	Haben
① Einkauf von Handelswaren (HW) per Banküberweisung	221 Handelswaren an 280 Bank	750,00	 750,00
② Entnahme der Handelswaren aus dem Lager (Buchung als Aufwendungen)	608 Aufwendungen für Handelswaren an 221 Handelswaren	750,00	 750,00

Geschäftsvorfall	Konten	Soll	Haben
③ Verkauf der Handelswaren auf Ziel	240 Forderungen a LuL	1.000,00	
	an 501 Umsatzerlöse für Handelswaren		1.000,00
④ Abschluss Aufwandskonto auf GuV	802 GuV	750,00	
	an 608 Aufwendungen für Handelswaren		750,00
⑤ Abschluss Ertragskonto auf GuV	501 Umsatzerlöse für Handelswaren	1.000,00	
	an 802 GuV		1.000,00
⑥ Abschluss GuV auf das Konto *Eigenkapital*	802 GuV	250,00	
	an 300 Eigenkapital		250,00

S — 221 Handelswaren — H

S			H
① 280 Bank	750,00	② 608 Aufw. f. HW	750,00
	750,00		750,00

S — 280 Bank — H

S			H
		① 221 HW	750,00

S — 608 Aufwendungen f HW — H

S			H
② 221 HW	750,00	④ 802 GuV	750,00
	750,00		750,00

S — 501 Umsatzerlöse f HW — H

S			H
⑤ 802 GuV	1.000,00	③ 240 Ford. a LuL	1.000,00
	1.000,00		1.000,00

S — 240 Ford. a LuL — H

S			H
③ 501 UE f HW	1.000,00		

Soll — 802 GuV — Haben

Soll			Haben
④ 608 Aufw. f HW	750,00	⑤ 501 UE f HW	1.000,00
⑥ 300 EK (Gewinn)	250,00		
	1.000,00		1.000,00

Ergebnis: Durch den Verkauf von Handelswaren erzielt das Unternehmen einen Rohgewinn von 250,00 EUR.
Hinweis: Auf die vollständige Abbildung der Konten *Bank* und *Forderungen a LuL* wird verzichtet.

6.3 Buchung des Fertigungs- und Absatzprozesses von Erzeugnissen (direkte Verbrauchsermittlung)

Ermittlung des Verbrauchs
► V • 6.1

Werden Werkstoffe eingekauft, müssen sie, bewertet zum Einstandspreis, zunächst eingelagert und somit auf das entsprechende Bestandskonto gebucht werden. Erst beim Verbrauch►, also der Entnahme aus dem Lager mittels Materialentnahmeschein, wird der entstandene Aufwand auf das entsprechende Aufwandskonto, z. B. *600 Aufwendungen für Rohstoffe*[1], gebucht. Moderne Unternehmen verkleinern den Lagerplatz und bestellen Werkstoffe so, dass sie sofort bei Anlieferung verbraucht und nicht erst eingelagert werden (Just-in-time-Produktion).►

[1] *600 Aufwendungen für Rohstoffe* wird mit *600 Aufw. f RS* abgekürzt.

Exkurs: Aufwandsorientierte Buchung
► Webcode WGW_V_6_3

Durch die Verarbeitung der Werkstoffe entstehen neue fertige Erzeugnisse. Diese verkauft das Unternehmen zum Verkaufspreis. Der Verkauf wird auf das Ertragskonto *500 Umsatzerlöse für fertige Erzeugnisse* gebucht.

Die Skater e. K. kauft Rohstoffe zur Herstellung von Longboards in Höhe von 10.000,00 EUR per Banküberweisung ein. Die 150 Longboards werden zu einem Stückpreis von 140,00 EUR an einen Kunden auf Rechnung verkauft. Vor und nach der Produktion waren keine weiteren fertigen Erzeugnisse im Lager.

Geschäftsvorfall	Konten	Soll	Haben
① Einkauf von Rohstoffen per Banküberweisung	200 Rohstoffe	10.000,00	
	an 280 Bank		10.000,00
② Entnahme der Rohstoffe aus dem Lager (Buchung als Aufwendungen)	600 Aufwendungen für Rohstoffe	10.000,00	
	an 200 Rohstoffe		10.000,00
③ Verkauf der fertigen Erzeugnisse auf Ziel	240 Forderungen a LuL	21.000,00	
	an 500 Umsatzerlöse		21.000,00
④ Abschluss Aufwandskonto auf GuV	802 GuV	10.000,00	
	an 600 Aufwendungen für Rohstoffe		10.000,00
⑤ Abschluss Ertragskonto auf GuV	500 Umsatzerlöse	21.000,00	
	an 802 GuV		21.000,00
⑥ Abschluss GuV auf das Konto *Eigenkapital*	802 GuV	11.000,00	
	an 300 Eigenkapital		11.000,00

S — 200 Rohstoffe — H

① 280 Bank	10.000,00	② 600 Aufw. f RS	10.000,00
	10.000,00		10.000,00

S — 600 Aufwendungen für Rohstoffe — H

② 200 Rohstoffe	10.000,00	④ 802 GuV	10.000,00
	10.000,00		10.000,00

S — 280 Bank — H

		① 200 Rohstoffe	10.000,00

S — 500 Umsatzerlöse — H

⑤ 802 GuV	21.000,00	③ 240 Ford. a LuL	21.000,00
	21.000,00		21.000,00

S — 240 Ford. a LuL — H

③ 500 UE	21.000,00		

Soll — 802 GuV — Haben

④ 600 Aufw. f RS	10.000,00	⑤ 500 UE	21.000,00
⑥ 300 EK (Gewinn)	11.000,00		
	21.000,00		21.000,00

Ergebnis: Durch die Herstellung von fertigen Erzeugnissen aus Rohstoffen und dem anschließenden Verkauf erzielt das Unternehmen einen Gewinn von 11.000,00 EUR.

Hinweise:

- Für die vereinfachte Darstellung werden die gesamten Aufwendungen, die zur Herstellung eines Longboards anfallen, als Rohstoffe gebucht.
- Zur Vereinfachung werden alle Einkäufe per Banküberweisung und alle Verkäufe auf Rechnung getätigt.
- Auf die vollständige Abbildung der Konten *Bank* und *Forderungen a LuL* wird verzichtet.

6.4 Buchung von Bestandsveränderungen

6.4.1 Keine Lagerbestände von fertigen Erzeugnissen am Bilanzstichtag

Bislang wurde angenommen, dass die in einer Abrechnungsperiode produzierten Erzeugnisse restlos auch in dieser verkauft (= abgesetzt) wurden. Zum Bilanzstichtag am Ende der Abrechnungsperiode lag somit kein Lagerbestand an fertigen Erzeugnissen vor.

hergestellte Menge = abgesetzte Menge[1]

keine Bestandsveränderung; kein Lagerbestand von fertigen Erzeugnissen

Die Skater e. K. produziert jährlich 10 000 Longboards. Es fallen für die Herstellung eines Longboards insgesamt 80,00 EUR Rohstoffaufwand an. Die hergestellte Menge wird im gleichen Geschäftsjahr komplett auf Ziel verkauft. Der Verkaufspreis eines Longboards beträgt 140,00 EUR.

Situation Geschäftsjahr 01	
Aufwand für 10 000 hergestellte Longboards	Umsatzerlöse für 10 000 verkaufte Longboards

Geschäftsvorfall	Konten	Soll	Haben
① Entnahme der Rohstoffe aus dem Lager (Materialentnahmescheine)	600 Aufwendungen für Rohstoffe	800.000,00	
	an 200 Rohstoffe		800.000,00
② Verkauf von fertigen Erzeugnissen auf Ziel	240 Forderungen a LuL	1.400.000,00	
	an 500 Umsatzerlöse		1.400.000,00
③ Abschluss Aufwandskonto auf GuV	802 GuV	800.000,00	
	an 600 Aufwendungen für Rohstoffe		800.000,00
④ Abschluss Ertragskonto auf GuV	500 Umsatzerlöse	1.400.000,00	
	an 802 GuV		1.400.000,00
⑤ Abschlussbuchung GuV	802 GuV	600.000,00	
	an 300 Eigenkapital		600.000,00

S	600 Aufwendungen für Rohstoffe		H
① 200 Rohstoffe	800.000,00	③ 802 GuV	800.000,00
	800.000,00		800.000,00

S	500 Umsatzerlöse		H
④ 802 GuV	1.400.000,00	② 240 Ford. a LuL	1.400.000,00
	1.400.000,00		1.400.000,00

Soll	802 GuV		Haben
③ 600 Aufwendungen für Rohstoffe	800.000,00	④ 500 Umsatzerlöse	1.400.000,00
⑤ 300 EK (Gewinn)	600.000,00		
	1.400.000,00		1.400.000,00

[1] Dieser Fall ist in der Praxis eher unwahrscheinlich.

Hinweise:
- Für die vereinfachte Darstellung werden die gesamten Aufwendungen, die zur Herstellung eines Longboards anfallen, als Rohstoffe gebucht.
- Die Verkäufe erfolgen auf Rechnung und werden hier gesammelt als eine Summe vereinfacht dargestellt.
- Das GuV wird nur auszugsweise abgebildet. Auf die Abbildung der Konten *Rohstoffe, Forderungen a LuL, Verbindlichkeiten a LuL* und *Eigenkapital* wird verzichtet.

6.4.2 Bestandsmehrung von fertigen Erzeugnissen am Bilanzstichtag

In der Realität kommt es jedoch viel häufiger vor, dass zum Bilanzstichtag mehr produziert als verkauft wurde und dadurch Lagerbestände (Lageraufbau) an fertigen Erzeugnissen entstehen. Das bedeutet, den entstandenen Aufwendungen für die Herstellung von fertigen Erzeugnissen können aktuell noch nicht im gleichen Umfang Erträge durch den Verkauf gegenübergestellt werden. Um eine Verzerrung der Ergebnissituation zu vermeiden, muss der erzeugte Mehrbestand (Menge der fertigen Erzeugnisse, die noch nicht verkauft wurde und somit eingelagert ist) an fertigen bzw. unfertigen[1] Erzeugnissen als „fiktiver" Ertrag, bewertet zu den Herstellungskosten, auf das Ertragskonto *52 Bestandsveränderungen*[2] gebucht werden.

Mit der Inventur am Bilanzstichtag wird die genaue Menge an Erzeugnissen ermittelt, die noch nicht verkauft wurde. Im nächsten Schritt muss diese Menge bewertet werden. Hierzu werden die sogenannten *Herstellungskosten*[3] herangezogen. Zu den Herstellungskosten zählen, grob gesagt, sämtliche Werte, die zur Herstellung des Erzeugnisses angefallen sind.

Warum wird zu den Herstellungskosten bewertet? Der Grund ist denkbar einfach: Das Unternehmen hat durch die Einlagerung der fertigen Erzeugnisse noch keine tatsächlichen Umsatzerlöse erzielt. Jedoch haben die Erzeugnisse zumindest den Wert, den die verwendeten Werkstoffe und die weiteren Produktionsfaktoren hatten. Somit können die erstellten Erzeugnisse auf der Habenseite des GuV als Ertrag ausgewiesen werden. Vereinfacht gesagt, „verkauft" das Unternehmen die Erzeugnisse an das eigene Lager zu den Herstellungskosten.

[1] unfertige Erzeugnisse: *Erzeugnisse, die zum Bilanzstichtag nur zu Teilen fertiggestellt und noch nicht für den Verkauf bereit sind*

[2] *52 Bestandsveränderungen* wird mit *52 BV* abgekürzt.

[3] Herstellungskosten: *Kosten, die mit der Herstellung eines Erzeugnisses verbunden sind (= Produktionskosten)*
Berechnung der Herstellungskosten
▶ Jahrgangstufe 1

hergestellte Menge > abgesetzte Menge

positive Bestandsveränderung; Lageraufbau

Die Skater e. K. stellt im Geschäftsjahr 02 wieder 10 000 Longboards her. In diesem Geschäftsjahr können jedoch nur 6 000 Longboards auf Ziel verkauft werden. Die restlichen hergestellten Longboards werden eingelagert. Laut Inventur am Geschäftsjahresende liegen 4 000 Longboards auf Lager. Es fallen Herstellungskosten in Höhe von 80,00 EUR für jedes Longboard an. Der Verkaufspreis eines Longboards beträgt 140,00 EUR.

<table>
<tr><th colspan="2">Situation Geschäftsjahr 02</th></tr>
<tr><td rowspan="2">Aufwand für 10 000 hergestellte Longboards</td><td>Umsatzerlöse für 6 000 verkaufte Longboards</td></tr>
<tr><td>Bestandsmehrung von 4 000 Longboards</td></tr>
</table>

Geschäftsvorfall	Konten	Soll	Haben
① Entnahme der Rohstoffe aus dem Lager (Materialentnahmescheine)	600 Aufwendungen für Rohstoffe an 200 Rohstoffe	800.000,00	 800.000,00
② Verkauf von fertigen Erzeugnissen auf Ziel	240 Forderungen a LuL an 500 Umsatzerlöse	840.000,00	 840.000,00
③ Erfassung der Bestandsmehrung gemäß der Inventur	220 Fertige Erzeugnisse an 52 Bestandsveränderungen	320.000,00	 320.000,00
④ Abschluss Aufwandskonto auf GuV	802 GuV an 600 Aufwendungen für Rohstoffe	800.000,00	 800.000,00
⑤ Abschluss Ertragskonto auf GuV	500 Umsatzerlöse an 802 GuV	840.000,00	 840.000,00
⑥ Abschluss Bestandsveränderung auf GuV	52 Bestandsveränderungen an 802 GuV	320.000,00	 320.000,00
⑦ Abschlussbuchung GuV	802 GuV an 300 Eigenkapital	360.000,00	 360.000,00
⑧ Abschlussbuchung Bestandskonto	801 SBK an 220 Fertige Erzeugnisse	320.000,00	 320.000,00

S — 220 Fertige Erzeugnisse — H

S		H	
800 EBK	0,00	⑧ 801 SBK	320.000,00
③ 52 BV	320.000,00		
	320.000,00		320.000,00

S — 52 Bestandsveränderungen — H

S		H	
⑥ 802 GuV	320.000,00	③ 220 Fert. Erzeugnisse	320.000,00
	320.000,00		320.000,00

S — 600 Aufw. für Rohstoffe — H

S		H	
① 200 Rohstoffe	800.000,00	④ 802 GuV	800.000,00
	800.000,00		800.000,00

S — 500 Umsatzerlöse — H

S		H	
⑤ 802 GuV	840.000,00	② 240 Ford. a LuL	840.000,00
	840.000,00		840.000,00

Soll — 802 GuV — Haben

Soll		Haben	
④ 600 Aufw. f RS	800.000,00	⑤ 500 Umsatzerlöse	840.000,00
⑦ 300 EK *(Gewinn)*	360.000,00	⑥ 52 Bestandsveränderungen	320.000,00
	1.160.000,00		1.160.000,00

Soll — 801 SBK — Haben

Soll		Haben	
⑧ 220 Fertige Erzeugnisse	320.000,00		

Hinweise:

- Auf dem Konto *220 Fertige Erzeugnisse* besteht aus dem vorherigen Geschäftsjahr kein Lagerbestand (Anfangsbestand = 0, daher auf dem Konto zur Information hellgrau dargestellt). Am Ende des Jahres wurden 4000 Longboards mit Herstellungskosten von 80,00 EUR pro Stück eingelagert (320.000,00 EUR).

- Für die vereinfachte Darstellung werden die gesamten Aufwendungen, die zur Herstellung eines Longboards anfallen, als Rohstoffe gebucht.
- Die Verkäufe erfolgen auf Rechnung und werden hier gesammelt als eine Summe vereinfacht dargestellt.
- Das GuV wird nur auszugsweise abgebildet und auf die Abbildung der Konten *Rohstoffe, Forderungen a LuL* und *Eigenkapital* wird verzichtet.
- Da in diesem Fall eine Bestandsmehrung vorliegt, wird das Konto *52 Bestandsveränderungen* auf der Habenseite des GuV gebucht.
- Den Aufwendungen für die hergestellte Menge von 10 000 Stück stehen im GuV Umsatzerlöse für fertige Erzeugnisse für 6 000 Stück und eine Bestandsveränderung von 4 000 Stück gegenüber.

Aufgrund des Absatzrückgangs auf 6 000 Stück Longboards erwirtschaftet das Unternehmen im 2. Geschäftsjahr einen geringeren Gewinn als im Vorjahr. Durch die Buchung der Bestandsmehrung fällt dieser jedoch nicht so niedrig aus, da zumindest die Herstellungskosten der nicht abgesetzten fertigen Erzeugnisse den Aufwendungen gegenübergestellt werden können.

Das Konto *Bestandsveränderungen* bei Bestandsmehrung

Systematik

Soll	52 Bestandsveränderungen Haben
Bestandsminderung	Bestandsmehrung
802 GuV	

Abschlussbuchungssatz bei Bestandsmehrung: 52 Bestandsveränderungen
an 802 Gewinn- und Verlustkonto

Die Veränderungen der Bestände von fertigen Erzeugnissen werden auf das Konto *52 Bestandsveränderungen* gebucht. Der ermittelte Saldo wird am Geschäftsjahresende auf das GuV gebucht. Bei einer Bestandsmehrung (Lageraufbau) muss der Saldo des Kontos *52 Bestandsveränderungen* auf die Habenseite (Ertragsseite) im GuV gebucht werden. Neben fertigen Erzeugnissen werden auch die unfertigen Erzeugnisse bei einer Bestandsmehrung auf das Konto *52 Bestandsveränderungen* gebucht. Die Buchungssystematik entspricht der der fertigen Erzeugnisse.

6.4.3 Bestandsminderung von fertigen Erzeugnissen am Bilanzstichtag

Verkauft ein Unternehmen in einem Geschäftsjahr mehr fertige Erzeugnisse, als es im gleichen Zeitraum herstellt, werden Lagerbestände aus vorhergehenden Geschäftsjahren abgebaut. Das bedeutet, dass den erzielten Umsatzerlösen nicht die tatsächlich entstandenen Aufwendungen aus dem Geschäftsjahr gegenüberstehen. Um diese Verzerrung der Ergebnissituation zu vermeiden, muss den erzielten Umsatzerlösen neben dem entstandenen Aufwand aus dem Geschäftsjahr auch die Bestandsminderung des Lagers gegenübergestellt werden. Die Bestandsminderung wird ebenfalls auf dem Konto *52 Bestandsveränderungen* gebucht. Die entnommene Menge aus dem Lager (Bestandsminderung) wird als Aufwand zu den Herstellungskosten bewertet.

hergestellte Menge < abgesetzte Menge

negative Bestandsveränderung; Lagerabbau

Die Skater e.K. stellt im Geschäftsjahr 03 wieder 10 000 Longboards her. Der Verkauf von Longboards steigt auf 13 000 Longboards auf Ziel in diesem Geschäftsjahr. Die zusätzlich benötigten 3 000 Longboards werden dem Lager entnommen. Laut Inventur am Geschäftsjahresende liegen noch 1 000 Longboards mit einem Gesamtwert von 320.000,00 EUR (EBK) auf Lager. Es fallen Herstellungskosten von 80,00 EUR für ein Longboard an. Der Verkaufspreis eines Longboards beträgt 140,00 EUR.

Situation Geschäftsjahr 03	
Aufwand für 10 000 hergestellte Longboards	Umsatzerlöse für 13 000 verkaufte Longboards
Bestandsminderung von 3 000 Longboards	

Geschäftsvorfall	Konten	Soll	Haben
① Entnahme der Rohstoffe aus dem Lager (Materialentnahmescheine)	600 Aufwendungen für Rohstoffe an 200 Rohstoffe	800.000,00	 800.000,00
② Verkauf von fertigen Erzeugnissen auf Ziel	240 Forderungen a LuL an 500 Umsatzerlöse	1.820.000,00	 1.820.000,00
③ Erfassung der Bestandsminderung gemäß Inventur	52 Bestandsveränderungen an 220 Fertige Erzeugnisse	240.000,00	 240.000,00
④ Abschluss Aufwandskonto auf GuV	802 GuV an 600 Aufwendungen für Rohstoffe	800.000,00	 800.000,00
⑤ Abschluss Ertragskonto auf GuV	500 Umsatzerlöse an 802 GuV	1.820.000,00	 1.820.000,00
⑥ Abschluss Bestandsveränderung auf GuV	802 GuV an 52 Bestandsveränderungen	240.000,00	 240.000,00
⑦ Abschlussbuchung GuV	802 GuV an 300 Eigenkapital	780.000,00	 780.000,00
⑧ Abschlussbuchung Bestandskonto	801 SBK an 220 Fertige Erzeugnisse	80.000,00	 80.000,00

S	220 Fertige Erzeugnisse		H
800 EBK	320.000,00	③ 52 BV	240.000,00
		⑧ 801 SBK	80.000,00
	320.000,00		320.000,00

S	52 Bestandsveränderungen		H
③ 220 Fert. Erzeug.	240.000,00	⑥ 802 GuV	240.000,00
	240.000,00		240.000,00

S	600 Aufw. für Rohstoffe		H
① 200 Rohstoffe	800.000,00	④ 802 GuV	800.000,00
	800.000,00		800.000,00

S	500 Umsatzerlöse		H
⑤ 802 GuV	1.820.000,00	② 240 Ford. a LuL	1.820.000,00
	1.820.000,00		1.820.000,00

Soll		802 GuV	Haben
④ 600 Aufwendungen für Rohstoffe	800.000,00	⑤ 500 Umsatzerlöse	1.820.000,00
⑥ 52 Bestandsveränderungen	240.000,00		
⑦ 300 Eigenkapital *(Gewinn)*	780.000,00		
	1.820.000,00		1.820.000,00

Soll	801 SBK	Haben
⑧ 220 Fert. Erzeug.	80.000,00	

Hinweise:

- Zu Beginn des Geschäftsjahres 03 waren Lagerbestände in Höhe von 320.000,00 EUR an fertigen Erzeugnissen vorhanden. Am Ende des Geschäftsjahres liegt der Lagerbestand bei 80.000,00 EUR (1 000 Stück · 80,00 EUR).
- Für die vereinfachte Darstellung werden die gesamten Aufwendungen, die zur Herstellung eines Longboards anfallen, als Rohstoffe gebucht.
- Die Verkäufe erfolgen auf Rechnung und werden hier gesammelt als eine Summe vereinfacht dargestellt.
- Das GuV wird nur auszugsweise abgebildet und auf die Abbildung der Konten *EBK, Rohstoffe, Forderungen a LuL* und *Eigenkapital* wird verzichtet.
- In diesem Fall liegt eine Bestandsminderung vor. Die Bestandsminderung muss auf das GuV gebucht werden. Das Konto *52 Bestandsveränderungen* wird auf der Sollseite des GuV gebucht.
- Den erzielten Umsatzerlösen für 13 000 Stück Longboards in diesem Geschäftsjahr stehen im GuV entstandene Aufwendungen über die 10 000 hergestellten Stück aus diesem Geschäftsjahr und die Bestandsveränderung über die restlichen 3 000 Stück aus den Vorjahren (Lagerbestand) gegenüber.
- Durch die Bestandsminderung erwirtschaftet das Unternehmen im 3. Geschäftsjahr einen höheren Gewinn als im ersten Geschäftsjahr. Der Grund dafür ist der Lagerabbau an fertigen Erzeugnissen.

Das Konto *Bestandsveränderungen* bei Bestandsminderung

Systematik

Soll	52 Bestandsveränderungen	Haben
Bestandsminderung	Bestandsmehrung	
	802 GuV	

Abschlussbuchungssatz bei Bestandsminderung: 802 Gewinn- und Verlustkonto
an 52 Bestandsveränderungen

Die Veränderungen der Bestände von fertigen Erzeugnissen werden auf das Konto *52 Bestandsveränderungen* gebucht. Der ermittelte Saldo wird am Geschäftsjahresende auf das GuV gebucht. Bei einer Bestandsminderung (Lagerabbau) muss der Saldo des Kontos *52 Bestandsveränderungen* auf die Sollseite (Aufwandsseite) im GuV gebucht werden. Neben fertigen Erzeugnissen werden auch die unfertigen Erzeugnisse bei einer Bestandsminderung auf das Konto *52 Bestandsveränderungen* gebucht. Die Buchungssystematik entspricht der der fertigen Erzeugnisse.

Interaktive Übung „Single-Choice-Test“

Interaktive Übung „Drag to Gap“

6.5 Umsatzsteuer[1]

6.5.1 Gesetzliche Grundlagen der Erhebung

Mit Inkrafttreten des Umsatzsteuergesetzes (UStG ▸) am 1. Januar 1968 wurde in Deutschland ein Besteuerungssystem geschaffen, das den Mehrwert (= Wertschöpfung ▸) von wirtschaftlichen Vorgängen (steuerbare Umsätze) besteuert. Daher wird die Umsatzsteuer (USt) umgangssprachlich auch Mehrwertsteuer (MwSt) genannt. Das dahinterstehende Steuersystem heißt ausführlich: *Allphasen-Nettosystem mit Vorsteuerabzug.*

Die zu besteuernden Umsätze lassen sich mithilfe der Steuersätze in drei Kategorien einteilen:

Steuerbare Umsätze		**Steuerfreie Umsätze**
Regulärer Steuersatz	Ermäßigter Steuersatz	Umsatzsteuerbefreiung
19 %	7 %	—
§ 12 Abs. 1 UStG	§ 12 Abs. 2 UStG	§ 4 UStG
alle Lieferungen und sonstige Leistungen (Dienstleistungen) in einem Unternehmen, die gegen Entgelt im Inland ausgeliefert werden	z. B. die meisten Lebensmittel (Grundnahrungsmittel), Leitungswasser, Bücher, Zeitungen, Rollstühle, Kunstgegenstände, Blumen, Übernachtung, Theaterbesuch, Personenfernverkehr	z. B. Gebühren einer Behörde, Lieferungen in Länder außerhalb der EU, Lieferungen zwischen zwei Unternehmen innerhalb der EU, Rundfunkgebühren, Gesundheits- und Pflegeleistungen, Bankgeschäfte, Versicherungen

Die Bemessungsgrundlage zur Berechnung der Umsatzsteuer ist das Entgelt, das der Empfänger der Leistung bezahlen muss, der sogenannte *Nettowert*[2].

Die Umsatzsteuer, die ein Unternehmen durch einen *Beschaffungsprozess* an seinen Lieferanten bezahlt, wird *Vorsteuer* genannt. Die Vorsteuer stellt eine *Forderung gegenüber dem Finanzamt* dar. Damit ein Unternehmen die bezahlte Umsatzsteuer als Vorsteuer geltend machen kann, muss die Rechnung gesetzlich vorgeschriebene Pflichtbestandteile ▸ enthalten. Unter anderem fordert der Gesetzgeber die Angabe des Umsatzsteuersatzes sowie des Umsatzsteuerbetrags auf jeder Rechnung.

Die Umsatzsteuer, die ein Unternehmen durch den *Verkaufsprozess* von einem Kunden erhält, wird als *Umsatzsteuer* bezeichnet. Diese Einnahme stellt für das Unternehmen eine *Verbindlichkeit gegenüber dem Finanzamt* dar.

Steuerträger der Umsatzsteuer ist der *Endverbraucher*[3], da er am Ende der Wertschöpfungskette die Umsatzsteuer trägt und nicht verrechnen kann wie Unternehmen zuvor in der Wertschöpfungskette. Das *Unternehmen*, das die Leistung ausführt, ist lediglich *Steuerschuldner* und damit verpflichtet, dem Finanzamt die Steuerschuld in bestimmten Zeitabständen zu begleichen. Bei der Umsatzsteuer ist somit der Steuerschuldner (begleicht die Steuerschuld beim Finanzamt) nicht gleich dem Steuerträger (trägt die Steuer wirtschaftlich).

[1] Es wird ausschließlich der Regelfall der Umsatzsteuer betrachtet. Die Bestimmungen für Kleinbetragsrechnungen, Kleinunternehmen oder internationaler Warenverkehr sind nicht Gegenstand des Bildungsplans.

aktuelle Fassung
▶ www.gesetze-im-internet.de/ustg_1980

Wertschöpfung
▶ IV • 2.3.2

[2] Nettowert: *Wert ohne Steuer*
Bruttowert: *Wert inklusive Steuern*

Pflichtbestandteile von Rechnungen
▶ Webcode WGW_V_6_5_1

[3] Endverbraucher (oder Verbraucher): *erwirbt Waren oder Dienstleistungen für den privaten Konsum. Der Endverbraucher führt keine Wertsteigerung mehr durch.*

Die *Berechnung der Steuerschuld* eines Unternehmens in einer Abrechnungsperiode ist denkbar einfach: Die Differenz aus der erhaltenen Umsatzsteuer und der bereits bezahlten Vorsteuer ergibt je nach Höhe der Positionen:

erhaltene Umsatzsteuer > bezahlte Vorsteuer → Zahllast (Verb. ggü. Finanzamt)
erhaltene Umsatzsteuer < bezahlte Vorsteuer → Vorsteuerüberhang (Ford. ggü. Finanzamt)

Der Zeitraum für die Besteuerung ist ein Kalenderjahr. In der Regel muss ein Unternehmen jedoch eine monatliche *Umsatzsteuervoranmeldung* abgeben. Bis zum 10. Tag des Folgemonats ist diese Umsatzsteuervoranmeldung dem Finanzamt elektronisch zu übermitteln und die ermittelte Steuerschuld zu begleichen. Am Jahresende müssen die Unternehmen eine *Umsatzsteuerjahreserklärung* erstellen und beim Finanzamt einreichen. Dabei kann es durchaus zu einer Nachzahlung oder Rückzahlung kommen.

Die Umsatzsteuer kann unter verschiedenen Aspekten in das Steuersystem eingeordnet werden:

- Die Umsatzsteuer gehört zur Verkehrssteuer, da die Übertragung von Vermögenswerten oder Rechten (z. B. Waren, Dienstleistungen) besteuert wird.
- Der Wirkung nach gehört sie zur Verbrauchssteuer, da der Endverbraucher die wirtschaftliche Belastung trägt.
- Sie stellt eine indirekte Steuer dar, da der Staat die Steuer nicht direkt vom Endverbraucher (Steuerträger), sondern von den Unternehmen (Steuerschuldner) erhält.

6.5.2 Besteuerung der Wertschöpfung bzw. des Mehrwerts

In jeder Stufe der Wertschöpfungskette▸ wird ein Mehrwert geschaffen. Dieser geschaffene Mehrwert (Wertschöpfung) ist auf dieser Stufe steuerpflichtig.

Wertschöpfungskette
▶ II • 3.2

Das Beispiel auf der folgenden Seite zeigt die Umsatzsteuer in den einzelnen Stufen der Wertschöpfungskette. Die Summe über die Zahllast der einzelnen Wirtschaftsstufen muss mit dem Umsatzsteuerbetrag, den der Endverbraucher schlussendlich entrichtet, identisch sein.

Für jedes Unternehmen stellt die Umsatzsteuer einen *durchlaufenden Posten* dar. Das Unternehmen bezahlt Vorsteuer an den Lieferanten, erhält Umsatzsteuer vom Kunden und führt die Differenz als Zahllast an das Finanzamt ab. Die Umsatzsteuer verändert den Gewinn bzw. Verlust eines Unternehmens nicht, sie ist erfolgsneutral. Die buchhalterische Erfassung erfolgt daher auch auf Bestandskonten

Eine Anhebung des Umsatzsteuersatzes durch den Staat führt zu einer Erhöhung der Bruttopreise und somit zu einer Verminderung der Kaufkraft der Endverbraucher bei sonst gleichen Bedingungen.

Lieferant (= Lieferer)	Produzent (= Hersteller)	Endverbraucher (= Kunde)
Die Fragesia GmbH liefert an die Skater e. K. Werkstoffe sowie Handelswaren.	Die Skater e. K. stellt aus den gelieferten Werkstoffen Longboards her oder bietet die Handelswaren zum Verkauf an.	Der Kunde kauft von der Skater e. K. Longboards oder Handelswaren.

Skater e. K.

Eingangsrechnung für die Skater e. K.
Die Skater e. K. kauft bei der Fragesia GmbH Bambusholz zum Nettopreis von 200,00 EUR zuzüglich 19 % USt.

Ausgangsrechnung der Skater e. K.
Die Skater e. K. verkauft an einen Kunden ein Longboard zum Nettopreis von 500,00 EUR zuzüglich 19 % USt.

Die Umsatzsteuer stellt sich auf den unterschiedlichen Stufen wie folgt dar (in EUR):

Warenwert Bambusholz	200,00
./. Vorleistung	0,00
Wertschöpfung	200,00

(Umsatzsteuer auf die Wertschöpfung: 200,00 · 19 % = **38,00**)

Warenwert Longboards	500,00
./. Warenwert Bambusholz	200,00
Wertschöpfung	300,00

(Umsatzsteuer auf die Wertschöpfung: 300,00 · 19 % = **57,00**)

Eingangsrechnung

Warenwert netto	200,00
+ 19 % USt	38,00
Warenwert brutto	238,00

Ausgangsrechnung

Warenwert netto	500,00
+ 19 % USt	95,00
Warenwert brutto	595,00

	Lieferant (Steuerschuldner)	Produzent (Steuerschuldner)	Endverbraucher (Steuerträger)
erhaltener Rechnungsbetrag	238,00	595,00	
enthaltene Umsatzsteuer	38,00	95,00	
gezahlte Vorsteuer an das Finanzamt	0,00	38,00	
zu entrichtende Zahllast an das Finanzamt	38,00	57,00 (95,00 ./. 38,00)	Summe: **95,00**

6.5.3 Buchung der Umsatzsteuer bei Ein- und Verkaufsprozessen

- **Buchung auf dem Vorsteuerkonto beim Einkauf von Werkstoffen oder Handelswaren**

Bislang wurden sämtliche Geschäftsvorfälle ohne steuerrechtliche Auswirkungen betrachtet. Die buchhalterische Erfassung der Einkaufsprozesse von Werkstoffen (Roh-, Hilfs- und Betriebsstoffe) sowie von Handelswaren muss nun um die Erfassung der Vorsteuer und der Umsatzsteuer erweitert werden. Für diese Einkaufsprozesse und der zu entrichtenden Vorsteuer wird das aktive Bestandskonto *260 Vorsteuer*[1] geführt.

[1] *260 Vorsteuer* wird mit *260 VSt* abgekürzt.

Die Skater e. K. bezieht von der Fragesia GmbH Bambusholz für netto 200,00 EUR zuzüglich 19 % Umsatzsteuer auf Ziel.

Geschäftsvorfall	Konten	Soll	Haben
① Einkauf von Rohstoffen auf Rechnung	200 Rohstoffe	200,00	
	260 Vorsteuer	38,00	
	an 44 Verbindlichkeiten a LuL		238,00

S	200 Rohstoffe		H
① 44 Verb. a LuL	200,00		

S	44 Verbindlichkeiten a LuL		H
		① 200 Rohstoffe / 260 VSt	238,00

S	260 Vorsteuer		H
① 44 Verb. a LuL	38,00		

Die Verbindlichkeiten gegenüber dem Lieferanten (hier: 238,00 EUR) werden aus der Sicht der Finanzbuchhaltung in einen Warennettowert (hier: 200,00 EUR) und die Vorsteuer (hier: 38,00 EUR) aufgespalten. Die Vorsteuer wird zu einem späteren Zeitpunkt, bei der Umsatzsteuervoranmeldung, als Forderung gegenüber dem Finanzamt geltend gemacht.

Systematik

Soll	260 Vorsteuer	Haben
Umsatzsteuer auf Eingangsrechnungen (Einkaufsprozesse)		**Berichtigungen der Umsatzsteuer für:** • Rücksendungen an Lieferanten • Gutschriften von Lieferanten • Lieferantenskonti, -boni **Saldo** (Forderung an das Finanzamt)

Buchung auf dem Umsatzsteuerkonto beim Verkauf von fertigen Erzeugnissen oder Handelswaren

Für die Erfassung der Umsatzsteuer im Verkaufsprozess wird das Konto *480 Umsatzsteuer*[1] geführt. Hierbei handelt es sich um ein passives Bestandskonto. Die erhaltene Umsatzsteuer durch den Verkauf von fertigen Erzeugnissen oder Handelswaren stellt für das Unternehmen eine Verbindlichkeit gegenüber dem Finanzamt dar, die bei der Umsatzsteuervoranmeldung angegeben wird.

[1] *480 Umsatzsteuer* wird mit *480 USt* abgekürzt.

Die Skater e. K. verkauft an einen Kunden ein Longboard zu einem Nettoverkaufspreis von 500,00 EUR zuzüglich 19 % Umsatzsteuer auf Ziel.

Geschäftsvorfall	Konten	Soll	Haben
② Verkauf von fertigen Erzeugnissen auf Rechnung	240 Forderungen a LuL	595,00	
	an 500 Umsatzerlöse		500,00
	480 Umsatzsteuer		95,00

S	240 Forderungen a LuL		H
② 500 UE / 480 USt	595,00		

S	500 Umsatzerlöse		H
		② 240 Ford. a LuL	500,00

S	480 Umsatzsteuer		H
		② 240 Ford. a LuL	95,00

Die gesamte Forderung gegenüber dem Kunden (hier: 595,00 EUR) wird aus buchhalterischer Sicht aufgespalten in einen Warennettowert (hier: 500,00 EUR) und die Umsatzsteuer (hier: 95,00 EUR). Die Umsatzsteuer wird bei der Umsatzsteuervoranmeldung als Verbindlichkeit gegenüber dem Finanzamt angegeben.

Systematik

Soll	480 Umsatzsteuer	Haben
Berichtigung der Umsatzsteuer für: • Rücksendungen von Kunden • Gutschriften an Kunden • Kundenskonti, -boni **Saldo** (Verbindlichkeit an das Finanzamt)		**Umsatzsteuer auf Ausgangsrechnungen** (Verkaufsprozesse)

6.5.4 Abschluss der Konten *Vorsteuer* und *Umsatzsteuer*

Zur Ermittlung der Steuerschuld werden die Konten *260 Vorsteuer* und *480 Umsatzsteuer* gegeneinander verrechnet. Dabei kann der Saldo im Konto *480 Umsatzsteuer* höher (Fall 1) oder niedriger (Fall 2) sein als im Konto *260 Vorsteuer*.

1. Fall: Erhaltene Umsatzsteuer > bezahlte Vorsteuer → Zahllast (Verbindlichkeit gegenüber dem Finanzamt)

Das Unternehmen hat in der Abrechnungsperiode mehr Umsatzsteuer durch Verkäufe eingenommen als Vorsteuer durch Einkäufe bezahlt, eine Zahllast liegt vor. Der Saldo des Kontos *260 Vorsteuer* wird auf das Konto *480 Umsatzsteuer* gebucht.

Im Beispiel von Kapitel 6.5.2 hat das Unternehmen gegenüber dem Finanzamt eine Forderung durch die bezahlte ① Vorsteuer in Höhe von 38,00 EUR und eine Verbindlichkeit durch die erhaltene ② Umsatzsteuer in Höhe von 95,00 EUR. Zunächst wird der Saldo des Kontos *260 Vorsteuer* auf das Konto *480 Umsatzsteuer* gebucht. Der Saldo im Konto *Umsatzsteuer*, die sogenannte *Zahllast*, wird mit einer Banküberweisung an das Finanzamt abgeführt.

Geschäftsvorfall	Konten	Soll	Haben
③ Abschluss des Kontos *Vorsteuer*	480 Umsatzsteuer	38,00	
	an 260 Vorsteuer		38,00
④ Überweisung der Zahllast an das Finanzamt	480 Umsatzsteuer	57,00	
	an 280 Bank		57,00

S	260 Vorsteuer		H
① 44 Verb. a LuL	38,00	③ 480 USt	38,00
	38,00		38,00

S	480 Umsatzsteuer		H
③ 260 VSt	38,00	② 240 Ford. a LuL	95,00
④ 280 Bank	57,00		
	95,00		95,00

Bilanzierung des Kontos Umsatzsteuer (im Fall einer Zahllast)

Die Berechnung der Steuerschuld erfolgt in der Regel jeden Monat. Ist zum Bilanzstichtag am Geschäftsjahresende die Zahllast noch nicht an das Finanzamt überwiesen, muss sie auf das Konto *483 Sonstige Verbindlichkeiten gegenüber Finanzbehörden*[1] abgeschlossen werden. Man spricht auch von der *Passivierung der Zahllast*.

[1] Im Kontenplan wird der Begriff *Finanzbehörden* verwendet. Er ist breiter gefasst und umfasst alle in § 6 Abs. 2 der Abgabenordnung (AO) genannten Bundes- und Landesfinanzbehörden.

Das Beispiel oben, abgeändert auf das Geschäftsjahresende, verändert den Buchungssatz ④ wie folgt:

Geschäftsvorfall	Konten	Soll	Haben
④ Abschluss des Kontos *Umsatzsteuer* am Geschäftsjahresende	480 Umsatzsteuer	57,00	
	an 483 Sonstige Verbindlichkeiten ggü. Finanzbehörden		57,00

2. Fall: Erhaltene Umsatzsteuer < bezahlte Vorsteuer → Vorsteuerüberhang (Forderung gegenüber dem Finanzamt)

Das Unternehmen hat in der Abrechnungsperiode weniger Umsatzsteuer durch Verkäufe eingenommen als Vorsteuer durch Einkäufe bezahlt, ein Vorsteuerüberhang liegt vor. Für das Unternehmen besteht ein Erstattungsanspruch für die zu viel gezahlte Vorsteuer. Dieser Anspruch darf nun nicht auf dem passiven Bestandskonto *480 Umsatzsteuer* erscheinen, sondern auf dem Konto *260 Vorsteuer*. Der Saldo des Kontos *480 Umsatzsteuer* wird daher auf das Konto *260 Vorsteuer* gebucht.

Bei der Skater e. K. liegt für einen anderen Abrechnungszeitraum folgende Situation vor:
Der bezahlten Vorsteuer in Höhe von 5.000,00 EUR steht die Umsatzsteuer in Höhe von 3.000,00 EUR gegenüber, daher wird der Saldo des Kontos *480 Umsatzsteuer* auf das Konto *260 Vorsteuer* gebucht. Der Vorsteuerüberhang ergibt sich aus dem Saldo auf dem Konto *260 Vorsteuer* und wird vom Finanzamt auf dem Bankkonto gutgeschrieben.

Geschäftsvorfall	Konten	Soll	Haben
⑤ Abschluss des Kontos *Umsatzsteuer*	480 Umsatzsteuer an 260 Vorsteuer	3.000,00	 3.000,00
⑥ Gutschrift des Vorsteuerüberhangs vom Finanzamt auf das Konto *Bank*	280 Bank an 260 Vorsteuer	2.000,00	 2.000,00

S	260 Vorsteuer		H
44 Verb. a LuL	5.000,00	⑤ 480 USt	3.000,00
		⑥ 280 Bank	2.000,00
	5.000,00		5.000,00

S	480 Umsatzsteuer		H
⑤ 260 VSt	3.000,00	240 Ford. a LuL	3.000,00
	3.000,00		3.000,00

Bilanzierung des Kontos Vorsteuer (im Fall eines Vorsteuerüberhangs)

Ist zum Bilanzstichtag am Geschäftsjahresende die Forderung gegenüber dem Finanzamt noch nicht durch das Finanzamt beglichen, muss diese Forderung in der Bilanz auf dem Konto *263 Sonstige Forderungen an Finanzbehörden* ausgewiesen werden. Man spricht auch von der *Aktivierung des Vorsteuerüberhangs*.

Das Beispiel oben, abgeändert auf das Geschäftsjahresende, verändert den Buchungssatz ⑥ wie folgt:

Geschäftsvorfall	Konten	Soll	Haben
⑥ Abschluss des Kontos *Vorsteuer* am Geschäftsjahresende	263 Sonstige Forderungen an Finanzbehörden an 260 Vorsteuer	2.000,00	 2.000,00

6.6 Sonderfälle im Rahmen von Beschaffungs- und Verkaufsprozessen

Geschäftsprozesse mit Rücksendungen und Skonti

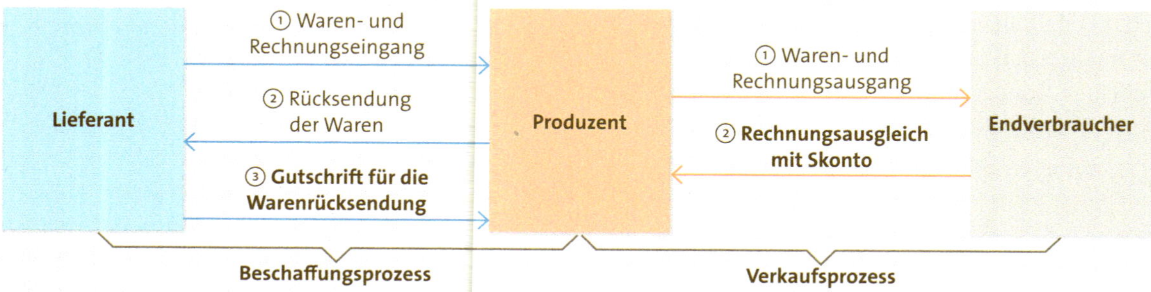

6.6.1 Materialbeschaffung mit Rücksendungen

Bei der Beschaffung von Material kann es von Zeit zu Zeit vorkommen, dass die gelieferten Werkstoffe nicht für die Produktion geeignet sind. Gründe können unter anderem falsches Material, Beschädigungen oder nicht bestellte Werkstoffe sein. Der Lieferant stellt in der Regel mit der Lieferung der Werkstoffe einen Lieferschein und eine Rechnung aus. Durch die Rücksendung der betroffenen Werkstoffe an den Lieferanten stimmt die Eingangsrechnung nicht mehr und muss vom Lieferanten nachträglich mit einer Gutschrift korrigiert werden. Dabei müssen sowohl der Warenwert (Nettobetrag) als auch die Vorsteuer berichtigt werden. Der gutgeschriebene Warenwert wird auf dem Konto *2002 Preisnachlässe und Rücksendungen*[1] gebucht. Dies ist ein Unterkonto des Bestandskontos *200 Rohstoffe* und wird am Geschäftsjahresende auf das Konto *200 Rohstoffe* abgeschlossen.

[1] *2002 Preisnachlässe und Rücksendungen* wird mit *2002 Preisnachlässe* abgekürzt.

Die Skater e. K. bezieht von der Fragesia GmbH Rohstoffe für netto 4.000,00 EUR auf Ziel.

Fragesia GmbH • Finkenwerder Allee 159 e • 21129 Hamburg

Skater e. K.
Industriestr. 15
78224 Singen am Hohentwiel

Bitte bei Zahlung immer angeben:
Ihre Kundennummer: 365214
Rechnungsnummer: 973152 -02
Name: Neal Schuhmacher
Telefon: 040 22xx-22
Telefax: 040 22xx-25
E-Mail: n.schuhmacher@fragesia-gmbh.dex
Datum: 10.11.20..

Rechnung zum Auftrag Nummer 973152
Leistungsmonat: November 20..

Pos.	Art.-Nr.	Bezeichnung	Menge	Einzelpreis EUR	Rabatt %	Betrag EUR
1	242005	Bambus Rohbrett 60 cm × 150 cm	1 000	4,00		4.000,00
Warenwert (exkl. USt)						4.000,00
Umsatzsteuer 19 %						760,00
Rechnungsbetrag (inkl. USt)						**4.760,00**

Geschäftsvorfall	Konten	Soll	Haben
① Einkauf von Rohstoffen auf Rechnung	200 Rohstoffe	4.000,00	
	260 Vorsteuer	760,00	
	an 44 Verbindlichkeiten a LuL		4.760,00

Bei der Wareneingangskontrolle wird eine Beschädigung der Bambusbretter festgestellt. Die Skater e. K. schickt einen Teil der Rohstoffe an den Lieferanten zurück. Der Warenwert der Rücksendung beträgt 400,00 EUR. Die Fragesia GmbH sendet umgehend eine Gutschrift über den mangelhaften Warenwert.

GUTSCHRIFT zur Rechnungsnummer 973152-02
Leistungsmonat: November 20..

Pos.	Art.-Nr.	Bezeichnung	Menge	Einzelpreis EUR	Rabatt %	Betrag EUR
1	242005	Bambus Rohbrett 60 cm × 150 cm	100	4,00		400,00
Warenwert (exkl. USt)						400,00
Umsatzsteuer 19 %						76,00
Gutschriftsbetrag (inkl. USt)						**476,00**

Geschäftsvorfall	Konten	Soll	Haben
② Gutschrift durch eine Rücksendung von Rohstoffen	44 Verbindlichkeiten a LuL	476,00	
	an 2002 Preisnachlässe		400,00
	260 Vorsteuer		76,00

S	200 Rohstoffe		H
① 44 Verb. a LuL	4.000,00		

S	44 Verb. a LuL		H
② 2002 Preisnachlässe/ 260 VSt	476,00	① 200 Rohstoffe/ 260 VSt	4.760,00

S	260 Vorsteuer		H
① 44 Verb. a LuL	760,00	② 44 Verb. a LuL	76,00

S	2002 Preisnachlässe		H
		② 44 Verb. a LuL	400,00

Noch offene Verbindlichkeiten aus LuL: 4.760,00 EUR ./. 476,00 = 4.284,00 EUR

6.6.2 Verkauf von Erzeugnissen mit Kundenskonti

[1] Skonto: *Preisnachlass für Zahlung innerhalb einer vereinbarten Skontofrist*

Begleicht ein Kunde eine offene Rechnung per Banküberweisung innerhalb einer bestimmten Frist, darf er für gewöhnlich einen Skonto[1] vom Rechnungsbetrag abziehen und überweist dadurch einen geringeren Betrag, als ihm ursprünglich in Rechnung gestellt wurde. Mit dem Überweisungsbetrag muss eine Korrektur der Umsatzerlöse und der Umsatzsteuer erfolgen. Das Ausgleichskonto für einen gewährten Skonto auf den Warenwert ist das Konto *5002 Kundenskonti*. Dies ist ein Unterkonto des Kontos *500 Umsatzerlöse*, welches dann am Geschäftsjahresende auf das Konto *500 Umsatzerlöse* abgeschlossen wird.

Die Skater e. K. verkauft an die Skater & More OHG 20 Longboards zu einem Nettostückpreis von 100,00 EUR auf Ziel.

Skater e. K. * Industriestr. 15 * 78244 Singen (Htwl.)

Skater & More OHG
Martin Groß
Kastanienweg 16/1
97941 Tauberbischofsheim

Bitte bei Zahlung immer angeben:

Ihre Kundennummer: 24683
Rechnungsnummer: 996620

Name: Lina Finkbeiner
Telefon: 07731 55xx-39
Telefax: 07731 55xx-48
E-Mail: lina.finkbeiner@Skater.dex

Datum: 07. 04. 20..

Rechnung zum Auftrag Nummer 34088
Leistungsmonat: April 20..

Pos.	Art.-Nr.	Bezeichnung	Menge	Einzelpreis EUR	Rabatt %	Betrag EUR
1	33600	Longboard – Standard	20	100		2.000,00
Warenwert (exkl. USt)						2.000,00
Umsatzsteuer 19 %						380,00
Rechnungsbetrag (inkl. USt)						**2.380,00**

Zahlungsbedingungen: zahlbar innerhalb von 10 Tagen mit 2 % Skonto, 30 Tage netto
Lieferbedingungen: frei Haus

Geschäftsvorfall	Konten	Soll	Haben
① Verkauf von fertigen Erzeugnissen auf Rechnung	240 Forderungen a LuL	2.380,00	
	an 500 Umsatzerlöse		2.000,00
	480 Umsatzsteuer		380,00

Der Kunde begleicht die Rechnung per Banküberweisung innerhalb der Zahlungsbedingung „zahlbar innerhalb von 10 Tagen mit 2 % Skonto, 30 Tage netto"

Berechnung des Skontobetrags:	2 % von 2.380,00 EUR = 47,60 EUR
Überweisungsbetrag:	2.380,00 EUR ./. 47,60 EUR = 2.332,40 EUR
Kundenskonto netto:	47,60 EUR / 119 · 100 = 40,00 EUR
Umsatzsteuerkorrektur:	47,60 EUR / 119 · 19 = 7,60 EUR

Singener Industriebank AG

IBAN: DE74 2648 3050 0045 5455 47		Auszug 18	Konto	454545547
	Alter Kontostand vom 14.04.20..		EUR	318.597,12 +
Tag	**Text**		**zu Lasten**	**zu Gunsten**
15.04.	Skater & More OHG Rg-Nr. 996620 Kd-Nr. 24683			2.332,40
	Neuer Kontostand vom 15.04.20..			320.929,52 +

Geschäftsvorfall	Konten	Soll	Haben
② Kunde begleicht eine offene Forderung mit Abzug von 2 % Skonto	280 Bank	2.332,40	
	5002 Kundenskonti	40,00	
	480 Umsatzsteuer	7,60	
	an 240 Forderungen a LuL		2.380,00

S — 240 Forderungen a LuL — H

S		H	
① 500 UE / 480 USt	2.380,00	② 280 Bank / 5002 Kundenskonti / 480 USt	2.380,00

S — 500 Umsatzerlöse — H

S		H	
		① 240 Ford. a LuL	2.000,00

S — 280 Bank — H

S		H	
② 240 Ford. a LuL	2.332,40		

S — 480 Umsatzsteuer — H

S		H	
② 240 Ford. a LuL	7,60	① 240 Ford. a LuL	380,00

S — 5002 Kundenskonti — H

S		H	
② 240 Ford. a LuL	40,00		

Hinweise:

Der Rechnungsausgleich unter Abzug von Skonto spricht vier Konten an:

- Das Konto *Bank:* Hier wird der Zahlungseingang gebucht.
- Das Konto *Kundenskonti:* Hier wird der Nettowert des Kundenskontos gebucht.
- Das Konto *Umsatzsteuer:* Hier wird die Umsatzsteuerkorrektur gebucht.
- Das Konto *Forderungen aus LuL:* Hier wird die gesamte Forderung ausgebucht.

zusätzliche Aufgaben zu Kapitel 6
▶ Webcode WGW_V_6_A-Zusatz

Aufgaben zu Kapitel 6

1. Die Sunny OHG handelt mit Sonnenschirmen. Zu Beginn des Jahres liegen Sonnenschirme im Wert von 30.000,00 EUR auf Lager (Einkaufspreis pro Sonnenschirm: 200,00 EUR). Während der heißen Sommersaison muss die Sunny OHG immer wieder neue Ware ordern. Die Bestände werden durch die Bestellungen von insgesamt 470 Schirmen zu einem Stückeinkaufspreis von 200,00 EUR auf Ziel aufgefüllt (alle Preise netto). Laut Inventur sind am Jahresende noch Sonnenschirme im Wert von 10.000,00 EUR auf Lager. Während der Saison wurden die Schirme zu einem Preis von 350,00 EUR je Stück bar verkauft.

Vorlage für die Bearbeitung der Aufgabe 1
▶ Webcode WGW_V_6_A1

   1.1 Buchen Sie die Einkäufe und Verkäufe im Grund- und Hauptbuch.
   1.2 Ermitteln Sie den Gewinn für die Sonnenschirme und buchen Sie sämtliche Abschlussbuchungssätze auch im Grundbuch.
   1.3 Erklären Sie, warum der Einkaufs- und der Verkaufsprozess in der Finanzbuchhaltung getrennt geführt werden müssen.
2. Die Knatter-Laub GmbH, ein Hersteller für selbstfahrende Laubbläser, hat folgende Geschäftsvorfälle zu buchen:

   1. Einkauf von Rohstoffen im Wert von 34.000,00 EUR auf Ziel
   2. Einkauf von Hilfsstoffen im Wert von 6.500,00 EUR per Banküberweisung
   3. Wegen qualitativer Mängel werden Hilfsstoffe im Wert von 3.000,00 EUR wieder zurückgesandt, der Lieferant erstattet den Betrag auf das Bankkonto.
   4. Verkauf von Erzeugnissen im Wert von 84.000,00 EUR auf Rechnung

   2.1 Bilden Sie für die Knatter-Laub GmbH die Geschäftsvorfälle als Buchungssätze und in T-Konten ab. Berücksichtigen Sie dabei folgende Angaben:

Vorlage für die Bearbeitung der Aufgabe 2
▶ Webcode WGW_V_6_A2

	Anfangsbestände	Schlussbestände
Rohstoffe	29.000,00 EUR	25.000,00 EUR
Hilfsstoffe	11.800,00 EUR	7.400,00 EUR

   2.2 Ermitteln Sie den Gewinn der GmbH.
   2.3 Erläutern Sie die Auswirkungen von Geschäftsvorfall 3 auf das Ergebnis.
3. Die Schwitzler Bruchsal OHG stellt Saunakabinen für den Heimbedarf her. Folgende Informationen aus der Finanzbuchhaltung liegen vor:

	Anfangsbestände	Schlussbestände
210 Unfertige Erzeugnisse	45.600,00 EUR	60.800,00 EUR
220 Fertige Erzeugnisse	68.400,00 EUR	98.800,00 EUR

Im GuV sind zusätzlich Aufwendungen im Gesamtwert von 323.000,00 EUR und Umsatzerlöse im Gesamtwert von 456.00,00 EUR gebucht.

   3.1 Buchen und erläutern Sie die Bestandsveränderungen an fertigen und unfertigen Erzeugnissen.
   3.2 Ermitteln Sie den Erfolg der OHG.

3.3 Wie hoch wäre der Erfolg ohne die Berücksichtigung der Bestandsveränderungen?
3.4 Welche Auswirkungen haben folgende Fälle auf den Schlussbestand von Rohstoffen?
- Einkaufsmenge < Verbrauchsmenge
- Einkaufsmenge > Verbrauchsmenge
- Einkaufsmenge = Verbrauchsmenge

4. Die Sägewerke Atze GmbH stellt exklusive Design-Gartenhäuser aus Holz her. Aus dem vergangenen Geschäftsjahr liegen folgende Daten vor:

	Anfangsbestände	Schlussbestände
210 Unfertige Erzeugnisse	182.000,00 EUR	143.000,00 EUR
220 Fertige Erzeugnisse	138.000,00 EUR	160.400,00 EUR

Im GuV sind zusätzlich Aufwendungen im Gesamtwert von 1.251.100,00 EUR und Umsatzerlöse im Gesamtwert von 1.931.700,00 EUR gebucht.
4.1 Buchen und erläutern Sie die Bestandsveränderungen an fertigen und unfertigen Erzeugnissen.
4.2 Ermitteln Sie den Erfolg der Sägewerke Atze GmbH.
4.3 Wie hoch wäre der Erfolg ohne die Berücksichtigung der Bestandsveränderungen?
4.4 Begründen Sie, warum ein Mehrbestand auf der Habenseite und ein Minderbestand auf der Sollseite im GuV ausgewiesen werden.

5. Bei der Sägewerke Atze GmbH sind folgende Einkäufe und Verkäufe im September angefallen:

1.	*Rohstoffeinkauf auf Ziel zzgl. 19 % USt*	*112.000,00 EUR*
2.	*Verkauf von fertigen Erzeugnissen auf Ziel zzgl. 19 % USt*	*144.000,00 EUR*

5.1 Buchen Sie die Geschäftsvorfälle auf die entsprechenden T-Konten.
5.2 Ermitteln Sie die Zahllast.
5.3 Nennen Sie den Buchungssatz für die Überweisung der Zahllast am 10. des Folgemonats.
5.4 Erläutern Sie, warum die Umsatzsteuer für die Unternehmen grundsätzlich einen „durchlaufenden Posten“ darstellt.

6. Die Möbelwerke KG aus Sindelfingen hat am Monatsende Verkäufe von eigenen Erzeugnissen im Wert von 80.500,00 EUR zzgl. 19 % USt bar getätigt und Rohstoffe im Wert von netto 120.000,00 EUR auf Rechnung eingekauft.
6.1 Buchen Sie die Geschäftsvorfälle auf die entsprechenden T-Konten.
6.2 Bilden Sie sämtliche anfallenden Buchungssätze.
6.3 Warum stellt die Vorsteuer eine Forderung gegenüber dem Finanzamt dar?
6.4 Begründen Sie, wohin ein Vorsteuerüberhang beim Jahresabschluss gebucht wird.

Vorlage für die Bearbeitung der Aufgabe 7

▶ Webcode WGW_V_6_A7

7. Buchen Sie die Belege im Grund- und Hauptbuch und ermitteln Sie das Ergebnis der Hot-Wood-Smoker OHG ▶. Zusätzliche Angaben:

	Anfangsbestände	Schlussbestände
200 Rohstoffe	38.750,00 EUR	45.000,00 EUR
221 Handelswaren	7.500,00 EUR	4.300,00 EUR
240 Forderungen a LuL	69.350,00 EUR	
44 Verbindlichkeiten a LuL	102.730,00 EUR	

Beleg-Nr. 01

Hot-Wood-Smoker OHG • Lindenallee 315 • 88662 Überlingen

Freizeit-Allerlei
Industriepark Ost 7 b
88045 Friedrichshafen

Bitte bei Zahlung immer angeben:
Ihre Kundennummer: 44268
Rechnungsnummer: 35214-95
Name: Niklas Pfennig
Telefon: 07551 66xx-95
Telefax: 07551 66xx-80
E-Mail: niklas.pfennig@hws-ohg-cbb.dex

Datum: 04.03.20..

Rechnung zum Auftrag Nummer 752896
Leistungsmonat: März 20..

Pos.	Art.-Nr.	Bezeichnung	Menge	Einzelpreis EUR	Rabatt %	Betrag EUR
1	07-XL	Smoker XL - Edelstahl	350	280,00	10	88.200,00
Warenwert (exkl. USt)						88.200,00
Umsatzsteuer 19 %						16.758,00
Rechnungsbetrag (inkl. USt)						**104.958,00**

Zahlbar innerhalb 14 Tagen mit 3 % Skonto, 30 Tage netto

Beleg-Nr. 02

Eisen & Stahl Handel
GmbH & Co. KG

Eisen & Stahl Handel GmbH & Co. KG • Berliner Str. 55 • 78628 Rottweil

Hot-Wood-Smoker OHG
Lindenallee 315
88662 Überlingen

Bitte bei Zahlung immer angeben:
Ihre Kundennummer: 66622
Rechnungsnummer: 2266489
Name: Birgit Lindner
Telefon: 0741 89xx-6
Telefax: 0741 89xx-5
E-Mail: birgit.lindner@eisenundstahl-cbb.dex

Datum: 27.02.20..

Rechnung zum Auftrag Nummer 3146852
Leistungsmonat: Februar 20..

Pos.	Art.-Nr.	Bezeichnung	Menge	Einzelpreis EUR	Rabatt %	Betrag EUR
1	SB05	Stahlblech 2400 × 900 × 5 mm	500	125,00		62.500,00
Warenwert (exkl. USt)						62.500,00
Umsatzsteuer 19 %						11.875,00
Rechnungsbetrag (inkl. USt)						**74.375,00**

Zahlbar innerhalb 10 Tagen mit 2 % Skonto, 30 Tage netto

Beleg-Nr. 03

Eisen & Stahl Handel
GmbH & Co. KG

Eisen & Stahl Handel GmbH & Co. KG • Berliner Str. 55 • 78628 Rottweil

Hot-Wood-Smoker OHG
Lindenallee 315
88662 Überlingen

Bitte bei Zahlung immer angeben:

Ihre Kundennummer: 66622
Rechnungsnummer: 2266489

Name: Birgit Lindner
Telefon: 0741 89xx-6
Telefax: 0741 89xx-5
E-Mail: birgit.lindner@eisenundstahl-cbb.dex

Datum: 05.03.20..

Gutschrift zur Rechnung Nummer 2266489
Leistungsmonat: Februar 20..
Wir haben die Warenrücksendung erhalten und schreiben Ihnen hiermit den folgenden Betrag gut:

Pos.	Art.-Nr.	Bezeichnung	Menge	Einzelpreis EUR	Rabatt %	Betrag EUR
1	SB05	Stahlblech 2400 × 900 × 5 mm	50	125,00		6.250,00
Betrag Gutschrift (exkl. USt)						6.250,00
Umsatzsteuer 19 %						1.187,50
Betrag Gutschrift (inkl. USt)						**7.437,50**

Beleg-Nr. 04

Schutzbekleidung Mayr GmbH

Alfons Mayr Schutzbekleidung GmbH • Reutlinger Str. 69 • 72393 Burladingen

Hot-Wood-Smoker OHG
Lindenallee 315
88662 Überlingen

Bitte bei Zahlung immer angeben:

Ihre Kundennummer: 34496
Rechnungsnummer: 627109

Name: Ina Schmidt
Telefon: 0745 81007
Telefax: 0745 81030
E-Mail: ina.schmidt@bekleidung.mayr-cbb.dex

Datum: 15.02.20..

Rechnung zum Auftrag Nummer 302168
Leistungsmonat: Februar 20..

Pos.	Art.-Nr.	Bezeichnung	Menge	Einzelpreis EUR	Rabatt %	Betrag EUR
1	GS05	Grillschürze für Hipster	200	15,00		3.000,00
Warenwert (exkl. USt)						3.000,00
Umsatzsteuer 19 %						570,00
Warenwert (inkl. USt)						**3.570,00**

Zahlbar innerhalb 20 Tagen mit 2 % Skonto, 45 Tage netto

Beleg-Nr. 05

IKL-Bank

IBAN DE35 1001 0700 0160 9233 09		Auszug 9	Konto	160923309
	Alter Kontostand vom 18.03.		EUR	284.146,62 +
Datum	**Erläuterungen**		**zu Lasten**	**zu Gunsten**
25.03.	Schutzbekleidung Mayr GmbH Rg-Nr. 627109	Kd Nr. 34496	3.570,00 –	
28.03.	Freizeit-Allerlei, Friedrichshafen Rechnungsnummer 35214-95	Kunde 44268		104.958,00 +
29.03.	Eisen & Stahl Handel GmbH & Co. KG Rg-Nr. 2266489 ./. abzgl. Gutschrift GS-2266489 Kd-Nr. 66622		66.937,50 –	
	Kontostand in EUR am 03.04.			**318.597,12 +**

8. Die Finanzbuchhaltung der Fahrrad-Profi Fietser e. K. ist krankheitsbedingt unterbesetzt und so sind einige Arbeiten noch nicht erledigt. Buchen Sie die Geschäftsvorfälle im Grundbuch.

1. *Ein Kunde kauft Ware für 5.000,00 EUR netto und bezahlt per Bankkarte.*
2. *Einkauf von Rohstoffen für netto 4.900,00 EUR auf Ziel*
3. *Die Ladeneinrichtung wird erneuert. Dafür wird ein Regal für netto 7.000,00 EUR auf Rechnung gekauft.*
4. *Der neue Transporter kostet 23.500,00 EUR und wird mit einer Anzahlung von 3.500,00 EUR und der Rest per Bankdarlehen bezahlt.*
5. *Der Kunde Müller kauft Handelswaren in Höhe von 3.300,00 EUR sowie fertige Erzeugnisse für 6 700,00 EUR auf Ziel.*
6. *Bei der Wareneingangskontrolle wurden mangelhafte Handelswaren entdeckt. Wir schicken sie an den Lieferanten zurück und erhalten eine Gutschrift, ausgestellt auf Warenwert 350,00 EUR.*
7. *Der Kunde Müller (Geschäftsvorfall 5) begleicht die Forderung mit einer Anzahlung von 30 % und den Rest per Banküberweisung.*

9. Die Gartenentdecker GmbH aus Konstanz bietet alles für den heimischen Gartenbereich an. Aktuell liegen folgende Belege in der Finanzbuchhaltung zur Buchung vor.

Beleg-Nr. 01

Rechnung zum Auftrag Nummer 65210
Leistungsmonat: Juli 20..

Pos.	Art.-Nr.	Bezeichnung	Menge	Einzelpreis EUR	Rabatt %	Betrag EUR
1	GL 150	Gartenliege 150 × 200	1	525,00		525,00
Warenwert (exkl. USt)						525,00
Umsatzsteuer 19 %						99,75
Rechnungsbetrag (inkl. USt)						**624,75**

Zahlbar innerhalb 10 Tagen mit 2 % Skonto, 30 Tage netto

Beleg-Nr. 02

Singener Industriebank AG

IBAN	DE74 2648 3050 0078 7878 75	**Auszug 25**	**Konto**	**78787875**
	Alter Kontostand vom 05.07.20..		EUR	268.160,12 +
Tag	**Text**		**zu Lasten**	**zu Gunsten**
06.07.	Claudia Frisch Rg-Nr. 65210; Kd-Nr. 3691			612,25
	Neuer Kontostand vom 09.07.20..			**268.772,37 +**

9.1 Buchen Sie Beleg 1 in Grund- und Hauptbuch.
9.2 Berechnen Sie den Nettoskonto und die Umsatzsteuerkorrektur.
9.3 Buchen Sie Beleg 2 in Grund- und Hauptbuch.
9.4 Erläutern Sie, welche Konten wie durch den Rechnungsausgleich betroffen sind.

Zusammenfassung: 6 Buchungen von Umsatzprozessen

Werkstoffe und Handelswaren

Werkstoffe

- **Rohstoffe**: wesentlicher Bestandteil eines Erzeugnisses
- **Hilfsstoffe**: Nebenbestandteil eines Erzeugnisses
- **Betriebsstoffe**: notwendig für die Produktion, geht nicht in das Erzeugnis ein

Handelswaren: bezogen von Unternehmen und unveränderter Weiterverkauf

- **fertige Erzeugnisse**: werden durch Verarbeitung von Roh-, Hilfs- und Betriebsstoffen im Unternehmen produziert
- **unfertige Erzeugnisse**: Der Fertigungsprozess ist noch nicht vollständig abgeschlossen und das Erzeugnis kann noch nicht verkauft werden.

Einkauf und Verkauf von Handelswaren

1. Einkauf von Handelswaren

	Konten	
	221 Handelswaren	Einkauf von Handelsware bewertet zum Einstandspreis auf Ziel
	260 Vorsteuer	
an	44 Verbindlichkeiten a LuL	

2. Verbrauch (Lagerentnahme) von Handelswaren

	Konten	
	608 Aufwendungen für Handelswaren	Entnahme von Handelswaren aus dem Lager (Entstehung des Aufwands)
an	221 Handelswaren	

3. Verkauf von Handelswaren

	Konten	
	240 Forderungen a LuL	Verkauf von Handelsware bewertet zum Verkaufspreis auf Ziel
an	501 Umsatzerlöse für Handelswaren	
	480 Umsatzsteuer	

4. Abschluss der Erfolgskonten auf das GuV

	Konten	
	802 GuV	Abschluss des Aufwandskontos auf das GuV
an	608 Aufwendungen für Handelswaren	

	Konten	
	501 Umsatzerlöse für Handelswaren	Abschluss des Ertragskontos auf das GuV
an	802 GuV	

Gewinnfall: Einstandspreis < Verkaufspreis

Verlustfall: Einstandspreis > Verkaufspreis

Buchung Fertigungs- und Absatzprozess von fertigen Erzeugnissen

1. Einkauf von Werkstoffen (am Beispiel von Rohstoffen)

	Konten	
	200 Rohstoffe 260 Vorsteuer	Einkauf von Rohstoffen bewertet zum Einstandspreis auf Ziel
an	44 Verbindlichkeiten a LuL	

2. Verbrauch (Lagerentnahme) von Rohstoffen zur Produktion von fertigen Erzeugnissen

	Konten	
	600 Aufwendungen für Rohstoffe	Entnahme von Rohstoffen aus dem Lager (Entstehung des Aufwands)
an	200 Rohstoffe	

3. Verkauf von fertigen Erzeugnissen

	Konten	
	240 Forderungen a LuL	Verkauf von fertigen Erzeugnissen bewertet zum Verkaufspreis auf Ziel
an	500 Umsatzerlöse 480 Umsatzsteuer	

4. Abschluss der Erfolgskonten auf das GuV

	Konten	
	802 GuV	Abschluss des Aufwandskontos auf das GuV
an	600 Aufwendungen für Rohstoffe	
	500 Umsatzerlöse	Abschluss des Ertragskontos auf das GuV
an	802 GuV	

Bestandsveränderungen bei fertigen Erzeugnissen

Bestandsmehrung: hergestellte Menge > abgesetzte Menge → Lageraufbau

	Konten	
	220 fertige Erzeugnisse	Buchung der Bestandsmehrung
an	52 Bestandsveränderungen	
	52 Bestandsveränderungen	Abschluss des Kontos *Bestandsveränderungen* bei Bestandsmehrung auf das GuV
an	802 GuV	

Soll	52 Bestandsveränderungen	Haben
Bestandsminderung		Bestandsmehrung
802 GuV		

Bestandsminderung: hergestellte Menge < abgesetzte Menge → Lagerabbau

	Konten	
	52 Bestandsveränderungen	Buchung der Bestandsminderung
an	220 fertige Erzeugnisse	
	802 GuV	Abschluss des Kontos *Bestandsveränderungen* bei Bestandsminderung auf das GuV
an	52 Bestandsveränderungen	

Soll	52 Bestandsveränderungen	Haben
Bestandsminderung		Bestandsmehrung
		802 GuV

Umsatzsteuer

Die Umsatzsteuer stellt für ein Unternehmen einen durchlaufenden Posten dar.
Brutto: Umsatzsteuer ist im Betrag enthalten (≙ 119 %)
Netto: Betrag ohne Umsatzsteuer (≙ 100 %)

Buchung im **Einkaufsprozess**	Buchung im **Verkaufsprozess**
Bestandskonten (Kontenklasse 0–2) Steuerkonto: 260 Vorsteuer	Umsatzerlöse (Kontenklasse 5) Steuerkonto: 480 Umsatzsteuer

Einkaufsbuchung am Beispiel Rohstoffe

	Konten
	200 Rohstoffe
	260 Vorsteuer
an	44 Verb. a LuL

Verkaufsbuchung

	Konten
	240 Ford. a LuL
an	500 Umsatzerlöse
	480 Umsatzsteuer

Sonderfälle im Rahmen der Beschaffungs- und Verkaufsprozesse

Buchung von Rücksendungen im Beschaffungsprozess

Erhaltene Gutschrift am Beispiel Rohstoffe

	Konten
	44 Verbindlichkeiten a LuL
an	2002 Preisnachlässe
	260 Vorsteuer

Buchung von Zahlungseingängen mit Kundenskonto

Gewährung von Kundenskonto

	Konten
	280 Bank
	5002 Kundenskonti
	480 Umsatzsteuer
an	240 Forderungen a LuL

7 Erfassung des Anlagevermögens

KRANIG MASCHINEN

Kranig Maschinen GmbH • Hauptstr. 70 • 77652 Offenburg

Skater e. K.
Maximilian Dietrich
Industriestr. 15
78224 Singen am Hohentwiel

Bitte bei Zahlung immer angeben:

Ihre Kundennummer: 635222
Rechnungsnummer: 74286-1

Name: Karl Harmann
Telefon: 0781 442xx-0
Telefax: 0781 442xx-5
E-Mail: Karl.Harmann@ kranig-maschinen.dex

Datum: 21.01.20..

Rechnung zum Auftrag Nummer 638421
Leistungsmonat: Januar 20..

Pos.	**Art.-Nr.**	**Bezeichnung**	**Menge**	**Einzelpreis EUR**	**Rabatt %**	**Betrag EUR**
1	HBA-15	Holzbearbeitungsanlage	1	25.500,00		25.500,00
2		Rabatt auf den Listenpreis		2.550,00	10	./. 2.550,00
3	Transport	Transport inkl. Versicherung	1	1.700,00		1.700,00
4	EM-01	Endmontage – Standard	1	1.350,00		1.350,00
Warenwert (exkl. USt)						26.000,00
Umsatzsteuer 19 %						4.940,00
Rechnungsbetrag (inkl. USt)						**30.940,00**

Zahlbar innerhalb 14 Tagen netto.

Die Skater e. K. kauft eine neue Holzbearbeitungsmaschine. Herr Dietrich entscheidet sich für einen regionalen Anbieter. Die Rechnung für diesen Einkauf liegt der Finanzbuchhaltung vor.
Wie ist der Geschäftsvorfall in der Finanzbuchhaltung zu erfassen?

7.1 Anschaffungskosten von Anlagegütern

Die Aktivseite der Bilanz unterscheidet zwischen Anlage- und Umlaufvermögen. Das Anlagevermögen weist Anlagegüter aus, die dauerhaft bzw. langfristig dem Unternehmen dienen, z. B. Gebäude, technische Anlagen und Maschinen, Geschäftsausstattung und Fuhrpark. Der Zugang eines Anlageguts ist auf dem entsprechenden aktiven Bestandskonto zu buchen. Diese Erfassung eines Vermögensgegenstands[1] auf der Aktivseite wird auch als *aktivieren* bezeichnet.
Um die Anschaffungskosten, also den Wert, mit dem ein Anlagegut auf das entsprechende Bestandskonto gebucht wird, zu ermitteln, schreibt der Gesetzgeber Folgendes vor:

[1] Vermögensgegenstände: *sämtliche Güter (Sachen und Rechte) in einem Unternehmen*

§ 255 HGB: Bewertungsmaßstäbe

(1) Anschaffungskosten sind die Aufwendungen, die geleistet werden, um einen Vermögensgegenstand zu erwerben und ihn in einen betriebsbereiten Zustand zu versetzen, soweit sie dem Vermögensgegenstand einzeln zugeordnet werden können. Zu den Anschaffungskosten gehören auch die Nebenkosten sowie die nachträglichen Anschaffungskosten. Anschaffungspreisminderungen, die dem Vermögensgegenstand einzeln zugeordnet werden können, sind abzusetzen.

Aus § 255 HGB lässt sich folgendes Rechenschema aufstellen:

Berechnung der Anschaffungskosten

	Allgemein	Erläuterung	Beispiel (in EUR)
	Anschaffungspreis	Listenpreis laut Rechnung (netto)	25.500,00
+	Anschaffungsnebenkosten	fallen einmalig bei der Anschaffung an und können dem Anschaffungsgegenstand genau zugeordnet werden. Beispiele: • *Kosten für den Bezug* (Transportkosten, Zölle) • *Kosten für die amtliche Betriebsgenehmigung* (Zulassungskosten) • *Kosten für die Inbetriebnahme* (Montage) • *Gebühren* (Notariatskosten) • *nachträgliche Kosten* (z. B. Umbauten am Fahrzeug)	1.700,00 1.350,00
./.	Anschaffungspreisminderungen	können im Vorfeld oder nachträglich den Preis mindern Beispiele: Rabatte, Skonti, Boni	2.550,00
=	Anschaffungskosten	aktivierungspflichtige Summe Das bedeutet, dieser Wert wird als Zugang auf dem Bestandskonto gebucht.	26.000,00

Bei der Berechnung der Anschaffungskosten sollte besondere Aufmerksamkeit gelegt werden auf:

- Jede Rechnung ist sorgfältig auf Anschaffungspreisminderungen zu prüfen.
  - Rabatt auf das Anlagegut: Rabatt wird vor der Rechnungsstellung gewährt.
  - Skonto: Skonto wird nach der Rechnungsstellung nachträglich für die fristgerechte Zahlung innerhalb einer vorgegebenen Skontofrist gewährt.

- Die Berechnung der Anschaffungskosten erfolgt netto. Daher muss bei der Berechnung der Anschaffungspreisminderungen der Netto-Rechnungsbetrag berücksichtigt werden.
- Werte, die mit der Anschaffung des Anlageguts in Verbindung gebracht werden, jedoch nicht zu den Anschaffungskosten gerechnet werden dürfen, werden als Aufwand in der Finanzbuchhaltung berücksichtigt.
  Nicht zu den Anschaffungskosten zählen:
  - regelmäßig wiederkehrende Beträge

    Versicherungsbeträge, Grundsteuer, Kfz-Steuer, Benzin
  - Finanzierungskosten

    Zinsen für ein Darlehen
- Die gezahlte Vorsteuer (Umsatzsteuer) stellt für das Unternehmen einen durchlaufenden Posten dar. Die Vorsteuer darf deshalb bei der Berechnung der Anschaffungskosten nicht berücksichtigt werden.

Erfassung des Zugangs von Anlagegütern

Die Skater e. K. kauft bei der Kranig Maschinen GmbH eine Holzbearbeitungsmaschine auf Ziel ein. Die Rechnung wird 14 Tage nach Rechnungserhalt per Banküberweisung beglichen.

Geschäftsvorfall		Konten	Soll	Haben
① Zugang am 21.01.: Kauf einer Holzbearbeitungsmaschine auf Rechnung		071 Maschinen	26.000,00	
		260 Vorsteuer	4.940,00	
	an	44 Verbindlichkeiten a LuL		30.940,00
② Rechnungsausgleich am 04.02.: Begleichung der Lieferantenrechnung per Banküberweisung		44 Verbindlichkeiten a LuL	30.940,00	
	an	280 Bank		30.940,00

S 071 Maschinen H

S		H	
① 44 Verb. a LuL	26.000,00		

S 44 Verbindlichkeiten a LuL H

S		H	
② 280 Bank	30.940,00	① 071 Maschinen / 260 VSt	30.940,00

S 260 Vorsteuer H

S		H	
① 44 Verb. a LuL	4.940,00		

S 280 Bank H

S		H	
		② 44 Verb. a LuL	30.940,00

Hinweis:
Die ermittelten Anschaffungskosten von 26.000,00 EUR sind auf dem Bestandskonto *071 Maschinen* zu buchen. Diese Buchung stellt die Aktivierung des Anlageguts dar.

7.2 Abschreibung von Anlagegütern

7.2.1 Prinzip der Abschreibung

Das Anlagevermögen steht einem Unternehmen längerfristig zur Verfügung. Im Zeitverlauf können Anlagegüter durch unterschiedliche Gründe, z. B. durch Gebrauch, an Wert verlieren. Diese Wertminderung wird in der Finanzbuchhaltung anhand der sogenannten *Abschreibung auf Sachanlagevermögen* berücksichtigt. Die Anlagegüter lassen sich in abnutzbare und nicht abnutzbare Anlagegüter unterscheiden.

Abnutzbare Anlagegüter	Nicht abnutzbare Anlagegüter
Ein Werteverzehr ist von Beginn der Nutzung an abzusehen. Dieser Werteverzehr wird über den Zeitverlauf durch eine **planmäßige** und gegebenenfalls **außerplanmäßige** Abschreibung berücksichtigt.	Der Wert der Vermögensgegenstände bleibt von Beginn der Nutzung an unverändert. Lediglich unvorhergesehene Ereignisse können durch eine **außerplanmäßige** Abschreibung eine Wertminderung berücksichtigen.
Bilanzpositionen im Anlagevermögen: Gebäude, Fuhrpark, technische Anlagen, Betriebs- und Geschäftsausstattung	**Bilanzpositionen im Anlagevermögen:** Grundstücke, Finanzanlagen

Der Gesetzgeber sieht für die Abschreibung Folgendes vor:

§ 253 HGB: Zugangs- und Folgebewertung

(1) Vermögensgegenstände sind höchstens mit den Anschaffungs- oder Herstellungskosten[1], vermindert um die Abschreibungen nach den Absätzen 3 bis 5, anzusetzen. [...]
(3) Bei Vermögensgegenständen des Anlagevermögens, deren Nutzung zeitlich begrenzt ist, sind die Anschaffungs- oder die Herstellungskosten um planmäßige Abschreibungen zu vermindern. Der Plan muss die Anschaffungs- oder Herstellungskosten auf die Geschäftsjahre verteilen, in denen der Vermögensgegenstand voraussichtlich genutzt werden kann. [...]

[1] Erstellt ein Unternehmen ein Anlagegut zur eigenen Nutzung (Eigenleistung), müssen die sogenannten *Herstellungskosten* aktiviert werden.

Den höchstmöglichen Wertansatz[2] für ein Anlagegut stellen die ermittelten Anschaffungs- oder Herstellungskosten dar. Der Wertansatz wird jährlich um die planmäßige Abschreibung gemindert. Hierfür ist ein Abschreibungsplan zu erstellen, bei dem die Anschaffungs- oder Herstellungskosten über die voraussichtliche Nutzungsdauer planmäßig verteilt werden. Bei der planmäßigen Abschreibung wird im Steuerrecht der Begriff der *Absetzung für Abnutzung (AfA)* verwendet, bei außerplanmäßigen Abschreibungen *Absetzung für außergewöhnliche Abnutzung (AfaA)* oder *Teilwertabschreibung*.

[2] Wertansatz: *Wert eines Vermögensgegenstands, wie er in der Bilanz ausgewiesen wird*

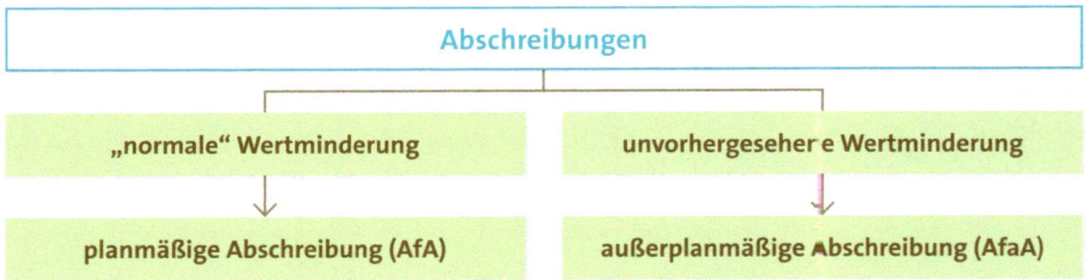

Der Gesetzgeber schreibt für die zeitliche Nutzung von Anlagevermögen die sogenannte *betriebsgewöhnliche Nutzungsdauer (ND)* vor. Sie beruht auf Schätzwerten und wird vom Bundesministerium der Finanzen als sogenannte *AfA-Tabelle*► veröffentlicht.

komplette Liste der AfA-Tabelle

► www.bundesfinanzministerium.de

Beispiele für die vorgeschriebene Nutzungsdauer

Anlagegüter	Nutzungsdauer	Anlagegüter	Nutzungsdauer
PC, Drucker	3 Jahre	Pkw	6 Jahre
Ladeneinrichtungen	8 Jahre	Lkw	9 Jahre
Solaranlagen	10 Jahre	Büromöbel	13 Jahre
Lagerhalle in Leichtbauweise	14 Jahre	Bearbeitungsmaschinen	13 Jahre

Ursachen der Wertminderung von abnutzbaren Gegenständen des Anlagevermögens

Ursache	Erläuterung	Beispiel	
Nutzung	Durch den Gebrauch verringert sich die Lebensdauer der Sachanlage. Je intensiver die Nutzung eines Gegenstandes ist, desto höher der Verschleiß.	Beispiel Abnutzung eines Lkws	planmäßige Abschreibung
technischer Fortschritt	Hierunter fallen alle Neuerungen, die dazu führen, dass mit gegebenen Mitteln jetzt eine größere Menge als zuvor hergestellt werden kann, um das Bruttoinlandsprodukt► zu steigern und somit den Lebensstandard einer Volkswirtschaft zu erhöhen.	Beispiel von der Handarbeit zur Manufaktur und weiter zur Fabrikarbeit	planmäßige Abschreibung
wirtschaftlich überholt	Veränderungen von Strukturen durch eine Änderung der Nachfrage	Beispiele • Viele Reisende steigen von Zügen auf Fernbusse um. In strukturschwachen Gebieten hat dies eine Gleisstilllegung zur Folge. • Umstieg von Handy auf Smartphone	planmäßige Abschreibung
natürlicher Verschleiß	Auch wenn Gegenstände nicht in Gebrauch sind, weisen sie einen natürlichen Verschleiß auf.	Beispiel Nicht gebrauchte Maschine verrostet.	planmäßige Abschreibung
unerwartete Ereignisse	führen zu einer außerplanmäßigen Abschreibung	Beispiele Unfall, Unwetter	außerplanmäßige Abschreibung

Bruttoinlandsprodukt (BIP)

► II • 4.1

Außerplanmäßige Abschreibung

Tritt ein unvorhergesehenes Ereignis ein, das den Wert eines Anlageguts mindert, muss eine außerplanmäßige Abschreibung erfolgen. Eine außerplanmäßige Abschreibung kann sowohl bei abnutzbaren als auch bei nicht abnutzbaren Anlagevermögen eintreten. Ein bestehender Abschreibungsplan ist nach einer außerplanmäßigen Abschreibung auf die neuen Werte anzupassen.

7.2.2 Ermittlung der planmäßigen Wertminderung am Geschäftsjahresende

Eine planmäßige Abschreibung ist nur bei abnutzbaren Anlagegütern erlaubt, denn sie verlieren über die Nutzungsdauer ihren Wert. Als Grundlage für die planmäßige Abschreibung muss ein Abschreibungsplan, für gewöhnlich auf der Grundlage der Nutzungsdauer der AfA-Tabelle, erstellt werden. Der Abschreibungsplan hat die Aufgabe, die Anschaffungs- oder Herstellungskosten über die vorgegebene Nutzungsdauer zu verteilen. Aktuell ist in Deutschland steuerlich lediglich das lineare Abschreibungsverfahren erlaubt. Bei der linearen Abschreibung werden die Anschaffungs- oder Herstellungskosten in gleichen Teilen auf die Nutzungsdauer umgelegt. Die jährliche Wertminderung (Abschreibung) ist über die gesamte Nutzungsdauer gleich.
Der Abschreibungsbetrag lässt sich mit folgender Formel ermitteln:

$$\text{linearer Abschreibungsbetrag} = \frac{\text{Anschaffungskosten oder Herstellungskosten}}{\text{Nutzungsdauer}}$$

Der Gesetzgeber gibt die Nutzungsdauer von 13 Jahren für die Holzbearbeitungsanlage vor. Für die Skater e. K. ergibt sich der jährliche Abschreibungsbetrag:

$$\text{linearer Abschreibungsbetrag} = \frac{26.000{,}00\text{ EUR}}{13\text{ Jahre}} = 2.000{,}00\text{ EUR pro Jahr}$$

Um den Prozentsatz zu ermitteln, den ein Vermögensgegenstand jährlich an Wert verliert, muss der lineare Abschreibungssatz berechnet werden:

$$\text{linearer Abschreibungssatz} = \frac{100\,\%}{\text{Nutzungsdauer}}$$

Für die Skater e. K. ergibt sich der jährliche Abschreibungssatz gemäß der folgenden Rechnung:

$$\text{linearer Abschreibungssatz} = \frac{100\,\%}{13\text{ Jahre}} = 7{,}7\,\%$$

Für die Holzbearbeitungsanlage lautet der lineare Abschreibungsplan:

Abschreibungsplan für	Holzbearbeitungsanlage HBA-15
Zugangsdatum	21. Januar 20..
Anschaffungs- oder Herstellungskosten	26.000,00 EUR
Nutzungsdauer	13 Jahre
Abschreibungsverfahren	linear

		Angaben in EUR	Angaben in Prozent
	Anschaffungskosten	26.000,00	
./.	Abschreibungsbetrag des 1. Nutzungsjahres	2.000,00	7,7
=	Buchwert Ende 1. Jahr	24.000,00	
./.	Abschreibungsbetrag des 2. Nutzungsjahres	2.000,00	7,7
=	Buchwert Ende 2. Jahr	22.000,00	
./.	Abschreibungsbetrag des 3. Nutzungsjahres	2.000,00	7,7
=	Buchwert Ende 3. Jahr	20.000,00	
./.	Abschreibungsbetrag des 4. Nutzungsjahres	2.000,00	7,7
=	Buchwert Ende 4. Jahr	18.000,00	
./.	Abschreibungsbetrag des 5. Nutzungsjahres	2.000,00	7,7
=	Buchwert Ende 5. Jahr	16.000,00	
./.	Abschreibungsbetrag des 6. Nutzungsjahres	2.000,00	7,7
=	Buchwert Ende 6. Jahr	14.000,00	
./.	Abschreibungsbetrag des 7. Nutzungsjahres	2.000,00	7,7
=	Buchwert Ende 7. Jahr	12.000,00	
./.	Abschreibungsbetrag des 8. Nutzungsjahres	2.000,00	7,7
=	Buchwert Ende 8. Jahr	10.000,00	
./.	Abschreibungsbetrag des 9. Nutzungsjahres	2.000,00	7,7
=	Buchwert Ende 9. Jahr	8.000,00	
./.	Abschreibungsbetrag des 10. Nutzungsjahres	2.000,00	7,7
=	Buchwert Ende 10. Jahr	6.000,00	
./.	Abschreibungsbetrag des 11. Nutzungsjahres	2.000,00	7,7
=	Buchwert Ende 11. Jahr	4.000,00	
./.	Abschreibungsbetrag des 12. Nutzungsjahres	2.000,00	7,7
=	Buchwert Ende 12. Jahr	2.000,00	
./.	Abschreibungsbetrag des 13. Nutzungsjahres	2.000,00	7,7
=	Buchwert Ende 13. Jahr	0,00 (1,00)	Summe = 100 %

Am Ende des Abschreibungsplans ist der Wert des Anlageguts null. Für das Buchführungsprogramm wäre dann das Anlagegut nicht mehr im Unternehmen vorhanden. Steht das Anlagegut dem Unternehmen nach der Abschreibung weiterhin zur Verfügung, wird es mit 1,00 EUR – dem sogenannten *Erinnerungswert* – in den Büchern geführt.

7.2.3 Erfassung der planmäßigen Wertminderung am Geschäftsjahresende

Für ein Unternehmen stellen Abschreibungen Aufwendungen dar und mindern damit den Gewinn. Die jährliche Wertminderung des Anlagevermögens wird im Aufwandskonto *652 Abschreibungen auf Sachanlagen*[1] gebucht. Am Geschäftsjahresende wird das Aufwandskonto, wie bekannt, auf das GuV abgeschlossen.

[1] *652 Abschreibungen auf Sachanlagen* wird mit *652 Abschreibung* abgekürzt.

Der Zugang der Holzbearbeitungsanlage wurde bereits oben gebucht. Der berechnete jährliche lineare Abschreibungsbetrag beträgt 2.000,00 EUR. Die Buchung der Abschreibung für das erste Nutzungsjahr in der Skater e. K. sieht wie folgt aus:

Geschäftsvorfall	Konten	Soll	Haben
① Abschreibung von Sachanlagen am Geschäftsjahresende	652 Abschreibung	2.000,00	
	an 071 Maschinen		2.000,00
② Abschlussbuchung Aufwandskonto	802 GuV	2.000,00	
	an 652 Abschreibung		2.000,00
③ Abschlussbuchung Bestandskonto	801 SBK	24.000,00	
	an 071 Maschinen		24.000,00

S — 071 Maschinen — H

S		H	
44 Verb. a LuL	26.000,00	① 652 Abschreibung	2.000,00
		③ 801 SBK	24.000,00
	26.000,00		26.000,00

S — 652 Abschreibung — H

S		H	
① 071 Maschinen	2.000,00	② 802 GuV	2.000,00
	2.000,00		2.000,00

Soll — 801 SBK — Haben

Soll		Haben	
③ 071 Maschinen	24.000,00		

Soll — 802 GuV — Haben

Soll		Haben	
② 652 Abschreibung	2.000,00		

Hinweise:
- Auf die Darstellung von weiteren Konten wird verzichtet.
- Durch die Erfassung der Wertminderung auf dem Bestandskonto *071 Maschinen* wird am Geschäftsjahresende der aktuelle Buchwert ausgewiesen.
- Der Buchwert wird im Folgejahr wieder um den Abschreibungsbetrag gemindert.
- Die Abschreibung wird im GuV auf der Sollseite gebucht und mindert den Gewinn für das Geschäftsjahr – hier: 2.000,00 EUR.

Vorteile der linearen Abschreibung:
- Die gleichbleibenden Abschreibungsbeträge ermöglichen bei der Aufstellung des Abschreibungsplans eine einfache und nur einmalige Berechnung der Beträge.
- Die Aufwendungen durch die Abschreibung sind über die Nutzungsdauer hinaus vergleichbar.
- Sie ist sowohl handelsrechtlich als auch steuerrechtlich zugelassen.

7.2.4 Unterjährige Anschaffung von Anlagegütern

Schafft ein Unternehmen ein Anlagegut während eines Geschäftsjahres an, muss die Wertminderung im Anschaffungsjahr zeitanteilsmäßig berücksichtigt werden. In der Praxis erfolgt die Abschreibung monatsgenau. Der Monat der Anschaffung wird mitberücksichtigt – unabhängig davon, ob das Anlagegut am ersten oder am letzten Tag des Kalendermonats dem Unternehmen zugegangen ist.

Erfolgt die Veräußerung eines Anlageguts noch während der Abschreibungsphase, *kann* der Veräußerungsmonat mit abgeschrieben werden.

Die Skater e. K. kauft am 20. Mai 20.. einen PC für 1.800,00 EUR auf Ziel. Die Nutzungsdauer beträgt gemäß der AfA-Tabelle 3 Jahre.

Zeitanteilige Abschreibung für die gesamte Nutzungsdauer:

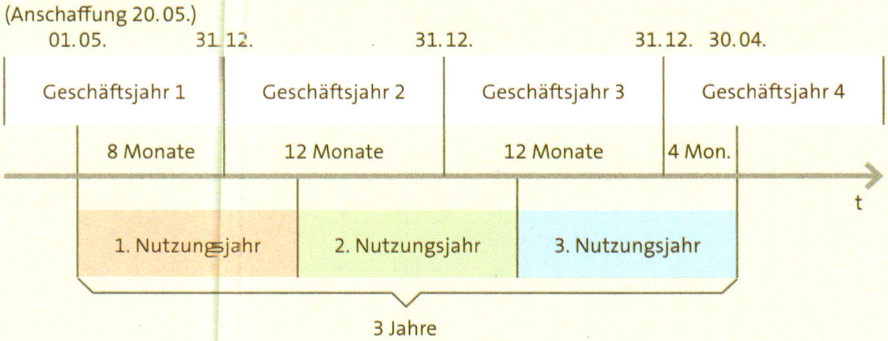

Der Abschreibungsplan für den PC weist im ersten Nutzungsjahr die zeitanteilige Abschreibung für 8 Monate aus. Folglich muss im letzten Nutzungsjahr über 4 Monate abgeschrieben werden.
Berechnung der linearen Abschreibungsbeträge:

$$\text{jährlicher linearer Abschreibungsbetrag} = \frac{1.800{,}00\ \text{EUR}}{3\ \text{Jahre}} = 600{,}00\ \text{EUR pro Jahr}$$

$$\text{monatlicher linearer Abschreibungsbetrag} = \frac{600{,}00\ \text{EUR}}{12\ \text{Monate}} = 50{,}00\ \text{EUR pro Monat}$$

Abschreibungsplan für	PC
Zugangsdatum	20. Mai 20..
Anschaffungs- oder Herstellungskosten	1.800,00 EUR
Nutzungsdauer	3 Jahre
Abschreibungsverfahren	linear

		Angaben in EUR	Angaben in Prozent (gerundet)
	Anschaffungskosten	1.800,00	
./.	Abschreibungsbetrag des 1. Nutzungsjahres	400,00	22,2
=	Buchwert Ende 1. Jahr	1.400,00	
./.	Abschreibungsbetrag des 2. Nutzungsjahres	600,00	33,3
=	Buchwert Ende 2. Jahr	800,00	
./.	Abschreibungsbetrag des 3. Nutzungsjahres	600,00	33,3
=	Buchwert Ende 3. Jahr	200,00	
./.	Abschreibungsbetrag des 4. Nutzungsjahres	200,00	11,1
=	Buchwert Ende 4. Jahr	0,00 (1,00)	Summe = 100 %

Geschäftsvorfall	Konten	Soll	Haben
① Zugang am 20. Mai: Kauf eines PC auf Rechnung	087 BGA	1.800,00	
	260 Vorsteuer	342,00	
	an 44 Verbindlichkeiten a LuL		2.142,00
② Abschreibung von Sachanlagen am Geschäftsjahresende	652 Abschreibung	400,00	
	an 087 BGA		400,00
③ Abschlussbuchung Aufwandskonto	802 GuV	400,00	
	an 652 Abschreibung		400,00
④ Abschlussbuchung Bestandskonto	801 SBK	1.400,00	
	an 087 BGA		1.400,00

S	087 BGA		H
① 44 Verb. a LuL	1.800,00	② 652 Abschreibung	400,00
		④ 801 SBK	1.400,00
	1.800,00		1.800,00

S	652 Abschreibung		H
② 087 BGA	400,00	③ 802 GuV	400,00
	400,00		400,00

S	260 Vorsteuer		H
① 44 Verb. a LuL	342,00		

S	44 Verbindlichkeiten a LuL		H
		① 087 BGA/260 VSt	2.142,00

Soll	801 SBK		Haben
④ 087 BGA	1.400,00		

Soll	802 GuV		Haben
③ 652 Abschreibung	400,00		

Hinweise:

- Auf die Darstellung von weiteren Konten wird verzichtet.
- Durch die Erfassung der Abschreibung wird am Geschäftsjahresende der aktuelle Buchwert ausgewiesen.
- Der Buchwert wird im Folgejahr um den gesamten Abschreibungsbetrag für ein Jahr gemindert.
- Die Abschreibung wird im GuV auf der Sollseite gebucht und mindert den Gewinn für das Jahr der Anschaffung um 400,00 EUR.

zusätzliche Aufgaben zu Kapitel 7
▶ Webcode WGW_V_7_A-Zusatz

Aufgaben ▸ zu Kapitel 7

1. Die Grind Maschinenbau GmbH kauft im Januar eine neue Produktionsanlage für 950.000,00 EUR (netto) zzgl. USt auf Rechnung. Die Transportkosten belaufen sich auf 4.700,00 EUR (netto) zzgl. USt, die mit einem Zahlungsziel von 14 Tagen in Rechnung gestellt werden. Um die Maschine am vorgesehenen Standort aufstellen zu können, musste das Fundament verbessert werden. Für diese Umbaumaßnahmen wurden 13.700,00 EUR (netto) zzgl. USt in Rechnung gestellt. Der Lieferant stellt für die Aufstellung, Inbetriebnahme und Einweisung 6.600,00 EUR (netto) zzgl. USt in Rechnung. Die TÜV-Abnahmestelle stellte einen Gebührenbescheid über 500,00 EUR (netto) zzgl. USt aus, der bar bezahlt wurde. Auf den Listenpreis bekommt die Grind Maschinenbau GmbH 10 % Rabatt.
   1.1 Berechnen Sie die Anschaffungskosten.
   1.2 Berechnen Sie den Überweisungsbetrag.
   1.3 Bilden Sie den Buchungssatz für die Anschaffung.
2. Die Beton Breitscheid GmbH benötigt einen neuen Lkw. Der Preis laut Liste beträgt 200.000,00 EUR auf Ziel. Die Beton Breitscheid GmbH erhält 15 % Rabatt auf den Listenpreis. Für die Überführungskosten berechnet das Autohaus 3.094,00 EUR inkl. USt ebenfalls auf Ziel. Die Zulassungsgebühren belaufen sich auf 80,00 EUR netto und die Kosten für die Kennzeichen inkl. USt auf 58,31 EUR. Die Zulassungsgebühren und die Kosten für die Kennzeichen werden bei der Anmeldung des Fahrzeugs sofort bezahlt. Der jährliche Versicherungsbeitrag von 3.150,00 EUR und die Kfz- Steuer von 600,00 EUR werden per Bankeinzug beglichen. Der Einbau einer zum Einsatz benötigten Werkzeugkiste auf die Zugmaschine kostet die GmbH brutto 1.071,00 EUR auf Ziel. Für den Sitzbezug des Fahrersitzes werden sofort 160,65 EUR inkl. USt fällig.
   2.1 Berechnen Sie die Anschaffungskosten.
   2.2 Bilden Sie die Buchungssätze für die Anschaffungen und die jährlichen Kosten.
   2.3 Begründen Sie die Buchungsweise von Rabatten bei Anlagegütern.
3. Die Grind Maschinenbau GmbH steht am Ende des Geschäftsjahres und muss für die Produktionsanlage einen Abschreibungsplan aufstellen (Fortsetzung von Aufgabe 1).
   3.1 Erstellen Sie den Abschreibungsplan. Die Abschreibung erfolgt linear über 7 Jahre.
   3.2 Erklären Sie, was unter der linearen Abschreibungsmethode zu verstehen ist, und erläutern Sie je zwei Vor- und Nachteile dieser Methode.
   3.3 Welche Auswirkungen im Allgemeinen hat die Abschreibung auf das Ergebnis eines Unternehmens? Erläutern Sie darüber hinaus die Auswirkungen der linearen Abschreibungsmethode.
4. Die Sprudel Rud GmbH benötigt eine Abfüllanlage für Mineralwasser, Anschaffungskosten 560.000,00 EUR, Nutzungsdauer 10 Jahre. Für die am 10. April angeschaffte Anlage wählt das Unternehmen die lineare Methode.
   4.1 Buchen Sie den Zugang und den Rechnungsausgleich im Grund- und Hauptbuch ▸. Gehen Sie davon aus, dass die Anlage auf Rechnung gekauft wurde und die Überweisung 20 Tage später getätigt wurde.
   4.2 Erstellen Sie einen Abschreibungsplan für die Anlage.
   4.3 Buchen Sie den Sachverhalt für die ersten beiden Nutzungsjahre im Grund- und Hauptbuch.

Vorlage für die Bearbeitung der Aufgabe 4
▶ Webcode WGW_V_7_A4

5. Ein Sägewerk kauft am 29. Juli eine mobile Säge im Wert von 80.000,00 EUR. Die Nutzungsdauer ist laut AfA-Tabelle auf 8 Jahre festgelegt.

5.1 Erstellen Sie einen Abschreibungsplan für die mobile Säge.

5.2 Buchen Sie den Sachverhalt für das erste Nutzungsjahr im Grund- und Hauptbuch ►. Gehen Sie davon aus, dass die Anlage auf Rechnung gekauft wurde und die Überweisung 10 Tage später getätigt wurde.

Vorlage für die Bearbeitung der Aufgabe 5

► Webcode WGW_V_7_A5

6. Die Eisen & Stahl Handel GmbH & Co. KG liefert der Skater e. K. zwei neue Lagerregale auf Rechnung. Für die Montage liegt eine weitere Rechnung vor.

6.1 Berechnen Sie die Anschaffungskosten.

6.2 Buchen Sie den Zugang des Anlagevermögens.

6.3 Nehmen Sie den Ausgleich der Rechnungen vor.

6.4 Führen Sie die Abschreibung für das erste Nutzungsjahr im Grund- und Hauptbuch durch. Gehen Sie von einer Nutzungsdauer von 15 Jahren aus.

Eisen & Stahl Handel GmbH & Co. KG • Berliner Str. 55 • 78628 Rottweil

Skater e. K.
Industriestr. 15
78224 Singen am Hohentwiel

Beleg-Nr. 01

Bitte bei Zahlung immer angeben:

Ihre Kundennummer: 448500
Rechnungsnummer: 9620-7423

Name: Birgit Lindner
Telefon: 0741 89xx-6
Telefax: 0741 89xx-5
E-Mail: birgit.lindner@eisenundstahl.dex

Datum: 10.07.20..

Rechnung zum Auftrag Nummer 9620-7423
Leistungsmonat: Juli 20..

Pos.	Art.-Nr.	Bezeichnung	Menge	Einzelpreis EUR	Rabatt %	Betrag EUR
1	362598	Lagerregal medi smart	2	23.000,00		46.000,00
2	84322	Transport				1.300,00
Warenwert (exkl. USt)						47.300,00
Umsatzsteuer 19 %						8.987,00
Rechnungsbetrag (inkl. USt)						**56.287,00**

Montage Express GmbH • Waldstr. 15 d • 78628 Rottweil

Skater e. K.
Industriestr. 15
78224 Singen am Hohentwiel

Beleg-Nr. 02

Bitte bei Zahlung immer angeben:

Ihre Kundennummer: 241638
Rechnungsnummer: 333-14853

Name: Kai Roth
Telefon: 0741 32xx-11
Telefax: 0741 32xx-82
E-Mail: Kai.Roth@montage-express.dex

Datum: 29.07.20..

Rechnung zum Auftrag Nummer 333-14853
Leistungsmonat: Juli 20..

Pos.	Art.-Nr.	Bezeichnung	Menge	Einzelpreis EUR	Rabatt %	Betrag EUR
1	1673	Montage				4.200,00
Warenwert (exkl. USt)						4.200,00
Umsatzsteuer 19 %						798,00
Rechnungsbetrag (inkl. USt)						**4.998,00**

7. Ihnen liegt ein Beleg (siehe folgende Seite) zur Buchung[1] vor:

7.1 Welcher Geschäftsvorfall liegt hier vor?

7.2 Buchen Sie den Zugang im Grund- und Hauptbuch ►.

7.3 Die Rechnung wird am 15. Juli per Banküberweisung beglichen. Bilden Sie den Buchungssatz.

[1] Buchungsanweisung: Die Abschreibung des Schreibtischs erfolgt über 13 Jahre linear. Der Druckertoner und das Papier werden als Sofortaufwand auf das Konto *Büromaterial* gebucht.

Vorlage für die Bearbeitung der Aufgabe 7

► Webcode WGW_V_7_A7

7.4 Erstellen Sie einen Abschreibungsplan. Die Nutzungsdauer des Schreibtischs liegt bei 13 Jahren. Annahme: Kalenderjahr entspricht dem Geschäftsjahr.

Rechnung zum Auftrag Nummer 4268 vom 14. Mai 20..
Leistungsmonat: Juni 20..

Pos.	Art.-Nr.	Bezeichnung	Menge	Einzelpreis EUR	Rabatt %	Betrag EUR
1	St357	Schreibtisch, Kirsche 90 cm × 140 cm	1	2.340,00		2.340,00
2	Co159	Tonpapier 130 g/m²	150	5,00		750,00
3	BS483	Druckertoner – spezial	5	60,00		300,00
Warenwert (exkl. USt)						3.390,00
Umsatzsteuer 19 %						644,10
Rechnungsbetrag (inkl. USt)						**4.034,10**

Der Rechnungsbetrag ist 14 Tage nach Rechnungsdatum fällig.

7.5 Buchen Sie die Abschreibung am Ende des 1. Geschäftsjahres.

7.6 Was ist grundsätzlich bei der Anschaffung von Anlagevermögen im laufenden Geschäftsjahr zu berücksichtigen?

FALLSTUDIE Beleggeschäftsgang

Fallstudie Beleggeschäftsgang
► Webcode WGW_V_7

Zur Übung und Vertiefung der in der Bildungsplaneinheit 5 „Einführung in das externe Rechnungswesen“ vermittelten Sachverhalte wird über Webcode ► eine Fallstudie angeboten, in der ein komplexer Geschäftsgang anhand von Belegen gebucht werden soll.

Interaktive Übung „Single-Choice-Test“

Zusammenfassung: 7 Erfassung des Anlagevermögens

Anschaffungskosten

Vermögensgegenstände des Anlagevermögens stehen einem Unternehmen langfristig zur Verfügung und sind mit den Anschaffungskosten zu aktivieren.

Die Berechnung erfolgt immer ohne Vorsteuer!

Berechnung Anschaffungskosten gemäß § 255 HGB

Anschaffungspreis
\+ Anschaffungsnebenkosten
./. Anschaffungspreisminderungen
= aktivierungspflichtige Anschaffungskosten

- Nachträgliche Preisminderungen werden direkt auf das Anlagekonto gebucht und eine Korrektur der Vorsteuer ist vorzunehmen.
- Finanzierungskosten gehören nicht zu den Anschaffungskosten.

Abschreibung

= Erfassung der Wertminderung von Vermögensgegenständen (§ 253 HGB)

- Berechnungsgrundlage für planmäßige Abschreibungen stellen die Anschaffungs- oder Herstellungskosten dar.
- Abschreibungen sind Aufwendungen und mindern den Gewinn.
- Die Abschreibung finden monatsgenau statt.
- Der Anschaffungsmonat kann im ersten Nutzungsjahr voll berücksichtigt werden.

Lineare Abschreibungsmethode

- gleichmäßige Verteilung der Anschaffungs- oder Herstellungskosten über die Nutzungsdauer
- jährlich gleiche Abschreibungsbeträge über die Dauer der Abschreibung
- Buchwert nimmt linear ab.

Formel für den Abschreibungssatz

$$\text{Abschreibungssatz} = \frac{100\,\%}{\text{Nutzungsdauer}}$$

Berechnung des jährlichen Abschreibungsbetrags

$$\text{Abschreibungsbetrag} = \frac{\text{Anschaffungskosten oder Herstellungskosten}}{\text{Nutzungsdauer}}$$

Buchhalterische Erfassung des Kaufs von Anlagegütern und der Abschreibung

1. Kauf von Anlagegütern (Zugangsbewertung)

	Konten	
	Aktives Bestandskonto	Kauf von Vermögensgegenständen auf Ziel
	260 Vorsteuer	
an	44 Verbindlichkeiten a LuL	

2. Buchung der jährlichen Abschreibung

	Konten	
	652 Abschreibungen auf Sachanlagen	Buchung der Abschreibung (Wertminderung)
an	Aktives Bestandskonto	

3. Abschluss des Erfolgskontos auf das GuV

	Konten	
	802 GuV	Abschluss des Aufwandskontos auf das GuV
an	652 Abschreibungen auf Sachanlagen	

Selbsteinschätzung – V Einführung in das externe Rechnungswesen

Nr.	Ich kann ...	Noch Probleme? → Erklärungen und Aufgaben im Buch:
1	die Teilaufgaben und Teilgebiete des Rechnungswesens erklären.	Kapitel 1, Aufgaben 1 bis 4
2	erklären, was man unter den Grundsätzen ordnungsmäßiger Buchführung und Bilanzierung (GoB) versteht.	Kapitel 1, Aufgabe 4
3	anhand der gesetzlichen Grundlagen erklären, warum ein Kaufmann eine Inventur durchführen muss, was man unter einer Inventur versteht und welche Inventurverfahren der Gesetzgeber zulässt.	Kapitel 2, Aufgaben 1 bis 4
4	die Begriffe *Inventur, Inventar* und *Bilanz* voneinander abgrenzen und die Unterschiede erläutern.	Kapitel 2, Aufgabe 6
5	Soll- und Istwerte voneinander abgrenzen.	Kapitel 2.1.2
6	Forderungen und Verbindlichkeiten voneinander abgrenzen.	Kapitel 2.1.4
7	Anlage- und Umlaufvermögen definieren und geeignete Beispiele dazu geben.	Kapitel 2.1.4, Aufgabe 5
8	erklären, wie eine Bilanz aufgebaut ist.	Kapitel 2.2
9	für die Bilanz verschiedene Gleichungen ableiten.	Kapitel 2.2
10	aus gegebenen Inventurwerten ein Inventar erstellen, das Reinvermögen berechnen und darauf aufbauend eine Bilanz erstellen.	Kapitel 2, Aufgabe 7
11	zwischen Eigen- und Fremdbelegen unterscheiden.	Kapitel 3.1, Aufgabe 2
12	Werteveränderungen auf Bestandskonten verstehen und buchen.	Kapitel 3.1, Aufgaben 1, 4, 5 und 7
13	die Bedeutung von ergebniswirksamen und -unwirksamen Geschäftsvorfällen erklären.	Kapitel 3.1
14	den Aufbau eines T-Kontos erklären.	Kapitel 3.2
15	anhand von Belegen erkennen, welcher Geschäftsvorfall vorliegt, und diesen entsprechend auf den betreffenden Konten buchen.	Kapitel 3.2, Aufgabe 4
16	Bestandskonten führen, Geschäftsvorfälle auf die Konten buchen und am Geschäftsjahresende eine Schlussbilanz erstellen.	Kapitel 3.2, Aufgabe 5 bis 8

Nr.	Ich kann ...	Noch Probleme? → Erklärungen und Aufgaben im Buch:
17	einfache und zusammengesetzte Buchungssätze anhand von Geschäftsvorfällen im Grundbuch erstellen.	Kapitel 3.3, Aufgaben 3 bis 8
18	ein Eröffnungs- und ein Schlussbilanzkonto erstellen. Die Abschlussbuchungen von Konten sind kein Problem für mich.	Kapitel 3.4, Aufgaben 5 bis 8
19	Privateinlagen und Privatentnahmen auf entsprechende Konten buchen und verstehe, dass beide ergebnisneutral sind.	Kapitel 3.5, Aufgaben 7 und 8
20	Gründe für das Führen eines Privatkontos im Unternehmen erläutern.	Kapitel 3.5
21	Grund-, Haupt- und Nebenbücher klar voneinander abgrenzen und die jeweiligen Aufgaben beschreiben.	Kapitel 4.2, Aufgabe 1
22	den Kontenrahmen lesen und mich darauf schnell zurechtfinden.	Kapitel 4.3, Aufgabe 1
23	die Bedeutung eines Kontenrahmenplans für ein Unternehmen erklären.	Kapitel 4.3, Aufgabe 1
24	die Begriffe *Aufwendungen* und *Erträge* voneinander abgrenzen.	Kapitel 5.1
25	die Aufwands- und Ertragskonten führen, am Geschäftsjahresende die Abschlussbuchungen über das GuV durchführen und den Periodenerfolg ermitteln.	Kapitel 5.2 und 5.3, Aufgaben 1 bis 4
26	Bestands- und Aufwandskonten unterscheiden und Buchungen auf den Konten vornehmen.	Kapitel 5.2, Aufgaben 1 bis 4
27	die doppelte Ergebnisermittlung erläutern.	Kapitel 5.3
28	die unterschiedlichen Werkstoffe, fertige Erzeugnisse und Handelswaren voneinander abgrenzen.	Kapitel 6.1
29	den Beschaffungsprozess von Handelswaren erklären und buchen.	Kapitel 6.2, Aufgabe 1
30	den Einkauf von Werkstoffen und den Verkauf von fertigen Erzeugnissen abbilden.	Kapitel 6.3, Aufgaben 2 bis 7
31	den Verbrauch von Roh-, Hilfs- und Betriebsstoffen ermitteln.	Kapitel 6.3, Aufgaben 2 bis 7
32	die Auswirkungen von Bestandsmehrungen bzw. Bestandsminderungen auf das GuV erklären und darstellen.	Kapitel 6.4, Aufgaben 3 und 4
33	den Wertschöpfungsprozess skizzieren.	Kapitel 6.5.2

Nr.	Ich kann …	Noch Probleme? → Erklärungen und Aufgaben im Buch:
34	erklären, welche Bedeutung die Umsatzsteuer in einem Unternehmen hat und wie sie buchhalterisch bei einem Einkaufs- bzw. Verkaufsprozess zu erfassen ist.	Kapitel 6.5, Aufgaben 5 bis 8
35	eine Eingangsrechnung von einer Ausgangsrechnung unterscheiden und weiß, wie beide zu buchen sind.	Kapitel 6.5.2, Aufgaben 5 bis 8
36	eine Zahllast bzw. einen Vorsteuerüberhang ermitteln und die entsprechenden Buchungen vornehmen.	Kapitel 6.5.3, Aufgaben 5 bis 8
37	den Einkauf von Werkstoffen mit Rücksendungen im Grund- und Hauptbuch buchen.	Kapitel 6.6, Aufgabe 9
38	den Verkauf von fertigen Erzeugnissen unter Ausnutzung von Kundenskonto im Grund- und Hauptbuch buchen.	Kapitel 6.6, Aufgabe 9
39	den Nettoskonto berechnen.	Kapitel 6.6, Aufgabe 9
40	die Umsatzsteuerkorrektur vornehmen.	Kapitel 6.6
41	die Anschaffungskosten von Anlagegütern berechnen und dabei erläutern, was unter Anschaffungsnebenkosten und Anschaffungspreisminderungen zu verstehen ist.	Kapitel 7.1, Aufgaben 1 und 2
42	erläutern, was nicht zu den Anschaffungskosten zählt.	Kapitel 7.1
43	zwischen Rabatt und Skonto unterscheiden.	Kapitel 7.1
44	die Zugangsbuchung von Anlagegütern im Grund- und Hauptbuch durchführen.	Kapitel 7.1, Aufgaben 1 und 2
45	Gründe für Abschreibungen nennen und dabei zwischen planmäßiger und außerplanmäßiger Abschreibung unterscheiden.	Kapitel 7.2, Aufgaben 3 bis 6
46	die lineare Abschreibungsmethode beschreiben und die Vorteile dieser Methode erläutern.	Kapitel 7.2, Aufgaben 3 bis 7
47	für Anlagegüter einen Abschreibungsplan mittels einer AfA-Tabelle erstellen.	Kapitel 7.2, Aufgaben 3 bis 7
48	einen monatsgenauen Abschreibungsplan für Anlagegüter erstellen und diese Abschreibung im Grund- und Hauptbuch buchen.	Kapitel 7.2, Aufgaben 4 bis 7
49	die Abschreibung im Grund- und Hauptbuch erfassen.	Kapitel 7.2, Aufgaben 3 bis 7
50	die Auswirkungen einer Abschreibung auf den Gewinn bzw. den Verlust erläutern.	Kapitel 7.2

A

B

H

I

S

T

U

Cover: Shutterstock.com/Rawpixel.com; **S. 8.1** stock.adobe.com / industrieblick; **S. 8.2** Shutterstock.com / My Life Graphic; **S. 12** stock.adobe.com / Varina Patel; **S. 13.1** Shutterstock.com / Chris Bourloton; **S. 13.2** Shutterstock.com / MSSA; **S. 13.3** Shutterstock.com / Dmitry Lobanov; **S. 14** stock.adobe.com / MaciejBledowski; **S. 15** Shutterstock.com / Featureflash; **S. 16** Shutterstock.com / Goskova Tatiana; **S. 17** Shutterstock.com / Roman Debree; **S. 18** Shutterstock.com / Marcos_Casado; **S. 19** Shutterstock.com / ssuaphotos; **S. 20** stock.adobe.com / Michael Wilkens; **S. 21** Shutterstock.com / sutadimages; **S. 22** Shutterstock.com / Volodymyr Krasyuk; **S. 23** stock.adobe.com / Georgios Kollidas; **S. 27** Shutterstock.com / PhotoRoman; **S. 30** stock.adobe.com / WavebreakMediaMicro; **S. 31** stock.adobe.com / joseduardo; **S. 32** stock.adobe.com / drubig-photo; **S. 36.1** Shutterstock.com / Dean Drobot; **S. 36.2** Shutterstock.com / Peter Bernik; **S. 37** Shutterstock.com / Cecilia Lim H M; **S. 38.1** Shutterstock.com / Jomic; **S. 38.2** Shutterstock.com / archetype; **S. 39** Shutterstock.com / Artist_R; **S. 40** Shutterstock.com / Gorb Andrii; **S. 41.1** Shutterstock.com / beats1; **S. 41.2** Shutterstock.com / BERNATSKAIA OKSANA; **S. 42.1** Shutterstock.com / photo.ua; **S. 42.2** Shutterstock.com / photo.ua; **S. 43** Shutterstock.com / Sudowoodo; **S. 44.1** Shutterstock.com / Pictrider; **S. 44.2** Shutterstock.com / majeczka; **S. 45.1** Shutterstock.com / Beneda Miroslav; **S. 45.2** Shutterstock.com / Anna Moskvina; **S. 45.3** Shutterstock.com / Rudy Umans; **S. 45.4** Shutterstock.com / XXLPhoto; **S. 46.1** Shutterstock.com / M. Shcherbyna; **S. 46.2** Shutterstock.com / StevenK; **S. 48.1** stock.adobe.com / Vlad Turchenko; **S. 48.2** Shutterstock.com / Lijphoto; **S. 48.3** Shutterstock.com / Sicco Hesselmans; **S. 49** Bergmoser + Höller Verlag AG; **S. 54** dpa Picture-Alliance / AP Photo; **S. 55** Shutterstock.com / Valentyn Volkov; **S. 60.1** stock.adobe.com / Juulijs; **S. 60.2** Shutterstock.com / THPStock; **S. 60.3** Shutterstock.com / Daniele Pietrobelli; **S. 60.4** Shutterstock.com / Erlo Brown; **S. 60.5** Shutterstock.com / Adam J; **S. 62.1** dpa Picture-Alliance / dpa-infografik; **S. 62.2** dpa Picture-Alliance / dpa-infografik; **S. 63** stock.adobe.com / steinerpicture / Steiner Wolfgang / bildfokus.at; **S. 65** Shutterstock.com / Romolo Tavani; **S. 66.1** stock.adobe.com / ROBERT WILKOS / RobbieWi; **S. 66.2** stock.adobe.com / lovelyday12; **S. 69** Shutterstock.com / FoodAndPhoto; **S. 70.1** Joscha Belling, Berlin; **S. 70.2** Shutterstock.com / Anatoly Menzhiliy; **S. 76** Shutterstock.com / alessandro guerriero; **S. 78** Shutterstock.com / supergenijalac; **S. 81** Joscha Belling, Berlin; **S. 85** Shutterstock.com / Tim UR; **S. 87** Shutterstock.com / Edler von Rabenstein; **S. 88** Shutterstock.com / wavebreakmedia; **S. 90.1** Shutterstock.com / CK Foto; **S. 90.2** Shutterstock.com / Kapitula Olga; **S. 90.3** Shutterstock.com / nuvolanevicata; **S. 92** dpa Picture-Alliance / dpa-infografik; **S. 93** Shutterstock.com / Maryrova; **S. 95** dpa Picture-Alliance / dpa-infografik; **S. 96** Shutterstock.com / optimarc; **S. 98.1** Shutterstock.com / Ruslan Kudrin; **S. 98.2** stock.adobe.com / Copyright Katrin Henning / Katrin Henning; **S. 98.3** stock.adobe.com / weber.stricker@gmail.com / Visions-AD; **S. 99.1** akg-images / François Guénet; **S. 99.2** stock.adobe.com / M. Schuppich; **S. 100** stock.adobe.com / Henry Czauderna; **S. 101** Shutterstock.com / ESB Professional; **S. 102** Shutterstock.com / Wit Olszewski; **S. 103** Statista.com; **S. 104** stock.adobe.com / industrieblick; **S. 105** Shutterstock.com / strannik72; **S. 111.1** Shutterstock.com / Nowik Sylwia; **S. 111.2** Shutterstock.com / DutchScenery; **S. 115** Shutterstock.com / racorn; **S. 116** © The Economist Group Limited, London (27.11.2020); **S. 126** Cornelsen / Claudia Hild; **S. 127** stock.adobe.com / CrazyCloud; **S. 129.1** Cornelsen / Claudia Hild; **S. 129.2** stock.adobe.com / Fiedels; **S. 131** Shutterstock.com / Everett Historical; **S. 134** Cornelsen / Claudia Hild; **S. 137.1** Shutterstock.com / Dmitry Kalinovsky; **S. 137.2** Shutterstock.com / Sergey Novikov; **S. 137.3** Shutterstock.com / Syda Productions; **S. 137.4** Shutterstock.com / Phase4Studios; **S. 138** dpa Picture-Alliance / AP / ASSOCIATED PR; **S. 144** stock.adobe.com / ecolo; **S. 145.1** stock.adobe.com / stockWERK; **S. 145.2** dpa Picture-Alliance / dpa-infografik; **S. 149** dpa Picture-Alliance / dpa-infografik; **S. 150** Shutterstock.com / creativica; **S. 155.1** Shutterstock.com / Marian Weyo; **S. 155.2** Shutterstock.com / Kaesler Media; **S. 155.3** Shutterstock.com / TunedIn by Westend61; **S. 155.4** Shutterstock.com / View Apart; **S. 156.1** stock.adobe.com / industrieblick; **S. 156.2** stock.adobe.com / schulzfoto; **S. 158.1** stock.adobe.com / M. Johannsen; **S. 158.2** Shutterstock.com / Alaettin YILDIRIM; **S. 158.3** Shutterstock.com / tulchinskiy; **S. 158.4** Shutterstock.com / tulchinskiy; **S. 159.1** stock.adobe.com / doris oberfrank-list; **S. 159.2** stock.adobe.com / Photographee.eu; **S. 159.3** stock.adobe.com / Gina Sanders; **S. 159.4** stock.adobe.com / jarun011; **S. 160** stock.adobe.com / AnastasiiaUsoltceva; **S. 162.1** dpa Picture-Alliance / dpa-infografik; **S. 162.2** Cornelsen / Claudia Hild; **S. 167** stock.adobe.com / skywalk154; **S. 169** Shutterstock.com / Prostock-studio; **S. 171.1** Shutterstock.com / istorsvetlana; **S. 171.2** dpa Picture-Alliance / dpa-infografik; **S. 173** stock.adobe.com / stockpics; **S. 174.1** dpa Picture-Alliance / dpa-infografik; **S. 174.2** Shutterstock.com / MintArt; **S. 175.1** dpa Picture-Alliance / dpa-infografik; **S. 175.2** stock.adobe.com / psdesign1; **S. 175.3** Cornelsen / Claudia Hild; **S. 180.1** Shutterstock.com / chaoss; **S. 180.2** Shutterstock.com / Pressmaster; **S. 180.3** stock.adobe.com / Dan Race; **S. 181.1** Shutterstock.com / Radoslaw Maciejewski; **S. 181.2** Shutterstock.com / Salah Ait Mokhtar; **S. 182** Shutterstock.com / bane.m; **S. 188** Shutterstock.com / Andrey_Popov; **S. 190** Shutterstock.com / oneinchpunch; **S. 195** Shutterstock.com / New Africa; **S. 198** Shutterstock.com / AFPics; **S. 202** Shutterstock.com / www.BillionPhotos.com; **S. 204** Shutterstock.com / gemphoto; **S. 208** Shutterstock.com / Jaromir Chalabala; **S. 211** Shutterstock.com / totojang1977; **S. 214** Shutterstock.com / blocberry; **S. 216** Cornelsen / Claudia Hild; **S. 217** Cornelsen / Claudia Hild; **S. 218** Shutterstock.com / Oleksiy Mark; **S. 220** Reinhard Löffler, Dinkelsbühl; **S. 225** Shutterstock.com / Tyler Olson; **S. 227** Shutterstock.com / BLACKDAY; **S. 228** stock.adobe.com / ViewApart; **S. 230** Shutterstock.com / pixelnest; **S. 233** stock.adobe.com / B. Wylezich; **S. 238.1** Shutterstock.com / Champion studio; **S. 238.2** Shutterstock.com / Ken Tannenbaum; **S. 238.3** Shutterstock.com / Dean Drobot; **S. 238.4** dpa Picture-Alliance / dpa-infografik; **S. 239** stock.adobe.com / Dan Race; **S. 241** stock.adobe.com / stockpics; **S. 242** stock.adobe.com / Gina Sanders; **S. 243** stock.adobe.com / Marco2811; **S. 244** dpa Picture-Alliance / dpa-infografik; **S. 248** Shutterstock.com / Yanas; **S. 250.1** Shutterstock.com / dotshock; **S. 250.2** Shutterstock.com / MOLPIX; **S. 251** Shutterstock.com / Jacob Lund; **S. 253** Shutterstock.com / fizkes; **S. 254** Shutterstock.com / sutadimages; **S. 256** Shutterstock.com / metamorworks; **S. 258.1** Statista.com; **S. 258.2** Shutterstock.com / Golden Sikorka; **S. 262** Cornelsen / Claudia Hild; **S. 272.1** Verband der deutschen Fruchtsaft-Industrie e. V. (VdF); **S. 272.2** Shutterstock.com / VectorKnight; **S. 272.3** Shutterstock.com / bsd; **S. 272.4** Shutterstock.com / bsd; **S. 272.5** Shutterstock.com / vladwel; **S. 275** Shutterstock.com / ESB Professional; **S. 279.1** Shutterstock.com / VoodooDot; **S. 279.2** Shutterstock.com / Leremy; **S. 279.3** Shutterstock.com / Vector.design; **S. 279.4** Shutterstock.com / notbad; **S. 282** Shutterstock.com / everything possible; **S. 294.1** Shutterstock.com / kurhan; **S. 294.2** Shutterstock.com / fizkes; **S. 294.3** Shutterstock.com / Gorodenkoff; **S. 297** stock.adobe.com / Björn Wylezich; **S. 298** Shutterstock.com / Robert Kneschke; **S. 299.1** Shutterstock.com / Kzenon; **S. 299.2** Shutterstock.com / Micolas; **S. 303** Shutterstock.com / Bernd Leitner Photography; **S. 305** dpa Picture-Alliance / dpa-infografik; **S. 310** dpa Picture-Alliance / dpa-infografik; **S. 311.1** dpa Picture-Alliance / dpa-infografik; **S. 311.2** stock.adobe.com / Wolfgang Filser / Wolfilser; **S. 312** stock.adobe.com / Coloures-Pic; **S. 319** dpa Picture-Alliance / dpa-infografik; **S. 321** stock.adobe.com / neiezhmakov; **S. 323** Cornelsen / Claudia Hild; **S. 324** stock.adobe.com / Björn Wylezich; **S. 327.1** Shutterstock.com / Monkey Business Images; **S. 327.2** Cornelsen / Claudia Hild; **S. 335** Cornelsen / Claudia Hild; **S. 337** mauritius images / thomas kroeger; **S. 341** Cornelsen / Claudia Hild; **S. 350** stock.adobe.com / Nicola_Del_Mutolo; **S. 354.1** Cornelsen / Claudia Hild; **S. 354.2** stock.adobe.com / babimu; **S. 355** Shutterstock.com / Lopolo; **S. 363** Cornelsen / Claudia Hild; **S. 387** Shutterstock.com / Still AB; **S. 392** Shutterstock.com / Kanate; **S. 393** stock.adobe.com / cartoonresource; **S. 395** stock.adobe.com / Trueffelpix; **S. 403** Shutterstock.com / sellingpix; **S. 406** Shutterstock.com / Dusan Petkovic; **S. 416.1** Cornelsen / Claudia Hild; **S. 416.2** stock.adobe.com / Eigens; **S. 417** stock.adobe.com / skywalk154; **S. 426.1** Shutterstock.com / squarelogo; **S. 426.2** stock.adobe.com / Kybele; **S. 427** stock.adobe.com / Kybele; **S. 444** Shutterstock.com / Andrey_Popov